编辑说明

《侨情综览 2009》是由暨南大学图书馆华侨华人文献信息中心编辑的第一本资料性综合年刊，计划每年出版一本，旨在突出侨校特色，坚持为侨服务的理念，力争系统、翔实地介绍、展示海内外侨情的发展概况、重大事件、理论动态、法律法规、政策导向、统计数据和在侨务工作中取得的重要成就和主要经验，为广大的侨务工作者、华侨华人研究人员及关注侨情动态的海内外社会各界人士提供研究与工作所需的资料信息服务。

《侨情综览 2009》在大“侨”字的概念下，对 2009 年 1 月 1 日至 12 月 31 日期间有关反映侨民、侨社、侨团、侨务、侨教和侨学等方面的主要信息进行去繁就简、去粗取精的甄选、分类、整合和编排，共设置了 11 个栏目，分别为重要讲话和报告、2009 年侨务政策法规、2009 年华侨华人大事记、海外要闻、侨务报道、热点时评、人物聚焦、2009 年海外华人新社团、学术动态、统计资料、侨界荣誉和附录。《侨情综览 2009》采用分类编辑法，主体层次分栏目和条目，以条目为基本构成。

《侨情综览 2009》中“重要讲话和报告”栏目里的文章，是年度内公开发表和发布的有关领导的重要讲话和有关侨务部门的重要工作报告，保留发表和发布时的原文形态；“2009 年侨务政策法规”栏目里的内容是年度内公开发表的国家级侨务政策和法规，全文收录，各省、市级别颁布的法律法规未在收录范围；“海外要闻”、“侨务报道”、“热点时评”栏目里的文章均为海内外华文媒体公开报道的新闻和评论，编辑时有适当删减，绝大部分采用原文的题目，题目中有少量地方性强的模糊表述，如“本地”、“我省”等，则统一冠以当地正式名称；“2009 年华侨华人大事记”、“人物聚焦”、“2009 年海外华人新社团”栏目里的内容均为综合性文摘；“学术动态”栏目里的文章为综述；“统计资料”和“附录”栏目里的内容为书目和索引，由于侨情资料的分散性，书目和索引的收集整理有一定的局限性，还请读者见谅。

《侨情综览 2009》在编写过程中，得到了暨南大学领导的热情关怀。学校党委书记蒋述卓教授亲自为年刊作序，这是对我们工作莫大的鼓舞。学校“211 工程”办公室、“211 工程”三期重点建设项目“华侨华人与中外关系”项目组、暨南大学出版社等有关单位对本年刊的出版给予了大力的支持和帮助，在此谨致由衷的谢意！由于时间和编者能力所限，可能存在疏漏或错误之处，恳请广大读者批评指正，以便今后修订。

编　者

2010 年 12 月

教育部人文社会科学重点研究基地

侨情综览 2009

QIAOQING ZONGLAN 2009

主　编：朱丽娜
副主编：徐　云
编委：易淑琼　景海燕　王　华

暨南大學出版社
JINAN UNIVERSITY PRESS
中国·广州

图书在版编目（CIP）数据

侨情综览 2009/暨南大学图书馆华侨华人文献信息中心编．—广州：暨南大学出版社，2011.2
ISBN 978－7－81135－729－5

Ⅰ.①侨… Ⅱ.①暨… Ⅲ.①侨民—工作—概况—中国—2009 Ⅳ.①D634

中国版本图书馆 CIP 数据核字(2011)第 007891 号

出版发行：暨南大学出版社

地　址：中国广州暨南大学
电　话：总编室（8620）85221601
营销部（8620）85225284　85228291　85228292（邮购）
传　真：（8620）85221583（办公室）　85223774（营销部）
邮　编：510630
网　址：http：//www.jnupress.com　http：//press.jnu.edu.cn

排　版：暨南大学出版社照排中心
印　刷：河源市天才印务有限公司

开　本：787mm×1092mm　1/16
印　张：28.5
字　数：714 千
版　次：2011 年 2 月第 1 版
印　次：2011 年 2 月第 1 次
印　数：1—2000 册

定　价：68.00 元

序

暨南大学是华侨高等学府，学校图书馆华侨华人文献信息中心具有多年来在侨情资料收集整理开发上的优势，且在侨学界有较好的声誉。该中心是全球唯一系统收集和开发华侨华人文献信息资源的专职机构，现收集各类华侨华人文献2万余种，开发了8个华侨华人研究专题数据库，编辑出版《侨情简报》。在此基础上，该中心加强侨情信息的整合工作，厚积薄发、博采众长，终于在今年出版了第一本华侨华人研究综合性资料汇编年刊《侨情综览2009》，可喜可贺。

目前，全球有4 800万的海外华侨华人和3 000万的归侨侨眷，分布于包括中国在内的五大洲130多个国家和地区，从事着政治、经济、文化、法律、宗教、科技和教育等全方位的活动。伴随着这些活动，华侨华人文献中心记录、衍生和积累了大量的侨情信息资源。随着华侨华人研究的不断深入和大侨务工作的不断拓展，对侨情动态全方位的把握和对基础资料工作的需求也越来越大。《侨情综览2009》在大“侨”字的概念下，对2009年度有关反映侨民、侨社、侨务、侨教和侨学等方面的主要侨情信息进行去繁就简、去粗取精的甄选、分类、整合和编排，为侨学界人士提供了序化的侨情资源，其重要的现实意义非同一般。

第一，突出侨校特色，彰显我校华侨华人研究和文献收藏的实力。目前国内外有关华侨华人研究的资料汇编类工具书主要有两种形式：一种是资料形式，如《华工出国史料汇编》；一种是书目索引形式，如厦门大学南洋研究院编辑出版的《华侨华人研究中文书目》。与以上两种形式相比，本书的最大特点是综合性强：有原文报道，有指示性文摘，有简介概览，有书目索引，也有统计数据。既能传递侨情原始信息，又具有文献检索功能。

第二，服务于广大受众，包括各级侨务机构的领导和工作人员、华侨华人研究人员、海外华侨华人、归侨侨眷、侨校师生等侨学界人士，将获得较高的社会效益。

第三，以年度为资料收集范围，能向读者提供最新的侨情资料，有较强的时效性。其中有很多事实数据和统计资料，可谓浪里淘沙，将“众里寻他千百度”的期盼转化为现实。

侨情信息资源具有广博性和分散性的特点，对侨情信息资源的收集、整理和开发，既需要“博观而约取，厚积而薄发”，也需要在长期积累和敏锐直觉的基础上进行改革与创新。资料汇编类图书一直是学术研究的重要文献保障。希望本书的编者能够再接再厉，及时总结和突出华侨华人文献收藏与开发工作中的亮点，关注研究动态的发展，重视和加强与同行的交流，并通过连续出版，打造侨情资料信息汇编类系列精品。

蒋述卓

2010.12

序

[illegible]

[illegible]

[illegible]

[illegible]

[illegible]

目　录

重要讲话和报告

2009年侨务政策法规

2009 年华侨华人大事记

海外要闻

侨务报道

热点时评

人物聚焦

2009 年海外华人新社团

学术动态

统计资料

侨界荣誉

附　录

重要讲话和报告

李海峰向海外侨胞致新春贺词

李海峰

亲爱的侨胞们、朋友们：

在中华民族传统的新春佳节即将来临之际，我谨代表中华人民共和国国务院侨务办公室，向生活在世界各地的海外侨胞和广大归侨侨眷致以节日的问候和良好的祝愿！

2008年对中国人民来说，是具有里程碑意义的一年。中国改革开放的伟大事业走过了三十个春秋。三十年虽然只是历史长河中的瞬间，但深刻地改变了中国的历史轨迹。从三十年前被称为相对落后的“后发展国家”，到今天被誉为“最具活力的新兴经济体”，中国成功地实现了从高度集中的计划经济体制到充满活力的社会主义市场经济体制、从封闭半封闭到全方位开放的伟大历史转折，走出了一条在一个十几亿人口的发展中国家摆脱贫困、加快实现现代化的发展道路，取得了举世瞩目的伟大成就，一个文明发展、开放包容、坚强自信、生机勃勃的中国以前所未有的雄姿巍然屹立在世界的东方。

在中国改革开放的历史进程中，广大海外侨胞和归侨侨眷是最积极、最热情的开拓者、参与者和贡献者。我们为改革开放的历史性成就而自豪，为亲身参与改革开放的伟大事业并作出重大贡献而自豪！

2008年对中国人民来说，也是极不寻常的一年。我们经历了年初南方雨雪冰冻灾害和“5·12”四川汶川特大地震灾害的严峻考验。在灾难面前，中国政府反应迅速、决策果断、信息透明、措施有力，时刻践行着“一切为了人民”的庄严承诺，显示出有效驾驭复杂局面的卓越能力，赢得了国际社会的普遍赞誉。在灾难面前，海内外中华儿女凝聚成一个休戚相关的命运共同体，同呼吸、共命运、心连心，展现出万众一心、众志成城、和衷共济的伟大民族精神，让世界为之动容。灾区人民和全国人民将永远铭记这份珍贵的情谊。多难兴邦，挫折让我们更加团结，磨难让中国走向进步。中华民族在灾难中展现出的精神与力量是我们前进道路上的不竭动力。

2008年对中国人民来说，也是极为亮丽的一年。百年期盼，一朝梦圆，奥林匹克运动会第一次将盛典的舞台搭建在中华沃土上。历史悠久的奥林匹克运动会与源远流长的东方文明交融会聚，为中国的不平凡增添了绚丽的色彩。13亿中国人民用绿色奥运、科技奥运、人文奥运的核心理念，为奥林匹克注入了属于中华民族自己的梦想。精彩绝伦的开、闭幕式，热情周到的组织服务，美轮美奂的奥运场馆，百枚奖牌的拼搏佳绩，中国用自己的努力实现了向世界作出的办一届高水平、有特色奥运会的郑重承诺。在这里，海外侨胞功不可没。在支持中国申办、筹办和举办奥运会、护卫奥运圣火在境外传递、大会志愿者服务等大量工作中，我们随处都可以看到海外侨胞活跃的身影。由海外侨胞、港澳台同胞捐资9.3亿元人民币修建的标志性奥运场馆“水立方”，已经成为海外侨胞建设奥运、参与奥运的历史丰碑。

2008年对中国人民而言，也是两岸关系出现历史性转机的重要一年。周末包机、大陆居民赴台旅游如期实施，海峡两岸关系协会协商代表团首次访问台湾取得成功，向两岸全面直接双向“三通”迈出历史性步伐，掀开了两岸关系和平发展的新篇章。我们由衷地希望广大侨胞继续为中国的和平统一大业作出新的更大贡献。

侨胞们、朋友们，中国政府历来高度重视侨务工作，切实关心广大侨胞的生存和发展。去年胡锦涛主席在视察日本山手中华学校的时候曾深情地说：“世界各地有几千万华侨华人，他们为增进中国人民同所在国人民的友谊、促进中国现代化建设发挥了重要作用。祖国和人民时刻挂念着海外广大侨胞，十分感谢广大侨胞对祖国发展作出的贡献。”一声“挂念”、一句“感谢”，道出了祖国人民对海外乡亲的无比深情。2009年，我们将迎来新中国成立60周年。在新的一年里，侨务部门将秉承“以人为本、为侨服务”的宗旨，深入实践科学发展观，全面贯彻落实中央关于侨务工作的方针政策，不断拓宽工作思路，创新工作模式，积极应对国际金融危机可能给海外侨胞和侨资企业带来的不利影响，主动、热情、千方百计地为广大侨胞排忧解难，努力实现好、维护好、发展好海外侨胞和归侨侨眷的根本利益。

侨胞们、朋友们，让我们携起手来，共同开创中华民族美好、光明的未来！

最后，谨祝海外侨胞和归侨侨眷事业兴旺、合家欢乐、牛年吉祥如意！

（作者系国务院侨务办公室主任）

贴近大局　用心服务　加强指导

——在2009年全国侨办主任会议上的讲话（摘要）

戴秉国

侨务工作是党和国家的一项长期的战略性工作。党中央、国务院始终从推进我国改革开放伟大事业的战略高度来看待侨务工作。在改革开放三十年的伟大历程中，侨务工作发挥了凝聚侨心、维护侨益、发挥侨力的重要作用。2005年2月28日，胡锦涛总书记在会见全国侨务工作会议代表时指出："在凝聚侨心、发挥侨力，为实现全面建设小康社会的宏伟目标作贡献方面，侨务工作大有作为；在反对和遏制'台独'分裂势力，推动祖国和平统一事业方面，侨务工作大有作为；在开展民间外交、传播中华文化、扩大中国人民与世界各国人民友好交往方面，侨务工作大有作为。"侨务工作在建设国家、发展国家，实现中华民族伟大复兴，建设小康社会，维护国家统一，还有传播中华文化几个方面都可以大有作为，有很多事情可做，并且都是事关我们党和国家大局的事情，事关我们国家前途命运的事情。2007年6月20日，总书记在会见第四届世界华侨华人社团联谊大会全体代表时提出了希望，就是希望广大华侨华人在推动国家发展和进步的同时，要发扬中华民族的优良传统，做中国现代化建设的积极参与者，做中国统一大业的积极促进者，做中华文明的积极传播者，做中国人民和世界各国人民友好往来的积极推动者，为中国的繁荣与进步、世界的和平与发展作出更大贡献。这两次重要指示是对侨务工作完整的指导。

各级侨办要增强以科学发展观统领侨务工作的意识，高举旗帜、围绕大局、用心服务、开拓进取，着力转变不适应、不符合科学发展的思想观念，着力解决影响和制约侨务工作科学发展的突出问题，着力构建有利于侨务工作科学发展的体制机制，推动侨务工作实现更大、更好的发展。

第一，侨务工作要贴近党和国家工作的大局，要始终自觉地服务于党和国家大局。在当前十分重视发挥侨务工作的优势，为应对国际金融危机，保增长、扩内需、调结构，确保经济平稳较快增长服务；还要为坚持一个中国的原则、促进两岸关系的发展服务；还要为增进中国对外部实际的了解和外部实际对中国的了解、树立良好的中国形象服务。侨务工作在这几方面都可以发挥更好的作用。

第二，用心服务，涵养资源。侨务工作的根本宗旨是以人为本、为侨服务，侨务工作就是做人的工作，做思想的工作。几千万海外侨胞和归侨侨眷是侨务工作的重要资源，是我国独有的宝贵财富。各级侨办一定要牢固树立服务意识，要用心涵养资源，特别要饱含热情、饱含对侨胞和侨眷的感情去做工作。我们的队伍也必须是一支十分热爱侨务工作、侨务事业，充满工作激情的队伍。一定要带着感情来做这项工作。

第三，加强领导。侨务工作是一项政治性、政策性很强的工作，各级党委政府要加强对侨务工作的领导，调动各方面的积极性共同做好侨务工作。要重视研究侨务工作中一些全局性、战略性的问题，做一些前瞻性的、系统性的、全局性的战略研究。

（作者系国务委员、外交部副部长）

学习推广江苏经验取得实效
努力实现侨务工作科学发展

——在全国侨办主任会议上的工作报告（摘登）

李海峰

一、以学习江苏经验着手，推动侨务工作迈上新台阶

2008 年，国务院侨办在江苏召开了全国侨务工作现场经验交流会，目的是通过典型引路推动各级侨办解放思想、创新发展，努力践行科学发展观、实现侨务工作的新跨越。会后，各级侨办迅速行动起来，学先进、强队伍、重实践，掀起了用情、用心、用力大干侨务工作的热潮，使各项工作出现了新气象、新变化。

（一）振奋了精神，开阔了思路，增强了各级侨办开创侨务工作新局面的责任心和使命感。江苏省侨办“解放思想、用心服务、创新发展、聚合力量、强健队伍”的经验和“爱岗、创新、卓越、拼搏”的精神，让与会代表感到“震撼”，对各级侨办形成冲击力。会后，上海、河北、安徽、广西等十余个省、区、市侨办带领基层侨办同志到江苏进行了实地学习；广西、江西、黑龙江、新疆生产建设兵团等侨办专门下发文件，部署推动会议精神的贯彻落实。各地普遍反映江苏经验抓得准、树得好、学得来，让人服气、催人奋进。一些沿海侨乡省、区侨办认为，在解放思想的魄力、开拓创新的意识、整合资源的力度、为侨服务的深度等方面与江苏省侨办相比，还存在很大差距，需要克服“小富即安”的思想，一切从零开始。一些内陆省、区侨办以前总认为本地区侨务资源贫瘠，不具备干好侨务工作的条件，但江苏经验充分说明“思路决定出路、作风决定作为”，江苏能够做到的，我们也一定能够做到。江苏省侨办化荣誉为动力，在全省侨办系统中开展了“全国侨务学江苏、江苏应该怎么办”的大讨论，认真查找不足，勇于超越自我。一年来，围绕大局谋发展，为侨服务出实招，用情、用心、用力做好侨务工作，努力实现侨务工作的新跨越，已成为全体侨务干部的共同追求。

（二）各级侨办把学习江苏经验与学习实践科学发展观活动紧密结合起来，始终突出实践特色。国务院侨办紧紧围绕侨务工作如何服务科学发展、侨务工作如何实现科学发展这一主题，开展对侨务工作的学习、调研和讨论，提出了工作的新思路和新举措。广东省侨办制定出台了《关于争当侨务工作实践科学发展观排头兵的意见》，上海市侨办开展了“学习江苏经验、务实奋进创新发展”的主题教育实践活动，云南省侨办提出了“带着感情做活侨务工作，围绕发展做实侨务工作”的新要求，四川省侨办提出了“以人为本抓服务、围绕中心抓发展、面向全球抓资源、整合力量搭平台”的新思路，新疆维吾尔自治区侨办明确了发挥民族地区侨务工作在维护社会稳定工作中的独特作用的新定位。思想观念的更新、工作思路的拓展，为实现侨务工作的新发展、新跨越奠定了坚实的基础。

2008 年，通过典型引路，加强思想作风建设，可以说，带动了各地侨务工作的发展，

搞活了全国侨务工作这盘棋。在工作实践中，我们深切体会到，只要有好的工作思路和方法，就能不断创新发展，开拓工作新局面；只要有咬定青山不放松的精神，将工作切实落到实处，就能不断取得工作新突破；只要善于从党和国家全局的战略高度谋划侨务工作，就能登高望远，在关键时刻发挥侨务工作的作用。

二、实现侨务工作科学发展的新认识

2008 年，按照中央的统一部署，国务院侨办和省区市侨办开展了深入学习实践科学发展观活动。

通过对侨务工作的学习、调研和讨论，大家普遍感到，虽然近些年来的侨务工作取得了明显成效，但站在科学发展观的高度审视所走过的历程，我们的工作与中央的要求相比、与海外侨胞和归侨侨眷的需求相比，还有许多问题和不足。其主要表现在：为国家大局服务工作还不够到位，侨务工作的优势和作用没有充分发挥出来；为侨服务工作相对比较薄弱，在拓展服务领域、丰富服务内容、创新服务手段方面力度不够大；开发侨务资源考虑得多，涵养侨务资源考虑得少，不利于侨务工作的可持续发展；囿于事务和业务，侨务政策法规和理论研究工作不适应侨情和侨务工作发展的需要；统筹协调能力和手段不适应侨务工作高度社会化的新形势，不同程度地存在“缺位、错位、不到位”的现象。大家一致认为，在新的历史起点上开创侨务工作新局面、实现侨务工作新跨越，最根本的就是要增强贯彻落实科学发展观的自觉性和坚定性，切实把科学发展观这一思想理论转化为谋划侨务工作科学发展的正确思路，转化为服务科学发展和实践科学发展的实际行动。

（一）努力服务科学发展，在更广领域、更高层面和更深层次上发挥侨务工作的独特优势和作用。科学发展观的第一要义是发展。改革开放以来，侨务工作在经历了落实侨务政策、突出为经济建设服务这些历史发展阶段后，当前已进入了努力服务科学发展，在更广领域、更高层面、更深层次上发挥侨务工作优势和作用的新阶段。面对世界政治、经济、科技发展对侨务工作提出的新要求，面对海内外侨情变化对侨务工作提出的新课题，面对中国和平发展、和谐发展、科学发展对侨务工作提出的新任务，我们必须以胡锦涛总书记“三个大有作为”和“四个积极”的重要论述为指导，全面贯彻党的十七大、十七届三中全会和中央经济工作会议精神，进一步提高侨务引智、引资工作水平，为建设创新型国家、加快转变经济发展方式、建设社会主义新农村、实现国民经济又好又快地科学发展而服务。当前要潜心研究如何发挥侨务优势，为应对国际金融危机，保增长、扩内需、调结构，促进经济平稳较快发展而服务，为促进两岸和平发展，维护祖国统一和尊严而服务。进一步提高侨务外宣、文教和联谊工作水平，为沟通中国与世界、增强国家文化软实力、扩大中国人民与世界各国人民友好交往而服务。进一步提高国内侨务工作水平，以侨界关注的民生问题为重点，切实抓好各项为侨服务工作，为构建和谐社会而服务。要把侨务工作与世情、国情、侨情的发展变化紧密联系起来，善于从党和国家大局的战略高度谋划侨务工作，最大限度地把侨务工作的优势转化为促进科学发展的优势，将侨务工作的力量会聚成推动科学发展的力量，赋予侨务工作更加鲜明的时代特征和战略内涵。

（二）努力提高工作水平，更加用情、用心、用力做好为侨服务的各项工作。科学发展观的核心是以人为本。“以人为本、为侨服务”是侨务工作的宗旨，也是科学发展观对侨务工作提出的根本要求。我们要认真做好海外侨胞和归侨侨眷的服务工作，特别是在他们最关注的发展事业、维护权益和传承中华优秀文化等方面加大工作力度，进一步激发海外侨胞和归侨侨眷的爱国、爱乡热情。我们应该看到，发挥侨务优势，为本地区经济社会发展服务是政绩；扎扎实实做好为侨服务的各项工作同样是政绩。我们要着力解决急功近利、不愿在为侨服务上下苦工夫的问题，把思想统一到科学发展观的要求上来，始终把实现好、维护好、发展好最广大侨胞和归侨侨眷的根本利益作为侨务工作的出发点和落脚点，时刻把侨胞和归侨侨眷的安危、冷暖放在心上，真诚倾听侨界呼声，真实反映侨界愿望，主动、热情、千方百计地为他们排忧解难，让广大侨胞和归侨侨眷共享改革发展的丰硕成果。

（三）努力涵养侨务资源，推动侨务工作全面协调可持续发展。科学发展观的基本要求是全面协调可持续。侨务工作说到底是做人的工作，这一特点决定了侨务工作具有业务多元、面广点多的特点。我们要全面推进侨务经济、科技、宣传、文化、教育、外联、侨政等各方面的工作开展进程，尤其要正确处理好为国家大局服务和为侨服务的关系，开展国外侨务工作与国内侨务工作的关系，开发侨务资源和涵养侨务资源的关系，开展实务活动和加强政策理论研究的关系，既重视显绩，更注重潜绩，做到协调发展，两手都要“硬”。要大力涵养侨务资源，着力在海外发展一支宏大的、高层次的对我友好力量。这是强化国外侨务工作主导地位、增强侨务工作新优势的关键，是实现侨务工作可持续发展的一项长期的战略任务。

（四）努力提高协调能力，发挥各方面的优势和积极性，共同做好侨务工作。科学发展观的根本方法是统筹兼顾。随着改革开放的深入发展，海外侨胞与祖（籍）国的联系越来越密切，侨务工作更加社会化。我们要树立大局意识，加强战略思维，建立健全统筹协调机制，会同和支持有关部门和社会团体共同做好侨务工作。统筹协调的主要手段是服务。要主动向有关部门和社会团体提供国内外侨情信息，帮助他们了解情况，有针对性地开展工作；要认真研究侨情和侨务工作中的热点、难点问题，及时出台相关政策和法规，推动有关部门和社会团体在侨务方针、政策的指导下，根据各自的职能积极开展工作的进程；要加强工作的统筹规划，增进沟通，形成合力；要切实履行政府职责，依法、依规认真负责地做好相关涉侨事务的审核、审批工作，从而在更高层面上发挥政府部门的职能作用。

三、推进侨务工作科学发展的新思路、新举措

根据上述认识，当前和今后一个时期，推进侨务工作科学发展的总体思路是，高举中国特色社会主义伟大旗帜，全面贯彻党的十七大、十七届三中全会和中央经济工作会议精神，以邓小平理论和“三个代表”重要思想为指导，深入贯彻落实科学发展观，按照2005年全国侨务工作会议的总体部署，紧紧围绕服务国家大局、服务科学发展这一主线，在更广领域、更高层面和更深层次上发挥侨务工作的独特优势和作用；牢固树立“以人为本、为侨服务”的宗旨，更加用情、用心、用力做好为侨服务的各项工作；“以侨为桥——沟通中国与世界”，努力增强中国文化软实力；更加注重统筹兼顾，大力涵养侨务资源，努力在海外发展一支宏大的、高层次的对我友好力量，推动侨务工作全面协调可持续发展，进一步解放思想、开拓创新、求真务实，努力实践科学发展，实现侨务工作新跨越。

（一）发挥侨务特点和优势，为实现国民经济又好又快发展服务，为实现“保增长、扩内需、调结构”的目标服务。面对国际金融危机持续蔓延、世界经济增长明显减速、我国经济运行困难急剧增加的严峻形势，我们一要加强对侨资投向的引导，不断提高利用侨资的质量和水平，充分发挥侨资在推动自主创新、产业升级和区域协调发展中的积极作用。要深入调研国际金融危机对侨资企业的影响，反映他们的愿望和要求，及时提出帮助他们共克时艰、谋求发展的意见和建议；帮助侨资企业利用中西部地区在人力、土地、原材料等方面的比较优势，发展优势产业和特色产业。二要大力实施海外人才为国服务计划，以多种形式鼓励和扶持海外侨胞中的高层次人才和紧缺人才为国服务，注重发挥海外专家咨询委员在建言献策方面的作用，为建设创新型国家服务。国际金融危机给世界金融、汽车等相关产业造成了严重冲击，我们要抓住这一机遇引进更多更好的先进技术和优秀人才。三要扎实推进“走出去”战略，帮助优质企业与海外侨商合作，将剩余生产能力向境外有序转移，实现国际化发展。当前，要紧紧抓住世界经济增长明显减速造成国际能源资源和资产价格回落的有利时机，积极推动华商大企业与国内相关企业合作，争取以较低成本获取更多更好的能源资源。中国侨商会和各地侨商组织要秉持“联谊、服务、合作、发展”的理念，不断强化服务功能，努力办成“侨商之家”。

发挥侨务优势为推进农村改革发展、加快社会主义新农村建设服务，是贯彻落实党的十七届三中全会精神的一项重要任务。今年是华侨农场改革发展的攻坚年。要总结交流经验、加强工作指导、强化督促检查，切实推进华侨农场体制融入地方、管理融入社会、经济融入市场，把中央对华侨农场的各项改革政策和举措落到实处。要加强与有关部门的合作，积极引导海外侨胞参与“侨爱工程——万侨助万村”活动，充分发挥海外侨胞在资金、技术、人才、市场和慈善捐赠等方面的优势，推动农村经济社会又好又快发展。

（二）推进祖国统一，维护祖国尊严。各级侨办要认真学习、深刻领会全面贯彻胡锦涛总书记在纪念《告台湾同胞书》发表三十周年座谈会上发表的“携手推动两岸关系和平发展，同心实现中华民族伟大复兴”的重要讲话精神。

（三）“以侨为桥——沟通中国与世界”，努力增强我国国际舆论话语权和文化软实力。胡锦涛总书记在十七届三中全会上深刻指出：西方之所以能够掀起一轮又一轮反华舆论浪潮，一个重要原因就是其拥有较为强大的国际传播能力。相比之下，我们的国际传播能力与之还有很大差距。增强我国的国际传播能力，打破西方媒体垄断格局，已经成为一项十分紧迫的战略任务。我们要借助“世界华文传媒论坛”这一平台，继续加强与华文媒体高层的联谊工作，引导他们在事关中国形象、中国发展的热点问题上发挥更大作用，有效影响当地主流媒体和受众。

增强中华文化的国际影响力和竞争力，必须大力推动中华文化“走出去”。我们要根据海外侨胞的需求，会同地方侨办继续组派文艺团组出访，将更多富含中华民族优秀文化内容的文化产品奉献给海外侨胞和当地主流社会，努力将“文化中国”打造成具有核心竞争力的知名文化品牌。春节等民族传统节日具有独特的文化承载功能，要大力支持海外侨胞开展“文化中国·四海同春”等民族节庆活动，使之成为在海外弘扬中华优秀文化的重要平台，让更多海外侨胞和外国朋友喜爱中国文化，从而认识和了解中国。

（四）强化为侨服务意识，提高服务能力和水平。侨务部门践行科学发展观，要牢固树立“以人为本、为侨服务”的宗旨，努力解侨之所困、谋侨之所需、帮侨之所急。一要切实维护海外侨胞在中国的投资权益。加强政策法规研究，推动建立和完善以政府分管、领导牵头、有关部门参加的维护侨商投资权益的工作机制，协调重大政策，解决典型案件，不断促进投资软环境的完善；建立健全侨商投资法律服务网络，充分发挥法律顾问团在维护侨商投资权益方面的独特作用。今年，要把这项工作作为重中之重，力争抓出成效。二要扎实推进“关爱工程”。去年已经作出全面部署，今年要总结交流各地开展侨务扶贫工作的情况和经验，进一步推动“关爱工程”有影响、有成效地开展，切实帮扶侨界弱势群体，为构建社会主义和谐社会作贡献。三要努力为海外侨胞营造更加宽松、和谐的生存环境。加强对海外政情、侨情的调研，进一步推进和谐侨社建设。

（五）努力涵养侨务资源，实现侨务工作的可持续发展。侨务工作是党和国家一项长期的战略任务。各级侨办要站在确保侨务工作有序发展的战略高度，重视和加强侨务资源的涵养。加强华文教育工作，是涵养侨务资源的一项重要任务。

（六）加强侨务政策法规和理论研究，不断增强对侨务工作的全局性、战略性和前瞻性的认识。加强侨务政策法规的研究和制定是这次学习实践科学发展观活动中反映最突出的问题。根据海外侨胞和归侨侨眷的现实需求，今年，国务院侨办拟就以下九个问题会同有关部门抓紧研究制定相关政策和法规，即华侨、外籍华人、归侨侨眷身份解释规定，华侨在国内的身份证件，便利外籍华人在华居留，降低外籍华人申请永久居留权门槛，出境定居后又回国定居人员续接社保缴费年限，归侨侨眷职工因私出境相关待遇，维护华侨在国内参政议政权，涉侨经济纠纷处理若干意见，华侨子女在国内接受义务教育享受国民待遇等。各部门都要静下心来进行深入调查研究，抓好政策法规工作，努力去办、坚决去办，争取有好的结果，让海外侨胞和归侨侨眷真正“得实惠”。各省、区、市侨办也要根据本地区的实际情况，积极研究出台惠侨政策。

要坚持贴近海内外侨情、贴近侨务工作对象、贴近侨务工作实际的要求，注意把握新趋势、新特点、新动向，认真组织好涉及侨务工作全局性和战略性重点课题的调查研究，尤其要重点研究未来5～10年世情、国情、侨情的发展变化对侨务工作提出的新要求，努力增强侨务工作的前瞻性和预见性，不断提高侨务工作的理论水平。

（七）转变工作职能，加强统筹协调。这些年，国务院侨办会同地方侨办开展了许多品牌活动，对提高侨务工作在国家发展大局中的地位和作用发挥了重要作用。但由于各类活动偏多，牵扯了太多的精力，影响了政府职能作用的发挥。本着做精、做强的原则，国务院侨办对现有品牌活动进行了梳理，决定保留和优化以下十一项品牌活动，即侨爱工程、关爱工程、世界华侨华人社团联谊大会、海外华裔中青年杰出人士华夏行、世界华人论坛、华侨华人创业发展洽谈会、世界华文传媒论坛、文化中国、“中国寻根之旅”夏令营、世界华文教育大会以及中国侨务论坛等。其他活动有的纳入国侨办各司日常工作中，有的交由地方侨办举办，国务院侨办给予支持，有的取消。

中央要求党委、人大、政府、政协的各涉侨部门和致公党以及侨联等群众团体，都要发挥各自的职能，积极开展工作，并加强沟通，形成合力。国务院侨务办公室要认真履行职责，加强统筹协调工作。我们要按照中央的要求，把更多的精力放在统筹规划、信息服务、政策把握、组织协调和监督检查上来，指导、会同或支持、配合有关部门和社会团体共同做好侨务工作。当前，要进一步发挥“五侨”联席会议在统筹协调工作中的特殊作用。要增强为基层服务的意识，加强对地方侨务工作的分类指导，合理分配资源，强化支持力度，发挥侨办系统的整体效能。国务院侨办举办的品牌活动要注重发挥地方侨办的积极性，上下联动，共同做好。同时，要善于指导地方侨办根据本地区侨情、政情的特点，积极主动地开展工作，国务院侨办将给予力所能及的支持和帮助。

（八）按照素质兴办的要求，着力加强干部队伍建设。各级侨办要进一步加强思想建设。坚持用科学发展观武装干部头脑，树立世界眼光，加强战略思维，确保侨务工作在更广领域、更高层面、更深层次上发挥独特的作用；坚持学以致用，努力把理论学习成果转化为保障和促进侨务工作科学发展的工作思路和政策措施，不断深化对侨务工作规律的认识，增强工作中的原则性、系统性、预见性和创造性。进一步加强作风建设。要大力倡导求真务实、勇于创新的精神，扎扎实实多做打基础、利长远的事，坚持深入实际、深入基层、深入侨胞和归侨侨眷，做到问政于侨、问需于侨、问计于侨；大力倡导奋发进取、顽强拼搏的精神，真正用情、用心、用力做好为国家大局服务和为侨服务的各项工作。进一步加强能力建设。要通过学习、培训、交流等多种形式着力提高干部特别是领导干部把握大局的能力、统筹协调的能力、调查研究的能力、组织管理的能力和应对复杂局面的能力；建立和完善体现科学发展观要求的干部考核评价办法，完善干部激励机制。进一步加强反腐倡廉建设。要坚持标本兼治、综合治理、惩防并举、注重预防的方针，认真落实《建立健全惩治和预防腐败体系 2008—2012 年工作规划》和《关于实行党风廉政责任制的规定》，扎实推进侨办系统惩治与预防腐败体系建设；加强对党员领导干部反腐倡廉的教育，进一步增强党员领导干部廉洁自律意识，提高拒腐防变能力。通过不懈的努力，建设一支政治坚定、业务精通、求真务实、开拓创新、勤政廉政、热爱侨务事业的干部队伍。

我们要以分析检查报告为依据，制定目标明确、措施具体、责任到位的整改落实方案，集中力量解决突出问题，积极稳妥地推进体制机制创新，真正推动侨务工作走上科学发展之路，使广大侨胞和归侨侨眷真正感受到学习实践活动带来的新变化、新气象。

2008 年，我们以学习江苏经验为抓手，推动侨务工作迈上新台阶。2009 年，我们要继续深入开展学习江苏经验的活动，既要学习他们的工作方法、工作举措，更要学习体现江苏经验实质的四种精神，即脚踏实地、用情、用心、用力做好侨务工作的爱岗精神，敢为人先、勇于探索的创新精神，精益求精、追求完美的卓越精神，事事争先、拧着一股劲干事业的拼搏精神，以强烈的使命感和责任感掀起大干侨务工作的热潮，以无愧于党、无愧于人民、无愧于时代的优异业绩迎接新中国成立六十周年。

（作者系国务院侨务办公室主任）

推进侨务工作走科学发展之路

——在学习实践科学发展观活动总结会上的讲话（摘登）

李海峰

按照中央的部署，从2008年9月下旬到2009年2月底，国务院侨办机关和在京直属单位开展了深入学习实践科学发展观活动。

一、坚持把学习贯穿始终，着力用科学发展观武装头脑，在对科学发展观的认识上取得新提高

通过开展深入学习实践科学发展观活动，全体党员干部特别是领导班子成员对科学发展观的科学内涵和精神实质有了更深的认识。一是深入开展学习实践科学发展观活动是更好地实现党的十七大提出的宏伟蓝图和行动纲领的需要。二是服务科学发展是新形势下侨务工作的根本任务。侨务工作要创新工作机制，提高工作水平，为建设创新型国家、实现国民经济又好又快地科学发展服务；要坚持以人为本，以侨界关注的生存发展问题为重点，切实抓好各项为侨服务工作，为构建和谐社会服务；要加强统筹工作，大力开展华文教育和对外文化宣传工作，为树立中国良好形象、增强国家文化软实力服务；要大力涵养侨务资源，推动构建和谐侨社，努力增强侨务工作的优势和可持续发展能力。三是实现侨务工作科学发展是科学发展观的必然要求。在新的历史起点上开创侨务工作新局面、实现侨务工作新跨越，最根本的就是要全面贯彻落实科学发展观，坚持为国家大局服务和为侨服务的统一，统筹兼顾各方面的关系，建立健全工作机制，切实把科学发展观转化为谋划侨务工作科学发展的正确思路，转化为服务科学发展和实践科学发展的实际行动。

二、坚持把解放思想贯穿始终，在拓展侨务工作发展观念和发展思路上不断与时俱进

新一届侨办党组始终将实现侨务工作新突破、开创新局面作为工作的着力点，把解放思想、创新观念作为关键环节来抓。大家围绕如何找准侨务工作发展方向和发展定位，如何转变不适应、不符合科学发展观的思想观念，如何创新侨务工作服务科学发展、实现自身科学发展的思路举措等方面展开大讨论。通过自上而下的大讨论，促进思想观点的大交流、大碰撞，统一了思想，达成了共识：一是要破除小富即安、不思进取、因循守旧、故步自封的保守思想，在更广领域、更高层面和更深层次上发挥侨务工作的作用；二是要改变重引进、轻服务的现象，强化服务意识，在维权和为侨排忧解难上下苦工夫；三是要处理好开发侨务资源和涵养侨务资源的关系，着力发展一支宏大的、高层次的海外对我友好力量，促进侨务工作的可持续发展；四是要改变重“显绩”、轻“潜绩”的现象，更加重视侨务政策法规和理论研究工作；五是要破除狭隘的部门观念，更加注重统筹协调，形成各有关方面共同开展侨务工作的大好局面。在解放思想、更新观念的基础上，确立了当前和今后一个时期内推进侨务工作科学发展的新思路，即高举中国特色社会主义伟大旗帜，全面贯彻党的十七大、十七届三中全会和中央经济工作会议精神，以邓小平理论和“三个代表”重要思想为指导，深入贯彻落实科学发展观，紧紧围绕服务国家大局、服务科学发展这一主线，在更广领域、更高层面和更深层次上发挥侨务工作的独特优势和作用；牢固树立“以人为本、为侨服务”的宗旨，更加用情、用心、用力做好为侨服务的各项工作；“以侨为桥——沟通中国与世界”，努力增强中国文化软实力；大力涵养侨务资源，推动侨务工作全面协调可持续发展；更加注重统筹兼顾，加强协调配合，努力形成合力，进一步解放思想、开拓创新、求真务实，推进侨务工作走科学发展之路。

三、坚持将群众路线贯穿始终，着力找准影响侨务工作科学发展的突出问题

在深入学习实践活科学发展观动中，坚持发扬民主、走群众路线，虚心听取意见，着力找准突出问题。一是开展大范围的调研，广泛听取意见。侨办领导亲自带队，组织8个调研组到16个省、区、市开展“四级联动”调研周活动，直接听取广大基层干部和工作对象的意见。向中央18个有关部门、15个地方政府、30个地方侨办和部分归侨侨眷、海外侨胞、侨办老同志发放调查问卷，广泛征求意见，认真听取国侨办专家咨询委员及有关研究机构、大专院校、新闻媒体、驻外机构等团体的意见和建议，征集意见、建议近500条。二是认真找准突出问题。侨办党组召开专题民主生活会，认真归纳出侨务工作服务科学发展存在的主要问题。三是深入分析检查。侨办党组认真撰写《关于贯彻落实科学发展观情况分析检查报告》。报告反复听取意见，接受各方面的评议和监督。最后，在群众测评中，评议“好”与“较好”的比率合计达到99.9%。四是精心制订整改落实方案。针对存在的突出问题，侨办党组进行了认真研究，从提高为国家大局服务的能力和水平出发，在更广领域、更高层面和更深层次上发挥侨务工作的优势和作用；强化服务意识，提高为侨服务的能力和水平；努力涵养侨务资源，实现侨务工作的可持续发展；加强侨务政策法规和理论研究，不断增强侨务工作的全局性、战略性和前瞻性；转变工作职能，强化统筹协调工作，加强队伍建设等五个方面制定了整改措施。每项整改措施都要求明确责任领导、责任部门，并要求各司局、直属单位结合本部门工作进一步细化分解，制订具体的整改落实进度，分清轻重缓急，突出重点，扎实推进。

四、坚持把突出实践特色贯穿始终，把解决问题、完善机制作为关键环节，努力使学习实践成果转化为服务大局、服务科学发展的实际成效

一是努力解决海外侨胞、归侨侨眷和侨办系统关心的突出问题：①加强对国际金融危机对我国经济特别是侨资企业影响的对策研究。国侨办派出调研组深入北京、天津、上海、福建等地侨资企业，倾听侨商呼声，了解侨商需求，组织发动海内外专家学者分析研究金融危机对中国经济和侨资企业的影响，向中央提出应对危机的意见和建议，其中多篇被中央侨办信息部门采用。②加强对侨商投资企业合法权益的保护。会同地方侨办，加大协调工作力度，推动了一批涉侨经济纠纷重点侵权案件和疑难案件的妥善解决。③推进华侨农场的改革和发展。会同有关部门下发了《关于开展华侨农场改革发展自查督导工作的通知》，出台相关配套政策，有力地推进了华侨农场的改革和发展。④加大对涉侨突发

事件的处置力度。⑤切实帮扶侨界困难群体。下发了《关于实施“归侨侨眷关爱工程”的意见》，在全国侨办系统中开展关爱工程，推动国家扶贫办将散居社会贫困归侨侨眷纳入地方扶贫规划，着力解决了南侨机工遗孀和朝鲜归侨教师的生活困难问题。⑥加强职能研究。针对基层侨办职能不适应侨务工作新形势的突出问题，进一步强化了政策指导、组织协调和督促检查职能。⑦全面梳理品牌活动。针对侨务活动偏多，影响政府职能发挥的突出问题，对现有品牌活动进行全面梳理，该取消的取消，该下放到地方的下放，确定了做强、做精十一项知名品牌活动。⑧着力解决历史遗留问题和关系侨务工作长远发展的重大问题。

二是努力在完善服务科学发展的体制机制上见成效。在学习实践活动中，高度重视体制机制创新工作。①加强战略谋划。认真筹备召开了全国侨办主任会议，进行了侨务工作实现新跨越的部署。②加强政策法规工作。深入研讨涉侨政策法规工作中存在的热点、难点问题，理清了政策法规工作的思路。出台了《关于进一步加强华侨华人捐赠管理工作的通知》、《关于华侨子女回国接受义务教育相关问题的规定》。③健全完善工作机制。加强与中央“四侨”沟通，主动牵头召开中央“五侨”联席会议，专题研究如何完善“五侨”联席会议在涉侨工作中的协调作用，并建议积极争取全国人大每届开展一次侨务执法检查或联合调研或全国政协每届开展一次侨务执法调研。建立了侨务信访联席会议制度和应急机制等。

三是围绕中心，服务大局，深入学习实践科学发展观活动有力地促进了当前各项工作的开展。坚持“两手抓、两不误、两促进”，推进了侨务工作创新发展。①针对国际金融危机对我国经济的不利影响，为实现“保增长、扩内需、调结构”的目标，发挥侨务工作优势，以“海外华侨华人高端人才与建设创新型国家”为主题，成功主办了第五届世界华人论坛、第二届海外专家咨询委员会会议，还组织召开了2008年华侨华人专业人士创业发展洽谈会、第四届华商科技创新合作交流会等一系列涉侨经济科技品牌活动。②为贯彻落实党的十七届三中全会精神，我们以服务农村改革与发展为切入点，策划开展了“侨爱工程——万侨助万村”活动，积极引导海外侨胞以各种方式支持全国新农村建设。目前，全国落实“万侨助万村”已建和在建项目438个，资助5 000名贫困学生完成学业。③贯彻党的十七大精神，为提高国家文化软实力、展示中国形象服务。今年春节期间，由侨办领导分别率领四个艺术团在世界华侨华人聚集的国家同时举办丰富多彩、颇具声势的“文化中国·四海同春”活动，鼓励海外侨胞走出“唐人街”，将春节打造成影响当地主流社会、弘扬中华文化的重要平台。④汶川特大地震发生后，迅速开展了“侨爱工程——抗震救灾温暖行动”，启动并着力抓好“侨爱工程——灾后重建双百项目”，原计划三年要实现的目标，不到一年时间已落实208所侨爱学校和157所侨爱卫生院。⑤抓住改革开放三十周年的契机，联合中央“四侨”举办“侨务工作与改革开放三十周年座谈会”、“改革开放三十周年侨资企业成就展”，制作了《侨务工作巡礼》专题片，与八一电影制片厂等联合推出六集电视专题片《廖承志》，参与有关部门举办的“纪念廖承志同志诞辰100周年座谈会”，在《人民日报》海外版开设《侨办主任笔谈》栏目等，用鲜活的事实向全社会充分展示了侨务工作在我国改革开放伟大进程中所发挥的独特作用。

五、坚持将作风建设贯穿始终，着力锻造政治坚定、业务精良、作风过硬的领导班子和干部队伍

侨办党组高度重视思想作风建设，2008 年在全国侨办系统开展了“思想作风建设年”活动，以解放思想、真抓实干、创新发展为基本要求，强班子、带队伍、正风气，大力营造了聚精会神干工作、一心一意谋发展的良好氛围。

（作者系国务院侨务办公室主任）

总结新经验　完善新机制　探讨新举措

——在“国外侨务工作经验交流会”上的讲话（摘登）

许又声

一、海外侨情新情况、新动态

随着国际形势的变化和我国综合国力及国际地位的提升，海外华侨华人社会发生了巨大变化，主要表现在以下几个方面：

第一，新华侨华人数量不断增加，作用日益彰显。随着我国改革开放的不断深入和世界经济一体化进程的加快，来自中国内地、港台的新移民不断增多，他们当中既有留学、技术和投资类移民，也有婚姻、家庭团聚类移民，还有合同务工人员和由“非法”到“合法”的移民，遍布发达国家和发展中国家。经过多年艰苦奋斗，他们大多已有一定的事业基础，部分人已小有成就。他们为维护自身权益和谋求更大发展而结社，新侨社团不断涌现，新侨开办或为新侨而办的华文媒体、华文学校应运而生，新侨成为海外华社一支不断发展壮大、作用日益彰显的生力军。与老侨相比，一方面，他们对祖（籍）国更为了解，与祖（籍）国的关系和情感更为密切；另一方面，他们在住在国根基浅，发展事业的压力大，个人守法经营、群体团结协作等方面的问题在不同国家有不同程度的出现，对祖（籍）国依存度更高，需要我们给予更多的教育、引导、扶助和支持。

第二，华裔新生代茁壮成长，对祖（籍）国情感比较淡薄。华裔新生代普遍生活条件优越，受教育水平较高，事业发展比较顺利。他们既继承了中华民族的优良传统，又接受了当地文化的熏陶，具有一定专业知识和技能，懂经营、善管理，有的继承父业，在商业王国大展拳脚；有的另辟事业新天地、自创企业或成为专业人士。他们为住在国经济、科技、文化各领域的发展进步发挥了重要作用。因为在海外生长，多数华裔对祖（籍）国的事情知之甚少，尤其对中国的历史文化和发展现状缺乏全面而直接的了解，所以与祖（籍）国关系比较疏远、感情比较淡薄。随着中国经济实力和国际影响的增强，越来越多的华裔希望多了解中国，与祖（籍）国多一些联系和往来，这为我们拓展华裔新生代工作既创造了有利环境，也提出了迫切要求。

第三，侨胞融入意识日强，对住在国和祖（籍）国的政治诉求日增。随着华社规模的扩大和侨胞经济实力的增强，华侨华人更加注重融入主流社会，逐渐摆脱过去“只重经商、漠视政治”的传统观念，开始打破沉默，发出自己的声音，表达维权、参政的诉求。一方面，通过邀请当地官员参加华社活动或积极参与当地主流社会活动和慈善公益行为，加强与当地政府和民众的交往，注重贡献、回馈住在国社会；另一方面，通过组织政党、参与主流政党、参加选举等方式进入议会和政府，或通过议会游说、运用手中选票等方式表达诉求，在维护华社权益的同时，为促进住在国民族和谐和多元文化建设担负起社会责任，取得可喜成绩。

海外侨胞在积极融入住在国社会的同时，日益关注祖（籍）国的权益，民主意识日益增强，政治诉求日渐多样。外籍华人希望为其与祖（籍）国开展合作交流提供更多便利，在给予外籍华人在华永久居留权、长期多次签证等方面实行更为宽松的政策。

第四，构建和谐侨社理念渐入侨心，中青年侨领日渐挑起华社“大梁”。虽然国侨团历史、规模、实力和影响不同，但或多或少存在运作不够规范、内部不够团结、领导层老化和活动缺乏吸引力等问题。近年来，在各级侨务部门的推动引导和侨界有识之士的带动下，构建和谐侨社理念逐渐得到侨界认同。不少侨领积极实践、率先垂范，有的推动修改会章、改革体制，推行社团管理的民主化、公开化、科学化；有的主动让贤，推荐、扶持年轻人士“上岗”，一批务实、强干的中青年侨领脱颖而出，并挑起了华社“大梁”。侨团之间的沟通、协作逐渐增多，不少社团还从合作共同搞活动走向了组织机构的大联合，不少地方出现了从维护华社的整体形象和长远利益出发，以大局为重，以和为贵，求同存异，共谋发展的可喜局面。当然，各国侨情不同，侨团及侨领千差万别，如何实现侨团健康、可持续发展是国外侨务工作面临的长期课题。

第五，中华文化风行海外，华文教育方兴未艾，需求与日俱增。由于我国综合国力和国际地位提高、各国政府倡导多元文化时代潮流和有关部门大力推动，“汉语热”在世界各地蔚然兴起，华文教育事业迅猛发展。除华人社团和有关人士继续开办华文学校、扩大办学规模、举办比赛和研讨活动外，当地各类学校也开始设置汉语课程或专业，一些华商在企业多元化发展中开始关注教育，把兴办一流的中文学校或中文与当地语言结合的双语学校作为企业发展的新增长点，追求经济效益和文化传承的双丰收。

同时，各地华社举办的富有中华民族特色的文化活动呈现活跃局面。每逢中华民族传统节庆如春节、中秋节、端午节等，华社都要举行舞龙舞狮、游园、文艺会演和龙舟比赛等活动，场面热闹壮观，华侨华人与其他族裔民众共同参与，当地政要纷纷道贺。而侨胞以中华民族文化为特色举办“中国文化节”之类的活动，或参与当地主流社会举办的“移民节”、“嘉年华会”等节庆活动，既是对民族文化的传承，也是对住在国多元文化的丰富，已成为促进不同文化和谐共生、不同族群和睦相融的一道亮丽风景。尽管各级侨办投入大量人力、物力、财力支持海外华社开展华文教育和弘扬中华文化活动，各地华社还是对外赠教材和中华文化用品、培训师资、举办夏令营等不断提出新的更高要求。

第六，华商经济多元化发展，与国内经贸合作方式日益多样，面临的困难亦不容忽视。海外华商经济蓬勃发展，实力显著提高，领域日益多元，除传统行业继续稳步发展外，在房地产、高新技术、资源开发、交通运输、金融保险、文教、医疗、旅游等行业发展迅速。随着经济实力的提升，海外华商希望与我国进行经贸合作的愿望日益强烈，合作方式日趋多元，由过去“单向”来华投资趋向于“双向”或“多向”：一方面，继续到中国寻找商机；另一方面，希望中国企业到海外与华商合作，或联合到第三国投资发展。华商有能力也强烈希望利用他们熟悉国外情况、拥有成熟的市场网络、与中国企业家有共同文化背景等优势，在中国实施“走出去”战略及争取国际能源资源等方面发挥

侨务资源优势，摒弃急功近利，重视涵养资源，解放思想、开拓创新，不断在思想观念和工作内容、方法、手段方面超越自我，努力推动国外侨务工作在更广领域、更高层面、更深层次上实现科学发展和服务科学发展。

（作者系国务院侨务办公室副主任）

高度重视切实做好侨商投诉协调工作

——在全国侨办侨商投诉协调工作会议上的讲话（摘登）

任启亮

一、近三年来全国侨办侨商投诉协调工作成效显著

三年来，全国各地各级侨办认真贯彻落实科学发展观，坚持“以人为本、为侨服务”宗旨，高度重视、知难而上，切实做好侨商投诉协调工作，有力维护了华侨华人、港澳同胞的投资合法权益，赢得了侨胞的赞誉，产生了良好的社会效果。

（一）配合全国人大侨法执法检查，推动重点案件解决。

2006年，全国人大常委会对《中华人民共和国归侨侨眷权益保护法》实施情况进行了一次执法大检查。国务院侨办整理筛选出二十三宗影响较大的涉侨经济案件报送全国人大常委会，其中有七件被选定为直接督办案件。在全国人大常委会执法检查工作的推动下，当年有四件得以顺利解决，其余转送相关部门，陆续得到了较好处理。

根据全国人大常委会关于检查侨法实施情况《报告》所提出的要“妥善处理涉侨案件，维护投资者的权益”，引导海外侨胞“严格依法投资、守法经营，自觉运用法律武器维护自身的合法权益”，以及“研究建立涉侨投诉协调处理机构”等要求，我们加大力度，完善机制，多形式推动涉侨经济纠纷和案件协调处理，取得了积极效果。

（二）专题研究部署侨办系统涉侨经济纠纷协调工作。

2006年7月，国务院侨办在成都召开了维护侨胞投资权益工作座谈会，李海峰主任发表讲话，强调要形成涉侨经济纠纷和案件协调处理工作机制，各级侨办要有相关处室和专人负责涉侨经济纠纷处理工作，要进一步完善相关政策法规，规范程序，依法行政。这对全国侨办深入开展维护侨胞投资权益工作具有重要的指导意义。各地侨办和“法律顾问团”特邀律师在会上交流了开展维护侨胞投资权益工作的经验和做法，进一步明确了工作任务和方向。会议对于各地侨办提高认识、完善机制，切实做好侨胞投资权益保护工作具有明显的推动作用。

近年来，国务院侨办高度重视维护侨胞投资权益工作，在全国侨办主任会议和年度工作要点中都把加大依法护侨工作力度列为重要内容，提出明确要求和措施。2009年更把此项工作作为各项工作的重中之重，在全国侨办系统开展“维护侨商投资权益行动年”主题活动。

（三）一批涉侨经济纠纷和案件得到妥善解决。

据统计，2006 年、2007 年和 2008 年，国务院侨办受理的涉侨经济纠纷分别为 84 件、101 件和 103 件，办复及结案率约为 70%。

2008 年，国侨办印发了《关于认真做好奥运期间涉侨经济纠纷协调处理工作的通知》，要求各地侨办高度重视奥运期间的纠纷处理工作，力争解决一批重点、难点案件。在 10 个有关省（市、区）督办的 24 件重点涉侨经济纠纷案件中，有 17 件得到妥善解决，其余案件也取得了不同程度的进展。在各方面的共同努力下，一些涉侨经济积案、难案得到有效解决。

（四）侨商投诉协调法规和制度建设取得积极进展。

福建、四川、重庆等地出台了保护华侨投资权益等地方性法规，浙江省人民政府制定了《浙江省华侨权益保障暂行规定》，其中对保护华侨投资企业的合法权益和正当经营活动作了规定。

江苏、河南等地建立了以政府分管领导牵头、有关部门参加的侨商投诉协调处理机制，一些地方将侨商投诉纳入外商投诉协调机制，帮助侨资企业解决在生产经营活动中遇到的困难，协调解决各类经济纠纷。各地侨办积极探索建立各类有助于推动解决侨商投诉问题的办法和平台。

国务院侨办建立了侨务信访工作长效机制，并积极研究制定关于加强新形势下侨商投诉协调工作的若干意见。

（五）法律服务网络初步形成，"法律顾问团"的作用得到有效发挥。

国务院侨办"为侨资企业服务法律顾问团"于 2005 年成立，2007 年举行了第二届"法律顾问团"换届会议，修订了"法律顾问团"《工作暂行规定》，制定了 2007—2009 年工作要点。几年来，特邀律师积极维护侨胞投资合法权益，为侨办维权工作提出了许多好的意见和建议，发挥了建设性的作用。

截至目前为止，全国共有 15 个省、直辖市和 8 个副省级城市侨办成立了为侨法律服务机构，许多侨资企业集中的城市和沿海开放地区地市级侨办也成立了法律服务组织。各地"法律顾问团"在侨办处理涉侨经济纠纷、维护侨胞投资权益工作中发挥了积极作用。

（六）侨商组织发展迅速，自我服务、维护权益功能增强。

2008 年 1 月，中国侨商投资企业协会在北京成立，标志着全国侨商组织服务网络的基本形成。目前，全国由侨办作为业务主管单位的地市级以上侨商组织共有 41 家。2008 年以来连续召开的两次"全国侨商组织秘书长工作会议"，对于全国侨商组织网络建设具有积极的意义。

2008 年，国务院侨办出台了《关于促进全国侨商组织建设和发展的若干意见》，提出了促进侨商组织建设和发展的指导思想、基本原则，以及加强和改善侨商组织工作的主要任务和措施，是推动侨商组织发展的指导性文件。其中把"切实维护侨资企业合法权益"作为侨商组织的主要任务之一。各地侨办从侨商组织着手，多形式、多层次开展为侨资企业服务、维护侨资企业合法权益工作。各地侨商组织积极发挥桥梁与纽带作用，沟通侨商与政府的联系，反映侨商的意见和要求，帮助侨商排忧解难，协助做好侨商投诉协调工作。

此外，各地侨办通过多种途径加强了为侨资企业服务的工作，帮助企业规避投资风险、营造良好的发展环境。

三年来，在各有关方面的共同努力下，一批涉侨经济纠纷和疑难案件得到了妥善解决，侨办、侨商投诉协调工作机制得到加强，协调工作的成效和水平得到提高，受到了侨胞的欢迎和肯定，也为进一步改善投资环境、吸引侨商投资、树立良好对外形象作出了应有的贡献。

总结多年来侨办开展侨商投诉协调工作的实践，主要有以下几点体会：一是必须坚持“以人为本、为侨服务”宗旨，坚持为侨服务和为国家发展大局服务的统一，牢固树立维护侨胞投资权益的责任感和使命感，始终把加强投诉协调处理，为侨胞排忧解难放在重要位置。二是必须强化依法护侨的观念，重视侨务工作立法和执法，加大涉侨法规政策的宣传力度，提高侨务干部的依法行政水平。三是必须建立健全维权工作机制和体制，争取各级党委、政府和社会各界对维护侨胞投资权益的重视和支持，增强涉侨部门的整体合力，充分调动各方面的积极因素。四是必须强健队伍，树立知难而上、坚持真理、敢于争取胜利的勇气和精神，注重调查研究，不断增强工作的预见性、针对性和实效性。

二、当前侨商投诉协调工作面临的新情况、新问题

随着我国区域发展总体战略的实施和利用外资水平的提高，特别是我国在应对国际金融危机中的出色表现，侨商境内投资将呈现规模更大、范围更广、层次更高、形式更多样的发展趋势；随着我国依法治国、构建和谐社会步伐的加快，对外商包括侨商投资权益的保护工作将更加重视，侨商投资及其权益保护在国家和地方对外开放和发展大局中将产生更加重要的影响。

随着侨资企业数量的增加和投资规模的扩大，各类涉侨经济纠纷乃至一些恶性侵权案件时有发生。今年一季度，受国际金融危机和国内相关政策调整的影响，涉侨经济纠纷呈现大幅度增加的趋势，各级侨办、侨商投诉协调工作面临的任务更重、情形更复杂、难度更大、困难更多。

当前涉及侨商的纠纷和投诉案件具有以下几个特点：一是侨商投诉的主要对象依然是合作方、政府有关部门和司法部门。二是案发地主要在侨资企业较为集中的沿海发达地区，中西部地区的案发比例趋高；案发领域多样；近年来投资资源、地产类、贸易类、劳资纠纷类案件增多。三是进入诉讼程序的涉侨经济案件占较大比重。四是欧美侨商投诉较多，东南亚侨商投诉相对较少。五是协调处理工作难度大，一批案件积久难决。

当前，导致侨商投诉数量不降反增、一些案件久拖不决或执行不力的原因是多方面的，既有侨商内部的因素，也有外部的因素，其中外部因素是主要的。这反映在如下几个方面：一是一些地方投资环境欠佳，地方保护主义严重。二是经济形势变化，产业政策调整，企业履约率降低。新《劳动合同法》的颁布和金融危机并发，企业负担加重，市场需求萎缩。三是企业在用人和内部管理方面有缺陷，存在先天不足的现象。

各地侨办为侨商投诉做了大量耐心细致、卓有成效的工作，但面临的困难依然很多，需要我们坚定信心，坚决去办、努力去办、认真去办。

三、高度重视，完善机制，不断提高侨商投诉协调工作的水平和成效

（一）提高思想认识，增强做好侨商投诉协调工作的紧迫感和责任感。

党中央、国务院历来十分重视维护侨胞投资合法权益工作。中央有关文件多次强调“保护海外侨胞在境内的合法权益，特别要保护侨商在华投资的各项利益”。做好侨商投诉协调工作，维护侨胞投资合法权益是侨务部门的职责所在。只有做好这项工作，才能更充分地发挥海外侨胞资源优势，战胜自然灾害和国际金融危机等带来的经济困难，实现国民经济平稳较快发展；才能取信于侨，树立中国政府的良好国际形象，有利于在国际上建设一支强大的长期对我友好力量。

（二）加强法制建设，依法做好侨商投诉协调工作。

国务院侨办将加强对全国涉侨经济纠纷的调查研究，归纳总结不同时期、不同地区涉侨经济纠纷发生、发展的特点与规律，增强工作的针对性和时效性，把在学习实践科学发展观过程中形成的新思想转化为开展维护侨胞投资权益工作的新思路和做好侨商投诉协调工作的新举措；要广泛征求对草拟中的《关于加强新形势下侨商投诉协调工作的若干意见》的意见和建议，使之更具指导性和权威性；及时修订国务院侨办《涉侨经济案件协调处理工作暂行办法》，使之更具操作性，不断提高依法协调、科学协调的能力和效果；适时联合有关部门对完善保护华侨投资权益的政策法规进行专题调研。

各地侨办应注意借鉴好的经验和做法，结合本地实际，会同或推动有关部门制定地方性法规和政策，保护侨商投资合法权益，积极扶持本地区侨资企业的健康发展。

（三）完善体制机制，合力推动侨商投诉协调工作的有效开展。

根据国务院侨办新“三定”方案，在经济科技司加挂“投诉协调司”的牌子，内设投诉协调处。投诉协调司肩负着更重的使命和责任，也承载着广大侨胞的殷切期望，希望同志们能够担当起时代赋予我们的光荣任务，开好头，起好步。

各地侨办要主动争取党委、政府、人大、政协、司法以及涉侨党群组织对侨商投诉协调工作的重视和支持，建立以政府分管领导挂帅、有关部门参加的“维护侨胞投资权益联席会议制度”，督促协调解决严重涉侨侵权案件和重大经济纠纷。“五侨”联席会议可将维护侨胞投资权益工作列入议程。各级侨办要有相关处室和专人负责投诉协调工作，有条件的地方可设立“侨商投诉协调中心”等类似机构；应建立涉侨经济纠纷协调工作制度，明确责任，规范程序，科学行政。

（四）突出工作重点，认真开展“维护侨商投资权益行动年”活动。

今年2月，国务院侨办印发了《关于在侨办系统开展“维护侨商投资权益行动年”活动的通知》，明确提出了活动的内容和具体措施，要求重点抓好六项工作。各级侨办要对“行动年”活动高度重视，部署到位、责任明确、层层落实，推动查处一批典型侵权案件，多办几件得侨心、解侨忧的实事。国务院侨办将对“行动年”活动开展情况进行检查，对“重点督办案件”限期解决。

（五）健全服务网络，促进侨商组织和“法律顾问团”的建设与发展。

各级侨办要积极支持侨商组织的工作，帮助他们活跃会务，借助“侨商会”这个平台，及时向广大侨商宣传有关政策法规，引导侨商依法经营。在侨资企业集中的地区，要继续加快推动侨商组织的建设，扩大侨商组织网络覆盖面。应注意发挥中国侨商会在联系、团结海内外侨商组织中的作用，在更高层次上参与维护侨商投资权益工作。

要进一步健全“法律顾问团”工作机制，形成全国为侨商投资法律服务网络，扩大“法律顾问团”的影响，多形式为侨资企业排忧解难。要积极送法律服务上门，帮助侨资企业增强法律保护意识，解决实际难题。要经常听取特邀律师的意见和建议，不断改进为侨资企业服务的工作。

（六）用情、用心、用力，不断开创侨商投诉协调工作新局面。

要充分认识开展侨商投诉协调工作的复杂性、艰巨性和长期性。做好这项工作取决于许多因素，其中最重要的一点还是侨务干部的素质和精神面貌。去年李海峰主任在“全国侨务工作现场经验交流会”上讲话强调，要学习江苏侨务“爱岗、创新、卓越、拼搏”的精神，用情、用心、用力做好侨务工作。

做好侨商投诉协调工作尤其需要这种精神。“用情”就要在受理投诉时设身处地、满腔热情；“用心”就要在投诉协调处理时开阔思路、想尽办法；“用力”就要在困难面前坚定信心、百折不挠。我们要担当好两种角色，即服务员和宣传员。一方面，要不断增强维护侨胞投资权益的使命感和责任感，坚持“热情接待、耐心听取、相互疏导”的工作原则，做到“投诉有门、解决有人、处理有期”；对严重侵害侨胞投资权益的案件，要依靠当地政府和司法机关，一查到底，限期解决。另一方面，要积极向有关部门和社会宣传海外侨胞为国家作出的巨大贡献，宣传国家侨务政策和做好侨商投诉协调工作的重要意义；还要向侨胞宣传国家有关政策法规，引导侨商合理投资、守法经营、依法维权。

做好侨商投诉协调工作是时代赋予侨务工作者的一项艰巨而光荣的任务，我们要坚定信心、增强本领、迎难而上、有所作为，用在平凡岗位上创造的不平凡业绩向建国六十周年献礼。

（作者系国务院侨务办公室副主任）

国务院侨办2009年政府信息公开工作年度报告

根据《中华人民共和国政府信息公开条例》（以下简称《条例》）的规定，特向社会公布国务院侨办2009年政府信息公开工作年度报告。本报告由概述、主动公开政府信息情况、依申请公开政府信息情况、政府信息公开收费及减免情况、政府信息公开申请行政复议和提起行政诉讼情况、存在的主要问题及改进措施等部分组成。报告中所列数据的统计期限自2009年1月1日起至2009年12月31日止。

一、概述

2009年，国务院侨办认真贯彻执行《中华人民共和国政府信息公开条例》的规定，坚持以科学发展观为指导，结合工作实际，增强工作透明度，按照“以公开为原则、不公开为例外”的总体要求，认真做好政府信息公开工作的各项基础建设，围绕侨务工作大局，稳步推进我办政府信息公开工作，取得较好的工作成效。

1. 领导重视，深化对政府信息公开工作重要性的认识。我办领导高度重视政府信息公开工作，为确保政府信息公开工作落到实处，主管领导多次在会上强调政务公开和政府信息公开工作的重要性，要求大家充分认识开展政府信息公开工作的艰巨性和长期性，要把政府信息公开工作作为加强机关作风建设的重要内容和一项基本工作抓紧、抓实、抓出实效，要增强做好政府信息公开工作的责任感和使命感，坚持不懈，大力推进我办政府信息工作的深入开展。

2. 注重调查研究，规范政府信息公开工作的开展。为建立科学有效的政府信息公开工作机制和制度规范，我办加大对政府信息公开工作的力度。2009年四季度由职能司领导带队组成调研组对我办所属院校展开调研，采取听取汇报、召开专题座谈会、实地察看等方式，就做好政务公开和政府信息公开工作进行了认真细致的调研，认真总结经验，积极探索开展政府信息工作的新思路和新举措，为进一步做好我办政府信息公开工作奠定了坚实的基础。

3. 加强基础工作，强化网络平台的作用和建设。为方便社会公众更好地了解侨务工作动态，特别是方便海外华侨和归侨侨眷及时获取有关信息，我办通过多种途径发布信息。今年对门户网站进行了全面升级改版，开设了信息公开专栏，将政府信息公开指南、信息公开目录和信息公开申请表及信息公开场所、投诉监督部门、地址和电话等在栏目中公布，将应主动公开的信息及时在网站上发布，充分利用网络平台有针对性地开展政府信息公开工作。网站有专人负责维护和更新工作，确保群众能方便、快捷地查询到我办公开的政府信息。

4. 采取多种途径，宣传和突出政府信息公开工作重点。为使政府信息公开工作逐步向经常化、制度化和规范化迈进，进一步拓展民主参与渠道，加大对政府信息公开工作的宣传力度。我办除在政府网站开设信息公开专栏外，内部实现办公网络体系，及时将机关重要工作事项和信息向干部群众公布，同时在办公楼一楼大厅设立了宣传公告栏，方便群众及时了解工作进展情况并进行监督检查，有效宣传和强化了政府信息公开工作，确保了侨办政府信息公开工作落在实处。

二、主动公开政府信息情况

（一）公开的主要内容。

2009 年，我办主动向社会公开的政府信息共计 180 余条，包括国内外侨务工作动态、经济科技、政策法规、政策咨询、文教宣传、办事指南、职能介绍等信息。

（二）公开形式。

1. 政府网站。充分发挥政府网站主渠道作用，网站开设工作动态、涉侨信息、信息公开、海外乡情、华教资讯、经济科技、侨务论坛、定点帮扶及侨爱工程等栏目，及时、全面、准确地将国务院侨办重要工作动态和信息在网站上发布。2009 年国务院侨办政府网站点击率超过 920 万人次，“信息公开”栏目点击率超过 3.5 万人次。

2. 报刊、广播电视及新闻媒体、新闻发布会等。通过发布新闻稿件、召开新闻发布会等形式及时将国务院侨办重要工作部署、工作进展情况，以及公众关注的新闻热点等向社会进行发布。

3. 《侨务工作研究》刊物。双月刊，全国侨务工作指导性期刊。定期刊载涉及侨务工作的方针政策和涉侨信息。

4. 其他形式。通过《中国侨网》、《中国华文教育网》、《中国华文教育基金会》、《中国侨商投资企业协会》等网站及公告栏等，及时向社会主动公布侨界要闻、热点问题等公务活动信息情况。

三、依申请公开政府信息情况

2009 年度，我办未收到依申请政府信息公开的申请。

四、收费及减免情况

2009 年度，我办政府信息公开工作未发生相关收费和减免情况。

五、申请行政复议和提起行政诉讼情况

2009 年度，我办未发生因政府信息公开而引发的行政复议或行政诉讼案件。

六、存在的主要问题及改进情况

2009 年，我办认真按照《条例》的规定，健全工作机制，建立规章制度，做好基础工作，政府信息公开工作取得了一定的成效，但与《条例》的要求还有一定差距，主要表现在有些部门对政府信息公开工作重要性的了解和重视程度不够，主动性和公开意识需进一步深化。2010 年重点做好以下工作：

1. 进一步深化对政府信息公开工作重要性的认识。从转变工作作风，提高执政能力的高度，增强做好政府信息公开工作的责任感和使命感，加强对《条例》的宣传学习，提高做好新形势下政府信息公开工作重要性和必要性的认识，提高机关工作的透明度，以更加积极的态度和扎实的措施推进我办政府信息公开工作的有效开展。

2．进一步健全政府信息公开工作制度。着力从公开的内容、形式、程序和时限上进行规范，提高公开的针对性和实效性，建立健全和完善工作机制及相关制度措施，确保政府信息公开的质量和效率，积极探索新形势下政府信息公开工作的新途径，进一步完善监督检查制度，逐步建立政府信息公开工作长效机制，不断把我办政府信息公开工作引向深入。

3．进一步发挥网络平台作用。加强对我办政府网站的建设和管理，充分发挥其政府网站的主渠道功能，同时发挥我办其他业务网站的功能和作用，及时将应主动公开的信息公布、丰富公开内容、规范工作流程，并对以往发布的政府信息进行梳理、规范，及时纳入目录系统，定期维护和更新公开信息，同时进一步拓展网上查询、公众留言等服务功能，为公众依法获取我办政府信息提供了便捷渠道。

4．进一步加大对政府信息公开工作的督查检查力度。把政府信息公开工作纳入重要工作日程，切实加强对我办机关及所属各单位政（校）务公开工作情况的监督检查力度，及时了解和掌握各单位政（校）务公开工作的进展情况，发现问题及时解决，狠抓落实，鼓励广大干部职工积极参与政府公开信息工作的监督检查，更好地服务于社会和群众，推动我办政府信息公开工作再上新台阶。

（国务院侨务办公室网站——信息公开频道）

（本版责任编辑　徐云）

财政部、国家税务总局关于对外资企业及外籍个人征收房产税有关问题的通知

财税〔2009〕3号

各省、自治区、直辖市、计划单列市财政厅（局）、地方税务局，新疆生产建设兵团财务局：

根据2008年12月31日国务院发布的第546号令，自2009年1月1日起，废止《中华人民共和国城市房地产税暂行条例》，外商投资企业、外国企业和组织以及外籍个人（包括港澳台资企业和组织以及华侨、港澳台同胞，以下统称外资企业及外籍个人）依照《中华人民共和国房产税暂行条例》（国发〔1986〕90号）缴纳房产税。为做好外资企业及外籍个人房产税征收工作，现将有关事项通知如下：

一、自2009年1月1日起，对外资企业及外籍个人的房产征收房产税，在征税范围、计税依据、税率、税收优惠、征收管理等方面按照《中华人民共和国房产税暂行条例》（国发〔1986〕90号）及有关规定执行。各地要及时了解外资企业及外籍个人房产税的征收情况，对遇到的问题及时反映，确保相关政策落实到位。

二、以人民币以外的货币为记账本位币的外资企业及外籍个人在缴纳房产税时，均应将其根据记账本位币计算的税款按照缴款上月最后一日的人民币汇率中间价折合成人民币。

三、房产税由房产所在地的地方税务机关征收，其征收管理按《中华人民共和国税收征收管理法》及相关规定执行。

财政部　国家税务总局

二〇〇九年一月十二日

国务院侨务办公室、教育部
关于华侨子女回国接受义务教育相关问题的规定

一、为弘扬中华文化，满足华侨子女回国接受义务教育的需要，根据《中华人民共和国义务教育法》、《中华人民共和国归侨侨眷权益保护法》及其实施办法，制定本规定。

二、本规定所称华侨子女，是指定居国外的中国公民的适龄子女。

三、华侨子女在其国内监护人户口所在地就读实施义务教育学校的，应当视同当地居民子女办理入学手续，依法享受免缴学费和杂费的权利。国内监护人的选择，原则上按照父母，祖父母、外祖父母，兄、姐，关系密切的其他亲属、朋友的顺序确定。

四、办理就读须提供的有关材料及具体办法，由各省（区、市）根据实际情况研究制定。

五、接收华侨子女的学校，要制定措施，积极做好华侨子女的教育培养工作，关心照顾他们的学习和生活；不得以任何名义和形式设立针对华侨子女的收费项目或提高收费标准。

六、华侨子女回国就读外籍人员子女学校或民办学校，不适合用本规定。

七、外籍华人子女来华就读实施义务教育的学校，各省（区、市）可根据本规定精神，结合本地区实际研究决定。

八、本规定自印发之日起施行。

二〇〇九年一月二十二日

国务院办公厅关于印发《国务院侨务办公室主要职责内设机构和人员编制规定》的通知

国办发〔2009〕15号

各省、自治区、直辖市人民政府，国务院各部委、各直属机构：

《国务院侨务办公室主要职责内设机构和人员编制规定》已经国务院批准，现予印发。

国务院办公厅

二〇〇九年三月二日

国务院侨务办公室主要职责内设机构和人员编制规定

根据《国务院关于机构设置的通知》（国发〔2008〕11号），设立国务院侨务办公室（正部级），为国务院办事机构。

一、职责调整

（一）取消已由国务院公布取消的行政审批事项。

（二）加强统筹协调有关部门和社会团体开展涉侨工作的职责。

二、主要职责

（一）负责拟订侨务工作政策和规划，起草相关法律法规草案并督促检查贯彻落实情况。

（二）调查研究国内外侨情和侨务工作情况，向党中央、国务院提供侨务信息，组织开展侨务政策、理论和侨务工作重大问题的调查研究，负责向涉侨部门通报侨务工作情况。

（三）协助国务院总理办理侨务事项，统筹协调有关部门和社会团体涉侨工作，指导地方有关部门侨务工作，协同外交部指导我驻外使领馆侨务工作。

（四）指导归侨侨眷工作，依法组织协调归侨侨眷和华侨华人在国内合法权益维护工作，配合有关部门研究处置涉侨突发事件，参与重大涉侨捐赠监督工作，协助有关部门做好归侨侨眷代表人士的人事安排工作。

（五）负责指导、开展对华侨华人及其社团的联谊和服务工作，开展香港、澳门特别行政区侨界的联谊工作，会同有关部门开展侨务对台工作，承办有关审批事宜。

（六）指导、推动涉侨经济、科技合作与交流，协调涉侨经济投诉工作。

（七）指导、推动涉侨宣传、文化交流和华文教育工作。

（八）承办国务院交办的其他事项。

三、内设机构

根据上述职责，国务院侨务办公室设7个内设机构（正司局级）：

（一）秘书行政司。

负责机关文电、会务、机要、档案工作和信息、安全保密等工作；负责机关财务、行政事务；负责有关重要活动的组织、重要事项的督办。

（二）政策法规司。

承担侨务工作政策、规划和法律法规草案的拟订工作；调查研究侨务政策、理论和侨务工作重大问题；收集分析侨务信息并提出政策建议；协助审核有关涉侨法规和政策草案；承办行政复议工作。

（三）国内司。

研究国内侨情和侨务工作并提出政策建议；承担推动开展归侨侨眷的具体工作；承担维护归侨侨眷合法权益和华侨华人在国内合法权益的具体协调工作；参与对重大涉侨捐赠财产使用与管理的监督工作；承担协助归侨侨眷代表人士人事安排的具体工作；负责信访工作。

（四）国外司（港澳台司）。

研究国外侨情和侨务工作并提出政策建议；承担推动开展对华侨华人及其社团联谊和服务的具体工作，承担对香港、澳门特别行政区侨界联谊的指导工作；承担侨务对台工作；承办境内华侨华人国际性联谊活动的有关审批工作；承办有关涉侨事项的审核工作。

（五）经济科技司（投诉协调司）。

研究涉侨经济科技工作并提出政策建议；推动华侨华人与祖（籍）国开展经济、科技的合作与交流；承担协调涉侨经济等投诉的具体工作；协助指导有关协会的工作。

（六）宣传司。

研究推动侨务宣传工作并提出政策建议；联系华侨华人新闻机构和记者并协助办理在华采访有关事宜；协助管理直属新闻机构；承担新闻发布工作。

（七）文化司。

研究推动侨务文化和华文教育工作并提出政策建议；拟订华文教育规划；协助管理直属院校；协助指导有关团体工作。

机关党委：负责机关和在京直属单位的党群工作。人事司与机关党委合署办公，一个机构两块牌子，承担机关和直属单位的人事管理及机构编制工作；承办外派干部的调配和管理工作；负责干部培训工作。

离退休干部办公室：负责机关离退休干部工作，指导直属单位离退休干部工作。

四、人员编制

国务院侨务办公室机关行政编制为141名（含两委人员编制4名、援派机动编制1名、离退休干部工作人员编制14名）。其中：主任1名、副主任4名，司局级领导职数25名（含机关党委专职副书记1名、离退休干部办公室领导职数1名）。

五、其他事项

所属事业单位的设置、职责和编制事项另行规定。

六、附则

本规定由中央机构编制委员会办公室负责解释，其调整由中央机构编制委员会办公室按规定程序办理。

卫生部关于华侨和归侨医务工作者持外国医师执照在华行医有关问题的复函

国务院侨务办公室：

你办《关于华侨和归侨医务工作者持外国医师执照在华行医有关问题的复函》（侨内函〔2009〕23号）收悉。为保护侨胞的正当合法权益，经研究，现函复如下：

一、华侨取得国外合法医师资格，拟短期回国行医的，持侨务部门出具的有效证明，可参照《外国医师来华短期行医暂行管理办法》的有关规定执行。

二、华侨及归侨取得国外医学学历，其学历学位证书经教育部留学服务中心论证，符合《中华人民共和国执业医师法》及其有关文件规定的，可以报名参加医师资格考试。

专此函复。

二○○九年三月十七日

国务院侨务办公室关于印发《关于界定华侨外籍华人归侨侨眷身份的规定》的通知

国侨发〔2009〕5号

各省、自治区、直辖市侨办，新疆生产建设兵团侨办，各副省级城市侨办：

现将《关于界定华侨外籍华人归侨侨眷身份的规定》印发给你们，请遵照执行。

二○○九年四月二十四日

关于界定华侨外籍华人归侨侨眷身份的规定

为适应侨情变化和侨务工作发展的需要，根据《中华人民共和国归侨侨眷权益保护法》及其实施办法，现对华侨、外籍华人、归侨、侨眷的身份做如下界定。

一、华侨是指定居在国外的中国公民。

（一）“定居”是指中国公民已取得住在国长期或者永久居留权，并已在住在国连续居留两年，两年内累计居留不少于18个月。

（二）中国公民虽未取得住在国长期或者永久居留权，但已取得住在国连续五年以上（含五年）合法居留资格，五年内在住在国累计居留不少于30个月，视为华侨。

（三）中国公民出国留学（包括公派和自费）在外学习期间，或因公务出国（包括外派劳务人员）在外工作期间，均不视为华侨。

二、外籍华人是指已加入外国国籍的原中国公民及其外国籍后裔；中国公民的外国籍后裔。

三、归侨是指回国定居的华侨。

（一）“回国定居”是指华侨放弃原住在国长期、永久或合法居留权并依法办理回国落户手续。

（二）外籍华人经批准恢复或取得中国国籍并依法办理来中国落户手续的，视为归侨。

四、侨眷是指华侨、归侨在国内的眷属。

（一）侨眷包括：华侨、归侨的配偶，父母、子女及其配偶，兄弟姐妹，祖父母、外祖父母，孙子女、外孙子女，以及同华侨、归侨有长期扶养关系的其他亲属。

（二）外籍华人在中国境内的具有中国国籍的眷属视为侨眷，其范围比照本条第（一）款。

上述规定仅适用于华侨、外籍华人、归侨、侨眷身份的界定，有关他们在中国的政策待遇，应按有关规定执行。

本规定自发布之日起施行，国务院侨务办公室印发的《关于华侨归侨华侨学生归侨学生侨眷等身份解释（试行）》（国侨发〔1984〕2号）和《关于对华侨定义中“定居”的解释（试行）》（侨政发〔2005〕203号）同时废止。

本规定由国务院侨务办公室负责解释。

关于印发《国务院侨办重点华侨华人创业团队支持办法（试行）》的通知

侨经发〔2009〕84号

各省、自治区、直辖市侨办，新疆生产建设兵团侨办，各副省级城市侨办：

为贯彻落实中央引进海外高层次人才工作精神，进一步实施“海外人才为国服务计划”，在更广领域、更高层面、更深层次开展华侨华人人才工作，推动华侨华人创业创新取得成功，促进国家和地区科技、经济发展，为建设创新型国家作贡献，国务院侨办制定了《国务院侨办重点华侨华人创业团队支持办法（试行）》，决定遴选一批重点华侨华人创业团队予以扶持。

现将该《办法（试行）》印发给你们，请各地侨办结合实际，遴选推荐优秀华侨华人创业团队上报我办。

国务院侨务办公室

二〇〇九年五月十九日

国务院侨办重点华侨华人创业团队支持办法（试行）

第一条 为深入实施“海外人才为国服务计划”，加大对优秀华侨华人创业团队的支持力度，扶持一批华侨华人创业团队成功回国创业，促进国家和地区科技、经济发展，吸引更多华侨华人人才回国创业，结合《国务院侨办引智项目管理暂行办法》、《国务院侨办引智引资重点联系单位工作暂行办法》，制定本办法。

第二条 本办法重点支持在“国务院侨办、引智引资重点联系单位”创业的华侨华人创业团队。

第三条 每年遴选10~20个重点华侨华人创业团队予以支持，期限两年，可连续申请。

第四条 重点华侨华人创业团队应具备以下条件：

（一）创业团队的创业项目应符合国家产业发展布局和国家科技发展规划，具有自主知识产权，并有明显创新潜力和良好创业前景，能产生显著的经济或社会效益；

（二）创业团队的带头人应具有华侨或华人身份，具有硕士（含）以上学历；

（三）创业团队应具有共同的创业方向和目标，团队应是在长期合作的基础上自然凝聚而成的创业群体（一般应为三人及以上），创业团队成员应具有勇于创新、团结协作和拼搏创业精神；

（四）遵纪守法。

第五条 国务院侨办对重点华侨华人创业团队的主要支持措施：

（一）对其开展与创业相关的学术研讨、引进智力、技术合作、考察交流等活动统一纳入“侨务引智项目”进行管理，每个团队每年给予10万~20万元的经费资助；

（二）发挥侨务优势，宣传重点华侨华人创业团队，扩大其对外交流渠道和影响；

（三）邀请参加国务院侨办举办的大型引智引资活动和有关会议；

（四）协助申报国家相关人才计划、资金扶持、金融支持，帮助协调关系、排忧解难、维护权益等；

（五）推荐重点华侨华人创业团队的优秀华侨华人专业人士参加“杰出创业奖”的评选、表彰活动；

（六）各地侨办、国务院侨办引智引资重点联系单位应对其回国创业予以大力支持；

（七）其他有助于推动重点华侨华人创业团队创业成功的举措。

第六条 国务院侨办重点华侨华人创业团队申报程序：

华侨华人创业团队根据《国务院侨办引智项目管理暂行办法》和本办法规定的申报

条件，填写“重点华侨华人创业团队项目申请表”，向所在地的省（自治区、直辖市）或副省级城市侨办申请，再由省（自治区、直辖市）或副省级城市侨办向国务院侨办申报审批。

第七条 经国务院侨办审核通过的，列为国务院侨办重点华侨华人创业团队，国务院侨办给予相关支持。

第八条 获支持的重点华侨华人创业团队应由创业团队带头人在年终撰写《重点华侨华人创业团队总结报告》，由所在地的省（自治区、直辖市）或副省级城市侨办于12月30日前报国务院侨办。

第九条 重点华侨华人创业团队按年度编制经费预算申请，报国务院侨办以及所在地的省（自治区、直辖市）或副省级城市侨办，并对资助经费单独建账。

第十条 资助经费由国务院侨办按年度拨付重点华侨华人创业团队所在地的省（自治区、直辖市）或副省级城市侨办，用以资助重点华侨华人创业团队，专款专用，任何单位和个人不得截留和挪用。

第十一条 重点华侨华人创业团队所在地的省（自治区、直辖市）或副省级城市侨办对专项资助经费进行预算管理，对项目进行验收并对经费使用情况进行审查，报国务院侨办核准。

第十二条 国务院侨办负责对资助经费进行监管，包括预算审批、执行情况监督、绩效考评及抽样审计等。

第十三条 对优秀的重点华侨华人创业团队予以表扬和奖励。

第十四条 本办法自发布之日起施行，由国务院侨办负责解释。

二〇〇九年五月十九日

国务院侨办关于转发《关于进一步做好在国内就业的华侨参加社会保险有关工作的通知》的通知

秘行发〔2009〕78号

各省、自治区、直辖市侨办，新疆生产建设兵团侨办、各副省级市侨办：

现将人力资源和社会保障部办公厅印发的《关于进一步做好在国内就业的华侨参加社会保险有关工作的通知》（人社厅发〔2009〕118号）转发给你们。该《通知》明确了华侨可以以护照作为参加社会保险的身份证件，规定了华侨参加社会保险的社会保障号码编制规则。请你们配合同级人力资源社会保障部门做好政策宣传、解释工作。

附件：人力资源和社会保障部办公厅《关于进一步做好在国内就业的华侨参加社会保险有关工作的通知》

二〇〇九年十一月十七日

附件：

关于进一步做好在国内就业的华侨参加社会保险有关工作的通知

人社厅发〔2009〕118号

各省、自治区、直辖市人力资源社会保障（劳动保障）厅（局），新疆生产建设兵团人力资源和社会保障局：

随着我国改革开放和社会经济的发展，越来越多的华侨回国内就业和发展。按照《社会保障费征缴暂行条例》（国务院令第259号）和《劳动和社会保障部办公厅关于取得国外永久性居民身份证的人员在国内就业期间有关社会保险问题的复函》（劳社厅函〔2001〕198号）有关规定，各地逐步将在国内就业的华侨纳入社会保险覆盖范围。但在实际操作中，部分华侨和地方社会保险经办部门反映，由于华侨没有居民身份证，无法办理参保登记手续，影响了华侨的参保。为进一步做好在国内就业的华侨参加社会保险有关工作，维护他们的社会保险权益，现就有关问题通知如下：

一、聘雇华侨人员的用人单位，可持华侨本人的有效护照等证明材料及时到当地社会保险经办机构为其办理参保登记手续，建立社会保险关系。在国内灵活就业的华侨人员，可持本人有效护照等，按照个体身份人员参保办法到所在地社会保险经办机构办理参保缴费手续。华侨参加社会保险的各项业务办理程序与国内其他参保人员一致。

二、首次参保或已办理终止国内的社会保险关系手续后再次回国就业并参保的华侨人员，社会保险经办机构根据《参保华侨社会保障号码编制规则》（见附件）为其建立社会保障号码，并在信息系统中做专门的参保标识。

三、按规定符合享受社会保险待遇申领条件的华侨参保人员，可持本人有效护照等领取社会保险待遇手续。在境外居住的，经向社会保险经办机构申请，其社会保险待遇可委托亲属或他人代领；或应本人要求，由社会保险经办机构将应领取的人民币兑换成本人选择的国内可兑换的外汇币种，汇至华侨实际居住国，相关费用由个人负担。境外居住的华侨应每年向负责支付其养老保险待遇的社会保险经办机构提供一次由我驻外使领馆或居住国主管部门、公证机关出具的健在证明的公证、认证等证明。

四、各级人力资源和社会保障部门要认真落实华侨参保的有关政策，按照规定将符合条件的华侨纳入社会保险覆盖范围，切实维护他们的合法权益。要针对华侨参保的实际，改进管理服务方式，调整和优化经办规程，及时提供业务查询服务，方便华侨办理参保等手续。工作中发现的问题，请及时向我部报告。

二〇〇九年九月八日

人力资源和社会保障部关于印发《关于实施中国留学人员回国创业启动支持计划意见》的通知

人社部发〔2009〕112号

各省、自治区、直辖市人力资源社会保障（人事、劳动保障）厅（局），新疆生产建设兵团人事局、劳动保障局，各副省级市人事局、劳动保障局：

为更好实施人才强国战略，加大吸引留学人员回国创业的工作力度，根据《留学人员回国工作“十一五”规划》（国人部发〔2006〕123号）精神，人力资源社会保障部决定实施中国留学人员回国创业启动支持计划，现将《关于实施中国留学人员回国创业启动支持计划的意见》印发给你们，请认真贯彻执行。

参加今年计划申报的地区，按照本意见要求推荐1～2位候选人，并于10月25日前将人选材料报送我部专业技术人员管理司。

二〇〇九年九月二十一日

关于实施中国留学人员回国创业启动支持计划的意见

留学人员是我国人才资源的重要组成部分，是国家的宝贵财富。鼓励留学人员回国创办高新技术企业，对于更好实施人才强国战略、建设创新型国家具有重要意义。近年来，在党中央、国务院的重视关怀下，各地区和有关部门积极完善政策，实施专项计划，不断加大投入，营造良好环境，支持留学人员回国创业，有力推动了地方经济发展和产业结构调整。为进一步加大对留学人员回国创业的支持力度，按照党中央、国务院要求，根据《留学人员回国工作“十一五”规划》（国人部发〔2006〕123号），人力资源社会保障部决定实施中国留学人员回国创业启动支持计划，即每年在全国范围内遴选一批创新能力强、发展潜力大、市场前景好的留学回国人员创办的企业，在创办初始启动阶段予以重点支持，以加快其科技成果转化，实现企业快速发展。

一、指导思想、原则和目标

留学人员回国创业启动支持计划的实施坚持以科学发展观为指导，落实人才强国战略，贯彻留学回国工作的方针和要求；坚持优先支持我国急需发展的电子信息制造、生物医药、新材料与新能源等高技术产业以及金融、物流、信息和商务等现代服务产业；坚持政府投入与社会参与相结合，以政府投入带动社会投入，营造留学回国创业的良好环境。

通过支持留学回国人员创业，推动产业结构优化，提高整体自主创新能力，逐步发展一批具有核心竞争力的留学人员高新技术企业，培养一批专业素质高、技术前景好、海外联系广、熟悉国际运作规则的现代企业经营管理人才。

二、申请条件

申报留学人员回国创业启动支持计划需同时具备以下条件：

（一）企业法定代表人应为留学回国人员，一般应获得硕士以上学位；

（二）拥有自主知识产权或发明专利，技术创新性强，具有市场潜力；

（三）熟悉相关领域和国际规则，有经营管理能力，如有海外自主创业经验者可优先考虑；

（四）企业注册时间不超过三年；

（五）企业注册资金现金资产不低于50万元人民币，留学人员出资额占企业注册资本的50%以上；

（六）企业法人诚信守法，无违法犯罪记录。

三、申报和遴选评估程序

各省级（含副省级市，下同）人民政府人力资源社会保障部门负责组织符合条件的企业进行申报，人力资源社会保障部对申报企业进行遴选。

（一）申请人填写“中国留学人员回国创业启动支持计划申请表”一式三份（见副表），按照隶属关系将申请表报送省级人民政府人力资源社会保障部门。

（二）各省级人民政府人力资源社会保障部门负责对申请人、创业项目和其他材料进行审核把关，确保各项申报材料真实可靠，并将审核通过的创业项目报人力资源社会保障部。

（三）人力资源社会保障部负责组织设立包括科学技术、风险投资和企业管理等不同领域的专家在内的专家评审组，采用集中评审、答辩和专家咨询等方式，对各地上报创业项目的技术水平、市场前景、风险水平以及申报人和团队的创新能力、经营管理能力等进行综合评估，根据评估结果确定支持的重点创业项目和优秀创业项目名单。

（四）对经人力资源社会保障部批准的重点创业项目和优秀创业项目以无偿资助的形式予以资金支持。

四、经费划拨、使用与管理

“留学人员回国创业启动支持资金”项目经费作为人力资源社会保障部项目支出管理，专门用于支持遴选出的留学回国人员创办的企业，要充分发挥各方面的积极性，增强资金的使用效果。

（一）对于经人力资源社会保障部审批确定的重点创业项目，一次性给予创业支持资金50万元；对于确定的优秀创业项目，一次性给予创业支持资金20万元。相关地方应给予相应配套资金支持。

（二）创业支持资金由人力资源社会保障部根据审批结果下拨至有关地区人力资源社会保障部门，各地应在收到拨款一个月内，全额拨付给相关留学人员企业。

（三）创业启动支持资金一般用于留学人员企业科研创新和市场开拓以及贷款贴息、人员安置、团队建设等方面。

（四）人力资源社会保障部将定期或不定期对受支持企业使用资金的情况进行检查、审计，如发现违规使用情况，将责令其整改，情节严重的，要返还中央支持资金。

（五）各地人力资源社会保障部门具体负责对创业支持资金执行情况的督促和管理，鼓励留学人员创业，以开展创业辅导、组织投融资推介等方式对受支持的企业给予扶持，并定期将受支持企业的资金执行及企业发展情况报当地人力资源社会保障部门。

（六）受支持的留学人员企业要认真执行国家有关专项经费的管理规定，制定资金管理细则，确保专款专用。对支持资金在执行期间出现的问题，要及时向省级人民政府人力资源社会保障部门反映。

实施留学人员回国创业启动支持计划是落实中央关于留学回国工作的新要求和支持广大留学人员回国创业的重要措施，各地人力资源社会保障部门要加强组织领导，完善政策措施，加强留学人员创业园建设，构建有利于留学人员回国创业的服务体系，加大对留学人员回国创业的支持力度，以吸引更多优秀留学人员回国创业。

附表：中国留学人员回国创业启动支持计划申请表（略）

关于涉侨计划生育政策的若干意见

国人口发〔2009〕103号

为进一步贯彻执行有关涉侨计划生育政策，现就有关问题提出以下意见：

一、关于华侨在国内的计划生育政策

中国内地居民与华侨结婚在中国内地生育，应遵守其户口所在地人口与计划生育的有关规定。如所生育子女均在境外定居，可在中国内地再生育子女。

中国内地居民与华侨结婚在境外生育子女且该子女拟回中国内地定居的，应遵守其户口所在地人口与计划生育的有关规定。如果在境外不符合其户口所在地人口与计划生育有关生育数量规定生育子女，且该子女回中国内地定居的，应依法缴纳社会抚养费。

夫妻双方均为华侨，已生育的子女均在境外定居的，在中国内地可按政策规定再生育子女，并按照有关规定在其父或母原户籍地办理落户。

二、关于归侨的计划生育政策

归侨应执行其户口所在地人口与计划生育的有关规定。其中，夫妻一方或双方为归侨的中国内地居民所生育的子女均在境外定居的，可在中国内地按政策规定再生育子女。

华侨、归侨符合以上规定可以再生育的，应按有关规定办理相应的审批手续。

以上所指“华侨”、“归侨”身份及“定居”概念的界定，均以《关于界定华侨外籍华人归侨侨眷身份的规定》（国侨发〔2009〕5号）为准。

此前有关涉侨计划生育政策凡与此意见不符的按此意见执行。

国家人口和计划生育委员会、公安部、国务院侨务办公室

二〇〇九年十二月三十日

（本版责任编辑　景海燕）

2009年华侨华人大事记

本版内容以中国新闻网发布的信息为依据，选取对华侨华人社会影响较大的事件和活动进行综合整理，分为境内和境外两部分，均按发生时间先后顺序排列。

境 内

增进同胞友谊　两岸同侨·亲情中华行在云南启动

1月4日，由中国侨联与台湾国民党归侨联谊会共同举办的“两岸同侨·亲情中华行——云南”在云南省昆明市举办。中国侨联副主席李祖沛、云南省人大常委会副主任杨保健以及云南省侨联、省海外联谊会、省台办、省台盟、省台联等部门负责人出席活动。

李祖沛首先代表中国侨联对参加“两岸同侨·亲情中华行——云南”的国民党归侨联谊会参访团表示热烈欢迎。他说在过去的一年里，祖国大陆经历了许多不平凡的大事，从年初的抗击雨雪冰冻灾害到抗震救灾，到成功举办第29届北京奥运会、残奥会，“神七”宇宙飞船成功飞行，再到积极应对全球金融危机。在这些不平凡的大事中，广大台湾同胞与大陆同胞一道同忧同喜，为救灾伸出援助之手，使我们深深感受到血浓于水的同胞之情。

参访团团长岳承凯在致辞时对中国侨联、云南省政府、云南省侨联的热情接待表示由衷的感谢。他表示，六十年来，两岸关系经历了风风雨雨，如今已发展到全方位、多层次的交流，正如涓涓细流汇成不可阻挡的大河流一样，这是大家都乐意看到的。

中国侨办推出侨务工作科学发展的新思路

1月16—17日，2009年全国侨办主任会议在北京举行。中国国务院侨务办公室主任李海峰在会上作工作报告，要求中国侨办系统坚持深入实际、深入基层、深入侨胞和归侨侨眷，做到问政于侨、问需于侨、问计于侨。

国务委员戴秉国出席会议并作重要讲话。他全面分析了当前国际形势的特点和规律，充分肯定了近年来各级侨办所取得的突出成绩，并对新时期的侨务工作提出要求。

李海峰在报告中总结了全国侨办系统以学习江苏经验为抓手，用情、用心、用力大干侨务工作所取得的丰硕成果，阐述了侨务工作实现科学发展的新思路和新认识，并提出今后一段时期推进侨务工作科学发展的新思路。

国务院侨办主任李海峰向全球侨胞祝贺新春

1月20日，中国国务院侨务办公室主任李海峰在北京发表新春贺词，向海外侨胞和广大归侨侨眷致以节日的问候和良好的祝愿。

李海峰说，在新的一年里，侨务部门将秉承“以人为本、为侨服务”的宗旨，深入实践科学发展观，全面贯彻落实中央关于侨务工作的方针政策，不断拓宽工作思路，创新工作模式，积极应对国际金融危机可能给海外侨胞和侨资企业带来的不利影响，主动、热情、千方百计地为广大侨胞排忧解难，努力实现好、维护好、发展好海外侨胞和归侨侨眷的根本利益。

《华侨子女回国接受义务教育实施办法》出台

根据《中华人民共和国义务教育法》、《中华人民共和国归侨侨眷权益保护法》及其实施办法，国务院侨务办公室、教育部1月22日联合颁发了《关于华侨子女回国接受义务教育相关问题的规定》。

该规定明确了回国接受义务教育的华侨子女为定居国外的中国公民的适龄子女，要求各省市教育部门对回国接受义务教育的华侨子女视同当地居民适龄子女办理入学手续，免收其学费和杂费，并明确了回国接受义务教育的华侨子女监护人的选择，按照父母，祖父母、外祖父母，兄、姐，关系密切的其他亲属、朋友的顺序确定。该规定还要求接收华侨子女的学校，要制定措施，积极做好华侨子女的教育培养工作，关心照顾他们的学习和生活；不得以任何名义和形式设立针对华侨子女的收费项目或提高收费标准。

列席全国政协大会海外侨胞人数创新高

3月13日，“两会”闭幕。这次“两会”在传递中国政府未来一年施政方略信息的同时，也对海外侨胞的民生问题予以关注。从获邀列席全国政协大会海外侨胞人数创新高(33人)，到《政府工作报告》强调贯彻中共的侨务政策，支持海外侨胞、归侨侨眷关心和参与祖国家乡现代化建设与和平统一大业；从民主党派提出涉“侨”提案，到代表委员聚焦“海归”；从侨务部门官员与侨胞座谈听“侨声”，到共同支招华侨华人度危机……海外华侨华人作为一个普通但不平常的群体在“两会”中颇受瞩目。“双向关注”体现了全球华人共同面对困难与挑战的奋发精神，无形中将海外侨胞的心与中国紧密地连在了一起。会议期间，国务院侨务办公室主任李海峰、副主任赵阳会见并宴请了列席全国政协十一届二次会议的海外华侨华人代表。

国侨办开展“维护侨商投资权益行动年”活动

国侨办3月下发通知，2009年将在全国侨办系统开展“维护侨商投资权益行动年”活动。《通知》指出，开展“维护侨商投资权益行动年”活动，有利于推动各地改善投资软环境，并通过办好现有侨资企业，发挥其示范作用，推动引进更多的外商直接投资，促进我国经济平稳较快发展；有利于更好地树立我国对外开放的良好形象。这是在新形势下侨务工作紧贴国家大局的具体体现，是贯彻落实科学发展观，践行“以人为本、为侨服务”宗旨，推动构建和谐社会的重要内容和历史责任。在当前世界金融危机给我国经济带来许多不利影响的背景下，做好维护侨商投资合法权益工作，具有更加重要的现实意义。

3 000 多世界龙冈宗亲代表会聚广东开平谒祖

4 月 11 日，来自世界各地龙冈组织的宗亲代表 3 000 多人，欢聚在广东开平市水口龙冈古庙，举办一年一度的“龙冈日”四姓联宗活动。

每年 4 月 11 日为“世界龙冈日”，这是刘、关、张、赵四姓人士为纪念其先祖——三国时代的刘备、关羽、张飞和赵云，以“四海一家，四姓联宗”为意念中国设定的，倡导其四先祖的忠、孝、仁、勇精神。

今年的“龙冈日”，有来自加拿大、美国、中国香港、广西、广州、南海、新会、台山、恩平、开平等龙冈组织代表 3 000 多人，在十多路醒狮、飘色、武艺队伍陪同下，会集开平市水口镇龙冈古庙举行谒祖活动。

第二届中国侨商论坛开幕　百余侨商聚首北京共谋发展

4 月 16 日，由中国侨联主办、中国侨商联合会承办的第二届中国侨商论坛在北京人民大会堂举行。全国人大常委会副委员长华建敏、周铁农在论坛开始前接见与会代表并合影。

华建敏副委员长在接见时说，中共中央、国务院应对金融危机采取的一系列“扩内需、促增长、调结构、重民生”举措成效显现，中国经济已出现一系列的积极变化。他对广大侨商为中国经济建设和对外开放作出的巨大贡献给予充分肯定，并要求侨联维护好侨商合法权益。

来自 28 个国家和地区的 130 多位侨商企业家、华商社团领袖和知名华侨华人出席了论坛。加拿大侨商黄冬冬指出：“越在危机中，越是开拓国际市场的好时机。”他鼓励侨商勇敢开拓国际市场。匈牙利华商联合会会长郑乾有说，面对危机，要在稳定原有市场的基础上开辟新市场，同时要注意转换经营方式，寻找新的商机。

第四届海外华人研究与文献收藏机构国际合作会议召开

5 月 9—11 日，暨南大学和美国俄亥俄大学联合主办的“第四届海外华人研究与文献收藏机构国际合作会议”在广州暨南大学举行。来自美国、新加坡、澳大利亚、中国大及港澳台等 20 多个国家和地区的学者与嘉宾两百余人参加了会议。国务院侨办政研司、广东省侨办、广东省侨联有关领导出席了会议。

本届会议主题为“互动与创新：多维视野下的华侨华人研究”。专家学者围绕华侨华人的历史与现状、社会、政治、文化、教育、华商网络，以及归侨、侨乡研究和新移民研究、文献档案和数据库建设等主题，在多维视野的研究框架下展开了广泛而富有成效的讨论。

本次会议是自 2000 年以来，海外华人研究与文献收藏机构国际会议于美国、中国香港、新加坡之后，首次在中国大陆举行。

首届“中国侨务论坛”举行

5 月 11 日，由国务院侨办主办的首届“中国侨务论坛”在北京开幕。论坛旨在探讨如何提高侨务理论研究水平，实现侨务理论研究成果的转化，并发挥侨务课题研究在科学决策、民主决策方面的作用。

国务院侨办副主任许又声在会上作了主题报告。代表们围绕华侨华人分布状况与发展趋势、新华侨华人及华裔新生代研究等11个主题进行了深入研讨。

来自全国人大华侨委员会、国务院侨办、全国政协港澳台侨委员会、中国致公党、中国侨联和20多个地方省市侨办，以及北京大学、清华大学、中国社科院、暨南大学、华侨大学等全国近30个高校和科研机构的研究人员100多人参加了会议。

2009年广西华侨华人社团联谊大会在广西南宁举行

5月18—19日，2009年广西华侨华人社团联谊大会在广西壮族自治区首府南宁举行，来自欧美、大洋洲、东盟、日本等16个国家、地区以及中国香港、澳门、台湾地区的三十多个桂籍社团的负责人和广西侨界人士欢聚一堂，联谊交流，共谋发展。据悉，这也是世界各地广西侨社团首次大规模聚首故乡广西。

本次活动由广西侨务办公室与广西海外交流协会联合主办，主题为“联谊、交流、和谐、发展”。

广西是中国重点侨乡之一，在国外的广西籍华侨华人有300余万人，广西壮族自治区区内归侨侨眷有130多万人，广西在海外的侨胞社团不断发展，规模较大的有68个，其中，最具影响力的是世界广西同乡联谊会和世界钦廉同乡会。

五百华商聚云南东盟华商会　共谋危机之下新发展

6月5日，来自全球的500余名华商出席了在昆明举行的第七届东盟华商投资西南项目推介会暨亚太华商论坛。在此次论坛上，华商代表围绕如何应对金融危机展开深入探讨，并积极谋求危机之下的新发展。

针对危机之下众多华商欲投资云南市场的愿望，云南省副省长顾朝曦表示，真诚地希望各位华商抓住目前云南投资成本较低的机遇，利用中国政府对华商投资的优惠政策和云南良好的投资环境，对认定的项目抓紧投入，积极主动地参与到云南的发展中来，争取获得丰厚的回报。

本届推介会为历届规模最大、参会人数最多的会议，有来自泰国、新加坡、马来西亚、菲律宾、美国、日本、加拿大、英国、比利时等30多个国家和地区的五百余位华商企业家代表参会。

《中国侨资企业发展年度报告2009》公布

6月23日，《中国侨资企业发展年度报告2009》今日在此公布。课题组在国务院侨办、侨资企业数据库和国侨办百家明星侨资企业评选数据的基础上，深入开展调研，运用经济学等学科的最新理论和方法进行了深入细致的研究，最终形成了此份十万余字的课题研究报告。

该《报告》着重研究了在全球经济遭受美国金融危机重挫的不利背景下，侨资企业发展遇到的困难，对政府部门帮助侨资企业渡过难关提出了应对措施和建议，对侨资企业的中长期发展战略和侨务经济工作未来发展方向也提出了具体的建设性意见。比如，鼓励海外华商和侨资企业率先参与中国民间金融业的发展、积极探索与中国企业合作“走出去”等。该课题研究有助于更好地把握侨资企业区别于其他外资企业的特征，更全面地了解中国投资环境与趋势，更细致地了解侨资企业面临问题的特殊性。

第八次全国归侨侨眷代表大会开幕　胡锦涛等出席

第八次全国归侨侨眷代表大会 7 月 14 日在北京人民大会堂开幕。胡锦涛、吴邦国、温家宝、贾庆林、李长春、习近平、李克强、贺国强、周永康等党和国家领导人到会祝贺。

来自全国各地的 1 100 多名归侨侨眷代表和来自世界各地的 340 多位海外侨胞特邀嘉宾出席大会。中共中央政治局委员、全国人大常委会副委员长王兆国代表中共中央发表了题为“在实现中华民族伟大复兴中充分发挥广大归侨侨眷和海外侨胞的重要作用”的祝词。

中国科协副主席、书记处第一书记邓楠代表各人民团体向大会致贺词。国务院侨务办公室主任李海峰、人力资源和社会保障部部长尹蔚民分别宣读了《中国侨联、国务院侨办关于表彰全国“侨界十杰”和归侨侨眷先进个人的决定》、《人力资源和社会保障部、中国侨联关于表彰全国侨联系统先进集体和先进工作者的决定》。

在热烈的掌声中，胡锦涛等党和国家领导人向全国“侨界十杰”等受表彰的先进集体和个人代表颁奖。

中国侨联主席林军代表中国侨联第七届委员会向大会作了题为“高举中国特色社会主义伟大旗帜，团结动员归侨侨眷和海外侨胞为夺取全面建设小康社会新胜利而奋斗”的工作报告。

国务院侨办评选 30 个“重点华侨华人创业团队”

8 月 21 日，国务院侨办召开了“重点华侨华人创业团队”评选委员会会议。国务院侨办副主任、评选委员会主任任启亮出席会议并讲话。“国务院侨办海外专家咨询委员会”咨询委员、国侨办有关业务司领导作为评选委员会委员参加了会议。

会上，评委们踊跃发言，从各自的专业角度提出了很好的意见和建议。最后，评委们以投票的形式从 100 多个申报团队中确定了 30 个“重点华侨华人创业团队”。

《华侨华人与共和国》图片首展福建

9 月 1 日，由中国侨联主办的《华侨华人与共和国》图片展，在古色古香的中国十大历史文化名街——福州三坊七巷首次与海内外人士见面。

数百幅珍贵的图片，讲述了新中国成立初期广大海外侨胞为家为国遥寄侨汇、冲破封锁与祖国通商、同舟共济回国建设、积极促进中外友好的事迹，也讲述了广大海外侨胞改革开放之初敢为人先回国投资以及随后的报效祖国归来创业、危难之际鼎力相助、努力促成国家统一、勇于维护国家尊严的故事。

2009 海外华商中国投资推介会在厦门举行

9 月 8 日，由国务院侨务办公室主办、中国国际投资贸易洽谈会组委会协办的“2009 海外华商中国投资推介会”在厦门举行。

国务院侨办副主任赵阳、商务部部长助理王超出席会议并致辞。四川省人大常委会副主任马开明、吉林省副省长陈伟根、湖南省副省长甘霖、福建副省长苏增添就各省的投资环境和机遇在会上作了推介。大会共邀请了300位海内外嘉宾，其中海外华商200位参会。

本届“海华会”以“投资中国，实现共赢”为主题，以宣传推介中国经济发展政策和机遇，为海外华商投资中国特别是海西两岸经区和中西部地区搭建桥梁，促进交流、共谋合作发展为宗旨。

第五届世界华文传媒论坛在上海隆重开幕

9月19日，第五届世界华文传媒论坛在中国上海隆重开幕。来自海外47个国家和地区的350多位媒体代表及中国国内150多位媒体代表、嘉宾参会，就“全球金融危机下的华文媒体”和“海外华文媒体与上海世博”两大主题进行了研讨。

中共中央政治局委员、上海市委书记俞正声在论坛开幕前与媒体代表见面，并与他们合影留念。俞正声真诚感谢海外华文传媒多年来所作的贡献。

中国全国政协副主席万钢、国务院侨办主任李海峰、国务院新闻办主任王晨、上海市市长韩正等出席开幕式并致辞。中国新闻社社长刘北宪随后作了题为“迎接新机遇，共建世界华文媒体传播体系”的主题报告。

本届论坛由中国国务院侨办、上海市政府和中国新闻社主办。论坛既是一次全球华文媒体的“峰会”，也是包括中国大陆和港、澳、台地区在内的全世界所有中文媒体的盛大节日。

2009华侨华人中原经济合作论坛在平顶山举行

9月26日，由中国国务院侨务办公室、河南省政府主办的“2009华侨华人中原经济合作论坛”在平顶山市揭幕。继去年之后，来自30多个国家和地区的华侨华人代表26日再次聚首中原“论道”，秉持合作、共赢、发展宗旨的“华合论坛”梅开二度。

国侨办主任李海峰、河南省委书记徐光春分别发来寄语、贺信。李海峰在寄语中说，此次论坛旨在搭建平台，增进海外侨胞对河南的了解，进一步团结和凝聚海外侨胞力量，推动他们在经济、科技、文化等领域展开广泛的合作交流。

此论坛是中国国务院侨办在中西部地区搭建的一个对外交流合作平台，也是立足中原、面向世界招商引资的重大活动。千余名海内外嘉宾参加了开幕式。

本届华合论坛组有47个合作项目签约，项目总投资471.6亿元。

侨务工作与改革开放30周年座谈会在北京举行

9月27日，全国人大华侨委员会、国务院侨务办公室、全国政协港澳台侨委员会、致公党中央和中国侨联在人民大会堂召开侨务工作与改革开放30周年座谈会。全国政协副主席、致公党中央主席万钢出席会议并讲话。

万钢表示，在波澜壮阔的改革开放进程中，侨务工作作为党和国家一条重要战线，始终与时代发展的脉搏同频共振，发挥了重要而独特的作用。三十年侨务工作的实践证明，分布在世界各地的几千万海外侨胞和3 000多万归侨侨眷是实现中华民族伟大复兴的重要资源。

作为国务院侨办专家咨询委员会委员和华人华侨问题专家的庄国土教授应邀参加座谈会。庄国土教授的“将大侨务纳入国家发展战略的核心”建言受到了与会领导和专家的高度重视。同时引起了包括中新社、人民网、新华网、新浪网、《侨报》、中国侨网、搜狐网、博茨瓦纳华人网等在内的数十家国内外媒体的广泛关注和报道。

中国海外交流协会首聘海外顾问、常务理事、理事

9 月 30 日，中国海外交流协会第四届理事大会在北京召开。大会首次增聘海外理事 144 人，常务理事 102 人，顾问 20 人，涵盖五大洲 61 个国家和地区。

国务院侨办主任李海峰介绍，此次换届，首次增聘海外顾问、海外常务理事、理事，将使协会组织更健全，代表性更广泛，影响力更深远。

中国海外交流协会成立于 1990 年 11 月，是由各界人士组成的全国性民间团体。其宗旨是广泛联系海内外华侨华人及其社团，增进友好情谊，发展交流合作。其主要任务是促进海内外经济贸易、科学技术、文化教育、新闻传播、旅游观光、体育卫生、社会福利等领域的友好合作和交流。

国庆华侨彩车：“我的中国心”引关注

10 月 1 日国庆庆典游行中，10 万名各界群众、60 辆彩车组成的 36 个方阵和 6 节行进式文艺表演在天安门广场精彩亮相，而在这 36 个方阵中，“我的中国心”方阵引起了观礼嘉宾和亿万电视观众的高度关注，这个方阵第一次被列入新中国国庆盛大庆典。

“我的中国心”方阵由 2 323 人组成。方阵中，九位华侨和十位归国留学生代表身着西装，身着节日盛装的人们簇拥着匠心独具的彩车，手挥国旗，彩车上“我的中国心”五个大字分外醒目。

首届世界客商大会在广东梅州召开

10 月 13 日，由中国侨联、全国工商联指导，广东梅州市委、市政府等单位主办的 2009 梅州·世界客商大会在广东梅州隆重开幕。中共中央政治局委员、广东省省委书记汪洋，省长黄华华出席大会。中国侨联副主席乔卫出席开幕式并致辞。

这届世界客商大会，开启了海内外客商“联谊合作、共谋发展”的新篇章，必将促进客商经济与文化的繁荣发展。各级侨联组织要按照凝聚侨心、汇集侨智、发挥侨力、维护侨益的要求，全力支持、主动服务客商发展，尽力解决侨资企业的困难问题。

全国人大常委会原副委员长邹家华、许嘉璐，全国政协原副主席叶选平，中国国民党主席、世界客属总会会长吴伯雄，中华全国归国华侨联合会主席林军分别为大会题词或发来贺信。

全球华人聚暨大展中华才艺：愿龙狮运动传扬更远

10 月 10—13 日，“文化中国·全球华人中华才艺（龙狮）大赛”在广州暨南大学举行。本次大赛是 2009 年“文化中国”系列活动的重要组成部分，主旨是为了展现中国源远流长的龙狮文化，促进全世界华人的文化交流。

参赛队伍由来自日本、新加坡、马来西亚、美国、德国、英国、意大利等16个国家和地区的14支南狮队和6支舞龙队组成。经过激烈的角逐，来自印度尼西亚、马来西亚、中国澳门的四支南狮队夺得南狮赛金奖，中国台湾省台北台南大学舞龙队、新加坡威劲体育代表队夺得舞龙赛金奖。

“文化中国·全球华人中华才艺（龙狮）大赛”是国务院侨办面向海外华侨华人推出的系列品牌活动，旨在传播弘扬中华文化、增强海外华侨华人的民族认同感、活跃文化生活、促进文化交流。

第九届“华创会”武汉开幕　三大亮点规模空前

10月16日，第九届华侨华人创业发展洽谈会在武汉隆重开幕。来自43个国家和地区的华侨华人专业人士、工商企业界人士、海外侨团、华文媒体以及中国国内各界代表近3 000人出席盛会。国务院侨办主任李海峰、中共湖北省委书记罗清泉等出席开幕式并致辞。

据湖北省外侨办介绍，本届“华创会”呈现三大特点：第一是规模大，规模近3 000人。第二是专场活动多，最具代表性的有国际环保研讨会、国际金融研讨会、国际生物医药研讨会等十项专场活动。第三是海外影响越来越大。经过前八届影响力的积累，“华创会”品牌效应越来越明显，海外华侨华人参会积极性越来越高，对“华创会”认同度越来越高。

据了解，前八届“华创会”带来了海外高新技术项目3 100多个。截至2008年底，已落实合同项目500多个，650多名专业人士创办高新技术企业530多家。1 000多位华侨华人专家、学者被国内有关单位和部门聘请为科技顾问、客座教授。

第一届世界华文教育大会在成都召开

10月20日，第一届世界华文教育大会在成都召开，来自35个国家和地区的近500位代表就海外华文教育相关主题展开了热烈讨论。

本次世界华文教育大会为期三天，近500位代表深入交流目前海外华文教育的形势、特点及发展趋势。同时，与会代表还分八个大组分别研讨促进海外华文教育可持续发展的新思路、新举措，为世界华文教育献计献策。

在大会开幕式上，国务院侨办和中国海外交流协会举办了首批海外华文教育示范学校授牌仪式，共有22个国家的58所海外华校获此殊荣。

新政策出台　华侨回中国就业可参加社保

10月29日，中国人力资源和社会保障部网站公布了《关于进一步做好在国内就业的华侨参加社会保险有关工作的通知》，规定华侨可凭本人有效护照办理参保手续，各项业务办理程序与国内其他参保人员一致。而在2月份，国务院侨务办公室、教育部印发的《关于华侨子女回国接受义务教育相关问题的规定》指出，定居海外的中国公民的子女，如果想要回国接受义务教育，今后将依法免缴学费和杂费，与中国大陆居民的子女一样，平等地享受接受义务教育的权利。

归侨侨眷杰出代表钱学森逝世　李海峰吊唁

11月4日，中国国务院侨办主任李海峰、副主任许又声到钱学森位于北京中国航天大院内的家中，吊唁10月31日逝世的这位中国航天事业的开创者和奠基人。

李海峰说，作为归侨侨眷的杰出代表，钱学森在祖国最需要的时候回到祖国，勇攀科学高峰，以满腔报国热情为新中国的航天事业和科学技术发展作出了重要的贡献，其德其情，感人至深。侨办的下属机构中新社已经在第一时间将钱老逝世的消息及时向海外公布。

广东华侨博物馆开馆　侨务大省为侨胞树丰碑

11月13日，总投资逾9 000万元人民币，建筑面积14 369平方米的广东华侨博物馆在广州隆重开馆，这是中国首个省级华侨博物馆。

广东省原省长卢瑞华，全国人大外事委员会副主任委员、广东省原人大主任卢钟鹤，中国国务院侨办副主任任启亮，广东省委常委、宣传部部长林雄，副省长雷于蓝，省政协副主席汤炳权以及海外内嘉宾共400多人出席了开馆典礼。

广东华侨博物馆建设主要捐赠人曾智明、吴惠权、赵泰来、杨永曦、星岛日报社董事总经理詹瑞庆以及陆倩芳女士的代表、杨钊先生的代表在会上向广东华侨博物馆捐赠支票和藏品。

世界越南各侨校校友联谊恳亲大会召开

11月17日，世界越南各侨校校友联谊恳亲大会在广西首府南宁隆重开幕。来自世界22个国家和地区的越南各侨校校友1 000余人会聚一堂，畅叙友谊和思乡念祖之情。

大会主办方世界越南华侨华人联合会主席谢卓裕称，今年是中华人民共和国建国60周年，联谊恳亲大会是越南各侨校校友带着感恩的心情回到祖（籍）国的大聚会。世界各地的越南华侨对广西怀有感恩之情，在南宁这个中国南方现代化城市，方便了越南华侨进行感恩捐助活动和观光旅游。

据悉，在大会召开之前，南宁市侨联已经收到了世界各地越南侨校校友的捐款65万余元人民币，用于南宁市“侨心工程”建设，帮助南宁华侨学校以及偏远地区的学校改善教学环境和设备。

第十五届国际潮团联谊年会在广州举行

11月17—19日，第十五届国际潮团联谊年会在广州举行。本次大会由广东潮人海外联谊会和广东省潮商会联合主办，广东省侨办、广东省侨联和汕头、潮州、揭阳、汕尾市人民政府协办。本届年会的主题是“联谊、奉献、发展、和谐”。本届年会得到了众多海内外潮人的支持，来自五大洲27个国家和地区112个社团的3 500多名代表出席大会。本届大会是1981年创办以来规模最大、出席人数最多的一届。中共中央政治局常委李长春出席大会并接见与会代表，中共中央政治局委员、广东省省委书记汪洋，全国政协副主席郑万通，广东省省长黄华华，广东省人大常委会主任欧广源等领导出席了大会。

国际潮团联谊年会是世界各国、各地区潮人团体组成的国际性民间聚会，每两年举办一次。

全国人大华侨委侨益保护法研讨会在南宁召开

11 月 18—20 日，全国人大华侨委在广西南宁召开了全国人大华侨委归侨侨眷权益保护法研讨会。来自全国 31 个省、区、市及深圳、厦门、青岛市人大侨委的负责同志和广西涉侨部门负责同志等共 120 余人参加了此次会议。

此次会议的主题是以邓小平理论和“三个代表”重要思想为指导，深入贯彻落实科学发展观，认真学习贯彻党的十七大和十七届四中全会精神，学习领会全国人大常委会领导关于立法工作的指示精神，研讨修改归侨侨眷权益保护法的必要性和可行性及其修改内容，交流地方人大涉侨立法工作的做法和经验，为进一步加强中国侨务法制建设而努力。

第十届世界华商大会闭幕

11 月 21 日，被誉为“全球华商顶级盛筵”的第十届世界华商大会在享有“椰子之国”美称的太平洋岛国菲律宾华彩谢幕。菲律宾副总统卡斯特罗、中国国务院侨务办公室副主任许又声、新加坡外交部部长杨荣文等各国政要出席闭幕式。

为期四天的世界华商大会，以“加强华商联系促进世界繁荣”为主题，吸引了来自全球 22 个国家和地区的逾 3 000 名华商翘楚参加大会。

中国国务院侨办副主任许又声在闭幕式上发表讲话，回顾大会十八载的历史，寄语世界华商大会的将来。许又声认为，在国际金融危机影响持续蔓延背景下召开的第十届世界华商大会，充分体现了时代的要求和广大华商的愿望。两天来，与会代表在当前世界经济发展的突出问题和各国华商普遍关注的热点问题等方面交流观点、分享经验、凝聚共识，增进了各国华商之间的相互了解和友谊，也促进了各国华商在更多领域的合作与交流。

“新中国六十年侨务政策回顾与展望”研讨会举行

2009 年 11 月 26 日，“新中国六十年侨务政策回顾与展望”专题研讨会在北京召开。与会者认为，中国始终高度重视侨务工作，把“考虑和制定有关华侨的各种政策，作为国家总的政策中不可分割的部分”；关注海外侨胞的生存与发展，维护华侨和归侨侨眷的正当合法权益，始终是新中国制定侨务政策的立足点和出发点。

全国人大华侨委员会、国务院侨办、全国政协港澳台侨委、中国侨联、中国致公党中央有关负责人，以及来自中国社科院、北京大学、暨南大学等研究机构和大专院校的专家学者近 50 人出席了研讨会。会议由国务院侨办政法司举办。

近百个海外华侨华人专业协会代表在穗开联席会

12 月 25 日，由中国国务院侨办主办、广东省侨办承办的“第三届海外华侨华人专业协会会长联席会”在广州开幕，来自海外 14 个国家 87 个较有影响力的华侨华人专业社团代表共 93 人参加了会议。

国务院侨办副主任任启亮、广东省副省长雷于蓝等国家有关部门和地方领导以及大陆 24 个省、区、市侨办负责人等出席会议。会议还为 30 个国务院侨办重点华侨华人创业团队举行授牌仪式。

“国务院侨办重点华侨华人创业团队”是国务院侨办实施“海外人才为国服务计划”的一项创新性举措，旨在通过典型示范带动作用，吸引更多的海外优秀人才回国发展。参加授牌仪式的30位重点华侨华人创业团队负责人大都是改革开放后出国留学，学成后留居海外的新华侨华人，分别在中国大陆17个省区创业，并取得了较好的成绩。

“海外华侨华人专业协会会长联席会”是国务院侨办贯彻实施国家人才强国、科教兴国战略，加快引进海外高层次人才而采取的重要举措，是“海外人才为国服务计划”的重要内容。

海内外侨界援建　新北川中学主体结构封顶

2009年12月28日，中国侨联主席林军、四川省省委常委李登菊等人共同挥动铁锹，在新北川中学实验楼顶层浇筑了最后一块混凝土，这标志着由中国侨联援建、凝聚广大归侨侨眷和海外侨胞爱心的北川中学灾后重建工程主体结构全面封顶。新北川中学可供5 200名学生学习和寄宿，总投资不超过2亿元人民币，预计在2010年9月1日前竣工。

境　外

“文化中国·四海同春”艺术团慰问侨胞

1月28日，国务院侨办和中国海外交流协会组织“文化中国·四海同春”艺术团，在国侨办主任李海峰带领下赴美洲、欧洲、东南亚等地进行慰侨演出，受到了海外侨胞的热烈欢迎。

今年的“文化中国·四海同春”着眼于与海外侨社传统春节活动有机结合，在华侨华人主要聚居国家和地区展开（同时派出四个艺术团和四个艺术小组，分赴北美、南美、西欧和东南亚等重点国家访演），此举贯彻了侨务工作“以侨为本、为侨服务”的精神，更让海外侨胞实实在在感受到了祖国对海外游子的爱护与关心，有望推动、整合、提升海外侨社既有活动，形成“四海同春”的规模效应，相信会有益于文化的长远传承。

温总理访伦敦唐人街给华侨华人拜年

1月31号，赴英国访问的国务院总理温家宝从机场直接前往伦敦唐人街向华人华侨祝贺新年。上千名华人华侨夹道欢迎温家宝总理。温家宝向人们发表了热情洋溢的新年贺词。温家宝说，他给大家带来了信心，对生活的信心，对当前应对金融危机、克服困难的信心。温家宝说：“我希望全体华人华侨要对祖国的发展有信心，所有的企业家要对投资有信心，每一个人要对生活有信心。我们中国人要和世界人民一道，对未来充满信心。让我们共同努力开创祖国美好的未来！”

西班牙瓦伦西亚大批收缴中国鞋　干燥剂为导火索

从2009年2月6日开始，西班牙南部瓦伦西亚市开始对当地一鞋类批发店进行大检查。检查重点是鞋内干燥剂的化学成分。由于国内生产的鞋类产品中所使用的某些干燥剂的成分有问题，曾有外国顾客在购买鞋产品后发生皮肤过敏等现象，因而引起警方的注意。

在瓦伦西亚对中国鞋进行检查过程中，当地电视台记者也来到现场，对此次警方的检查作了详细拍摄报道。瓦伦西亚的查鞋风刮起以后，西班牙全国相继展开了对中国鞋进行检查的行动，并且此类行动持续不断。

对于检查，有华商评论说："经济不景气，警察连鞋子都要检查，情况可谓是雪上加霜。鞋产品进口都这么多年了，干燥剂也一直都是同样规格，制造成分也没有变化。以前警察都不会管这些，但现在却总是找个问题就要严办、严打。一系列新的法律法规、罚款制度都让我们在西班牙的生活更加艰难！"

华侨华人用爱心帮助维多利亚州灾区扑灭炼狱之火

2月7日，澳大利亚维多利亚州发生史上最严重的山火，造成200余人死亡，1 000多所房屋被毁，4 000多人无家可归。面对灾情，澳大利亚的华人华侨积极行动起来，成立了"澳洲华人为维省森林火灾赈灾委员会"，随时关注着火情，时刻牵挂着受大火煎熬的人们。大华联会、福建同乡会、中华会馆、西澳中华总商会、李运生钢琴学校，纷纷举行各种活动，发起声势浩大的募捐赈灾活动，帮助受灾群众战胜灾害、重建家园。在短短的时间内就筹集了数十万澳元捐款。这是澳洲华人面对灾难，团结一致，贡献爱心，帮助灾区人民渡过难关，重建家园的一次善举。展现了中华民族互帮互助的传统美德，以及一方有难，八方支援的诚挚友情。华人社区的爱心反映了华人乐善好施、济急扶危的传统美德，理所当然地得到了各界人士的赞扬。

卓以和入选美国"名人堂"的华裔科学家

2月11日，美国专利商标局（USPTO）公布本年度入选全国发明家"名人堂"的名单，现年72岁的华裔电机工程学家卓以和登上"名人堂"。

美国发明家名人堂基金会是美国知名的非营利性机构，其宗旨是表彰、奖励和鼓励发明创新。名人堂表彰那些实现重大技术进步，推动人类、社会和经济发展的人。

卓以和1937年生于北京，1949年到香港。1955年赴美留学，1968年获伊利诺伊大学博士学位，1985年获选美国科学院院士，现任美国朗讯科技公司贝尔实验室半导体研究室主任。

华人注册的新星号货轮被俄军击沉

2月15日，华人注册的新星号货轮在远东被俄罗斯边防舰艇击沉。七名中国籍船员丧生，另有三名中国船员获救生还。

中国驻哈巴罗夫斯克总领馆和驻符拉迪沃斯托克领事办公室有关官员已前往事发地探望中国获救船员，协助有关公司处理善后事宜，并要求俄方协助全力搜寻失踪船员，同时对整个沉船事件展开调查。

美地方选举华人创纪录　蒙市五议员中华裔占四席

美国洛杉矶县当地时间3月3日地方选举，蒙特利公园市赵谭美生和刘达强两名华裔当选市议员，使全美首个亚裔人口逾半数的城市议会五席议员中华裔占四席；富裕而保守的圣玛利诺市，因翁家伦和孙国泰双双上垒，也开创五席市议员有三位华裔的新纪录。两市华裔在市议会代表的比率，都远超过华裔人口的比率，写下华裔参政史新里程碑。

蒙市在当代美国华人史上有独特地位。从陈李琬若1980年竞选市议员开始，该市华人参政，开南加风气之先。西圣盖博谷在这次地方选举中两城市出现华裔市议员比率超过城市人口比率的局面，却没有引起80年代的族裔紧张关系，是华裔二十多年来深耕社区、努力促进族裔和谐的结果。

李嘉诚蝉联华人首富

3月12日，财富杂志《福布斯》公布2009年全球富豪榜，受金融危机的冲击，全球富豪身家均大缩水。去年以265亿美元身家跻身全球富豪榜第11位的长实主席李嘉诚，今年跌落至第16位，身家减少超过一半，剩下162亿美元（约1 256亿港元），但他仍然是全球最富有的华人。其次是新鸿基的郭氏家族，全球排名第32位；恒基主席李兆基排第43位。而身家缩水90%的赌王何鸿燊，全球排名则由第113位大插水至排第701位，刚刚入围全球富豪榜。华宝国际主席朱林瑶以15亿美元的身家首次入榜，排在第468位。

骆家辉出任美商务部部长

3月24日，美国参议院以口头表决方式，一致通过由华盛顿州前华裔州长骆家辉出任第36任商务部长，令他成为继能源部部长朱棣文之后，奥巴马政府的第二位华裔部长。

获参院批准后，59岁的骆家辉将出任第36任商务部部长，主管美国政府的国际贸易政策、海洋政策以及人口普查等事务，他誓言致力在将来创造更多就业职位，并贯彻执行针对外国的反贸易不公平法，致力捍卫美国的知识产权。

骆家辉入阁，加上能源部部长朱棣文、白宫内阁秘书卢沛宁、白宫公共联络主任陈远美、联邦众议员吴振伟，目前已有五位华人翘楚活跃于华盛顿政治高层。

海外华侨华人共庆“西藏百万农奴解放纪念日”

3月28日，雪域高原西藏自治区迎来首个“西藏百万农奴解放纪念日”，世界各地华侨华人、对华友好组织也通过各种形式表达祝贺和喜悦之情。

美国美东华人社团联合总会27日在纽约华埠举办“与祖国同步纪念西藏民主改革50周年暨西藏百万农奴解放纪念日座谈会”和“西藏今昔图片展览”活动。中国驻纽约总领事彭克玉及100多名纽约侨学界代表出席。

斯里兰卡斯中社会文化合作协会等对华友好组织及部分政府官员28日向中国驻斯里兰卡大使馆递交贺信，祝贺“西藏百万农奴解放纪念日”。

全非洲和平统一促进会28日在南非约翰内斯堡举行“西藏百万农奴解放纪念日——让南非人民更了解西藏”活动。

尼日利亚华侨华人28日在拉各斯举行座谈会，庆祝“西藏百万农奴解放纪念日”。

世界中华宁波总商会在香港成立

4月17日，世界中华宁波总商会在香港举行成立大会。香港政务司司长唐英年、中联办副主任黎桂康、外交部驻港副特派员杨子刚、宁波市市委副书记郭正伟莅临任主礼嘉宾。宁波总商会由香港著名企业家、其士集团主席周亦卿担任首届会长，19名海内外工商界名人担任副会长。

出席成立大会嘉宾还包括全国人大常委范徐丽泰、香港环境局局长邱腾华等。据介绍，新成立的世界中华宁波总商会以香港为总部，以上海和宁波为基地，与各地宁波商会组织分别开展工作并保持密切联系，互通信息。在成立大会上，主礼嘉宾唐英年、黎桂康、杨子刚、郭正伟与创会名誉会长蒋孝严、李达三、庄晓天和首届会长周亦卿一起主持宁波总商会网站启动仪式。

300名来自世界各地的宁波商人和嘉宾出席成立典礼，共襄盛事。

美华社发起万人联署　促奥巴马加快推动移民改革

4月21日，美中关系研究中心和华人社团在曼哈顿华埠宣布发起“致奥巴马一封信”的万人联署签名运动，支持并敦促总统奥巴马加快推动移民法改革，使无证移民身份合法化。

美中关系研究中心主席黄克锵说，致总统信件联署签名运动的目的，是展现华人对移民政策改革的关注和期盼，以及对奥巴马矢言改革移民法的支持，希望国会和政府能给予安分守法、无犯罪记录的无证人士合法身份，使他们也有机会成为美国永久居民及公民。

侨界人士引述美国移民政策中心日前发布的研究报告指出，无证移民合法化对美国经济有利无害，移民合法化将增强经济的活力，扩大就业和消费市场，增加联邦及地方政府的税收，降低物价及减缓通货膨胀，减少劳工剥削和有利于社会稳定。

全美汉语大会在芝加哥举行

4月30日，由美国大学理事会和亚洲协会主办、中国国家汉办提供主要资助的2009全美汉语大会，在芝加哥市中心的万豪酒店揭幕。这次为期三天的大会是美国2008年以来第二次举办的、以推广中文教育和提升学生国际竞争力为主要内容的大规模语言会议。中国国家汉办主任许琳受访时说：“中国语言文化要走向世界，需要经历交流、交锋和融合的过程。这一过程至少需要五年或更多的时间。”

麦礼谦逝世，美国华人历史研究呼唤新生代

5月21日，华裔历史学家麦礼谦先生因病医治无效，与世长辞，他的逝世使美国华人历史研究领域痛失一位学术泰斗，美国乃至全球华人历史研究的天空因一颗巨星陨落而黯然失色。美国《侨报》为此发表评论文章说，华人华侨的历史在继续，华人华侨历史的研究也必须继续，这个独特的历史天空正呼唤更多后来者，继承麦礼谦先生未竟的遗志，使美国华人华侨历史研究的天空更加星光灿烂，更加深邃浩瀚。

第五届世粤联会在印度尼西亚雅加达召开

5月23—24日，第五届世界广东同乡联谊大会在印度尼西亚雅加达召开。中国驻印度尼西亚大使章启月、印度尼西亚贸易部部长冯慧兰、广东省政协副主席周天鸿、中国海外交流协会副会长马儒沛等官员出席大会开幕式。

本届大会主题是“同舟共济，和谐共生”，共有来自全球的96个华人社团代表以及粤籍乡亲2 500多人欢聚一堂。

本届世粤联会上，还分别举行华商论坛、青年论坛、文化论坛、妇女论坛。印度尼西亚广东社团联合总会总主席叶联礼、香港广东总会创会主席余国春、澳大利亚潮州会馆会长周光明、印度尼西亚中华总商会总主席纪辉琦、美国华盛顿广东同乡会名誉主席刘平生、法国广东会馆会长黄健成和全非洲华人女企业家工商联合总会会长陈玉玲等作了发言。

第六届世界福建同乡恳亲会在南非开普敦举行

5月24日，由南部非洲中华福建同乡总会主办、福建省海外交流协会等部门协办的第六届世界福建同乡恳亲大会在南非著名旅游城市开普敦举行，来自美国、马来西亚、澳大利亚、爱尔兰、菲律宾、新加坡、缅甸等20多个国家和地区的1 000多名闽籍侨领和乡亲代表旅居海外的1 200万福建籍同胞参加了本届恳亲大会。

国务院侨办副主任许又声、中华全国归国华侨联合会（中国侨联）副主席林明江、福建省副省长洪捷序和南部非洲中华福建同乡总会会长李新铸等各界人士在会上发表了热情洋溢的讲话。

世界福建同乡恳亲大会是福建籍海外乡亲的国际性恳亲会议。本次大会期间举办了第一届世界闽侨发展论坛、福建海外华侨华人经贸协作网络开通仪式、福建旅游及商品推介会、世界闽籍社团侨领座谈会、“魅力福建，海西风采”大型图片展和福建侨商投资企业理事会议。

西班牙70余名无辜华人被捕

6月16日，西班牙750名警察以打击所谓的“中国黑帮”为由，闯入MATARO地区的华人衣服工厂进行大举检查，并逮捕了70多名华人，遣散了450名华工。有不少华人的现金和手机因为来不及携带，被警察掠走，更有不少同胞被警察粗暴推倒而摔伤、头破血流。警方在事后的通告中说，他们早就得知在MATARO地区存在大批华人黑工，他们已经就此事调查了一年，并最后申请了法官的许可，组织了这次名叫WEI的大规模行动，派遣防暴警察入内搜查。在华人衣服工厂大举检查后的第二天，MATARO 400名华人前往附近的警察局，对警方的粗暴行为进行集会抗议活动。警方大张旗鼓的行动惊动了西班牙所有媒体，一时之间，从电视、广播到报纸、网络，都对此行动进行了报道。中国驻巴塞罗那领事馆也已出面交涉，警方陆续释放了77名华人。当地市长也意识到了事情的严重性，表示此次搜查是不恰当的。

俄罗斯打击走私数万华商受损

6月18日，俄罗斯政府宣布将集中销毁价值高达20亿美元的中国“走私”商品，并突然关闭莫斯科切尔基佐夫斯基大市场，未给商户预留处理货物、清理摊位的时间，使在该市场经营多年的数万名华商蒙受巨大经济损失。6月29日，俄罗斯以打击“灰色清关”走私为名，俄有关部门突然下令关闭市场，未给商户预留处理货物、清理摊位的时间，使在该市场经营多年的数万名华商蒙受巨大经济损失。

俄罗斯中国总商会牵头成立“华人华商大市场问题临时协调小组”应对此事。由中国商务部、外交部、海关及浙江、福建等省商务主管部门组成的中国代表团赴莫斯科就大市场被关闭事宜与俄方交涉。经积极工作和友好磋商，问题得到初步解决，95%的华商货物运出。华商们通过此事得出结论，从事正规经营才是正确选择。

海外华人强烈谴责“7·5”事件的暴力行为

7月5日，乌鲁木齐发生打、砸、抢、烧严重暴力犯罪事件，给当地人民群众的生命财产和正常的生活和工作带来巨大的损失和破坏。对此，海外华侨华人、华文媒体纷纷发表声明或评论，强烈谴责以热比娅和“世维会”为首的民族分裂分子制造的暴力行为，并呼吁各民族要团结一致、齐心协力共建美好家园。

美侨界启动两岸和平与发展论坛　热议“聚同化异”

7月12日，正在进行的“两岸和平与发展论坛”在华盛顿启动首场论坛。来自两岸的学者、专家热议两岸“聚同化异”、“侨务休兵”等话题。

“两岸和平与发展论坛”是由海外两岸三地华侨华人首次共同创建与主流社会互动的高级学术论坛，该论坛将定期邀请中国大陆、中国台湾和美国的专家学者举办讲座，开展学术讨论，使海外华侨华人在多元的海外侨社中凝聚中华文化共识，共同推动华人社区的和谐与繁荣发展。

国台办主任王毅不久前提出两岸侨胞不仅要“求同存异”，更要“聚同化异”。随着海峡两岸互信不断加强和多方位合作交流顺利展开，目前两岸关系正朝着互利双赢的方向发展。海外华侨华人也意识到，需要加强两岸同胞在海外的交流，以寻求共识，聚同化异，为两岸关系和平发展发挥有力的推动作用。

赵美心当选国会女议员

7月14日，赵美心（Judy Chu）在2009年加州联邦第三十选区的特别选举中胜出，当选美国首位华裔女国会议员。在国会参众两院五百多位议员中，赵美心是继吴振伟之后的第二位华裔国会议员，也是美国建国两百多年来首位华裔女联邦议员。

56岁的赵美心出生于加州，祖籍广东新会。曾三次当选加州蒙特利公园市市长，2003年当选加州众议员，曾任加州平税委员会主席等职。

美国加州通过为“排华法案”向华人道歉决议案

7月17日，美国加州众议院与参议院顺利通过了一项里程碑式的决议案，就19世纪中期直到20世纪40年代实施长达百年的“排华法案”向加州的华人郑重道歉。这项法案还承认了华人移民对加州建设所作出的贡献，特别是在中央太平洋铁路建设中的突出贡献。

该法案是2月份由华裔加州议员方文忠发起的。向华人道歉的提案在加州议会获得通过后，方文忠计划把这项提案再提交到美国国会，寻求美国联邦政府就“排华法案”正式向华人道歉。

“排华法案”是美国历史上唯一一个针对某一族裔的排斥法案。这项法令1882年获得通过，直到1943年才被废除。

全球华侨华人促进中国和平统一大会在洛杉矶举行

7月17日，2009“全球华侨华人促进中国和平统一大会”在美国洛杉矶召开。中国和平统一促进会副会长许嘉璐在会上勉励海外华侨华人增强对中华民族的认同，通过继承和弘扬中华优秀传统文化，促进中国的和平统一。

大会由南加州中国统一促进会联盟和大洛杉矶地区促进中国统一联合会联合主办。据悉，目前在世界各地由海外华侨华人自发成立的中国和平统一促进会组织已有180多个，这一组织的宗旨是促进中国和平统一和维护中国领土完整。

首届中国和平统一促进会组织全球大会于2000年在德国柏林召开，随后几年里，全球大会相继在东京、悉尼、莫斯科、曼谷、维也纳、布达佩斯、澳门等地召开。

悉尼发生华人灭门案　悉尼总领事出席葬礼

7月18日，45岁的林暋及其43岁的妻子林云莉、12岁的儿子林涵和9岁的林涛在各自的床上遇害。林云莉39岁的妹妹林云彬同样惨遭毒手。

这起凶杀案震惊了位于悉尼北部叶坪区华人社区乃至整个社会。8月8日，上千人包括澳大利亚自由党领袖滕博和联邦议员麦库、中国驻悉尼总领事胡山等官员以及来自这些社区的居民前往奥林匹克公园向林家遇害者致哀。本次林家葬礼，无论在规模上还是参与人数上，都可能已成为澳洲近年来最隆重的华人葬礼。

胡山总领事怀着沉痛的心情发表了讲话。他首先代表总领馆全体人员向遇害者致以哀悼，并向家属表示慰问。胡总领事还特别请专程从国内赶来的吕伯西先生转达他和夫人对林云彬父母的慰问。

胡总领事强烈谴责凶犯的残忍与无道，赞扬华人社团为帮助林家渡过难关的各种义举，要求新州警方采取更有效的措施，切实保护好新州华人华侨的人身财产安全，同时再次提醒在新州的中国公民提高安全防范和自我保护意识。

海外华侨华人踊跃为中国台湾灾区捐款

8月8日，强台风“莫拉克”袭击中国宝岛台湾，挟带大量降雨侵袭台湾，造成台湾岛各地水灾齐发，酿成重大灾情。海外华侨华人对此表示高度关注和牵挂。他们通过捐款等方式纷纷向台湾受灾同胞伸出援手，体现了中华民族血浓于水的真情。

海外华文传媒协会联合100多家海外华文媒体发出倡议，并指出：“台胞的痛苦就是全球华人的痛苦，台胞的艰辛，所有炎黄子孙感同身受。尽微薄之力，表达关爱之情，是义务，更是责任。我们是手足同胞。”呼吁全球华人献上我们的爱心，尽己所能地协助海内外台胞共渡危难。

柬埔寨华社、东帝汶中华商会、美国大芝加哥地区华侨华人联合会、华盛顿和统会、美国福建同乡联合会、俄罗斯华侨华人青年联合会以及澳大利亚、法国、坦桑尼亚、博茨瓦纳、南非、英国、奥地利、津巴布韦、墨西哥、赞比亚、希腊、捷克、波兰、缅甸、喀麦隆等国的华侨华人团体和个人纷纷向台湾同胞捐款，希望能够减轻台湾省受灾同胞的痛苦，为他们尽快战胜灾害尽一点微薄之力。

华人胡士泰涉“商业间谍案”被上海检察机关批准逮捕

8 月 10 日，上海市检察机关以涉嫌侵犯商业秘密罪、非国家工作人员受贿罪，对澳大利亚力拓公司上海办事处胡士泰等四人作出批准逮捕决定。侦查机关经过深入侦查，初步查明胡士泰等四人涉嫌以不正当手段获取中国钢铁企业商业秘密的犯罪事实，触犯中国刑法第二百一十九条规定的侵犯商业秘密罪，同时，胡士泰等四人还涉嫌商业贿赂犯罪，遂于近日提请检察机关批准逮捕。检察机关经审查认为，有证据证明胡士泰等四人涉嫌上述犯罪，依法对其作出批准逮捕的决定。

事件发生后，作为海外华人，胡士泰不仅是澳洲的英雄，还是祖（籍）国的“叛徒”，引起了华人社区的普遍关注。此案引起的轰动，一是涉及澳中关系，二是因为胡士泰的华裔背景。

首届世界河婆同乡联谊会在吉隆坡举行

9 月 8—10 日，来自世界十多个国家和地区的河婆籍乡亲会聚马来西亚吉隆坡，隆重举行首届世界河婆同乡联谊大会。马来西亚首相拿督斯里纳吉主持开幕式并致辞祝贺。出席大会的还有马来西亚政府有关部门官员、中国驻马来西亚大使馆商务参赞和新加坡、泰国、印度尼西亚、澳大利亚以及中国香港、澳门、台湾等地的侨团代表 1 300 多人。

美华侨华人在白宫前升五星红旗庆中国国庆 60 周年

9 月 20 日，经美国官方的批准，一面五星红旗由美国大华府地区的华人华侨在美国白宫前亲手升起。这是中国国旗第一次由民间组织在美国总统府所在的白宫前升起。这次由美国华盛顿侨学界主办、各界友好人士和社团共同参与的华盛顿首次中国国庆升旗仪式，是为庆祝国庆 60 周年而举行的，旨在表达海外华人华侨爱乡思乡的血脉情谊，凝聚海外华人华侨团结奋斗的精神。

胡锦涛出席联合国峰会　美东侨胞热迎

9 月 21 日，中国国家主席胡锦涛抵达纽约出席联合国峰会，美国东部地区 3 000 华人华侨聚集在纽约曼哈顿华尔道夫酒店附近热烈欢迎。欢迎人群来自纽约、新州、宾州、康州等地，大纽约地区各大高校也组织了上千留学生前往欢迎。现场有鲜艳的国旗及醒目多样的欢迎标语，歌声雷动，欢呼声不断。《爱我中华》、《大中国》、《歌唱祖国》等歌曲回荡在曼哈顿上空。不少欢迎者更是兴奋得跳起了舞，欢迎远方的贵客。中国驻美大使周文重代表胡锦涛向欢迎队伍，以及美国的所有华人表示感谢。

全球华人喜庆中国60华诞

10月1日，中华人民共和国成立60周年，世界各地的华侨华人、中国留学生举行了形式多样、丰富多彩的庆祝活动。

各驻外使领馆举办国庆招待会，隆重庆祝中华人民共和国建国60周年。招待会来宾们盛赞新中国60年来所取得的举世瞩目的成就，赞赏中国为世界和平发展所作的贡献，祝愿中国繁荣昌盛。

许多海外华侨华人和中国驻外使领馆人员、留学生收看新中国成立60周年庆典电视直播，举行具有特殊意义的升旗仪式和各种庆祝活动，表达对祖（籍）国的眷恋与爱恋之情，遥祝祖（籍）国繁荣富强，人民幸福安康。

“光纤之父”高锟荣获2009年诺贝尔物理奖

10月6日，“光纤之父”、前香港中文大学校长高锟教授与其他两位美国科学家获得2009年诺贝尔物理奖。目前旅居北加州硅谷地区的高锟教授夫妇，于12月10日亲临瑞典斯德哥尔摩参加颁奖典礼。

高教授得奖的项目是他早年为英国邮电部门研究的用光纤技术替代传统的通讯技术。

高锟出生在中国上海，在香港念中学，随后到英国留学。高教授拥有英、美两国国籍。

第五届世界兴安同乡恳亲大会暨第五届世界莆商大会在雅加达举行

10月16日，第五届世界兴安同乡恳亲大会暨第五届世界莆商大会在印度尼西亚首都雅加达隆重举行。来自25个国家和地区的1 000多位世界各地乡亲社团负责人、著名侨领代表和莆商代表参加了此次盛会。

中国驻印度尼西亚大使馆参赞钟瑞明出席大会，并且中国驻印度尼西亚大使馆对大会的召开表示祝贺，向来自世界各地的兴安乡亲表示欢迎和问候。

世界兴安同乡恳亲大会每三至四年举办一次，由莆田市海外联谊会和海外乡亲社团轮流主办，迄今已举办四届。莆田市海外联谊会负责人称，广大海内外兴安乡亲秉承中华民族的优秀品德，恋祖爱乡，艰苦创业，报效桑梓，涌现出了许多爱国侨领、社团领袖和工商巨子。改革开放以来，许多海外侨胞纷纷回乡投资创办企业，为莆田经济的发展作出了特别大的贡献。举行世界兴安同乡恳亲大会、世界莆商大会，是莆田市与海外乡亲沟通联谊、交流合作的重要平台。

第六届世界华商高峰会澳门开幕　逾千名华商出席

10月24日，第六届世界华商高峰会在澳门威尼斯人会展中心举行开幕式，来自全球35个国家和地区的1 300位华商社团代表会聚澳门，共襄盛举。

本届高峰会由世界华商组织联盟主办，澳门贸易投资促进局合作，中国国际贸易促进委员会、台湾商业总会等协办，参与人数创历届之最。澳门特区行政长官何厚铧、海峡两岸关系协会会长陈云林、台湾对外贸易协会董事长王志刚等出席开幕式，中国旅游协会副会长吴文学及台湾观光协会荣誉会长严长寿作了专题演讲。

本届华商高峰会与第十四届澳门国际贸易投资展览会（MIF）同期举行，与会者还参加了 MIF 举办的华商洽谈配对专场。

一百二十年来首例华裔晋升为加州长堤市警察局局长

10 月 26 日，美国加州第五大城、人口 45 万的长堤市（Long Beach）诞生建市 120 年来第一位华人警察局长，也是加州目前唯一的华人警察局局长郭肇平（Billy Quach）。

现年 47 岁的郭肇平，13 岁随家人从越南移民赴美，取得长堤州大犯罪司法学学士与公共行政硕士学位后，1983 年加入长堤市警局，从基层巡警做起，凭着优异表现，晋升为长堤市警局首位亚裔巡佐（Sergeant）、巡官（Lieutenant），2003 年成为首位亚裔指挥官（Commander），2009 年 10 月 26 日更从六位候任人选中，一跃晋升为肩章上配着四颗星的警察局局长。

祖籍广东、在越南西贡出生长大的郭肇平，由于从小上中文学校，能说一口流利的广东话与普通话。身为全国亚裔警察协会会员，过去六年来曾率领全美 700 位警官前往中国各警局访问，发挥他在警政与语言上的长才。

第十一届世界海南乡团联谊大会在新加坡举行

第十一届世界海南乡团联谊大会 10 月 29 至 11 月 2 日在新加坡举行。中国驻新加坡大使张小康，新加坡国家发展部部长马宝山，新加坡社区发展、青年和体育部政务部部长符喜泉等也出席了大会的开幕式。

本届世界海南乡团联谊大会以“传承海南文化、联络五洲乡情”为主题，吸引了来自 28 个国家和地区的超过 2 500 名代表与会。

大会将围绕宗乡团体在促进世界经济繁荣中所担任的角色、海南文化的发展和演变、如何通过宗乡团体对海外华人提供法律援助等议题展开讨论。会议期间还将举行琼剧表演、海南省画家摄影家作品展、海南话讲故事比赛等文化活动。

大会通过了第十一届世界海南乡团联谊大会联合公报。大会认为，全世界的海南乡亲要加强团结与合作，不断促进海南乡亲的事业与乡团会务的发展。国务院侨务办公室主任、中国海外交流协会常务副会长李海峰，海南省政协副主席、省委统战部部长邱德群发来贺信。

全美和统会年会暨全球台海两岸和平发展高峰论坛在休斯敦隆重召开

10 月 31 日至 11 月 1 日，由休斯敦和平统一促进会承办的 2009 年全美中国和平统一促进会联合年会暨全球台海两岸和平发展高峰论坛在休斯敦成功举行。中国国台办、中国驻美大使馆、中国驻休斯敦总领馆、中华文化发展促进会等机构均派负责人出席会议，美国国会议员艾尔·格林也派代表出席开幕式祝贺。来自全美各地的“和统会”负责人、两岸学者和大休斯敦地区侨学界代表共 200 多人出席了会议。两位台海问题专家郭震远和周子芹均发表主题演讲。休斯敦和统会会长许华章当选为全美中国和平统一促进会联合年会新一届执行会长。

刘醇逸竞选纽约审计长获胜

11月3日，纽约市普选揭晓，经历了激烈的民主党初选和复选之后，华裔候选人刘醇逸以高票成功当选纽约市主计长一职，成为纽约市“第三把手”，掌管纽约国际大都市的财政大权。

纽约市 The New School 纽约事务中心8日邀请市长彭博、主计长汤信、候任华裔主计长刘醇逸和其他主计长参选人的竞选团队代表举行圆桌会议，回顾竞选过程。由 Kevin Wardally 和司徒仲菁代表的刘醇逸竞选团队获得了对手们的肯定，他们也分析刘醇逸取得胜利的诸多因素。

在凯兹（Melinda Katz）、叶斯基（David Yassky）、魏普林（David Weprin）和刘醇逸四人的主计长竞选中，刘醇逸团队打了大胜仗。司徒仲菁表示，亚裔选民是被众多参选人团队忽略的一族，但是在这次选举中，仅亚裔就有3万选民因为支持刘醇逸而将自己的党派从其他党改成民主党或是新登记为民主党，以便得以参加初选投票。

罗马尼亚华商集体抗议罗马尼亚警察封店

从2009年11月16日红龙、尼罗市场停车费事件开始，再到两市场停电、停水、撤离保安及清洁工人，直至12月2日及8日，罗马尼亚尼罗市场发生警察“封店”事件。警察两次进入尼罗市场，在没有出示任何检查手续的情况下，将部分正在营业的华商店铺里的货物拉走并罚款，并殴打华商。之后，尼罗市场聚集近200名华商，集体抗议罗马尼亚警察粗暴封锁市场的行为，誓言要捍卫自身的合法权益。

中国外交部和驻罗马尼亚使馆高度重视此事，多次向罗方提出交涉，敦促罗方秉公、文明执法，保障华商的人身安全和合法权益，依法公正处理，尽快恢复华商营业。中国驻罗使馆官员还前往医院慰问了受伤华商。

12月15日，在罗马尼亚尼罗市场华商维权委员会召开对罗新闻发布会之际，旅罗华商各社团在当地中文报纸上发表名为《旅罗华商各社团坚定不移支持华商维权委员会维权》的联合声明。声明呼吁广大旅罗华商应更紧密地团结起来，与市场其他各国商人一起，以实际行动支持尼罗市场华商的维权行动。声明表现了旅罗华商各社团在事关广大华商利益的大是大非面前，协同一致，奋力抗争，坚定不移地维护尼罗市场华商合法权益的决心。

第十届世界华商大会召开

11月20日，第十届世界华商大会在菲律宾首都马尼拉开幕，来自世界22个国家和地区的大约3 000名华商翘楚会聚一堂，围绕“加强华商联系，促进世界繁荣”这一主题共谋合作与发展。正在菲律宾访问的全国政协主席贾庆林出席开幕式并发表了题为“加强华商联系　促进共同发展”的重要讲话。

第十届世界华商大会举办了多场论坛，邀请知名华人企业家、专业人士和学者就国际银行业与金融业改革、政府与民间合作推动华商企业发展、全球华商制造业与服务业前瞻等议题发表演讲，并参与互动交流。借大会召开之机，菲律宾政府举行投资推介会，向与会华商介绍菲律宾的投资商机、投资优惠政策和丰富的旅游资源。

2009（澳门）华侨华人聚濠江联谊大会

11 月 22—24 日，由澳门归侨总会、澳门特别行政区政府社会文化司、澳门基金会主礼举办的“2009 华人华侨聚濠江联谊大会”在威尼斯人度假村酒店宴会厅隆重举行。

澳门特别行政区行政长官何厚铧、中共中央联络办副主任徐泽、中华全国侨联主席林军、中国国务院侨办副主任许又声、中国外交部驻澳特派员卢树民、澳门立法会主席刘焯华；全国侨联副主席董中原、全国人大常委贺一诚、全国政协常委杨俊文、廖泽云；澳门中华总商会理事长许世元、澳门基金会行政委员会主席吴荣烙、全国侨联副主席、香港侨界社团联合总会创会会长陈有庆；澳门归侨总会会长黎振强、常务副会长刘艺良、理事长王彬成、监事长康宁英共同主持了剪彩典礼。

来自 56 个国家的 999 位侨界社团负责人和知名人士，以及 100 位内地各省、直辖市、自治区侨办和侨联特邀代表及澳门社会知名人士、侨社负责人出席了开幕式。

中国国家副主席习近平为柬埔寨首家孔子学院揭牌

12 月 22 日，正在柬埔寨进行正式访问的中国国家副主席习近平在金边出席柬埔寨王家研究院孔子学院挂牌仪式并在揭牌仪式上致辞。

以教授汉语和传播中国文化为宗旨的非营利机构——孔子学院，2004 年在韩国首家成立，目前已有 88 个国家和地区建有 282 所孔子学院和 272 个孔子课堂，海外约有4 000万人在学习汉语。2009 年孔子学院先后落户伊朗、牙买加、哈萨克斯坦、贝宁、约旦、韩国、美国、俄罗斯、智利、澳大利亚、哥斯达黎加、泰国、罗马尼亚、意大利、雅典、摩尔多瓦、尼日利亚、多哥、新西兰、阿根廷、古巴、法国、摩洛哥，搭建起中国与世界交流的桥梁。

（本版责任编辑　徐云）

海外要闻

本版内容是对本年度海外华侨华人社会动态的摘选，以有一定深度的主流报道，特别是包括事实资料、统计数据的报道为主；按媒体报道时间先后顺序排列。

调查显示：在日外国劳动者48.6万　中国人占43%

日本厚生劳动省1月16日公布的外国人就业情况显示，截至去年10月底，被雇用的外国劳动者达486 398人。据了解，由于这次改变了调查方式，和2006年6月调查时22.3万人左右的数据相比，这一数字增加了约1.2倍。

以往外国劳动者只需自愿进行登记，2007年10月实施新的《雇用对策法》以来，企业被规定有义务在雇用和解雇外国人时在有关部门进行登记，因此本次调查中的人数出现了大幅增加。

从国籍来看，中国人占全体的43.3%，人数最多；其次为巴西人和菲律宾人，分别占全体的20.4%和8.3%。

按行业来分，制造业占39.6%，人数最多；服务业占19.7%；餐饮住宿业占10.4%。此外，在劳务派遣公司和承包商企业工作的外国人占33.6%。经济不景气导致在制造业工作的外国人派遣合同工陆续失业，这表明很多外国人的就业情况并不稳定。

从行政区划来看，东京的外国劳动者最多，达118 488人；其次为爱知县60 326人；静冈县和神奈川县分别排在第三和第四位。

（［日本］日本新华侨报2009－01－16 记者/乔聚）

去年首尔增加人口多为外国人　中国人占近九成

据韩国《朝鲜日报》报道，韩国首尔市信息化企划团1月19日表示，去年年底首尔市人口超过了1 045万，连续五年增加。

去年12月31日，韩国国内居民登记和外国人登记情况显示，首尔人口为1 045.603 4万人，比2007年底增加了3.425 2万。而增加人数的76.3%，即2.613 5万人是迁入韩国的外国人，其中相当于88.7%的2.320 4万人是包括朝鲜族在内的中国人。

遭受国际金融危机袭击的去年第四季度，外国人数量减少3 689人，增加趋势有所停滞。

去年在首尔出生的婴儿有9.624 1万人，比2007年（10.010 7万）减少了3 866人。至此，新生儿数字在2006年和2007年连续两年呈增加趋势后再次转为减少趋势。首尔市方面称，掀起结婚热和生育热的“双春年”（2006 年）和“金猪年”（2007 年）过后，新生儿数量开始减少。

（中新网 2009－01－22）

澳洲华人人口近 67 万　澳洲及中国以外出生占 44%

由 2006 年人口普查数据分析录得的澳洲华人人口，全国有华人 669 900 名，首次计算出其中 44% 是在澳洲和中国以外出生的。这次人口普查，在种族一项分世代记录，分别是第一代、第二代和第三代及以上。

澳洲华人占全澳人口的 3.4%。第一代占其中的 74.2%；第二代（澳洲出生，父母至少一人是海外出生）占 21%；第三代或以上（澳洲出生，父母均在澳洲出生）占 4.8%。

在 1996—2006 年的一段时间内，澳洲的中国出生的人口增加了 96 000 名，排第二，仅次于新西兰（约 98 000 名）。

中国出生最新的移民，主要是学生，很多仍未成家立室，2/3 的人年龄在 20～39 岁，他们之中 65% 是学生，61% 未婚。比较澳洲 20～39 岁年龄组别，有很大的差别，后者只有 16% 是学生，45% 未婚。

一如 2006 年人口普查已发表的初步数据，澳洲的外语，将广东话和普通话加起来，汉语成为澳洲第一外语。澳洲人口有 1.3% 能操广东话，1.2% 操普通话。但人口普查把意大利文列为第一外语，澳洲人口有 1.8% 讲意大利语。广东话和阿拉伯语为双亚军。操广东话的有 236 000 人，普通话 211 700 人，共 447 700 人，比排第一的意大利语 311 600 人，多 10 多万人。

无独有偶，澳洲人有 44% 是在外国出生或父母至少一名是在外国出生。澳洲统计局 1 月29 日发表 2006 年人口普查深入报告，披露 1/4 的人口或 440 万人是在海外出生的。他们之中，20% 父母至少有一人并非在澳洲出生。海外出生最大的族群为英裔的澳洲人，24% 是在外国出生，第二大是新西兰（9%），中国及意大利双季军，均为 5%。

报告同时披露世代转变趋势，欧洲出生澳洲人老龄化，平均年龄为 57 岁，亚洲出生澳洲人较年轻，平均只有 37 岁。另外，亚洲已取代欧洲，成为移民的主要来源地，在 2002—2006年，10 个最常见的出生地，亚洲国家占 6 个。

（［澳大利亚］星岛日报 2009－02－01 记者/嘉文）

60 多万华人将获 78 亿日元定额“红包”

包含总额 2 兆 395 亿 1300 万日元“红包”（定额补贴）在内，日本政府提出的 2008 年度第二次补充预算案在 1 月 27 日正式成立。日本政府发放救市“红包”一事终于尘埃落定。据了解，本次在日中国人可以领取“红包”者约有 60 万人，其中 18 岁以下者约有6万人、65岁以上者约有1万人，可得金额估计将超过78亿日元。这是在日外国人首次分享日本政府发放的“红包”，如何领取，何时到手，令人关注。

按规定，“红包”领取人的在籍登录期限以2009年2月1日为准，平均每人可获12 000日元。1990年2月2日以后出生的18岁以下者，以及1944年2月2日以前出生的65岁以上者，每人多发放8 000日元。2009年2月1日以后出生的孩子将不享受“红包”。如果单纯计算，每户四口之家可得到48 000日元；如果家有儿童和老人，每户拥有两个18岁以下子女的标准四口之家，可以领到64 000日元。

据法务省统计，包括在日韩国人和朝鲜人、永住者、定居者、日裔，以及留学生和研修生等约215万在日外国人可以享受“红包”。在日中国人可以享受“红包”者约有60万人，其中18岁以下者约有6万人、65岁以上者约有1万人。

日本政府终于准备发放“红包”了，在日华人对此褒贬不一。许多外国人“黑户口”也照样纳税，可是这次却没有享受“红包”，不禁令人心酸。

（［日本］中文导报2009-02-05 记者/周宏）

大马人力资源部：录用公务员华裔须占25%

鹅唛8日讯　政府正考虑强制性以种族比例录用公务员，即今后录取的每100名公务员中，其中25人必须是华裔。

人力资源部部长拿督苏巴马念说，该部两个月前已提出此项建议，并获中央政府初步接纳。

“我们将在本月13日，和政府首席秘书丹斯里莫哈末西迪讨论，随后将报告呈至内阁寻求通过。”

政府过去十分关注各族公务员比例严重失衡的问题，过去只是通过提高薪金、改善福利等方式，鼓励非土著加入公共预域，但收效不大。马华同样重视这个问题，甚至将增加非土著在公共服务的人数列入九大政纲，并拟出各项措施鼓励华裔子弟当公务员，包括积极推动华裔加入警队的措施。目前，华裔公务员只占总人口的9.7%，即10万人不到。华裔子弟首选加入私营领域，令公务员种族比例失衡的境况进一步恶化。

据第九大马计划报告，华裔人口占总人口比例逐年下降，从2000年的26.1%，下降到2005年的25.3%，预料将在2010年时下降至24.3%。

（［马来西亚］中国报2009-02-08）

福布斯公布全球百大科技创投领袖　多位华裔上榜

福布斯（Forbes）日前公布全球百大科技创投领袖（Top Tech Dealmakers, The Midas List）名单，第一名是硅谷资深创投教父、KPCB合伙人杜尔（John Doerr），华裔创投大老、汉鼎亚太董事长徐大麟（Ta-Lin Hsu），华登国际陈立武等人皆入榜。

根据全美创投协会资料，2008 年创投共筹资 280 亿美元，但由于受到经济不景气的影响，去年全球仅有六家有创投支持的初创公司上市（IPO），比 2007 年减少 86 家。不过，尽管受到经济环境影响，创投业仍是鼓舞创新与创业精神的最大支持力量。

入榜华裔中，纪源资本（原为寰慧投资，Granite Global Ventures）管理合伙人吴家麟（Thomas Ng）排名最前，为第十四名。他是纪源资本共同创始人之一，也是新加坡及中国高科技行业风险投资的先锋——华盈基金（Venture TDF）的创始人。他曾向新加坡政府提议发展科技创业，并担任新政府顾问委员会成员。

排名第十五的则是纪源资本 Kheng Nam Lee。他曾担任全球风险投资公司 Vertex Management 总裁，任期长达 20 年。他曾出任 Creative Technology 及 United Test Assembly and Centre 等多家上市和非上市公司的总监。他还担任过包括 Centillium Communications、特许半导体（Chartered Semiconductor）、GRIC Communications、Gemplus International，Activ Card 和 SMIC 在内的多家科技和电信行业上市公司的总监。他常驻新加坡，主要负责协助 GGV 在半导体行业和中国地区的投资业务。

第二十七名是永威投资有限公司（Asia Vest Partners）萧崇河（Henry Shaw）。他是 Transpac Capital Pte Ltd 前任副总裁，也曾是 Mosel Vitelic 创始人和首席财务总监。永威投资在大中华区及美国从事私营企业投资业务，投资重点是半导体、信息技术、无线电、软件、制造业以及消费相关的产业，已对中国大陆、中国香港、中国台湾、新加坡及美国逾 145 家公司进行了投资。

第二十八名的是汉鼎亚太董事长徐大麟，第三十四名的是高盛投资管理总监 David Tse Young Chou，第三十七名是华登国际董事长陈立武。

第七十五名的是纪源资本合伙人符绩勋（Jixun Foo）。在加入纪源前，符绩勋担任德丰杰全球创业投资基金总监，领导了包括百度等在内的多个重要的亚洲地区投资项目，并担任其董事会成员。此外，他还曾参与分众传媒（Focus Media）等投资业务。

（［美国］世界日报 2009－02－12 记者/吴日君）

加拿大明显减少来自中国大陆的移民配额

据此间媒体获得的资料，加拿大移民部今年将消减来自中国的移民核准数目。

最新一期移民资讯《Lexbase》披露称，加移民部今年所订海外移民批核人数目标虽然较去年增加一万人，但来自中国大陆的移民人数目标明显下调。来自北京的移民处理目标数目从去年的 8 475 人降至 7 000 人；来自香港的目标数目更从去年的 15 660 人降至 13 600人，两地计划核准移民申请人数较去年减少超过 14%。

加拿大是个移民大国，近年来每年接收移民都有 25 万人左右，目前中国仍是加拿大最大的移民来源国之一。

（中新网 2009－02－13）

华人热心参政　十年后争取竞选副总统

今年4月9日印度尼西亚全国普选，是民主改革后第三次民主选举，群岛1.7亿多选民将投票选出560位国会议员，132位地方代表议员（每省4位代表），33省1 980位省议员和477县一万多位地方议员。参与选举的政党多达44个（中央38党+亚齐六个地方政党），参选四级议员有五万多位代表，是有史以来最热闹、最大规模的政治运动，具有重要的历史意义与政治教育作用，对今后建国发展和经济建设影响十分深远，因此，不论人们喜欢还是无兴趣，所有公民都应认真关注和参与投票，以选出较有代表性的议员为印度尼西亚未来走向作出正确的选择。

在五万多位各级候选人中，华裔代表有千人以上。有许多年青一代开始进入县议员或市议员竞选之中，比如有22位华人青年参加廖群岛省吉里汶县议员竞选，有超过30位华人新一代参选山口洋市议员，有数十位华裔参选雅加达省议员角逐，国会议员华裔候选人几乎各省都有，人数之众也创历史新高，确实是划时代的盛举。

华人进入主流社会政党参选各级议员，是民主改革的重大政绩之一，也是印度尼西亚多元文化和多元民族健康发展的可喜现象，是印度尼西亚从大国走向强国进程的积极步伐。这一宝贵的步伐对印度尼西亚的总体国力发展具有关键性的作用，印度尼西亚是快速发展赶上时代的飞腾火车还是缓慢穿行，迂回曲折，永远走在时代快车的后头，这将扮演举足轻重的角色。

从2009年4月议会选举开始，华人议政、参政进入一个崭新的阶段，在十年之后，即2019年，华人精英将崭露头角参选国家副总统，晋升领导印度尼西亚走向强国发展的康庄大道。

华人青年俊杰要晋升国家领导，就要从现在起具备下列数项重要条件：第一，曾接受三语教育，最少精通三语（印、中、英）交流，能在国内和国际论坛通畅无阻，能与各国领导人进行直接交流沟通。在亚洲与中国、印度和东盟各国领导直接通话，无须第三者做中介翻译，使工作交流更为密切和温馨，亲密无间，毫无隔阂。第二，执政为民、大公无私的道德人品。领导人受道德教育和爱民人品极为重要，因为只有接受良好道德教育，才能认识以和为贵，实施廉政和大公无私，所有施政都以人民利益和国家利益为重。未具有良好道德人品，不能充当国家领导人。第三，具有良好的管理能力和廉政的经历。儒家学说提倡“格物致知，修身齐家，治国平天下”，说明为人治世的基本原则。如果一个人不能修身齐家，不具有良好管理企业的能力和执行廉政理财的记录，绝不可能“治国平天下”，成为国家领导人。见微知著，我们应在日常生活和工作过程中考验青年一代的才干，确保人选无误，领导国家崛起发展，向前迈进。第四，具有爱国意识和宽大胸怀。印度尼西亚地广人多，有百多个大族群和几百个小部落，没有真正爱国爱民和心胸宽大的政治家，难以团结包容各方优秀人才同心同德建设国家，把大国提升为强国。这就是印度尼西亚独立了六十三年仍旧贫困落后的原因。我们急需要新一代具有爱国爱民意识，胸怀四海，包容差异，以民为本，领导印度尼西亚走向崛起复兴之路，成为亚洲浩浩强国。

奥巴马能坚强屹立，成为美国第四十四届总统，正大大鼓励全球各地优秀人才，不论肤色或种族，积极参政，逆境奋进，终将取得杰出政绩。印尼华族年青一代，应以奥巴马为榜样，奋发图强，敢于参政议政，从底层做起，必可在十年后昂然奋起，参与最高领导人的角逐，并有可能青出于蓝，取得高位，领导印度尼西亚成为亚洲乃至世界的富强国家。

（［印度尼西亚］国际日报 2009－02－15）

天使岛移民拘留所重新开放　保留记载华人移民珍贵史料

关闭三年进行修葺工程的天使岛移民拘留所（Angel Island Immigration Station），第一阶段的保留修葺于15日正式完成，加州公园局特别于当天开放民众免费参观，并举行开幕仪式，中国驻旧金山总领事高占生、旧金山市议员马兆光以及国家公园负责人也特别到场庆贺。重新开放的天使岛将展示更多文物，并增添音响、灯光等硬设备，让参观民众能够身历其境。

天使岛一度是移民落脚的第一站，20世纪初期，经由太平洋来美的移民，都必须先进入天使岛的移民拘留所，拘留的时间可从数日到长达数年，他们被安排在拥挤而窄小的拘留室中，接受令人觉得屈辱的身体检查，除了要出示移民证件外，还要接受执行排斥华人法案（Chinese Exclusion Act）官员的询问，从1910年到1940年，90多国的100万移民曾到过此拘留所，其中以来自中国的移民占大多数，达到17.5万人。

1970年，美国政府原本要将天使岛上的移民拘留所建筑物拆除，但加州公园局公园管理员 Alexander Weiss 在检查移民拘留所时，发现拘留所的墙壁上留有许多中文字，借由华裔历史学家与公园局合作，发现这些文字是华裔移民史的重要史料，于是合力将天使岛移民拘留所的建筑物列为古迹保留。

经过湾区多名联邦议员的努力，国会同意为天使岛移民拘留所提供6 000万元经费，用以保留及修葺移民拘留所内的历史遗迹。目前第一阶段的保留修葺工程已经完成，主要是整修移民拘留所的拘留营，重现当年移民在拘留营的生活环境，再加上模仿当时情境的音效以及导览语音，让参观民众体验当年的情景。

此外，经过第一阶段的修葺，民众可以清楚地看到近两百首以中文、日文、韩文与欧洲文字刻成的诗词（大部分为中文），可以了解当时被拘留者的心情。

（［美国］世界日报 2009－02－16 记者/蔡明容）

经济危机致形势日益严峻　海外华人就业遭遇壁垒

随着各国排外情绪高涨，华人在海外就业越来越难

“我不知道金融企业会不会真正地去执行这个政策，这对在美国求职的华人来讲的确不是什么好消息。”

2月6日，美国参议院投票通过决议，要求接受美国政府救援的本国银行在雇用员工时必须优先考虑本国公民。听到这一消息后，一位在华尔街危机中失业的华人既愤怒又无奈。

华尔街“潜规则”排挤外国人

“雇美国人”的议案若被签署为法令，将适用于接受政府救助的全美300多家银行。这些银行如果需要增加雇员必须优先考虑美国人。

而去年12月，为了防止美国公司在雇用外籍员工的同时裁减美国本土员工，美国劳工部已经收紧了劳工签证申请。从2008年10月1日至12月31日，劳工签证申请的拒绝率超过30%，而此前的平均拒绝率不到22%。

虽然这些规定并非仅仅针对华人，但美国的华人不可避免地受到影响则是不争的事实。一位已经在华尔街工作二十年的华裔人士表示，危机到来时，华人管理者更容易被裁掉。

“我现在很犹豫是不是应该回国发展，还是去找个学校，现在的就业形势很糟糕，所有的地方都在裁员，金融企业的机会更少。”本文开头提到的失业华人对记者说。

在英谋职“祸不单行”

同样受到“裁员潮”影响的英国华人，则面临着金融危机和新移民政策的双重影响。

从去年2月开始，英国的新移民政策实施计分制，移民官员将对申请人的收入、年龄、学历和英语水平等打分，目的是将“低技能人士”挡在国门之外。

首当其冲的是餐饮从业者。金融危机本就使华人餐馆经营惨淡，新移民政策又导致很多餐馆招不到华人厨师，往往被迫关业。受影响的不只是相对低端的餐饮业，中国某机构驻英人员轮换时，受新移民政策限制，迟迟无法将新员工派到英国。

李贞驹律师行的律师接受《国际先驱导报》采访时建议，经济低迷时期，华人申请移民、留学、就业需要认真研究英国的法律和政治、经济发展趋势，并且慎找中介，因为在英国境内申请时提供假身份文件和信息有可能构成刑事犯罪，并遭到英国政府控告。

俄担忧中国农民工抢饭碗

有专家担心，英国日益高涨的排外情绪可能很快就会席卷整个欧洲。

这种担忧并非空穴来风，最近，西班牙劳工部部长科尔巴明确表示：“在一个失业人口超过330万的国家，仅有的工作机会显然要优先让给本国人。”

据俄新网报道，俄罗斯也有减少外国劳工配额的计划。报道援引观察家的观点说，中国目前有2 000万农民工失去工作，不排除他们会到俄罗斯找工作。而俄罗斯失业情况也非常严重，俄政府将首先解决俄罗斯人的就业问题。

日益抬头的保护主义，在欧美本地也引来了很多批评的声音。

“政客们为了争取选票经常作出一些愚蠢的决定，我不认为这个措施有助于国家走出危机。”华尔街一家中型投行总裁本杰明对《国际先驱导报》表示，如果政客们非要用国籍来排挤外籍员工，那么人才将会流向其他更具吸引力的国家。

由于海外就业遇到困难，出国的华人正在“回流”。中国驻纽约总领事馆教育参赞岑建君在接受采访时甚至感慨：“最近批‘海归’回国档签到手都软了！一天八个小时一直签。”

（国际先驱导报2009－02－17 记者/陈刚、马桂花、张皓雯）

2007年中国出生的美国华人移民190万

美国商务部人口普查局公布的最新报告指出，2007年居住在美国，但出生地在中国的华人有190万人，在各国新移民中仅次于墨西哥，是第二大新移民族群。包含在美出生的华裔在内，2007年住在美国的华人（裔）人口为301.682 3万人。相同资料也指出，非美国出生的印度人学历最高，多为大学毕业，非美国出生的华人多数是高中毕业。

人口普查局的最新资料显示，2007年住美国的外国出生人口有3 810万人。就非美国出生的人口而言，全美的墨西哥人有1 170万人，排名第一；华人190万人，排名第二；其他依次为菲律宾人（170万人）、印度人（150万人）、萨尔瓦多人（110万人）、越南人（110万人）、韩人（100万人）；100万人以下的有古巴人、加拿大人、多米尼加人。

1990年前来美的华人占多数（45%），1990年到1999年来美的华人有30.9%，近十年来美的华人有23.6%。

就教育程度而言，68%的非美国出生的人有高中学历。就美国整体而言，85%的人有高中学历。74%的印度人有大学或以上学历，是外国出生的人中学历最高的移民群。多数来自非洲的人都有高中学历。

就中国而言，普查局在新闻稿中指出，80%住在美国而生在中国的华人是高中学历。大纽约地区在中国出生的华人，有三分之二是高中毕业。在加州圣荷西中国出生的华人，有高中学历的占93%。

就家庭收入而言，非美国生的印度人最高，中位家庭收入有91 195元，其次是非美国生的澳洲人、南非人、菲律宾人。平均非美国生的人的中位家庭收入是46 881元。一般美国本土生的人的中位家庭收入是57 400元。非美国生的华人中位家庭收入是64 813元，属中间偏上。

报告显示，就整体而言，华人移民在受教育程度、家庭收入、英文程度等方面都位居中间偏上。印度移民在各方面水准上都在新移民社群中居首位。专家认为这主要是因为印度人讲英语，同时留学或持工作签证来美的印度人较多。

在英文程度方面，就整体而言，52%非美国本土出生的人英语都“不好”，16.7%的非本土出生的华人在家讲英语，83%的讲华语，其中有46.6%的人自认为英文能力“不行”。

（［美国］世界日报 2009－02－21）

在罗马尼亚发生劳资纠纷的中国工人陆续回国

在中国驻罗马尼亚大使馆等多方的共同努力下，在罗马尼亚发生劳资纠纷的中国建筑工人已开始陆续回国。

据中国驻罗大使馆介绍，到目前为止，已有270多名来自中国吉林、河北和江苏等地的工人陆续回国，还有50多名工人正在办理相关手续，近期也将踏上返乡之路。

从去年年底起，几乎每天都有在罗马尼亚务工的中国工人来到大使馆，请求使馆协助解决他们遭遇的劳务纠纷。许多工人要求国内派出公司退还“中介费”，安排他们尽快回国。

据大使馆提供的统计数据，目前在罗马尼亚务工的中国工人约有3 000人，大多都是2008年春季开始派出的。涉及劳资纠纷的中国务工人员约有1 000人。

据大使馆介绍，导致上述问题的原因多种多样，既有金融危机影响造成工地开支不足、工人实际收入下降等客观因素，也有中罗两国劳务中介公司管理不善、个别公司收取高额中介费等原因。

（新华网 2009－02－21 记者/陈进）

米兰爆发反种族歧视法律游行　数百华人参加

2月21日下午，在米兰市举行了由意大利CGLI工会组织的大游行，抗议目前已经由参议院通过的且带有强烈种族歧视的733号法律，有至少上万人参加了声势浩大的抗议示威游行，米兰工商会组织数百名中国人也参加了抗议示威活动。

目前，意大利参议院已经通过了733号法律，近期还将交众议院表决。如果该法律在众议院通过，一场针对移民的行为将合法化。其中关键条款包括：意大利普通市民可成立志愿者组织，任意进入移民开设的工场、商店、餐馆、仓库、住家等进行检查，以检查黑工、赋税的名义进行活动；抓到无居留者将被罚5 000～10 000欧元；增加居留税、入籍税，采取居留积分制。

如果这项带有明显种族歧视的法律得以通过，移民将暗无天日，毫无人权可言，移民被殴事件、被迫害事件将继续重演。

CGLI工会呼吁全体移民行动起来，抗议这种针对移民的不合理、不合法的移民政策，旗帜鲜明地反对733号文件的通过，保护自己在意大利合法的生活权利和工作权利。

（［意大利］欧联时报 2009－02－22 记者/周卫）

青田同乡会全巴西境内展开青田籍侨胞普查活动

巴西青田同乡总会近日将展开全国范围内青田籍侨胞普查活动，这是巴西华人历史上第一次由侨团组织的部分侨情普查活动，它将为了解青田华侨华人在巴西的现状、生活环境、移民历史，以及更好地开展为侨胞服务工作创造有利条件。

青田同乡会会长叶康雄、监事长王小敏表示，新一届理监事会上任后，将加大为侨胞和乡亲服务的力度。为达到此目的，首先需要掌握更多的侨情。在巴西，青田华侨华人人数估计超过1万，但究竟有多少人，其目前在巴西工作生活状况如何还是未知数，只有通过青田籍侨胞普查工作才能更具体地了解侨情，以便更加有的放矢地服务侨胞乡亲。

据悉，这项侨情普查工作还是巴西华人历史上第一次，它将为了解华侨华人在巴西的现状、生活环境、移民历史，以及开展为侨服务工作提供有益的帮助。为此，该活动得到了各侨团的关心与支持。

（［巴西］南美侨报/巴西侨网 2009-03-20）

德国的中国籍人口有78 960人

根据德国联邦统计局的最新报告，到2008年底生活在德国的持有中国大陆护照的人士有78 960人，其中男女比例大致对半。而来自中国台湾的人士有4 638人，其中10人中有6人为女性。

中国籍人口最多的联邦州是北威州，那里有19 083名中国籍人士。排名其后的是巴符州（11 316人）和巴伐利亚州（10 948人），中国人最少的联邦州是梅前州，那里只有423名中国籍人士。

持有中国大陆护照的人士在德国其他联邦州的分布情况是：黑森州7 367人，柏林6 042人，勃兰登堡996人，不来梅1 189人，汉堡4 310人，下萨克森5 297人，莱法州2 827人，萨尔州915人，萨克森州3 409人，萨安州2 125人，石荷1 461人，图林根1 252人。

（［德国］欧览在线 2009-03-23 记者/柳戈）

加拿大首个华人主导的政党首次参加省级选举

加拿大民族联盟党29日在此间宣布，将派出党员参加5月12日不列颠哥伦比亚省议会选举。党领陈卫平参选大温哥华列治文东区，副秘书长陈康参选列治文中区。

民族联盟党是首个由华人主导、组建的加拿大政党，自前年6月成立以来，已先后参加去年的大温哥华地区市级选举和加拿大联邦大选。民族联盟党这次参加省级选举，在加拿大华人参政史上再次写下新的一页。

据悉，民族联盟党已推出竞选纲领，焦点议题包括降低省税、出台刺激经济措施和推动中文列入义务教育等。党领陈卫平认为，目前整体经济形势不好，省级政府应该真诚地为人民着想，减轻人民的纳税负担，实实在在地制订经济发展计划。同时，由于不列颠哥伦比亚省华人比例高，为了真正体现多元文化的特点，政府应该将中文列入义务教育的范畴。

（中新网 2009 - 03 - 30 记者/吕振亚）

中国人成移民美国主力军　去年8万获绿卡4万入籍

2008年共有8万中国人获得美国绿卡，4万中国人入籍美国，中国成为旅美外国移民的主要输出国。

美国国土安全部最新公布的统计数据显示，2008年共有1 107 000多名外国人获得美国绿卡，保持了近年来每年都有百万外国人获得美国绿卡的趋势。

墨西哥19万人获美国绿卡，位居第一；中国80 271人，占7.3%，比上年增加3 600多人，排名第二；以下为印度、菲律宾、古巴、多米尼加、越南、哥伦比亚、韩国。

家庭移民是获得美国绿卡的主要渠道，去年有近2/3的人是靠家庭关系获得绿卡的；其中美国公民的配偶、父母和子女获得绿卡者近49万，其他亲属移民228 000人。另外，职业移民和申请难民、庇护者获绿卡者各有166 000人。每年美国的亲属移民配额在226 000 ~ 480 000之间，职业移民配额14万。去年110万绿卡获得者中，有64万是已经身居美国的人调整身份，占58%。

2008年入籍美国人数达创纪录的1 047 000人，比上年猛增六成。其中排名前四位的分别为墨西哥（23.2万）、印度（6.6万）、菲律宾（5.9万）和中国（4万）。去年共有40 017名中国人入籍美国，亦创历史新高，比上年增加21%。

总体而言，过去几十年美国入籍人数呈递增之势，1970年之前入籍者主要是欧洲出生的移民，后来逐渐转为亚洲移民入籍者居多。20世纪90年代非法移民大赦之后，近年来拉美移民入籍的人数迅速增长。亚洲移民从绿卡到入籍一般经过六七年，而拉美移民一般在十年以上。

（［美国］侨报 2009 - 03 - 30 记者/余东晖）

调查报告显示：近半美国华裔反对非法移民合法化

4月3日，在芝加哥公布的“全美亚裔调查”（National Asian American Survery）报告

指出，48%的华裔不赞成让非法移民合法化；52%的华裔认为应提高职业移民，而非亲属团聚移民人数。

这份大规模的亚裔调查研究报告，是由南加州大学华裔教授黄吉娜（Janelle Wong）、加州河滨大学（UC Riverside）教授罗曼克瑞许南（Karthick Ramakrishnan）、柏克莱大学教授李塔库（Taeku Lee）、新泽西州罗格斯大学（Rutgers University）教授君真（Jane Junn）四位亚裔政治学教授合作完成。

这项调查访问了多达5 159人，对象包括华裔、印裔、越南裔、韩裔、菲律宾裔、日裔，以及其他亚裔族群，其中华裔受访者有1 350名，是受访人数最多的。访查时间在去年8月到10月。

3日在芝加哥举行的发表会，是全美首度公开有关亚裔对移民、全民健保、全美最重要议题等看法的最新信息。

（[美国] 世界日报 2009-04-06 记者/黄惠玲）

在德中国人超过半数未婚　平均居德时间为六年

根据德国联邦统计局数据，截至2008年年底，生活在德国的持中国护照者为78 960人，其中男性40 067人，女性38 893人。

在德中国人中，未婚者多达41 151人，超过居德中国人总数的半数。而在已婚的27 204人中，和德籍人士结婚的有5 929人，比例为22%。在德持有“中华民国”护照的已婚人士中，和德籍人士结婚的比例达到了41%。

根据数据，还有1 474名在德中国人处于离婚状态，253人丧偶，8 878人婚姻状况不明。

在德中国人中，单身女士人数为19 070人，为女性比例的49%。单身男士人数为22 081，单身比例为55%，比女性高出6%。

而在已婚的中国人中，只有738名中国男士和德籍配偶结婚，占已婚男士的6%，而和德国籍配偶结婚的中国女士达5 191人，占已婚女士比例的35%。

此外，尽管在德中国人男女比例相当，男性数量略多。但其中女性离婚者数字则要高出男性一倍，在德中国女士离婚者有927人，占全部女性的2%，而男性离婚者比例只有1%。

在德中国人在德国生活时间平均为6.3年，明显低于其他亚洲国家人士（日本和韩国人在德平均逗留期都达到9~10年）。

有一半以上的中国人在德逗留期少于六年。其中逗留一年的有10 622人，占13%；1~4年的为20 908人，占26%；而4~6年的为11 572，占15%。

在德国生活了三十年以上，却依然保持中国籍的有199人。

（[德国] 欧览热线 2009-04-06 记者/林芝）

实行“黑转白”在日华人“黑户”呈定居化倾向

日本法务省入国管理局2月17日公布的在日外国人非法滞在统计数字显示，到今年1月1日为止，在日外国人非法滞在者（俗称黑户口）为113 072人，与五年前相比减少了106 346人，约减少了52%；非法滞留日本的中国人为18 358人，比五年前减少了15 137人（减少45.2%）。但是这种减少并不只是因为严厉打击和强制送还。几年来，每年都有超过10 000名，或接近10 000名的非法滞在者获得特别在留资格，从非法滞在变成合法滞在，非正规滞在的外国人中也出现了定住化的倾向。

非法滞留日本的外国人人数在1993年5月达到顶峰，约为29.9万，此后出现持续减少的倾向。自2004年起，法务省展开了从2004—2008年五年间使非法滞留日本的外国人减半的运动，至今五年间已经减少非法滞留外国人达10.634 6万人，基本实现外国人“黑户口”减半计划。

除采取强制送还等强硬措施外，酌情给予特别在留资格，实行“黑转白”，这也是消除非法滞在者的一个主要途径，这使非法滞在者也体现出定居倾向。

如2003年被给予特别在留资格的外国人为10 327人；2004年为13 239人；2005年为10 834人；2006年为9 360人；2007年为7 388人，在这五年间共给予51 148人特别在留资格，其中因非法滞留被宣布将强行送还，而又得到特别在留资格的为40 605人，而2003年在日外国人“黑户口”为220 552人，到2007年减少为170 839人，共减少49 713人。得到特别在留资格的非法滞在者占五年间“黑户口”减少人数的81.7%。中国人非法滞在者在2003年为29 676人，到了2007年为27 698人，减少1 978人，而从2003年到2007年获得特别在留资格的中国人高达8 748人，其中绝大多数是非法滞留者（特别在留资格获得者还包括非法入境和违反刑罚法令的人）。

（［日本］中文导报2009-04-13 记者/张石）

海外华人贫富分化触目惊心

据马里兰大学亚裔美国研究计划（AAST）于4月初发表的研究报告显示，美国华人的教育程度和职业选择两极分化严重。获得高学历，从事高端管理工作的华裔，同那些连高中文凭都没有，从事低端蓝领工作的华裔人数大体相当，都约占华裔总人口的1/3。

最新的统计表明，华裔的数量约占美国总人口的1.2%，即350万人。1/3的华裔白领从事专业和管理工作；1/3的华裔蓝领工作高度集中在餐馆、装修及车衣等行业。相当一部分是新移民，他们工资微薄，多居住在城市中的唐人街；另外1/3的华裔则介于蓝领与白领之间，比如经营杂货店、洗衣店的小业主、街头画家，等等。

美国华人的收入来源主要还是普通工资，但高端的成绩不大，拥有和掌管大型产业或财团者不多，从事核心职业，如律师、法官、医生、高级主管、名牌大学教授、首席科学家等为数相对稀少。

教育程度和职业选择两极分化，也直接导致了贫富的两极分化。例如，纽约有24 745个华人家庭（占21%）年收入超过10万美元，而有34 514个华人家庭（占30%）年收入不到2万美元。许多华人移民属于美国社会收入底层、高风险、难题多的群体，生活境遇拮据。另据《曼哈顿唐人街居住调查》显示，纽约华埠居民中有1/3人口生活在贫困线以下，接近60%的25岁以上成人居民没有受过完整的高中教育，因此在生存发展方面面临严峻的挑战。

其实，在美国的华人状况远比人们想象的复杂。在华人移民中，来自中国台湾的移民普遍拥有高学历，其中大学学历占36%（美国52%），硕士、博士学历占34%（美国9%）。高学历形成在美就业优势，70%的台湾移民在白领阶层的专业领域工作或做主管，他们中硕士、博士占2/3，从事蓝领工作的仅占4%。比较起来，来自中国大陆的移民在这些方面要逊色得多。

在其他一些层面，美国华人同样出现两极分化。比如，在心理状态方面，新移民与华人新生代、新移民与老移民均有明显的不同。新移民是“落叶不再归根”。而早期中国移民自始至终不改临时侨居的念头，来美的目的只是为了赚钱，然后衣锦还乡，让家人过上好一些的生活。并不是这些老移民不能被同化，而是他们根本不想同化。新移民则相反，他们一到美国想的就是落地为根，马上被同化进美国的主流社会，以便实现所谓的“美国梦”。

此外，他们在思想意识、经济状况和适应新生活的方式上也不尽相同。被称为“香蕉人”的华人新生代，生在美国、长在美国，对母语一知半解，基本上被“西化”了，但是“黄皮肤”又使他们不能毫无障碍地“融入”美国主流社会，因而又有人称之为“徘徊于白人与华人两个社会夹缝中的一代”。

（[新加坡]联合早报2009－04－14）

新侨团发展之途在于关注“侨生”

4月12日，三重华侨华人总会成立大会在日本三重县津市隆重举行，来自东京、大阪、京都、神户、冈山及名古屋地区华侨华人代表到会祝贺，三重县华侨华人的历史从此掀开新的一页。同日，日本华人社会另一个新的侨团——“德岛华侨华人会”成立大会也在德岛县德岛市内阿波观光饭店拉开帷幕，它标志着居住在德岛县境内的华人华侨从此多了一个“家”。

来自各方面的讯息和统计都表明，日本华侨华人的人数正在逼近百万，从而成为日本社会最大的“外来族群”。在这种情境下，华侨华人需要在日本社会有更加广阔的生存和发展空间，需要与自己的祖（籍）国有更多的联系与交流，需要持有更多的话语权，需要有自己的“利益群体”，需要有自身的“代言人”，需要不断地拓展自己的影响力。

可以这样讲，集组织性、互动性、归宿感于一体的侨团侨社能够在异国他乡的舞台上演绎这样的角色，因此他们应运而生，发展壮大。在日本德岛县这样一个从来没有华人侨团的地方诞生的“德岛华侨华人会”就更是一个明证。

应该指出的是，三重华侨华人总会的成立是三重县新老侨胞共同努力的结果。它不仅成为旅日侨界树立新老华侨团结合作的典范，也一定会为构建和谐的华侨华人社会作出贡献。在经济全球化、文化多元化、华人本土化的今天，华侨华人族群壮大后不断产生新的需求，也催生着新侨团的出现和老侨团的重组。

在这种时刻，我们应该认识到，加强团结是构建和谐侨团、和谐侨社的重要前提。同样面临生存与发展课题的新老华侨，应该携手共生，加强团结，密切联系，这样就可以不断增强侨团凝聚力，激发侨团新活力，三重华侨华人总会的诞生便是强有力的见证。

刚刚成立的德岛华侨华人会表示，将针对来日不久的华人开展咨询活动，以帮助他们尽快适应日本社会的生活。三重华侨华人总会首任会长蔡义雄表示新成立的总会一定不负众望，在维护会员权益、推动在日华侨华人社会发展方面作出积极贡献。所有这些都让人看到新侨团工作的出发点和落脚点都应该是切实地关注“侨生”，为侨服务。只有深入地体察侨情，真正地关注“侨生”——华侨华人的生存、生活、生长的具体情况，帮助华侨华人解决实际的困难，一方面会凝聚侨心，汇集侨智，集中侨力，带来和谐侨区的形成和发展，另一方面也会促进新侨团的成长与壮大。

（［日本］日本新华侨报 2009-04-14 记者/胡玮）

美国、古巴开放探亲　华人悲喜

4 月 13 日，奥巴马总统取消美国自 1961 年来设立的禁令，让 150 万古裔美国人得以无限制地返回古巴探亲，其实在这些人当中，有不少是像罗耀麟一样的华人。据 2000 年首度让民众圈选族裔的人口普查结果，全美有高达 25 万至 30 万的拉丁美洲华人。

古巴是拉丁美洲有华人移民历史最久远的国家之一。从 1847 年起，华人就已在古巴的土地上生活着，纯华人血统者最盛时一度多达 20 万人，居拉美各国之首，古巴更先后出了三名华裔将军，目前在古巴领导人拉乌·卡斯特罗（Raul Castro）身边，仍有一名华裔将军。

时过境迁，虽然今日不谙华语的混血华裔在古巴仍有 10 多万人，但纯华人已不到千人。主要原因是自 20 世纪 60 年代起，古巴全面实施国有化，善于经商的华人们，无论是巨商还是小贩，财产全被收归国有，于是为求生存，一波波华人出走潮就此涌起，直至 20 世纪 80 年代才停歇。

随着政治情势的稳定，今天在美古巴华人终能自由返乡，不用再受限于过去每三年仅能回乡探亲一次、每三个月只能汇款古巴 300 元的严格规定。

拉美历史最悠久的侨团之一，成立于 1893 年的古巴“中华总会馆”的总书记周卓明在越洋电访中对世界日报记者表示：“在古巴的华侨听到消息时也很高兴，因为这是我们共同的心愿。”他说目前在古巴要赴美，尚需向当局申请，并等待批准，他相信美国解禁，古巴方面的限制“也将很快解决”。“这里的华人也希望能跟亲人团聚，度过晚年。”

不过，不少古巴华人慨叹：一切来得太迟。

古巴仅存、已有80年历史的中文报纸《光华报》总编辑蒋祖乐在电话中说，当地华人平均年龄已达70岁，想离开古巴是心有余而力不足。现年83岁的他苦笑着说："像我这样的老人，实在无法旅游了。"

在海岸这一边的美国，部分古巴华人也有同样的感慨。在纽约"古巴华侨留美联谊总会"，来自各地、不同时间来美的古巴华人，四十多年来日复一日地聚在一起看报、打牌消磨时间，用广东话缅怀过去。就在等待中，他们的一头黑发全已斑白。

1963年离开古巴，现年78岁的容国文在听到美古关系解冻后，没有兴奋，只有漠然，他淡淡地说："我在古巴早已没有任何亲戚，五十年了，该离开的早已离开，这地方再也没什么值得留恋的了。"

（［美国］世界日报2009-04-19 记者/张经义）

英国华人社团呼吁华人选民积极参与欧洲议会选举

"英国华人参政计划"联合多个华人社团发动的 Get Active Get Voting 2009"关怀社区·你我心连心行动"于复活节周日，在伦敦华埠进行本年度第三次选民登记宣传活动，呼吁英国华人尽早登记，确保6月4日举行之欧洲议会选举，可参加投票。

华人青年张敬龙亦出席了这次活动，呼吁华人积极参与。

伦敦华埠商会会长吴国强表示："从前不少华人未积极投票，部分原因是言语不通，另外又不明白投票制度，或者是不知道投票给何人。希望这些活动可以改善有关情况。"

英国华人参政计划创办人李贞驹律师也是英国这个呼吁华人积极投票运动的组织者之一，她说："登记选民，前往投票站投票是重要的第一步。我们需要在政治架构中不同的层面有更多华人的声音。无论是地区选举、国会大选，以至欧洲选举，华人投票人数愈多，政治人物会更用心听取华人的诉求，考虑华人的需要，更认真地对待华人社区。"

（［英国］英中时报2009-04-19）

大马独中生首破6万

马来西亚华校董事联合会总会（简称董总）主席叶新田4月22日在出席怡保育才独中董事就职仪式上指出，今年初，根据董总秘书处向各华文独中进行的电话调查，今年大马全国华文独中学生人数有史以来首次突破6万大关。

他表示，全国华文独中学生人数自2005年起就不断增长，今年学生人数的增加不限于大型独中，而是遍及大中小各类型独中。这表明家长对独中办学越来越有信心，令人欣喜。

他指出，马来西亚华文独中毕业生的升学管道也逐年增多。

目前，华文独中毕业生除了可以在大马本地私立大专继续升学和到中国大陆、中国台湾、中国香港和新加坡等地深造外，也可以凭着独中统考文凭到英国、美国、澳洲、新西兰、加拿大等英语系国家的大学深造，只是英文必须具有所规定的“国际英语测试”(IELTS) 的水准。

此外，独中毕业生也可以凭着统考文凭到法国、德国和俄罗斯深造，但必须先修法文、德文或俄文。

他说，近年来，中国大陆和中国台湾的大学，欧美、澳洲和新西兰的大学，以及本地各私立大专学院纷纷提供奖学金或助学金给华文独中毕业生。

中国清华大学自 2001 年起，就委托董总每年代为遴选 50 位优秀的独中生到该大学就读。今年开始，北京大学通过董总在本地举办面试，直接遴选合格的独中生到北大就读。

([马来西亚] 南洋商报 2009 - 04 - 24)

中使馆关注新加坡中国客工事件　将维护劳工权益

新加坡 870 名中国客工的工作准证突被取消，引起中国驻新加坡大使馆的深切关注，并于 4 月 25 日晚针对该报的有关报道发文告表示，大使馆十分关注此事，将与有关部门联系，尽快妥善处理此事，使这些劳工的合法权益得到维护和保障。

据报道，这 870 名中国籍客工从 4 月 23 日早上 8 点左右开始便聚集在位于加冷布丁路 (Kallang Pudding Road) 的麦特工业大厦 (Mactech Industrial Building) 周围及五楼的中介公司内外，想了解工作准证为何突然被取消，并追讨中介费。

这些客工每人支付至少新币 5 700 元的中介费到新加坡工作，一些工人甚至支付高达 1.2 万元的中介费。

据悉，在这 870 名客工当中，大部分客工受聘于何金福建筑私人有限公司 (Hokh Contract Services)，其他的 300 多名客工则是莱佛士建筑私人有限公司 (Raffles Contractors) 的雇员。

许多客工都表示，工作准证被取消后，他们必须在 27 日离境。但是，在不知道准证为何被取消及还未领取薪水的情况下，他们都不愿意离开。

([新加坡] 联合早报 2009 - 04 - 27)

百人会调查：仅一成美国人不接受亚裔做总统

最新调查显示，公众比以往更加接受和欢迎亚裔，很多人表示未来愿意接受一位亚裔当总统。

百人会 20 日在华盛顿举行第十八届年会，并公布公众对亚裔及华裔的看法。

2009 年最新民调显示，与 2001 年相比，公众更加接受和欢迎亚裔。74% 的民众表示，如果称职，愿意选亚裔做市长。

是否可以接受亚裔总统？不情愿民众只占9%，比2001年23%的统计下降了14个百分点。

是否愿意找个亚裔配偶？八年前24%的人不愿意，而今年这一比例下降到11%。

有73%的民众认为，亚裔为美国社会作出了贡献。对亚裔忠诚度的肯定，从2001年前的37%上升到今年的45%。

调查发现，85%的华裔对自己在美国的发展表示乐观。但在公司中获得领导席位的机会仍不多，有3/5的华裔表示曾因为自己的华裔身份遭到歧视。

华裔比其他族裔更不愿意归属自己的族裔身份。大众对华裔的好感度为80分（0～100分），华裔的估计是64分，而1/5的华裔青年认为大众对华裔的好感度低于50分。

民众对亚裔的传统认知没有大的改变，注重家庭、聪明勤奋、守法、受教育程度高。不过，美国民众对亚裔的接触和了解依然不多。1/3的受访者表示未接触或很少接触亚裔。

民众对亚裔人口的估计远远高于人口统计，而对本土出生亚裔估计则低于人口统计。约有3/4的民众认为亚裔人口在8%以上，有40%的人认为在16%以上。大多数美国民众认为3/4亚裔是新移民，而美国出生的亚裔已占亚裔总数的30%。

“亚裔是否仍是非主流？”百人会研究项目副主席Frank Wu表示，亚裔越来越融入美国社会的发展趋势令人鼓舞。但社会中仍普遍存在对亚裔的无意识歧视，比如，亚裔更容易被美国政府怀疑有间谍行为而受调查等。

民调的目的是希望对社会发展、增进族裔了解有所推动。

（［美国］侨报2009－04－29 记者/李珍玉）

墨西哥华人冷静看流感疫情：媒体报道过于夸张

据加拿大《明报》报道，甲型H1N1流感肆虐，对受到金融危机打击的墨西哥，可说是雪上加霜。据媒体报道，当地华人餐馆也大受影响，营业额与正常时期相比下跌20%。

然而，住在该国首都墨西哥城的约5万名华人并未像其他国家一样陷入恐慌，相反，是平静看待这次流感疫情，与墨西哥人民一起为死者哀悼，并期望疫情早点结束，以恢复正常生活。

据墨西哥一些华人论坛的帖子介绍，旅墨华人华侨及中国留学生普遍认为媒体对疫情的报道过于夸张。一名网友“自己看日落”在当地华文论坛“墨华堂”上说：“各大电视台和报纸都对这次流感报道了很多……但是我觉得很多都太夸张。比如说墨西哥变成了一座‘空城’。我认为这是无稽之谈。墨西哥现在路上的行人还跟以前一样。只不过有很多人都戴上了口罩。在超市和商场里，我觉得人比平时还多。也有可能是有人说的‘囤积粮食’吧。说句实在话，记者把事实夸大了许多，导致国内的许多人都很担心墨西哥的情况。但是我认为没有那么恐怖的……希望这次流感快点过去。”

另外，根据中国媒体的报道，墨西哥华人华侨社团联合总会宣传部副部长周露向记者表示，那个时候人们大多不出门，基本待在家里看电视。

据悉，随着旅居墨西哥的华人愈来愈多，当地人对中药的认识也增加了不少，因此这次流感事件中，当地中药店的板蓝根及金银花等传统抗流感中药已卖断货。

周露向中国媒体说，目前在墨西哥城的华人华侨，回国的人数并不太多，大家在交流中大多表示会继续留在这里。

周露说："一来回国肯定要经过严格的检查，没有必要给国家带去这样的麻烦；二来墨西哥城所采取的防控措施也很及时、到位，一切都有条不紊。而且，此刻也是树立我们中国人形象的时候，华联以及所有华人都会尽力帮助墨西哥人民渡过这一难关。"

对于中国留学生们来说，这次流感疫情打乱了他们的学习计划。

（中新网 2009－05－05）

"亚太月"前夕活动受瞩目　美华人影响力今非昔比

每年五月为美国的"亚太传统月"，而在亚太月前夕，有关华人的三个会议在美国有序开展，并且引起了美国主流媒体的极大关注。一个是美国最具影响力的华裔组织之一"百人会"于4月30日在华盛顿召开的第十八届年会；另一个是于同一天在芝加哥举行的全美汉语大会；再一个是5月1日在南加州举行的华人历史学会第三十四届年会。虽然这三个会议没有内在联系，但是主题只有一个，那就是彰显美国华人的影响力。

这三个会议，最受瞩目的当属"百人会"第十八届年会。出席会议的除了100多位美国各界华人精英以外，还包括美国议员、中美商界领袖、智囊团学者和前任、现任政府官员如前国务卿基辛格、白宫内阁秘书长卢沛宁等社会名流。

"百人会"在1989年由著名华裔建筑设计师贝聿铭和大提琴演奏家马友友等人发起组建，旨在加强美中两国人民相互了解，为美籍华人在各个领域争取更多机遇。著名成员包括建筑师贝聿铭、前柏克莱加大校长田长霖、现任商务部部长骆家辉、流行性疾病研究专家何大一、雅虎网站创办人杨致远等。

在南加州举行的华人历史学会第三十四届年会则是星光灿烂，有名列国际网球名人堂的昔日网球名将张德培、1984年冬季奥运会花式滑冰选手陈婷婷、洛杉矶道奇棒球队副总裁伍佩琴以及纽约岛冰球俱乐部董事长王嘉廉等人的光临，不仅带来了超旺的人气，也为这次会议增添了几分竞技色彩。

1963年1月5日，几位对在美华人深怀历史责任感的华人学者，在当时美国民权运动高涨的背景下，成立了"美国华人历史学会"。通过近40年的努力，该学会已经拥有630多名的正式会员。

至于在芝加哥举行的全美汉语大会，会聚了全美各地教育界人士800多人，共同探讨中美教育合作、人文交流、汉语教学的现状与未来。比较来说，属于"软实力"范畴的汉语大会影响更为深远。目前美国有12万中小学生在学习中文，比几年前翻了一番多。已有7 500多名美国中学生参加了过去两年的AP中文考试，且成绩良好。

（［新加坡］联合早报 2009－05－06）

罗马地区华人总数超 11 万　成经济领域重要角色

目前生活在意大利首都罗马地区的华人总数已经超过 11.2 万，这是罗马市政府产业委员会主管 Davide Bordoni 在中国驻意使馆举行的《法律指南——在意大利工作和生活》首发仪式上透露的数字。

Davide Bordoni 说，据最新统计，生活在罗马地区的华人总数已经超过 11.2 万，占整个移民群体的 5%，其中 70% 持有劳工居留，且 19% 的人持有自雇性劳工类居留。另外，罗马华人经商的艾斯奎里诺地区的商业总量占整个罗马市的 35%，所以，市政府特别重视对这一地区商业秩序的管理。

Davide Bordoni 同时透露，华人社会一直在首都的经济领域里扮演着重要的角色，尤其是在商业和零售方面，华人企业的数量已经达到 1 650 家之多，自 2000 年起增长了 280%。

（［意大利］欧联时报 2009－05－08／谢培康）

东京的中国人约达 15 万　涌现两个超万人华人社区

受人口回归都心的影响，截至 2009 年 4 月 1 日，东京的中国人都民约达 15 万。江户川区与新宿区的中国人住民均超过 1 万人，东京已经涌现出两个超过万人居住的华人“社区”。

东京日前公布了最新外国人登录统计数据。结果显示，在 12 960 883 人的东京都民中，外国人总数达 412 817 人，占 3.2%。其中，中国人都民登录人数为 149 113 人，比去年同期增加 11 924 人，大幅超过在日朝鲜、韩国人，在日人数居各国之首，成为无法忽视的重要社会存在。同时，从中国人的分布来看，由中央都心向适合居住的地区转移明显，并呈现出与日俱增的定居倾向。

截至 2008 年 7 月 1 日，中国人都民首次突破 14 万人，达 140 105 人，比 2007 年同期增加 10 082 人。进入 2009 年，中国人都民增加趋势更加明显，到今年 4 月 1 日，中国人都民达 149 113 人，中国人都民分布区域排名分别为江户川区（10 733 人）、新宿区（10 209人）、丰岛区（9 691 人）、板桥区（9 381 人）、江东区（8 898 人）、北区（8 323 人）。这样，就有两个超过万人的华人“社区”在东京涌现。

20 世纪 80 年代中后期，新华人开始东渡日本，东京都内的中国人急剧膨胀，可以说，新华侨华人构成了约 15 万中国人都民的主体。2004 年，中国人都民首次突破 12 万，早在 2007 年，每一百位东京都民中就有一名中国人了。目前，每四位在日中国人中约有一位定居东京。东京都两个过万华人“社区”的出现也表明，中国人由初来乍到时匆忙寻找落脚地转向周边区域安定分流已成既定倾向。

伴随着中国人主要聚集在东京的特点的形成，有关防止新型流感的对应，在东京的六个市、区的中文网站，用中文刊载了应对措施，欢迎广大在日华人随时关注这些网站的最新消息，并予以应对。

（［日本］中文导报网 2009－05－10）

调查显示：英华人频遭种族伤害

5月12日下午2点45分，团结凝聚部部长（Cohesion Minister）Sqadiq Khan 国会议员在伦敦炽国城正式对外公布调查报告《隐没在公众视线之外》。报告显示，英国华人社区遭受很高程度的种族敌视与攻击。

该研究显示，在英华人正遭受不同程度的种族辱骂、攻击和敌对，所受伤害程度有可能高于其他少数民族。虽然受害者数量显示华人受到种族案件伤害不少，但如果与华人人口数量比较，华人不成比例地成为种族案件受害人。华人所遭受的种族迫害包括涉及名字的种族辱骂、破坏财产和生意、纵火、身体攻击等，最严重的个案包括受害者需入院治疗甚至谋杀案件。包括辱骂、滋扰和攻击在内的种族迫害对英国华人社区造成很大影响，不仅受害人精神受到创伤，有的受害人生意受到影响甚至破产，甚至有受害人被残害致死。长期以来，英国主流社会一直宣扬所谓英国华人社区是一个令人非常满意的社区，丝毫不受种族主义的影响。由于对华人社区的误解和官方统计数据不足，使得华人遭受的种族主义迫害一直隐没在公众视线之外。该报告的出台有助于厘清种种错误定见。

根据该调查报告，对华人的种族辱骂在各类攻击行为之中占首位。1/3的被调查对象曾经遭受重复攻击，特别是在城市中心。其中一名受害者遭受多达17次伤害。受到种族伤害最多的地点是在工作场所，而在街道上遭受伤害的几率和工作场所一样频繁。犯罪分子主要是白人，而且一半以上是年轻人。

调查特别指出，华人受害者对英国司法系统的批评集中在警察身上。华人对警方的信任遭到破坏。很多被调查者表示，警察对他们的报警和投诉行动迟缓。警察经常声称，由于罪犯年纪过小等原因，他们无法对罪犯采取行动。在举报的众多辱骂和袭击案件中，只有两起成功起诉罪犯的案例。由于警方与可以讲有限英语人士工作时，很少使用翻译服务，使得90%的被调查者表示，他们失去了对警察的信心，同时，其他的组织没有认可他们投诉案件的严重性，而华人社团能够提供更好的帮助。这种制度上的种族主义：国家的拒绝和无为带给华人社会的二次伤害，更值得关注。

据了解，根据英国有关部门在1999年的定义，“任何事件如果受害人或者其他任何人认为是种族引起的事件”。此前，曾有调查显示，1/6的英国华人曾遭受种族辱骂、攻击或者其他带侮辱性行为的伤害，个别地区这一问题更加恶化，如西约克郡针对华人犯罪就上升了20%。

同时研究还显示，由于大部分官方统计和研究报告未经华人社区的经历列入调查，或是将华人归入“其他少数民族”一类，致使华人遭受种族迫害的事实一直被隐没。调查人员也指出，英国主流媒体对华人遭受种族迫害的个案报道不够，而对于在英华人的负面新闻却引起媒体的关注和带有偏见的报道。

研究报告对中央和地方政府、司法机关以及有关机构与部门提出了24条建议，建议包括加深华人对如何举报种族分局案件的了解，学习如何使用选择第三方机构报案，应该努力提高华人对英国司法系统的信心。

研究报告作者之一赫尔大学的Gary Craig告诉记者，华人遭受种族犯罪之所以隐没在公众视线之外，既有客观原因，也有文化和制度上的因素。由于在英华人在英国全国广泛分布而分散，在有些偏远小镇上都有中餐馆。由于华人勤劳朴实，往往中餐馆是镇上唯一夜间营业的商家，这往往使得华人成为种族攻击的对象。同时，从文化上来说，华人遭受种族攻击后往往是默默忍受而不去投诉。再者，华人在英国政坛并没有自己的代表，虽然华人社区是英国最大的少数族群社区之一，对英国经济贡献巨大，但英国主流社会往往较少肯定这一点。因此，对于华人而言，加强自己内部的团结，形成集体力量，会有利于减少针对华人的种族犯罪的数量。

该报告是由监督组民权项目委托执行，并委托来自赫尔大学、利兹大学和诺丁汉特伦特大学的研究人员。据了解，该研究获得了英国社区和地方政府部的资金支持，从2007年春天到2008年春天，时间跨度长达一年。调查者通过不同渠道发放了2 000份问卷，另外将500份问卷寄给了华人组织，同时向全英28所大学发放了电子版问卷表。回收的问卷来自中国香港、中国大陆的华埠、新加坡、马来西亚以及在英出生的华人。研究者同时进行了60次深度访谈，其中35名受访者为男性，25名为女性。2/3的受访者从事餐饮业，此外，还包括学生、无职业者和其他职业者。调查人员在伦敦和南安普顿地区组织了小组座谈和深度访谈。

来自民权的陈镭文表示："至关重要的是这份报告不要被搁置、存放、摆设，国会、内政部和社区及地方政府需要切实推动和研究执行报告所提出的建议。"

（［英国］英中时报2009－05－15 作者/章戈浩）

从"靠山"到"领路人" 华人社团角色今改变

日前，意大利卡拉布里亚大区华侨华人工商联谊总会成立，结束了该地区无华人社团组织的历史。华人组织的兴盛是华人社会持续发展的必然趋势，同时也是推动华人社会快速发展的力量。在海外华人社会，华人社团既是华人彼此间联系的纽带，又是凝聚华人集体力量的因素。总而言之，社团组织在海外华人社会占据着举足轻重的地位。

据不完全统计，现今全世界有近万个华人社团。数量众多的华人社团既包括以祖籍地域为基础而建立的同乡会，还包括以所从事行业为区分而形成的工商团体，甚至还有以宗教为联系纽带的团体等各种形式。尽管华人社团数量众多，组织形式各不相同，却都秉承着一致的宗旨：努力为海外华人服务，积极维护华人的切身利益。

华人社团的发展历程和海外华人的奋斗史紧密相连。回顾往昔，当最早一批海外华人踏上异国领土的时候，笼罩在心里的定然是迷茫和无措。作为一个少数派族裔，作为生活在异国他乡的外来群体，华人社会需要一股集体力量作为一种心理依靠、一种精神支持。

所以，早期华人社团建立的目的更倾向于加强同胞间的联络，团结华人力量，增强华人凝聚力。如今伴随着时代变迁和华人力量的日益壮大，华人社团在海外社会中扮演的“角色”也在不知不觉中发生着改变。

例如，前一段时间意大利拉奎拉遭遇严重的地震灾害，意大利各地的华人社团在“一方有难，八方支援”的感召下，迅速组织华人华侨积极参与募捐，竭力为同胞以及住在国居民解燃眉之急，奉献爱心。此举不仅为华人在当地赢得了“最富有爱心的人”的赞誉，更为树立华人新形象、推动华人融入主流社会发挥了巨大的作用。如果说曾经华人社团被同胞视为“靠山”，那么如今海外华人力量的壮大、华人社会积极融入主流的发展方向都赋予了华人社团新的使命和任务。华人社团从赖以倚重的“靠山”逐步发展为引领华人社会前进的“领路人”和“带队者”。

近年来，随着华人移民的逐年增多，华人社区也逐步壮大。华人经济的繁荣既为当地经济作出了贡献，又为自身发展奠定了基础，也为华人融入当地主流增添了砝码。融入当地主流需要东西方文化的彼此适应和认同，需要跨越横亘在彼此心底的界限，而这些绝非华人个体努力就能实现的，因此借助华人社团的力量尤为重要。

在意大利华人社会的发展历程中，各个华人社团可谓功不可没。而眼下如何适应“角色”变化，充分发挥自身价值成为摆在华人社团面前的首要任务。对此一方面要求华人社团主动提升自身层次，加强社团彼此的团结，从而使得华人社团形成一股合力，能够积极发挥优势作用；另一方面则希望华人社团能够更主动、更自觉地承担责任，积极维护华人社会的整体利益，不辱使命。

（［意大利］欧联时报 2009－05－15 记者/博源）

巴布亚新几内亚发生暴动　华人商店惨遭洗劫

巴布亚新几内亚第二大城市莱城发生暴动，暴民对当地华人的店铺大肆抢掠，据说有一名年轻男子被砍伤致死。

据当地媒体 15 日报道，数千名成年人和未成年男孩 14 日涌进莱城（Lae）的商业区，把那里的华人商店洗劫一空，造成整座城市陷于停滞，连执勤的警察也被暴徒抓走。

当地的《国家报》说，莱城的一家华人商店遭到一伙年轻暴徒的袭击，他们对华人在当地开业非常恼怒，也要求限制华人在巴布亚新几内亚经商。另一伙人中有个年轻男子在试图闯进一家华人店铺的时候被砍死，还有一人受伤住院，目前还不清楚死者究竟是华人还是巴布亚新几内亚人。

另据《邮件——信使报》报道，有个男子在从商店偷东西的时候，被警察开枪打中了腿部。目前当地政府还没有对有关报道置评。

上个星期，当地的一家镍矿和加工厂发生 70 名巴布亚新几内亚人和华族工人械斗的事件，工厂的建设被迫停工。这家镍矿的合伙人澳洲高地太平洋公司（Highlands Pacific）15 日说，这项 17 亿美元的投资项目已经复工了。

（［新加坡］联合早报 2009－05－16）

无惧移民生活挑战　中国申请移民美国案未减反增

据美国《中国日报》报道，美国最近出炉的报告显示，绝大多数申请移民的民众，常常遭遇到各种各样的困扰，但是根据移民律师表示，中国移民的送件量并没有因此而有减少的迹象。

这星期，新美国媒体（New America Media）公布了一份移民的调查显示，现在申请移民的民众绝大多数为掌管家庭的女性或母亲。而这些新移民主要遭遇到两个问题，一个是如何让她们的孩子有个成功的未来，另一个则是如何让家人紧密团结在一起，而中国移民中63%只会说少许，甚至不会说任何英语。此外，她们也经常面对外界反移民者的歧视，缺乏健康福利，以及只能赚取低廉薪资的困扰。

虽然根据报告中显示，现在的移民遭遇到各个层面的挑战，但是移民的案件没有减少，反而有增加的趋势。由于现在中国政府对人民申请美国签证的条件较为放宽，更没有因为美国的景气差，而让中国的民众打退堂鼓，其中申请移民的案主来自各个阶层的都有。

虽然申请移民的案件没减少，但申请H1B工作签证的数量却大幅度降低，主要原因是现在的雇主嫌办H1B工作签证的程序太繁杂，加上现在美国失业的人口多，他们大可聘请本国人，以避免不必要的麻烦。

（中新网2009－05－22 记者/蔡宜礽）

中国新娘在马来西亚居满七年　可申请永久居留权

居留权申请希望燃起，中国新娘无须愁。

据本月10日的一篇报道指出，中国新娘在申请永久居留权时面对问题，她们大喊不公，并前往向马华直辖区公共服务及投诉局主任吴心一申诉，结果引起了马华公共服务及投诉部主任拿督张天赐的关注，并开始着手调查问题的根源。

张天赐呼吁所有的中国新娘的丈夫们，可以在下星期起携带所需的文件证书前往各移民局办理申请永久居留权手续。

对于无法成功申请或遇到任何阻拦的中国籍新娘及其丈夫，可以携带相关文件联系马华中央公共服务及投诉局公民权小组总策划吴心一医生或是拿督张天赐寻求协助。

（［马来西亚］光华日报2009－05－23）

在西班牙谋生难　今年自愿归国人数已超去年

据西班牙《世界报》报道，严重的经济危机正在迫使越来越多的移民走上自愿归国的道路。根据西班牙红十字会5月20日公布的数据：2009年初至今，西班牙参加“自愿归国”计划的移民人数已经超过了2008年。目前已经有至少1 800名移民参加了该项计划。

这一数据充分显示了目前移民在西班牙谋生艰难。由于西班牙政府不久前公布的“自愿归国奖励计划”是通过西班牙红十字会协助进行的，因此1 800名申办移民的数字十分符合实际情况。

据红十字会有关负责人透露，最后成功获得审批，得到政府资助，并且一次性得到失业保险金的移民人数比例很高。目前，西班牙劳工部还积压着超过4 000份自愿回国的申请，之前劳工部为这项工作分配的人手，已经明显无法满足移民们的需要。

（［西班牙］欧华报2009－05－25）

调查显示加华裔对移民生活不满意　称不如在中国

加拿大是中国移民的一个重要目的地。然而，加拿大民意调查机构日前发布的调查结显示，华裔新移民对移民后的状况满意度最低，大部分人认为在加拿大的生活和就业状不如在中国。

民意调查机构伊雷公司发布的“多元文化调查”结果显示，在生活质量方面，认为大生活质量高于母国”的华裔新移民只有37%，比所有新移民总计比例的86%低多。在这86%中，认为“加拿大生活质量远高于母国”的占44%，认为“略高”%。

业状况方面，认为“加拿大就业情况好于母国”的华裔新移民只占27%，而所总计的比例则为60%，其中39%认为“好得多”，另外31%认为“好一点”。与人数不相上下的南亚裔对加拿大生活质量和就业情况的满意率则高出许多，分71%。

调查结果，当地华裔意见不一。有人认为，出现这种情况与华裔新移民在语当地差异较大、融入性不够有关。但更多人则认为，近年来中国大陆发展迅活质量还是收入状况均有很大改善，发展机会也比加拿大这个成熟社会多，初来乍到会觉得加拿大“不过如此”。

由于近年来加拿大不断抬高大陆移民入境门槛，并且对技术移民严、对新移民中大多为经济条件较好、眼界较高的人士，这些人原本在中国大均不错，来到加拿大后心理很容易产生落差，这与十几年前大批大陆人最底层的小时工都趋之若鹜时的状况已不可同日而语。

有意思的是，在当地同属一个华人报业集团的《星岛日报》和《加拿大都市报》的网站互动平台上，对这一调查结果的读者评价也有很大差异，前者认为“新移民不知足”的声音较多，而后者对调查结果感同身受的声音较响亮。有评论认为，《星岛日报》的读者多为来自港台、东南亚的老移民，对当地情况较适应；而《加拿大都市报》则是专为大陆新移民开办的简体字报纸，恰是调查数据所反映的那一群人，这才导致了反响的差异。

（环球时报 2009－05－26 记者/陶短房）

在日华人犯罪问题严重　中日媒体应正视

随着中日两国交往日益紧密，大量中国人到日本留学就业，促进了中日两国的友好。但不容忽视的是，与此同时，在日本的一些中国人盗抢、诈骗、杀人等各种刑事犯罪案件频繁发生、触目惊心，而这些恶性事件却很少为国内的中国人所知，主要因为国内媒体很少报道。这种单向的不对称了解导致难以客观地看待日本人和国人自身，更难以改正自己的错误。

日本警察厅资料表明，2008 年，日本抓捕违法犯罪者 13 872 人，其中中国人为 4 8人，高居第一。资料还显示，犯罪之后逃到日本国外的外国人涉嫌犯总共有 633 人，中国人有 287 人，数量最多。非法滞留人员中国大陆约 1. 8 万人，台湾地区约 5 00

究其中国人在日本犯罪案件过多的原因，源于两国国民在民族性格和文化上著差异，个别赴日中国人素质欠佳。而日本不主张过多接纳外来移民，个别日言学校、担保等赚钱，厌恶、歧视、排外，苛刻挑剔不符合日本人标准的外国多中国人难以融入日本社会，就业困难，生活拮据，有严重的挫折感，助长发生。

好事不出门，坏事传千里。由于信息的不对称，日本只愿意关注中部分媒体还就此渲染妖魔化。日本把 0. 4% 的在日中国人犯罪作为治在打击犯罪活动时，有的政策专门针对中国人，严格控制中国人入境太郎曾经放言：“中国人的体内流着犯罪的 DNA。”东京大学教授酒“中国人滚回去”的标语。

与中国人犯罪在日本被广泛宣传相比，中国媒体则较少报道或较少有反省和谴责之意。在这种情况下，国内的中国人很少了解部分中国人却只愿意一味仇恨日本人。

中国驻日本使馆黄星原参赞曾表示，中国政府坚决反对因、以任何形式和名目进行犯罪活动，要求严格遵守住在惯，维护整体形象。中国公安部还成立了驻日使馆警务组

当然，也不能因为少数中国人犯罪而否定大多数在智树立了崭新的形象；中国媒体和民众也不能因为日罪的报道和反省。就社会进步和文明发展而言，任何

在西班牙谋生难　今年自愿归国人数已超去年

据西班牙《世界报》报道，严重的经济危机正在迫使越来越多的移民走上自愿归国的道路。根据西班牙红十字会5月20日公布的数据：2009年初至今，西班牙参加“自愿归国”计划的移民人数已经超过了2008年。目前已经有至少1 800名移民参加了该项计划。

这一数据充分显示了目前移民在西班牙谋生艰难。由于西班牙政府不久前公布的“自愿归国奖励计划”是通过西班牙红十字会协助进行的，因此1 800名申办移民的数字十分符合实际情况。

据红十字会有关负责人透露，最后成功获得审批，得到政府资助，并且一次性得到失业保险金的移民人数比例很高。目前，西班牙劳工部还积压着超过4 000份自愿回国的申请，之前劳工部为这项工作分配的人手，已经明显无法满足移民们的需要。

（［西班牙］欧华报 2009－05－25）

调查显示加华裔对移民生活不满意　称不如在中国

加拿大是中国移民的一个重要目的地。然而，加拿大民意调查机构日前发布的调查结果显示，华裔新移民对移民后的状况满意度最低，大部分人认为在加拿大的生活和就业状况还不如在中国。

民意调查机构伊雷公司发布的“多元文化调查”结果显示，在生活质量方面，认为“加拿大生活质量高于母国”的华裔新移民只有37%，比所有新移民总计比例的86%低了一半多。在这86%中，认为“加拿大生活质量远高于母国”的占44%，认为“略高”的占42%。

在就业状况方面，认为“加拿大就业情况好于母国”的华裔新移民只占27%，而所有新移民总计的比例则为60%，其中39%认为“好得多”，另外31%认为“好一点”。与华裔新移民人数不相上下的南亚裔对加拿大生活质量和就业情况的满意率则高出许多，分别为62%和71%。

对于这一调查结果，当地华裔意见不一。有人认为，出现这种情况与华裔新移民在语言、文化上和当地差异较大、融入性不够有关。但更多人则认为，近年来中国大陆发展迅速，不论是生活质量还是收入状况均有很大改善，发展机会也比加拿大这个成熟社会多，因此许多新移民初来乍到会觉得加拿大“不过如此”。

还有人表示，由于近年来加拿大不断抬高大陆移民入境门槛，并且对技术移民严、对投资移民宽，造成新移民中大多为经济条件较好、眼界较高的人士，这些人原本在中国大陆生活，收入状况均不错，来到加拿大后心理很容易产生落差，这与十几年前大批大陆人两手空空来加，对最底层的小时工都趋之若鹜时的状况已不可同日而语。

有意思的是，在当地同属一个华人报业集团的《星岛日报》和《加拿大都市报》的网站互动平台上，对这一调查结果的读者评价也有很大差异，前者认为“新移民不知足”的声音较多，而后者对调查结果感同身受的声音较响亮。有评论认为，《星岛日报》的读者多为来自港台、东南亚的老移民，对当地情况较适应；而《加拿大都市报》则是专为大陆新移民开办的简体字报纸，恰是调查数据所反映的那一群人，这才导致了反响的差异。

（环球时报 2009－05－26 记者/陶短房）

在日华人犯罪问题严重　中日媒体应正视

随着中日两国交往日益紧密，大量中国人到日本留学就业，促进了中日两国的友好。但不容忽视的是，与此同时，在日本的一些中国人盗抢、诈骗、杀人等各种刑事犯罪案件频繁发生、触目惊心，而这些恶性事件却很少为国内的中国人所知，主要因为国内媒体很少报道。这种单向的不对称了解导致难以客观地看待日本人和国人自身，更难以改正自己的错误。

日本警察厅资料表明，2008 年，日本抓捕违法犯罪者 13 872 人，其中中国人为 4 856 人，高居第一。资料还显示，犯罪之后逃到日本国外的外国人涉嫌犯总共有 633 人，其中中国人有 287 人，数量最多。非法滞留人员中国大陆约 1.8 万人，台湾地区约 5 000 人。

究其中国人在日本犯罪案件过多的原因，源于两国国民在民族性格和文化上存在的显著差异，个别赴日中国人素质欠佳。而日本不主张过多接纳外来移民，个别日本人利用语言学校、担保等赚钱，厌恶、歧视、排外，苛刻挑剔不符合日本人标准的外国人，导致许多中国人难以融入日本社会，就业困难，生活拮据，有严重的挫折感，助长了犯罪行为的发生。

好事不出门，坏事传千里。由于信息的不对称，日本只愿意关注中国人的犯罪问题，部分媒体还就此渲染妖魔化。日本把 0.4% 的在日中国人犯罪作为治安恶化的主要原因，在打击犯罪活动时，有的政策专门针对中国人，严格控制中国人入境。东京都知事石原慎太郎曾经放言：“中国人的体内流着犯罪的 DNA。”东京大学教授酒井信彦等人公然打出“中国人滚回去”的标语。

与中国人犯罪在日本被广泛宣传相比，中国媒体则较少报道或不予关注，对此类情况较少有反省和谴责之意。在这种情况下，国内的中国人很少了解在日华人犯罪问题严重，部分中国人却只愿意一味仇恨日本人。

中国驻日本使馆黄星原参赞曾表示，中国政府坚决反对中国人在任何国家、因任何原因、以任何形式和名目进行犯罪活动，要求严格遵守住在国的法律，尊重当地的风俗习惯，维护整体形象。中国公安部还成立了驻日使馆警务组，打击中国人犯罪活动。

当然，也不能因为少数中国人犯罪而否定大多数在日中国人的纯洁性，他们用聪明才智树立了崭新的形象；中国媒体和民众也不能因为日本的历史问题，而忽略了对中国人犯罪的报道和反省。就社会进步和文明发展而言，任何形式的犯罪行为都不应该被有意掩饰和忽略，不应该被放纵和姑息，不论其针对日本人还是中国人，只有这样才有助于塑造中国人新的形象和内涵，促进中日关系走向良性发展。

（［日本］新华侨报 2009－05－26 作者/战涵）

《亚洲环球》公布150名印度尼西亚富豪　黄惠忠蝉联首富

印度尼西亚十大富豪榜

排名	姓名	集团	2009年财富（美元）	2008年财富（美元）
1	黄惠忠	针牌香烟	41亿	68亿
2	黄奕聪	金光集团	32亿	38亿
3	林绍良	三林集团	26.8亿	30.4亿
4	林天宝	杉普尔纳资金	22亿	24.2亿
5	阿布利沙尔	峇克利集团	18.5亿	92亿
6	玛尔图亚	威尔玛尔国际控股	11亿	13亿
7	陈江河	金鹰集团	11.5亿	14.3亿
8	陈锡基	金翼集团	11亿	12.1亿
9	傅志宽和邹丽英	贝尔卡集团	9.93亿	11亿
10	哈信佐佐哈迪库苏摩	帝尔塔玛斯集团	8.5亿	10.5亿

（资料来源：［印度尼西亚］星洲日报）

据印度尼西亚《星洲日报》报道，《亚洲环球》杂志公布2009年印度尼西亚150名富豪榜，经营针牌香烟业务的黄惠忠，以41亿美元的财富，继续高居印度尼西亚首富榜。

最年轻的富豪是40岁的山迪阿卡·乌诺（Sandiaga Uno），以2.2亿美元的财富名列第五十八位。

印度尼西亚人民福利统筹部部长的阿布利沙耳·峇克利，今年的财富虽然从去年的92亿美元缩至18.5亿美元，仍然挤进印度尼西亚十大富豪榜。

此杂志表示，因为受到全球金融危机的影响，许多富豪的财产大幅度缩水，但认为到2010年他们的财产将增加。

（中新网 2009－05－28）

华人成为日本"第一大外国势力"

日本媒体报道在日华人更趋多元化，骇人听闻的标题背后是对日本社会问题的深层剖析。

"位于茨城县筑波市中心的物质材料研究机构是文部科学省选定的国内五个'世界最

高水平研究据点’之一。今年3月，在这里诞生了‘下一代太阳电池中心’。这里的领头人是在日华人韩礼元先生（52岁）。”这是日本《朝日新闻》最近的一篇关于华人的报道。

提起在日中国人，日本老百姓会立刻想起中华街和老华侨。而近年来，日本媒体对在日华人的关注度越来越高，焦点已不再局限于移民、犯罪等问题，而是趋于多元化。作为日本发行量第二大的报纸，《朝日新闻》自2009年2月开始，推出为期一年的“在日华人”连续重头报道，展示华人精英们的方方面面。

据《朝日新闻》编辑局长辅佐斋藤淳一介绍，战后，在日外国人主要指在日韩国人、朝鲜人。但是现在，在日华人从人数上已经超过了在日韩国、朝鲜人，成为在日外国人“第一大势力”。

整体看来，日本的各大报纸在报道在日华人时都比较客观冷静，而一些杂志社和电视台在标题制作上则有相当的炒作性。近年来，随着在日华人犯罪率的下降，日本媒体对在日华人的负面报道也有所减少。

不少专家预测，在未来几年内，在日华人将突破百万大关，这在日本开国史上是一个里程碑。在日华人群体正在不断壮大和成熟。如何与华人相处，如何更全面地了解华人？或许，日本百姓和媒体都需要以更加平常的心态去面对。

（国际先驱导报 2009－05－31）

法华社团反对巴黎市拟授予达赖“荣誉市民”称号

法国华侨华人会和法国潮州会馆等23个法国华人社团2日致函巴黎市长德拉诺埃，反对巴黎市拟授予达赖‘荣誉市民’称号的计划，要求受函方尊重中国人民和旅法华人的感情和意愿。

联名信中说：“我们十分震惊地获悉您将接见达赖和巴黎市将授予他“荣誉市民”的称号，我们认为您和巴黎市的这一举措将严重损害中法两国人民间的友好关系，损害在法华人族群的利益。”

该信表示，法中关系近一年多来曾经历了一个困难的时期。“作为法国首都巴黎市的市长，您理应更加仔细地衡量您等所作出的决定的种种后果。”

法华社团要求德拉诺埃市长重新考虑其作出的决定，尊重中国人民和旅法华人的感情和意愿。

（中新网 2009－06－03）

美国入籍费用增加　华裔移民减少

美国因经济不景气，入籍费用增加，考题变难，华裔移民逐渐减少，这从各个角度直接影响到了美国公民入籍的积极性，使入籍人数骤然下降了4/5。近日在蒙特利尔市图书馆举办的入籍讲座中，亚太法律中心的代表露露（Lulu Amador）透露了这一新的移民趋势。

据美国《侨报》报道，露露表示，美国的经济危机、入籍费用的提高，以及考试难度的增加，都不同程度地影响到了公民入籍的积极性，尤其是洛杉矶华裔居民。仅从亚太法律中心这几年接受的入籍咨询人数就可见一斑。

“经济危机以前亚太法律中心每个月平均接受入籍咨询的人数为30~50人，可是今年上半年以来，这一人数骤然下降到每个月5~10人，下降幅度达到了4/5。”

虽然这一数字还不能代表整个美国入籍人数的升降趋势，但这至少证明现在想要入籍美国的人数和积极性都远不如以前了。

（［美国］星岛环球网2009-06-05）

全球反独促统大会7月举行　新列反“藏独”议程

“二〇〇九全球华侨华人促进中国和平统一大会”不受甲型H1N1流感疫情影响，将如期在洛杉矶举行，目前筹备工作进展顺利。

本次大会总召集人之一、大洛杉矶地区促进中国统一联合会主席刘健民表示，最近确实收到中国和海外许多代表来电来函询问新流感情况，其实洛杉矶的疫情并不严重，大街上没有人戴口罩，大会举办地周边也没有发现疫情，所以大会不受甲型H1N1流感影响，将按期举行。

大洛杉矶地区促进中国统一联合会秘书长郭朝音告诉记者，本届全球促统大会将于7月18日正式举行，报名参会人数远远超过预期，届时来自海峡两岸的政界要人和全球近四百名反“独”促统代表将参加这次盛会。郭朝音说，大会筹备组织工作进展很顺利，大会官方网站已经开通，会徽征集工作已经圆满结束，广州梁晓敏女士设计的会徽图案被大会采纳。

郭朝音坦承工作中遇到的一些技术问题，主要是部分报名参会的代表登记的信息不够清晰完整，比如，姓名的中英文拼写、护照号码、联络方式等不完备，将给办理签证等工作带来麻烦，她希望参会人员及时与秘书处联络。

“二〇〇九全球华侨华人促进中国和平统一大会”由南加州中国统一促进会联盟和大洛杉矶地区促进中国统一联合会联合承办。据介绍，除了反对“台独”、促进两岸和平统一的传统议题外，本次大会顺应形势，将反对“藏独”议题列入议程。

（中新网2009-06-11 记者/张炜）

菲律宾总统承诺推动放宽华人入籍规定

菲律宾总统阿罗约10日赞扬华人对主流社会的贡献，并承诺将推动放宽华人入籍规定，让更多的华人可以融入菲律宾主流社会。

台湾省中央社报道，阿罗约是在华社各团体庆祝菲律宾独立节暨菲中友谊日的餐会上作此表示的。她在致辞时提到，第一先生的祖父就是来自中国的华人，他曾协助菲律宾人对抗殖民统治，因此她以子女拥有慷慨华人的血统为荣。

阿罗约感谢华人对菲律宾的经济、文化所作的贡献，承诺将指示相关单位研究如何放宽入籍规定，让更多的华人融入主流社会，为菲律宾作出更多贡献。

菲律宾与中国于1975年6月9日建交，阿罗约总统于2001年颁布第148号总统公告，订此日为菲中友谊日。中国是菲律宾目前的最大贸易伙伴，也是菲律宾最大的官方发展援助（ODA）提供者。

（星岛环球网2009－06－11）

旅英华人成德仁成英国最年轻的华人郡议员

在刚刚结束的英国地方选举中，华人地区议员成世雄率领长子赢得了东萨克斯郡在普尔盖特、威灵顿和东淀选区的两个席位，以独立候选人的身份击败了其他党派的六位对手。

成世雄以超过对手党最高票数1.2倍的3 834票连任东萨克斯郡的郡议员，再次稳坐“票王”宝座。成德仁则以3 452票，低于父亲382票、高于对手党最高票数1 700多票的好成绩获得郡议员的议席。

顷刻之间，成德仁成为英国最年轻的华人郡议员，加上2007年获选的地方和地区议员身份，在政治场上跟父亲平起平坐，为华人在英国的政治史上增添了辉煌的一页，也为在英国参政的华人青年作出了榜样。

（［英国］英中时报2009－06－12）

2008年入德国籍移民数十九年来最低
每年入德国籍的中国人保持在千人上下

根据联邦统计局披露的数字，2008年共有9.45万名外籍人士加入德国籍，这也是自1990年入籍德国人数最低的一年，比2007年降低了16%。

2000 年德国颁布新的国籍法，随后德国移民入籍人数达到最高值，当年有 18.6 万多人入籍德国，这个数字比 2008 年要几乎高出一倍。

在去年入籍德国的移民中，有 70% 是在德国生活了八年以上，根据德国国籍法的规定而申请入籍的。此外，还有近两万人是德国的德籍人士的配偶或子女，因而加入了德国籍。

在入籍德国的移民中，土耳其移民占 25%，成为最大的入籍移民族群，而塞尔维亚人和波兰人则分别排名第二、第三。加入德国籍的乌克兰人和俄罗斯人数量都大幅度下降。

多年来，每年加入德国国籍的中国公民人数基本保持在 1 000 人上下。

（［德国］欧览在线 2009－06－14 作者/柳戈）

澳洲国立大学调查：华裔和中东裔移民求职受歧视

澳洲国立大学的一项调查发现，当地华裔和中东裔如在求职表上填写非英国裔的名字就会受到歧视，比较难找到工作。

在这项调查中，研究人员寄出了 4 000 份假职位申请书到悉尼、墨尔本和布里斯班应聘。

其中，华裔求职者寄出的申请书必须比英国裔多 68%，才能获得相同次数的面试机会。中东裔则是 64%，土著为 35%。

参与调查的各人种求职者的学历完全相同，只有种族、姓名不一样。雇主只能凭姓名决定是否给予面试机会。

在众多受歧视的求职者当中，新移民受到的歧视最大。相反，自 20 世纪 40 年代就移民到当地的意大利后裔，姓名与英国裔相近，只需多寄 12% 的申请书就可参加面试。

（［新加坡］联合早报 2009－06－19）

加拿大出现历史上第三位华人省督

加拿大将出现第三位华人省督，来自香港的移民李绍麟已被加拿大总理哈珀任命为马尼托巴省省督，他将于 8 月 1 日宣誓就任。

据悉，李绍麟是继林思齐出任不列颠哥伦比亚省督、林佐民出任艾伯塔省省督之后，加拿大历史上第三位华裔省督。今年 65 岁的李绍麟，出生于香港，1962 年负笈马尼托巴大学攻读化学专业，毕业后加入温尼伯市政府工作，担任水质专家。他于 1993 年获颁加拿大立国 125 周年纪念奖章，1999 年获加国最高荣誉的加拿大勋章。

马尼托巴省位于加拿大中心，是加拿大中部草原三省中最东部的省份。该省超过一半的居民住在首府温尼伯，种族结构多元。

（中新网 2009－06－21）

经济不景气汇率生变　美华人汇款回乡遭遇双重打击

海外华人汇款回乡，虽然过去几年来汇款总数一直以两位数的百分比直线增长，但去年至今年，美国华人向中国汇钱受到双重打击，一方面，美国金融危机导致一般人开支紧张，另一方面，美元对人民币的汇率降低，汇款回乡的力度受挫。

据世界银行的一份报告说，2008年，中国接受侨汇350亿美元，总数排名第二，仅次于印度，排名第三的墨西哥较往年相比，增长势头放缓。

一直作为美东华人汇款回中国重要管道的中国银行华埠分行经理李根宝指出，华人侨汇金额减少，除经济衰退等原因外，也受到汇率及政策因素的影响。过去一年多来，美元对人民币的汇率不断降低，导致华侨寄回国的钱不如过去那样能发挥威力。此外，中国目前的新政策限制每个中国居民每年兑换人民币的美金不得超过五万美元。他指出，华侨汇款回乡，除了一般性资助家庭以外，还有不少人看到中国的市场前景良好而把美元送回中国投资。这两种情况从去年以来都受到美国金融危机以及人民币汇率等问题的双重影响。2008年侨汇金额比2007年有所下降，今年上半年与去年同期比较，下降大约20%。

这一数字，印证了世界银行移民与发展部的莫哈帕他（Sanket Mohapatra）的预测：中国接受侨汇中约1/5来自美国，中国今年接受侨汇总数将与世界总趋势一致，呈下降趋势。

据世界银行预测，金融风暴冲击全面显露以后，预计2009年全球移民向故乡汇款将减少5%～8%，与几年前移民汇款回乡每年以两位数字的百分比增长相比，这个下滑比率将对不少贫困国家造成经济影响。

（［美国］世界日报2009－06－22记者/邰彦、刘开平）

加拿大平反“人头税”三周年　总理哈珀肯定华人贡献

加拿大平反“人头税”至6月22日满三周年。华人保守党协会于当地时间21日晚间，举行平反华裔“人头税”三周年庆典餐会。

会上，华裔国会议员黄陈小萍代表总理哈珀宣读平反“人头税”三周年讲话，提及华裔“人头税”平反三周年是个大日子，华人为建设加拿大而付出的努力不可抹杀。自1885年起征收的“人头税”是加国史上不光彩的一页，但哈珀总理是第一位就“人头税”向华裔小区道歉的总理，也因为有华人小区的努力，才有今日加拿大发展的面貌，华人贡献是很重要的一环。

加拿大联邦政府2006年6月22日就“人头税”道歉时，曾宣布赔偿约800位在世的纳税者和遗孀，但目前并未赔偿已去世的“人头税”受害人。

报道指出，19世纪后期，一批中国劳工参与建设加拿大太平洋铁路。1885年工程完工之际，加政府对打算在加国定居的中国劳工征收每人 50 加元的“人头税”。至 1903 年，税额再涨十倍，改为每人 500 加元，相当于当时一名华工两年的薪水。

这项“人头税”一直延续了约四十年，拆散了许多有意前来加国团聚的移民。据统计，在 1885 年至 1923 年，加国政府共向 80 000 多名中国移民征收总计 2 300 多万加元“人头税”。目前在世的“人头税”受害者不到 20 人。

（［加拿大］世界日报 2009－06－22 记者/葛健生）

与名字有关？澳大利亚调查：中国人求职易碰壁

据法新社 6 月 18 日报道，在澳大利亚的少数族裔求职者正经历一种身份尴尬，能否找到工作的关键不在于你有多少本事，而在于你来自哪里。澳大利亚国立大学最新调查发现，与拥有英式名字的求职者相比，名字很中国化的求职者被刷掉的可能性更大。

研究人员根据悉尼、墨尔本和布里斯班三座城市的招聘广告，发送了 4 000 份虚假求职信，应聘餐饮业工作、数据输入员、客服岗位及销售职务。简历上杜撰的名字有英式的、意大利式的、土著式的、中国式的以及中东式的，以便判断雇主在聘用员工时是否有种族歧视。而在应聘者教育背景一栏中，研究人员填写的都是在澳大利亚上过高中。

结果发现，名字确实在求职过程中起到了作用，起英式名字的应聘者在求职过程中最吃香。澳大利亚国立大学社会学教授安德鲁·利教授指出：“从整体来看，如果想要得到和英国人同样多的面试机会，一名中国求职者递出的简历数必须多递 68%，中东籍求职者需多递 64%，土著人需多递 35%，而一名意大利人则只需要多投递 12% 的简历。”

此外，研究还发现，与其他少数族裔的竞争对手相比，中国人获得面试复试机会的几率更小。数字分别为，中东人 22%，土著人 26%，意大利人 32%，英国人 35%，而中国人只有 21%。

（中青在线—青年参考 2009－06－24）

中国人热衷于出国谋生　去年 406 亿多美元汇回国

根据世界银行的最新统计，中国旅居外国的侨民和出国打工的工人 2008 年一共将 406.3 亿美元汇回中国，约占中国国内生产总值的 1%。

侨民汇款是一些发展中国家重要的经济支柱，印度、中国、墨西哥、菲律宾是世界四大个人汇款目的地。在中国的某些地区，侨民汇款也成为重要资金来源，如福建的长乐、连江一带，因为有大量移民在美国开餐馆，每年汇回的资金颇为可观。

中国过去七年收到的侨民和外劳汇款一直仅次于印度，居世界第二。近年来中国侨民和外劳汇款增加的速度很快。2007 年汇回中国的款项达 328 亿美元，2008 年增加到 406 亿美元，是 2000 年的 6.5 倍。

据分析，这一方面与中国近年来出国劳务发展迅速有关，另一方面也与中国移民人数持续增加有关。中国人省吃俭用、喜欢储蓄的传统助长了这个趋势。

不过，2009 年侨民和外劳汇款持续快速增加的势头能否延续是个问题。据世界银行统计，2008 年全世界个人跨国汇款总量为 3 280 亿美元，比上年增加 15%。他们预计，因为发达国家经济衰退，失业率急剧攀升，2009 年的汇款量可能比 2008 年下降 7% ~10%。

（中国侨网 2009 – 08 – 01）

万余华裔获马来西亚公民权　最年长者逾七十岁

马来西亚内政部今年已批准 3.3 万份公民权申请，当中有 1.4 万名或 40% 是华裔申请者。

内政部部长顾问兼特别官员张天赐说，据初步统计，从 1997 年至今年为止，大马共有 4.8 万名人士申请公民权。

“但当中有些申请者提出的申请，并未记录在内政部档案里，所以并不是每项申请都能获确认。”

他说，在 4.8 万项申请中，内政部已批准 3.3 万份公民权申请，当中的 1.4 万名是华裔申请者。

“除了 1.4 万名申请者是华裔外，其他获批准得到公民权者，包括印裔及各族同胞。”

在今年获得公民权的华裔当中，最年长的有 70 多岁。

（［马来西亚］中国报 2009 – 09 – 18）

辽宁人破 10 万大关　东北人占在日中国人的 1/3

据日本中文导报网报道，二十多年前，上海人和福建人率先涌入日本，改写了日本华人社区的历史。进入 21 世纪以来，大批来自东北三省的华人又在日本找到了安居乐业的新据点。截至 2009 年 1 月 1 日，来自中国辽宁的在日中国人多达 10.642 万人，辽宁成为首个在日人口突破 10 万的中国省份。目前，包括辽宁、吉林、黑龙江在内的东北三省的在日人口达 22.858 8 万人，占在日中国人全体的 34.9%，即每三个在日中国人中就有一名东北人。

伴随着东北人激增和万人华人“社区”的不断涌现，面向中国人的商业网点和中国人居住区正在形成，目前，东京都内的中国人投资经营者 915 人，各种中国料理店数百家，大大小小中国物产店百余家，中国人理发美容店 50 多家。在东北人明显超过上海人、福建人之后，华人社会的生活风貌、商业走向、社群话题等正在发生重大变化，令人关注。

（［日本］中文导报网 2009 – 09 – 21）

意大利现有移民近400万　华人移民位居第四

据意大利《欧联时报》报道，根据日前在米兰天主教大学召开的第二届移民会议所递交的调查报告数据显示，截至2009年1月1日，居住在意大利的合法移民已经达到390万，占总人口的6.5%，比2008年初增加了5.8%。

调查报告分析认为，到2020年移民总数预计将达到630万，而到2050年将突破1 000万，占总人口的17%。

根据该报告，仅在近五年时间里，移民数量就从2003年的200万到达2008年的近400万，而在2000年以前则以每十年翻一倍的数度增长。近一半的移民来自以下五个国家，分别为罗马尼亚、摩洛哥、阿尔巴尼亚、中国和乌克兰。其中华人移民人数已达到17.3万，位居第四，比2008年增加了10%。移民主要在北部和中部地区，其中伦巴第亚大区就集中了1/4的移民。

（中新网 2009－09－30）

中国驻俄大使：中国并不谋求在俄罗斯建立华人聚居区

中国并不谋求在俄罗斯建立类似于唐人街的华人聚居区用以代替关闭了的切尔基佐沃市场，但有意开放一些现代化的中国贸易中心，这是中国驻俄罗斯大使李辉在29日的记者见面会上作出的表示。

李辉说："必须强调，中方并没有谋求在俄罗斯建立类似于中国城或者唐人街的中国人聚居区，而是为发展双边经贸合作，有意建立现代化、规范化的贸易商务区，以展示和销售高质量的中国产品。"

他指出，切尔基佐沃市场关闭后"成千上万中国商人和他们货物的命运引起中方与俄方的共同关注"。

李辉表示："中方支持两国企业在市场经济的条件下在俄罗斯投资中国商品贸易与物流中心的想法。"

（莫斯科华人报 2009－09－30）

相关链接

切尔基佐沃市场，是俄罗斯首都莫斯科最大的日用品批发市场，日成交额达5 000万美元。市场经营者以中国人、越南人和中亚人为主。它曾经是数万华商安身立命、发家致富之所在。2009年6月末，莫斯科当局以在该市场查获走私货物和该市场违反卫生、消防规定为由，宣布该市场自当日起被无限期临时关闭。

假宣誓案审理完结　主犯李翔获刑五十四个月

经过两次开庭，在英国华人中引起轰动的“假永居、假入籍、假宣誓”案9月29日终于审理结束，主犯——大陆留学生李翔被判四年半徒刑。

今年29岁的李翔，伙同第一主犯赵天（又名李文涛）在2007年下半年，先后在伦敦金融城，英格兰银行附近租用了两个办公室，成立假冒的律师楼，代理申请英国永居和入籍。据警方消息，有约50名华人上当受骗。李翔于2008年3月被捕，一直扣押至今。

2007年12月7日，西敏斯特中央大厦柏克思会议室，举行了一场外国人宣誓加入英籍仪式，出席仪式的有英国内政大臣、移民部部长、西敏斯特市市长、国会议员和当地名流。近20名中国人在西敏斯特市市长的主持下，面向女王画像和英国国旗，宣誓加入英国国籍，大家集体唱英国国歌。随后中国人按次序走向主席团，从内政大臣手上接过入籍证书和英国护照。

整个宣誓仪式由专业人士录像，活动十分庄严、隆重。拿到英国护照的近20名中国人无不欢欣鼓舞，他们永远不会忘记2007年12月7号这个让他们刻骨铭心的日子。

（［英国］华商报2009－10－02）

大陆移民融入美国程度偏低　全球处下游

杜克大学教授维克多的最新研究报告根据移民的英语能力、经济状况、教育成就、婚姻状况、入籍比率等指标，设定融入指数，并根据2007年的人口调查数据，评出全世界各国和地区移民的融入指数。

十个来美移民最多的国家中，加拿大、菲律宾、越南、韩国、古巴移民融入美国的综合指数最高，排第六到第十的分别是多米尼加、中国大陆、萨尔瓦多、印度和墨西哥。中国的综合融入指数为22。

在文化融入指数方面，中国大陆移民只有41，仅略高于印度，排倒数第二。加拿大人的文化融入指数为100。文化指数包括婚姻状况、每户孩子数量、英语能力等指标。

在经济融入指数方面，中国大陆移民得89，在十国中排第七，仅高于三个拉丁裔国家，说明中国大陆移民在教育程度、收入、职业、雇工状况等因素的综合考量中，总体上处于中等水平。

在公民融入指数方面，中国大陆移民得47，排第六位。该指数根据入籍和参军状况测定，越南人入籍最积极，其次是菲律宾和韩国人。

从全世界来看，欧美发达国家的综合融入指数较高，主要是文化和经济融入指数基本都达到满分，但公民指数较低，因为发达国家入籍美国的人数较少。中国香港和中国台湾来美移民的综合融入指数相对较高，分别为58和42，在全球排中上游。

（［美国］侨报2009－10－08）

西班牙侨界应有个扶危助困的慈善组织

中秋月圆夜，本应该是一个合家团聚的欢乐日子，然而我们一位山东侨胞却在西班牙北部城市 BILBAO 突发疾病，客死异乡。这位侨胞去世以后，如何处理其后事成了周围亲友们的难题，而他在国内的家人更是心急如焚。

像这位去世侨胞亲友所遇到的困境，近些年来在旅西华人中已经变得非常常见。现在，旅西华人的人数已经越来越多，而遇到不幸，以及身处危难的侨胞也越来越频繁地出现。对于这些情况，有人幸运地得到了有关侨团的重视和主动帮助，而有人则无人过问，备尝人世的冷漠和残酷。

近几年来，随着华人人口的增加和事业的发展，我们旅西华人在这里已经拥有了一定的规模和实力，各种侨团也成立了许多。虽然我们华人中有大大小小的众多侨团，但能够做到一心为民，扶危助困的侨团并不多。如果从严格的慈善意义上来说，这样的组织是根本没有的。

俗话说："众人拾柴火焰高。"如果我们每一个侨民和众多的侨团都能以基金会的方式，力所能及地有钱出钱，有力出力，为身处不幸的侨民伸出援助之手，那么他们的境遇，以及整个华人群体的文明和谐程度将是另一番景象了。通过这样的爱心慈善组织，当地西班牙人同样也会感受到我们华人的良好素质和凝聚力，看到大家团结向上的精神风貌。而这些都是我们在当地赢得尊重和较好形象的基础。

（［西班牙］欧浪网 2009－10－12）

在韩华侨致信总统李明博　呼吁给予"双重国籍"待遇

韩国、朝鲜日报中文网 9 日刊发了一位在韩华侨写给韩国总统李明博的一封信，信中提请给予在韩华侨"双重国籍"等一系列平等待遇。

信函摘录如下：

亲爱的总统您好：

您日理万机，麻烦您，实感抱歉。9 月 2 日，韩国法务部提出国际法修正案，10 月交给国会，对于双重国籍，华侨不包括在内。《联合国宪章》有一条，人类出生有生存权，每一个国家都要赋予出生的人生存权，生存权是人类的基本人权。大韩民国政府，给我们 F－5 永住权的外国人登录证，我们不知道生存权与永住权有何分别，但是在 F－5 永住权下，我们接受种种差别待遇，我们实在难以生存，如：国民住宅分让给无住宅者，华侨没有份；银行有住宅贷款，华侨没有份；国民年金，华侨没有份；障碍者国家补助，华侨没有份；国家公务员，华侨没有份；生活保护者（极贫者）补助，华侨没有份；老人福祉年金、补助，华侨没有份；个人 Taxi 许可取得，华侨不可以；医疗保险，生活困难者，给予1种、2种保险，华侨没有份；65岁以上老人，地铁坐车免费，华侨没有份。

关于双重国籍，即便是通过了双重国籍法，一部分人希望申请，一部分人却不想申请。不想申请的原因在于升大学、服兵役，因为入了韩国籍，孩子读的是中国书，而在法律面前，一视同仁之下，考大学便成了问题。

大家都知道，少数民族在大环境下自然而然地会自生自灭，韩国不承认我们是少数民族，把我们归类在外国人的范围内。我们希望韩国能够成立少数民族保护法。据我们所知，中国朝鲜族拥有中国国籍，有少数民族保护法来保护他们，日本也有阿伊奴族保护法。我们这里没有华侨保护法，只有稀贵动物保护法。您想一想，我们在这里还能够生存下去吗？所以，近一百年来，韩国华侨从12万名锐减到目前15 000名左右。几年前德国发生了中东劳动者暴动，欧洲各国坐在一起讨论了这个问题，发现根据血统而制定的国籍法有缺点，因此建立了一个共识："归属国不可以强要想归化者，抛弃自己原有国籍。原属国也不可以将因获得了另外一个国籍的国民，剥夺其原国籍。"大家在这个共识下，目前世界有接近一百个国家，通过了双重国籍法，这是世界的潮流。如果您问我，"归化"不就可以了吗？其实归化也是有选择性的，不是那么容易。

中国去年报道了"观光收入1 800亿美元"，这证明了观光收入比别地产业多三倍。韩国电视报道，去年来韩国的观光客约500万名，观光收入90亿美元。中国去年出国观光者约4 000万名，十年内，每年将有接近一亿人次的观光人口。如果进入韩国的观光客有1 000万的话，就有200亿美元的收入。旅行公司有一个不太雅的比喻，说观光客像南太平洋的鲔鱼，那是金矿，虽然不雅，但是，确实如此。

韩国有两个大的观光资源，一个是韩半岛周边的2 000个岛屿，另一个是China Town。仁川有一个大陆同胞称呼它为"全世界最小的Mini China Town"，釜山草梁China Town里头多是韩国人，当地华侨的人口继续减少。汉城华侨中学的学生人口每年都在减少，就是证明了在韩国的华侨在逐渐地减少。

中国观光客来韩国，首先参观China Town，如同韩国人到美国先看Korea Town。这是血脉相连的证明。华侨是导引中国观光客的桥梁，繁荣韩国社会，他们绝对不是"吃米虫，想发财"，所以必须给韩国华侨"双重国籍"。

（中新网2009－10－13／孙承通）

做人蛇危险　纽约侨领：莫信奥巴马大赦谣言

针对加勒比海海域偷渡船翻船，数十福建同胞遇难，纽约侨领们在谴责蛇头不顾法律走私人口、视同胞生命为草芥的行径的同时，再次呼吁乡亲，不要被蛇头"奥巴马要大赦"的谣言所骗，而付出生命的昂贵代价。

刚从福州回来的美国福建同乡会主席郑棋表示，在家乡他亦得知这个不幸消息。他说，近几年，这么大规模的偷渡不多了。但今年因奥巴马上台后提出移民改革，被蛇头利用，以"奥巴马要大赦"为幌子在家乡欺骗乡亲，造成偷渡潮卷土重来。郑棋希望在家乡的亲人明白，奥巴马现正被医疗改革所困，移民改革还未提上日程，就算奥巴马提出移民改革方案，还要参众两院通过，从提案到真正成为法律履行需要很长的时间，在奥巴马任内都不一定会完成。再说，最后的移民改革方案会是什么样子的，谁也说不清，他呼吁乡亲不要听信蛇头的花言巧语，以生命的代价来“赌一把”。

美国福建同乡会首席顾问叶彬清说，他接到许多来自家乡的电话，反映蛇头拿着美国中文媒体关于奥巴马移民政策的报道给乡亲们看，说“很快就会有大赦”，很具有欺骗性。叶彬清呼吁乡亲们不要花了8万多美元冒着生命危险到美国，到了美国没有身份，找工作相当困难，还是没有活路。

（［美国］侨报 2009 - 10 - 20）

德媒“防间谍”剑指华人　“潜规则”几成定律

10月15日，美国司法部宣布，前福特汽车工程师、现北京汽车制造厂有限公司乘用车工程院专业总师郁向东，因涉嫌窃取商业机密在芝加哥遭美国警方逮捕。这离德国警方以涉嫌商业机密盗窃罪关押一名42岁的中国经理仅过去了两个月。近来西方为何又密集地频发“中国间谍案”？

2009年8月31日，一名42岁的中国经理前往一家奥地利企业在德国巴伐利亚州科尔伯默尔市的分公司参观，随后被德国警方以涉嫌商业机密盗窃的罪名关押，因为他在参观时用微型相机拍摄了生产过程和产品。这是近年来在德国诸多关于“中国间谍”的事件中，首次有中方人员被逮捕。

就在此事发生的十天前，德国宪法保卫局在一份年度报告中炮制“中国间谍”，甚至还给各大公司发文件，诬称中国来德学者、学生有间谍嫌疑，要求各公司加强防范。继2007年德国《明镜》周刊刊登侮辱在德华人为“黄色间谍”的封面报道后，新一轮的“黄色间谍”硝烟似乎开始重新燃起。曾带头起诉《明镜》周刊的留德学者、中国留德学者学生团体联合会理事周坚，向记者感叹：“在德华人生活堪忧啊！”

（上海侨报 2009 - 10 - 23）

全球查税风声紧　华人弃籍、弃卡避税者增多

近来，国税局海外查税趋严，洛杉矶侨界几乎出现“恐慌”，在美国以外有资产、有收入的华人纷纷请教会计师、律师，寻求因应之道。侨界一些有关海外避税的讲座场场爆满。

资深会计师顾衍时表示，最近到其会计师事务所作放弃美国国籍或绿卡咨询的人特别多，“多得令人吃惊”。顾衍时10月初才从中国大陆返回美国，在不到一个月的时间内已接到十余件要以“弃籍”或“弃卡”方式避税的案子。顾衍时说，这类案子以前很少，他的事务所2009年前大半年里办理过两例。

顾衍时表示，在欠税的情况下“弃籍”或“弃卡”均无法免除所欠税款。即使“弃籍”或“弃卡”，若当事人在美净资产超过200万元，或过去五年平均所得税大于13.9万元者，仍需要报税。

移民律师张军表示，“弃籍”或“弃卡”并不一定能免除当事人的税务，而且“弃籍”或“弃卡”的程序是不可逆转的，一旦启动即无法恢复到原有的公民或绿卡的身份，因此要谨慎。张军建议，若因税务问题一定要“弃籍”或“弃卡”，在启动放弃程序前应咨询至少一名以上的律师、会计师和专精国际财务方面的专家，然后再作决定。

（[美国] 侨报 2009－10－29/邱晨）

中国偷渡客命丧加勒比海调查

加勒比海上，一艘破败不堪的小渔船正在向美国进发。

船上挤满了七十名操着福建口音的偷渡者，突然，一阵巨浪袭来，二十多人葬身海底。

美国《侨报》10月18日披露的这场悲剧震惊了美国侨界，也由此揭开了一条鲜为人知的偷渡利益链条。

死难者中有福建长乐、连江、琯头等地的人蛇，但琅岐为“重灾区”，有十多人死亡。琅岐隶属于福州市马尾区，早在8月，翻船的消息已在当地传开。

旅美的福州籍华人林先生熟知整个过程，他介绍说，6月，遇难船只从福州出发，为了避免被查，蛇头在海地换成了两百多吨的小船，由于海上风浪大加上严重超载，最后不幸触礁沉没。

7月27日沉船事发后，有遇难者家属本想报警，但蛇头威胁他们说：“不报警就退钱，报警就不给钱。”并暗示“背后势力强大”，导致家属迟迟不敢报警。直至近日，在蛇头向多位遇难偷渡客的家属提供41万元至45万元不等的人民币赔偿后，这一消息才迅速传开。

一位不愿意透露姓名的纽约华人表示，组织此次偷渡的是一位在福州的陈姓蛇头，该蛇头在当地颇有“名气”，当蛇头已经十多年了，村民容易找到他。前几年他曾因组织偷渡被中国公安机关抓获，并被判刑，但出狱后仍重操旧业。

（国际先驱导报 2009－11－02/金微）

张虹梦圆加国　华社褒贬不一

来自天津的41岁女子张虹，来到加拿大多伦多十二年，经历了各种各样的曲折，包括两年前遭男友遗弃不得不独自抚养幼女、数次申请难民被拒绝、多次面临被遣返的危机。但在本周一（11月2日），这一切均成为过去，她正式获得了期待已久的加拿大移民身份。张虹事件，自2007年4月经由《多伦多太阳报》和当地华人媒体多番报道，成为社会各界人士广泛关注的话题，对加国当局是否应该给予其合法身份，人们更是正反意见不一。

多伦多华联总会副主席钟新生表示，张虹的孩子在加国出生，现在母女得以双居留加国，对她们个人来说是一件好事。但是，从整体来说，任何一个希望移民加国的人，应该循正当途径光明正大地申请，而不要走歪门邪道，不要弄虚作假，更不要不惜以根本不是事实、对自己国家形象抹黑的事情来谋取自己的利益。

他进一步指出，一些移民顾问为帮自己的客户谋取身份，进而赚取高额利润，无中生有地替客户编造各种“故事”，这已成为该行业的“毒瘤”。

（［加拿大］环球华报2009－11－04）

相关链接

张虹曾以中国大陆执行独生子女政策，自己加拿大非婚出生的女儿回中国将遭受巨额罚款和歧视为由，向加拿大当局申请加拿大居留身份。

俄极端势力再闹华商聚集区

莫斯科“一只蚂蚁”市场被关闭后，部分中国商人转移到了“莫斯科商城”内继续经商，但这里依然不是一个安稳之处。11月4日正值俄罗斯人民团结日，俄极端民族主义势力和光头党团伙在“莫斯科商城”附近地区举行了集会和游行，反对外来移民。

据俄新网援引《新闻报》报道，这次活动由俄罗斯“斯拉夫联盟”、“反对非法移民运动”等民族团体发起。组织者声称，当天参加莫斯科游行的达到数千人。除莫斯科外，至少还有十个地区举行了类似的游行，这些行动已经与当地政府协调。

早在11月3日，在俄的各华商商会、华人组织都得到了中国使馆的提前通知，称次日莫斯科可能爆发反移民游行，请广大华商注意防范。“我们都马上通知下面的会员，比如提醒大家当天不要乘坐公共交通工具，不要到广场等地聚集等。”

俄罗斯台州商会会长俞圣联说，目前“莫斯科商城”的中国摊位大概有2 500个，中国商人大约有10 000人。

中国社会科学院俄罗斯东欧中亚研究所研究员姜毅介绍说，虽然俄极端民族主义组织数量不少，但它们力量不大，上不了俄政治、法律的主战场，在民众当中的认可程度也不高，只能依靠极端活动制造轰动效应。虽然不少俄民众当中或多或少都存在民族主义心理，但他们并不赞同通过极端的方式来表达。

（［俄罗斯］莫斯科华人报2009－11－09）

相关链接

俄罗斯光头党是一个以俄罗斯族青年为主要成员，崇尚极端民族义、纳粹主义，极端排外，专门通过暴力袭击有色人种的激进组织。他们清一色的是光头造型，大都是一些年轻人，年龄一般从十几岁到二十几岁不等，以男青年为主，后来也出现了女性成员。

中国驻澳使领馆积极处理大学倒闭涉中国留学生事

据中国外交部网站消息，近日，澳大利亚一所私立教育机构——环球校园管理集团（Global Campus Management Group）宣布破产，导致旗下多所学校倒闭，逾千名中国留学生受到影响。

中国驻澳使领馆对此高度重视，分别向澳联邦、新国南威尔士州、维多利亚州等教育部门提出交涉，要求澳方尽快拿出具体方案，妥善解决我国留学生安置等问题，确保我国留学生的合法正当权益。驻澳大利亚使馆启动留学生管理工作应急机制，联系协调处理。驻悉尼总领馆对我国部分留学生进行了慰问，向他们介绍澳方投诉渠道和联系方式，指导他们如何有效表达相关诉求。

目前，澳方表示将尽快解决我国留学生转学、考试、签证、安置等问题，并进行妥善处理。维州政府已于9日召开会议与有关学生见面。

新州政府也将于近日与学生会面，了解学生的实际要求。外交部和中国驻澳大利亚使领馆将密切跟踪事态的发展，积极维护我国留学生的合法权益。

（中新网 2009－11－10）

英国公司违反禁令出售军火时间　大陆华人被疑居中牵线

2008年7月13日，英国广播公司（BBC）指责中国违背联合国决议向苏丹达福尔地区提供军事装备，中国政府随即断然否认。与此同时，英国官方有关方面发现英国杰克森公司早已违反规定，向苏丹出售军备。海关重案调查科马上介入展开调查。为避免政府尴尬，海关将这次调查列入高级机密，直到上周此案才得以公开。令人惊讶的是被怀疑居中介绍英国公司出售军火给苏丹的是一名中国商人，他的背景和目前动向仍然扑朔迷离。

杰克森公司是英国一家有50年历史的军火供应商，他们主要经营已使用或已过时的军事装备，主要客户在非洲和拉丁美洲。不过有信息显示，这次杰克森公司与苏丹的交易是由一名中国人居中联系成交的。据悉，这位华人军火商姓韩，北京人，年龄大约在48～50岁。

韩某20世纪80年代初毕业于北京经贸大学（现改名为中国对外经济贸易大学），毕业后加入中国北方工业公司，三年后他被派往北方工业公司在香港的公司工作。据了解，韩某在香港居住八年后，已离开北方公司，他目前持香港特别行政区护照往来非洲和欧洲等地。

北方工业公司是中国的国有企业，是中国官方的主要军火进出口公司之一。除了防务产品，该公司还经营国际工程承包、运动器材、物流等民营项目。这家于1980年成立的国有企业的资产和销售收入在中国500强企业中名列前茅。2003年北方工业公司因被指控向伊朗发展可运载大规模杀伤性武器的预算计划提供帮助而遭美国政府制裁。北方公司被禁止与美国公司贸易两年，为此损失了两亿美金的收入。

（［英国］华商报 2009－11－13）

中国留美学生去年激增两成　人数高达近10万

美国留学生人口常年报告出炉，中国去年留美人数激增21%，达9.851万人；印度学生则连续第八年名列榜首，去年达到10.326万人，增加9%。

美国本学年的国际学生人数，比2002—2003学年的高峰还多出14.5%，而本科学生的增幅高于研究生。在2008—2009学年，国际本科生的人数增加了11%，而研究生人数却只是微增2%。

来自中国的留学生的情况尤其明显。去年到美国念普通学位的中国学生达到2.6万多人，相比之下，五年前只有约8 000人。不过，多年来研究院的中国学生都保持在5万人左右。

留学生人口常年报告也显示，来自中东的学生有所增加，但日本留学生人数却在持续减少。

（中新网 2009－11－17）

美籍华人对中国有着不同的感受　感情复杂

随着奥巴马总统访华试图平衡中美两国时好时坏的关系，这两个东西大国所面临的挑战也在很多美籍华人身上体现出来。

这些美籍华人对中国有着不同的感受——希望、冷淡、骄傲、痛苦——然而不管是出于理性思考还是个人想法，很多人都坚信中美两国的命运是密切相连、不可分割的。在纽约当医生的戴维·张（音）25岁时就移民来到美国。他说："两国的经济发展离不开对方。美国离不开中国，中国也离不开美国。这是一种共生关系，就像生物体那样。"经济大萧条使美中两国的命运更加密切相连，也让中国拥有更大的影响力。为了刺激经济复苏，美国欠下前所未有的巨债。这笔钱有很大一部分是中国提供的，现在中国已经成为美国最大的海外债主——而中国的经济增长也离不开美国消费者。22岁的洛杉矶居民南希·张（音）说："就像是以前总被你戏弄的小兄弟现在反而借钱给你，成了你的债主。但你们还是两兄弟，谁也离不开谁。"南希·张在北京出生，3岁时跟着父母来到美国。在美国的学校里，她了解到中国拥有悠久灿烂的历史，只是在近代被人遗忘。现在她看到自己的祖国正在成为美国经济的救世主。2008年人口普查显示，约有300万美国居民是华裔。加利福尼亚大学洛杉矶分校社会学教授、《当代美国华人社会》的作者周敏博士说："如果两国关系不是很好，这种因仇恨引起的无知愚蠢的犯罪就会发生。所以从个人角度来说，美国华人总是十分担忧。”美国华人也清醒地意识到中国存在的问题，譬如污染严重、农村贫困等。李成希望奥巴马访华成为美中关系的一个转折点，从两国互相指责变成互相尊重、通力合作。

（［澳大利亚］澳洲日报2009－11－18）

未来十年西移民人口将停止增长

西班牙国家统计学院公布了未来几年全国人口的增长预测。根据该机构的测算，未来十年间，西班牙人口将仅增长110万人，而其中移民的人数将基本保持不变。埃菲通讯社11月19日马德里消息，西班牙国家统计学院，今天公布了未来十年内全国人口的增长预测。根据该机构的测算，在2010年到2019年期间，西班牙的人口将仅增长110万人，其中移民的人数将基本保持不变。

资料显示，在2000年到2009年这十年期间，西班牙的总人口增长了500万人，在2000年到2008年期间每年平均增长的人口为69.5万人。

但是在2010年到2019年期间，西班牙每年的人口增长将仅为11.3万人。

未来十年西班牙人口增长下降的主要原因，是过去十年所发生的大规模移民浪潮将不再重演。目前，西班牙的移民总人口为458万人，到2019年，移民总人口将为469万人，其增长人数不到11万。

正是由于移民停止大量前往西班牙，因此造成西班牙未来的总居民人数的增长有限。专家指出：大规模的移民潮在西班牙将成为历史。

（［西班牙］欧华报2009－11－21）

驻美官员：中国急需海外“领军人才”归国服务

中国驻洛杉矶总领馆教育参赞陈准民24日在此间表示，中国国内目前创新人才匮乏，急需海外“领军人才”归国服务；中国制定了一系列优惠政策，鼓励留学人员回国。

陈准民曾在中国重点大学对外经济贸易大学担任校长一职长达十年，今年五月刚卸任，随后出任中国驻外教育参赞一职。他在记者会上表示，三十年来，中国留学生累计达120多万人，其中30多万已经回国，中国赴美留学生目前已达到9.9万人，比上一年增长21%，其中本科生的增长非常快。

陈准民介绍说，近几年，留学生归国势头迅猛，仅去年一年就有7万“海归”。他说，中国经济和社会迅速发展，但国内创新人才匮乏，急需留学海外的“领军人才”归国创业。他坦称目前国内吸引“海归”的配套措施还不完善，“海归”创业的舞台较少，所以留学生归国人数还是不够多。

为了吸引更多高层次人才归国服务，陈准民说，中国已经出台了一系列优惠政策鼓励留学人员回国，比如，建立归国留学人员绿色通道，完善归国人员服务体系，在住房、社保、子女入学、知识产权、出入境手续和参政议政等方面提供切实帮助。

谈及有关海归“自杀”和“摆地摊”的报道，陈准民认为，中国目前正处于社会转型期，不光“海归”人员，许多人面临各种生活和工作压力，但这些极端例子只是少数“个案”。

（中新社洛杉矶 2009－11－25）

26 岁华人当选全美最年轻华裔市长

正如人们所预料的，美国南湾坎贝尔市（Campbell，又译金宝市）议会于 1 日晚全票顺利地通过了任命现任华裔副市长罗达伦（Evan Low）为新任市长。为此，现年 26 岁的罗达伦成为全美最年轻的华裔市长，为在美华裔参政史谱写了新篇章。

当晚市议会公布投票结果后，整个市政议会大厅掌声四起，现场民众对这位年轻有为、充满活力的华裔新市长表示衷心祝贺，并对他未来的施政寄予厚望。

罗达伦表示，能够在这几年间顺利取得坎贝尔市市民和议会的拥护和支持，与他自己一步一步辛勤耕耘和努力、积极参与公共事务、关注市民生活品质等是分不开的。笑口常开，并公开承认同性恋的他，希望在未来的执政期间，特别是经济不景气之际，能够继续得到市民和市议员们的支持和鼓励，力争向全体市民交上一份满意的成绩单。

（［美国］侨报 2009－12－02）

真假难辨　华人靠结婚换美国绿卡光怪陆离故事多

对部分一心想圆美国梦的人来说，申办婚姻绿卡是转换身份的最快方式。在华裔小区中，各种通过结婚取得绿卡的光怪陆离的故事更多。

25 岁的张姓女留学生，毕业后迟迟未找到工作，便与 26 岁的华裔美籍公民结婚，希望以此取得居留身份。结婚后，由在广告公司上班的先生开始递件为张小姐申请婚姻绿卡。

张小姐与其先生的申请案件进行得相当顺利，两人郎才女貌，年龄、教育背景相近，绿卡面谈也顺利过关。由于结婚未满两年即提出婚姻绿卡申请，张小姐仅得到有条件的临时绿卡。

孰料一天清晨 4 时左右，移民局人员突然前往张小姐住处敲门，结果发现张小姐根本未与先生同住，查证婚姻不实，因而拒绝核发正式绿卡给张小姐。

以不实婚姻办理绿卡申请的案件颇多，移民局早有警觉，早前即有一位 30 多岁从大陆赴美男子，因想透过假结婚办理绿卡，孰料竟遭移民局探员设局钓鱼，结果以假结婚办理绿卡的刑事罪被起诉，并且遭递解出境、永远不得入境美国的处分。张竹平说，她直截了当地告诉那位男子，以假结婚办理绿卡触犯联邦法，而且属刑事罪，与移民局打官司根本无胜算。

（［美国］世界日报 2009－12－02）

华人抗议达赖窜访澳大利亚

达赖于12月1日到10日对澳大利亚和新西兰进行访问。2日下午，达赖在悉尼娱乐中心举行了题为“唤醒你的头脑”的讲学。在开场前半小时，《环球时报》记者购得一张门票，价格为175澳元（约合1 100元人民币），而且是偏远的座位。如此高的票价，让不少人望而却步。有人开玩笑说，到悉尼歌剧院欣赏一场世界经典名剧也不过如此。

更让观众郁闷的是，讲学正式开始后，达赖全程用藏语讲解佛经，不仅翻译人员尴尬，观众也感到一头雾水。

就在达赖讲经布道时，近百名华人华侨聚集在悉尼娱乐中心南门广场，高举“反分裂大会，向达赖说不”、“达赖要重返农奴制？不”、“达赖撒谎”等标语，高唱《青藏高原》、《天路》、《爱我中华》等歌曲，表示抗议。华人们的歌声吸引了不少路人驻足观看。

很多华人身穿红色T恤，高举五星红旗，在广场汇成一片红色海洋。活动组织者、澳大利亚中华青年联合总会会长王然表示，达赖嘴上宣称不追求“藏独”，宣称和平非暴力，没有政治目的，但他总是在寻找一切机会和场合，在国际舞台上上蹿下跳，以“西藏自治”之名谋求“藏独”之实。

（环球时报 2009－12－03）

意亚非籍移民总数近700万　华人居首突破百万

在11月28日于Mazara del Vallo举行的题为“哪些移民，哪样的团结”的大会上，莫利塞大学法律系一个小组发布了一份他们的调查报告，宣称在意大利的中国移民已经突破了100万人。

报告中指出，至去年12月31日，意大利亚非籍移民（包括无居留人员）总数超过670万人，其中华人排在首位，超过100万人，其次是南斯拉夫人58.8万，印度人55.5万，罗马尼亚人30.5万，摩洛哥人30.2万，塞内加尔人28.1万，埃及人25.2万。从宗教信仰的角度分析，移民中穆斯林教人数达到313万多人，占总数的45%，天主教200万人，儒家53.7万人，佛教43.4万人，印度教和锡克教38.8万人。

此项调查的信息来源以内政部公布的结果为依据，参照Caritas、Censis、国家统计局的资料和通过海关入境的人员资料。三十年来，意大利移民的来源发生了变化：在20世纪80年代和90年代，以非洲和东欧人为主，从2000年至2008年，亚洲移民大量增加，比如，孟加拉国人、中国人、斯里兰卡人、印度人等，而菲律宾人的情况变化不明显。

（［意大利］欧联时报 2009－12－03）

选公务员非以种族优先　非巫裔录取率高

（马来西亚）首相署部长许子根强调，公共服务局遴选公务员，并非以种族因素作为筛选条件，事实上，非巫裔的成功录取率比巫裔高。

他指出，被通知面试的应征者，都须符合大马教育文凭、大马高等教育文凭、大学文凭的条件要求，而大学文凭和证书的筛选需视应征者的总体平均学分绩点（PNGK）及考取的学科是否符合相关部门相关职位的需求。

他说，应征者是否被录取，面试表现也很重要；应征者能被录取，是根据积效表现，而非种族固打制。

种族	应征者	录取者（%）	二者比率
巫裔	822 583	25 587	3.11%
华裔	18 916	1 841	9.73%
印裔	29 801	1 593	5.35%
沙巴土著	63 522	2 170	3.42%
沙捞越土著	48 502	1 631	3.36%

（资料来源：［马来西亚］中国报 2009－12－03）

罗马尼亚华社发联合声明　支持华商合法维权行动

据罗马尼亚《旅罗华人报》报道，12 月 15 日，在罗马尼亚尼罗市场华商维权委员会召开对罗新闻发布会之际，旅罗华商各社团在当地中文报纸上发表名为“旅罗华商各社团坚定不移支持华商维权委员会维权”的联合声明。

声明呼吁广大旅罗华商应更紧密地团结起来，与市场其他各国商人一起，以实际行动支持尼罗市场华商的维权行动。声明表现了旅罗华商各社团在事关广大华商利益的大是大非面前协同一致、奋力抗争、坚定不移地维护市场华商合法权益的决心。

声明回顾了从 2009 年 11 月 16 日红龙、尼罗市场停车费事件开始，再到两市场停电、停水、撤离保安及清洁工人，直至尼罗整个市场大肆封店，无法经营，被迫搬离。在短短一个月时间里，在这个旅罗华商赖以生存的市场里，发生了如此多不可思议的事情，而且还在继续进行着。广大华商在这一系列事件中，都受到了不同程度的侵害。

声明对尼罗市场华商维权委员会在如此艰难的环境下所做的一切维权工作表示赞赏与肯定。声明说，市场华商维权委员会带领尼罗市场华商，在这次红龙、尼罗市场风波期间开展了一系列联合自救工作，既保卫了广大华商的财产安全，更捍卫了华商应有的尊严，使得圣诞节前的这段生意旺季得以艰难维持。

旅罗华商各社团的联合声明对尼罗市场管理方通过精心策划，动用各种强制力量，对尼罗市场被破坏的行径进行揭露，并指出尼罗市场管理方目前已经达到使其红龙市场空闲店铺红火出租的初步目的；而管理方更深一层的目的，就是把尼罗市场已经出售给华商和各国商人的店铺霸为己有，然后再开发，再敛财。声明奉劝广大华商要认真思考，不要轻易购买红龙市场只有十年的商店使用权。

联合声明再次强调，旅罗华商各社团将坚定不移地支持华商维权委员会的一切合法维权活动，并一如既往积极配合维权委员会开展的一系列维权工作。

（中新网 2009－12－17）

永居审批排序变化造就漫长“移民苦旅”

至少20万元的高额留学费用，换来悉尼歌剧院一间酒吧的微薄工资，一位华裔学生的“移民苦旅”凝聚着50 000名海外学子的缩影。

符合澳洲永居签证所有要求的申请人突然获通知，他们的申请属于低优先权等级。据9月23日发布的最新指引，移民部声称对非优先签证申请的审理，在2011年或2012年末以前不会完成。申请人原先被告知的6～12个月审结期，将成为遥遥无期的泡影。

但移民部部长艾云斯（Chris Evans）否认签证审理陷入停顿，声称这不是审批拖延问题，而是对申请进行优先排序。他表示，按照早前的移民制度，理发师的审批竟然排在医生和工程师之前，签证优先排序基于申请日期，而不是基于澳洲的需要，这是非常荒谬的。如今，政府想对澳洲所需技能采取更好的排序方式。

华裔学生李希如（Li Xiru，译音）自17岁起居留澳洲，在悉尼完成高中11年级和12年级的学习，在读完一年的大学过渡课程后入读麦觉理大学的商业管理。2008年，他完成悉尼大学的商业法硕士学位的深程学习，开始申请永居签证。

李希如称，移民代理告诉他，通常的审批时间是7～9个月。自从移民规例变化后，移民部无法指明其签证个案的可能审理时间。李的家人前后已为他支付至少20万元的澳洲留学费用，如今他正在悉尼歌剧院的一间酒吧打工。他凄然表示，以他的资历和过侨签证身份，不可能找到一份全职工作。

（[澳大利亚] 星岛日报 2009－12－21）

在日外国留学生已逾13万人　中国学生占六成居首

24日，日本独立行政法人日本学生支援机构宣布，经过调查，截至今年5月1日，日本各大学在籍的外国留学生已经达到13.272 0万人，与去年同期相比，增加了7.2%。这已经是在日外国留学生人数连续第三年呈现出增加趋势。据详细统计，在所有的在日外国留学生中，中国大陆学生人数最多，占总数的59.6%。

今年的调查以大学、短期大学和专修学校为对象。按照学校划分，收录留学生人数最多的大学是早稻田大学，有3 114名留学生；其次为立命馆大学亚太学院，有2 786名留学生；排在第三位的是东京大学，有留学生2 473人。按照留学生祖籍国或地区划分，中国大陆学生最多，为7.908 2万人；其次为韩国学生，为1.960 5万人；人数排在第三位的是中国台湾的学生，有5 332人。

（［日本］新华侨报网 2009-12-24/张玥）

（本版责任编辑　徐云）

侨务报道

本版内容是对本年度境内侨务工作报道的摘选，以反映大政方针、政策导向、工作实绩和有事实资料、统计数据的报道为主；按媒体报道时间先后顺序排列。

2008年苏州引进海外留学人员659人　同比增长19%

据悉，2008年苏州市已引进落户在苏的海外留学人员659人，与2007年引进的533人相比，增长19%。三年中，海归登记在册总量达到了3 682人。苏州在引进海外智力上再上新台阶。

统计显示，在去年引进的659名海外留学人员中，博士占115名，硕士占320名；苏州登记在册留学生人员总数累计已达3 682人；在苏创业、就业的海归人数继续名列全省前茅。

（苏州日报 2009－01－04）

中国启动海外高层次人才引进计划

中国启动了一项被称为“千人计划”的大规模海外高层次人才引进计划。

近日，中共中央办公厅在转发《中央人才工作协调小组关于实施海外高层次人才引进计划的意见》（以下简称《意见》）的同时，要求各地区、各部门要以更宽的眼界、更宽的思路和更宽的胸襟做好海外高层次人才的引进工作。

根据该计划，围绕国家发展战略目标，中国政府计划用五到十年，在国家重点创新项目、重点学科和重点实验室、中央企业和国有商业金融机构、以高新技术产业开发区为主的各类园区，引进并有重点地支持一批能够突破关键技术、发展高新产业、带动新兴学科的战略科学家和领军人才回国或来华创新创业。据了解，该计划在2008年已经启动。

中组部负责人在回答记者提问时指出，符合条件的高层次引进人才，可以担任高等院校、科研院所、企业和商业金融机构的领导职务和高级专业技术职务，领衔重大科研和工程项目，申请政府部门的科技资金和产业发展扶持资金，参与重大项目咨询论证、重大科研计划和国家标准制订、重点工程建设，参加国内各种学术组织等。

此外，中组部负责人称将给予引进人才相应的科研自主权、人事管理权和经费支配权。对引进人才可以实行协议薪酬制，有条件的用人单位还可实行期权、股权和企业年金等中长期激励措施。

为了解除引进人才在工作、生活等方面的后顾之忧，中央人才工作协调小组在《意见》中指出，各地区各部门要妥善解决海外高层次引进人才在居留和出入境、落户、医疗、保险、住房、子女入学等方面的困难和问题，并建立专门服务窗口。

《意见》还指出，各省（区、市）要结合本地区经济社会发展和产业结构调整的需要，有针对性地引进一批海外高层次人才。

另外，国家还支持、鼓励非公有制企业和民办非企业单位开展引进海外高层次人才工作。

（财经网 2009-01-08 记者/王晶）

2008年华商报告：4 800万华侨华人分布在世界各地

有海水的地方就有华人。中国新闻社课题组2月2日发表的《2008年世界华商发展报告》称，在海外，有4 800万华侨华人分布在世界各地。

《2008年世界华商发展报告》共3万余字，对全球金融危机下世界华商发展呈现出的新特点进行了评析。时值中国改革开放三十周年，因而该报告中也对三十年来新华侨华人状况进行了整体研究。

新千年伊始，中国侨务部门曾对当时各国家和地区华侨华人数量分别进行了研究统计，在2000年，海外华侨华人总人口约4 000万。

《2008年世界华商发展报告》指出，根据2000年至2005年世界平均人口增长率1.2%计算，2000年的4 000万华侨华人，到2008年将增长为4 400万。加上这九年间417万从大陆因私出国的新华侨华人，目前，海外华侨华人总共约为4 800万人。

报告称，若以方言划分，使用闽南、广府、潮州、客家四种方言的人，占海外华侨华人总数的八成左右。

报告还显示，在各个历史时期，华侨华人的地区分布呈现不平衡的动态变化趋势。当前，亚洲尤其是东南亚地区，华侨华人绝对数量增加，但所占比例相对减少。世界其他地区，尤其是北美洲和欧洲，因为华侨华人再移民以及大陆新华侨华人汇入等原因，华侨华人数量迅速增长。

（中新网 2009-02-02）

华侨子女回国接受义务教育将免缴学费和杂费

定居海外的中国公民的子女，如果想要回国接受义务教育，今后将依法免缴学费和杂费，与大陆居民的子女一样，享受接受义务教育的权利。这是来自国务院侨务办公室、教育部近日印发的《关于华侨子女回国接受义务教育相关问题的规定》中的主要内容。

按照国侨办和教育部的规定，华侨子女今后在其国内监护人户口所在地就读实施义务教育学校的，将视同当地居民子女办理入学手续。此规定所称的华侨子女，是指定居海外的中国公民的适龄子女。在国内监护人的选择上，按照父母，祖父母、外祖父母，兄、姐，关系密切的其他亲属、朋友的顺序来确定。关于就读材料的提供，各省（区、市）可根据实际情况研究并制定具体办法。

规定要求，接收华侨子女的学校，要积极做好华侨子女的教育培养工作，学校不得以任何名义和形式设立针对华侨子女的收费项目或提高收费标准。

此规定将不适用于回国就读外籍子女学校或民办学校的华侨子女。而对于外籍华人子女来华接受义务教育的，各省（区、市）可按照规定精神，结合各地实际情况研究决定。

早在2005年，广州市便已制定政策，免除华侨子女的借读费。随后，上海、东莞等地也出台了一系列相关规定，保障华侨子女回国享受义务教育的权利。此次国侨办、教育部相关规定的出台，旨在全国范围内推广施行，是解决华侨子女受教育工作的又一重要举措。

（中新网 2009－02－03 记者/董方）

改革开放以来海外侨胞在福建捐赠超过182亿元

从2月11日召开的福建省侨办主任工作会议上获悉，自改革开放以来，海外侨胞在福建捐赠数额达182.54亿元，有力地促进了福建各项事业的发展。

据福建省侨务办公室主任曾晓民介绍，改革开放三十年来，海外华侨热心回馈桑梓，为福建的发展作出了重要贡献。福建省政府累计表彰华侨捐赠公益事业2 024人，其中捐赠千万元以上的有205人（次）亿元以上的有13人（次）。

2008年，四川汶川地震发生以后，福建省侨办向海外侨胞发出倡议，号召侨胞支援灾区。海外闽籍乡亲积极响应，捐赠四川地震灾区的金额达4亿多元。福建省侨办为汶川大地震捐赠10万元以上的266名闽籍侨胞个人和团体举行了颁奖仪式，授予荣誉奖牌。

为保护侨胞捐赠权益，福建省各级侨办认真做好捐赠管理服务和引导工作，让捐赠者放心，极大地激发了海外侨胞爱（祖籍）国爱乡的热情。据统计，2008年闽籍侨胞累计捐赠11.9亿多元，创年度捐赠历史新高，福建省政府表彰华侨捐赠公益事业98人，其中捐赠千万元以上的有13人（次）。

（新华网 2009－02－12）

福建命名首批海外华文教育基地

中国最大侨乡之一的福建于2月11日在福州命名授牌福建省首批海外华文教育基地。

福建首批海外华文教育基地包括3所大学、17所中学、7所小学和4所幼儿园，涵盖了从幼儿到成人教育的各个阶段，大多分布在福建各重要侨乡，其中有“华侨旗帜”陈嘉庚先生生前创办的集美大学。此外，福建已有华侨大学、厦门大学获国侨办命名为海外华文教育基地。

（厦门鹭风报 2009－02－16 记者/孙贤迅）

福建省解决近万户华侨农场归难侨居住问题

据悉，截至目前，福建已解决了近万户华侨（农垦）农场归难侨的居住问题，确保归难侨“居有其屋”。全省华侨农场职工社保、医保问题也得到基本解决，基本实现“老有所养、病有所医”。

据福建省侨务办公室主任曾晓民介绍，福建省将华侨农场“侨居造福工程”列入民办实事项目。1999年至今，全省华侨（农垦）农场累计建设“侨居造福工程”9 938套，建设面积80.75万平方米。解决了9 938户归难侨共34 737人的居住问题，人均住房面积达23平方米，极大地改善了华侨农场归难侨的居住条件，确保“居有其屋”。

同时，福建妥善解决了华侨农场职工社会保障问题，确保“老有所养、病有所医”，安排下达省财政补助资金1.58亿元，将华侨农场21 036名职工一次性全部纳入当地城镇职工基本医疗保险。同时为符合条件未参保、断保的1 763名农场职工重新办理基本养老保险手续。至此，全省华侨农场职工社保、医保问题得到基本解决。目前华侨农场退休人员每月可领到基本养老金700～900元，农场职工与当地城镇职工享受同等医疗保险待遇，使农场职工的生活有了基本保障。

目前，福建省已基本完成华侨农场土地确权发证工作，确保华侨农场职工“耕有其田”。目前全省华侨农场土地面积50.75万亩，已确权发证的面积达50万亩，安排下达中央、省级奖补资金467.25万元，使农场职工的基本生产资料有了保障。

此外，为减轻华侨农场历史负担，去年福建省还妥善处理了华侨农场呆账和债务共1 231万元，减免了华侨农场金融债务1 034.8万元，华侨农场所欠周转金等非金融债务也得到了有效的解决。

（厦门鹭风报2009－02－16 记者/李慧颖）

侨界委员：推广“居住证”　解决“海归”后顾之忧

连日在此间召开的全国政协致公党与侨联界别联组讨论会上，委员们积极为“海归”克服“水土不服”建言献策。有委员建议，在全国范围内推广“居住证”，以解决“海归”回国发展的“后顾之忧”。

黄因慧委员表示，许多新华侨华人在国外定居或入籍后，其中国户口和身份证被注销，他们回中国工作，在办理银行开户、房产证以及子女入学等方面存在诸多不便，这在一定程度上也影响了“海归”的积极性。因此，为吸引海外留学人员和华侨华人优秀人才，首先要优先解决他们“身份证件的非同等使用效力”问题。

他指出，目前，北京、上海推行的“居住证”制度不仅可以一次性解决因身份证件使用效力不同而引起的有关问题，同时也提供了多项优惠措施和便利条件，消除了发挥海外人才作用的一些体制机制障碍。因此，他建议在全国范围内推行“居住证”制度。

（中国侨网 2009－03－10）

四川省第一批“侨爱工程”项目已经竣工

3月9日，四川省侨办对外透露，目前四川省第一批“侨爱工程”项目已经竣工。在“5·12”汶川特大地震发生后，国侨办及时启动了“侨爱工程——抗震救灾温暖行动”，海外侨胞、港澳同胞积极响应该行动，为四川省地震灾区定向捐建了215所“侨爱工程”学校和卫生院项目。在四川各级侨务部门的积极推动下，“侨爱工程”项目建设正紧锣密鼓地进行。目前，已有188所学校和卫生院动工兴建，已有两所学校和两所卫生院竣工。

另据省侨办介绍，北川中学设计方案有望3月确定。据悉，中国侨联是北川中学项目的全额捐资人。新北川中学计划设计容纳5 000人的完全中学，共100余个班，地址位于北川新县城城区内，计划于今年5月12日开工，于2010年9月1日前完工。

（华西都市报 2009－03－10 记者/石莉芳）

许琳回应孔子学院发展现状　2010年力争达500所

3月12日上午11时，十一届全国人大二次会议新闻中心举行“孔子学院的发展情况”专题采访。

关于孔子研究院的发展目标与投资状况，孔子学院总部总干事许琳表示，从总体上来说，从2005年到现在，整个孔子学院总部对各个孔子学院的支出总计人民币5亿元。针对学院的发展现状，许琳表示，根据原来既定的目标，2010年应该达到500所。

（中国华文教育网 2009－03－12）

沈阳：回国人才创办企业可“零出资”

记者31日从沈阳市政府了解到，为进一步扶持中小企业发展，鼓励各类人才创业，沈阳最新出台政策规定：高校毕业生、留学回国人员创办企业，首次注册资本出资额允许为零，差额部分可在三年内缴足。

沈阳今年预计将接收约10万名大学毕业生。为应对金融危机，鼓励各类人才创业、扩大就业，沈阳市降低创办企业的门槛，创办企业实行注册资本分期缴付制，允许非公有制企业注册资本分期到位。首期出资额不低于注册资本的20%。其中注册资本50万元以下的公司，首次出资达到注册资本10%的即可进行工商登记。高校毕业生、留学回国人员创办企业注册资本出资额允许为零，差额部分可在三年内缴足。

沈阳市还允许实行试营业制度。大中专毕业生、下岗失业人员、农民工、老弱病残人员、军队转业干部、复员退伍军人等申请个体工商登记，可申请试营业，免费核发有效期为六个月的营业执照；六个月后继续经营的，换发正式营业执照。在试营业期间，免收各项行政事业性收费。

（新华网 2009－03－13 记者/石庆伟）

搭建华文教育交流平台　云南首个华文学院成立

3月16日上午，云南师范大学华文学院在昆明正式成立。作为培养周边国家华文学校师资队伍的一个重要基地和工作平台，该学院的成立将对云南加快高等教育国际化进程起到积极的促进作用。

在当天的成立大会上，云南省侨办主任杨光民介绍说，华文学院是云南师范大学和云南省侨办面向海外和港、澳、台地区开展华文教育和对外汉语教学的专门学院。华文学院由云南师范大学、云南省侨办共同建设、共同管理。

据云南师范大学党委书记伊继东介绍，华文学院计划于2009年秋季正式招生，争取到2013年在校生达1 500人，其中本科学历生300人，专科学历生500人，非学历生700人。华文学院将针对华裔学生和留学生特点，合理开设适应国际化需要的特色专业和精品课程。其主要以汉语教学为主，语言教育与专业教育相结合，开展非学历教育和学历教育两类专业教学。

伊继东说："云南省内有归侨50余万人，东南亚有华裔1 000余万人。通过招收海内外华侨、华裔及其子女入学，可以拓宽我们与国外教育合作的渠道，有利于吸引海外物质资源和智力投入学校建设，提升学校服务社会的能力。"

（中新云南新闻网 2009－03－16 记者/甘娜）

"双向关注"架心桥　中国"两会"聚侨心

中国"两会"已经闭幕。在全球金融危机的背景下，中国"两会"吸引了全世界的目光，更是分布在世界各地华侨华人关心的一个聚焦点。会议期间的"双向关注"，拉近了海外华侨华人与中国的距离。

2008年，一场金融海啸席卷全球，海外华侨华人亦置身其中。贸易、餐饮和制造业等华人赖以生存的传统产业在危机大潮中艰难支撑；华人商业科技精英面临就业与创业的困境，在去留之间徘徊。当全球民众深切感受到金融风暴带来的"寒冬"时，中国经济发展走势关系到世界经济景气，也影响着海外华侨华人。

这次“两会”在传递中国政府未来一年施政方略信息的同时，也对海外侨胞的民生问题予以关注。

从获邀列席全国政协大会海外侨胞人数创新高，到《政府工作报告》强调贯彻中共的侨务政策，支持海外侨胞、归侨侨眷关心和参与祖国家乡现代化建设与和平统一大业；从民主党派提出涉“侨”提案，到代表委员聚焦“海归”；从侨务部门官员与侨胞座谈听“侨声”，到共同支招华侨华人渡危机……海外华侨华人也作为一个普通但不平常的群体，在“两会”中颇受瞩目。

委员、代表争相为身处危机中的侨胞献策：“侨资企业海内、海外两个市场不能偏废”、“实施专项贴息”、“希望能与中小企业享受‘同城同待遇’”、“推广‘居住证’解决‘海归’后顾之忧”、“关注华侨华人新生代”等一系列涉侨话题渐热。

在中国“两会”关注海外华侨华人的同时，海外侨胞也通过各种方式表达了对“两会”及中国发展的关注。

33位应邀列席政协大会的海外华侨华人代表，在九天的会期里，通过一系列座谈和参观直接了解中国的政治生活，亲身感受中国在各个领域的发展，并积极建言献策。可以说一句话道出他们的心声：“虽然我们只有33个人，但代表的却是数千万海外华侨华人。”

各国的华文媒体也纷纷对大会进行深入报道，内容紧随会议进程，呈现出与中国同步化、零距离的关注，甚至一些媒体还派出记者到北京作最直接的现场报道。在海外一些侨团会所和中餐馆的电视屏幕前，经常围满观看“两会”新闻的人群。相关话题不仅是唐人街的街谈巷议，也成为海外华人家庭讨论的话题。

匈牙利华商宋万军通过华文媒体寄语“两会”称，海外华人地位越来越高，与中国国力增强是分不开的。“我们希望国家越来越好，在海外的华侨华人才能扬眉吐气。”

“作为海外华人，不仅仅是关注，更将参与中国的发展建设”，塞舌尔侨领廖智锋表示，“从总理报告中不仅能够得到信心，更能找到实现信心的方向和策略。”

也有侨胞指出，“侨”即“桥”，海外华侨华人一头连中国，一手牵世界。“中国一揽子经济计划指出的方向，也可作为华侨华人应对危机和调整自身发展方向的参照。”

“双向关注”体现了全球华人共同面对困难与挑战的奋发精神，无形中将海外侨胞的心与中国紧密地连在了一起。在抗击金融危机影响的进程中，海外华侨华人必将与中国共同发展。

（人民日报海外版2009-03-17　第06版　记者/陆春艳）

教育部：三十年我国送出留学生139万　百万仍在外

3月25日，教育部召开本年度第六次新闻发布会。在发布会上，据教育部有关负责人介绍，从1978年到2008年底，我国各类出国留学人员总数达139.15万人，截至2008年底，我国以留学身份出国仍然在外的人员近百万。

教育部国际合作与交流司司长张秀琴在发布会上介绍，2008 年出国留学人数达 17.98 万人，其中自费出国留学人数达 16.16 万人，占当年出国留学人员总数的 90%。从 1978 年到 2008 年底，我国各类出国留学人员总数达 139.15 万人。

同时，张司长介绍，截至 2008 年底，我国以留学身份出国仍然在外的人员近百万。

（人民网 2009－03－25 记者/李婧）

上海世博会为全球华侨华人定制纪念票

作为“华侨华人回家看世博”计划的一项重要内容，中国 2010 年上海世界博览会组委会专门为全球华侨华人定制世博会纪念票，并授权政府侨务部门面向海外华侨华人限量发行。

27 日，上海世博会九种门票的标准票样公布，上海市人民政府侨务办公室主任崔明华在公布仪式上强调，为华侨华人定制世博会纪念票，是为了褒奖广大海外华侨华人一直以来对中国经济社会发展和申办、筹办上海世博会所作出的贡献而特别定制的。

这一票种为平日普通票，票面印有“华侨华人回家看世博”活动标识和字样，票面价为 160 元人民币。根据上海世博会事务协调局公布的平日普通票销售方案，华侨华人定制票在不同认购阶段享有不同的票价优惠。

据了解，2009 年 3 月 27 日至 6 月 30 日为认购第一期，认购世博会华侨华人定制票定价为 130 元人民币；2009 年 7 月 1 日至 12 月 31 日为认购第二期，定价为 140 元人民币；2010 年 1 月 1 日至 4 月 30 日为认购第三期，定价为 150 元人民币；在 2010 年 5 月 1 日至 10 月 31 日的世博会会期里认购，定价为 160 元人民币。

崔明华说，上海世博会既是世界各国人民交流的盛会，也是海外华侨华人“回家”团聚的盛会。

在国务院侨办的支持和指导下，上海市政府侨办于 2008 年 9 月启动了“华侨华人回家看世博”计划，旨在为华侨华人参与上海世博会提供一个互助共济、资源共享、发展共赢的交流平台，引导、动员海外华侨华人积极参与世博会，在“回家看世博”的同时，回国寻发展。

（新华网 2009－03－27）

未来将更关注华侨华人在内地的权益问题

国务院侨务办公室副主任许又声 3 月 29 日在香港表示，未来将更关注华侨华人在内地的权益问题，目前已设“投诉协调司”，专责维护侨胞的权益。

许又声 29 日出席香港华侨华人总会举办的侨务报告会，并作当前中国侨情和侨务工作报告。

许又声说，当前的侨情可以归结为四个特点，包括海外华侨人数愈来愈多，分布更加广泛，政治经济实力更强，对于祖国的感情也更深。

许又声指出，改革开放三十年来侨办系统工作取得了很大成绩，而经过学习科学发展观，认识到侨务工作还有一些不足，未来需要朝三个方向努力，即为侨服务、涵养侨资及构建和谐侨社。

许又声说，国家针对内地的一些归侨侨眷生活比较贫困，出台了一系列措施，包括免除其债务及投资华侨农场等，帮助贫困归侨侨眷脱贫致富。而国侨办也特别关注侨胞在内地权利受侵害的问题，目前已成立“投诉协调司”，并已聘请几十位涵盖各个方面的律师组成的律师团，帮助侨胞打官司，维护侨胞权益。许又声直言，对抗地方保护主义很难，但再难也得去做。

在报告会现场，老华侨代表向许又声反映了一些华侨权益受侵害的个案，并对国侨办新设立的投诉协调司寄予很大的期望，希望其能维护华侨华人的切身利益。

（中新网 2009－03－30）

广西向海内外募捐　设华侨爱心基金会帮助弱势人群

中国重点侨乡广西壮族自治区将成立“广西华侨爱心基金会”，这一由广西归国华侨联合会倡议设立的爱心基金会，将通过向广西归侨侨眷和海外侨胞、港澳台同胞募捐方式筹集资金，用以帮助部分生活困难的归侨侨眷，资助广西文化、艺术、科技、教育、卫生、福利等各项慈善公益事业。

为期两天的第八届广西壮族自治区归侨侨眷代表大会4月1日在南宁闭幕，大会审议通过了《关于建立广西华侨爱心基金会的倡议》。据此，将成立广西华侨爱心基金会。

据悉，广西是中国的重点侨乡，有220多万归侨侨眷，300余万海外侨胞。

（中新网 2009－04－02 记者/刘万强）

广东省出台华侨子女回国接受义务教育实施办法

为弘扬中华文化，满足华侨子女回国在我省接受义务教育的需要，根据《中华人民共和国义务教育法》、《中华人民共和国归侨侨眷权益保护法》及其实施办法，以及国务院侨务办公室、教育部《关于华侨子女回国接受义务教育相关问题的规定》，结合广东省实际情况，省侨办和教育厅近日联合出台了《关于华侨子女回国在我省接受义务教育的实施办法》（粤侨办〔2009〕55号）。

该办法明确了回国在我省接受义务教育的华侨子女为定居国外的中国公民的适龄子女，要求各市、县、区教育部门对回国在我省接受义务教育的华侨子女视同当地居民适龄子女办理入学手续，并免收其学费和杂费，并明确了回国在我省接受义务教育的华侨子女监护人的选择，按照父母，祖父母、外祖父母，兄、姐，关系密切的亲属、朋友的顺序确定。另外，对华侨子女回国在我省接受义务教育需提供的有关材料作了明确规定，并明确外籍华人子女来华就读我省义务教育学校，参照本办法执行。

华侨子女在我省接受义务教育实施办法的出台，进一步规范了华侨子女回国在我省接受义务教育的程序和管理，对支持和帮助海外华侨子女学习汉语、传承中华文化、涵养侨务资源，以及增强我国文化软实力都具有重要的意义。

（广东侨网 2009－04－14）

金融危机催生“海归”潮　中国侨务官员望抓住机遇

中国国务院侨务办公室副主任马儒沛今日指出，中国有关部门应抓住金融危机的机遇，引进技术和人才，扎实推进“走出去”的战略，促进内地企业与海外侨商合作，实现国际化发展。

马儒沛今天在上海所作的相关报告中指出，当前，国际金融危机还未见底，对全球实体经济影响还在加深。据统计，2008 年全球华商资产为 2.5 万亿美元，比 2007 年锐减 1.2 万亿美元，华商从事最多的进出口贸易、批发零售、餐饮和制造业等行业受到严重冲击。

他同时指出，金融危机给世界金融、汽车等产业造成严重冲击的同时，也带给中国机遇，应借此机遇大量引进先进技术和优秀人才。

据透露，全球性经济衰退使得发达国家失业率上升，留学生就业困难，而中国经济发展对海外留学人员的吸引力增强。据统计，2008 年留学生回国人数增幅已超过出国留学人数。

马儒沛说，不少人才特别是金融和高科技人士就业心态转变尤为明显。他们纷纷选择回国寻找机会。在一定意义上，金融危机催生了“海归潮”。这位侨务部门负责人希望密切华商大企业与中国企业的合作。

（中新网 2009－04－15）

侨捐是侨胞与祖（籍）国感情联系的纽带

中国国务院侨办副主任马儒沛 5 月 8 日接受记者专访时指出，华侨捐赠不仅是对中国公益事业的支持，更是海外侨胞与祖（籍）国感情联系的重要纽带。

马儒沛指出，海外侨胞长期关注国内的捐赠项目，希望捐建的学校越办越好，资助的学生有更大的进步，抗震救灾的捐建项目也是如此。很多捐赠人都提出要把学校或卫生院作为将来的联系点，长期关注支持它们的发展，包括后续捐助学校所需要的桌椅、图书、文具、电脑、设备等。

他说，捐赠人不仅捐助硬件建设，同时也关心学生的品格教育、学校的师资培训、卫生院的医护人员培训等，并希望受助者把爱心传递下去。

马儒沛还称赞捐赠人眼光高远。捐赠人将支援灾后重建公益项目与建设新农村相结合，与国侨办“侨爱工程——万侨助万村”活动相结合，在陕西、甘肃、重庆灾区各建设一个侨爱新村；北京大学美国北加州校友会与北加州台湾大学校友会联合捐助重庆灾区一所侨爱学校，开启两岸同胞共同捐助同一个捐赠项目的先河；无限极中国有限公司不仅在灾区捐建侨爱小学，还十分关注民众的心理救助，及时向四川、陕西、甘肃等灾区赠送了62 000册《地震灾后心理救助手册》，让灾区孩子们及时进行心理疏导、自我安抚，快速抹去地震给孩子们造成的心理阴影。

马儒沛指出，此次抗震救灾华侨华人捐赠范围之广，参与人数之多，捐赠额度之大，前所未有，充分体现了海外侨胞大爱无疆、血浓于水的赤子情怀，他们的善举和爱心将铭载史册。

（中国侨网 2009－05－08 记者/张冬冬）

海外华侨华人：一切只为给生命最有力的支持

去年5月12日，数万同胞的生命瞬间陨落，家园房屋轰然倒塌。“看到北川，我掉泪了”，灾后深入四川地区考察的海外侨商，睹景动容。

今年5月12日，地震周年之际，受灾地区呈现出重建后的勃勃生机。海外华侨华人的援助成为推动灾后重建的重要力量。

让逝者安息，予生者希望。

据不完全统计，全球华侨华人为中国抗震救灾捐款捐物达13亿元，这十数亿元的投入带来的是高标准高效率的灾区硬件建设。

海外华侨华人的援建项目基本涵盖了各项民生领域，学校、卫生所、住宅小区、农户家园、企业工厂等。尤以孩子的学校、民众的家园、保障身体健康的卫生所为海外华侨华人捐助的重中之重：侨爱学校208所（包括九所中学）、侨爱卫生院157所，青川侨爱家园160户，侨心居2 300户……北川中学也由海外华侨华人全资捐助重建。

重建的重责并不亚于应急救援，在某些方面甚至更艰巨，因为这项工作不仅需要大量及时的资金，更需要爱心的持续和细致长远的用心规划。

无论是“侨爱家园”还是“侨心居”，侨爱援建项目都表现出心贴心的关怀之情，突出了对人的生存与发展的尊重。“侨爱家园”重建中，既保留田园风光，又集约用地，不仅对山、水、林、田、路、园合理布局，同时综合考虑农民未来谋求生计的需求，不仅增强了房屋的抗震性，也增强了农户的生存能力。

最为难得的是，海外华侨华人捐助灾后重建的一片赤诚之情。为满足灾区建材需求，避免砍树伐木破坏震后生态，俄罗斯侨领温锦华冒着零下四十度的低温，三次深入西伯利亚林场，亲自为灾后农房重建选购木材。一己之心，温暖的却是灾区数万民众的心；一己之力，开启的却是数千农户安居乐业的家门。

灾后援建，大爱无疆。

海外华侨华人的努力，为地震中的幸存者带来了生的希望，也给我们这个社会带来了重建家园的温暖与尊重。如果说曾经的苦难让我们心痛难眠，那么这份来自同胞血浓于水的援助之情，这份对生命、生存、生活的尊重之意，这份大爱当前、勇于奉献的赤子之心，却是海外华侨华人留给我们最宝贵的财富和最深沉的记忆。

（中新网 2009－05－12 记者/杨丽）

推动侨务理论研究　首届“中国侨务论坛”举行

由国务院侨办主办的首届“中国侨务论坛”5月11日上午在北京开幕。论坛旨在探讨如何提高侨务理论研究水平，实现侨务理论研究成果的转化，并发挥侨务课题研究在科学决策、民主决策方面的作用。

国务院侨办副主任许又声在会上作主题报告。他说，近年来，各级侨务部门和大专院校、社科院所对侨务理论研究工作更加重视，侨务理论研究队伍不断壮大，水平不断提升，研究成果的影响力不断扩大，侨务学术交流活动更加频繁，侨务理论研究工作呈现出日益活跃的局面。

许又声副主任对今后推动侨务理论研究提出了具体建议：以“中国侨务论坛”和国侨办重点课题研究为重点平台，进一步完善机制，提高研究工作的水平和质量；以国务院侨办专家咨询委员会为重要平台，培养和造就一支理论和实际工作相结合的侨务理论研究队伍；坚持“贴近海内外侨情、贴近侨务工作对象、贴近侨务工作实际”的“三贴近”为方向，活跃侨务理论研究的工作氛围，促进研究成果的应用转化。

他说，国务院侨办希望借助“中国侨务论坛”这一平台，吸纳更多海内外研究华侨华人问题的专家学者开展侨务理论研究，形成特色鲜明、多方协作、优势互补的侨务理论研究格局，形成具有中国国情的侨务理论体系。

论坛为期两天，代表们围绕华侨华人分布状况与发展趋势、新华侨华人及华裔新生代研究等十一个主题进行了深入研讨。

来自全国人大华侨委员会、国务院侨办、全国政协港澳台侨委员会、中国致公党、中国侨联和20多个地方省市侨办，以及北京大学、清华大学、中国社科院、暨南大学、华侨大学等全国近30所高校和科研机构的研究人员100多人参加了会议。

（人民日报海外版 2009－05－14）

中国侨务理论研究进入新阶段　呈现三大亮点

记者从国务院侨办获悉，中国侨务理论研究工作已进入新的阶段，呈现出侨情基础数据日益详尽、海内外众多学者交叉学科研究、学术交流活动频繁的三大亮点。

据国务院侨办介绍，通过侨务理论研究对侨情基础数据进行了梳理，填补了侨务理论基础研究的空白，同时课题研究地域也从北美、东南亚、欧洲等华侨华人传统聚居地深入到拉美、非洲、中亚、中东等过去关注不多的地区，为侨务工作把握侨情提供了重要的参考依据。

侨务课题研究吸引了海内外各学科众多知名学者的关注，其中包括社会学、经济学、人类学、人口学、历史学、教育学、文学、哲学、法学等学科的著名专家或学科带头人，提升了侨务理论研究的水平。

国务院侨办表示，近年侨务学术交流活动的频密活跃了侨务理论研究氛围，尤其今年，中国海外交流协会组团赴台出席“新时代新视野海外华人学术研讨会”，加强了同从事华侨华人研究的台湾学者的联系。国务院侨办支持北京大学举办“世界海外华人研究学会（ISSCO）第六届国际会议”，促进了华侨华人理论研究在世界范围内的开展与合作。

国务院侨办也指出，中国侨务理论研究工作在国家社会科学领域仍处于相对落后的位置，全国侨办系统还没有一个专门从事侨务理论研究的机构，这与中国作为侨民大国的现状很不相称。

（中新网 2009－05－15 记者/杨丽）

海外华侨华人与祖国共同狙击新型流感

“任何时候祖国都会为全体海外学子敞开大门，欢迎他们回到亲人身边，并将尽最大努力保障他们的健康和安全。”中国疾病预防控制中心流行病学首席专家曾光教授5月17日在接受记者采访时说：“不仅是留学生，对于其他在海外工作、生活的华侨也一样。”这番话语，不仅让海外游子再次感受到祖国大家庭的温馨、温暖与温情，更为身后有一个倾情牵挂的祖国而万分自豪。

不久前，美国哥伦比亚大学的中国留学生小盛在网上发帖倡议疫区的留学生在疾病流行期间推迟回国，得到了许多留学生的支持。对此，卫生部也给予赞许，其新闻发言人毛群安表示：“留学生们的这种高度负责任的精神非常可贵，是令人感动的。”是的，这种责任精神，首先源于一种对祖国和亲人挚爱的情感。身处疫区，不希望把可能的病菌通过自己的回国而带回国内，甚至传给亲人，宁愿此时此刻离得远一点、再远一点。这种责任精神，也是一种担待、一种使命。身处海外，常常有难以为国作出贡献的“无力感”。但是，世间有这样一句话，叫做“三分能力，七分责任”，现在，海外学子又一次以自觉关注国家的命运，努力关心民族的成长，显现了自身的责任感。

“祖国是广大留学生的家。”这是温家宝总理走到海外时常常对留学人员说的话。尽管在美国的中国留学生呼吁在疾病流行期间推迟回国，但来自祖国的讯息是：“任何时候，祖国都欢迎你们回家，同时对于国家采取的疫情防控措施，也希望大家给予理解和支持。”

其实，“推迟回国”是一种对祖国的责任；在回国期间“理解和支持”国家采取的疫情防控措施，也是一种对祖国的责任。因为各种公事或私事需要立即回国的海外华侨华人以及留学生，不妨按照国家卫生部门的建议，做些这样的事情：第一，在起程之前，要确认自身的健康状况。第二，回国前特别注意不要到人群聚集的地方，避免与有流感症状的人接触，以减少感染的机会；如有任何流感症状如发烧、咳嗽、咽痛等，应尽快到当地医疗机构检查。第三，旅行中多备几个口罩和酒精擦手液或擦手湿巾，如果途中遇到甲型流感疑似病例应做好个人防护，要尽量选择远离其座位，口罩湿了后要及时更换，要及时使用酒精擦手液或擦手湿巾清洁手部。第四，入境时要认真如实填写健康申报单，如果确有申报单上所列的症状，要如实填写，并告诉乘务人员或边境卫生检疫人员，以尽早获取帮助；还要注意保留沿途交通、住宿相关票据，以备不时之需。第五，回国后的前几天，自觉减少外出活动，避免前往人群聚集场所，最好主动居家隔离，确认无症状后再外出；若出现任何流感症状，及时与当地卫生部门取得联系，就诊时应提醒医生自己的流行病史。若归国后被卫生部门判定为密切接触者，要主动接受医学观察等措施。

（［日本］日本新华侨报 2009－05－18 作者/简言之）

侨务专家建议尽快实施海外华文教师等级证书制度

记者5月18日从国务院侨办获悉，在近日举行的首届“中国侨务论坛”上，侨务研究专家指出，应尽快实施海外华文教师等级证书制度。

针对华文教育发展中面临的华文师资问题，暨南大学副校长贾益民提出实施海外华文教师等级证书制度。他指出，中国应该借助海外华侨华人社会，充分利用华文教育这个平台和品牌，通过华文教学与传播不断提升中国的软实力。因此，大力加强海外华文教师队伍建设势在必行、迫在眉睫。贾益民还指出，要区分不同国家和地区，因地制宜，实事求是地推行海外华文教师等级证书制度，最大限度地调动海外华文教师的积极性，促进华文教育事业健康有序发展。

（新华网 2009－05－19 记者/赵超）

到南京就业、创业的海外留学人才可申办居住证

5月22日起，到南京就业、创业的海外留学人才，凭相关证件即可申办南京海外留学人才居住证。持有该证的海外留学人才将享有创业资金申报、申办社会保险、子女就读等一系列权益。

根据南京市政府刚刚下发的《南京海外留学人才居住证暂行办法》，来宁创业、就业的海外留学人才，只要符合以下三种条件之一，即可申领南京海外留学人才居住证，即拥有外国国籍并持有外国护照；或者持中国护照，并已取得外国长期居留权身份的；非南京户籍的外省、市人员。申领人可凭南京市急需引进海外留学人才的相关证明，以及有效身份、专业、工作证明到市人事局申请办理。

据悉，持有该证，可以作为南京市急需引进的专业人才，参加有关部门提供的涉及创新创业扶持项目资金的申报；可以参加社会保险、住房公积金的办理；持有人子女在接受高中阶段以下（含高中）教育的，可享受南京市市民同等待遇。同时，高层次留学人员的子女，在南京参加中考录取时还可降低10分投档，等等。

（南京日报2009-05-25）

高层次“海归”进京奖百万

高层次“海归”来京创业、工作，北京市政府将给予一次性奖励100万元人民币，薪酬待遇将参照其进京前的水平。昨日，北京市政府发布《鼓励海外高层次人才来京创业和工作暂行办法》、《促进留学人员来京创业和工作暂行办法》，透露了上述消息。

作为《关于实施北京海外高层次人才聚集工程的意见》的配套政策，两《办法》出台后，北京“海聚工程”的政策框架基本形成。

“海归”应是博士，不超过55岁

《办法》规定，北京引进的海外高层次人才，应在海外取得博士学位，不超过55岁，引进后每年在京工作不少于6个月，并同时具备其他条件，如在国外著名高校、研究机构担任相当于副教授、副研究员及以上职务的专家、学者；主持过国际大型科研或工程项目，具有丰富的科研、工程技术经验的专家、学者和工程技术人员；拥有符合北京市重点发展产业、行业、领域自主知识产权或掌握核心技术的专业技术人员。

人才可自荐也可互荐，再经评估审批

高层次海归人才可自荐、互荐，或通过驻外使领馆、华侨华人社团、留学生组织、各类园区（包括科技企业孵化器、留学人员创业园、大学科技园和工业园等）等，向北京海外学人中心申报。通过北京海外学人中心评估、经北京市海外学人工作联席会审批同意后，海外高层次人才将获“北京市海外高层次人才工作居住证”，享受各类专业配套服务。

对于企业上市、税收优惠、专利补贴、工作条件、薪酬待遇、出入境、户口、医疗、社会保险、购房、配偶工作、子女入学等海外人才在京工作所涉及的方方面面，《办法》均作出优惠规定。

（新京报2009-05-28 记者/王姝）

侨务文化工作是提升国家“软实力”的重要途径

中国国务院侨办副主任赵阳6月2日于广州召开的全国侨务文化工作座谈会上表示，

侨务文化工作是国家实施中华文化“走出去”战略的一部分，是促进中华民族优秀文化在广大海外侨胞中间的传承、增强中华民族凝聚力、进而提高文化“软实力”的重要途径。

侨务文化工作以“传播中华优秀文化”为切入点，围绕海外侨胞切实需要，通过文艺演出、提供文化用品和开展艺术培训等形式，将工作深入各国侨社，惠及广大侨胞。赵阳认为，侨务文化工作还是维护国家稳定、促进中国与当地国家的友谊的手段。

他指出，文化是软性的，在交流中比较容易为外界所接受，通过文化搭建交流的平台，是开展民间外交非常好的形式。在当今世界金融危机的背景下，人们在精神、文艺方面的需求反而增加，这也给侨务文化工作带来了机遇。

据了解，中国国务院侨办从20世纪80年代以来，已向近六十个国家和地区派出了上百个艺术团组，为上百万侨胞进行了演出，积累了大量丰富的派团经验。

目前，“文化中国”已成为侨务文化工作的核心项目。赵阳表示，侨办有信心和决心做好这一品牌。今年春节期间推出的“文化中国·四海同春”活动，国侨办四位领导亲自带队，分别组织艺术团到海外华社进行慰侨演出，取得了巨大成功。国侨办已经决定，今后还将这一活动继续举办下去，并决定发挥各地方省、市侨办优势，集全国侨办系统之合力，共同办好这项重要活动。

今天的侨务文化工作座谈会会聚了来自全国各省区六十多名负责侨务文化工作的侨办负责人和侨务干部与会。会议主要围绕中华文化“走出去”的战略目标，研究如何群策群力，共同做好“文化中国”和“文化中国·四海同春”等多项侨务工作。

（广东新闻网 2009－06－02 记者/郭军）

中国84个华侨农场历史遗留问题得到有效解决

记者从6月10日在太原召开的全国人大华侨委侨法执法检查跟踪落实座谈会上获悉，全国84个华侨农场的危房改造、土地确权登记、社保、金融债务处置等历史遗留问题得到有效解决。

据介绍，截至2008年底，全国已完成归难侨危房改造25 688户，在建9 934户，共35 622户，占总任务的60.3%（含农垦农场归难侨危房），其中华侨农场已完成改造22 291户，在建8 526户，合计30 817户，完成64.9%。目前，全国华侨农场已确权发证的土地面积为359.6万亩，占应发证总面积的88.8%。

全国人大华侨委员会副主任委员虞云耀说，各省区扎实推进华侨农场金融债务处置工作，目前已基本完成任务。华侨农场绝大部分职工已纳入养老保险社会统筹，全国华侨农场基本养老保险参保率已达89.3%；华侨农场人员参加医疗保险有了较大进展，全国应参保42万人，已参保37.4万人，占总人数的89.7%。对华侨农场的扶贫、救灾和低保已纳入地方管理，目前已有44 528人纳入当地最低生活保障范围。

虞云耀还提到，各省区已把华侨农场基础设施建设纳入当地发展规划，有的省还在农村水利设施、安全饮水、公路、电网、沼气、卫生、中小学建设等项目上对华侨农场给予了政策上的倾斜和支持。

据了解，全国现有华侨农场84个，其中41个是20世纪五六十年代为安置马来西亚、印度尼西亚、缅甸、印度等国8万多归难侨而设立的，有43个华侨农场是20世纪七十年代末为安置越南归难侨而设立的。

（新华网2009－06－11 记者/南婷）

四川：高层次"海归"可享厅级干部医疗待遇

今年四川省全面启动了大力引进海外高层次人才的"百人计划"，将用5～10年时间引进200名左右海外高层次人才来川创新创业。14日，记者从省委组织部获悉，根据近日印发的《四川省"百人计划"引进人才享受特定生活及工作待遇的若干政策规定》，四川省"百人计划"引进的海外高层次人才将在出入境与居留、任职、薪酬、医疗和保险、住房、配偶安置、子女就学等十一个方面享受特定待遇。

每人资助100万　办四川"绿卡"

对中国籍引进人才，将办理《海外高层次留学人才身份证明》，作为四川"绿卡"，既享受本地居民同等待遇，又享受四川海外高层次留学人才及"百人计划"有关优惠政策。四川省还决定每年投入2 000万元以上的专项资金，给予引进人才每人100万元的资助。引进人才可担任高等院校、科研院所、国有企业、国有商业金融机构中级以上的领导职务或者高级专业技术职务，以及国家和省重大科技专项、重大工程和建设项目的负责人；引进人才可作为各类政府奖励候选人，对爱党爱国、代表性强、贡献突出的海外高层次人才，可在政治上作适当安排。

引进人才可办"特约医疗证"

四川省将对"百人计划"引进人才在医疗保险、配偶安置、子女就学等方面实行特殊优待政策。明确规定，引进人才凭"百人计划"批复意见，办理"特约医疗证"，享受"省优秀专家"同等医疗待遇（即厅级干部医疗待遇）。

引进人才配偶一同回国（来华）并愿意在四川省就业的，由用人单位妥善安排其工作；暂时无法安排的，用人单位可参照单位人员平均工资水平，以适当方式为其发放生活补贴。引进人才的子女就读中小学，参照四川省关于高层次引进人才的子女就读中小学的特殊优惠政策，在所工作（居住）市（州）范围内一次性选择中小学就读。

（成都晚报2009－06－15 记者/熊德壮 宋林风）

中国侨联考虑邀请台湾方面列席归侨侨眷代表大会

14 日下午刚从台湾返回北京的中华全国归国华侨联合会主席林军在接受本社记者专访时表示，在两岸和平发展过程中，侨界可以有所作为。

林军说，此次访台两岸侨界在构建和谐侨社、共同维护中华民族利益、共创两岸和平发展新局面上达成了共识，将共同推动两岸侨界的和谐、海外侨社的和谐和两岸同胞的和谐。

林军一行八人组成的访问团于 7 日抵达台北，这是中国侨联主席首次赴台访问。8 日，中国侨联与台湾省“华侨救国联合总会”签订加强合作交流协议书，期能共同推动六项事项，以促进两岸和平发展及中华民族的伟大复兴。

回忆七天之旅，林军说，感受最深的是两岸侨界特别需要交流、需要沟通，双方要敢于接触，在接触中敢于主动做工作、谈观点。此次以中国侨联的名义访台，使两岸侨界的民间交往迈出重要的一步，这样做还能起到以民间推动官方的作用。

林军认为，此次访问是中国侨联的“破冰之旅”，现在坚冰已打破，航道已开通，下一步关键是双方以什么样的姿态和措施落实已经拓展的新局面。

对于未来两岸侨界的合作，林军认为，双方工作台面和前景很好，但是还有很多工作要做，需要慢慢来。

林军介绍说，根据双方合作意向，目前初步达成几个共识：一是台湾侨社将积极参与援建北川中学；二是今年中秋节期间，争取在台湾举办一次文化交流活动；三是 2010 年春节，双方力争在境外共办活动，从感情层面拉近双方交往。

林军透露，中国侨联第八次全国归侨侨眷代表大会将于 7 月中旬召开，此次访台回来后，中国侨联将考虑邀请台湾方面列席此次会议。

（中国侨网 2009－06－15 记者/孙金诚）

两涉侨法律将废止

日前，全国人大常委会法制工作委员会拟订的全国人大常委会关于废止部分法律的决定草案，将提请十一届全国人大常委会第九次会议审议。这一决定草案建议废止的法律共有八件，包括两部已经实施了五十多年的涉侨法律：《华侨申请使用国有的荒山荒地条例》、《华侨捐资兴办学校办法》。

全国人大常委会法制工作委员会主任李适时通过《法制日报》详解了拟废止八件法律的缘由。

五十多年来，特别是改革开放以来，广大华侨回国参加经济社会建设，从事生产经营活动的情况与 20 世纪 50 年代相比已发生了巨大变化。同时，《归侨侨眷权益保护法》等法律法规已逐步建立、健全。该条例实际已不再适用。

1957 年由一届全国人大常委会第七十八次会议批准的《华侨捐资兴办学校办法》，在当时制定这一办法是为了鼓励华侨在国内兴办学校、发展文教事业、满足广大华侨子女求学要求。

（中国侨网 2009－06－23）

浙江文成设侨眷型留守少年监护人

文成县是著名的侨乡，1/4 的人口是华侨。很多华侨由于工作繁忙，将未成年子女留在了县里。

“侨眷型留守少年，手头不缺钱，近年来犯罪率持续升高。”据文成县检察院检察长王美鹏介绍，该院 2007 年未成年人公诉案件 23 件 46 人，2008 年 33 件 62 人，分别占当年公诉案件人数的 21.5% 和 24.2%。“其中，80% 以上的案件都涉及侨眷型留守少年。”

王美鹏告诉记者：“按照未成年人保护法的规定，公安机关、人民检察院讯问未成年犯罪嫌疑人，询问未成年证人、被害人，应当通知监护人到场。但是，侨眷型留守少年的法定监护人一般在国外，国内的祖父母、外祖父母文化程度大都不高，通常难以履行监护职责。针对法律上的这一空白，文成县检察院在讯问侨眷型留守少年时，邀请他们的老师（一般是班主任）充担‘监护人’。”王美鹏说：“这样做，既填补了法律的空白，也可以消除侨眷型留守少年的心理障碍。”

（法制日报 2009－06－23 记者/陈东升　马岳君）

只有 2% 的海归选择去中西部就业

“海归在一线城市扎堆儿现象严重。目前 98% 的归国人员集中在北京、上海、广州等大中城市，只有 2% 去了中西部地区。”6 月 21 日，欧美同学会副会长、中国与全球化研究中心主任王辉耀在首届新东方留学高峰论坛上，对当下一些留学生的就业取向表示关注。“当前国人留学规模空前，并将继续扩大。今后三年，中国的留学生总数将超过 200 万。”王辉耀说，进入 21 世纪后的短短八年间，就产生了 100 万留学生。1998 年和 1999 年，我国每年送出两万留学生，但是 2008 年就有近 20 万人出国留学。据统计，中国目前出国留学人数居于世界首位，占全世界留学生总人数的 15%。

王辉耀说，赴海外留学的人员除了实现从精英化到大众化的转变，留学人员的年龄也日渐低龄化。他们选择的留学目的地分布日渐广泛，2008 年中国留学生分布在 109 个国家和地区。同时，短期的体验式的游学开始大量增加。新东方的数据显示，2005 年只有几十人报名出国游学，2008 年达上万人。

王辉耀还表示，留学生毕业后在海外继续深造的人数渐增。根据调查，2000 年以前，拥有学士学位并继续在美国学习的中国学生为 11.5%，2005 年上升到 44.1%，远高于印度13.9%的比例。与此同时，人才回归率下降现象也值得关注。2000年有1/3留学生归国，2008年这一比例下降到25%。

“留学人员在就业方面也出现了几大特点。”王辉耀说，首先，留学生的就业日渐多元化，职位从“三师”扩展到“三家”。以前有很多留学生毕业之后成为工程师、医师、会计师，现在开始转向科学家、企业家、发明家，而且在跨国公司就职或自主创业的比例也在增加。其次，海归在一线城市扎堆儿现象严重。再次，留学人员出现人才环流现象，海归变“海鸥”。虽然海归只占出国人数的25%，但是大部分人才在环流。逾10万人开始跨洋，在北美、欧洲与中国之间来回发展，王辉耀将这一人群称为“海鸥”，这个数字也将不断增加。

王辉耀认为，中国未来全球化发展的一个重要手段，就是继续扩大留学，并吸收留学生回国。“在今后中国的全球化进程中，留学生的作用会越来越大。”

（中青在线－中国青年报2009－06－24 作者/张仙凤）

广东南侨机工遗孀生活困难　每年获补6 000元

据了解，1939年2月至9月，在东南亚侨领陈嘉庚及南侨筹赈总会的号召组织下，3 000多名身为汽车驾驶员和技术工人的华侨青年，从新加坡、马来西亚、越南等7个国家毅然回到中国，参加抗日救亡活动。他们冒着枪林弹雨，在滇缅公路上抢运各种军需物资和运送中国远征军，为中国抗日战争及世界反法西斯斗争作出了重要的贡献。

这被称为华侨史上人数最为集中、组织最为有序、经历最为悲壮、影响最为深远的爱国行动。据有关史料统计，直接牺牲的南侨机工有1 028人，抗战结束后，仍有1/3南侨机工从此留在国内。七十年过去了，他们当中健在的已为数不多。另外，还有部分南洋机工的遗孀生活在广东省的揭阳、惠州和台山，有的人生活较为艰难。

今年初，广东省政协特聘委员、新加坡侨商龚立强先生在参加省政协会议期间，从广东省侨办获悉各地省部分南侨机工的遗孀生活艰难的情况后，决定委托广东省侨心慈善基金会，今后将对广东省10名困难南侨机工遗孀给予每人每年6 000元的补助，以帮助她们安度晚年。龚先生6月30日说：“我们要牢记华侨华人们一直以来所作的贡献。让他们安度晚年，是我们的责任和快乐。”

（南方日报2009－07－01 记者/林亚茗　段燕　吴苗）

珠海市调研称土地置换成华侨农场改革发展瓶颈

低矮破旧的平房，三代同堂挤在15平方米的小屋里……一连两日，广东省珠海市省人大代表前往珠海金湾区视察、调研红旗、平沙、白藤华侨农场改革发展情况，农场职工危房改造工程引起省人大代表的高度关注。

据悉，在珠海市华侨农场目前还需落实建设用地27万平方米。由于受农田保护政策影响，危房改造需要将一部分非建设用地转换为建设用地，土地置换问题已经成为影响农场改革发展的瓶颈。9日下午，珠海市省人大代表和市发改、规划、国土等政府职能部门就如何加快农场改革发展，特别是如何加快解决农场土地置换问题进行了深入讨论和开展了座谈会。

珠海市红旗、平沙农场共有职工危房住户9 095户，按照计划，归难侨危房改造在2009年底前完成，农场职工危房改造要在2010年底前全部完成。要完成全部改造任务，目前还需要落实建设用地27万平方米。由于受农田保护政策影响，红旗、平沙农场建设用地十分紧张，需将一部分非建设用地转换为建设用地。危房改造会占用一般耕地和其他农用地，需要进行用地调整，土地置换。

（珠海特区报2009-07-10记者/古春婷）

国务院侨办评选30个“重点华侨华人创业团队”

据国侨办网站报道，8月21日，国务院侨办召开了“重点华侨华人创业团队”评选委员会会议。国务院侨办副主任、评选委员会主任任启亮出席会议并讲话。“国务院侨办海外专家咨询委员会”咨询委员、国侨办有关业务司领导作为评选委员会委员参加了会议。

任启亮指出，国务院侨办高度重视华侨华人高层次人才工作，积极鼓励、扶持他们以多种形式回国（来华）创业。为此，国务院侨办于2005年起开始在全国侨办系统实施“海外人才为国服务计划”，联合有关部门和地方政府举办系列科技经济专题活动，邀请海外华侨华人人才携自主知识产权的高新技术项目回国，与国内企业、科研院所开展项目对接洽谈。许多华侨华人人才回国创业并取得优异成绩。

任启亮说，为深入实施“海外人才为国服务计划”，促进华侨华人创业创新，不断开拓侨务引智新局面，国务院侨办于2009年5月制定并下发了《国务院侨办重点华侨华人创业团队支持办法（试行）》，决定加大对优秀华侨华人在中国创业团队的支持力度，扶持一批华侨华人创业团队回国创业，促进国家和地区科技、经济发展。

任启亮强调，为使评选活动具有权威性，体现公开、公正、公平的原则，特别邀请了“国务院侨办海外专家咨询委员会”咨询委员、侨办相关司局领导组成“重点华侨华人创业团队”评选委员会。

会上，评委们踊跃发言，从各自的专业角度提出了很好的意见和建议。最后，评委们以投票的形式从100多个申报团队中确定了30个“重点华侨华人创业团队”。

（中新网2009-08-25/经科司供稿）

中国加大力度保护侨商在内地投资的合法权益

中国政府决定进一步加大侨商投诉协调工作的力度，切实维护侨商在中国投资的合法权益。中国国务院侨办27日在北京宣布，将会同其他三个中央涉侨部门，启动维护侨商权益联合调研活动。

9月初至10月中旬，由中国国务院侨办、全国政协港澳台侨委、致公党中央、中国侨联四部门组成的四个调研组，将分赴广东、福建、海南等12个省、自治区、直辖市，探寻当前困扰侨资企业发展的主要问题。

国务院侨办副主任任启亮在27日召开的新闻通气会上指出，联合调研旨在推动建立健全侨商投诉协调机制、完善相关政策法规、推动一批涉侨经济案件的妥善处理，切实维护侨商投资的合法权益。

据介绍，此次调研是“维护侨商投资权益行动年”的重要举措之一。2009年起，全国侨办系统启动“行动年”活动，明确提出要“推动依法查处侵害华侨华人和港澳同胞投资者合法权益的案件，重点是金额较大、情节恶劣、对外造成不良影响的典型案件”。

中国政府的统计数据显示，改革开放以来，海外华侨华人和港澳同胞在中国内地的投资占中国利用外资总额的六成以上，这些企业的数量超过外商投资企业总数的七成。

“随着侨资企业数量的增加和投资规模的扩大，各类涉侨经济纠纷乃至一些恶性侵权案件时有发生。”任启亮说，全球金融危机爆发后，涉侨经济纠纷案件呈现大幅度增加的趋势。

据统计，2000年以来，全国省级以上侨办直接受理的涉侨经济纠纷和案件，每年多达1 500件以上。2006年至2008年，由国务院侨办受理的涉侨经济纠纷分别为84件、101件和103件；而2009年上半年，国侨办即受理了100多件。

任启亮指出，当前开展侨商投诉协调工作存在的问题和难点，一是案情复杂，通过行政手段协调处理难度大；二是涉法涉诉案件比例大；三是案件标的大、影响大，有的形成积案、难案；四是相关政策指导性文件不多。

他此前在最新一期《侨务工作研究》撰文说，当前涉及侨商的纠纷和投诉案件，案发地主要在侨资企业较为集中的沿海发达地区，中西部地区的案发比例趋高；案发领域多样，投资资源、地产类、贸易类、劳资纠纷类案件增多；进入诉讼程序的涉侨经济案件占较大比重；欧美侨商投诉较多，东南亚侨商投诉相对减少。

“目前导致侨商投诉数量不降反增、一些案件久拖不决或执行不力的原因是多方面的。”任启亮说，既有侨商内部的，也有外部的，其中外部因素是主要的。这反映在如下几个方面：一是一些地方投资环境欠佳，地方保护主义严重。二是经济形势变化，产业结构调整，企业履约率降低。新《劳动合同法》的颁布和金融危机并发，企业负担加重，市场需求萎缩。三是企业在用人和内部管理方面有缺陷，存在先天不足的现象。

任启亮介绍，国务院侨办针对这些问题采取的措施包括：加大依法维权、执法监督的力度，建立维权工作机制，建立健全工作网络，完善相关政策法规，发挥侨商组织作用，加强舆论宣传和引导工作等。他说：“目的是推动查处一批典型案件，多办几件顺侨意、解侨忧、得侨心的好事、实事。”

2009年，国务院侨办还在经济科技司加挂投诉协调司牌子，并增设投诉协调处，专司侨商投诉协调处理工作。任启亮说，此意在让维护侨商权益工作“有名、有实，力度更大”。

（中新社北京2009－08－27记者/张冬冬）

中国侨办系统2008年接收捐赠款物超过35亿元

2008年度，中国侨办系统接收或协助受理华侨华人、港澳同胞的捐赠款物合计35.33亿元人民币；2007年为30亿元人民币。

中国国务院侨办主任李海峰2日在京会见美籍华人陈得福、陈徐爱莲夫妇时作出上述表示。当日，陈得福、陈徐爱莲夫妇以仙妮蕾德（中国）有限公司的名义向国侨办实施的“侨爱工程”项目捐赠100万元人民币，用于甘肃地震灾区陇南、定西两所侨爱小学的建设。

李海峰说，地震灾区恢复重建亟须支持的还是西部地区，侨办尊重捐赠人的意愿，将捐赠项目放在甘肃，确保善款“用在刀刃上”，并且她承诺，一定要加强项目监管，保证援建的两所小学在明年5月前完工。

李海峰指出，各级侨办依法为海外侨胞捐赠国内公益慈善事业提供服务，协助华侨华人开展捐赠工作。国侨办将认真履行好这一职能，尊重捐赠人意愿，并在捐赠款物的管理、使用和监督等方面对捐赠人负责。

国侨办官员此前介绍说，在各级侨务部门的实践过程中，华侨捐赠工作形成了“协调、监督、激励、反馈”四个机制。通过对项目的监管，一方面真正保护华侨的捐赠合法权益；另一方面得到了广大海外侨胞、港澳同胞的高度赞誉。从改革开放到目前为止，华侨华人、港澳同胞捐赠的款项总额超过700亿元。

国侨办国内司新任司长杜志滨表示，各级侨务部门对侨捐项目策划、实施、监管等环节有一套完整的程序。他还用汶川八级地震中，海外侨胞、港澳同胞在灾区捐资建设的313所学校无一垮塌，证明了“捐赠项目，是经得住检验的”。

（中新社北京2009－09－02记者/张冬冬）

中国侨资企业数量占来华外资企业七成

中国侨联副主席李祖沛6日在此间透露，改革开放三十年来，中国侨资企业数量占来华投资外企的70%，其投资额占外资总额的60%以上。目前，侨商投资进入一个全新的发展阶段。

李祖沛当天在广西桂林开展维护侨商投资权益调研。

由中国国务院侨办、中国政协港澳台侨委员会、致公党中央、中国侨联组成的调研组，当天听取了桂林市官方维护侨商投资权益的情况汇报。桂林市副市长黄俊华称，桂林在海外定居的华侨华人约有五万余人，主要从事科学技术、文化教育、经商等职业。

黄俊华说，桂林市1973年对外开放，是中国对外开放比较早的城市之一。目前，桂林市有侨资企业（包括港资企业、澳资企业）728家，总资产8.11亿美元，从业人员约六万余人，涉及农产品加工、房地产、旅游、矿山、生物技术、IT业等十七个行业。

今年是“维护侨商投资权益行动年”。桂林市政府多年来高度重视并切实做好侨商投诉协调处理工作，有力维护了华侨华人、港澳同胞的投资合法权益。三年以来，顺利解决了12件涉及侨资企业经济纠纷案件，促进了侨资企业健康发展。

李祖沛表示，依法保护华侨投资权益是各级涉侨部门义不容辞的责任。侨商在地方投资不仅有利于发展地方经济，扩大对外交流，还可以提升其国际形象。因此，各级涉侨部门要关心和保护侨商的合法权益，经常了解侨资企业在发展过程中存在的问题和困难，主动为他们协调解决一些实际问题。

（中新社桂林2009－09－02 记者/周利朔　欧惠兰）

国侨办冀海外台商促进两岸经济文化交流合作

中国国务院侨办副主任赵阳8日在北京会见了“二〇〇九海外台商大陆经贸发展协会参访团”。他冀望海外台商依托团体的平台功能，动员和团结海外台籍侨胞和商界人士，大力促进两岸人员往来和经济文化交流与合作。

赵阳称赞说，参访团成员都是海外台籍工商业精英，多年来，充分利用大陆改革开放的良好政策环境和独特商机，来大陆投资、经商，在实现个人事业成功发展的同时，主张两岸友好合作、互惠互利，为推动两岸经贸合作交流，进而推动两岸和平发展发挥了积极作用。

“和平发展已成为两岸关系的主题，并日益呈现出广阔和光明的前景”，赵阳说，当前，两岸关系发展面临着难得的历史机遇：两岸同胞往来之频繁，经济联系之密切，文化交流之活跃，共同利益之广泛前所未有。

他说，前不久，台湾地区遭受严重的自然灾害，大陆各界民众和海外侨胞急台湾同胞之所急，纷纷伸出援助之手，体现了中华民族“一方有难、八方支援”的传统美德和血浓于水的民族亲情。

赵阳说，国侨办作为海外华侨华人的“娘家”，将继续关心、尊重和信赖海外台籍侨胞，继续积极支持海外台籍侨胞工商界、科技界人士及其他专业团体来华考察交流，并为其在华投资兴业、发展事业、寻求合作发展机会给予切实关心和热情服务。

“创造双赢是我们共同的期盼。”世界台湾商会联合总会名誉总会长梁政渊说，两岸关系始终是海外台商最为关心的议题；两岸关系应该更加密切，不能受到外界不利因素的影响。

据悉，“二〇〇九海外台商大陆经贸发展协会参访团”成员大部分是世界台湾商会联合总会的骨干成员。“世台联总”于1994年9月在台北成立，现拥有涵盖六大洲、53个国家的160多个台商分会。

（中新社北京2009－09－08 记者/张冬冬）

美洲升起的首面五星红旗落户中国华侨历史博物馆

15日下午在中国侨联举行的中国华侨历史博物馆接受馆藏品仪式上，美国纽约华侨衣馆联合会访华团团长陈锦棠将美洲升起的首面五星红旗郑重交给中国侨联副主席李祖沛，曾于1949年10月飘扬在美国上空的这面五星红旗终于落叶归根。

这面五星红旗由全羊毛制成，历经六十年时光仍然保存完好。陈锦棠用粤语介绍说：“这面五星红旗代表了美洲所有爱国华侨对祖国的一份爱，其中有血有泪也有汗。”当年，因悬挂五星红旗，美国纽约华侨衣馆联合会先后有三名会员因此而坐牢。

中国侨联副主席李祖沛说，美国纽约华侨衣馆联合会的各位老前辈始终关注祖（籍）国的变化发展，并在力所能及的范围内为祖（籍）国贡献力量。之前，美国纽约华侨衣馆联合会就曾向中国侨联捐赠由其创办的《美洲华侨日报》，这有利于了解19世纪40—80年代美洲地区华侨华人的生活状况，是非常珍贵的文物资料。新中国六十华诞前夕，美国纽约华侨衣馆联合会再次将具有非常重大意义、象征爱国行动的五星红旗捐赠给中国华侨历史博物馆，反映了华侨华人热爱祖（籍）国的深厚感情。

中国华侨历史博物馆筹建办副主任黄纪凯表示，目前博物馆已征集到海内外侨界捐赠的各种华侨华人历史文物近两万件，大到唐人街华人卖货时曾用的手推车，小到邮票，共20多类。

中国华侨历史博物馆是著名爱国侨领、中国侨联首任主席陈嘉庚先生于1960年提出倡议兴建的。近半个世纪以来，历经两次选址、政府主管部门两次批准立项建设，2006年8月国务院主管部门批复可行性研究报告，目前待初步设计方案和投资概算批准后，即可开工建设。馆舍选址在北京东城区东直门内北小街，占地面积5 000平方米，计划建设面积12 700平方米，预计两年后建成。

（中新社北京2009－09－15 记者/南若然）

三十年投资千亿美元　华侨华人对广东发展贡献大

广东的海外关系在全国来说可能是最多的。全省有华侨华人2 000多万，归侨侨眷2 000多万，两部分相加就是4 000多万。然而在过去，海外关系的优势并未得到充分的发挥。

改革开放以来，广东连续三十年保持年均13.8%的经济发展速度，连续二十三年经济总量居全国首位，连续二十二年外贸进出口总额居全国首位，连续十七年财政收入居全国首位。2007 年，全省生产总值达 31 084 亿元，占全国的 1/8，继超过亚洲“四小龙”中的新加坡、中国香港后又超过中国台湾。

广东这些年之所以能够取得如此辉煌的成就，当然要归功于中央改革开放政策和全省人民的共同努力，但也与华侨华人的贡献密不可分。三十年来，海外侨胞、港澳同胞累计在广东直接投资 1 200 多亿美元，创办企业近 4 万家，占全省实际吸收外资总量近 70%。全省接受上百个国家和地区的海外乡亲捐赠，折合人民币超过 400 亿元，其中用于办学 142 亿元，约占总额的 35%。此外，三十年来，广东与外国建立 78 对友好省、州关系，其中不少是由华侨华人促成的。

（人民日报海外版 2009－09－19）

11 万枚新中国国庆六十周年纪念章受华侨华人青睐

记者 26 日从国务院侨务办公室获悉，该部门专门为新中国六十华诞定制的 11 万枚国庆纪念章，在海外华侨华人中备受欢迎。迄今已有 160 多个国家和地区的十多万海外华侨华人拥有该纪念品。该纪念章为金黄色，圆形，直径 2.8 厘米，材质为铜；图案主体为中华人民共和国的国徽，国徽周围环绕文字为“中华人民共和国成立六十周年”；下面有“一九四九—二〇〇九”字样；背面印有“国务院侨务办公室赠”。

国侨办秘行司司长熊昌良介绍说，新中国五十周年国庆时，国侨办曾定制类似纪念章，“此后在很多次出访中，均能看到海外侨胞参加重大活动时，都会把这枚纪念章佩戴上。”“此次再次定制此纪念章，是为了让海外侨胞与全国各族人民一起，共同分享中华民族发展带来的喜悦和荣耀。”熊昌良说：“相信国庆当天，很多侨胞都会佩戴上这枚纪念章。”

（中新网 2009－09－26）

海南制定《归侨侨眷权益保护若干规定》12 月实施

经海南省第四届人民代表大会常务委员会审议通过，海南省新制定的《归侨侨眷权益保护若干规定》将于 12 月 1 日开始实施。

根据海南省《归侨侨眷权益保护若干规定》，海南省归侨、侨眷的身份确认，应由本人申请并提供有效证件，经所在单位或者街道办事处、乡镇人民政府证明，由县级以上人民政府侨务工作机构审核办理；县级以上人民政府侨务工作机构，负责组织、协调、监督、检查本行政区域内保护归侨、侨眷合法权益的工作。

海南省新出台的《归侨侨眷权益保护若干规定》要求省人民代表大会和归侨、侨眷人数较多的市、县（区）、自治县人民代表大会，应当有适当名额的归侨、侨眷代表，以维护归侨、侨眷的政治权益。

新规定突出了对归侨、华侨私有房屋的保护政策，要求市、县、自治县人民政府责令侨房占有人或使用人在规定的期限内退还归侨、华侨本人或者其遗产继承人；已被拆除、改建的侨房应当给予补偿；省和市、县、自治县人民政府应当对落实侨房政策工作给予财政支持。

海南省《归侨侨眷权益保护若干规定》还要求各级人民政府及其有关部门将贫困归侨、侨眷纳入当地扶贫范围并优先给予生产经营扶持；凡符合最低生活保障条件的归侨、侨眷，民政部门将纳入最低生活保障范围，做到应保尽保。

海南省《归侨侨眷权益保护若干规定》实施后，县级以上人民政府将把集中安置归侨的农场建设纳入当地国民经济和社会发展总体规划、城乡规划和土地利用总体规划，统筹安排、统一实施。

海南省是中国仅次于广东、福建的第三大侨乡。据海南省外事侨务办公室的统计数字，目前海南省有归侨侨眷100万人，琼属华侨华人、港澳同胞340多万人，分布在50多个国家和地区。目前，海南省共审批设立侨资企业7 840家，约占全省外资企业的80%，是海南省对外开放和经济建设的一支重要力量。

（新华网 2009－10－08 记者/周正平）

新加坡华人参加阅兵引争论

来自中国的女教师张元元在新加坡成为永久居民，去年离开狮城回到中国，并成为中国国庆阅兵女民兵方队的一员。她说北京才是她的家，参加阅兵就是报效祖国。

访问的视频和新闻在新加坡引发了热烈讨论。有人认为，新加坡对外来移民敞开胸怀，却得到这样的结果，怎么能相信外来人才。也有网民表示，张元元是永久居民，还保留中国公民权，有权利回国，参与庆典表达爱国心。

张元元说："很多外国人在新加坡拿了永久居民权，也会回到自己的国家去。北京毕竟是我的家，这边有我的父母，有很多朋友，两边我都很喜欢。但毕竟家在这儿，爸爸妈妈在这边，要多花点儿时间陪父母。我很喜欢新加坡，我非常舍不得离开。"

张元元作为国庆检阅女民兵方队的唯一"海归"女生，成为媒体争先采访的对象。当媒体问及她为什么要投入这次艰苦的阅兵训练时，她答复说："因为报效祖国是我最大的心愿。"

（新闻晚报 2009－10－13）

中国华文教育基金会获赠成立后最大笔捐款一亿元

金光集团联合黄奕聪慈善基金会，19日上午向中国华文教育基金会捐赠一亿元人民币。这是中国华文教育基金会自2004年成立以来接受的最大一笔捐款。

捐赠仪式在钓鱼台国宾馆芳菲苑举行，全国政协副主席王刚，国务院侨办主任李海峰，副主任赵阳、许又声出席了捐赠仪式。

金光集团董事长兼总裁黄志源向中国华文教育基金会理事长林文肯递交了向该会捐赠一亿元人民币的支票样板。黄志源表示，华文教育攸关海外华人社会传承发展，意义重大，工程艰巨，金光人有责任为发展海外华文教育事业，帮助华裔青少年传承中华文化，促进中外多领域友好交流多做有益工作，并为此感到荣幸。

全国政协副主席王刚向黄志源和黄奕聪慈善基金会代表颁发了捐赠证书和荣誉牌匾。

国务院侨办主任李海峰表示，金光集团以弘扬中华文化为己任，捐巨资支持海外华文教育发展的举动令人感佩。她对金光集团在创造事业发展契机和巨大财富的同时，以高度的社会责任感，长期坚持扶危济困、回馈社会，倾力捐助教育、医疗等社会公益事业的善行义举表示高度赞赏。

李海峰指出，黄志源先生在中国华文教育基金会建设和发展的重要阶段施以援手，必将为该会各项工作的发展创造有利条件，并影响、带动更多有识之士关注华文教育事业。

金光集团由印度尼西亚华人黄奕聪于 1962 年创办，投资遍及亚洲、北美、欧洲、澳洲等地。黄奕聪曾说："如果我经营获得十元钱的利润，我只花五角钱用于必要开支，剩下九元五角钱我都用来再投资，以回馈社会。"

迄今，金光集团联合黄奕聪慈善基金会，在中国累计捐赠善款已达五亿元人民币。

（中新网 2009－10－19 记者/南若然）

国务院侨办为首批 58 所海外华文教育示范学校授牌

在第一届世界华文教育大会开幕式上，中国国务院侨办和中国海外交流协会举行了首批海外华文教育示范学校授牌仪式，共有 22 个国家的 58 所海外华校获此殊荣。

中国国务院侨办副主任赵阳表示，今后，国务院侨办和中国海外交流协会将在教材编写与提供、教师培训与培养和华裔学生活动等方面加大对示范学校的支持力度，并鼓励国内华文教育基地和示范学校建立合作帮扶关系，以提高示范学校的办学水平，扩大办学规模，增强办学影响，推动海外华文教育大发展。

赵阳说："今后，国务院侨办和中国海外交流协会将根据华文教育的发展情况，按照'成熟一批，评选一批'的原则继续进行示范学校的评选工作，希望今后有更多的华文学校加入到示范学校的行列中来。"

据了解，海外"华文教育示范学校"评选工作，由中国国务院侨办和中国海外交流协会组织，旨在通过示范学校的榜样作用，带动当地其他华校加快发展，促进所在国家和地区的华文教育发展，增进中外文化教育交流。首批示范学校的评选活动于去年年底启动，经过了学校申报、中国驻外使（领）馆审核和抽样考察等多个环节的严格遴选才最终确定。

（中新网 2009－10－20）

国务院侨办将在十个领域促进海外华文教育发展

第一届世界华文教育大会20日在成都开幕，中国国务院侨办副主任赵阳作主题报告时指出，海外华文教育工作近年来取得了很大进展，但长期以来困扰华文教育发展的很多问题依然没有得到很好的解决。

这些问题包括：在一些国家开展华文教育的外部环境仍有待改善；华校办学经费严重缺乏；师资队伍不稳定，专业教师不足且年龄偏大；适合当地国情、校情的“本土化”教材缺乏，课外读物、教辅读物数量不足等。

赵阳说，为使海外华文教育实现跨越式发展，下一步国务院侨办将会同有关部门着力在十个领域开展工作：

一、进一步加强与华侨华人住在国政府和主流教育部门的沟通与合作，取得他们的支持与理解，为广大华侨华人开展华文教育创造良好的政策环境和更大的发展空间。

二、加强与“国家海外华文教育工作联席会议”各成员单位和国家汉语国际推广领导小组办公室的沟通与协作，最大限度地调动各方面的积极性，为海外华文教育的发展争取更多的支持和帮助。

三、进一步加大对华文教育人力、物力的投入，尽最大努力满足海外华文教育界的多样化需求。与此同时，充分发挥中国华文教育基金会的作用，广募社会资金，为海外华文教育的发展提供资金保障。

四、在海外建立一批“华文教育示范学校”，并在经费、图书、师资等方面予以重点支持，以点带面，辐射周边，加快海外华文学校整体教学理念和管理模式的转变，进而提升当地华文教育的整体水平。

五、进一步规范海外华文教师培训工作，制订培训大纲和培训计划，把华文教师培训与能力测试、资质认证结合起来，建立培训、考核、认证“三位一体”的华文教师培训机制。

六、依托华文教育基地院校的专业力量和学科优势，有计划地对海外华文教师开展学历培训，为重点国家和地区的华校打造一支具有本、专科学历水平的骨干教师队伍。

七、进一步丰富、健全海外华文教育教材体系。通过四到五年的努力，基本建立起由幼儿至初中，包括汉语言及中华文化和教师培训的华文教育教材体系。

八、全面开展“中华文化知识竞赛”、“中国寻根之旅”夏（冬）令营等适合华裔青少年年龄特点和生理特点的活动，激发其学习民族语言文化的兴趣，增强其民族自信心。

九、充分发挥中国华文教育网站的作用，完善栏目设置，丰富网站内容，提高办站质量，将中国华文教育网打造成海外华文教师研讨教学、提高能力的“网上学校”，华裔学生学习语言、了解中华文化的“网上乐园”。

十、加强对华文教育现状的研究，促进华文教育的可持续发展。

赵阳说，支持和帮助华侨华人发展华文教育，促进华侨华人社会和谐发展，是国务院侨办义不容辞的责任。他承诺，国侨办愿在尊重不同国家、地区、民族的相关法律、政策和习惯的前提下，为海外华侨华人创办的一切合法的教育形式提供必要而适当的帮助。

（中新社成都 2009－10－20 记者/张冬冬）

海外侨胞参与“西部大开发”面临新机遇

据国侨办网站消息，日前国务院侨办副主任任启亮出席在重庆举行的“2009 知名侨商侨领重庆行”活动，并为重庆高新区作为“国务院侨务办公室引智引资重点联系单位”揭牌。他在讲话中指出，海外侨胞参与“西部大开发”面临新机遇。

任启亮说，重庆是著名的历史文化名城，是我国四个直辖市之一，是西部地区重要的特大型城市，区位条件优越，工业基础雄厚，科教基础扎实，市场潜力巨大。作为党中央、国务院确立的全国统筹城乡综合配套改革试验区，在促进区域协调发展和推进改革开放大局中具有重要的战略地位。今年国务院又出台了《关于推进重庆统筹城乡改革和发展的若干意见》，重庆正发生着巨大而喜人的变化。海外侨胞参与我国实施的“西部大开发”，面临着难得的历史机遇。

任启亮指出，此次国务院侨办支持举办“重庆行”活动，并将重庆高新区作为“引智引资重点联系单位”，是支持重庆内陆开放高地建设、促进海外侨胞抓住“西部大开发”带来的新机遇，是合作共赢的具体举措。

任启亮希望当地侨务部门以此为契机，帮助“重点联系单位”扩大对外交往，促进华侨华人专业人士到园区创业创新，在重庆对外开放发展中发挥更大作用；希望高新区不断完善环境，积极扶持华侨华人进园兴业。

在渝期间，任启亮还会见了中国侨商投资企业协会会长谢国民一行，考察了重庆北部高新区，就重庆市侨务工作和市委、市政府领导交换了意见。

（中新网 2009－10－28）

人保部：海归创业最高可获 50 万元资金支持

人力资源和社会保障部日前决定实施中国留学人员回国创业启动支持计划，最高可给予创业者 50 万元的资金支持。

申报留学人员回国创业启动支持计划需同时具备以下条件：企业法定代表人应为留学回国人员，一般应获得硕士以上学位；拥有自主知识产权或发明专利，技术创新性强，具有市场潜力；熟悉相关领域和国际规则，有经营管理能力，如有海外自主创业经验者可优先考虑；企业注册时间不超过三年；企业注册资金现金资产不低于 50 万元人民币，留学人员出资额占企业注册资本的 50% 以上；企业法人诚信守法，无违法犯罪记录。

（北京青年报 2009－10－30）

中国各级侨联五年提供提议案素材24 000余件

近五年来，中国各级侨联共向各级归侨侨眷人大代表和侨联界政协委员提供提议案素材24 000多件，所提案的办复率达到95%以上，在社会上产生了积极影响。这是中国各级侨联在2日召开的中国侨联参政议政工作会议上交出的一份参政议政的答卷。

中国始终高度重视侨联工作，并赋予侨联组织参政议政重要职能。几十年来，中国各级侨联积极响应发挥侨界人才荟萃、智力密集、联系广泛的优势，多渠道、多层次、多形式地集中侨界智慧为推动经济社会发展建言献策，积极参与涉侨政策法规的制定和执法监督检查，引导侨界群众有序参与社会管理和公共服务，认真推荐和热情服务归侨侨眷人大代表和侨联界政协委员，为全面推进中国经济、政治、文化、社会等各项建设发挥了积极作用，取得了显著成绩。

其中，中国侨联每年组织法顾委专家分赴各地，开展以关注侨商投资权益为主题的专题调研活动，至今已完成25篇调研报告。同时，各级侨联定期组织归侨侨眷人大代表和侨联界政协委员进行调研和培训，共商共议，提高履职能力和水平；搭建联谊交流平台，增强参政议政人才队伍的凝聚力和责任感。

11月2日，中国侨联首次以“参政议政”为主题召开的全国性会议在北京召开，旨在总结侨联组织参政议政工作的主要成绩和成功经验，深入研究侨联组织参政议政的途径和方法，推动中国侨联系统进一步提高参政议政水平。

（中新网2010-11-02 记者/南若然）

国侨办报告团赴美宣讲高层次人才回国创业政策

据美国《侨报》报道，国务院侨办“中国创业政策咨询报告团”日前赴美国访问，向美国华侨华人和留学生宣讲中国经济形势和科技发展，介绍华侨华人在中国的发展机遇和优惠政策，为有意回国创业者提供了指导。

报告团于10月31日在希望中文学校洛城校区向近200名专业人士作了在美首场报告，随后他们前往北卡、亚特兰大、波士顿、纽约再作了四场演讲。

率团来访的国侨办经济科技司副司长张健青说，多年来中国政府对华侨华人人才资源给予极大关注，为吸引海外高层次人才回国创新创业出台了许多鼓励政策。特别是2008年12月出台的“千人计划”明确提出，用5到10年时间，引进和重点支持一批海外高层次人才，并授予“国家特聘专家”称号。

张健青表示，国侨办根据国家对人才需求和华侨华人实现抱负的需要，实施了“海外人才为国服务计划”，采取一系列措施帮助华侨华人回国创业投资。

中国科技部国际合作司王启明参赞在演讲中说，中国科研经费去年已跃居世界第四，达600多亿美元，主要用于企业和实验开发。中国科技正在实现从跟踪模仿向自主创新的重大转型，把国内需求作为科研的出发点，这给海外人才以很大的施展才华的空间。

王启明指出，尽管近年回国留学人员已逾30万，但领军人才不多；回国人才研究型居多，在一线开发和创业的偏少；扎堆在东部城市居多，有勇气到中西部开拓的偏少。他建议，海外人才应抓住中国建立自主创新产业化基地的机遇，更注重把个人专利项目与产业基地结合起来，这样容易得到持久的扶持，也更容易出成果。

国家发改委宏观经济政策研究院科研部副主任史育龙介绍了在金融危机下的中国经济形势。他指出，金融危机改变了中国经济持续高速发展的曲线，但并没有改变中国发展的基本面和总体态势，中国经济复苏的基础已经建立。中国4万亿元人民币的刺激经济计划和实施十大产业调整的振兴计划，也为海外华侨华人回国投资创业提供了新的机遇。

（中新网 2009－11－02 记者/余东晖）

彰显自身特色　中国各级侨联“把脉”参政议政

11月2—3日，中国侨联首次以“参政议政”为主题召开全国性会议，四十余家各级侨联组织畅谈参政议政工作经验。中国侨联副主席董中原总结表示，此次会议可谓指导今后一段时期各级侨联参政议政工作的动员会，起到了鼓舞干劲、凝聚人心的作用。

中国侨界参政议政由来已久，六十年前，17位国外华侨民主人士代表见证了新中国的诞生。如今，中国侨联作为侨界群众利益的代表者，积极建言献策，发挥了参政议政的重要作用。

目前，侨界参政议政队伍不断壮大，统计数据显示，十一届全国人大有归侨代表35名，全国政协有侨联界委员30名。在全国县级以上人大代表中，归侨侨眷代表已达1 671名，各级政协则有侨联界委员7 720名。

为做好参政议政工作，各级侨联组织加强参政议政机构建设。一方面，将参政议政工作列入重要议事日程，并确定专职领导主管，定期汇报、跟踪落实；另一方面，包括福建、湖南、青岛等省市在内的侨联纷纷成立参政议政工作专门机构，整合了资源，聚集了力量。

（中新网 2009－11－04）

广东华侨博物馆开馆　侨务大省为侨胞树丰碑

11月13日上午，广东华侨博物馆开馆仪式在广州市二沙岛隆重举行。原广东省省长卢瑞华，全国人大外事委员会副主任委员、广东省科协主席、原广东省人大常委会主任卢钟鹤，国务院侨务办公室副主任任启亮，广东省委常委、宣传部部长林雄，广东省副省长雷于蓝，广东省政协副主席汤炳权出席开馆典礼。雷于蓝在开馆典礼上讲话。

广东华侨博物馆建设主要捐赠人曾智明、吴惠权、赵泰来、杨永曦、星岛日报社董事总经理詹瑞庆以及陆倩芳女士的代表、杨钊先生的代表出席典礼，并分别向广东华侨博物馆捐赠支票和藏品。

广东华侨博物馆（广东省华侨华人文化交流中心）位于广州市越秀区二沙岛，东临广东美术馆，南邻星海音乐厅，建筑面积14 369平方米，总投资9 000多万元。目前，该馆一楼临时展厅为赵泰来捐赠藏品展和馆藏文物展，二楼展厅为广东华侨历史陈列，展示“移民海外”、“艰苦创业”、“传承文化”三个专题，三楼展厅为庄世平生平事迹展，明年将展出“革命之母”、“情系桑梓”、“华侨事务”三个主题。

（广东侨网 2009－11－13）

学者建议成立“两岸共同事务委员会”

11月13日登场的“两岸一甲子”学术研讨会中，学者首度就两岸军事问题进行二轨对话。厦门大学台湾研究院院长刘国深参加政治组，发表“试论和平发展背景下的两岸共同治理”论文，以两岸共同治理为基础论述，建议双方成立“两岸共同事务委员会”，共同策划、组织、协调、控制和监督两岸共同事务的合作问题。

刘国深提出他的“国家球体理论”，诠释两岸政治关系的现状定位，试图对两岸政治分歧“解套”。

他指出：“中国是现代国际星系中的一个重要球体，世界上绝大多数球体只有一个政权代表这个国家，而中国这一国家球体的球面，是由中华人民共和国和‘中华民国’两个竞争中的政权构成，它们分别在背靠背的空间和场合代表中国，双方形成一体两面的关系。”

他说，无论台湾是否愿意心平气和地接受，在目前国际政治现实中，大陆在绝大多数场合代表着中国。同样，无论中国大陆承认与否，“中华民国”这一政权符号，在一些特定场合，事实上依然行使着代表中国的政治功能。

刘国深认为，两岸关系和平发展的愿景得到双方高层的认同，专业研究人员开始有条件寻找两岸共同治理的共识基础、路径与模式。两岸共同事务的概念内涵非常丰富，除了各自境内的事务外，与两岸相关的所有事务，都可称为“两岸共同事务”。他建议，两岸可考虑成立“两岸共同事务委员会”，共同策划、组织、协调、控制和监督两岸共同事务的合作问题。

（厦门大学台湾研究院网 2009－11－13）

中国华文教育基金会三月内获捐资金超两亿元

五家在中国内地投资的侨资企业于9月16日向中国华文教育基金会捐赠9 000万元人民币。至此，在三个月内，中国华文教育基金会获捐资金超过2亿元人民币。

16日晚间在北京钓鱼台国宾馆举行的捐赠仪式上，融侨集团股份有限公司向中国华文教育基金会捐赠5 000万元人民币，弘阳集团有限公司、中国振乾坤投资集团、中慧熙元房地产集团、深圳坤祥投资有限公司各捐赠1 000万元人民币。

今年9月以来，中国华文教育基金会连获多笔大额捐赠：9月7日，香港雅居乐地产控股有限公司向中国华文教育基金会捐赠2 000万元人民币；10月19日，金光集团联合黄奕聪慈善基金会向中国华文教育基金会捐赠1亿元人民币，为该基金会成立以来接受的最大一笔捐款。

综上，三个月内中国华文教育基金会获捐资金总额超过2亿元人民币，而据媒体报道，该基金会2008年共募集到账资金为3 240万元人民币。

在16日的捐赠仪式上，中国国务院侨务办公室主任李海峰向五位捐赠者颁发了捐赠证书。国务院侨办副主任赵阳代表国侨办和中国华文教育基金会致辞，称赞“捐赠者把关注的目光投向海外华文教育事业，以弘扬中华文化为己任，倾巨资支持发展华文教育的义举”。

赵阳说：“在全球性金融危机持续蔓延、国内外企业遭遇严重困难，效益普遍下滑的时刻，这些企业和企业家的善举更是弥足珍贵。”

中国华文教育基金会是在中共中央总书记胡锦涛的倡导下，于2004年9月组建成立的。五年来，基金会着力推动华文师资培养、华裔青少年中华文化传承、华文教师暖心、传统节庆文化拓展、华文教育现状调研等“六大工程”的实施。此次获捐善款将用于提高海外华文教师的教学水平、举办各种华裔青少年喜闻乐见的活动、提供华文教材等方面。

（中新社北京2009－11－16记者/张冬冬）

国侨办信访团温哥华会侨胞：中国仍坚持单一国籍

中国国侨办国内司副司长王萍率“侨务信访咨询调研团”一行六人，11月15日在温哥华携本地侨团举行座谈会，收集华侨的意见。温哥华老年华人协会会长刘行辉会上表示，希望中国能效法西方诸国，承认双重国籍，与国际接轨。还有多位华侨问及如何恢复中国国籍、回国投资、创业或养老等问题。

王萍表示，中国目前的国策仍坚持单一国籍，没有打算改变。

众华侨踊跃提问，除了国籍问题外，热门问题还包括咨询回国定居、创业，亦有不少人“大吐苦水”，投诉在国内的物业等产权受到侵害等难题。

王萍一一听取，并解释了相关的侨务政策。她又强调信访工作是联系国内及海外华人的重要桥梁，呼吁侨胞积极反映困难委屈，或新情况和新需要，他们在收集众人对侨务工作的意见和建议后，汇总资料带回去研究，并与有关部门协调解决，作为国家以后出台侨务政策的参考。

她还提到，侨胞出国多年，可能对现行的国内政策还不了解，亦希望借此机会为大家解疑释惑，宣传侨办的侨务政策。

（中新网2009－11－17）

浙江新侨工作居全国前列　新侨占76.3%

中国侨联副主席李祖沛在“浙江省第八次归侨侨眷代表大会”上表示，浙江省侨联的新侨工作在中国独树一帜，走在全国的前列。据悉，浙江现有归侨侨眷100多万人，其中改革开放以后移居海外的新侨占76.3%。

李祖沛称，浙江是中国最重要的沿海经济大省之一，有着悠久的历史、灿烂的文化、强大的实力。“浙江省委、省政府一贯高度重视侨联工作，注重发挥侨联组织的作用，积极帮助侨联解决工作中遇到的实际困难和问题。特别是采取有力措施加强侨联领导班子建设，为侨联组织开展工作创造了有利的条件和良好的环境。浙江侨联找准位置、主动融入、突出重点、发挥优势，在为侨服务、维护侨益、参政议政、海外联谊、引资引智、文化交流、公益事业、抗震救灾以及自身建设等方面做了大量卓有成效的工作，为浙江经济社会又好又快发展作出了积极的贡献。”

浙江省侨联副主席吴晶表示，浙江侨联的发展正面临难得的历史机遇。“浙江现有归侨侨眷100多万人，海外侨胞和港澳同胞1 445 000人，遍及158个国家和地区，其中改革开放以后移居海外的新侨占76.3%。他们文化层次高，经济实力强，参政意识强，报效桑梓愿望强。随着海外新华侨华人、华裔新生代、留学人员的不断增加，他们的愿望和诉求更趋向多样化。这就要求侨联组织在做好老侨和新侨工作上把握关键点，最大限度地把广大海外侨胞团结起来。”

作为一名浙江“新侨”，刚当选浙江省侨界十杰代表的林东告诉记者，他对祖国充满了感恩之情。“我能够获得成功，离不开祖国的支持。随着年轻的海归越来越多，侨联对我们这些新侨们一直是寄予期望的。”

（中新网2009-11-24 记者/汪恩民）

建设华教示范学校系推动海外华教新举措

李海峰主任介绍说，海外华文学校虽然数量众多，分布地域广泛，但是普遍存在发展水平不高、教学质量参差不齐等问题，直接制约着海外华文教育发展上水平、上层次的进程。

为了扭转这种局面，国务院侨办决定启动海外华文教育示范学校建设工程，在华侨华人聚居国家遴选一批办学场所相对固定、办学水平较高、在当地较有影响并具有一定示范作用的华文学校予以重点支持。希望通过发挥这些学校的示范带动作用，促进当地其他华校的发展进步，促进海外华文教育大发展。

首批示范学校的评选工作从2008年底启动，经过海外华校申报、中国驻外使领馆审核和抽样考察等多个环节，最终在众多候选学校中确定了22个国家的58所华校，在前不久召开的世界华文教育大会上举行了授牌仪式。

从2010年起，国务院侨办将在教材编写、提供教师培训与培养和华裔学生活动等方面加大对示范学校的支持力度。同时还将做好牵线搭桥工作，帮助国内华文教育基地院校和示范学校建立合作帮扶关系，切实提高示范学校的办学水平。

建设海外华文教育示范学校是国务院侨办为推动新时期海外华文教育发展而采取的一项新举措，尚无经验可循。因此，想等首批示范学校建设取得一定成绩，积累一些经验后再行启动第二批评选活动。基本原则是“成熟一批，评选一批，建设一批，成功一批”。

李海峰主任最后说，第二批示范学校评选工作启动时，相关信息会通过新闻媒体及时发布。希望广大华校抓住机遇，加快发展，不断提高办学水平，争取早日加入到华文教育示范学校的行列中来。

（人民日报海外版 2009－12－01）

海外华文媒体高级研修班在暨南大学开班

第五期海外华文媒体高级研修班1日在广州暨南大学开班。本期研修班会聚了来自美国、法国、澳大利亚、加拿大、意大利、新西兰、日本、爱尔兰等十八个国家的二十三家华文媒体的社长、编辑和记者。

本期研修班由中国国务院侨务办公室文宣司和暨南大学联合主办，暨南大学新闻与传播学院、暨南大学海外华文文学与华语传媒研究中心承办。国务院侨务办公室副主任马儒沛，以及广东省侨务办公室、暨南大学领导出席了开班仪式。研修班为期九天，旨在为海外华文媒体提供一个高层次的交流平台，增进他们对中国国情的了解与认识，提升新闻从业水平与能力。

据介绍，此次研修班的二十三名学员均来自所在国家的各大主流华文媒体，美国《星岛日报》海外业务董事总经理詹瑞庆、美国芝加哥网总裁胡大江、新西兰《太阳报》社长宫垏、澳大利亚《澳洲日报》社长黄丰裕、法国《欧洲时报》编辑武佩荣、马来西亚《东方日报》副总编辑陈利良、爱尔兰《新岛报》社长孙敬等均在其列。

（中新社广州 2009－12－01 记者/ 郭军）

国侨办咨询专家对侨务事业发展贡献大

据国侨办网站消息，国务院侨办第二届专家咨询委员会会议近日在北京举行。国侨办副主任许又声与会认真听取了九位咨询委员对构建和谐侨社和树立海外侨胞文明形象的意见建议，并对第二届咨询委员会的工作进行了总结，高度评价了本届咨询委员对推动侨务事业发展作出的独特贡献。

许又声表示，从2004年第一届国务院侨办专家咨询委员会成立以来，取得了很大成果，各位咨询委员对侨务工作、侨务事业的发展倾注了大量的热情和心血，为我们更好地把握侨情动态、推动侨务工作的科学发展提了很多很好的意见和建议，发挥了很好的作用。

总结六年来国务院侨办专家咨询委员会的成绩，通过国务院侨办专家咨询委员会这个平台，建立起了一支推动侨务事业发展的专家队伍，将专家的热情凝聚起来了。在此之前，各位学者也在研究华侨华人的相关问题，但大家分属不同的系统、不同的部门，国内没有一个部门将大家的意见整合起来，相互之间的联系没有现在密切。大家与海外联系多，但了解的信息没有相应的渠道反映。现在不仅学者间联系非常密切，而且到国务院侨办就像回家一样，与国务院侨办关系紧密，信息反映渠道非常畅通。同时，近年来申报国侨办课题的学者人数成倍增加，通过侨务理论研讨会、课题研究，社会各界相关研究人员也与国侨办建立了密切的联系，在侨务理论研讨会上，各方面专家济济一堂，这是最可喜的。

（中新网 2009－12－03）

侨胞是中国慈善事业热心奉献者和促进者

据国侨办网站消息，12 月 2 日晚，“2009 南方·华人慈善盛典”颁奖晚会在广州中山纪念堂隆重举行。广东省省长黄华华、国务院侨务办公室副主任马儒沛、中央驻港联络办公室副主任黄兰发、广东省副省长万庆良等出席晚会并为获奖人物颁奖。

马儒沛在晚会上致辞。他代表国务院侨办对盛典的隆重举办表示热烈祝贺，对获奖的海外侨胞、港澳同胞个人和社团致以崇高的敬意，并向长期以来支持祖国和家乡建设的慈善人士和慈善机构表示衷心的感谢。他指出，海外侨胞、港澳同胞心系桑梓，长期倾力支持祖国和家乡经济建设及各项公益事业的发展。改革开放以来，华侨华人、港澳同胞通过各种渠道捐赠国内公益事业的善款高达700多亿元人民币。他们不仅是中国改革开放的积极参与者和见证者，也是我国慈善事业的热心奉献者和促进者。他表示各级侨务部门将一如既往地秉持“为侨服务”的宗旨，依法依规开展工作，积极为侨胞造福桑梓、奉献爱心提供周到的服务，并努力维护侨胞捐赠的合法权益，使捐赠人的善愿得到最大限度的实现。他相信“华人慈善盛典”这一平台必将有力推动慈善精神的弘扬，激励社会各界积极为公益事业增强责任、施以援手，推进和谐社会的健康发展。

“2009 南方·华人慈善盛典”由广东省侨办和广东省南方电视台联合举办，今年为第二届，主题是“善泽南粤，侨爱中华”，并特别突出彰显慈善精神的传承。今年设立了“慈善人物奖”10 名、“慈善纪念奖”1 名、“慈善集体奖”1 名、“慈善明星奖”1 名。马万祺、陈汉士、吴惠权、郭严芳、陈经纶、王锦辉、何侨生、刘思仁、杨郭恩慈、何文杰 10 人获“慈善人物奖”，林百欣获“慈善纪念奖”，香港台山商会获“慈善集体奖”，杨澜获“慈善明星奖”。当晚，来自海外及港澳地区的 50 余名善长仁翁以及来自世界各地的 100 多名侨胞出席了晚会。

（中新网 2009－12－10）

中国内地侨捐中小学校项目超过27 000个

9月10日，一组来自中国国务院侨办的数字阐述了海外侨胞为支援中国教育事业所作出的贡献。据不完全统计，自改革开放以来，华侨华人、港澳同胞在国内共捐建中小学校项目27 642个。目前仍正常使用的项目25 229个，占捐赠总项目的九成以上。

国务院侨办国内司司长杜志滨表示，尽管由于教育布局优化调整等原因，共有2 413个项目改变了用途，但在被改变用途的侨捐项目中，近半数仍用于当地敬老院、幼儿园、文化活动中心等公益事业，较好地维护了华侨华人、港澳同胞的捐赠权益。

此前一项统计也印证了上述说法：据国务院侨办会同四川、甘肃、陕西、重庆侨办在震后的逐一排查，汶川八级地震中，海外侨胞、港澳同胞以往在灾区捐资建设的313所学校都经受住了地震的严峻考验。

杜志滨介绍，在各级侨务部门的实践过程中，华侨捐赠工作形成了“协调、监督、激励、反馈”四个工作机制。通过对项目的监管，一方面真正保护华侨的捐赠合法权益；另一方面也在海外产生了非常好的影响，赢得了海外侨胞和港澳同胞的赞誉。

他说：“整体来看，全国侨捐中小学校的总体使用情况良好，绝大多数捐赠项目均能按照捐赠人的意愿进行建设和使用，充分显示了侨捐学校在扶贫助教方面的突出作用。同时，也表明各级侨务部门对侨捐学校监管有力、措施到位。”

另据不完全统计，改革开放三十年来，海外侨胞、港澳同胞捐赠中国内地公益事业总额已达700多亿元人民币。2008年度，中国侨办系统接收或协助受理华侨华人、港澳同胞的捐赠款物合计35.33亿元人民币。

（中新社北京2009-12-10 记者/张冬冬））

海外引才须防水土不服　避免人才“高消费”

借着2008年金融危机之机到国外招买的各路人才，在半年到一年之间，却纷纷在本土企业遭遇水土不服的情况。著名人力资源专家、中欧国际工商学院教授杨国安在昨天的中欧人才论坛上谈起这一现象时表示，企业海外揽才不能光看专业能力，更要重视人才和企业核心员工能力的匹配度。

去年金融危机爆发，国外知名企业大幅裁员，不少中国金融机构和企业奔赴华尔街、硅谷招兵买马，在经济寒流中为企业储备未来人才。但是，在这之后一年甚至不到半年，一些海外引进人才就遭遇了水土不服。“人们常常以为一个人才，在这个公司表现出色，那么换一家公司也应该同样出色，但结果往往出乎意料。”杨国安认为，许多引进人才的专业能力毋庸置疑，他们不能在新环境中贡献所长的原因，是另一种能力——核心员工能力不匹配。

杨国安举例说，宏碁公司曾经在20世纪90年代从IBM引进200多位中高级主管，但是两年之后，其中95%的人都“阵亡”了。“阵亡”的原因并不是他们专业能力不强，而是不适应宏碁的企业文化，“IBM 赚钱靠花钱，在研发和营销上都是大手笔；而宏碁赚钱靠省钱，两种管理方式无法磨合”。

“不要搞人才高消费，与引进相对，本土培养仍不可忽视。”杨国安认为，经济形势好转的迹象已经明显，企业对人才的需求量相应增大，企业在招聘时一定要兼顾专业能力和核心员工能力，选择与企业匹配的合适人才。“企业80%的人才还需要自己培养，与‘输血’相比，‘造血’应该是最重要的。”

（文汇报 2009-12-11）

法律政策有待完善　“老年海归”回国养老遇困局

归国养老，表面上看起来，不论是功成名就、衣锦还乡还是奔波半生、落叶归根，似乎都是皆大欢喜。实际上，记者在调查中发现，想回国养老的“老海归”面临着诸多困难：国内医疗价格高，条件欠佳，钱包遭罪；牵挂儿女，兼顾国外福利，不得不两头跑，身体遭罪；文化不适应，情感失落，心里遭罪。

回国养老面对的难题还不止医疗问题，如果是国外绿卡，为了保持身份和福利，不得不两头跑。如果是外国籍，还要面临再度更改国籍的选择，即使还原成中国国籍，由于此前没有缴费，也很难享有社会养老保险，同时，国外的福利也要一并放弃。对老年人来说，无论是心理上还是经济上都是一个不小的考验。

上海国泰律师事务所的封从德律师多年来遇到过多起海外华侨华人欲回国养老，在房产、保险等方面产生的法律纠纷案件。“有些人的房产是解放前置办的，或者只有使用权，如今实际被亲戚使用，要追讨、理清产权关系，需要长时间调查取证，海外老人耗不起精力和时间。有些人出国前和原工作单位拗断关系，社会、养老、医疗保险中断，如今接续不上，原单位可能已经破产或被兼并，解决难度很大。这些都是归国养老面临的实际问题。”

（上海侨报 2009-12-16）

“问需于侨”　中国侨务强化机构联动

回顾即将过去的2009年，中国侨务部门解侨之所困、谋侨之所需、帮侨之所急，注重发挥机构联动效能，“问需于侨”。

12月4日，中央“五侨”领导以联席会议的形式，研讨此前开展维护侨商投资权益联合调研的情况。全国政协副主席、致公党中央主席万钢感叹：“世界上没有一个国家像中国这么重视侨务，中央‘五侨’以各具特色的工作形成了中国独特的综合优势。”

今年1月，国务院侨办与教育部共同出台规定，明确“定居海外的中国公民的子女，如果想要回国接受义务教育，今后将依法免缴学费和杂费，与大陆居民的子女一样，享受接受义务教育的权利”。此政策的出台，是国侨办顺应海外侨胞需求，与中国教育主管部门沟通协商的结果。

另一则关于华侨在国内参保的规定则在9月份由人力资源和社会保障部下发，明确将符合条件的华侨纳入社会保险覆盖范围，切实维护其合法权益。此前，因华侨没有居民身份证，无法办理参保登记手续，使得华侨参保成为“一纸空文”。

11月初，国侨办组派的报告团奔赴大洋彼岸，向旅美华侨华人和中国学子介绍中国宏观经济、科技形势，并解答回国创业及服务等相关问题。该报告团由来自中国科技部、国家发展和改革委员会以及国务院侨办的官员组成。

11月末至12月初，国务院侨办连续在广州、杭州、厦门举办三期“华侨华人社团中青年负责人研习班”。这是该研习班第一次由重点侨乡侨办承办。国侨办官员说，放在地方办的目的是为了实现侨务资源共享，利用当地师资、考察等方面的资源，充分发挥地方与侨胞亲情相依等方面的优势。

（中新社2009－12－18）

海归返途“绊脚石”多　专家呼吁加速完善人才接轨制度

据香港《文汇报》报道，中国与全球化研究中心主任、欧美同学会副会长王辉耀日前向记者分析指出，中国人才接轨制度与配套因素的一些不完善，包括招聘透明度、行政户籍与子女安排等因素均可能成为“准海归”归国的绊脚石。

他以美国为例，在全世界最优秀的大学前40强中，美国占据其中的3/4，且招生不局限于国内。超过1/3的美国科学与工程博士学位是外国留学生。同时，美国的移民部门欢迎人才入籍，且其公民取得他国国籍时，不会丧失美国国籍。因此，大部分在美国获得博士学位的外国科学家和工程师会选择留下。

王辉耀呼吁，为应对日趋激烈的全球人才战，中国可从三个不同角度设立专门机构，对人才政策制度进行加强与补充。一是负责国家移民留学事务的部门；二是海外高端人才联络站与数据库；三是国家级“猎头”机构。

他表示，归国手续繁杂，涉及外事、科技、公安、教育、人事、海关、税务等多个部门，是“海归”的普遍共识之一，因此有必要设立办事机构，专事移民、留学、认证人才等工作，对引进人才与留学归国人才的事务进行全面统筹。王辉耀认为，中国有必要建立一个集信息保存、沟通联络、信息发布为一体，并与因特网相结合的海外人才数据库。

（中新网2009－12－23）

（本版责任编辑　徐云）

热点时评

本版内容是对本年度涉侨问题的分析评论进行摘选，以引起广泛关注的热点问题为主；按媒体报道时间先后顺序排列。

取消户口与融入主流

近日，北美许多中文网站传出持外国护照及中国签证回乡探亲的华人在出境时遭中国边防拒绝出境，原因是他们在家乡的户口仍未注销。

从奥运会后，中国政府加大力度清理海外华人在中国的户籍，即凡是加入外国国籍却没有把户口注销的，一律不准出境。这就导致了上述“劫持”事件的发生。很多华人持合法的中国签证入境探亲或商务活动，当他们结束探亲访友准备离境时，却被突然告知他们在中国的户口还没有注销，必须注销后才能出境。北京、上海及其他的城市已陆续发生了多起这类事件，使这些人被搞得措手不及。户口在北京、上海的还好办，但那些户口在其他城市的华人，必须再回到户籍所在地才能注销户口。

也正是这样，许多人在网上又重新炒作“双重国籍”的问题，更痛骂中国政府不近人情。有网友说：“当祖国有难时我们站出来出钱出力，可祖国却要对我们这些爱国的海外华人‘斩草除根’，的确让人心寒。”还有一位网友发问：“政府为什么花那么多精力和资源来核查海外华人是否消户而不是用来对付外逃的贪官？”还有一些网友表示，很多人出国时在国内还有房子、银行、股票账户，这些都是用身份证办理的，突然强制消户确实让人措手不及，并且在感情上难以接受。

更有人指出当中国发生天灾人祸时，大使馆就动员华侨华人捐款捐物，当西藏发生暴动时，海外华人上街示威，支持国家统一，谴责达赖集团搞分裂，又自发上街护圣火，到头来却遭祖国如此待遇，因此心中不平衡。

笔者认为，华人在国外必须落地生根，彻底融入主流社会，不应三心二意，将所选择的国家当成摇钱树，无利可图后拍拍屁股回国，这就是现在有那么多人回流的原因。这些人抱着侥幸的心理，想两边收取好处，如一些退休老人，拿了居住国的退休金，同时也拿中国的退休金。

当然，祖（籍）国毕竟是娘家，有感情是正常的，除非此人是冷血动物。捐钱捐物建设祖国没什么错，娘家受欺侮挺身捍卫也是正当行为，但如仍想利用自己已放弃国籍的国家来谋利则是不对的。笔者当然明白，许多人在国内仍然有房产或投资，入了外国籍后，这些如何处理，政府是有相关规定的，但有些人就是嫌麻烦，想走快捷方式才会对中国政府的做法多有抱怨。

许多人不明白中国政府为何不承认双重国籍，笔者每次都要费尽口舌解释，他们仍然不理解我们这些生长在东南亚的华人的处境及地位，更无法接受“融合”的理念，因此在东南亚，很少掀起对中国是否应承认双重国籍的讨论，而在北美，每发生一件小事，这个话题就会被拿出来炒作，毫不嫌烦。

但回过头来说，中国政府的做法仍有值得商榷之处，既然有那么多人有这种个案，是否可采取较柔和的手段，譬如以书面通知限期办理，否则不再允许更换国内身份证等，而非在边防限制出境，让人措手不及，计划被全盘打乱而心存怨恨。

（博客：yoming/多伦多/2009－02－05）

该如何看待美国内阁里的华人面孔

曾凭借“首位当选州长的华裔美国人”而扬名政界的骆家辉，这一次又被奥巴马正式提名担任新一任商务部部长。至此，包括能源部部长朱棣文，白宫内阁秘书卢沛宁，白宫公共联络主任陈远美，国家安全部法律总顾问提名人方富宇在内，奥巴马任命或提名的华裔官员已达五人。就此，奥巴马内阁已然成为美国历史上最多华裔成员的一届政府。

从某种意义上说，美国无疑可以作为西方社会的一个代表。而今，出现在美国内阁中的一张张拥有黑头发、黑眼睛的华人面孔，究竟传递给我们一种怎样的讯息？对此，作为华人的我们又该如何理解？

回溯历史，19世纪从中国远渡重洋踏上美洲大陆的华人，他们或许曾经充当过修铁路的劳工，又或者做过淘金的工人。他们怀揣着自己的“淘金梦”，承受着种种的不堪，经历过一段有血有泪的辛酸历史。在解决生计的同时，他们也把所有的努力和拼搏留在了这片土地上。毋庸置疑，华裔的奋斗历程、华裔所取的成绩都是对驻在国的一种贡献。现在提到朱棣文，提到骆家辉，他们的境遇恰恰说明华裔一直以来的贡献终于得到了承认和肯定。华裔人士也不再仅仅被看作是“外来者”和“闯入者”，华裔人士也逐步在西方主流社会获得话语权和主动权。这其中饱含了多少华人为之所付出的努力和奉献？又会令多少华人为之感慨和动容？

总之，这些华裔人士的卓著表现无疑是对整个华裔族群的一种证明，不仅令我们所有华裔扬眉吐气，更提升了华裔的地位。最为重要的是，他们的经历势必会影响到一大批华裔年轻人。毫不夸张地说，这些从小在西方环境生活，接受西式教育的年轻人决定着华裔的未来和发展。而骆家辉、朱棣文这些华裔偶像人物的经历，无疑会为满脑子西方思想的华裔年轻人带来积极的影响。也许今后华裔人士入阁将不再是一件新鲜事。

这些同我们有着一样血脉关系的华裔所取得的成就，足以让我们为之欣喜和雀跃。但是若单纯凭借这些，我们就开始对中美关系浮想联翩的话，也未免有些盲目乐观和为时过早了。

据报道，前任美国劳工部部长赵小兰曾经说过：“我首先是一个美国人，并教导大家如何克服亚裔的羞涩，走入美国政坛。”其实骆家辉也好，朱棣文也罢，他们同样身为出生在美国的第二代移民，他们对于中国的概念也许不过是一种思乡的情结。所以作为这些华裔政界人士，“当美国人、做美国事、为美国谋取利益”才是他们职权内的本分。至于他们会不会在自己职责范围内作出一些倾向于中国的举措，那也不过是一种情分罢了。谁都明白，本分是必须要承当的，至于情分嘛，尽到尽不到也不过如此。

华裔人士入主美国内阁，对于华人是一种证明和肯定。于情，足以让每一位华人为之骄傲。然而于理呢？华人究竟能从中获取什么？这个问题恐怕也值得我们思考和探索。

（［意大利］欧联时报2009－02－28 评论员/博源）

刻意迎合不如顺其自然

近日，欧盟政策部部长安德烈·隆奇在应意大利普拉托政府的邀请，对该地区进行考察后明确表示：普拉托的经济繁荣离不开华人的付出与贡献，同时他也呼吁华人要注重守法经营，积极融入当地主流社会。

融入当地主流社会，应该算是海外华人社会一个老生常谈的话题。而今随着海外华人数量的日益增多，融入的范围也逐渐扩大了。融入不仅涵盖了经济融入，还包括政治融入和文化融入等诸多不同的内容。

一直以来各种关于“融入”方式的讨论都离不开一个主导思想，那就是希望华人要采取积极主动的方式，让当地居民首先要了解自己，进而转化为对自己的认同和接受。对此，我们也持赞同的意见，毕竟事在人为。

常言道“人在屋檐下，不得不低头”，这其中虽然包含了些许无奈，但也不失为一种处事方式。对于生活在异国土地上的华人也避免不了类似遭遇。渴望被接受和肯定，的确需要我们自身采取主动，例如，尊重当地的生活习惯和文化理念，改变自身与当地社会相矛盾的一些习惯等。“融入”的字面意思是一种物质进入另一种物质，彼此混合，以至于不分彼此。试想让拥有着不同文化背景、不同思维方式、不同语言等诸多差异的不同人群之间达到不分你我，该要经历怎样艰难的一个过程？但是积极主动不等同于刻意强求，渴望被当地社会接受和肯定的迫切，终究不能用刻意的迎合来换取。华人融入当地社会除了依靠自身努力之外，也注定是一个顺其自然的过程。

今日之中国已经不同于往日，国力的迅速提升，国际地位的凸显都成为海外华人得以挺起腰杆、扬眉吐气的理由。但是那些曾经令华人屈辱的历史痕迹也绝非可以轻易抹去的，世人对中国、对华人的偏见和误解仍旧存在。即便是在意大利这个欧洲的发达国家里，当地人对中国的理解仍旧停留在“中餐”和“中国制造”层面的也绝非少数。对此，消除偏见和误解可谓是华人获取认同的有效途径。

消除世人对自身的偏见和误解自然不能依靠喋喋不休的辩解，倘若放下身段，一味刻意迎合，难免被看作是一种有所企图的谄媚。此举非但不利于华人的融入，没准还会适得其反。事实胜于一切雄辩，所以华人只要积极努力把自身最好的一面展示出来，自会有人评说。融入当地就是要从心里让自己站在当地人的立场，透过当地人的视角来分析和看待任何问题。而今生活在意大利的绝大部分华人依靠积极努力和吃苦耐劳获取了当地人的尊重和认可，而随着华人对当地社会作出越来越多的贡献，相信这种认同感会逐步增加。

华人积极融入当地主流社会，凭借的是自身的奋斗和努力，而绝非投其所好地刻意迎合。同时，我们所主张的顺其自然也不是听天由命，是一种面对现实的释然心态。总之，积极融入当地主流社会要求华人凭借自身的努力获取尊重和认同。

（欧联时报 2009－03－25 记者/博源）

繁简汉字争论不休　华教人士忧影响海外华教发展

正当中国政府投入巨资在海外大力兴办孔子学院推广汉语教育，在海外侨胞子女中实施“留根工程”推广华文教育的时刻，国内围绕着“汉字该繁还是简”问题的讨论，不仅再次成为舆论的热点，也对海外的华文教育产生了不同程度的影响。据了解，一些华文学校的老师就为自己今后是教繁体字还是教简化字而犹豫，担心未来国内如果调整汉字相关政策，会让学生指责自己“误人子弟”；一些华童家长也不知是让自己的孩子学繁体字还是学简体字好，同样对孩子将来识字和辨字的水平有所担心。

作为在海外的华文教育工作者，笔者认为当前国内这场关于“汉字该繁还是简”的讨论，用流行的语言讲，是一场“雷人”的讨论，或者说是一场“伪科学”命题的讨论。稍微熟悉中国文化历史的人都知道，中国的汉字本身就在不断地简化中发展。在先秦时代，汉字由篆转隶，经历了一个解散篆体、偏旁分化、偏旁混同、结构简省等的简化过程。近代中国的汉字简化，也并不始于新中国成立以后。早在 1909 年，也就是清朝宣统元年，推介简体字的《教育杂志》就创刊了。中国著名的教育家、出版家、中华书局的创办人陆费逵曾在上面发表“普通教育应该采用俗体字”的文章，因为当时把简化字称为“俗体字”。1920 年 2 月，中国著名的语文改革活动家、文字音韵学家钱玄同在《新青年》上发表“减省汉字笔画的提议”一文，两年后更提出八种汉字简化策略。现在，许多人都说台湾省仍在使用繁体字，似乎是迁到台湾省的政府当局是繁体字的维系者。其实，早在 1935 年 8 月 21 日，中华民国政府教育部就颁布了“第一批简体字表”。目前，在这场“汉字该繁还是简”的讨论中，有人将简化汉字列为新中国成立后的文化之“罪”，这或者是一种对历史的无知，或者是别有企图。

主张汉字该繁者认为一些汉字简化后损失了其表意的形象性，汉字的部件、笔画也变得简单，书写上难免单调，腾挪变化减少，削弱了其艺术性。简言之，汉字笔画由繁到简就没有书法艺术可言了。但是，看看日本的历史就可以知道，同样是在使用汉字，同样是在简化汉字，把汉字的草书简化成平假名，把汉字的偏旁部首简化成片假名，但这并没有妨碍书法在日本的发展，反而助其由书法发展成“书道”。此外，日语文字可以用汉字、平假名、片假名、罗马字四种书写方法、七种组合方法来表达，也没有影响其书法的发展。美国总统布什夫妇访问日本时，劳拉夫人在京都金阁寺是用他们看来的日本书法写下汉字“永”的。因此，如果说中国书法出现了什么问题，罪过不应该是简体字。

更应该认识到，汉字不仅仅供艺术欣赏和学术研究，更大意义上，它是信息传播工具。在信息化时代，汉字要更广泛地交流和使用，必须解决汉字录入电脑、手机等各种问题，即进一步实现汉字的规范化、标准化。可以这样讲，如果没有 20 世纪 50 年代对汉字的规范，就没有 20 世纪 70 年代 GB2312 字符集的顺利产生，也没有 GB13000 也就是 CJK 标准字符集，汉字就无法顺利进入计算机。

最为关键的是，习惯成自然，尽管当前通用简化字存在一些不尽如人意的地方，但是，它已经成为被广泛认可的工具，成为中国文化的一个“标本”。它不仅培育出了几代中国人，也在世界上培育出了几代中文爱好者。如果我们愿意把汉字作为中国文化传承和现代文化记载的工具，就应该在一定阶段内“不折腾”，应当保持相对的稳定。

当日本在考虑如何运用动漫等充满时尚元素的“软实力”文化影响世界的时候，中国却在讨论汉字该繁还是简，即是不是应该“复古”的问题，这实在是不应该的。这样的讨论，还是及早收场为好，至少，不希望这样的讨论影响海外的华文教育。

（［日本］日本新华侨报2009－04－10 作者/杨林，系东京同源中文学校校长）

印尼华人不应再说“他们印尼人”

在华人族群的日常生活中，经常会听到这样的对话：“他们印尼人……”“我们中国人的习惯，怎样……怎样……”或“不要和他们来往太密切，会吃亏的”等一些含有种族主义的言论。

这些印尼华人犯了很大的错误，他们不醒悟，其实自己也是印尼人（WNI），和其他的族群如爪哇、武吉斯、米兰加保、巽达、马达、巴布亚、亚齐等一样，同样是印尼民族。由于有些人的错误观念形成了一大部分人难以融入“原住民”的主流社会中而被排斥、被歧视。虽然“原住民”与“非原住民”是过去荷兰殖民时代和“新秩序”遗留下来的后遗症。但作为现代华人，应该努力，尽量去“医治”这害了几十代华人的病源。

现在改革的潮流还在进行中，华人应尽力地趁此大好形势，争取我们应有的权利。同时尽一切义务做一个良好公民，使自己融入主流，争取平等的政治地位。

“他们印尼人”这句话的含意，就是把我们自己圈起来隔离在主流之外，把“我”和“他”之间筑起一道无形的屏障。我们自己把“自己”当外人，怎么能要求别的族群当我们是“自己人”呢？我们自己已先有“种族主义”偏见，当然不能要求别人把我们当“自己人”了。

从今以后大家把“他们印尼人”改称“我们自己人”吧！

（［印度尼西亚］国际日报2009－04－14／郭亿美）

“造假海归”当为盲目留学降温

著名作家钱钟书长篇小说《围城》的主人公方鸿渐是较早的“造假海归”之一。此人在外国花天酒地、玩物丧志，只能买张假文凭回国谋职。如今，中国人身边的现代真人版“方鸿渐”，已不是个例。

有媒体报道，最近在法国发现有数百名中国学生涉嫌贿赂校方买文凭。据称，一名中国留学生在2004—2005学年，通过行贿成功取得企管学院毕业证书后，从中看到了商机，于是每张假文凭要价 2 700 欧元。四年来，几百名中国学生从企管学院“成功取得”文凭，导致中国学生的注册率奇高，甚至超过法国本土学生。

一些专家分析，这种注水的注册率反过来又成为吸引中国留学生的法宝。据统计，2000 年仅有 2 100 名中国学生留学法国。而从 2007 年开始，中国留学生以 22 500 人的数字，高居法国外籍学生人数的第二位。在这种情势下，留法人数的激增，更加刺激了这种交易的扩大和繁荣。

在“假文凭事件”中，主角之一的法国土伦大学难辞其咎。更让人羞愧的是事件的另一个主角——中国的留学生们。很难想象，作为学习国外先进管理经验和业务技能的留学之路，居然被他们绘成了一条令人震惊的“造假流程图”，可悲，可叹！

事实上，文凭交易的潜规则背后，一方面是国内一些企事业单位过度看中“海归”外套，高薪聘请，许以优厚待遇，以此来提升企业的知识层次和人才结构。另一方面是家长对留学生的成功成才抱有极大的希望，对投资子女出国留学的回报有较好预测。一项调查表明，在北京、上海等大城市的家庭中，有 80% 以上的家长愿意自费让孩子从本科阶段就在国外读书。

岂不知，随着国内企业人力资源体系的健全和发展，一些企业已经摒弃了“外来和尚好念经”的误区，不再迷信海归，而是将更多的考察重点放在人才的实际能力和水平上。

海归的褪色和造假，其实是一对孪生姐妹。事实上，海归光环的消失、海归地位的贬值，无疑在批判一部分家长和孩子“留学就可登天”的错误教育思维。在现实的就业市场中，没有真才实学，就算是买到硕士文凭、博士文凭，也只能是一张废纸。

（华商晨报 2009 - 04 - 16 记者/傅万夫）

参政议政——第二、第三代华人的使命

在欧洲议会选举即将举行之际，一场由荷兰侨界主办的欧洲华人政治研讨会日前在海牙拉开帷幕。来自荷兰、法国、英国、西班牙等国的华人代表同欧洲议会议员、荷兰政界人士共同就欧洲华人参政情况和欧洲政治对华人的影响等进行了广泛的交流和讨论。此次以华人政治为主题的研讨会在欧洲历史上尚属首次，而会议的目的则是为了促进华人对欧盟政治的了解，从而推动华人积极参政议政。

近一段时间以来，随着华人的身影在国际政坛上崭露头角，华人参政议政也成为一个很热的话题。综观海外华人社会，现如今的华人经济已经成为海外经济社会中不可或缺的力量之一，华人的社会地位也在不断提升，同时华人的维权意识和对话语权的渴求也日益显露出来，而这一切既表明华人参政议政是社会发展的必然趋势，同时也为华人参政议政提供了条件和可能。

无论是中国的崛起还是海外华人社会的发展壮大，都使得华人群体在海外经济社会中发挥着越来越重要的作用。但东方文化所造就的华人的被动和保守性格，在某种程度上使得华人群体参政意识相对薄弱。随着经济实力的增长，而话语权的缺失，两者的不平衡势

必会成为华人社会发展的障碍。所以，改变华人对政治的不甚热心，引导华人积极参与政治可谓当务之急。

必须承认，单纯的热心和积极推动不一定就能够得偿所愿，在历史和现实的背景中，华人参政议政注定是一条漫长且艰难的道路。华人参政议政的实现需要全世界华人的共同努力，但对于第二代、第三代华人而言，他们身上要承载和担当的似乎更多。

相对于第一代华人而言，作为子孙辈的第二代、第三代华人在参政议政方面具有更为得天独厚的条件。首先，他们没有语言障碍，受教育程度较高，比较容易进入主流政坛。其次，他们既了解西方社会思想理念，又具有东方传统文化背景，能够代表华人社会发出自己的声音。例如，现任美国商务部部长骆家辉是土生土长的第二代美籍华人。曾经出任过美国劳工部部长的赵小兰被赞誉为既有中华民族谦虚、勤奋的美德，又具有美国人的竞争和积极。在华人参政议政的道路上，第二代、第三代华人堪称颇具潜力的生力军。

第一代华人怀揣着“淘金梦”踏上异国他乡，他们凭借着“三把刀”闯天下的经历让世人看到了“野草精神”的真谛，看到了华人身上的坚韧和气概。如果说第一代华人是我们值得骄傲的榜样，那么第二代、第三代华人就更应该肩承重任，不辱使命。

（［意大利］欧联时报 2009－04－25 评论员/博源）

如何在异域文化中寻求归属感?

当一名华人选择踏上异乡的那一刻，萦绕在心头的顾虑无外乎有两种：一是如何解决生存问题，怎样在这片陌生的土地上寻找到安身立命之所。二是自己如何才能够融入当地主流社会，融入住在国的文化氛围，从而寻找到心灵的归属感。相比较而言，凭借我们的辛勤付出和努力打拼应对第一个问题并非难事。然而，后者就不那么简单了，因为在异域文化占据主流的社会中，想要找寻到一种文化认同和归属感单凭拼搏和奋斗还远远不够。

华人究竟该如何对待民族文化，又该如何在异域文化氛围中找寻到一种认同感和归属感？首先，我们必须清醒地认识到，作为外来文化想要被当地主流接纳不是一件轻而易举的事情。即使如今中国的崛起赢得了世界的关注，即使一股“中国热”正在全世界如火如荼地掀起，我们的民族文化也不可能轻易地获得一块立足之地。

希望获得文化认同的前提要求我们首先要尊重和珍惜本民族的文化，把继承和弘扬传统文化当作一种责任、一种自豪。保留和继承我们优秀的文化传统，需要整个海外华人社会集体的力量。只有加强华人社会的团结，在实际生活中发挥民族传统文化的指导意义，让优秀的民族品质和文化精髓在现实生活中充分发挥作用，才能使我们在“自觉”珍惜民族文化的同时做到继承和发扬民族文化。

在异域文化中珍惜、继承和发扬我们自身的民族文化是获得认同、寻找到归属感的先决条件。同时这里的继承和发扬也需要与时俱进，需要趁势而变。古老的中华文明之所以能够保持长盛不衰，原因就在于不断吸收外来的新鲜血液和先进经验。作为一个多民族的国家，就是凭借多元化的文化得以长治久安，得以繁荣昌盛。对于海外华人而言，骨子里是根深蒂固的民族传统，生活环境却是一个与以往有着千差万别的精彩世界。我们积极克服文化的不适应，不是时时刻刻抱着传统不撒手，而是要努力做到兼收并蓄。归属感的获取不是凭借与主流文化争个高低来实现的。中华民族的优秀文化恰恰是因为开放和包容才源远流长的。

尽管民族文化与异域文化千差万别，却不是生死对头。我们在珍惜和继承发扬传统文化的同时，也要学会感受异域文化的魅力。世界的融合促进了文化的彼此吸收和交融，而文化的认同和归属感也在这一过程中逐渐实现。

（［意大利］欧联时报 2009－05－07）

华裔效忠美国　融入主流

美国百人会民调结果显示，美国民众对亚裔之好感普遍增加，但怀疑亚裔对美国忠诚度者却比百人会 2001 年的民调有所增加，由 37% 上升到 45%。美国民众认为美国的华裔更效忠中国。只有 56% 的美国民众认为，一旦中美两国在军事或经济问题上发生冲突时，美国华裔会支持美国。

笔者认为，此调查结果显示华裔和美国民众的沟通仍有障碍。1980 年，大量合法或非法的华裔移民从中国到美国，每年更有大批留学生到美国。随着近年中国国力提升，有部分人认为中国已崛起，中国人大可在世界上扬眉吐气，其中尤以近年来美国的年轻人为甚。他们的世界观和价值观与早期华裔移民不同。一旦他们认为外国政府或某人的行动或言论“冒犯”他们认知的准则，就认为是对中国“大不敬”，便利用西方社会赋予的自由和权利，自觉或不自觉地组织或参与游行示威，展示中国五星红旗，呼喊反对美国某些机构及支持中国的口号。

如此喧宾夺主的行为，难免令其他族裔侧目及反感，进而怀疑华裔对美国的忠诚。当年墨西哥裔在支持非法移民合法化的集会中，展示大量墨西哥国旗，惹来美国民意反感，造成反效果便是一例。笔者对去年美东某些华人抗议 CNN 反华言论组织的抗议方式不敢苟同。试想，假使在中国的外国侨民高举他们的国旗，在中国示威游行，示威抗议中国政府或中国传播机构，中国民众会作何感想？

绝大部分华裔热爱祖国，但不管新老移民，不管用什么方式来到这里，移民都是怀着美国梦来此追求自由幸福的生活。美国就是移民的家园，是他们安身立命的地方。就算将来华人移民落叶归根，回到中国养老，但子孙后代将会在此繁衍下去，应教导他们永不忘记自己的祖先和祖国，更不能为他们在政治上留下后患而被其他族裔排挤。华裔在公共场合应强调对美国的效忠，在维护族裔尊严的同时，也不要做出令美国民众反感之事，使华裔真正融入主流。

（［美国］世界日报 2009－05－10／肖月明）

“海归”成为“海待”后引发的双向思考

在中国大陆，相当长的一段时期，“海归”是一个褒义词，不但象征着高学历、高素质，而且还是一种爱国的象征。然而，伴随着近年来中国与世界接轨步伐的匆匆加速，越来越多的企业经营者开阔了眼界，不再“崇洋媚外”，于是出现了数量可观的“海待”。“海归”也回到了它应有的位置——中性词。

不久前，国内流传着周立波的“海派清口”，其中有一段令人印象深刻。他说：“你以为‘海归’很神气？其实都是在国外混不下去才回来的。”当然，对于这种笑谈不必过于较真，但它也最让目前正在海外就学并准备学后回国的留学人员认真反思，并且记住“长翅膀的不一定是天使，也可能是鸟人；骑白马的不一定是王子，也可能是唐僧”。

彻底省思后必须承认，“海归”中真正的优秀者实在是凤毛麟角。在学历上具有高文凭，在实践上具有数年海外工作经验，在思维上具有创新意识，在人脉上具有丰厚广阔的关系，在资金上具有可以不问出处的来源，在人际关系上具有柔和的交流和沟通能力，相当长的时间内，这就是国内对“海归”的认识定位和期待。平心而论，具有如此水准的“海归”能有几人？对于这种“定位标准”，“海归”中能够达到一两条者已经实属不易，其中许多人甚至一条都不能完满地达到。

希望做“海归”的留学人员，应该认清时代的变化和形势的发展，对自己有更高的要求。现在的中国绝对不是凭着一纸文凭和几句相对熟悉的外国土语就可以找到优质职位的时候了。在异国学业结束后，留下来是一种打拼，回国发展也是一种打拼，从某种意义上说，伴随着中国经济的发展和人们观念的变化，后一种打拼的难度绝对不低于前一种打拼。准备做“海归”的留学人员在读书期间应该时时扪心自问：“我准备好了吗？”

与此同时，我们还建议国内企业经营者更多地以平常心看待“海归”，企盼国内媒体在报道中降低对“海归”的期望值。回首20世纪80年代初期，“文革”后第一批、第二批、第三批大学生毕业的时候都是被称为“天之骄子”、“国家栋梁之才”的。今天，即使是著名最高学府的毕业生，恐怕也得不到这种评介了。对大学毕业生这种评价性词汇的消失，意味着时代的嬗变与社会的进步。在日本，无论是多么有名的大学的毕业生，进入企业后的第一年基本上是被放在“干杂活”的位置，都要重新接受企业的“再教育”。通常来讲，日本一个大学生从进入企业到适应企业、胜任企业的工作，企业是要支付500万日元左右的培训费用的。因此，中国的企业伴随着时代发展也应该学习这种企业的社会责任感，不仅想着“用人”，同时还要承担起“育人”的责任。这种“育人”，不但要实施在国内毕业的大学生身上，也应该实施在满怀热情的“海归”身上。

（[日本]新华侨报2009－06－02 作者/蒋丰）

海外华人不必困惑于融入与否

能否融入意大利主流社会一直是大家在争议的一个敏感话题。

作为生活在国外的人而言，既然选择了这样一种独特的生存方式，最初大都有急于融入居住国社会的想法，当然这也是生存的需要。于是，大家都在实践中努力地学习着旅居国的语言，了解旅居国人的生活习惯和风土人情。但是，在国外生活的时间越久，越会让人感受到民族力量的巨大和不可抗拒。说实在话，任何一个外国人要想真正而完全地融入居住国的文化和社会是不可能的，也没有必要。即使可以具备语言能力且博闻强识，即使可以更换肤色，即使可以与其国人通婚，即使可以参与他国的工作，也只能是有限地部分地融入。因为流淌在骨子里的民族血和一颗由遗传基因造就的民族心却是无论如何也不可能被彻底改变的，这一点不容置疑。是民族的，虽然看不见摸不着，但它却是永恒的，就好比天地山河；是民族的，也自然是排他的，否则就不存在不同的民族一说。对立与统一的矛盾，只能使各民族的特征更为清晰且透彻地显露无遗。

对于移民而言，一方面是生存环境的影响和需要，一方面又是精神的需求，从而在心理上更具有两面性，所有的人都在汲取营养和摒弃糟粕中升华着自己民族的思想。无法完全融入，并不代表落后与无知。无法完全融入，是民族与民族间相异与矛盾的精神本质所注定，而非个体因素所造成。站在这一基点来看融入问题就会明白，其实无法融入才是正常的现象，而完全融入了才是不正常和可悲的。所以，困惑于融入与否，是大可不必的。

（［意大利］新华时报 2009－06－03/李叔蔓）

发展华文教育勿忘有教无类

如果我们要更深一层谈及如何发展华文教育的事，就不能不谈及怎样去开展国民普及教育带动发展华文教育的问题了。“发展”就是“开拓”，“开拓”与“普及”和“有教无类”是分不开的。今天，（印度尼西亚）各地开办的高水平的三语学校，一来新生入学需缴高达 500 万至 1 000 万的入学登记费，每月学费 50 万到 100 万；二来“洛阳纸贵”，买书本也要几十万，买套校服也上百万。试问，有几家能担得起？又哪来的“发展”？我们还会有“近忧远虑”，“华夏文化”是不是会再遭断层？

要是各地的华人华社站得高、看得远，一些华人社会精英高声疾呼，带动社群，出钱出力，开办一所带义务性质的平民学校，起步收容 200～300 个学生，从学前教育到小学办起，如有 100 个地区开头办起，就会制造两三万个家长收入有限但其子女已达学龄的就学机会了。（印度尼西亚）全国有 37 个省，如果每个省在各地区能开办 50 间，就能发展到上千间的平民学校，就会有上 50 万学生得到普及教育的机会，而带动华文教育的开拓，才能达到发展华文教育的目的。

发展普及教育，带动发展华文教育，从长远利益打算，好处多多。大家都很熟悉老子的这句话："为学日益，为道日损。"这说明了教育的重要性，得不到教育机会的人，就没有德行，人一没有德行，社会哪来的安定和谐，世界哪来的和平大同?

在这里，不得不提巴厘海南同乡会主办的平民学校。这间初办仅是实行双语（汉语和印度尼西亚文）的学校，三年来，从十多名学生发展到今天已爆满260名，现已办成三语国民学校。学生入学金、学费全免，只付书笔钱和校服费，还有校车接送，得到了当地教育局的支持和赞扬。发起人是该会馆的主席庞廷国，是当地华社有声望的企业家之一。他曾对笔者说："我们的祖辈一来到印度尼西亚各地，落地生根，要先做三件事，一是从村落到城市大开办学堂，人人受教育；二是建祖庙，不忘祖，不忘根；三是开垦开荒，繁荣当地。"

在今天，我们华人华社精英应该在各地大中小城市开办具有水平和规模的高收费的三语学校的同时，也要兼顾普及教育的有教无类的平民学校的开拓和发展，这才是发展华文教育的最终目的，也是最高的最有远见的战略决策。

（［印度尼西亚］国际日报2009－06－05 作者/小鲁）

海外华人社会需要更多的"张敬龙"

五年一度的欧洲议会选举正在如火如荼的进行之中，此次选举中欧盟27个成员国的3.75亿选民将选出欧洲议会的736名议员。

张敬龙，这位只有19岁的华裔青年，也正在为能够成为欧洲议会里的第一位华人议员而不懈努力着。虽然他面对的是109名竞争对手，虽然整个大伦敦地区仅有的8个议会席位注定了这场竞争的残酷。

"让我们打破150年来的缄默，一同改写历史，为欧洲华人打开新的一页。同心协力，提高英国华人和欧洲各地华人的地位，谋求福利，争取权益。"上面这段话出自于张敬龙的竞选传单。简单的寥寥数语，除了令我们感受到这位华裔青年身上所具备的"初生牛犊不怕虎"的勇敢和自信，同时也唤起了我们对海外华人在未来参政议政领域的希望。

张敬龙此次参选无论成败都同样具有里程碑式的深刻意义。虽然近些年来，随着海外华人参政意识的觉醒，一批华裔人士也开始在政界崭露头角，但是张敬龙的积极参选还有着另一层的深刻意义。我们发现很多媒体对张敬龙的报道往往离不开诸如"华裔大男孩"之类的字眼，似乎年龄成为张敬龙身上另一个值得关注的亮点。我们有理由相信，随着新一代华人的崛起，更多年轻的华裔新生代将不仅仅继承父辈身上辛苦打拼、吃苦耐劳的优点，也势必会在包括政治在内的更多领域打造新的辉煌。

（［意大利］欧联时报2009－06－05）

海外华人不认同什么

最近听到国内有一种非常不和谐的论调。按照某位“老教授”的说法，海外华人拿了绿卡或换了国籍，就没有资格爱国了，更没有资格谈论爱国了；只有待在国内或回国的人才有资格爱国；海外华人是靠祖国的强大才能给自己争面子。

这种刺耳的论调根本就站不住脚。首先，是人就有资格爱国。国籍与身份不是衡量爱国的标准，言行才是。按“老教授”的逻辑，拿了绿卡或换了国籍就是投敌叛国。我记得文化大革命早就成为历史了，怎么又出来这种论调?

海外华人有8 700万。他们很多人已祖辈在海外扎根。如果“老教授”指的是新一代海外留学生，也不应该以偏概全。除少数人外，大部分海外留学生都是靠自己的努力在国外留学工作。他们占领外国人的地盘，赚外国人的钱，减轻国内人民上学、住房和就业的竞争压力，同时寄回外汇或进行投资，为国内发展尽力，这本身就是爱国的实际行动，怎么反而成了罪状?“老教授”似乎忘了自20世纪80年代以来，中国70%的海外投资来自华人。

在全球化的今天，在哪儿工作拿什么绿卡都很正常。在国内不是也有大量外国人在排队申请中国绿卡吗?在中国的60万韩国人和几百万外国人都没有资格爱自己的祖国吗?很显然，拿中国绿卡的外国人并不是叛逃到中国来的，而是毫不客气地占中国人的地，赚中国人的钱，讨中国人做老婆。中国不是移民国家，外国人想拿到中国国籍几乎不可能。但在美国，很多国家的人都持有本国与美国双重国籍，这丝毫不影响他们热爱自己的祖国。

拿不拿绿卡或换不换国籍只涉及工作、居留权及出入境方便与否，与爱国无必然联系。只有待在国内或回国才有资格爱国的说法实属偏激。而且，在国内的人并不一定都是爱国的。就在法国破坏奥运火炬传递、支持“藏独”、颠倒黑白、歪曲报道之时，国内的一小撮“精英”却高喊“法兰西万岁”。在国难当头之际，类似的出格言论在西方也会被大众唾弃。这完全违背了一个公民最起码的义务。

如何爱国，每个人都有不同的见解。既然“老教授”主张民主，就应该容忍不同意见，心平气和地沟通，增进理解。大家都是出于一个目的，为了祖国更好。谩骂、指责只会中了西方人的离间计，让“洋大人”偷着乐。

实话实说，很多海外华人大可以抱着事不关己、沉默不语的态度，享受海外生活。然而，他们却为祖国的日益强大感到自豪。另外，海外华人靠祖国强大为自己争面子的说法非常无知可笑。面子在西方一文不值。没有人把面子当回事。相反，面子是西方人用来嘲弄中国人的工具。海外华人大都知道怎么用西方人的方式来对待西方人，让他们无计可施，根本不需要用中国的GDP或火箭为自己充什么面子。

海外华人之所以关心中国的事，就是因为血浓于水，对自己的父老乡亲和同胞有一种亲情。不管自己的祖国处于什么状况，都不会轻易放弃那份感情。

中国人之间有再大的不同也比中国人与西方人的不同要小。英国人说得非常明白，不管中国的政治体制是什么，安格鲁—撒克逊人是不会把主宰了200年的世界拱手让给中国人的。但是，如果十三亿中国人和几千万海外华人团结起来，任何人也挡不住由中国来主导和谐世界。

（搜狐博客－游击队员 2009－06－10 作者/单冰茸）

华人超市捉贼捉出来的思考

多伦多华埠超市老板陈旺上周末因挺身抓小偷，其间涉嫌将被捉小偷的手脚捆绑，扣留在其车内，被警方控以袭击他人、绑架、强行禁锢、暗藏武器等多项罪名而被拘留，获保释外出后将于下月底出庭被审讯。事件在华人商界及市民中掀起一场轩然大波，也在法律界引来不少争论。饱受小偷危害的华埠商家店员在责备警员打击犯罪不力之余，几乎一边倒对警方在处理事件上的作为深为不满。更有人甚至怀疑加拿大的警察以至法律有“病”，是“放纵坏人，损害好人”。华人社区为此而成立的“受害人权益行动委员会”在网上征集签名的活动，每天签名声援陈旺，吁吁联邦政府修改相关法例的人数逾千，就足以反映了华人对相关事件中的法律认识、传统思维、文化及价值观，而所有这些，又偏偏影响甚至左右华人对加拿大社会的认同和融入程度。

在华人的传统道德价值观中，从古代的“路见不平、拔刀相助”的江湖侠气，到今天中国社会弘扬的“见义勇为”精神和人人称颂的赤身“勇斗歹徒”英雄，但在加拿大社会却与这里的法律发生了碰撞。以我们的传统标准去衡量，许多的“是”可能会变成了“非”。陈旺挺身抓小偷反被拘，在中国的“英雄”在加拿大变“疑犯”，之所以在华社反响巨大，根本原因是陈旺的行动及带来的结果彻底颠覆了华人传统的文化、道德、价值标准，迫使我们对自身所一直认同的行为习惯、价值观念作重新审视、重新定位。可以说，陈旺的行为合情、合理，但不一定合法。因为，在加拿大，任何个人都没有执法的权力；任何人在法律作出判决前都是无罪的。

按法律界人士的意见，陈旺可能涉嫌“防卫过当”；而有警员则称，市民绝对有权将疑匪捉住，但千万不可滥用私刑，需将嫌疑人交予执法人员处理，让法律去制裁他。

（［加拿大］北美时报 2009－06－17/文德）

相关链接

多伦多 Dundas Street West 393 号金牛城的超级市场老板陈旺与两名亲戚，2009 年 5 月 23 日，在抓获贼人后，恐防疑匪在警员到场前跑掉，用绳将疑匪绑住。路人以为发生绑架并报警，警方认为超市老板非法禁锢，将他拘捕，遭警控袭击他人、绑架、强行拘禁、暗藏武器 4 项罪名。

英华裔恐被降级为次类别——不是“面子问题”那么简单

一个族群能有多大的话语能量和话语效应，往往并非取决于声音的分贝，而是取决于说话者在权力体系中所占的位置，取决于说话者拥有多大的话语权。

而“华裔”是被看作一个“主类别”，还是一个从属于“亚裔”的“次类别”，显然并不仅仅是一个“面子”问题，而是一个与话语权、利益分配密切相关的政治经济问题。特别是当这个问题还将以“全国人口普查”的名义、通过权威的数据来显现的时候，就更不容忽视了，因为很多政策的制定和国家资源的分配都将以这些数据为依据。

2008年12月11日，英国数据统计局发布了“2011年人口普查提案”白皮书，其中不仅包括了2011年人口普查问卷中可能会询问到的问题，还包括了将会使用的数据收集、处理和分析方法。

在2001年的全英人口普查中，“华裔”是与“亚裔”并列的主类别，而根据目前英国政府发布的2011年人口普查的提案和之后召开的咨询会透露的信息来看，有关机构有意将“华裔”归入“亚裔”，使其成为一个次要类别。

尽管有少数华社有识之士早已经清楚地看到了英国政府在这个方面的修改意向，并敏锐地感觉到这个修改可能会带来的一系列深远影响，并早在今年3月就已经写信给2011年人口普查主管Glen Watson，直陈此项变动可能会给华社带来的消极影响，但大部分华人对此变动依然知之不多或缺乏关心。正是因为缺乏整个华社的整体参与与支持，少数人的争取并未收到显著效果。一些为华社利益积极奔走的人士感叹，现在正仿佛是“叫嚷于荒原”。

（［英国］英中时报2009－06－19 记者/张雪）

“散沙”还是“聚同”　海外侨团发展面临抉择

6月18日晚，国务院台湾事务办公室主任王毅访问中国驻旧金山总领馆时指出，两岸侨胞应最大限度地“求同存异”，更要争取“聚同化异”。要通过共同努力，聚合起两岸侨胞致力于和平统一与振兴中华的“大同”，化解历史遗留下来的种种心结和歧见。此言论引起海内外高度关注。不少老华侨认为，“聚同化异”不仅是两岸侨胞需要共同争取的，也是海外所有华人社团需要聆听的。

了解海外华人生存状态的人都知道，随着海外移民、经商、留学甚至从政的华人越来越多，侨团、侨社的数量也日益增多。一些社团也因为利益、文化背景甚至地域的异同而衍生出各种恶性的竞争。

当今世界经济遭遇滑坡，异乡生活面临新的生存诉求，海外侨团发展路径也处于一个关键的十字路口，面临非常重大的方向选择。是继续一盘散沙，还是争取“聚同”，是分还是合，是海外侨团未来生存与发展的重要一步棋。落子何处，无论对于历史悠久的华人社团还是后起新秀侨团，都是眼下最需要取得“聚同”的课题。

侨团多始于“聚同”

华人移民海外的历史，也是华裔社团的历史。

作为“全英华人社团联合总会”会长，李文兴对此最有感触。他介绍说，20 世纪 60 年代，英国华人社团刚起步。当时，有一种叫“电影会”的组织在伦敦、南安普敦等地方出现。当地华人做厨师的很多，下班之后没有娱乐，电影会就给华人播放黑白电影，内容则是关于中国大陆的发展。

“每个人都很喜欢，以前中国没有开放，我们很想知道中国是什么样。”李文兴说，那时候也没有中文报纸，也没有中文电视，一张香港出的《文汇报》，唐人街的华人从一个人传给另一个人看，舍不得丢。通过这些中文媒介，英国华人侨社、侨团逐渐成熟起来，如今已经经历了半个世纪的风雨。据李文兴介绍，现在英国华人社团大约有 60 多个，宗亲会等其他形式的协会加起来则共有 100 多个。英国最重要的地区，如伦敦、曼城、伯明翰、利物浦等大城市，都有华人自己的社团。

与英国相隔大西洋的加拿大，当地华人侨团的雏形则是同乡会。

华人移民加拿大的历史可以追溯到 1858 年，当时来温华人普遍寄居于市中心煤港附近，辗转迁徙至今天的片打街中华门北端一带。逐渐有人在这里成立堂址，为初抵埠的乡亲提供一个安身之所。时间一长，人气旺盛，侨社的雏形因而成型。

移民温哥华三十多年、活跃于华埠的华商李宝安表示，温哥华早期的侨社主要以血缘关系（宗亲会）、地缘关系（同乡会）为主，渐演变为具有社会功能的商会，或具有娱乐功能的音乐社等。早期移民加拿大的华人都来自广东省，尤以台山县民占多数。

侨团间曾纷争不已

在世界著名的移民国家美国、加拿大以及澳大利亚等国，众多的华人社团几乎成为当地一道著名的风景。而利益的纠葛、家乡风俗的异同等问题也使得一些社团之间产生了矛盾。

美国华文媒体曾经指出，长期以来，在美华人有新老之分：移民几代的老侨与第一代新侨之间有隔阂；又有地域之分：来自中国台港与来自中国大陆的，讲粤语与讲闽南话、普通话的各有歧见。

而这些隔阂也衍生出海外华人社团的一些怪现状，譬如，“宁为鸡首，不为牛尾”。

现任全加马氏宗亲会会长马清石，亲历了过去数十年大温地区侨社的发展，他慨叹大温的侨社一个比一个大，这个“大”并不是会员人数庞大，而是“名堂”的“大”。例如，有一批华人组织了一个“温哥华××商会”，不久之后就会出现另一个“全加××商会”。

马清石甚至感叹，华人“一盘散沙、妄自尊大”的陋习如不改变，焉能在西方世界站稳脚跟而在主流社会占有更大席位？

大多数海外华人相信，华人不抱团最终是作为整体的侨界利益受到损害。对于多数国家来说，华裔在当地只能是少数族裔中的少数，如果内耗不断，华人不能以一种声音发声，在移民改革、族裔参政等重大问题上落后于本土人，不但有损华人形象，而且可能成为一些政治势力利用、分化的对象，“鹬蚌相争，渔翁得利”。

天下大势　分久必合

虽然有着如此多的艰辛与瑕疵，许多人依然相信，海外华人社团有着光明的前景，因为他们有着一个相同的基础。

事实上，海外华人，不管来自中国大陆还是港、澳、台，不管是新侨还是老侨，不管讲闽南话还是普通话，都是炎黄子孙，也都是中国文化的传人，都希望祖（籍）国走向富强、走向民主，而不是走向贫弱、走向动荡。只有这样，海外华人才能挺起腰杆。这是侨界的最大公约数，也是“聚同”的基础。而“化异”，首先要增加互信，不利于团结的话少说，不利于团结的事少做。不仅要追求与主流社会之间的融合，而且要追求华人之间的融合。与此同时，还要推动两岸关系的健康发展，推动中华民族的繁荣与统一。

李文兴同样相信，爱祖国爱故乡是英国当地华人之间团结的基础。因为对于自己的祖国和故乡充满热情，他们愿意“将大部分时间贡献给社团”。也许正是有了这份团结，英国华人社团已发展成为全欧洲华社中最为活跃的一分子。

由英国华社倡导，在全欧洲范围内成立了全欧华人社团联合会。2009 年 5 月，英国出现了第一名参选欧洲议员的华人——19 岁的张敬龙。张敬龙是今年在全欧洲范围内唯一参选的华人。英国华人的声音逐渐进入英国议会，一项旨在修改移民法的活动也在今年展开。

这似乎应了中国传统的一句老话：“天下大势，分久必合。”

（上海侨报 2009－06－25 记者/周佳、白丁、曾飚、张耀庆）

美国汉语热的冷思考

在美国，汉语热正在从大学孔子学院向中小学延伸。据《侨报》报道，目前全美已开办了孔子学院 57 所，开设中文课的中小学已超过 4 000 所，学习汉语的学生超过 14 万人。

这是中美共同推动的结果，也是中国经济实力增强的结果。然而，国人并不能因此就沾沾自喜。要看到，依附于经济发展的汉语热与国人期待的文化“软实力”不太搭界。虽然语言是“思维的物质外壳”，汉语热承载和传递着中国文化，却显然不具有人们期待的那种超强的中华文化感召力和政治价值吸引力。

不错，中国人口世界第一，3 500 多万华人遍布全球，中文使用者的人数也居世界第一，但中文并非强势语言。英国文化委员会曾做过一项调查，结果显示：全球以英语为第二语言并能流利使用的人有 4.5 亿，2000 年全球英语学习者超过 10 亿，目前全球 3/4 的邮件用英语书写，80% 的电子信息用英文记录。据此，有人曾发出警告：“长此下去，中文有失去在信息社会的话语权的危险。”

尤其要看到，今日世界，中华文化还称不上强势文化。目前美、日、欧控制了全球 90% 的媒体；每发布五条消息，就有四条来自美国；80% 的视听节目是美国制作的。三十年来，其实中国一直未摆脱“文化入超”的境况。

文化是一种不逊于经济、政治、军事的力量，缺少强势文化的跟进，即使耀眼一时的物质文明也走不了多远。借孔子学院带动汉语热，不足以承受建立国家强势文化之重。中国还需要更多代表中华文化的符号走向世界。

（［美国］侨报 2009－07－01 记者/李北陵）

违法事件多发　海外华侨华人守法重要性日益凸显

中国国家主席胡锦涛 7 月 6 日下午在罗马会见意大利侨领代表、企业代表和留学生代表时高度赞扬了华侨对祖国建设作出的卓越贡献，并号召大家齐心协力，发扬中华民族优良的传统精神，遵守当地法律法规，和当地市民和谐共处，积极融入主流社会。此后，这条消息经过中国大陆官方门户网站的转载，为全球华侨华人所知晓。

不能否认，由于各种各样的原因，海外华侨华人不能够遵守当地法律法规的事情时有发生，有的导致重大犯罪行为，有的在所在国造成极为恶劣的影响。因此，遵守当地法律法规的问题，已经成为一个如何树立海外华侨华人形象的重大问题。

进一步而言，认真遵守当地的法律法规，不仅关系到树立海外华侨华人的形象问题，还直接关系到海外华侨华人能否与当地居民和谐相处的问题，关系到树立祖（籍）国形象的问题。任何一个侨居国的国民都不愿自己周边的侨民是不稳定的因素。任何一起被媒体报道出来的华侨华人违法犯罪事件，都会被“扩大化”地影响华侨华人与当地居民的相邻关系。这种“扩大化”的影响，有的是即时的、显见的，有的则是缓慢的、隐蔽的。因此，海外华侨华人应该认识到，与当地居民和谐相处应该从遵守法律法规做起。

（［日本］新华侨报 2009－07－10）

侨社应放弃升旗之争

著名旅美侨领、旧金山大众论坛顾问关洛章对国台办主任王毅提出两岸关系应由“求同存异”，进展到“聚同化异”的论点深感认同，此外，关洛章也提到侨社应放弃升旗之争，共同为华侨华人谋取最大福利。

关洛章表示，两岸领导人为两岸和平统一作出了许多努力，包括两岸“三通”，但无视两岸领导人的努力，中华总会馆执意升起中华民国国旗，制造“两个中国”的陷阱并分裂侨社。

关洛章认为，中华总会馆本可善用侨社龙头老大的地位，向美国官员与政界争取应有的福利，但现在却由于部分侨领玩弄政治，让美国官员与政界对中华总会馆敬而远之。

关洛章认为，若顺应王毅的思维及两岸关系的发展潮流，中华总会馆应只升一面美国国旗，但支持一中的侨社与侨领们，也无须急着升中国五星红旗，避免刺激其他理念不同的侨领，造成侨社更加分裂。能够让海外华侨华人统一，共同谋取最大的福利才是首要目标，也才是王毅所提出的“聚同化异”论点的最高境界。

（［美国］世界日报 2009－07－11）

在日中国人首次被判死刑的警示性

近日，一名41岁的在日中国人陈德通因琐事报复致6名同胞死伤，在日本东京监狱被处死。据悉，这是在日中国人首次被执行死刑。这一事件对于广大的在海外的中国人，尤其是对在日本的中国人具有警示意义。

这次被处死的陈德通与1998年10月以来发生在东京及周边地区的25件杀人、强奸和偷盗事件有关。陈德通的悲剧性还在于，他大都针对平民下手，甚至对同胞下手，杀死的5个人全是中国人。这不仅破坏了日本社会的稳定，还破坏了中国人的自身形象。

据了解，目前日本监狱在押的中国死刑犯还有4人。

如果说二十年前的电视剧《北京人在纽约》是田园牧歌式的理想励志片，而香港影片《新宿事件》则是揭露残酷的黑暗现实。据说本片不能在中国大陆上映的最大原因还不仅仅是暴力血腥，而是片中在日华人的形象问题。“《新宿事件》以小观大，从华人小群体，依稀看到当代中国社会的缩影。港片走东京不为别的，而是为了一个中国大陆不能拍的活生生的现实题材、一个当代中国热的悲剧。”

当然，也不能因为少数中国人犯罪就否定大多数在日中国人的纯洁性，他们用聪明才智树立了崭新的形象。但是，在日本的中国人无论侵犯的是中国人还是日本人，都将受到法律的严惩，而维护和创造良好的自身形象也是当务之急。

（［日本］新华侨报 2009－08－02/王锦思）

外籍华人应“效忠祖国，热爱祖（籍）国”

一部展示国家成就的献礼大片《建国大业》，因在演员名单中有7名加入外国国籍的华人，从而引发了“国籍”与“爱国”争论的轩然大波。在这场争论中，人们往往混淆了“祖国”与“祖（籍）国”、“效忠”与“热爱”的概念，把这两者对立起来。

明星加入外国国籍已成为一种时尚。中国政府在“国籍”问题上，采取当事人自愿原则，“法无禁止即可为”。中国《国籍法》第十二条规定：“国家工作人员和现役军人，不得退出中国国籍。”除此之外，个人可以有选择国籍的自由。因此，明星加入外国国籍是无可厚非的。但是，中国不承认双重国籍，一旦加入外国国籍，即自动丧失中国国籍。这时，个人的身份就发生了转换：从“中国国民”转换成“某国公民”；中国从是他的“祖国”转换成“祖（籍）国”。

“祖国”在《现代汉语词典》里的解释是自己的国家，也就是说，“祖国”绝对不是像很多人想当然的是“祖宗的国家”，“祖国”的“祖”并没有祖先、祖宗之意，“祖国”与“祖（籍）国”是不同的两个概念。在中国领导人的正式讲话中，是严格区分这两个不同概念的：在说到华侨华人要热爱祖国的时候，都加上“祖（籍）国”；在政府文件中，华侨是用“回国”，外籍华人是用“来华”，概念十分清晰。在去年北京奥运会期间，原中国花剑选手栾菊杰加入加拿大国籍，并代表加拿大参赛，她在赛场打出一面旗帜，上面绣了三个大字“祖国好”。栾菊杰有深深的“祖国情结”，但是，她混淆了“祖国”与“祖（籍）国”这两个不同的概念。如果栾菊杰换一种表达，写上“我爱你——中国”就没有问题。“效忠祖国”是公民的责任，加入外籍的华人，他在入籍宣誓时都宣誓要“效忠”这个国家，就应该信守誓言，但绝不排斥热爱祖（籍）国，二者并不矛盾。因此，各明星加入外国国籍，并不能认定他不爱国。

（［新西兰］中文先驱报2009－09－12/陈钟）

三起手足相残案折射华人心理援助紧迫

“本是同根生，相煎何太急”，近来发生的三起在日华人“手足相残”案件，不仅再次给人们敲响了警钟，同时也又一次折射出海外华人获得心理援助的必要性和紧迫性。

10月27日，李彦秋在熊谷市筑波的一家中华料理店内，用铁锤殴打店内37岁的中国籍店主的头部，并致其轻伤。调查表明，李彦秋与这名男性中国料理店店主发生肢体冲突，主要是围绕李彦秋的妻子而引起的。这是一起因婚外情情感纠葛而引发的“手足相残”案件。而10月3日发生在日本北海道渡岛森町附近一个公园里面的中国女实习生宋方（28岁）被害弃尸一案，21日在日本警方的全力侦破下破案，凶手郑军（26岁）是当地一家水产加工公司的来自中国辽宁省的实习生。这起中国人“手足相残”案件起因于宋方曾经向郑军借了30万日元。两个人为这笔借款多次发生争吵。这种经济方面的纠葛导致恶性案件的发生。此前的9月14日，日本京都还发生了一起在日中国留学生的人命案件。正在语言学校读书的中国学生王福州（23岁）用双手掐死了与自己同居的同志社大学中国女留学生许金莲（24岁），原因是许金莲指责王福州随便从她的存折上取钱。

从华人犯罪的现象中，除了折射出身在异国他乡的华人“知法守法”的重要性外，还有一个被忽视的因素应当引起足够的重视，那就是海外华人心理援助的必要性和紧迫性。

独在异乡为异客，这种远离故土亲人、背井离乡、语言不通、无依无靠的孤独寂寞感和巨大的生存压力，会慢慢侵蚀一个人的内心，并直接影响到一个人的脾气。而累积久了的郁闷压抑和烦躁一旦碰到一个导火索，往往会在激情盛怒下失去理智，轻者打架发生肢体冲突，重则夺走人命，酿成悲剧。因此，除了法律咨询援助外，海外华人的心理咨询援助也应该引起中国政府驻外机构、华侨华人社团的足够重视。

（［日本］新华侨报2009－09－29/祖国红）

又见侨团换届纷争

从历史来看，每当要改朝换代的时候，朝廷内外总是纷争不断。为了登上皇帝的位置，有意当皇帝的人使尽各种手段，甚至不惜血流成河，人头落地，兄弟相残，父子为敌。一个“权”字可谓引得无数英雄竞折腰。同样的事情在我们旅西华人的侨团中，同样一次次被翻版重演。从前几年的温州同乡会、北京同乡会的换届纷争，再到如今的河南同乡会的纷争，为了“会长”的宝座，无数侨界“精英”也是竞折腰。

现在，在我们华人中，一些人的官瘾很大，做官热、争官热甚至有愈演愈烈之势。看看华文报纸上的侨团通告，我们会发现会长、副会长的名字居然可以占上整整一个版面，问问周围的侨民，很少有人知道他们的来历。

实际上，当了侨团会长有好处，也就是一些人抢着当的原因，侨民们也是非常清楚的。在这里当了侨界的官，回国就可以远迎高接，就可以接触高层，就可以光宗耀祖、标榜地位，等等。说白了，就是“天下熙熙，皆为利来，世间攘攘，皆为利往”，蜂拥蚁聚、闹闹哄哄的会长争夺战其实皆出于此。

对于侨领，广大侨民盼望的是真正能够为旅西华侨华人做实事的人，而不是通过侨团换届来争权谋利的人。希望河南同乡会换届选举争端中的当事人，比一比，谁曾经为老乡做过的实事多，谁能真正为老乡办事，而不是比谁是正宗的，谁是合法的，在侨民心中，能实实在在为大家办实事的，就是合法的，就会得到大家的拥护。

（［西班牙］欧浪网 2009－10－05）

“三欧元”套餐将旅西华人带入无底深渊

要问华人在西班牙是做什么起家的？相信绝大多数人的回答都会是“做餐馆”。随着华人越来越多，再加上西班牙最近几年经济衰退，中餐馆也陷入经济危机的旋涡中，这就使大家赚的钱都越来越少。不过生意不好了，谁都会想把生意再次做好，其结果就是八仙过海，各显神通。大家一起搅浑水，把市场搅得乱七八糟。

竞争发展到了最后，一些不可思议的事情就出现了，比如说3欧元套餐。做过餐馆的人都知道，无论怎么做活动，搞优惠，首先就是要保证不能亏本。一个套餐，要算人工费用、买菜的成本，还有水电煤气和房租保险都要算进去，算下来的话，在正常情况下一个包括沙拉菜、春卷、主食、主菜的套餐怎么样也不可能低于5欧元，但是目前西班牙很多地方却出现了3欧元的套餐。这毫无疑问是违反市场规律的，是赔本买卖，典型的以本伤人。

不过虽然违反市场规律，还是有很多人在这么干，甚至还干得如火如荼，这让我们联想到了美国华人的“芥蓝鼠肉”事件，纽约电视CW11台接到一非洲裔女子的投诉，说“新福建”中餐馆在其出售的外卖中混有整只老鼠肉，于是该电视台就在未经证实的情况下，大肆对此事件进行歪曲报道和恶意渲染。以“令人作呕的食物”为题播出独家专题节目。由此引发了美国社会对整个中餐业的抵制现象。美国华人餐馆的生意大受影响。一系列连锁反应也接踵而来，华人经营的肉食、海鲜、蔬菜批发公司以及外卖餐盒供应公司的生意都出现明显下滑。整个美国华人社会也陷入愤怒和恐慌的情绪之中。

所以，我们的侨胞，趁现在事情还没有达到不可收拾的地步，赶紧结束这种无聊的恶性竞争，这样的同室操戈最终还是会毁了整个华人社会，当一个社会对某个移民所从事的行业真正产生敌视之后，再去做什么也没用了。亡羊补牢为时未晚，也希望广大侨领能对这种现象想一个合理的解决办法，而不是等到事情发生之后再去做善后工作。

（［西班牙］欧浪网 2009－10－11 记者/劲鹤）

华人应理性对待族裔冲突

近日，旧金山市台山阿婶与非裔妇女在公交车上因座位之争而发生冲突，进而演变为扭打，有人拍摄短片放到 YouTube 网站上，一夜之间，点击数从 15 万次飙升至 37 万次。在网上发言的人对该事件的评价各有不同，有人视作娱乐，但更多人从族裔背景出发，争论激烈。其中有称赞台山阿婶对付非裔妇人的勇气，更有人借机用充满仇恨的言语攻击某族裔。

旧金山是多族裔居住的地方，不同族裔的语言和文化存在差异，加之旧金山的公交车历来比较拥挤，所以争吵事件时有发生。应该说，这本来只是个案，属于普通纠纷，但从网上各方的讨论发言来看，此事已对族裔之间的关系造成了某种不利的影响。据在场的乘客说，当时在争吵中，是非裔妇女先动手，才导致冲突激化。因此，许多声称经历过被非裔歧视的华人都认为这是一起非裔歧视华裔的事件。

事实上，如果不是有族裔背景，这个短片不会引起多少人关注，更不会吸引如此高的点击率。这个短片带出的族裔问题，显示了在美国，尽管平权运动已深入人心，但族裔矛盾仍然十分敏感。

该事件告诉人们，族裔问题是现实存在的，但不必过分强调。遇到有关族裔问题或族裔间发生冲突时，应该理性对待，就事论事，不应该把重点放在族裔背景上，或借机攻击其他族裔，这样只会令族裔间的关系更为紧张，于各方都不利。从另一个角度说，如果随便将任何族裔间的普通冲突都放到族裔背景下去看待评判，实际上是一种很狭隘的族裔心理，是过于敏感的表现，多多少少含有族裔自卑的成分。

在美国这样一个多族裔移民国家生活，尤其是在如旧金山这样的多族裔聚居地生活，各族裔朋友应该努力增进相互之间的了解、包容，在法律框架内解决问题，遇到冲突时需理性对待，努力消除对立情绪和误会，和平、融洽地共同生活在同一个家园里。

（［美国］侨报 2009－10－13 记者/一娴）

华人应加强团结，共同呵护群体利益

2007 年，由于华人之间的内部分歧，个别华人将彼此间的内部矛盾诉诸当地司法机构，其中牵扯一些华人企业经营的内幕，当局和司法机构对华人社会所谓的“灰色经营”产生了浓厚的兴趣，随之引发了大面积对华人企业的检查。

日前，佛里检察机关经过对 2007 年被检查华人企业的调查认为，多数华人企业某种意义上是意大利人事实上的实体公司，经营策略是意大利老板制定的，大部分订单来自意大利老板，对于华人企业存在的不规范经营现象，负责任的不应该只是华人，意大利企业同样负有责任。

佛里检察机关对被查华企作出的这一公正性的裁决，在意大利尚属首次。当地媒体公布这一消息后，社会各界人士反应不一，部分当地人认为华人企业存在的问题很多，政府应加大检查力度，而华人企业则认为，同样是纳税人，一切经营都在法律允许的框架内，个别华人企业的问题不能代表华人社会。

最近佛里的媒体经常大篇幅地报道华人社会的负面消息，对华人社会产生了极坏的影响，致使一些华人社会若有若无的问题再次引起当局的重视，警方已经开始有针对性地对华人企业进行检查。

海外华人社会的群体利益是华人生存的根本，华人在生活和工作中产生一些矛盾在所难免，解决华人之间的矛盾应本着协商的原则进行内部解决。当然，我们不反对个人通过诉诸法律来保障自身的权益，但是，当某一案件诉诸法律时，华人应考虑到群体利益是否受到伤害。华人社会应该加强团结，内讧不仅会伤害矛盾的双方，同时也会殃及群体利益。华人只有团结才有利于长远发展，有利于保障华人社会的群体利益。

（［意大利］欧联新闻网 2009－10－18 记者/博源）

华人的身影在西班牙的公益活动和节日中不可或缺

每逢西班牙节日，多数老外会自发地走上街头，举行一系列的庆祝活动，场面十分引人注目。就在这个时候，路过的或者是有意前往观看的华人同胞，基本上是一笑了之或者一扫而过，看上去似乎与自己的文化传统和民俗习惯以及日常的生活行为方式很难找到对接点。对此，笔者也可以表示理解，毕竟文化传统造就的思维、思想使得在对应的实际行动上不可能在瞬间达成一致而激起共鸣。如果除掉这些宏观上不能够取得认同感的系列因素之外，反过来思考一下，对于西班牙的公益活动和节日，是否能够缺少华人的身影呢？

套用一位西班牙老者的话来说，在西班牙生活的、持有合法居留证的、正在岗位上工作的华人，也是合法的纳税人，但是对于西班牙法律赋予的权利并没有真正地去行使，相反是套用国内的一般处事原则，“事不关己，高高挂起 ”，要么就是鲁迅先生笔下说的“看客”，这一种心态及其做法，无疑是把本来享有的权利置之门外，表现为一种客人的心态，主要原因是里面并没有多少可以获得的直接利益。这样一来，必然会给老外造成一种视觉上的误判，认为中国人多是不关心时事的，只是埋头苦干，经营自己的一亩三分地。

而一旦真的有事情发生并且是和华人息息相关的时候，仅仅就是华人单一族群，没有得到其他相关行业以及行业人士的一致支持和拥护，必定是势单力薄，很难形成相应的影响力和号召力。所以一经比对，华人很少参加西班牙人或者外来移民组织的合法、正义的公众活动，必将为本地居民和这些同样是外来移民所淡忘，随之也将淡出他们的视野，哪怕是华人正义的呼声，也很难在他们当中引起回响。由此，华人的身影在西班牙的公益活动和节日中不可或缺。

（［西班牙］欧浪网 2009－10－26 记者/倪菲）

将个别海归之死归咎中国社会不公之谬

属于海归的浙江大学讲师涂序新之死发生后，触目惊心之余，一些人开始抨击中国的人才环境、学术氛围，认为涂序新的死是“社会杀人”；另一些人则认为，是由于海归水土不服，心理素质低下，适应能力差，大事干不成，小事不愿干，大张旗鼓地引进他们，既无补于国内机构、单位，也白白耽误了这些人自身的发展。事情果真是如此么？

诚如某些人所指出的，中国国内的人才环境、学术氛围，的确有许多不尽如人意之处，但这些问题对海归存在，对其他人才同样存在，甚至出于“外来和尚好念经”的思维定式，海归们碰到的麻烦通常要比国内同行少得多。别的不说，给予“海归”的特殊政策倾斜，国内同等人才就只有眼热的份。可见，将涂博士的不幸完全归咎于社会不公，是没有多少说服力的。

以涂博士的不幸广而化之，推出“海归都不行”的结论，进而主张对他们关上大门，就更缺乏依据了。虽然少数海归存在水土不服、适应能力差的毛病，但绝大多数回国后却适应得很好。

据不完全统计，中国现任大学校长中，海归竟占了80%以上。即使在工作、生活条件和开放度大不如今天的过去，不少海归也同样在极其困难的情况下建功立业，中国航空、航天、光学、高能物理等高科技领域的骨干专家，许多都有海归经历。

生命可贵，只要有健康的心态、积极的人生态度，就没有过不去的坎。涂博士选择了一条令人痛惜的不归路，固然有各方面的原因，但他本人心理健康状态欠佳才是问题的关键。人们可以，也应该为一位海归青年才俊的去世而惋惜和悲痛，也应该深刻反思学术界和中国社会存在的问题，但不应将特殊的问题当作普遍性、规律性的现象。

（［美国］星岛日报 2009－10－30）

相关链接

涂序新，男，生于1977年8月，浙江金华人，博士。2009年9月17日凌晨2点从浙江大学玉泉校区综合楼11楼跳楼身亡，终年32岁。

海外华人面对仇视情绪需积极主动

当经济危机来袭，意大利经济呈现持续衰退的颓势，当地民众生活日显窘迫，几乎一夜之间所有的华人企业都成了众矢之的时，所有华人都不得不面对来自各方面的误解和指责。

化解矛盾从而维护自身利益，需要华人社会积极且主动地应对。首先，需要华人社会从内部调整开始。我们看到这一次当地媒体所针对的是华人圈里的灰色经济问题。借助灰色经济来建立经济基础算得上是意大利华人社会的“潜规则”。灰色经济在给华人带来收益的同时，也给华人企业、华人社会形象以沉重打击。华人经济的巩固和发展需要实实在在的实力，而绝非不可告人的偷鸡摸狗。牺牲华人经济整体形象换取一时利益是得不偿失的一种错误选择，如此浅显的道理，相信每一位华人都应该懂得。所以，把华人形象作为我们最值得珍惜的一笔财富，规规矩矩做人、实实在在做事才是我们正确的选择。

除了严格自律以外，华人社会还需要有一种自发的监督机制。毕竟为了利益铤而走险的人只是极少数，大多数华人企业还是循规守法的，那么为了个别人的错误而整体承担后果也实在代价太大。与其让旁人来打击一大片，还不如我们自己揪出害群之马。自律和监督不仅对于华人企业的健康发展会起到有效作用，对于重树华人社会形象也会产生积极的影响。

其次，沟通是解决任何矛盾的有利手段。而华人社团和华文媒体承担着尤为重要的责任。这些机构对外应该起到沟通作用，积极与当地媒体交流，尽力消除误解，尽力展示真实的华人社会。对内则应该疏导华人的不良情绪，避免矛盾升级，并且引导华人正确积极面对当前的不利局面。

（［意大利］欧联时报 2009－11－05）

两岸侨务休兵　何时休

在“两岸侨务休兵”的政策下，远在美国洛杉矶地区的侨民，理应享受着自由、民主的天空。但是，事情往往并不如想象的那样简单。传统侨社的老侨们，不断地要在各个场合表达与“中华民国”的关系深厚悠远，他们的心永远属于“中华民国”，而对于中国大陆来说，他们只是“土亲人不亲”。事实上，这让他们感到很不舒服。

许多的老侨表示，目前，台湾的侨委会提出，目前他们的政策是不分蓝绿，新老侨民一律平等对待与服务；这让他们感到很高兴；在陈水扁当政的时候，他们受到了“三等侨民”论的伤害；在“两岸侨务休兵”的新政策下，他们更加应该感到前所未有的轻松，以为不需要再表达“永远支持”之类的口号了。

但是，事实并非如此。台湾侨委会及驻美机构，对于近几年中国大陆在侨社的影响和势力逐渐扩张的情况十分紧张。他们认为，传统侨社“靠过去”是表面现象。因此，老侨们不断地要被邀请，在各个场合表达永远支持“中华民国”，让许多人感到很不舒服，碍于场面上的应付，大家彼此没有说破。其实，老侨们所支持的是“孙中山先生建立的中华民国”。

《建国大业》在阿罕布拉市的电影院放映，每场都爆满。许多从中国台湾省来到美国的侨民告诉记者，看完这部电影，让他们更加清楚地看到了“中华民国”为啥会退到了台湾。六十多年以来，两岸的隔阂，从根本上来说，是毫无疑义的，他们期盼统一的愿望更加强烈了。

（［美国］侨报 2009－11－10/ 蔚宇）

美国身份：得之不易　弃之也难

轰动一时的美国海外追税，在自首期限过了一个多月以后，依然余波荡漾，在华人社区激起一圈又一圈涟漪。奥巴马总统为了兑现竞选承诺，上台后掀起的这轮查税风暴，让那些隐匿海外资产的美国富人们胆战心惊，绿卡持有人及美国公民也受到了冲击。

显然，这不仅是针对美国富人，持有绿卡的永久居民只要海外账户存款超过一万美元，也须及时申报。这会令很多新移民不知所措，有部分华人富豪甚至考虑放弃美国国籍或绿卡，以避税或逃脱惩罚。

谁都知道美国身份来之不易，获取绿卡就是一道难关。现在的绿卡排期，一般来说从亲属移民到职业移民，都要经过4～9年的等待期，即使投资移民也具有风险。拿到绿卡后，还得再过5年，若没有犯罪记录，才有可能宣誓成为美国公民。但如果想逃税，放弃美国身份也不是一件容易的事情。

若要放弃美国身份，必须对自己的财产还没有实现的资本利得部分缴税，而且弃籍者未来给美国居民的任何赠与都将以最高的边际税率课征最高的遗产或赠予税，即使这样，也还得交一笔弃籍税。完成弃籍的法定程序后，还需国务院审核批准，否则依然无效。如果被查出有逃税现象，未走完法律程序及补交罚款之前，都不能获批。

选择居住地或国籍是个人的权利，同时也伴随着义务。纳税是每个人应尽的义务，无论移民何处，是否入籍，都应遵守居住国的法律，合法纳税。尽应尽的义务和责任，做一个守法公民或居民是安居乐业的基本保证。

（［美国］侨报 2009－12－15/一娴）

海外华人要敢于正视缺点转化危机

12月18日，北京青年报刊登题为“海外侨团内耗严重影响华人形象”一文，报道中所称该报告由国务院侨办发布，尽管次日国侨办发表声明否认该报告由国侨办发布，但“海外侨团内耗严重影响华人形象”一文已不胫而走，在海外华人社会产生了极大的反响。很多华人认为，报告是否由国侨办刊发并不重要，关键在于报告中所谈到的华人社会中存在的现象和问题，是目前海外华人社会不可回避的现实，海外华人社会要发展就必须正视这些不足，敢于承认自身的弱点。

文章中谈到的五国华人形象“危机”最严重，除侨社之间内耗加剧外，目前华侨华人文明形象存在的主要问题还包括：经济领域的不规范竞争，文化差异、生活陋习以及融入当地主流社会不够。但在部分国家和地区，华侨华人文明形象“危机”也正上演。目前华侨华人遭受形象“危机”最严重的是在意大利、西班牙、法国、英国及南非等较发达国家，这些国家新华侨华人较多，有关华社负面报道不断，华侨华人生存发展环境恶化。

国侨办在声明中说，随着中国的和平发展和国际影响力的不断提高，海外侨胞的整体素质和良好形象也在不断提高。他们尊重当地法律和风俗习惯，与住在国民众和睦相处，在自身事业发展的同时更加注重回馈当地社会、关爱弱势群体，体现了海外侨胞吃苦耐劳、和群随众、团结互助、充满活力的良好形象。

的确，随着中国的和平发展和国际影响力的不断提高，海外华侨华人的社会地位有了明显的提高。但是，地位的提高并不等于彻底改变了华人社会的形象，华人社会存在的陋习、灰色经营、侨团内讧仍然侵蚀着华人社会，这是无法回避、必须正视的一个社会现象。

笔者曾参加过一次意大利某侨团的换届选举，当时有两个候选人竞争新一届会长这一职位，本可以按民主投票的方式选出新一届会长，而竞选人互不相让又拒绝进行投票选举，结果争得脸红脖子粗甚至大打出手。最后，一个具有多年历史的侨团一分为二变成两个侨团。

在海外生活的华人一般都有一个自己的圈，几个同乡或要好的朋友在一起组成一个侨团，而在这个圈内也绝非太平盛世。人们对名利看得比任何事都重，凡事总要比一个高低，看到别人比自己好、比自己高出一筹心里总是有些不自在，遇到不合自己心意的事就会不由自主地忐忑不安。要么就揪住别人的阴暗面来突出自己的优越感；要么就找理由揭他人之短，找借口抬高自己，在这一点上，似乎某些华人非常有瘾，历来驾轻就熟。

我们再从华人企业的角度看，最近一个时期，意大利媒体针对华人的负面报道层出不穷，而这些负面报道绝非空穴来风，华人乱贴广告者有之，随地丢弃垃圾者有之，暗娼泛滥存在，灰色经济比比皆是。据报道，2008 年，普拉托税务部门曾对 62 家华人企业进行检查，结果发现偷漏税额累计超过了 750 万欧元。虽说偷税漏税在意大利并非华人企业的普遍现象，但 62 家华人企业偷税漏税 750 万欧元也足以损害到华人社会的整体形象。

灰色经营、生活陋习、华社内讧、黑工在海外华人社会虽然不是普遍现象，但这一现象的存在是不争的事实。姑且不说《北京青年报》刊载的“海外侨团内耗严重影响华人形象”一文的出处，但该文客观地反映了海外华人社会的一些现象，揭示了海外华人社会的阴暗面。

也许有人认为，《北京青年报》的“海外侨团内耗严重影响华人形象”一文负面地反映了华人社会，必将给今后一段时期华人的生活带来困扰。但是，看待事物我们应从两个方面着眼，报道对华社的负面影响自当无法回避；而从另一个角度看，敢于正视自身的不足，找到制约华人社会发展的缺点和弊端，对华人社会的发展未常不是一件好事，此也不失为一个调整和完善自身的时机。指责和诟病都不可怕，怕只怕知错不改。只有敢于正视缺点，努力改善自己，华人社会才能够真正得到发展和进步。

（［意大利］欧联时报 2009－12－21）

相关链接

国务院侨办否认发布有关海外侨团内耗严重报告

国务院侨办就《北京青年报》刊登“海外侨团内耗严重影响华人形象”一文发表声明，全文如下：

12月18日，《北京青年报》A25版报道刊登了题为“海外侨团内耗严重影响华人形象”一文，我办注意到了相关报道，并向有关方面做了调查了解，现将有关情况声明如下：

一、今年10月份，国务院侨办政策法规司组织有关专家学者就树立海外侨胞新形象问题开展调研，报道中提到的“树立华侨华人文明形象专题调研”报告属研究性报告，仅代表参与调研的部分专家学者看法；报告中涉及海外侨胞在文明形象上存在的问题和一些具体事例，仅为访谈时部分海外侨胞个人看法。报道中所称该报告由国务院侨办发布，与事实不符。

二、国务院侨办认为，随着中国的和平发展和国际影响力的不断提高，海外侨胞的整体素质和良好形象也在不断提高。他们尊重当地法律和风俗习惯，与住在国民众和睦相处，在自身事业发展的同时更加注重回馈当地社会、关爱弱势群体，体现了海外侨胞吃苦耐劳、和群随众、团结互助、充满活力的良好形象。

（人民网 2009－12－20）

澳门葡裔可否作为中国少数民族

目前，中国划定56个民族，其中少数民族55个。其实，港澳地区的英裔、葡裔、菲裔等外裔也应该考虑作为中国的少数民族。

中国划定民族的原则是，具有共同语言、共同地域、共同经济生活、共同文化心理的人类集合体即为民族。按此标准划分，中国港澳地区的外来民族无疑也应该属于中国的少数民族。

中华民族是历史上不断融合、战争、交流、通婚形成的多民族的集合体。回族是到元朝和明朝才逐步形成的。俄罗斯族进入中国境内还不到两百年时间，而葡萄牙人在澳门居住已有四百多年历史。

澳门自古作为中西文化交流比较活跃的地方，在历史的进程中逐渐形成了“土生葡人”这个少数族群。“土生葡人”至今还没有一个正式的官方定义，在澳门主要指当地土生土长的葡萄牙裔人士及其后代。但按澳门土生协会理事会主席飞文基的说法，“土生葡人”除了指那些在澳门扎根的葡萄牙人后裔，也包括一些从小接受葡文教育并具有相应文化背景的本地华人。

据不完全统计，至少有万余名英裔、葡裔、印裔、菲律宾裔等外裔在中国香港和中国澳门取得了中国国籍。他们把中国当成自己的国家，把中国香港、中国澳门作为自己的家园，与汉族等当地固有民族在权利和义务上一律平等，友好相处，共同建设，对我国作出巨大贡献。

根据中国大陆和中国香港、中国澳门有关法律和政策，以及民族不分大小一律平等的原则，理应把居住在中国版图上，并拥有中国国籍的英裔、葡裔、印裔、菲律宾裔等外裔作为中国少数民族，并享有与其他少数民族一样的权利和义务，积极参加各种民族文艺文化活动、人民代表会议和政协会议，参政议政，实现中华民族的伟大复兴。

（［日本］新华侨报 2009－12－22/王锦思）

（本版责任编辑　徐云）

人物聚焦

本版内容为本年度最有影响的几位华侨华人的荣誉和事迹选编，按姓氏笔画排序。

华人“太史令”：麦礼谦

“太史令”，是指中国历代皇朝忠实记录历史的学者，史上最著名的太史令莫过于司马迁。在美国当代的华人社会，亦有这样一位“太史令”，他便是麦礼谦先生。2009年5月21日，经与癌魔搏斗数年之后，这位美国华人历史学泰斗离世，享年84岁。不过，他为我们留下了关于美国华人历史的10本著作，以及100多篇中英文文章，这些宝贵的遗产，可以让世世代代在美国的华人懂得是如何在这个国家“从落叶归根到落地生根”。

自幼便热爱历史

麦礼谦1925年11月1日出生于旧金山华埠，祖籍广东南海西樵大十麦一带。父亲麦炳在1910年通过“买纸仔”前来美国谋生。虽然出于“买纸仔”的缘故，麦礼谦英文姓氏为“Lai”，但父亲麦炳为了保留家族的姓氏，五个子女的中间名都取原来姓氏的“Mark”，因此麦礼谦英文全名为“Him Mark Lai”。

童年的麦礼谦和许多华裔劳工家庭的子女一样，一家人挤在2.44米×3.05米的散房内生活。麦礼谦5岁开始进入南海福荫堂开办的南侨学校学习中文，6岁开始进入Commodore Stockton小学接受英文教育。由于生活艰难，麦礼谦从小便跟父母在制衣厂当杂工来帮补家计，虽然如此，但他的学习成绩一直都是名列前茅。高中毕业，在母亲的支持之下，麦礼谦一边以时薪25分继续在衣厂任临工，一边完成了旧金山Junior College与加州大学柏克莱分校的课程，1947年获得柏克莱加大的机械工程学士学位。

1953年受聘于当时世界最大的经营核电的贝克特尔工程建造公司，担任高级工程师，主要从事核能和火力发电的设计工作。1984年，麦礼谦从工作了31年的岗位上提早退休，开始全身心投入华人历史的研究工作当中。他曾经三次担任美国华人历史学会的会长，并先后担任旧金山中华文化基金会董事和会长。

史研经典著作等身

麦礼谦攻读的是工程学学位，但他真正的兴趣所在却是历史。1960年，美国历史学教授Stanford Lyman来到加大旧金山分校，开了一门名为“北美亚裔”的课程。麦礼谦报读了这项课程，从此他开始接触华裔、日裔、菲律宾裔在美国的历史，并阅读了多本20

世纪60年代早期的美国华裔刊物，更于1963年美国华人历史学会成立后不久便立即加入该组织。

1967年，麦礼谦应邀开始在美西日报、*The Chinese American Weekly* 等报刊上刊登关于美国华人历史的文章，从此正式展开了他研究美国华人历史的生涯。1969年，麦礼谦与另一位著名华裔历史学家胡恒坤在旧金山州立大学教授“美国华裔史”，这是美国首个关于美国华人历史的大学课程，更催生了另一经典著作*Outlines：History of the Chinese in America*。

麦礼谦对华人历史研究的醉心，从他所撰写的著作中可见一斑。《从华侨到华人——二十世纪美国华人社会发展史》、《加州华人史纲》（合著）、《美国华人报业史》、《美国华人左派组织历史概论》、《美加图书馆库藏北美洲中文报联合目录》（合著）、《埃伦诗集》（合著）、《哈佛美国族裔百科全书》美国部分、《关于美国华人的中文资料提要》、《中华会馆系统发展史》、《夏威夷华人报业发展史》、《第二次世界大战前驻美国民党发展史》、《海外华人百科全书》美国部分、《美国中文学校发展史》、《华侨华人百科全书教育科技史》北美洲中文学校部分等，都是麦礼谦四十多年研究所得的心血之作。

麦礼谦不少著作被许多大学列为华人历史课程的基本教材，更是“美国亚裔研究”的必读书目，其经典著作《从华侨到华人——二十世纪美国华人社会发展史》更被华人历史学会誉为时代巨作。而麦礼谦生平最后一本著作，与德州大学教授Madeline Hsu所合著的*Trends of National Politics in Chinese American* 将面世。

麦礼谦的研究成果令美国华人历史学会名声大噪，在华人史学术界，几乎将麦礼谦等同于华人历史学会，甚至一些机构只知有“麦”不知有“会”。麦礼谦也对该学会的工作给予了很高的评价，特别是在搜集、保留早期华工年代的史料方面贡献很大；同时利用学会人员英文能力强的优势，向主流社会推广普及美国华人（工）历史，也取得了良好的效果。

然而，精通中英文的麦礼谦还是觉得，华人历史学会既然定位在研究华人的历史，就必须有双语能力的行政人员、研究人员才能称职，毕竟华人的史料大部分是用中文流传下来的。从这个意义上来看，华人历史学会中文能力有限的先天不足从成立至今一直受到局限的根源。

在研究课题方面，麦礼谦也认为学会应全面地、系统地去研究全美国华人的现状。他说，除了华埠，南湾的硅谷高科技群华人工程师、与异族通婚的华人后代、已融入主流社会的华人、被领养来美国的中国儿童等都应该纳入研究范围。他指出：“全面性的研究将有助于政客提出更贴近华人实际的议案，有利于政府制定更利于华人需要的政策。”

麦礼谦的贡献

这位在美国土生土长的第二代华人，将一生的精力、时间献给了美国华人历史的挖掘、整理、研究，并取得了丰硕成果，是美国华人历史的权威，被誉为“把兴趣发扬光大到专家级的人”、“会走动的华人历史图书馆”、“美籍华人的声音”、“空前绝后的历史学家”。

麦礼谦的诤友、柏克莱加大教授王灵智指出：“麦礼谦是一位空前绝后的历史学家，他的贡献，在于第一个用中英文把华侨、华人的历史和在美国历史上应有的地位作了系统的介绍，并在学术上栽培了两代华人历史学家。”

《时代报》创办人黄运基与麦礼谦相识了60年，早年两人是为数不多的“左派”，黄运基指出麦礼谦对华侨华人历史研究的贡献之大，在于告诉世世代代在美国的华人，我们华人不是过客，而是主人。

两年前曾组织为麦礼谦庆生的蔡流轮医生，指出麦礼谦的贡献在于他是第一个全面及系统地研究美国华人历史的人。麦礼谦的研究填补了不少史学界的空白，也向中国国内的学者和机构在华人历史研究方面提供了最全面的第一手资料。

在2007年10月28日旧金山华人社区为麦老举办的表彰大会暨82岁祝寿宴上，中国驻旧金山总领事馆副总领事王新平高度赞扬麦礼谦先生“是一位有非常厚重历史感的学者，不单花费了半生的精力来研究、编写、教授华人的历史，自己也创造、谱写了北美华人的历史”。

（摘编自［美国］星岛日报2009－05－24 原题/华人“太史令”麦礼谦鞠躬尽瘁 记者/胡健宏）

卓以和：入选美国“名人堂”的华裔科学家

2月11日，美国专利商标局（USPTO）公布本年度入选全国发明家“名人堂”的名单，现年72岁的华裔电机工程学家卓以和连同另外14名在世或已故科学家齐齐登上“名人堂”。

分子束外延技术之父

卓以和（A. Y. Cho），1937年生于北京，1949年到香港，1955年赴美留学，1968年获伊利诺伊大学博士学位，1985年获选美国科学院院士，现任美国朗讯科技公司贝尔实验室半导体研究室主任。

卓以和是国际公认的分子束外延、人工微结构材料生长和在新型器件研究领域的奠基人与开拓者，被称为“分子束外延技术之父”。

他用研制的新材料，最先研究成功十多种极为重要的、性能优异的新型微波高速电子器件和光电子器件。现在又领导朗讯科技公司贝尔实验室半导体研究室，开创性地研制成功量子阱级联式新型激光器，被认为是半导体激光器发展中的又一个“里程碑”。

卓以和对中国发展分子束外延技术极为关切，给予了关键性指导，与中国同行建立了深厚友谊，对促进中美两国学术交流，提高中国在国际学术界的地位和影响作出了重要贡献。1996年6月7日，他当选为中国科学院外籍院士。

如今人们日常生活中各种大大小小的“享受”和“方便”，都与卓以和的研究成果相连。小如手机里微波电子零件如射频开关、前端放大器、功率放大器、CD 音响唱碟、DVD 放映机、个人电脑中读二元数据的半导体激光器，大如电子通讯的发电站等微波高速电子器件和光电子器件，都是 MBE 科技的成果。

简单来说，MBE 是一种材料生长科技，是在严密控制下，把分子一个个、一层层累积成材料的技术。自 1968 年进入朗讯科技公司至退休为止，卓以和的心血绝大部分花在了 MBE 的发明改进上。

荣获美国科技大奖

科学家能够接受象征美国科学界最高荣誉的“国家科学奖”和技术界最高荣誉的“国家技术奖”，在美国科技界少之又少。

1993 年，卓以和在白宫接受时任美国总统克林顿颁发的“国家科学奖”。在之后的十几年间，分子束外延研究获得了长足发展，在激光、医学检测、环境分析、半导体制造等方面得到广泛应用，卓以和在 2007 年再度获得美国国家科学奖章并获得国家技术奖章。

2007 年 7 月 27 日，时任美国总统乔治·布什在白宫为过去两年间在科技领域取得突破性进展的科学家颁发美国国家科学奖章与国家技术奖章，卓以和是 30 位获奖者之一。他因对分子束外延技术和高级电子光子设备发展所作的贡献而获奖。

2007 年 10 月 11 日，由中国科学院研究生院和高等教育出版社联合主办的“中国科学与人文论坛”第 66 场主题报告会在北京举行。卓以和在会上作了题为“分子束外延的发明和造福于人类”的报告。他的报告并没有就这一令非专业人士略感枯涩的命题开始，反而以怎样进行发明和革新作为开题。“我在贝尔实验室作了 37 年的研究，每当进入贝尔实验室大门时都看到贝尔肖像上的几行字：别每天都在一条路上走，有的时候也应该跳到树林里去，你会发现很多从来没看见过的东西。”他说，“做科研、搞发明创造也要进行冒险探索。”

东西方的成功结合

卓以和是美国科学院院士，还是美国科学与艺术学院院士，他的成功有很多秘诀，而他最大的爱好是艺术。他把艺术家的敏感和想象力完美地融入精确细致的科学研究中。

他有深厚的中国传统文化的根基，同时又在美国得到严格的科学训练。他说，他成功的秘诀就在于把东方人的耐心与西方的技术结合了起来。

卓以和说：“艺术其实和科学、工程都有很密切的联系。比方说，土木工程专家在造桥梁时，一定要有很好的艺术观念，这样造出来的桥才漂亮。同样，在我开始作分子束外延研究时，一样离不开艺术的支持。”

在中国传统文化礼教的影响下，卓以和有着温文敦厚的言行举止及谦和无私的个性，因而受到同事们一致的尊崇爱戴。从 2004 年开始，MBE 群体捐赠出一笔资金成立“卓以和奖”，每隔一年的 9 月初，在 MBE 国际大会上颁发。这无疑是全体同业及同事对卓以和最高的肯定和敬意。

自称退休后比从前更忙的卓以和，给了自己另一个复杂艰巨的责任：“把所学所知的传下去，并且发掘、提携有前途的下一代。”目前，他是伊利诺伊大学副教授，美国总统奖甄选委员会委员、美国国家科学院院士、美国工程院院士、美国物理学会会员、中国科学院外籍院士、中国台湾中央研究院院士等，并应聘担任中国大陆多所研究机构的顾问，每年访问中国大陆一两次。

（摘编自人民日报海外版 2009－04－10 第 11 版　作者/吉平）

赵美心：美国国会首位女华裔联邦众议员

被称为“双赵对决”的美国加州第 32 选区联邦众议员特别选举于当地时间 2009 年 7 月 14 日晚揭晓，华裔参选人赵美心获得 60.7% 的选票，代表民主党击败其“堂嫂”——加州共和党人赵美生（Betty Chu），当选美国历史上首位华裔女国会议员，改写了华裔女性在美国参政的历史。

赵美心（Judy May Chu），祖籍广东新会古井镇，1953 年 7 月 7 日出生在洛杉矶，父亲是美国第二代华人，母亲 1949 年前自广东移民来美。赵美心拥有洛杉矶加利福尼亚大学数学学士和加州专业心理大学（California School of Professional Psychology）心理学博士学位，分别在洛杉矶市立学院和东学院任职大学教师二十年。

1985 年，赵美心参选嘉伟学区教委成功，走上了参政之路。20 世纪七八十年代，正是大量华裔移民从中国台湾和香港涌入蒙市的时候，为了抑制新移民的发展，保守势力发动了“独尊英语”运动，他们只允许商家在招牌上使用英语，市图书馆的图书也必须全是英文图书。赵美心当时加入了“蒙市和谐联盟（CHAMP）”，和丈夫伍国庆（Mike Eng）一道提出接纳新移民文化的主张。他们还特意开创了一个“和谐日”，推广该市的多元文化，并请求市议会废除造成族裔分裂的有关决议法案。这些社会活动让赵美心在华裔和拉丁裔中树立了良好形象，并为其涉足政坛打下了坚实基础。通过这次运动，赵美心开始参选市议员，她也意识到了她这个出生在美国的华裔（ABC）在政治上的优势，既懂得美国文化，又了解新移民的诉求。1988 年，赵美心以最高票数当选加州蒙特利公园市议员，在参政道路上迈出了新的一步。赵美心在蒙市市议会一共服务了 15 年，并先后三度担任该市市长。

1994 年，赵美心首次冲击加州众议员（California State Assembly）职位失利。1998 年，赵美心再次冲击这一职位失利。2001 年 5 月 15 日，赵美心利用特别选举的机会，再次竞选州众议员职位胜选，成为加州第 49 选区众议员，她在这一职位上两次寻求竞选连任成功，直到 2006 年任期届满为止。2006 年赵美心转换跑道，竞选加州平税委员会委员成功，她的选区涵盖洛杉矶县的大部分地区。在加州政坛二十多年的耕耘中，赵美心倾力关心少数族裔并推动种族和谐，多次公开表示，她以融合族裔以及身为华人喉舌为荣。

2008 年 12 月 17 日联邦第 32 选区众议员索莉丝被任命为劳工部部长，赵美心即开始角逐索莉丝留下的席位。经过数月的鏖战，赵美心首先战胜了同党籍的西语裔加州参议员赛迪洛，7月14日再战胜共和党籍候选人赵美生。赵美生是赵美心的堂姑嫂，一对华裔姑嫂决选联邦众议员席位，这在美国的选举政治中堪称一段佳话。14日赵美心赢得加州第32区国会众议员补选，成为美国史上首位华裔国会女众议员，也是第111届国会中的第12名亚太裔成员。她的丈夫伍国庆则是现任加州州众议员。

赵美心作风干练，关心少数族裔和弱势群体。从履历上看，她从政走的是草根路线，从教委一步步走到国会。像生活在美国这个国度里的无数华裔同胞一样，赵美心为这个国家的繁荣和发展贡献了自己的力量，也为少数族裔赢得了尊严和荣誉。

（据百度百科、Wikipedia等搜索引擎的资料整理）

高锟：2009年诺贝尔物理学奖的华裔科学家

瑞典皇家科学院2009年10月6日宣布，将2009年诺贝尔物理学奖授予英国华裔科学家高锟以及两位美国科学家威拉德·博伊尔和乔治·史密斯。高锟获奖，是因为他在“有关光在纤维中的传输以用于光学通信方面”作出了突破性成就。高锟是继李政道、杨振宁、丁肇中、李远哲、朱棣文、崔琦及钱永健之后，第八位获得诺贝尔科学奖的华裔科学家。

高锟（Charles K. Kao），1933年在上海出生。1949年随家前往香港，进入圣约瑟书院就读。中学毕业后，他考入香港大学。但由于当时港大没有电机工程系，1954年，他远赴英国东伦敦伍尔维奇理工学院（现英国格林威治大学）就读。1957年，他从伍尔维奇理工学院电子工程专业毕业。1965年，在伦敦大学下属的伦敦大学学院（UCL）获得电机工程博士学位。

从1957年开始，高锟即从事光导纤维在通讯领域运用的研究。1966年，高锟发表了一篇题为“光频率介质纤维表面波导”（Dielectric-fibre surface waveguides for optical frequencies）的论文，开创性地提出用玻璃纤维作为光波导用于通讯的理论。简单地说，就是提出以玻璃制造比头发丝更细的光纤，取代铜导线作为长距离的通讯线路。这个理论引起了世界通信技术的一次革命。随着第一个光纤系统于1981年成功问世，高锟“光纤之父”美誉传遍世界。

高锟还开发了实现光纤通讯所需的辅助性子系统。他在单模纤维的构造、纤维的强度和耐久性、纤维连接器和耦合器以及扩散均衡特性等多个领域都作了大量的研究，而这些研究成果都是使信号在无放大的条件下，以每秒亿兆位元传送至距离以万米为单位的成功关键。由于在光纤领域的特殊贡献，他获得了巴伦坦奖章、利布曼奖、光电子学奖等。

1957—1960年高锟任国际电话电报公司（ITT）在英国的子公司标准电话和电缆公司

（Standard Telephones and Cables Ltd.）工程师，1960—1970 年任标准电信实验室（Standard Telecommunication Laboratories）主任研究工程师。1970—1974 年高锟在香港中文大学担任电子学系教授及讲座教授，1974 年又返回 ITT 工作。当时，光纤领域进入前生产阶段。他在位于美国弗吉尼亚州劳诺克的光电产品部担任主任科学家，后擢升为工程主任。1982 年，他因卓越的研究与管理才能而被 ITT 公司任命为首位“ITT 执行科学家”，主要在康尼迪克州的先进技术中心工作，1985 年则在德国的 SEL 研究中心工作。与此同时，他也担任耶鲁大学特朗布尔学院兼职教授及研究员。1986 年，他被任命为合作研究主任。他也在标准电话电缆下属的标准电信实验室作研究。

1987 年 10 月，高锟从英国回到香港，并出任香港中文大学第三任校长。从 1987 年到 1996 年任职期间，他为中文大学罗致了大批人才，使中大的学术结构和知识结构更加合理。在与内地科技界的交流合作中，他主张“一步一步把双方的联系实际化”。高锟于 1996 年当选为中国科学院外籍院士。由于他的杰出贡献，1996 年，中国科学院紫金山天文台将一颗于 1981 年 12 月 3 日发现的国际编号为“3463”的小行星命名为“高锟星”。

高锟在七十高龄之际完成英文自传*A Time a Tide*，许迪锵翻译的中文译本《潮平岸阔——高锟自述》由四川文艺出版社于 2007 年出版。

（据百度百科、Wikipedia 等资料整理）

（本版责任编辑　易淑琼）

2009 年海外华人新社团

本版内容是对本年度海外华侨华人新建社团新闻报道的摘选，主体保留报道中的事实资料（包括社团名称、成立时间、会长、社团宗旨等）部分；先按亚洲、美洲、欧洲、大洋洲、非洲地区，再按报道时间先后顺序排列。

亚　洲

泰国云南商会成立　会长杨源辉

“泰国云南商会”1 月 10 日成立。商会第一届理事会成员：会长杨源辉；名誉会长：陈永胜、李金刚、张怀三、亨德森·杨、马应光、陈学斌、吴德庆、谢兴科、吕文洋；顾委会主席尚邦云；顾委会副主席：张捷、李勇，顾委会首席顾问黎亚强；顾问：陈万、郑少华、吕坤霖、黄兴先、黄运新、萧建民、王祖华、张安、王昆霖、简旭哲、刘泳贤、林升汉、陈克勤、刘嘉琳、朱宏雄；常务副会长杨芳舒；副会长：陈晓静、施子伟、胡正榕、匡飞鸿，刘开文、杨飞鹏、张英泰、方明亮、杨玉秀、孙立闲、黄慧秋、王阿郴、叶明德、许金财、庄云辉、陈涛、王子麟；秘书张子玉；理事：王永鑫、濮克、方志亮、李义胜、刘义、孙平、张正能、杨明明、杨保林、王智进、吴泰文、庄维荃、谭林、梁景荣、屈在祥。

（［泰国］世界日报 2009 - 01 - 12）

印华总会茉莉芬分会成立　主席黄忠平

据印度尼西亚《千岛日报》报道，印华总会（INTI）茉莉芬分会于 1 月 17 日晚上 7 时，假座茉莉芬 Pahlawan 街 42 号的 MERDEKA 酒店大厅举行理监事就职仪式，由印华总会东爪哇分会主席黄奋立主持。

是晚，来自雅加达总会副主席黄德新、秘书长陈清明与雅加达分会主席许天堂、东爪哇分会主席黄奋立、秘书李明辉，还有智囊团黄立群、理事周礼岳、梁宏熙、姚锦平、林忠炽、林培丰、许重庆、李秀珍，以及日惹分会、绒网分会、谏义里分会、安褥分会、泗水分会等的代表两百余人出席茉莉芬分会理监事的就职仪式，由李秀珍担任司仪。

辅导委员会主席林宏庆致欢迎词，他感谢来自各地的印华分会代表出席是晚的理监事就职仪式。他说，印华总会茉莉芬分会的成立，得到了波诺罗果（Ponorogo）、马格丹（Magetan）、雅威（Ngawi）等茉莉芬市周边城市华人的大力支持。

印华总会东爪哇分会秘书李明辉宣读了委任书后，由东爪哇分会主席黄奋立将委任书与会旗交给茉莉芬分会理事会主席黄忠平。

东爪哇分会主席黄奋立强调，印华总会并不是华裔所有的，而是属于各族各阶层人士的团体，印华总会是福利组织，非华族人士也可以加入参与。因此，他希望各界人士共同与印华总会各地分会搞好社会福利工作。

（中国侨网 2009－01－21）

印华百家姓协会雅东分会成立　主席陈华烈

据《印度尼西亚商报》报道，印华百家姓协会雅加达东区分会于2月8日晚上7时，在芝基尼 Taman Ismail Marzuki 艺术大厦宣布正式成立，并举行首届2008—2011年度理事会就职典礼。

雅加达东区市长慕达尼，印华百家姓协会总主席熊德怡，名誉主席俞雨龄，印华百家姓协会雅加达分会主席陈华烈等均出席见证了该成立仪式。

现任印华百家姓雅东区分会主席孙玉全在致辞中表示，他将与首届全体理事尽力执行任务，为社会和国家作出积极的贡献，同时也希望该会日后能得到印尼政府及其他社会组织等的鼎力支持，进而获得良好的发展。

印华百家姓协会雅加达分会主席陈华烈在讲话中，希望该会的成立能与雅加达东区的华族携手并肩展开各项公益活动，为社会民众作出贡献。

（中国侨网 2009－02－12）

印度尼西亚江夏堂黄氏宗亲会成立　主席黄中南

江夏堂黄氏宗亲会成立暨首届理事会就职典礼在廖省北矸巴汝举行。

印度尼西亚黄氏宗亲总会理事长黄印华介绍说，印度尼西亚黄氏宗亲总会成立于1999年，由开始的10个分会发展到如今在印度尼西亚全国已经有了21个分会，加上廖省北矸巴汝江夏堂黄氏宗亲会共22个分会。黄印华希望黄氏宗亲能加强团结并能与其他华社团体紧密合作、携手共进，积极关心社会福利工作，融入主流社会。

黄中南担任首届理事会主席，理事会副主席为黄健秋、黄腾毅、黄添水、黄和平，秘书长为黄友明中医师，副秘书长为黄志本，财政为黄成基，副财政为黄金发等。

（［印度尼西亚］国际日报 2009－03－02）

泰中文化人联合会成立　主席庄美隆

“泰中文化人联合会”（简称“泰中文联”）3月1日在曼谷成立，驻泰中国大使馆文化参赞陈疆和60多位首届理事见证了新会的诞生。

联合会会聚了泰中两国的文化精英人才，包括教授学者、作家诗人、企业管理者、记者编辑、歌唱家、音乐家、舞蹈家、美术家、教师、工程师、医生、武术家、体育教练、棋艺家等文化人。执行主席林栩表示，“建立一个家园，打造一个发展平台，创造一个美好前途，为人类文化事业作出贡献”，是这个会的宗旨。

全体到会理事作自我介绍并提出大量建议和中肯意见。主席庄美隆、副主席钱丰、杜浩、常务秘书长吴令平都对大家的意见进行了收集，表示会后专门开会讨论。该会每届主席任期两年，不能延任，换届即换人，每位理事都有担任主席、施展才华的机会。

（［泰国］世界日报 2009－03－05）

印度尼西亚中华艺术书画协会成立　主席黄德昌

万隆“印度尼西亚中华艺术书画协会”成立典礼于3月9日举行。

主席黄德昌致辞表示，协会主要宗旨不但是竞赛书法作品，最主要的是能联络各地区的书法同好，提高书法素质，培养更多更优秀有水平的书法接班人，发扬中华书法艺术。

名誉主席李顺南致辞表示，随着时代的发展，世界各国学习汉语者越来越多，作为华族分子，更应学汉语，中华书法也不落后，把中华书艺发扬下去，并培养接班人。特别嘉宾俞雨龄致辞，希望刚成立的协会能与华社接轨，协会会务更上一层楼。

印度尼西亚中华艺术书画协会理事名单：海外顾问：陈声桂、寒川；名誉主席：李顺南；主席：黄德昌；副主席：丘安剑、李惠珠、陈庆隆；执行主任：杨羡绿；文书：洪念娟（中文）、汤祥庆（印度尼西亚文）；财政：李炯琪、黄秋云；书法指导：罗能云、纪国彪；苏加巫眉分会负责人：曾育广、饶瑞华；展玉分会负责人：李联超、李秀容；牙律分会负责人：唐联昌、刘广林；吉里汶分会负责人：林宣慧；茂物分会负责人：许和珠；斗旺分会负责人：陈永璇。

（［印度尼西亚］国际日报 2009－03－09）

大马槟州中华总商会成立青年经商团　团长温永文

（槟城讯）槟州中华总商会宣布已成立青年经商团，成为槟州第一个成立青商团的团体。

槟州中华总商会会长陈国平3月10日在一项新闻发布会上，宣布槟州中华总商会已成立青商团，他透露，该会执行董事于上月的会议上通过成立青商团，并委任其中一名董事温永文为第一任团长。他指出，该会是配合全国工商联合会的号召成立青商团，该会是槟州第一个成立青商团的团体，也是全马第九个成立青商团的商团组织。

陈国平强调，成立青商团最主要的目的是要培养更多槟州青商人才，以及培养该会未来的接班人。他透露，除了团长是受委外，该团其他的执委都将在一个月内通过选举选出，年龄介于21～45岁之间的男女青商及专业人士都可以申请加入该会的青商团。陈国平认为，青商加入青商团，通过建立及扩大商业联络网，将对他们在经营业务方面有很大的帮助。

槟州中华总商会第一任青商团团长温永文透露，该青商团将举办有关人际关系、工商管理知识、经验分享、生涯规划、就业辅导、政府对青年男女创业之援助与贷款计划等讲座或课程，参观重点工厂或公司，以及参与其他培育青商的活动。他说，该团也将举办团员个别的专长发表会，以及互相交流学习的活动。温永文表示，该团虽然才成立三周，但它的目标是要在一个月内招收300～500名团员，而到目前为止，参加该团的青商十分踊跃，人数已达100名。

（［马来西亚］光华日报 2009－03－11）

日本德岛华侨华人会成立　会长黄丽

4月12日，日本华人社会新侨团“德岛华侨华人会”举行成立大会。90余名在德岛县居住的华人代表以及日本嘉宾应邀出席大会。

“德岛华侨华人会”发起人黄丽在致辞中表示，希望在与当地居民认识到语言和文化不同的同时，也能开展心与心的交流，共同构建更加美好的中日关系。中国驻大阪总领事馆副总领事张欣、德岛县知事饭泉嘉门也分别致辞表示祝贺。

据悉，德岛华侨华人会近期将针对来日不久的华人开展咨询活动，以帮助他们尽快适应日本社会的生活。同时，还将开展一系列由华侨华人和当地日本居民共同参与的体育、艺术活动，推动中日文化的“草根交流”。

（［日本］新华侨报2009－04－13）

日本三重华侨华人总会成立　会长蔡义雄

4月12日，三重华侨华人总会举行成立大会。来自东京、大阪、京都、神户、冈山及名古屋地区的华侨华人代表、三重县地方自治体、各党派、友好团体代表100多人参加大会，中国驻名古屋总领馆李天然总领事应邀出席并讲话。

首任会长蔡义雄先生回顾了三重县华侨华人的发展历程，他表示一定不负众望，继承老一辈华侨华人的优良传统，促进新老华侨华人间团结合作，维护会员权益，加强与各侨团联系，为推动在日华侨华人社会发展作出积极贡献。

大会通过了《三重华侨华人总会章程》、《2009年度活动计划草案》和《2009年度会计收支预算案》等。

（［日本］新华侨报2009－04－13）

世界宁波总商会在香港成立　会长周亦卿

世界中华宁波总商会（世宁会）4月17日在香港举行成立大会。香港政务司司长唐英年、中联办副主任黎桂康、外交部驻港副特派员杨子刚、宁波市委副书记郭正伟莅临任主礼嘉宾。宁波总商会由香港著名企业家、其士集团主席周亦卿担任首届会长，19名海内外工商界名人担任副会长。

出席成立大会嘉宾还包括全国人大常委范徐丽泰，香港环境局局长邱腾华等。据介绍，新成立的世界中华宁波总商会以香港为总部，以上海和宁波为基地，与各地宁波商会组织分别开展工作并保持密切联系、互通信息。成立大会上，主礼嘉宾唐英年、黎桂康、杨子刚、郭正伟与创会名誉会长蒋孝严、李达三、庄晓天和首届会长周亦卿一起主持宁波总商会网站启动仪式。

名誉会长李达三和庄晓天先后在大会上致辞。创会会长周亦卿在致辞时表示，中国改革开放三十年，经济飞速发展，新一代甬商也作出举足轻重的贡献，海内外宁波乡亲精诚团结，促成世界中华宁波总商会应运而生．在内地就有14个商会，在世界各地也有许多宁波商会。在香港成立世界中华宁波总商会，是希望以香港作为商界平台，连结内地与世界各地的宁波商会，把握合作发展契机，让甬商能在今日的时局环境下合作更上一层楼。

（［香港］文汇报 2009－04－18）

印度尼西亚吴氏宗亲总会成立　主席吴明理

印度尼西亚吴氏宗亲总会4月18日在雅加达宣告成立。除雅加达吴氏宗亲外，来自巴利、巴东等地吴氏宗亲近百人出席。

总会主席吴明理发言时称，他本人经常参加世界性的吴氏大会，发现国外的吴氏宗亲组织蓬勃发展，而且十分团结。而印度尼西亚的吴氏宗亲组织却在各地发展，有各自为政的趋势。为了让印度尼西亚吴氏宗亲更团结合作，及能加强联络和沟通，吴明理既有成立总会的构想，随后全国各地及国外宗亲均表示支持，就此促成总会的成立。

吴明理表示，此刻中国经济正蓬勃发展，成立总会后可加强和中国吴氏宗亲组织的联系，希望借此学习他们的长处，搭乘中国经济快车，振兴我国经济。吴明理希望全国各地吴氏宗亲不吝予以总会支持。总会将于数月后出版特刊，宗亲们可一览全国各地宗亲们的活动。

（［印度尼西亚］国际日报 2009－04－19）

南大阪日本归国者华人华侨联合会成立　会长西永之

南大阪日本归国者华人华侨联合会（下称联合会）日前正式成立，来自大阪南部19个地区的30余位日本归国者及华人华侨代表列席会议。

大会选举永光成国际贸易株式会社社长、归国者二代西永之先生出任联合会首届会长。会议还选举了8名副会长、18名常务理事和50名理事。

据了解，该联合会的成立宗旨是：团结广大残留妇女、残留孤儿及其后代，亲属亲族，不分国籍，不分信仰，不分性别，为加强互助、交流，为促进日中两国友谊及社会发展，为提高自身素质，实现愉快、健康、稳定的生活目标而奋斗。

该联合会号召、呼吁生活在该地区的广大归国者一代、二代、三代、四代及亲族家属与该会取得联系，使该联合会尽早成立。

据了解，南大阪市有19个市郡。这个地区聚集了数万名受过中国文化教育的日本归国者及其中国人家属。

（［日本］中文导报网 2009－04－27）

旅日中国青少年联盟成立

近日在日中国人科学技术工作者联盟发起成立首个面向在日华人青少年的华人团体，“旅日中国青少年联盟——希望之会”，并面向广大在日华人青少年募集会员。

据介绍，随着在日华人在日本的定居化和华人队伍的不断壮大，华人子女在日本也成长起来，上大学、高中、中学的华人子女越来越多。这些华人子女大多与日本孩子一样，在日本社会生活，接受日本学校的教育，但在家庭里却受着父母的中国文化影响。这些孩子在成长过程中，或多或少地在两国文化不断冲撞中认识和理解日本文化与中国文化的不同，认识和理解父辈的思想和祖国的概念，这些孩子在成长中大多有着相似的烦恼和经历。特别是科盟会员就有很多人的子女面临着在日本考私立中学、考高中、考大学的问题，为了给这些孩子创造一个相互交流的平台，科盟决定成立“旅日中国青少年联盟——希望之会”。让这些在异国成长起来的孩子相互交流，广交朋友，互相激励，健康成长。

“旅日中国青少年联盟——希望之会”现在面向在日华人子女广招会员，会员对象为在日中国人子女中的大学生、高中生和初中三年级学生。“希望之会”成立后会在家长们的支持和协助之下，不定期地开展作文比赛、体育比赛、集中住宿等方式的交流活动。

（［日本］中文导报 2009－05－01）

菲律宾中国商会纳卯分会成立　会长杨鸿明

中国侨网消息：据菲律宾《世界日报》报道，菲律宾中国商会纳卯分会5月2日在纳卯市会议贸易中心隆重举行成立暨首届职员就职庆典，该分会荣获中国驻宿务总领事何时敬光临，又获菲华商联总会名誉理事长蔡聪妙莅临主讲。

理事会会长杨鸿明在就职演说中说：“菲律宾中国商会纳卯分会以青年精英为骨干，吸收众多新移民加入，使本会更充实有活力。我们新移民已把菲律宾当作自己的第二故乡。只有抱着与菲国同舟共济、共度时艰的理念，做到身体力行，才能逐渐融入主流社会，为菲律宾民众所尊重，为我们在这里求生存求发展创造必要的条件。”

中国驻宿务总领事何时敬向分会致辞祝贺，并勉励本会同仁秉承贵会的优良传统，谦虚谨慎，虚心向其他侨团学习，取长补短，互敬互助；遵守当地法令，与当地政府、民众和睦相处，为创造一个和睦、和谐的社团和良好的生存环境而作出不懈努力。

（中国侨网 2009－05－07）

美国天津总商会成立　会长罗牛红

（纽约讯）美国天津总商会5月6日在纽约宣布成立，该商会旨在团结中美两地天津籍和关心天津发展的工商经贸人士，为中美两国的发展及人民幸福生活贡献力量。首任董事会主席为郭晓久，会长罗牛红，常务副会长耿鑫，副秘书长王蔷。

（［美国］世界日报 2009－05－07）

菲律宾中国洪门致公党第五支部成立　理事长陈文章

菲律宾中国洪门致公党第五支部日前在巴西市成立。

地处大岷区商业繁荣地带的巴西市，近几年来，新侨不断增加。为了增强华侨华人的向心力和凝聚力，在致公党总部有识之士的倡议和支持下，去年开始筹备组织另一支致公党组织，新生组织以年轻人为主体，从去年5月份新丁加盟的30多名发展到现在的将近100名。

在致公党总部的协助下，选举产生了致公党第五支部新届理监事会：陈文章当选首届理事长，王荣伟当选执行副理事长，蔡庆汉、王珍海、蔡宗拔、蔡清海、丁劲阳、施建雄、林志猛、黄金呈、姚跃传、李晓踊被推选为副理事长，刘清海当选监事长，蔡胜利、刘鹏辉、李清彬、蔡加富、李文前、林加建、蔡清海当选副监事长，蔡新胜、陈灿庆当选秘书长。首届理监事会就职典礼定于5月29日举行。

（［菲律宾］世界日报 2009－05－09）

大阪日本归国者华侨华人联合会成立　会长齐会发

4月19日，大阪日本归国者华侨华人联合会在大阪日本桥“上海新天地”正式成立。来自大阪市26个区的日本归国者华侨华人代表参加了会议。

会议选举齐会发为首届联合会会长，李壮为常务副会长，郭世斌、金子德雄、松田浩毅、桑原正道为副会长，香川美惠子等12人为常务理事，另外还选举产生出52名理事，成立了以李壮为首的联合会事务局和4个专门工作委员会，建立健全了第一届理事会机构。

大阪日本归国者华侨华人联合会是非政治性、非营利性的民间团体。

（［日本］中文导报网 2009－05－11）

旅日新侨民组建“上医同门会”　理事代表王庆平

据《日本新华侨报》报道，5月16日，毕业于中国上海医学院、上海第一医学院、上海医科大学、复旦大学、上海医学院等院校的旅日上海医务人员聚集在东京大学附属病院，组建了新的侨团——“上医同门会”。

该会意在建立一个医学科学知识的交流平台，汇集中日各领域的医务工作者，提供一个集思广益、共同推进人类医学事业进步的舞台。同时，上医同门会计划经常组织一些学术报告会，进行医学科学知识的普及活动，并表示欢迎对医学和医务工作有兴趣的社会各界人士莅临现场参与讲座并一起探讨交流。

上医同门会的绝大多数会员都是改革开放后来到日本的新华侨，他们在经过艰苦打拼并逐渐在异国他乡站稳脚跟的同时，没有忘记自己的祖国和在日的众多华人同胞，更没有忘记作为医务人员身上肩负的救死扶伤的神圣使命。由此，他们想将平日工作之余小规模的医学探讨交流通过成立同门会的形式聚集所有会员共同参与讨论，从而达到信息共享、互相促进的目的，最终为存在疑惑或困扰的在日华侨排忧解难而竭尽全力。

（中国侨网 2009－05－19）

日本湖南之友会和日本湖南人会在东京成立　会长段跃中

新华网东京5月25日电　“日本湖南之友会”和“日本湖南人会”24日在日本东京成立，这是日本首次成立以湖南省为对象的友好团体和由湖南籍人士组成的侨团。

两团体的成立仪式当天在东京举行，日本前防卫大臣林芳正、众议院议员后藤田正纯、参议院议员木俣佳丈、新中日友好21世纪委员会委员石川好、日中协会理事长白西绅一郎和日本侨报社总编辑段跃中六人出任“日本湖南之友会”共同代表，段跃中同时出任“日本湖南人会”首任会长。

出席成立仪式的中国全国政协委员潘天林发表讲话说，此次“日本湖南之友会”和“日本湖南人会”的成立，对促进湖南省和日本的交流具有重要意义，也有利于促进中日两国的交流。

段跃中表示，为促进湖南省与日本在各个领域的交流并推动中日友好，“日本湖南之友会”和“日本湖南人会”将开展各种活动并致力于促进会员之间的友好。

日本前首相福田康夫和村山富市、参议院议长江田五月和少子化对策担当大臣小渊优子等日本政要，以及中国国务院侨办和日本主要侨团也纷纷发来贺词，勉励上述两团体为促进湖南省与日本的交流和中日友好作出贡献。

（新华网 2009－05－28）

日本九州华侨华人文学艺术家联合会成立

6月6日，日本九州华侨华人文学艺术家联合会成立大会在福冈举行。中国驻福冈总领事武树民、福冈各侨团社负责人、中资机构代表、日本友人及联合会成员等近150人出席。

武树民总领事对联合会成立表示热烈祝贺。他说，联合会聚集了一大批活跃在日本九州地区的华侨华人文学艺术家。联合会的成立，必将为九州侨界增添新的活力，为促进中日两国人民间的文化交流和相互了解发挥积极作用。武树民总领事对联合会提出三点希望：一是发扬“爱国爱乡”精神，关心祖国建设发展；二是发挥自身优势，搭建中日两国艺术家交流的平台，增进与当地人民的友谊；三是与其他侨团团结一心、相互合作，推动侨界事业健康发展。

马星华会长在讲话中介绍了联合会成立的宗旨、章程、人员构成以及活动计划，表示将切实履行建会宗旨，为弘扬中华文化搭建一个多元的艺术平台，为中日人民架起一座友谊的桥梁。

（［日本］新华侨报 2009－06－08）

印度尼西亚茂物福清同乡会成立　主席林民根

印度尼西亚西爪哇茂物福清同乡会6月13日成立。印度尼西亚福清社团总会总主席林文光、第一副总主席姚忠从、秘书长林文珠；三宝隆福清公会主席陈文兴、常务副主席吴孝忠及来自万隆、茉莉芬、麻里巴板、梭罗、直葛、展玉、苏甲巫眉的福清同乡组织等代表出席。

茂物福清同乡会主席林民根致辞时称，茂物福清乡亲在各地同乡的鼓励下，尤其是在万隆乡亲的帮助和推动下，本着凝聚乡亲、弘扬中华美德、融入主流、回馈社会的宗旨，终于今日宣告正式成立。林民根表示，将不负大家的期望，脚踏实地，努力发展会务，以福清话学习班为首要任务开路，以举办银会为财政来源，同时开展各种有益于身心健康的文体活动，让乡亲们有一个自己的家，让融情得以代代相传。

林文光致辞时代表印度尼西亚福清社团总会向茂物福清同乡会的成立表示热烈祝贺并予以诚挚的问候。他说，一个社团的成立在当地社会将会起到重大的作用。希望茂物福清同乡会的成立在为凝聚茂物福清乡亲、为其谋福利、加强团结等方面收到良好的效益。林文光对茂物福清同乡会加入印度尼西亚福清社团总会表示欢迎，希望在总会大家庭里大家携手合作，在教育、体育、文化特别是弘扬中华文化工作方面作出更大的努力和应有的贡献。林文光最后希望茂物福清同乡会会务蒸蒸日上。

（［印度尼西亚］国际日报 2009－06－14）

泰国华教总会宣告成立

历经三年筹备，“泰国华教总会”6月11日正式成立，并在全国六个区域成立华校联络中心，旨在推广汉语教育事业，提高泰国的华文教学水平。

泰国教育部民校特别教育办公室的领导就泰国华文教育目前“各办各的，像一盘散沙，以至于泰国华校的华文教育未能得到较好的发展”的现状进行研议，而积极进行策划，推动成立一个强有力的组织，支持华文教育的运作。

6月9日—11日，由泰国教育部民校特别教育政策办事处、主管汉语教育的赖之华老师及教育部民校办事处工作组，以及各华校校长、领导：林真、陈义、陈汉展、谢广、陈松、陈琇玲、书秀钳、李振杨、马良惠等12位教育界资深人士召开研讨会议。

6月10日，在赖之华老师的主持下，各位参与讨论的代表及工作组理事就有关课授华文民校联络中心的名称问题进行了热烈讨论，拟定出能够代表全国课授华文民校中心、符合推广汉语教育意义的名称，最后大会一致通过定名为“泰国华教总会”。会议同时成立了六个区域的临时华校联络中心及主要联络人。会议决定于7月24—25日召开全国122家华校第一届代表大会，选举第一届理事。

（［泰国］世界日报 2009－07－01）

中国商会班乃分会成立　会长郭从愿

据中国外交部网站消息，8月8—9日，中国驻宿务总领事何时敬应邀赴伊洛伊洛市出席中国商会班乃分会第一届职员就职典礼。何总领事在会上发表讲话，鼓励伊市新老华人继续加强合作，共谋发展，为中菲友谊作出贡献。

菲律宾中国商会董事局主席许克宜、会长郭从愿等侨领及菲各地中国商会分会派代表与会。伊洛伊洛市市长 Jerry P. Trenas、菲前司法部长、现总统府法律首席顾问冈萨雷斯、国会议员小冈萨雷斯等也出席了相关活动并致辞。

（中国侨网 2009－08－10）

印度尼西亚勿老湾乡亲联谊会成立　主席马文山

据印度尼西亚《星洲日报》报道，经过多年的努力以及面对许多艰难的程序，印度尼西亚勿老湾乡亲联谊会于6日在主席马文山的宣告下，正式成立。

他同时也在雅加达西区华园酒楼的联欢晚会上向各位乡亲介绍第一届理监事成员，并且感谢大家支持并推举他成为乡亲联谊会第一届理事会主席。

他指出，虽然已经正式成立第一届理监事，可是到目前为止还未拥有自己的会所，因此他呼吁所有勿老湾旅椰乡亲能够有钱出钱、有力出力，早日拥有自己的会所。

他说，如果有了自己的会所，要举行会议或其他的活动就方便得多，同时也能够成为各乡亲促进友谊和增进感情的平台。

（中新网 2009－09－09）

日本中部中国文化艺术联合会成立　会长聂二中

据日本新华侨报网报道，18日，“日本中部中国文化艺术联合会”成立大会在名古屋市举行。日本中部地区华侨华人文化艺术界以及友好团体代表50多人参加大会，中国驻名古屋李天然总领事应邀出席并讲话。

李天然总领事向“日本中部中国文化艺术联合会”成立表示热烈祝贺，他说，中日两国是一衣带水的邻邦，在两千多年的交流史中，文化艺术交流源远流长、绵延不绝。中日邦交正常化后，中日文化交流不断发展，其范围之广、规模之大、数量之多，在中国与其他国家交流中是少有的。中部地区是日本经济活跃、与中国交往频繁的地区之一，近年来中部地区华人艺术家们辛勤耕耘、艰苦奋斗，在“名古屋中国春节祭”、四川大地震赈灾和中日文化交流活动中逐渐崭露头角，为推动中日友好、传播中国文化作出了积极贡献。

“日本中部中国文化艺术联合会”会长聂二中先生表示，在祖国迎来六十周年华诞之际，在总领馆的大力支持下，成立“日本中部中国文化艺术联合会”有着不寻常的意义。作为首任会长我一定不辜负大家的期望，团结中部地区华侨华人艺术家，为弘扬中华文化、促进中日友好贡献自己的力量。

（中新网 2009－09－22）

中日环境友好交流促进协会成立　会长石峰

中新网10月2日电　据日本新华侨报网报道，9月30日，中日环境友好交流促进协会成立大会在名古屋大学召开。前中国环境部生态保护司司长彭近新、名古屋市国际交流课长吉川秀德、名古屋市环境局顾问加藤正嗣等中日嘉宾及学术界代表40余人参加。中国驻名古屋李天然总领事应邀出席并致辞。

名古屋大学博士后研究员石峰当选为协会首任会长。他为到场来宾简要介绍了协会情况，表示中日环境友好交流促进协会为非营利组织，由中日环境领域学术界、企业界及民间人士共同组建而成，今后将为促进两国在环境领域的学术交流与民间合作而努力。

李天然总领事首先对中日环境友好交流促进协会的成立表示热烈祝贺。他表示，环境问题是影响人类生存与社会发展的区域性、全球性问题。环境保护不仅是各国面临的重大课题与挑战，也逐渐发展形成新型环境产业和绿色经济，成为引领当前世界走出金融危机、促进经济发展的新引擎。

（中新网 2009－10－02）

日本岐阜县华侨华人会成立　会长庄晓晖

据日本新华侨报网报道，7 日，日本“岐阜县华侨华人会”成立大会在岐阜县岐阜市举行。中部地区各侨团负责人、岐阜县政府、友好团体以及研修生代表等 80 多人与会，中国驻名古屋总领事李天然应邀出席并讲话。

李天然总领事充分肯定了岐阜县华侨华人为支持祖国经济建设、推动中日友好所作的努力。李总领事说，随着岐阜县与中国的交流不断深入，岐阜逐渐成为中国公民的集居地区，目前人数已近 1.7 万人。“岐阜县华侨华人会”的成立反映了岐阜县华侨华人“团结、合作、发展”的共同心声，希望“岐阜县华侨华人会”成立后，加强岐阜县华侨华人间的团结合作，积极融入主流社会，为促进中日民间友好作出更大的贡献。

“岐阜县华侨华人会”首任会长庄晓晖表示，岐阜与中国渊源深厚，是日本唯一地名源自中国的县。华侨华人会成立后，将加强与兄弟侨团之间的横向联系，积极参与“名古屋中国春节祭”等活动，服务岐阜县广大华侨华人，为振兴地区繁荣、推动多文化共生、促进中日相互理解添砖加瓦。

日本众议院议员柴桥正直、岐阜县日中友好协会理事长龟之内昌武、岐阜县政府代表、日本华侨华人联合总会副会长陈学全等先后致辞，高度评价“岐阜县华侨华人会”的成立为岐阜县的中日友好交流与合作注入了新的活力。

（中新网 2009－10－09）

东日本汉语教师协会在东京成立　会长吴川

据《日本侨报》报道，由从事汉语教学的日中教师组成的东日本汉语教师协会，17 日下午在中国驻日大使馆教育处举行成立仪式。教育处公使衔参赞孙建明寄语该会促进汉语教师之间的各种交流、共享信息、增进友谊，同时为促进日本汉语教学的发展作出贡献。100 余名华人汉语教师和日本教师等出席了成立大会。日本大学教授吴川当选首任会长。

吴川会长介绍了该会的筹备过程和基本理念、组织构成等。吴川说，东日本汉语教师协会将为广大会员提供一个全新的交流平台，也可以说是给大家提供一个大平台，让大家利用这个平台进行交流，在这个大舞台上表演丰富多彩的节目。

日本著名汉语教育家、明治学院大学名誉教授榎本英雄出任顾问，东京工科大学教授陈淑梅、明海大学教授刘勋宁、原国学院大学教授渡边晴夫三人当选副会长。常务理事有杨凯荣（东京大学教授）、杨达（早稻田大学教授）、王亚新（东洋大学教授）、杨光俊（樱美林大学教授）、赵军（千叶商科大学教授）、王学群（东洋大学副教授）、三井啓吉

（创价大学副教授）、大塚秀明（筑波大学副教授）、藤井达也（高中研代表理事）。日本大学讲师刘琦当选为秘书长。

（中新网 2009 - 10 - 19）

日本富山县华侨华人会成立　会长林广丽

据日本新华侨报网报道，8 日，日本富山县华侨华人会正式宣告成立。至此，日本中部六县全部成立了华侨华人团体。

当天，富山县华侨华人会成立祝贺大会在富山第一酒店隆重举行。部分国会议员、三重县地方政府代表、议会议员、友好团体代表、工商企业界人士及中部地区侨团代表 100 多人参加了成立祝贺活动。中国驻名古屋总领事张立国应邀出席大会并致辞。

富山县年轻实业家林广丽女士当选为侨团首任会长。她为到场来宾简要介绍了侨团组建成立的相关情况，表示新侨团将继承发扬在日华侨华人的优良传统，加强同各侨团的联系，促进华侨华人间团结发展，为推动当地华侨华人和中日友好事业发展作出新贡献。

日本众议院议员村井宗明、富山市副市长杉原信介、富山市副议长村上和久、富山县日中友好协会副会长本田正昭、日本中部华侨华人联合总会会长丁秀山等来宾也先后致辞，对富山县华侨华人会成立表示祝贺，称中日两国加强信赖与合作，构筑和谐共赢双边关系，共同推动亚洲合作与区域振兴是大势所趋，也是双方的共同使命，希望新侨团成立为中日加强交流、深化合作注入新的活力。

（中新网 2009 - 11 - 11）

在日黑龙江籍同胞成立“同乡会”　理事长陈立新

据日本新华侨报网报道，6 日，“NPO 法人日本黑龙江省经济文化交流促进协会”在中国驻日本大使馆教育处举行了成立仪式，共有 50 多位在日中国黑龙江籍或在黑龙江生活、学习、工作过的华侨华人和热爱黑龙江的日本友好人士与会。

在成立仪式上，该协会陈立新理事长、大使馆刘敬师领事、神奈川县日中友好协会久保会长、日本新华侨华人会陈玳珩会长、东京都市大学樱井教授、早稻田大学井之上教授等中日嘉宾分别致辞。

中国驻日本大使馆领事刘敬师在致辞中讲到，日本与黑龙江省在历史上、地理上皆联系紧密，特别是在日黑龙江籍华侨已经达到 6 万多名，按出身地划分是旅日华侨中仅次于辽宁籍的第二大群体，广大的黑龙江籍同胞目前活跃在日本的各行业中，今后希望旅日黑龙江籍同胞积极地以该协会为平台为黑龙江与日本之间的经济、文化等发面作出更多更好的交流促进。

（中新网 2009 - 11 - 16）

日本娄底人会在东京成立　会长段跃中

据《日本侨报》报道，旅日湖南娄底同乡团体——“日本娄底人会”，11 月 29 日下午在日本东京成立，这是“日本湖南人会”成立以来的第一个地级市侨团。日本前首相村山富市题写了“日本娄底人会”会名。

以娄底市副市长肖新桃为团长的娄底访日团一行六人、中国驻日大使馆领事、一等书记官刘敬师、日本参议院议员西田实仁、日本众议院议员江端贵子等和日本娄底同乡及日本友人50余人出席了成立仪式。娄底出生的日中交流研究所所长段跃中当选“日本娄底人会”首任会长。双峰县出生的凌苏群博士、娄星区出生的杨泽宇、新化县出生的王国主、涟源市出生的李建平纷纷作为娄底市辖的各个县级市区代表当选为副会长，冷水江市人喻杰当选为秘书长。

（中新网 2009－11－30）

大马福州社团联合总会成立　会长刘贤威

据马来西亚《东方日报》报道，马来西亚福州社团联合总会会长刘贤威29日表示，马福各属会的领导层极为关心国家政经的演变和进展。然而，福州社团联合总会的成立，除了联系本身族群之外，应扩大至国民团结范畴。

“福州人人才辈出，只要拿得起，放得下，福州人将是前途无量。”刘贤威是在29日早出席由古晋福州公会主办的马来西亚福州社团联合总会代表大会开幕仪式上致辞时，如是表示。

他说，大马福州人的两大主要发源地，分别是砂州诗巫和西马实兆远。诗巫福州人扩充到砂州各个角落，而西马的实兆远也扩充到西马各地，甚至到泰国、缅甸。

鉴于此，他希望总会未来两年的新届理事，检讨过去，展望未来。同时，希望大家把砂福、马福和世福当成是一家人，展现出福州人的精神。

他表示，通过这些节目的举办，拉近了东西马同乡之间的乡谊关系，不仅如此，马福在凝聚乡亲、促进团结工作上扮演了积极的角色。

此外，他还补充说明，马福理事会非常重视同乡子女的教育。过去两年，马来西亚福州社团联合总会就批准了30份贷学金予会员同乡子女，让他们能轻松地去深造。

从1973年设立百万贷学基金以来，约有500名同乡会员子女申请，并顺利完成学业。“马福理事会的两年任期到了，回顾过去两年的时光，我对各属会给予我的支持和合作，深表感激。希望各属会代表在大会上，选出贤能，提出好的建议，检讨过去，展望未来，让马福新的领导层继续落实尚未完成的目标。”

（中新网 2009－11－30）

美　洲

美东内蒙古同乡会成立　会长王桂荣

美东内蒙古同乡会于1月20日正式宣布成立，会长王桂荣表示，鉴于中国各地同乡联谊会相继成立，为了集结美东内蒙古同胞，并促进乡亲间的交流，让蒙古族在这里建立一个家。经过一年多的筹备，终于在美东成立了第一个属于蒙古同胞的同乡会。为促进日中两国友谊及社会发展，为提高自身素质，实现愉快、健康、稳定的生活而奋斗。

该联合会号召和呼吁生活在该地区的广大归国者一代、二代、三代、四代及亲族家属与该会取得联系，使该联合会尽早成立。

据了解，南大阪市有19个市郡。这个地区聚集了数万名受过中国文化教育的日本人归国者及其中国人家属。

（［美国］世界日报2009－01－21）

美维州华裔共和党协会成立　会长张凯昌

中国侨网消息：据美国《世界日报》报道，美国大华盛顿地区第一个由华裔移民组成的党团组织“维州华裔共和党协会”，3月19日在维州共和党主席及党内各族裔精英的见证下，正式成立。

该会首届会长张凯昌指出，协会由两岸三地华人移民组成，囊括各种服务性社团的中坚干部，除了凸显华人移民积极参政的意义，也希望认同共和党核心价值与理念者加入，一起追求“维州更好的明天”。

“维州华裔共和党协会”首届干事会成员包括会长张凯昌（Kai Zhang）、副会长叶安舜（Tony Yeh）、财务谢立萍（Sheree Tsai）、秘书李小明（Florence Wood）、募款小组主席郑叔霆（Jim Cheng）、会员征募小组主席冯贻伦（Ken Feng）、小区联络小组主席蔡宛蕙（Stella Choi），所有干事在维州共和党主席佛瑞德瑞克（Jeffrey M. Frederick）主持下宣誓就任。

协会也成立了五人顾问委员会，包括菲裔小区领袖 Vellie Dietrich－Hall、Harold Pyon、陈春华、苏思睿、李清秀等。在维州共和党团相当活跃的菲裔共和党协会主席 Dietrich－Hall 指出，维州近十年的亚裔人口成长率高达51%，政治影响力不容小觑，她期许“维州华裔共和党协会”能深入小区，为共和党吸收更多人才。

（中国侨网2009－03－23）

美东济南同乡会成立　会长王建英

（纽约讯）美东济南同乡会3月26日成立，同乡会表示今后将通过同乡会这个平台组织和联系旅美的济南老乡，开展多种形式的经济和文化活动，帮助新移民解决生活和就业中所遇到的问题，同时为促进中美友好关系贡献力量。

该会的名誉顾问前纽约州众议员孟广瑞表示，济南同乡会阵容强大，这种愿意回馈小区和帮助同乡的做法很有意义，希望同乡会可以结合两岸三地的济南人，为同乡利益和推动中美关系发展而努力。

会长王建英表示，目前美东的济南乡亲约有1 000人，美西有400～500人，她希望未来有更多的济南人可以加入同乡会，团结互助。副会长兼理事长从淑平希望同乡会还可以加强联系其他社团，参与和推动华裔从政，为华裔争取合法的权益而努力。

同乡会成员名单：副会长周勇，秘书长唐显忠，顾问李鹏，干事黄元龚，理事李鹏、周勇、从淑平、唐显忠、黄元龚、张彬、萧伟、张波、方凯文、甘莉、张连光、李立杰。

（［美国］世界日报 2009－03－27）

温哥华天津会馆成立　会长孟凡建

3月28日对生活在温哥华的天津侨民是个有纪念意义的日子，温哥华天津会馆正式成立，温哥华数千天津同乡从此在异乡有了共同的家。几十名温哥华侨界领袖和天津同乡代表们一起参加了揭幕式，共同见证了温哥华侨界具有历史意义的一刻。

温哥华天津海河联谊会是温哥华地区最有影响力的同乡互助联谊社团之一，在成立以来的两年多时间里，组织了大量的同乡联谊以及新移民生活、创业等讲座，并开设了自己的网站。据温哥华天津海河联谊会会长孟凡建介绍，温哥华天津会馆将每月举行大温哥华地区天津同乡聚会，帮助天津乡亲更好地生活和创业。

温哥华天津会馆还将增强与家乡天津的紧密联系，并组成侨商团参加2009年第16届“津洽会”，邀请天津市企业家组团到加拿大考察。

（今晚报 2009－03－31）

美国加州鲍尔温公园市成立华人协会　会长欧秀樱

随着洛杉矶地区华裔人口往东移居的版图逐渐显著，鲍尔温公园市华人协会于4月2日举行成立大会，创会会长欧秀樱表示，未来将致力于为华人服务，扮演华裔社会与主流社会沟通的桥梁。鲍尔温公园市市长罗萨诺、警局副局长泰勒及多位支持者都到场出席。

鲍尔温公园市副会长黄昆玮认为，比起其他华裔聚居的邻近城市，该市更显交通良好、治安环境安全；而由于该市华裔居民人口渐多，未来期望通过华协协助银发族争取相关福利。

（［中国台湾］宏观电子报 2009－04－08）

智利华商联合总会在圣地亚哥成立　主席王何兴

智利华商联合总会于5月8日在圣地亚哥成立，智利数百名华商以及智利政府官员、议员和中智两国外交官员代表出席了成立大会。

联合总会主席王何兴在成立大会上表示，该会在中智两国经贸关系日益密切的背景下应运而生，其宗旨是帮助智利华商合法经商，更好地融入智利社会，促进两国经贸往来进一步发展。

中国驻智利大使刘玉琴在成立大会上呼吁华商与智利人民和谐共处，共同应对全球化时代的挑战。刘玉琴表示，中国大使馆将一如既往地对智利华侨华人和华商团体提供帮助和支持。

专程回国参加成立大会的智利驻中国大使费尔南多·雷耶斯在接受新华社记者采访时高度赞扬了华商对智利社会所作出的贡献，认为华商联合总会将为智中两国搭起一座民间桥梁，为双边贸易创造更多机会。他高度评价了两国保持了近四十年的友好关系，并相信在两国关系的下一个四十年中，两国将共同创造更友好、更繁荣的未来。

智利华商联合总会汇集了在智利从事矿业、贸易、服务业、旅游业等各行业的华商。华商联合总会筹备近一年来，为当地华商组织了语言培训班、法律讲座等活动，积极组织动员华商参加智利当地的慈善活动，在智利社会引起了较好的反响。

（新华网 2009－05－09）

旧金山华人会成立　会长江苑珊

据美国《侨报》报道，一批立志帮助华人移民立足美国、融入社会的热心人士组成的一个全新组织——“旧金山华人会”，3日在旧金山中国城大埠同源总会大礼堂举行成立仪式。旧金山市议会主席邱信福和市行政长官李孟贤等政要到场祝贺。会长江苑珊指出，华人会的宗旨是根据亚洲移民尤其是老年人及退休人士的需要和利益，为他们提供各项社会、文化活动以及公民教育服务。

数百位会员和民众出席了成立大会。华人会创会会长江苑珊同时也是亚裔建筑协会会长，她致辞表示：“当年我刚到美国时，对怎样在这里创业充满疑惑。今天，我们希望透过华人会，帮助像我一样的移民在美国扎根；同时将举办社会文化和教育活动，帮助华人融入社会，回馈社会。”

江苑珊说，自己作为一个华人移民，一直在寻找机会回馈华人社区。今日，我很幸运能有机会在旧金山为英语水平有限的华人移民成立一个组织。华人会目前会员超过100名。我们将组织会员参观亚洲艺术博物馆，唱卡拉OK及参加各种娱乐活动；也将组织会员参加政府主办的各种公益活动，服务社区；还希望为会员提供公民入籍考试辅导、职业英语辅导及就业转介服务。

（中国侨网 2009－05－10）

美国海南总商会成立　会长谢自力

美国海南总商会日前在曼哈顿华埠举行成立仪式，这是在美以琼籍旅美人士为主的首个商会组织。会长谢自力在开幕仪式上表示，该会是非营利社团组织，将作为美国和海南省经济文化商业的桥梁和纽带，致力于推动双方经济文化和商业贸易的交流和合作。他坚信商会一定能为促进海南国际旅游岛经济发展起积极作用。中华公所主席于金山、前中华公所主席陈玉驹，美国广西总商会会长乔立华及来自洛杉矶侨界的知名人士齐聚，共同庆祝商会成立。

（［美国］世界日报 2009－05－11）

美国纽约青岛同乡会成立　会长朱英姿

美国纽约青岛同乡会日前在法拉盛举行成立大会，数百人出席，大会由山东同乡总会会长兼青岛同乡会名誉会长吕成锐主持，第一任会长朱英姿表示，未来同乡会成员将相互扶持、同舟共济，积极为小区服务，为青岛和美国之间的人文交流和经济合作作贡献。

中国驻纽约副总领事周立民也出席了大会，到场主要嘉宾还有顾雅明、谢嘉燕、刘振华、郭至隆、冷静等。

（［美国］世界日报2009－05－18）

圣地亚哥湖北同乡会成立　会长陈绪珞

圣地亚哥湖北同乡会周末在索兰那滩正式成立。这是继福建同乡会、广东同乡会、中国广东联谊会、台湾同乡会、潮州同乡会、海外山东人协会、大西南同乡会、广西同乡会、重庆同乡会、湖南同乡会、川渝同乡会之后，当地侨社出现的第12个同类团体。

负责筹备事宜的大陆学人陈绪珞表示，湖北同乡会已联络到当地40多个湖北人家庭，以及一批曾在鄂省求学、工作、定居的人士。大家一致认为这样一个培植乡情、促进互助的团体，在各种协会林立的圣地亚哥侨社仍有开展活动的空间，可以发挥其独特功能。

成立大会的出席者当场投票选举了湖北同乡会的第一届理事会，陈绪珞当选为会长，前中华会馆主席李本唐当选为名誉会长，高科技业者汪军当选为执行副会长，陈丹华为秘书长，刘锦英为财务，方向明、沙红芳、李明为理事，分别负责文艺、公关与商务事宜。

（［美国］世界日报2009－05－19）

洛杉矶乒协成立　会长刘旭桉

于11年前成立的加州乒乓球俱乐部和洛杉矶乒乓球俱乐部，6月14日正式合并为洛杉矶乒乓球协会，聘请多位前中国国家队主力及现任美国乒乓国手担任教练，培养乒乓球新秀，推动南加州乒乓球运动的发展。

当天下午在艾尔蒙地山谷上的落成剪彩仪式吸引了数百名乒乓球爱好者共襄盛举。奥运冠军高军、黄尧晰、彭蔼秋和赵越等现场为来宾表演乒乓球拉练，获得满堂喝彩。不少乒乓球爱好者也趁机向国手们讨教。

洛杉矶乒乓球协会会长刘旭桉表示，乒乓球从20世纪70年代后期传入美国，已为愈来愈多的美国人所认识和接受，在洛杉矶，过去十年参加正式乒乓球训练和比赛的人数至少增加了三倍，不仅是华人，其他亚洲人和美国人也开始加入打乒乓球的行列。

乒乓球协会副会长吕诗澄说，两周后乒协主办的2009全美乒乓球公开赛即将开战，目前报名人数已超过200人，其中包括不少青年学生，乒乓球运动在南加州的迅速发展可见一斑。

（［美国］世界日报2009－06－15）

华人班底新移民联合会在华盛顿成立

据美国《世界日报》报道，由一批旅居北美、具有中国背景的专业人士所筹组的非营利组织“新移民联合会”（New Immigrants United），近日在华盛顿宣告成立，未来一年的工作目标是把握当前移民法改革讨论的契机，为合法移民，尤其是职业移民争取利益。

在新移民联合会的理事成员中，多数是留学生出身的职业移民，对漫长的移民排期感同身受。他们的学术领域多元，居住在美、加许多城市，对移民法改革的目标一致，也就是加速合法移民取得永久居留权的速度，包括推动允许排期未到的职业移民申请人提交I-485调整身份申请，促使移民当局定期更新绿卡使用进度与数量，增加中国出生者的职业移民名额，追回以往浪费的绿卡名额等。

该会计划从多方面为新移民小区服务，包括向公众和媒体说明移民改革，帮助新移民了解美国移民法律和政策，协助移民小区与政府机构交流和质询、监督和促进移民局及其他政府部门的效率，向新移民介绍最新的移民法律动态等。

（中国侨网 2009-07-01）

北美中华和平发展联合会成立　会长利瓦伊灏

北美中华和平发展联合会在利瓦伊灏主导下于7月25日成立，并由利瓦伊灏担任首届会长，副会长为周士建、郭永宏及吉令旭。

利瓦伊灏表示，全球经济不景气的当前，团结就是力量，华人在北美落地生根，更应不分来处携手合作。该会宗旨包括鼓励和提倡个人与团体发挥互助作用，促进华人世界之间的和平及发展；促进中美经济、文化、教育、科技、学术、旅游各方面的交流与合作；团结对中华文化具有愿景的各界人士，促进及发展中华文化。

（［美国］世界日报 2009-07-27）

美国浙江研究会正式成立　会长冰凌

据美国浙江研究会秘书处发布的消息，经过一年多的筹备，美国浙江研究会于8月8日在美国纽约正式成立。研究会的成员为旅美浙籍或与浙江有联系的文学艺术界、经贸科技界、侨界、留学界和海归人士。研究会设立研究交流中心、策划推介中心、留学生联络处和秘书处，具有研究、交流、推介、联谊等多项功能。

旅美作家冰凌担任美国浙江研究会首任会长，他表示："浙江是中国一个具有典型意义的文化符号，所以我们要研究它。这是我们创建美国浙江研究会的起因。浙江研究会的宗旨是：研究宣传浙江；推介促进浙江；为浙江的未来发展做一点儿实事。"

（中国侨网 2009-08-10）

加拿大不列颠哥伦比亚省生物学中国学者联系会成立　主席杨光

在加拿大不列颠哥伦比亚省著名学府从事生物学相关领域研究的50多名教授、博士后和研究生11日会聚一堂，宣布不列颠哥伦比亚省生物学中国学者联系会成立。

该联系会是一个互动组织，旨在给当地高层次华人生物学人才提供视野广阔的学术交流机会，包括专业技能指导、未来职业规划以及学成归国发展的信息等。

据联系会主席、不列颠哥伦比亚大学神经科学系博士生杨光介绍，联系会将定期邀请在生物学领域有成就的华人教授介绍学术研究心得，同时分享人生体会。第一位举办讲座的将是加拿大皇家科学院华裔院士、不列颠哥伦比亚大学神经科学专家王玉田，他将讲述

“生活的选择”。

中国驻温哥华总领馆教育参赞薛亚菲鼓励青年学子学成回国服务，或以讲学、交流等方式为国服务。

（新华网 2009－08－12）

赌城荣光联谊会成立　理事长毕鹏岐

拉斯维加斯荣光联谊会日前召开第二次筹备会议，会议确定将于9月3日成立，筹备会已推举毕鹏岐出任首届理事长，胡宇重为副理事长，另一位副理事长将希望由国防医学院校友会推荐出任，理事会将有15名理事，荣光联谊会成立后，将会对曾是中华民国各军事院校友、退除役后备官兵、军文后备人员等的小区华人提供服务。

荣光联谊会筹备会负责人、同时将担任首届理事长的毕鹏岐指出，该会将设秘书、活动组、公关组、财务组、联络组等，目前已有近50人登记入会，他欢迎小区有兴趣的华人入会。

（［美国］世界日报 2009－08－15）

美西中国和平统一促进会成立　会长潘世炎

据美国《侨报》报道，酝酿数个月的美西中国和平统一促进会（简称美西和统会），于8月30日中午在南湾库柏蒂诺市举行成立大会，有70多位湾区各个侨团的代表出席，并由湾区知名侨领，也是新成立的美西和统会名誉会长古铣贤主持。中国驻旧金山副总领事王新平率多位领事到场祝贺。

担任首届美西和统会会长的潘世炎在成立大会上致辞表示，该会成立的宗旨是团结来自两岸三地的华侨华人，联合各社团反独促统，为两岸建言献策，促进海峡两岸的和平发展与统一。

他还表示，美西和统会虽是新组织，但会内20多位理事是长期从事两岸和统工作的中坚力量，从2000年起就参与了旧金山湾区和统组织的创建和发展工作，为反独促统、和平统一作出了积极贡献。他重申，美西和统会成立后将一如既往团结各界侨胞，共同为祖国的和平统一作出努力，也欢迎更多的朋友加入和统的行列。

美西和统会副会长为吴有义、方秀珍、庄永泉；顾问为池洪湖、魏需逊、雷振泽、张启智、李心培、李竞芬、计安等。

（中新网 2009－09－01）

加拿大华人姓氏联会成立　会长伍思聪

据加拿大《明报》报道，华人在加拿大已有逾百年历史，早已开始有宗亲会的设立，每个都见证着华人在当地的奋斗历史和贡献。一个联合当地多个华人宗亲会的联会刚成立，目的是为当地华人提供一个新的平台，吸引更多后辈“寻根问祖”，而该联会利用收集到的姓氏数据来设立一个长者安全网数据库，以方便警方替在街上走失的华裔长者寻找家人。

这个已取名为“加拿大华人姓氏联会”的组织，在6日晚的伍胥山公所的年度宴会上正式成立，成员团体包括伍胥山公所、李氏公所、林西河堂公所、麦始兴堂，以及黄江夏云山公所等多个当地历史悠久的华人宗亲会，日后并将有更多的宗亲团体加入。

联会创办人伍思聪当晚指出，当地华人的宗亲会历史悠久，由于活跃于它们活动的大多是年长的一辈，因此应鼓励年轻一辈来“接棒”，让更多后辈认识其祖宗在本地的历史，同时也让本地新一代的华裔移民了解本地早期华侨在加国的历史和贡献。

联会目前已着手设立其网站（www. cccfa. ca），当中将会记载不同宗亲会的历史、相片及影片等。而这些历史故事的珍藏，日后亦将会提供给正在筹划兴建中的加拿大华人博物馆，用来设立一个特别介绍宗亲会的展览区。

（中新网 2009－09－08）

美国东莞同乡会注册成立　主席吴耀坤

据美国《世界日报》报道，美国东莞同乡会于11日在纽约曼哈顿华埠喜万年酒楼宣布其理事会注册成立，并将于18日在布鲁克林18大道运通海鲜城举办“成立大会”，届时将邀请社会各界有关人士及兄弟侨团同贺。

刚刚获推举成为同乡会主席的吴耀坤表示，该会为旅美的东莞乡亲自愿组合，以秉承“广泛团结乡亲、增进同乡情谊、互相交流、共谋发展”的宗旨服务小区。据悉，该会目前有会员160多人，在成立大会前暂借运通海鲜城为临时会址。

（中新网 2009－10－12）

墨西哥西北华商总会成立　会长甄英伟

来自墨西哥北下加州、南下加州、索诺拉州和奇瓦瓦州的华商代表于11月3日齐聚墨西哥与美国边境城市蒂华纳，共同宣布“墨西哥西北地区华商总会”成立。

该商会由在这一地区投资经商的华裔组成，隶属于墨西哥西北地区华侨联合总会。当天华商总会选出来自墨西加利的甄英伟为首任会长，蒂华纳侨领刘可伟为常务副会长，黄沃沛、周冠辉、伍若寅等11人为副会长。资深侨领梁权暖和欧阳民应邀出任名誉会长，胡安·李、周朝亮等获聘为顾问。

北下加州、蒂华纳市、墨西加利市等州市政府均派代表出席并致辞。中国驻蒂华纳总领事高守坚到会致辞并预祝华商总会造福边境侨胞。

（人民网 2009－11－06）

全球任氏宗亲会在美国成立　主席任杰佛

据美国《侨报》报道，中国驻纽约总领馆11月5日向任氏宗亲会赠授一面五星红旗。美国任氏宗亲的代表将携带这面国旗参加11月13日在山东济宁召开的全球任氏宗亲会成立大会。

中领馆副总领事施泳、领事王帮富、李仕鹏出席当天上午的授旗仪式，宗亲会主席任杰佛，顾问任积龙，副主席任琦航、任奇和常委任依清从施泳手中接过五星红旗。

施泳表示，美东地区华侨华人不断发展壮大，各个宗亲会在服务社区上作出了贡献，新成立的任氏宗亲会将在加强联系、凝聚力量和促进发展上将发挥积极作用。

据任氏宗亲会介绍，任氏是中国古老的姓氏之一，历史上有过禺阳、奚仲、任不齐等著名人物。为了研究和保护任氏历史与文化遗产、构筑宗亲和企业交流平台、开展慈善事业，经美、德、中国大陆等任氏宗亲的努力，于9月23日在美国宾州注册成立了全球任氏宗亲会，在纽约华埠东百老汇29号设立会址。成立大会将于11月13日—15日在山东济宁任氏65世祖任不齐的故乡举行。

（中新网 2009－11－07）

巴西浙江青年商会在里约成立　主席张江欧

巴西中国浙江青年商会于11月8日在里约热内卢成立，巴西侨界200多名代表出席了成立仪式。

商会首任主席张江欧在致辞中表示，巴西中国浙江青年商会秉持热爱祖国的信念，将做到关心家乡建设、服务侨胞和造福巴西社会，以诚信、勤奋和信心为维护中巴两国人民世代友好的传统友谊作出贡献。

据商会秘书长上官建峰介绍，作为一个综合性商会，巴西中国浙江青年商会在巴西主要省、州都设有分会，成员覆盖多个商业领域。

中国驻里约热内卢副总领事李春梅、巴西华人参议员威廉巫出席了仪式并发表致辞。

（新华网 2009－11－09）

南部非洲华侨华人工商联合总会在约翰内斯堡成立　会长庄斌官

南部非洲华侨华人工商联合总会于11月30日在约翰内斯堡正式成立，该会的宗旨是团结南部非洲各国华侨华人，致力于维护会员在所在国的合法权益，营造良好的经商环境，为推动中国与南部非洲的经贸合作和交流作出贡献。

南部非洲华侨华人工商联合总会会长庄斌官在发表就职演说时表示，工商联合总会将着重促进华商积极融入南部非洲各国当地主流社会，增进与当地人民之间的经贸合作和友谊。他说，工商联合总会将不断增强会员之间的团结和凝聚力，同南部非洲各侨团携手共建和谐侨社。

中国驻约翰内斯堡总领馆总领事房利表示，长期以来，南部非洲华侨华人为居住国的经济繁荣、社会发展和文化多元化作出了积极贡献，赢得了所在国政府和人民的广泛赞誉，同时也为中外友好、经贸合作做了大量的促进工作。

全非洲和平统一促进会会长吴少康，南部非洲福建同乡总会会长李新铸等分别致辞，号召广大侨社侨团团结互爱、齐心协力、务实开拓，为南部非洲华人社团的健康发展作出贡献。

迄今为止，在南部非洲各国已成立华侨华人商会50多个。

（新华网 2009－12－02）

巴西华人华侨青年联合会成立　叶王永任首届会长

中新网12月16日电　据巴西南美侨报/巴西侨网报道，巴西华人华侨青年联合会成立大会暨理监事就职典礼于12月13日在圣保罗西湖酒家隆重举行，中国驻圣保罗总领事孙荣茂、巴西国会众议员威廉巫、巴西国会参议员以及圣保罗各侨团侨领及代表200多人出席了当天的活动。

成立大会暨就职典礼在高奏巴西和中国国歌中拉开序幕。首届会长叶王永在致辞时说，华人青年联合会的成立填补了巴西华人历史上没有一个广泛联系全巴西华人华侨青年团体的空白。它的成立是历史赋予我们的使命，既是机遇，又是挑战。

叶王永会长表示，青年联合会的宗旨是团结巴西和中国青年，促进共同发展，传承中华文化，鼓励华人青年融入巴西主流社会和积极参政，充分利用青年人的优势和特点，提升青年人在巴西的经济地位和社会地位，广泛联系和团结各界华人华侨和华裔，维护华人青年的合法权益，提升青年人在巴西的经济地位和社会地位，为推动中巴两国经济发展和社会进步贡献我们青年人的智慧和力量。

中国驻圣保罗总领事孙荣茂出席成立大会并致辞。

巴西青年联合会成立收到中国国务院侨务办公室、中华全国归国华侨联合会、中国驻巴西大使馆、驻圣保罗总领馆、浙江侨联、天津侨联、上海侨联等数十家政府部门及民间团体发来的贺信、贺电。

（中新网2009－12－16）

欧　洲

西班牙达拉戈那地区首个华侨华人协会成立　会长吴友良

据西班牙欧浪网报道，2月22日，在位于西班牙加泰罗尼亚的REUS市，加区主要侨团、瓦伦西亚、塞维利亚等西班牙各地侨团侨领代表、西班牙各友好协会及当地一些政要官员等两百余人欢聚一起，庆祝西班牙达拉戈那华侨华人协会成立。中国驻巴塞罗那总领事王士雄及夫人等出席成立大会。

会长吴友良在就职演讲中代表达拉戈那华侨华人协会全体会员向各位来宾表示欢迎和感谢。他表示，达拉戈那华侨华人的队伍在不断发展壮大，据不完全统计，目前居住在达拉戈那的华人已有3 000多。但是，缺少一个沟通、交流和协作的平台，缺少一个向政府反映心声、争取权益、组织各项活动的民间组织。去年9月份，由该地区多名华侨华人发起，联合广大同胞，建立达拉戈那华侨华人协会，历时五个多月的筹备，在领事馆的大力支持下成立了，协会的成立使达拉戈那的华人有了一个共同的新家。

吴友良提出协会要面对三个目标任务：着力提高服务的水平，把为同胞服务贯彻在协会运作的每个环节中；着力搞好联合协作，以扎实的工作、有效的服务，积极联合、吸纳各种类型的各地会员，积极配合巴塞罗那社团联合总会，广泛联系西班牙其他兄弟社团，为营造一个良好的西班牙华侨华人的生活空间而努力；着力加强自身建设，严格行业自律，自觉接受大家的指导监督，不断加强自身建设，依法运作。

巴塞罗那华侨华人社团总会会长林峰作为顾问团代表对达拉戈那第一个华人协会成立表示祝贺，他表示，协会的成立将会有助于侨区侨民更好地融入当地社会，团结华侨华人更好地发展经济。

（中国侨网 2009－03－02）

加拿大中国国际总商会成立　会长梁杏娟

“加拿大中国国际总商会”于3月21日正式宣布成立，会长为海南中铁投资公司的梁杏娟，副会长有许长乙、蒋梓明、许长明、张振强等四人。

加拿大中国国际总商会邀请了100多位来自不同社团的代表观礼，还把省议员李灿明列为荣誉顾问，顾问则有朱宏伟、叶建伦、翁景锐、谢英榛等人，李东尼律师担任法律顾问，曾康佑会计师为会计顾问。

梁杏娟在致辞时说，为了促进加拿大与中国以及国际之间的经济、贸易、旅游与文化等方面的交流与合作，发挥桥梁作用，大温地区工商业的专业人士以及有意促进加拿大和中国以及国际交流的人士，共同发起成立了“加拿大中国国际总商会”，现已经通过卑诗省政府的社团注册。

加拿大中国国际总商会将在4月组团访中，推广加拿大和卑诗省的经贸、旅游、教育、移民等，吸引学生过来读书是他们瞄准的大饼。吸收加拿大的资金到中国，也是重点。

（［加拿大］世界日报 2009－03－22）

国际杰人会普林斯顿杰青会成立　会长席咏欣

国际杰人会普林斯顿杰青会日前在普林斯顿大学班德罕金融中心举行成立大会，会议宣布成立国际杰人会美东基金会。

杰青会首任会长由普大电子工程系三年级博士生席咏欣担任，其余干部亦是普大学生，分别是两位副会长汪冠春与陈资、秘书长向振、财务长罗海丰及公关罗琳捷。而基金会首届会长，则由杰人会美国总会长杨鸿南担任。席咏欣敲响大会特别在中国台湾精心打造的杰人会钟，并宣读杰人信念，杰人会海外第一个杰青会宣告成立。

会中除由科钦章宣读新州州长柯翟及前代州长柯迪的贺函外，纽约华侨文教服务中心主任吕元荣亦宣读中华民国侨务委员会的海外贺电，西温莎市长薛信夫则颁发表扬状予廖禄烟、林栢根及前任杰人会世界总会长张琇雅。促成杰青会成立的普大国际中心主任陈国瑞，则获杰人会颁发表扬状。廖禄烟、林栢根、薛信夫及美东国际杰人会还发送红包给杰青会，期勉该会大展宏图。

（［美国］世界日报 2009－03－24）

西班牙杭州联谊会成立　会长卢伟

3月28日晚，西班牙杭州联谊会举行成立庆典。中国驻西班牙领事部主任汪丽，杭州市政府代表团团长叶明书记，市委宣传部部长汪小玫女士以及各个侨团侨领，杭州籍侨胞共300余人前来参加此次成立大会。

西班牙杭州联谊会第一任会长卢伟致辞时表示，西班牙杭州联谊会的成立标志着西班牙各地的杭州籍华侨拥有了自己的组织，同时也提供了与杭州经济文化沟通和交流的平台。本会也将严格坚持一个中国原则，联合所有旅西华人侨团，为促进中西经贸合作和民间文化交流作出自己应有的贡献。他表示，杭州联谊会成立后要自觉面对三个任务。首先，着力提高自身建设和生活质量，努力为杭州籍同胞多办实事，多作贡献。其次，搞好联合协作，努力服务和吸纳新会员，发扬团结互助精神。再次，接受监督，帮助少数有困难的杭州侨胞尽早摆脱困境，使他们尽早融入西班牙主流社会。

（［西班牙］欧浪网2009－03－30）

意大利意中广角发展联合会成立

3月29日，由意大利那不勒斯市工业联合会、那不勒斯市青年企业家协会及那不勒斯市手工业联合会联合发起，旨在推动坎帕尼亚大区华侨华人与意大利当地居民之间开展合作与交流，促进意中经贸往来的意中广角发展联合会举行成立大会。

意中广角发展联合会是由当地意大利企业家和300多名当地知名华商联合组成。联合会宗旨在于促进意中两国经贸文化交流，为意中两国企业间的合作提供便利和咨询，不断扩大两国企业间在多领域的交流与合作。

联合会主席、意大利国家众议院议员贝拉勒多·易姆柏诺首先致辞，他代表联合会对当地政府、中国政府有关部门给予联合会成立的大力支持表示感谢，并期待着与意中两国政府部门加强交流与沟通，不断完善联合会的服务职能，共同谋求两地的繁荣与发展。

那不勒斯市长伊凡利诺女士说，那不勒斯是一个没有种族歧视的城市，对华人十分热情，当地居民有着乐于助人的传统美德和良好的容纳意识。她希望意中广角发展联合会为意中两国友好作出新的贡献，同时欢迎更多的中国客人到那不勒斯做客。

（［意大利］欧联时报2009－03－31）

西班牙东北同乡会在马德里举行成立大会　会长刘正岩

据西班牙欧浪网报道，3月30日，酝酿数月之久的西班牙东北同乡会在马德里举行成立庆典大会。来自马德里地区的近百名嘉宾参加了这次活动。

在当天的成立庆典上，刘正岩（阳光）女士代表西班牙东北同乡会第一届会长发言道："为了能给东北老乡一个家，让大家在一起聊聊天、联络联络感情，增加亲情和乡情，更主要的是为了让大家能够相互帮助、互相努力，我们成立了西班牙东北同乡会。东北人来西班牙的时间都比较短，很多东北老乡都生活在最底层，没有经济基础，没有社会关系。我们会用我们微薄的力量，尽可能地为东北老乡做实事、做好事。"

西班牙名流俱乐部主席刘亚平代表到场的嘉宾发表贺词。他说："今天，我们庆祝东北同乡会成立，东北人虽然人数不多，但是在这里能够组织一个属于自己的协会，我们应该为他们感到高兴、感到自豪。希望东北同乡会在新任会长的带领下，做好会务工作，并团结其他兄弟侨团，为西班牙侨界作出自己的努力和贡献。"

与会代表选举刘正岩（阳光）担任西班牙东北同乡会首任会长，王钟燕担任第一副会长，王婷、王鹤担任秘书长。

（中国侨网 2009－04－02）

瑞典成立华人艺术家协会　主席双燚

瑞典华人艺术家协会——"中国舞台"于4月13日在首都斯德哥尔摩成立，旨在促进中华文化在瑞典的传播与发展。

据介绍，"中国舞台"将为瑞典的华人艺术家、武术家等提供一个展示的平台。协会计划在斯德哥尔摩城南高地艺术沙龙不定期地举办音乐会、画展、书法展等，还将举办京剧演唱会、武术表演等各种形式的文化活动。

十几名旅瑞华人艺术家参加了协会成立会议，钢琴演奏家双燚当选为协会首任主席。

（新华网 2009－04－14）

欧洲上海社团联合会宣告成立　会长龚礼明

2009年5月6日—9日，在欧洲的金融中心法兰克福，具有纪念意义的四天，欧洲上海社团联合会于此宣告成立，从此，在整个欧洲地区，上海人有了自己的声音，上海人有了一个大家庭，一个在全欧范围内可以尽心为上海籍华侨华人办实事、求发展、寻合作的组织成立了。

中国驻德国大使馆领事部主任汤文娟参赞，中国驻法兰克福总领馆艾帆领事，上海市人民政府侨务办公室崔明华主任及陶国丰处长等上海市政府代表们出席成立大会并发表重要讲话，鼓励新成立之欧洲上海社团联合会为上海人，为中国同胞的团结合作作出应有的贡献，为欧洲与中国特别是上海的文化交流、经贸合作创造一个坚实的平台！

龚礼明会长代表欧洲上海社团联合会常务理事会，向各位嘉宾的远道而来表示衷心的感谢！同时他讲到：欧洲上海社团联合会今天在法兰克福诞生了，也如同一个刚刚出生的婴儿，还需要大家的关心和厚爱。他作为第一任会长，深感责任重大。

（欧洲上海社团联合会秘书处 2009－05－13）

全英华人社团联合总会成立　会长李文兴

据英国《英中时报》报道，"英国华人社团联合总会"在4月28日举行周年大会，会上通过即日起正式易名为"全英华人社团联合总会"。

联合总会创会至今已有四十个春秋，在创会诸君及历届的会长及执委会同仁的不懈努力下，经历了艰辛的历程，全心全意带领总会步向光明大道，本着爱国爱乡的原则，团结全英华人社团，维护华人福利和权益，取得良好成绩，而且在国内获得了政府的信任和支持。

总会成功易名为“全英华人社团联合总会”，李文兴会长起了积极和功不可没的作用。他事前努力向总会各属会及苏格兰华人社团联合总会、北爱尔兰华商总会、曼城华人社团联合总会等的会长及负责人征询意见并得到全体人员的支持和认同，并愿意加入这个大家庭。大家认为易名后可以更好地团结全英华人的力量，共同维护华人的权益，并可以在主流社会发出更有影响力的声音。

（中国侨网 2009－05－16）

意大利（中国）鞋业商会成立　会长项进光

意大利首家华人企业行业协会——意大利（中国）鞋业商会于5月16日在罗马宣告成立。中国驻意大利大使馆孙玉玺大使，参赞陶土根、张俊芳、马华，领事部主任杨雁雁，意大利鞋业商会会长马西姆·玛萨琳，意大利皮革行业有关负责人及罗马地方政要、意大利华人社团代表共四百多人应邀出席了成立大会。

大会由商会秘书长许建成主持，第一届会长项进光宣布意大利（中国）鞋业商会成立，并向大会报告了商会的组织原则和会务宗旨。

项进光说，意大利（中国）鞋业商会经过一段时间的筹备，已有169家华人鞋业企业成为首批会员单位，筹备期间，经会员表决通过了商会章程和商会的自律规则。商会的宗旨是促进华人鞋业企业遵守当地法律，遵守社会道德风尚，维护行业的利益和会员的合法权益，为会员提供多方面的服务，按市场运作机制，以会养会，在企业与政府之间发挥桥梁和纽带作用，协调和沟通会员之间的相互关系，促进意大利华人鞋业行业的发展。

孙玉玺大使对鞋业商会成立表示祝贺，他说，鞋业商会的成立标志着意大利鞋业企业开始走向成熟。希望该会不断增强自律、自立、自强意识，强化服务宗旨，更好地服务华人社会。

（［意大利］欧联时报 2009－05－18）

法国华人贸易促进会成立　会长包志诚

据中国外交部网站消息，5月24日中午，中国驻法国大使孔泉应邀出席法国华人贸易促进会成立典礼。使馆公参宋敬武、马社、领事部参赞许建工，法国香槟阿登大区议会主席让·保罗·巴谢（JEAN PAUL BACHY），侨团代表、法国友人等共五百余人出席会议。

法国华人贸易促进会首届会长包志诚宣布该会正式成立，表示将与其他兄弟侨团一起为侨胞自身事业及中法友谊的不断发展贡献力量。在典礼上，该会捐款50万元人民币，用于帮助中国云南省金平县贫困地区建设希望小学。

孔泉代表使馆从包志诚手中接过支票牌。他对法国华人贸易促进会的成立表示祝贺，并向该会帮助中国贫困地区发展教育的爱心善举表示感谢。他说，法国华人贸易促进会在成立典礼上就向祖国贫困地区捐款，这一举动非常有意义，是对祖国扶贫事业的积极支持，是对云南贫困地区学生的关心和爱护。

（中国侨网 2009－05－26）

比利时华人青年联合会成立　会长傅旭海

比利时华人青年联合会成立庆祝大会于5月25日在比利时安特卫普省政府大楼隆重举行。安特卫普省省长卡蒂·贝尔、中国驻比利时使馆领事部主任汤延英等到会祝贺。

比利时华人青年联合会会长傅旭海在就职演说中表示，该会由团体会员和个人会员组成，是比利时1万多华侨、华人、华裔青年和政府沟通的纽带，是中比两国之间友好往来的桥梁。“比利时华人青年联合会”又名“浙江省侨联比利时青年会”，是浙江省侨联青年总会在海外的第一个分会。该会将坚持以人为本、和谐发展的原则，为维护华人青年的合法权益，促进华人青年融入比利时主流社会，鼓励华人积极参政议政，提升华人青年在比利时的经济地位和社会地位，为推动中比两国之间的经济发展和社会进步贡献青春和力量。

中国驻比利时大使张援远、中国国务院侨办、中华海外联谊会等机构和个人向大会发来了贺电、贺信。

（人民网 2009－05－27）

英国浙江联谊会在伦敦成立　会长李雪琳

经过两个多月的筹备，会员超过三百人的英国浙江联谊会于6月7日在伦敦成立。

该会会长李雪琳女士在成立庆典上表示，成立浙江联谊会是在英国的浙江同乡多年的心愿。该联谊会是由居英的浙江华人、华侨和有意与浙江合作的非华人个人或机构自愿组成的一个联谊性、非营利、非宗教、非政治的社团组织。它以帮助华人立足英国为根本，以增进友谊、团结互助、促进英国与浙江省友好交流为宗旨。会员们可借助本会密切关心和支持家乡的建设和发展，参与在英浙江华人间的交流与沟通、相互合作。本会将为浙江华人在英国谋求更多正当的合法权益，同时将更加关注并参与英国与浙江在文化、科技、信息、经贸等方面的合作与交流。

浙江联谊会名誉会长、全英华人中国统一促进会会长单声博士在成立庆典上表示，浙江联谊会的成立可谓占据了“天时、地利、人和”，他预祝该会能在促进和谐社会、和平发展、和平统一、凝聚侨心等方面发挥更大的作用。

中国驻英使馆侨务参赞林旭对联谊会的成立表示祝贺。他说，浙江走在中国改革开放的前沿，勤劳而具有开拓精神的浙江人正在走向世界，希望英国浙江联谊会能永远保持活力，发挥更加积极的作用。

（中国侨网 2009－06－09）

意大利浙江大学校友会成立　会长陈建忠

据意大利《欧联时报》报道，6月15日，旅居意大利的浙江大学校友欢聚在米兰友谊饭店，举行意大利浙江大学校友会成立大会。会议讨论通过了《意大利浙江大学校友会章程》和第一届理事会组成成员名单。

中共浙江大学党委书记张曦、中国驻米兰总领馆副总领事何凤云、米兰市议会副议长斯特凡诺（Stefano）及当地知名侨领应邀出席了成立大会，并对浙江大学意大利校友会的成立表示祝贺。

成立大会由校友会常务副会长兼秘书长季柏松主持，理事长胡体图宣读了意大利浙江校友会的组织原则，第一届会长陈建忠致辞。他首先感谢各位嘉宾百忙中前来参加校友会的成立仪式。他说，在浙江大学有关领导的帮助下，在中国驻米兰总领馆的关心与支持下，通过旅意浙江大学校友们的共同努力，今天，意大利浙江大学校友会终于成立了，实现了旅意浙大校友多年来梦寐以求的夙愿。从此，我们旅意浙大的校友有了一个相互联系、交流信息、增进友谊与合作、共同发展的平台。

张曦在成立仪式上向与会校友简要介绍了浙江大学目前的发展状况与前景，以及浙江大学各地校友会的情况。张曦说，目前，浙江大学校友已经在美国、加拿大、英国、法国、比利时、罗马尼亚、荷兰、新加坡等10多个国家、地区，以及国内31个省、市和港、澳、台地区组建了120多个地方性浙江大学校友会，成为浙江大学和全球各地联系沟通的桥梁。

（中国侨网2009-06-16）

意大利卡拉布里亚大区华侨华人工商联谊总会成立　会长吴政彬

据意大利《欧华联合时报》报道，6月16日，意大利卡拉布里亚大区华侨华人工商联谊总会成立大会在COSENZA市隆重举行。中国驻意大利大使馆陶土根参赞和领事部杨雁雁主任、MARIO CANZARO警长等数百人出席了大会。

下午6点，意大利卡拉布里亚大区华侨华人工商联谊总会成立庆典大会正式开始。大会由秘书长徐锡标先生主持，首任会长吴政彬首先讲话，他说，卡拉布里亚大区目前居住了数万华侨，主要从事贸易、餐饮和工业制造等行业，几年来华人在当地勤奋劳动，守法经营，与当地人民和睦相处，深得当地社会的肯定。

吴政彬还表示，联谊总会将为进一步推动华侨华人融入当地社会、维护华侨华人的合法权益、促进中意关系的发展不断作出新的贡献。

会上，第一副会长徐秀敏宣读了会长团成员名单，常务会长吴荣超宣读了发来贺电的单位名单。当地政府官员和各界人士、旅意兄弟侨团代表也纷纷祝贺卡拉布里亚大区华侨华人工商联谊总会成立，祝贺吴政彬当选为第一届会长。

（中国侨网2009-06-21）

匈牙利华人成立中华文化传承传播基金会　创办人赖华

由匈牙利华侨华人创办的“中华文化传承传播基金会”于26日在布达佩斯举行了成立仪式。基金会创办人赖华女士介绍说，中国有着五千年的优秀传统文化，身为华人的我们深知文化传承的价值，让海外华人特别是从小就生长在国外的华人少年儿童了解中华文化，对增强民族自豪感和传承中华文化具有十分重要的意义。与此同时，通过切实并持续的与所在国的文化交流合作活动，在华人融入当地社会和让更多的当地民众了解华人社会和中国文化这两方面也会有重要的积极作用。

在成立仪式上，基金会常务副会长张庆滨、秘书长章利珠、副秘书长李丽峰和舞蹈队老师朱龙为舞蹈队的小队员们颁发了最近一次参加匈牙利全国比赛的获奖证书。

中华文化传承传播基金会属于在匈牙利布达佩斯法院批准注册的法人机构，运作依靠社会各界的捐助。在26日的成立仪式上，已有许多人士慷慨解囊，对基金会的工作表示支持并寄予厚望。

（中国侨网 2009－06－27）

瑞典华人总会在斯德哥尔摩成立　主席叶克清

首个代表瑞典全国华侨华人及留学生的华人组织——瑞典华人总会于6月28日在首都斯德哥尔摩正式成立。

来自瑞典各同乡会、华人各协会、中文学校、中国留学生团体等32个组织的近百人出席了成立大会。在充分酝酿和讨论后，大会通过了总会章程，并投票选举出总会主席团、常务理事会、推举委员会和审计委员会成员，瑞典青田同乡会会长、瑞典中国和平统一促进会会长叶克清被选为瑞典华人总会主席。

叶克清在当选主席后发表演讲时说，在瑞华人已有3.5万人，华人总会的成立标志着瑞典华人的团结、凝聚、包容，是瑞典华人划时代的开始。他相信，华人总会会凝聚华人的智慧及力量，帮助华人排忧解难，也会教育华人的下一代以自己是中国人而感到自豪。他对支持华人总会的瑞典各华人团体表示感谢。

中国驻瑞典大使馆参赞王建州、领事杨帅奇等也出席了成立大会。

（新华网 2009－06－29）

全英河南同乡联谊会成立　会长焦建功

6月27日，全英河南同乡联谊会成立庆典活动在伦敦唐人街举行。驻英使馆侨务参赞林旭、河南省政府外事侨务办公室副主任文荣征、全英华人中国统一促进会会长单声博士等各界人士100多人出席了庆典活动。

成立大会颁布了全英河南同乡联谊会章程草案，并推举焦建功为河南同乡会首任会长，李晓艺为常务副会长，刘殿卿、耿惠为副会长。

河南省政府外事侨务办公室副主任文荣征率代表团到会祝贺并致辞。她希望华侨华人与当地人民和睦相处，更多地回馈当地社会；同时“珍惜乡情”，为祖国和家乡发展作出积极贡献。

驻英使馆侨务秘书吴永新表示，河南同乡联谊会的成立弥补了侨界的空白，是两国社会和文化交流的成果，相信它将进一步增强两国在经济、社会，尤其是文化等各层面的关系，促进各领域发展，相信同乡会一定会发展壮大。

新当选的河南同乡会会长焦建功表示，努力将同乡会建成旅英河南同乡共同的家园，希望大家通过这个自发性、非营利性的组织和平台，相互之间排除一些生活中的烦恼和忧愁，解决一些实实在在的困难。同时也期待与其他华人社团一起，把英国华人社区打造成平安、稳定、和谐的社区。

据悉，全英河南同乡联谊会为旅英河南同乡的首个联谊会。该联谊会同时倡议在英国的每一个河南人都是一名民间形象大使，在大不列颠的天空下，携手并肩，走在一起，弘扬源远流长的中原文化，让物华天宝、人杰地灵的河南形象走进英国的千家万户，走进英国人的心灵深处。

（［英国］英中时报 2009－07－03）

中法友好援助协会宣告成立　会长菲利普·高斯达

7月6日，旨在维护在法国华人合法权益的社团组织“中法友好援助协会”在巴黎宣布成立。

中法友好援助协会会长、发起人菲利普·高斯达先生在协会成立仪式上表示，在法国生活的中国人经常遇到法国行政部门的各种不公正对待，成立该协会的目的就是要通过直接和间接的援助手段，保护在法国的华人权益和尊严不受侵害。同时，让更多的法国人能够深入了解中国的现状与未来，促进中法友好关系的发展。

中国驻法使馆领事部主任许建工参赞、刘韦佟秘书到场对该协会成立表示祝贺。许建工参赞表示，只要有利于保护旅法华人在法权益，使馆都会给予积极的支持和鼓励。他希望该协会今后在维护旅法华人权益方面出一份力，协助旅法华人更好地适应在法国的生活。

中法友好援助协会成员还包括旅法侨界人士唐晓华、周伟、陈世明、蔡联华和冯凤及法国的两位专业人士。此外，该协会还聘请了多名法国律师参与该协会的维权和法律援助行动。

（［法国］欧洲时报 2009－07－07）

佛罗伦萨华人华侨商贸联谊会成立　会长周刚

据意大利《欧联时报》报道，9月13日，意大利佛罗伦萨华人华侨商贸联谊会成立庆典大会在佛罗伦萨举行，大会选举佛罗伦萨华人企业家周刚为首任会长，青年企业家郑仕意为秘书长。中国驻佛罗伦萨总领馆、意大利佛罗伦萨地区政府要员分别到会祝贺，来自意大利各地的华人社团、华侨华人代表300余人应邀出席了庆典活动。

佛罗伦萨是意大利托斯卡纳大区首府，位于亚平宁山脉中段西麓盆地中。佛罗伦萨既是意大利文艺复兴运动的发源地，又是欧洲文化的发源地，人口约45万。根据官方统计数据，目前，在佛罗伦萨生活的华人移民已超过2万人，并以每年18%的速度递增。如今，佛罗伦萨省的华人移民企业约3 000家，当地华人企业主要从事箱包批发贸易，该地区是欧洲的箱包生产主要集散地。

佛罗伦萨华人华侨商贸联谊会首批会员已超过150人。成立庆典大会上，被推举为首任会长的周刚表示，将团结联谊会的广大会员及佛罗伦萨地区的侨胞，秉承为侨民服务、为华人企业服务的创会宗旨，最大限度地发挥联谊会的凝聚力和团队精神，力争把联谊会的各项工作做好。为维护佛罗伦萨地区广大侨胞的合法权益、促进侨胞融入当地主流社会，为推动中意经贸和文化交流，以及传播中华文化、促进当地华人社区和谐发展、提高华人企业的形象作不懈努力。

据悉，中国国务院侨办、中国侨联、浙江省侨办、温州市侨办等发来贺电，祝贺佛罗伦萨华人华侨商贸联谊会成立；一些旅欧华人社团和意大利的华人社团、民间组织也致电对联谊会的成立表示祝贺；罗马、米兰、热那亚，以及意大利其他地区的华人社团派出代表出席了联谊会的成立庆典。

（中新网 2009－09－14）

法国东方华人协会斯堡分会成立　会长叶志善

据法国《欧洲时报》报道，9月20日，法国东方华人协会假座斯特拉斯堡市珊瑚大酒楼举行庆祝国庆六十周年献礼——法国东方华人协会斯特拉斯堡分会成立典礼，暨法国东方华人协会网站开通仪式。

联欢会由法国东方华人协会常务副会长兼秘书长边杉树先生主持。梁志斐副总领事代表总领馆作国庆致辞，她首先向全体来宾致以节日的亲切问候和美好祝愿，并对斯特拉斯堡分会的成立表示热烈的祝贺。她向大家介绍了新形势下中国发展的空前盛况和国际地位日益提高，她高度赞扬了法国东方华人协会广大会员一直秉承着爱国爱乡精神，联谊乡情，团结一切可以团结的力量，为弘扬和推广中华文化、增进中法两国人民友好往来和经济交流做了大量的工作，今天斯特拉斯堡分会的成立就是最好的见证。

法国东方华人协会汤育三会长在讲话中，首先向全体来宾介绍了斯特拉斯堡分会成立的经历和会长团名单及协会网站开通历程。他说分会成立和网站开通是法国东方华人协会全体同仁献给中华人民共和国建国六十华诞的最好礼物，他还向对此作出贡献的周锦秋同学和叶志善会长表示由衷的感谢。

（中新网 2009－09－25）

瑞典华人联合会在斯德哥尔摩成立　主席王建荣

瑞典全国性的华人联合组织——瑞典华人联合会（华联）于10月3日在首都斯德哥尔摩正式成立。

来自瑞典华人商会、瑞典中国协会——中国俱乐部、瑞典华人艺术家协会——中国舞台、中国留学生团体等九个组织的代表出席了成立大会。大会通过了华联筹委会的工作报告，最终通过了章程，并投票选举出主席团主席、理事会、监事会和推举委员会成员，瑞典华人商会第一副会长王建荣当选为瑞典华人联合会主席。

王建荣在接受新华社记者采访时说，作为全国性的华人组织，瑞典华人联合会最重要的任务就是为中瑞两国人民搭建交流平台，为旅居瑞典华人后代创造更好的发展条件，让更多的华人步入瑞典主流社会。他还说："维护华人合法地位和发展中华文化也是华联要做的工作。近期，华联也会举办一些文化交流方面的活动，例如大型的文艺会演、文化节等。"

中国驻瑞典大使陈明明希望华联能够为瑞典侨界服务，努力使侨界进入瑞典主流社会。他同时也希望华联能够和其他瑞典华人组织拧成一股绳，高举爱国旗帜，为维护华人权益作贡献。

（新华网 2009-10-04）

捷克福建商会成立　会长胡瑞珍

在捷克首都布拉格于9日晚上举行的旅捷福建侨胞组建的捷克福建商会成立仪式上，主人收到了一份特殊的礼物。

来自中国北方的捷克华侨华人妇女联合会会长任卫红在发表盛赞闽商的热情讲话之后把她父亲的同事，一位72岁的军垦老战士书写赠送她的一幅"诚信者天下之结也"的书法作品转赠给福建同胞以共勉。

她说，我们做人要讲诚信，做事要讲诚信，做生意更要讲诚信，合法经营，才能保证商业活动长久稳定地发展。

她会后表示，捷克华侨华人经商中诚信问题近几年好多了，但是还是有像卖假货之类的现象。没有诚信就不可能真正树立起华侨华人的良好形象。

据捷克福建商会会长胡瑞珍介绍，目前在捷经商、生活的福建籍同胞大约为700～800人。他在会上还骄傲地提到，目前有1 036万福建同乡生活在世界170多个国家。

中国驻捷克大使馆官员政务参赞蔡革、商务参赞费义祥、领事部主任吴文君和领事赵国玺到场祝贺商会成立。吴文君主任称，福建商会是经捷克内政部正式批准注册的第九个华侨团体。

（中新网 2009-10-10）

英国东莞同乡会成立　会长杨福如

为更好地联络侨居英国的乡亲，以侨为侨——沟通东莞与世界对我友好力量，促进东莞和伦敦两地的交往，英国东莞同乡会于伦敦时间9月21日在英国正式成立。东莞市委书记、市人大常委会主任刘志庚亲笔题写同乡会牌匾，东莞市政府发去贺信。东莞市政协副主席，市委统战部部长袁德和，东莞市侨务局局长蒋小莺率团前往英国祝贺该会的成立。

首任会长杨福如介绍了同乡会成立的背景和未来的工作重点。他说，英国东莞同乡会秉持"联谊、服务、合作、发展"的理念，不断强化服务功能，努力办成"华侨之家"。随着侨居英国的东莞乡亲和赴英留学的东莞学子日益增多，东莞和伦敦建立相互交往和经贸往来的呼声日益高涨，因而成立英国东莞同乡会，以便更好地联络乡情，加强与祖（籍）国的联谊工作。同乡会未来的工作重点将放在联络全英各地东莞同胞；与东莞市侨务局合作，每年举办海外华裔青少年夏令营——东莞寻根之旅；通过组织或协办互访活动，积极推进双方经济、文化、技术各领域的合作与交流等。

据悉，三年来东莞市委、市政府已经对15个海外莞籍社团给予资助。访问团表示，东莞市委、市政府会一如既往地支持海外莞籍社团工作，同时希望他们进一步发扬东莞籍社团爱国爱乡的传统，加强团结，和衷共济，切切实实地融入当地社会，并欢迎东莞籍华侨华人赴家乡寻根、参观、考察等。

（中新网 2009－10－13）

荷兰成立华侨华人世博会协调会

据上海市侨联消息，全荷华人社团联合会、荷中友协、旅荷华侨总会、荷兰中国商会、荷兰华人学者工程师协会和荷兰华人经济技术发展中心等日前联合成立了“荷兰华侨华人2010上海世博会协调委员会”。

协调委员会的工作重点是发动更多人员参加世博会，积极参与荷兰在农业、食品、能源、医疗保健和水利管理等方面与中国开展的“双赢合作”活动。

协调委员会的主要工作包括：在荷兰多种媒体和五家有影响的华文报刊上系列地介绍上海世博会、中国的科技发展和荷兰领先的农业、水利和物流行业，同时为荷兰参展团、华侨华人和外国朋友进行多方面的咨询和服务；为荷兰参展团和参展企业组织在世博会上的各项活动提供帮助；帮助安排世博会期间的中国旅行，包括门票、酒店、交通和导游。

目前，荷兰华侨华人2010上海世博会协调委员会已获得上海世博局支持，将陆续举办五场世博推介会。

（中新网 2009－11－02）

英国华人金融家协会成立　会长厉彦民

工作在英国金融机构的华人精英，3日在此间宣布成立“英国华人金融家协会”，以促进中英间金融领域的交流与合作，团结壮大在英国金融界的华人精英力量，培养后续金融人才。

目前入会的会员均为在英国主要投资和商业银行，以及其他金融机构中担当重要管理与技术职位的华人，职业经历平均超过10年。

协会会长厉彦民博士在协会成立仪式上表示，英国华人金融家协会愿为中英在金融领域的交流与合作尽己所能，搭建桥梁和平台，也愿为中国金融业人才的培养和中国企业走向世界发挥独特优势。

一直关注并参与该协会建立的中国驻英使馆侨务参赞林旭先生，在致辞中希望该协会能够成为“更专业、高层次、谋发展”的专业团体，不仅促进团体自身及与其他友好团体的关系，更重要的是能够和中国金融业同行进行交流与合作，对中国金融业的发展和改革起到积极作用。

（中新网 2009－11－04）

法国马赛华人总会举行成立大会　会长徐国光

由旅居法国马赛的浙江温州籍华商组成的法国马赛华人总会，于8日在当地朋发大酒楼举行成立大会。首届会长徐国光、第一副会长程利强和秘书长张贤敏等会长团成员正式就职。

中国驻马赛总领事馆宋炳林、副总领事陈长江等外交官；马赛华人兄弟社团、学联代表等各界来宾与马赛华人总会成员共200余人出席了成立大会。

当天，在热烈的气氛中，徐国光宣布法国马赛华人总会正式成立。祖籍温州的徐国光会长，2001年来到马赛创业发展，并凭借首饰批发业务取得了事业上的成功。

徐国光在就职演说中，感谢大家推选他担任首届会长。他承诺，将忠于职责，以坚定的信念带领总会为华人服务。希望总会能够成为凝聚华人力量、共谋事业发展的平台。他还强调，总会成立之后的当务之急，便是加强同本地学术界、文化界和各专业人士的沟通，积极维护华人的合法权益，为马赛华人创造出更好的社会福祉和经商环境。

宋炳林总领事在致辞中代表马赛总领馆，向马赛华人总会成立表示热烈祝贺，并表示“非常高兴看到有那么多浙江温州籍华侨华人能够聚集在这个总会中”。

据了解，目前居住在马赛这个法国南部港口城市的华人约有700人（不包括留学生），其中大部分是2000年以后来到马赛从事批发生意的温州籍华人。60多家华人批发店主要集中在马赛火车站附近的TAPIS VERT、NATIONAL和LONGUE DES CAPUCIS等街道上，并不断向周边扩展。

（中新网2009－11－09）

瑞典华人妇女协会正式成立　会长张玉萍

瑞典华人妇女协会于12月6日在瑞典首都斯德哥尔摩正式成立，来自社会各界的近两百人与会。

会长张玉萍在成立大会上号召瑞典华人姐妹团结起来，继续发扬中华民族的优良传统——自尊、自信、自强。

瑞典华人妇女协会前身为瑞典华侨华人妇女联谊会。协会致力于团结瑞典华人妇女，帮助华人妇女解决在瑞典社会中遇到的问题，争取华人妇女在瑞典社会中获得与男性同等的社会地位和权利，加强华人妇女同瑞典妇女、欧洲妇女和各妇女社团之间的交流与协作。

据介绍，目前瑞典华人妇女协会已有上百名会员，主要为当地华侨华人和中国留学生，以及来自商业、体育、医学、教育、文化等领域的人士。此外，妇女协会还尤其关注在瑞华人儿童的培养和教育，协会设有“育才基金会”，鼓励华人儿童学习中文。

中国驻瑞典大使陈明明在成立大会上说，瑞典华人妇女协会的成立是瑞典华人妇女地位提高的象征，是瑞典华人社会进步的动力。他相信妇女协会的成立能够更好地弘扬中华女性的传统美德，增进中瑞友谊，为华人社会的繁荣作出积极的贡献。

（新华网2009－12－07）

法国马赛华侨华人会成立　会长傅冠强

据法国《欧洲时报》报道，12月6日中午，法国马赛华侨华人会在马赛举行成立大会，庆祝首届会长团就职。中国驻马赛总领事馆总领事宋炳林及夫人、副总领事陈长江及夫人等外交官，来自法国巴黎、意大利罗马的温州籍侨界代表等各界来宾，与马赛华侨华人会成员共两百余人出席了成立大会。

首任会长傅冠强在就职演说中表示自己被推举为首任会长既感荣幸，又倍感压力，他说，马赛华侨华人会将是一个连接中国与法国、连接侨民与中国使领馆及当地政府、团结兄弟侨团、依法维护侨胞利益的平台，将遵循务实、创新、合作、发展的理念，发展实业，服务社会，为加强中法经贸交流与传统友谊作出贡献。

宋炳林总领事在致辞中高度赞扬了马赛华侨华人会在建会之初就心系祖（籍）国、捐款西藏的善举，对协会的成立表示祝贺。他希望马赛华侨华人会发扬中华民族海外华侨华人的优良传统，遵守住在国法律，积极融入当地主流社会，根系祖（籍）国，热爱家乡，关心祖（籍）国发展建设；关心马赛华侨华人的福祉，保护华人华侨的合法权益，文明经商，促进侨团和侨团间的团结合作；积极参与并支持马赛各侨团组织的活动，弘扬中华民族文化，为中法友好合作作出贡献。

会上，马赛华侨华人会第一副会长蔡峰介绍了该会的章程和宗旨，并表示将努力协助会长工作，与会长团成员一起为马赛华人服务。来自意大利的侨领梁世忠代表意大利部分侨团、法国华人进出口商会会长郑品海代表法国部分侨团向马赛华侨华人会的成立表示祝贺，愿意携手共进，共建和谐侨社。

（中新网 2009－12－09）

西班牙广东华人华侨工商总会成立　主席林传平

据西班牙欧浪网报道，12月13日，西班牙广东华人华侨工商总会在巴塞罗那隆重举行，中国驻巴塞罗那总领事馆的王士雄总领事、马文领事以及西班牙友好人士等兄弟侨团代表等近百余名人士出席此次成立大会。

会议由广东会秘书徐冰玉主持，她宣读了会员名单和广东省人民政府侨务办公室发来的贺电，并指出协会的宗旨为加强加泰罗尼亚侨胞与西班牙之间的关系；维护广东侨胞的合法利益，促进侨胞之间的团结和友谊，发挥真正的纽带作用，推动侨胞积极参政，融入当地主流社会；在侨胞与祖国和家乡之间发挥桥梁作用，进一步促进西中经济文化交流，为西中两国经济文化事业的发展作出应有的贡献。

广东工商总会主席林传平首先介绍了广东人的旅西历史，广东人从20世纪50年代便已来到西班牙，鉴于近十年来，很多广东人转移到欧洲其他国家，因此当地的粤商迫切需要一个协会作为平台，将这里的广东人团结起来。

他指出成立广东会的目的有三点：每逢过年过节，便可以更好地将广东人集中起来；为了更好地维护广东人在当地的合法权益，使之团结起来，争取平等，并和当地人和平共处；鼓励他们走出华人的圈子，多结交老外朋友，多了解他们的文化，使他们支持我们。

中国驻巴塞罗那总领事馆的总领事王士雄首先代表总领馆向协会的成立表示祝贺，并希望他们能够在新的一年里取得新的成绩，为中西友谊、维护侨胞的权益、为广东侨胞的生活和工作作出贡献。

（中新网 2009－12－16）

挪威华人华侨妇女联合会成立　会长龚秀玲

据中国外交部网站消息，挪威华人华侨妇女联合会于 2009 年 12 月 14 日在挪威首都奥斯陆正式成立。中国驻挪威大使唐国强及夫人、高梓发参赞及领事部官员等出席了成立大会。挪威侨界各个社团的代表六十余人与会。

唐国强大使热烈祝贺挪威华人华侨妇女联合会的成立。唐国强大使夫人王海涵女士在致辞时表示，作为第一个在挪威华人华侨妇女的专门组织，妇联会的成立标志着在挪威华人华侨妇女从今以后有了共同的“娘家”，希望妇联会能够成为温暖的“中华妇女之家”，成为弘扬中华文化的窗口，成为发展中挪友谊的新平台。

第一届妇联会会长龚秀玲女士发表讲话，号召在挪威的华人华侨妇女团结起来，以爱家、爱乡、爱国的爱心互相扶持，将妇联会建成一个和谐社团。

（中新网 2009－12－17）

大洋洲

澳大利亚浙江国际商会成立　会长刘宝伟

据澳洲《星岛日报》报道，被称为“东方犹太人”的浙江商人，于 3 月 12 日在悉尼成立了自己的商会——澳大利亚浙江国际商会。

两年多来为商会的建立而奔走筹备的刘宝伟会长表示，多年来，浙商以“跑遍千山万水、说尽千言万语、吃尽千辛万苦”的精神在商场上打拼，人人称赞，但他的梦想是有朝一日西方商人被称为“西方浙商”，才是浙商真正的光荣。他指出，该会的成立将为来澳的浙商提供非营利性的服务，商会还要争取成为一个儒商团体，为浙商融入澳洲主流社会，为提升他们的素质、地位及影响力而努力。

二十五年前曾在香港亲手成立香港工商联合会的荣誉会长王海光教授表示，浙商是华商的优秀代表，相信浙江国际商会必会协助在澳浙商团结向上、合作共赢，并在协助中国浙商投资澳洲、促进澳中贸易往来方面扮演重要角色。

晚会中刘宝伟代表澳大利亚浙江国际商会与来自中国的江苏省浙江商会代表徐群签订了友好商会协议书，以示双方今后忠诚互助合作。徐群是浙江国际商会董事局的名誉会长，董事局其他成员包括王海光、鲁明耀及王海潼等；其余执行管理层及委员会成员包括来自墨尔本分会的会长吴宇等多位常务副会长、副会长、秘书长 JENSEN YEN、高级顾问胡人光及多位名誉顾问等数十位知名人士。

（中新网 2009－03－15）

澳洲餐饮业商会成立　主席何键刚

澳洲餐饮业商会成立就职典礼暨与香港餐务管理协会缔结同盟仪式日前举行。

中国驻悉尼领事张龙忠，香港经济贸易办事处处长黄浪诗，香港餐饮业澳洲考察团团长梁振华，秘书长叶颖超，荣誉团长黄乃平等分别发言，大家都认为“民以食为天”，发扬光大中华餐饮文化也是香港餐务管理协会与澳洲餐饮业商会缔结同盟之原因。

此次由香港餐务管理协会主办香港餐饮业澳洲考察团一行约五十人，展开为期七天对悉尼和布里斯本的考察访问。此行除了考察餐饮状况外，还出席澳洲餐馆商业商会的成立典礼。

澳洲餐饮业商会2009年度委员会成员如下：名誉会长杨柳、杨维湘；主席：何键刚；副主席：李爱玲、黄锦华、刘棠；财政：余威达；秘书：郑志坚；委员：曹清、陈雄、孙毓文、车锡泰、黄甘燕玲、吴健初、邓裕森、糜征孚、尹明、杨智钧、徐钦意、李爱珍。

（［澳洲］星岛日报2009－03－16）

新西兰湖南同乡会成立　多名华裔官员出席祝贺

据中国外交部网站消息，6月14日，旅居奥克兰地区的来自湖南省籍的各界人士举行隆重集会，庆祝新西兰湖南同乡会正式成立。驻奥克兰总领馆副总领事黎永传、新西兰民族事务部部长黄徐毓芳、工党国会议员霍建强、新西兰中国团体联合会会长黄玮璋及部分华社代表应邀出席并讲话。

黎永传在讲话中，代表总领馆对湖南同乡会的成立表示祝贺，希望湖南同乡会广泛团结旅居新西兰的乡亲与其他侨社加强交流与沟通，为促进中新两国人民的友谊，为新西兰的经济发展多作贡献，并继续支持总领馆做好各项工作。

湖南省政府外事侨务局、省人大港澳台侨委员会、省政协港澳台侨委员会等单位发来贺电，对湖南同乡会的成立表示祝贺。

（中国侨网2009－06－17）

澳洲华裔相济会音乐学校及华艺合唱团成立　会长韩普光

据澳洲《星洲日报》报道，在所有理监事支持下及有关人员努力下，筹备三年多的澳洲华裔相济会音乐学校及华艺合唱团于12日宣布成立。

当晚在CANLEY VALE会所举行的成立庆典上，相济会会长韩普光表示，音乐学校学员及合唱团成员在张上美老师的指导下，努力实践，加上家长的支持及全体学员团员的努力，音乐学院及合唱团宣布成立。

中国驻悉尼总领馆杨博领事，纽省自由党卡市选区代表MARKUS LAMBERT、ANDY PHAM及CHAU HUYNH，悉尼多个社团负责人及相济会大部分理监事等数十位嘉宾出席了盛会；音乐学校学员的家长也来了近百人，把会所礼堂挤满，场面热闹。

成立于1981年的澳洲华裔相济会，目前拥有小区服务中心、颐养院、中文学校及托儿中心四大服务。合唱团的正式成立，相信会成为喜爱音乐的会员及其他人士的又一精神支柱。

（中新网 2009－09－14）

澳大利亚新会同乡会公布成立　卢林丽娟任会长

据澳洲《星岛日报》报道，已成立三年，但等来最佳时刻才向外公布的澳大利亚新会同乡会，27日中午欢迎江门市及新会区领导人访澳，与家乡亲人一起公布该会的成立。

澳大利亚新会同乡会创会会长卢林丽娟在富丽宫设宴欢迎以江门市外侨局局长张国富及新会区区长吴振鹏为首的多位领导人时表示，纽省投资事务次长曾筱龙年前到过新会，倡议成立新会同乡会，因而该会早在三年前注册，但一直未向外公布的原因，是要等待有新会高官来澳访问的最佳时刻。这几天适值广东省省长黄华华访澳，参加粤港澳洲“经济技术贸易合作交流会”，陪同到访的还有江门及新会政府的官员，卢林丽娟认为这是她心目中的“最佳时刻”了。

新会同乡会第一届理事会成员为：会长卢林丽娟；第一及第二副会长蔡李瑞明及王国康；首席秘书张宏乐；第二秘书方炜杰；委员陆美芳及张栩嘉。本报行政总裁高文辉、王国忠及林丽华两位市议员、张俊明博士、陈雄台长及吴惠权夫人等成为该会名誉顾问。

（中新网 2009－10－28）

非　洲

全非洲浙江企业家协会约堡成立　中使馆官员出席

据南非《华侨新闻报》报道，以旅居南非的浙江籍老侨领胡李明先生为代表的浙江侨界精英，为进一步增进旅居南非以及全非洲其他国家及地区的浙江籍乡亲的团结和友谊，扩大交流、促进发展，发起了组建由南非和非洲各国商业精英、企业集团组成的“全非洲浙江企业家协会”。成立大会于5月10日在南非约堡嘉年华娱乐中心举行。

全非洲浙江企业家协会的成立，是在十年前中非开始共同谋求持续发展、共期创建大好前程的过程中，浙商们大显身手的力量大会聚。在成立大会上，来自非洲51个国家和地区的浙江企业家们积极参与、热情洋溢，更显会务兴隆、事业昌盛的征象。

当晚，成立大会在隆重而热烈的气氛中进行。全非洲浙江企业家协会全体理监事会干部及会员到会。中国驻南非大使馆潘新春参赞、中国驻约堡总领事馆陈泳副总领事、南非共和国国会议员陈阡蕙女士出席并致辞。各侨团侨领代表、知名人士出席大会，会上吴少康先生、李新铸先生分别致辞。

此外，大会还收到了中华海外联谊会、中国驻南非大使馆锺建华大使、中国驻约堡总领馆房利总领事、浙江省人民政府等祝词、贺信共148件。

（中国侨网 2009－05－14）

纳米比亚中华福建同乡会成立　会长黄松根

5月26日，纳米比亚中华福建同乡会成立庆典活动在纳米比亚首都温得和克隆重举行。纳米比亚中华工商联合总会会长林金淡担任名誉会长，祖籍福建三明的黄松根荣任会长。纳米比亚开国总统努乔马，中国驻纳米比亚大使任小萍、福建省侨办副主任邓伦成、福建省侨联副主席杨峥嵘，南部非洲中华福建同乡总会蔡庆副会长及当地闽籍乡亲等200多人出席庆典活动。

任小萍大使到会祝贺并致辞。她说，福建籍侨胞同来自祖国其他各地的侨胞一样，为纳米比亚的经济和社会发展作出贡献。她要求在纳所有华侨华人依法经营，与当地人民和睦相处，更多地回馈当地社会；同时“致富不忘故里”，为祖国和家乡发展作出积极贡献。

纳米比亚开国总统努乔马对应邀出席大会并担任揭幕嘉宾。

福建省侨办副主任邓伦成在致辞中表示，希望同乡会更好地服务乡亲，团结和带领福建乡亲更好地融入当地社会，守法致富，为纳经济社会发展和促进纳中友好关系作出更大贡献；希望同乡会加强与福建的交流与合作，在参与海峡西岸经济区建设中谋共赢。

旅居纳米比亚的华侨华人约4 000人，其中福建乡亲有500多人，大多是20世纪90年代来到纳米比亚的。他们经过拼搏奋斗、艰苦创业，取得事业上的发展。福建同乡会的成立标志着纳米比亚福建乡亲在互相帮助、共同致富的道路上迈出了新的步伐。

（中国侨网2009－06－15）

莫桑比克福建总同乡会成立　中国大使出席祝贺

据中国外交部网站消息，8月8日，莫桑比克福建总同乡会举行成立大会。中国驻莫桑比克大使田广凤、政务参赞雷同立等使馆官员出席大会并表示祝贺。

田广凤在讲话中希望中国在莫侨团在维护侨胞的合法权益、团结互助、共谋发展方面发挥积极作用，勉励侨团间互相交流、取长补短、依法经营，共同为增进中国人民和莫桑比克人民之间的友好合作关系，促进当地社会、经济发展作出应有的贡献。

田广凤表示，中国驻莫桑比克大使馆将一如既往地为侨胞提供良好服务。

（中国侨网2009－08－11）

塞浦路斯华人华侨协会成立　会长蔡伟洲

中国和塞浦路斯建交已经38年了，塞中友好协会也成立多年。但直到今日，生活在当地的华侨华人才有个一个属于自己的组织——塞浦路斯华人华侨协会。

9月20日，在塞浦路斯首都尼科西亚举行的协会成立大会上，当选会长、二十年前因跨国姻缘来塞执业的蔡伟洲医师感慨万千。他说，成立具有法人资格的协会是当地华侨华人增强影响、融入主流社会的第一步。

即将离任的中国驻塞浦路斯大使赵亚力到会祝贺。他回忆起二十年前首次作为外交官常驻塞浦路斯的情景：那时岛上外国人很少，华人更是屈指可数。2004年塞浦路斯加入欧盟后，不仅西欧，东欧国民也大量涌入。南部港口城市利马索尔成了俄罗斯人购地置业的首选，他们有自己的社团组织、报纸和电台。此外，来自南亚的家政打工妹更是随处可见，每周日尼科西亚老城的公园成了她们的休闲、聚集地。而中国近年来塞留学人员不少，但流动性强，真正因为跨国婚姻、工作并合法长居塞岛的华侨华人并不多。

（新华网 2009－09－21）

埃及华人华侨协会在开罗成立　会长付金丽

在中华全国归国华侨联合会、中国驻埃及大使馆的支持下，在埃及各界华人华侨的共同努力下，埃及华人华侨协会26日在位于首都开罗的中国文化中心举行了成立大会。

中国驻埃及大使馆的相关领导、中国驻埃及各新闻机构的代表、埃及各界华人华侨代表当天出席了埃及华人华侨协会成立大会。埃及华人华侨协会首届会长付金丽女士向与会者介绍了协会成立的宗旨。她说："埃及华人华侨协会的宗旨是做好会员与使馆及其他中国政府部门和工商企业、文化教育部门的桥梁纽带工作；团结埃及各界华人华侨，加强相互间的联系与友谊，共同弘扬中华文化，促进祖国和平统一与经济繁荣，推动埃中两国人民友好往来，维护侨居埃及华人的合法权益，促进华人华侨积极融入当地社会，提升华人在侨居国的政治与经济地位。"

埃及华人华侨协会的成立得到了中国侨联、海外华人华侨组织的高度重视和关注，他们纷纷发去贺信或贺电表示祝贺。中国侨联海外联谊部部长林佑辉在贺信中说，埃及华人华侨协会的成立是埃及华人华侨发展的里程碑，不仅为旅埃华人华侨开展社团联谊和商贸交流活动建立了新的平台，也为加强旅埃侨团与国内华人华侨社团联谊开拓了新的途径。

出席协会成立大会的中国驻埃及大使馆参赞董满意表示，埃及华人华侨协会一定会为加强中埃两国人民之间的友好交往发挥积极的促进作用。

（国际在线 2009－12－27）

首届阿联酋华侨华人联合会成立　主席万长青

首届阿拉伯联合酋长国华侨华人联合会于12月29日在阿联酋迪拜酋长国宣告成立。中国驻阿联酋大使高育生、中国驻迪拜总领事高有祯、中国侨联副秘书长林佑辉出席成立大会，并致辞表示祝贺。

首届阿联酋华侨华人联合会主席万长青说，阿联酋是中国改革开放以来华侨华人聚集最快的地方，也是中东地区华侨华人最多的国家。联合会的成立为广大在阿联酋的华侨华人与祖（籍）国进行经济、科技、文化教育等领域的交流与合作构建了良好的渠道和桥梁。

他在成立大会上还宣读了首届华侨华人联合会成立工作报告，高育生、高有祯、林佑辉和万长青共同为阿联酋华侨华人联合会成立纪念鼎揭幕。以中国著名相声表演艺术家姜昆为首的中国广播说唱团还为联合会的成立献上了一台精彩的文艺表演。

（新华网 2009－12－30）

（本版责任编辑　徐云）

学术动态

2009 年华侨华人研究学术动态概述

徐　云

2009 年岁末，中国内地华侨华人研究专业期刊《华侨华人历史研究》编辑部，特别组织了“建国六十年来的华侨华人研究”主题笔会，邀请国内华侨华人研究领域卓有建树的老、中、青专家学者和侨务工作者畅谈感言体会，周南京、梁英明、丘立本、黄昆章、李国梁、庄国土、袁丁、龙登高、曾少聪、黄猷、巫乐华、方雄普、李明欢、吴小安、吴前进、李其荣、周聿峨、高伟浓、张应龙十九位专家学者撰写了文章，他们有的从宏观角度进行回顾总结，提出建议和思考；有的从某一侧面或个人经历畅谈体会、分享经验。其情感真挚，言语中肯，发自肺腑，令人感动。时光荏苒，岁月更新。如果说过去的“两个三十年”为新一轮华侨华人研究的重新启动奠定了深广的基础和方向，那么在新的历史机遇期内，华侨华人与中国和世界的关系互动正在历史的脉动和现实的切入方面获得新的生机，那么 2009 年，处在这个标志性节点上和全球化背景中的华侨华人研究，是以怎样的面貌和成果奉献于世，又是以怎样的动态和趋势承上启下、辞旧迎新的呢？为了客观反映 2009 年华侨华人研究学术动态，本文拟对 2009 年学术论文、学术专著、科研项目、学术会议、研究机构等学术动态概况进行整理、分析和归纳，立足于以事实为依据，尽量把有关数据资料和主要观点系统化、条理化，并在此基础上对其反映出的特点和问题作简要的分析探讨；遵循“述而不评”的原则，注重于客观叙述，把更深层次的阐述评说留给“术业有专攻”的专家、学者们。

一、学术成果

1. 期刊论文

有关说明：中文期刊论文统计源主要为中国学术期刊网和暨南大学图书馆华侨华人文献信息中心“华侨华人文献信息专题数据库”；外文期刊论文统计源为“美国社会科学引文索引（Social Sciences Citation Index）和艺术与人文学科引文索引（Arts & Humanities Citation Index）数据库”。查重并剔除有关概况简介、会讯、书讯、简评、感言、经验交流、发言稿等内容的文章。

核心期刊依据《中文核心期刊要目总览》（北大 2008 年版）

关于数量和质量。经统计显示，2009 年境内外各类学术期刊共发表华侨华人研究论文 510 篇，其中境内期刊论文 352 篇，境外期刊论文 158 篇（中文 35 篇，外文 123 篇）。

2009 年华侨华人研究境内外期刊论文数量统计表

论文类别	境内期刊论文	境外期刊论文	
		中文	外文
篇数	352	35	123
合计	352	158	

与往年的期刊论文相比，2009 年的论文，从质量上看，有很大提高，主要体现在三个方面。①报道、简介、见闻、概况、人物等普及性知识的介绍性文章大幅度减少。②核心期刊发文量增加。2003 年以前核心期刊发文率仅占总载文量的 8.14 %，而 2009 年，在352 篇境内期刊论文中，核心期刊发文99 篇，占总载文量的28 %。另外，还有约20%的论文发表在《华侨华人历史研究》、《东南亚研究》、《南洋问题研究》等虽不是核心期刊，但是业内公认的“长期坚持学术的本体价值”的专业期刊上。这些期刊上的论文，专业性强，得到学界的广泛认可。③项目成果增多。2009 年在 352 篇境内期刊论文中包括国家、教育部、国务院侨务办公室、各省市立项以及多种类横向合作项目的研究成果35 项，占总载文量的9.9%。

境外的中文期刊论文主要集中在中国台湾和马来西亚、新加坡等地，并以中国台湾地区为主。境外外文期刊论文来源于国外两大权威索引数据库和华侨华人研究专业期刊，有较高的含金量。

随着国际化交流范围的扩大，2009 年，有美国、马来西亚、新加坡、澳大利亚、俄罗斯、法国、菲律宾、墨西哥、日本、新加坡、英国、澳门等38 位境外作者在境内期刊上发表论文。其中发文量居前五位的国家是：美国（9 篇）、日本（7 篇）、马来西亚（6篇）、新加坡（5 篇）和澳大利亚（2 篇）。

相比而言，境内作者在境外期刊发表华侨华人研究的学术论文，绝大部分在中文期刊上发表。

关于研究主题和内容。境外期刊发表的论文主要集中在社会、文化和历史方面，占这部分总发文量的77.2%。以微观研究、实证研究为主，很少有宏观论述的文章。很多境外期刊论文关注华人社区本土诉求与人文关怀，以貌似平常的社会现象（包括老幼妇孺，或生老病死）作切入点，在族裔、文化等多层面的研究平台上展开。如《台湾女性劳动力运用之比较：以东南亚配偶、大陆配偶、本国有偶妇女为例》，“Relations Among Parental Acceptance and Control and Children's Social Adjustment in Chinese American and European American Families”，“How Much Do I Tell Thee? Strategies for Managing Information to Parents Among American Adolescents from Chinese, Mexican, and European Backgrounds”，等等。

境内发表的期刊论文在研究主题和内容上更为丰富和多样，涉及政治、经济、社会、历史、文化、教育、侨务、侨乡等研究领域，体现出华侨华人研究在境内的广阔市场。2009 年华侨华人研究在研究范围和主题上也反映出一些亮点，如历史类论文有回暖的趋势、侨务侨乡类论文后势强劲、新移民研究有所突破等。

关于作者所属的国家和地区。境外期刊论文作者所属的国家近 20 个，排名依次是美国51 篇，中国台湾26 篇，加拿大9 篇，中国香港 8 篇，马来西亚 7 篇，澳大利亚 6 篇，新加坡5篇，英国4篇，中国大陆3篇，法国3篇，韩国2篇，日本2篇，新西兰2篇，丹麦、德国、哥伦比亚、瑞士、俄罗斯各1篇，另有10名地区不详。由此可以看出，境外期刊论文的作者主要集中在北美地区和中国港台地区，其比例为65.7%。

境内期刊论文作者的地区也近20个（不包括境外作者所属国家和地区）。广东、福建、北京稳居前三位。发文量分别为71篇、66篇、47篇。另外，上海18篇，浙江16篇，广西14篇，江苏11篇，湖北7篇，四川7篇，江西7篇，以上十个地区的作者发文量占境内期刊发文量的70.3%。

关于研究区域。境外期刊论文中，研究北美地区的论文最多。其中美国38篇，加拿大9篇；东南亚综合研究7篇，马来西亚12篇，新加坡4篇，菲律宾、印度尼西亚各2篇，越南1篇；欧洲地区欧洲综合研究3篇，英国5篇，俄罗斯2篇，荷兰和法属波利尼西亚各1篇；大洋洲地区澳大利亚3篇，新西兰1篇；非洲地区纳米比亚1篇；南美地区墨西哥1篇；亚洲地区除东南亚外，中国大陆6篇，韩国4篇，中国台湾3篇，印度、日本和中国香港各1篇；其余为综合研究。

境内期刊论文中，研究东南亚地区的论文最多，共62篇，其中东南亚综合研究13篇，马来西亚16篇，新加坡9篇，泰国6篇，越南6篇，印度尼西亚5篇，菲律宾4篇，老挝2篇，缅甸1篇；北美地区其次，共47篇，其中综合研究2篇，美国43篇，加拿大2篇；欧洲地区欧洲综合研究5篇，英国4篇，法国2篇，荷兰2篇，俄罗斯2篇，意大利2篇，德国1篇；大洋洲地区澳大利亚、新西兰各1篇；南美地区秘鲁1篇。亚洲地区除东南亚外，中国大陆侨乡研究19篇，日本4篇，中亚综合研究1篇，哈萨克斯坦1篇，朝鲜2篇，印度2篇，蒙古1篇，中国香港3篇，中国澳门2篇，其余为综合研究。

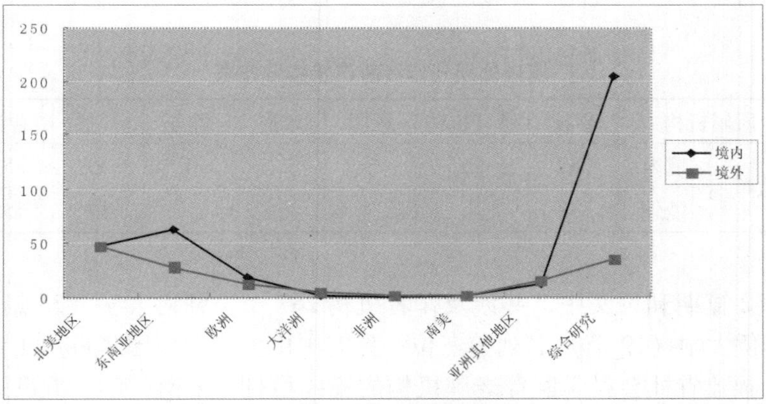

2009年华侨华人研究境内外研究区域对比图

从上表可以看出，在境外，北美地区的华侨华人研究超过了东南亚地区。而在境内，东南亚地区仍是华侨华人研究的主要地区，这与境内东南亚华侨华人研究的深厚底蕴和传统学脉有关。不过近年来，境内研究北美地区的论文在明显增加。原因大致有三：其一，经过半个多世纪的建设积累，国外东南亚华侨华人研究已经拥有相当坚实而深厚的学科基础和支撑，专业分工相当明确，分别紧紧依托历史学、人类学、社会学、政治学、语言学、地理学以及文化研究等各自学科专业范畴，无论从研究的深度、理论的高度，还是学科知识的积累、学术史的发展，已经很有基础、规模和影响力了。因此，境内外学者开始将视角转移到北美地区。其二，北美地区新移民增多。据统计，目前美国华人总数达3 497 484人，占美国总人口的1.2%，占亚裔总人口的24.3%。华人已成为美国亚裔中最大的族群。新侨情的变化促使研究者增多。其三，东南亚地区在国人传统思维中的相对边缘性以及中国国内以东南亚归侨为主力的东南亚华侨华人学者的代际更替的影响。

从折线图上可以看出，不论是境内还是境外，非洲和南美都是研究的薄弱地区。随着全球化进程的深入，华人移民网络也呈区域化和全球化趋势。向发达国家移民的输送网络早已全球化，向发展中国家移民的网络也呈现区域化趋势。阿根廷是南美中国新移民的集散地，匈牙利曾是欧洲中国新移民的集散地。有统计显示，到2009年6月旅西华人华侨人数达133.026人，加上入籍的、中国儿童被收养的，再加上留学生，将近20万华侨华人生活在西班牙。西班牙华侨华人的社会、经济、文化活动在当地社会产生了很大影响，并引起社会和媒体的广泛关注。但近五年内，鲜有关于阿根廷、葡萄牙、西班牙等地华侨华人研究的论文发表。不过2009年，朝鲜、蒙古、哈萨克斯坦、墨西哥、法属波利尼西亚、纳米比亚等过去一些“冷门”地区已经进入到学者们的研究视野。

从折线图上还可以看出，境内期刊论文综合研究的曲线高高在上，说明境内作者侧重于宏观研究。

关于作者及其所属机构。2009年华侨华人研究期刊论文作者所属机构，有高校的教学科研单位，有社科院的研究部门，有其他文化历史教育等研究中心，有各级侨务部门，有政府机关，还有博物院、图书馆、公安局、医院、银行、中学等。但是，高校作者占绝大多数，境内比例为81.6%（2003年以前高校占所属机构的54.3%）；境外比例为83.5%。由此可以看出，高校系统的作者是华侨华人研究的绝对主力军。

境内外期刊作者所属机构分布表

所属机构		高校	研究机构	社团	政府	侨务	其他	合计
数量	境内	287	26	3	22	4	10	352
	境外	132	4	3	0		19	158

在境内352篇期刊论文中，共涉及作者机构267个，暨南大学（33篇）、厦门大学（31篇）和华侨大学（19篇）名列前三位。另有中山大学、中国华侨历史研究所、中国社会科学院、福建省社会科学院等老牌机构的稳扎稳打；云南大学、五邑大学、宁波大学、华中师范大学、广西民族大学等机构的后势强劲。

在境外158篇期刊论文中，共涉及作者机构100个。发文量前三名的机构是美国加州大学洛杉矶分校（University of Calif Los Angeles）（6篇）；香港大学（University of Hong Kong）（4篇）和美国得克萨斯州大学奥斯汀分校（University of Texas at Austin）（3篇）。

关于合著率。合著研究可以揭示不同地区或国家之间、科学家之间、不同学科之间的合著规律、合著网络图、合著的意义与科学规范等问题，也可以很好地反映学科之间的交叉融合关系。在158篇境外期刊论文中，作者合著论文61篇，合著率38.6%。其中三人以上合著的论文21篇。2003年以前，境内的华侨华人研究作者的合著率仅为4.9%。而

2009年，这种现象得到了很大的改观：352篇境内期刊论文中，两人以上合著的论文有65篇，合著率为18.4%。而且，突破了以前同一单位同一部门的同事、师生之间近亲合作形式，出现了很多跨地区、跨部门，甚至跨国合作的形式。如中国传媒大学外国语学院赵靳秋、新加坡南洋理工大学黄金辉、传播与信息学院郝晓鸣合著的《新加坡语言教育政策影响下的〈联合早报〉与华人身份认同的变迁》，美国加州大学圣芭芭拉分校政治学系连培德和广州华南师范大学政治学系万晓宏合著的《美国华人和其它主要亚裔族群的跨国政治活动调查》，美国加州大学伯克利分校人类学系翁爱华和云南大学工商管理与旅游管理学院张晓萍合著的《跨越太平洋：家族、国籍及资本运作——海外华人群像及其“华性”解读》等。

2. **学位论文**

有关说明：中文学位论文检索数据来源于“万方——中国学位论文全文数据库”、“CNKI（清华同方）——中国优秀博硕士学位论文全文数据库”、“国家图书馆博士论文库”以及“台湾博硕士论文知识加值系统”；英文学位论文检索数据来源于PQDT博硕士论文文摘库（ProQuest Dissertations & Theses A + B Abstract）。

由于学位论文分散和“灰色”的特性，全面收集有很大的困难。根据现有网络检索工具，本文仅选择中国大陆地区、中国台湾地区和北美地区作为讨论对象。

经统计，2009年，以上三地区共有学位论文172篇：其中中国大陆地区99篇：博士论文17篇，硕士论文82篇。中国台湾地区学位论文共24篇：博士论文3篇，硕士论文21篇。北美地区的学位论文共49篇：博士论文34篇、硕士论文15篇。论文作者主要集中在美加地区。

2009年中国大陆地区、中国台湾地区和北美地区学位论文统计表

地区	学位论文		
	博士	硕士	合计
中国大陆地区	17	82	99
中国台湾地区	3	21	24
北美地区	34	15	49
合计	172		

博硕士学位论文在中国大陆地区发文最多的是厦门大学（31篇），其次是广州暨南大学（16篇）和华东师范大学（9篇）。中国台湾地区发文最多的是暨南国际大学（8篇），其次是台湾师范大学（4篇）、中国台湾大学（2篇）、国立中央大学（2篇）和高雄师范大学（2篇）。北美地区发文最多的是美国加利福尼亚大学（The University of California，6篇），其次是美国哥伦比亚大学（The Columbia University，3篇）和加拿大的多伦多大学（The University of Toronto，3篇）。

从研究内容上看，中国大陆地区学位论文涉及华侨华人政治、历史、经济、文化、教育、侨乡、侨务等诸多方面，但2009年比较集中在华文教育（13篇）、留学史和留学政策（11篇）、侨乡的建设和变迁（8篇）方面。研究方法上，除了侨乡有关研究外，中国大陆学位论文仍以宏观研究为主，较少采用实证研究和比较研究的方法。

中国台湾地区的学位论文，比较集中的也是华文华语教育（8 篇）和客家研究（3 篇）；其余还有移民、侨务政策、华人关系网络、华文媒体、留学生等。值得一提的是由钟文昌著、潘锡堂指导的《胡锦涛主政时期侨务政策研究（2002—2009）》一文，相对于大陆对特殊时期侨务政策的研究如刘华的《建国初期的侨务工作》（《华侨华人历史研究》，1994 年第 4 期）和郑甫弘的《对文革时期中国的华侨政策研究》（《南洋问题研究》，1996 年第 4 期），钟文昌文选题及时、研究迅速的成果让人期待。研究方法上，中国台湾地区个案研究的学位论文占论文总数的三分之一（8 篇），如《越南华人迁移史与客家话的使用——以胡志明市为例》、《从改制中学看国族建构：马来西亚雪州加影育华国民型中学个案研究》等。

北美地区的学位论文，仍延续“华人社区本土诉求与人文关怀”的路线，其中研究中国移民的家庭、教育、父母、子女、健康等问题的论文最多，也占论文总数的三分之一（16 篇）。如“Antecedents of parenting efficacy among Chinese immigrant parents in Canada”、“Kinship networks and social support in the authoritarian parenting style and children's maladaptive social behaviors of Chinese immigrants”，“Influence of health beliefs, gender, income, and family/social support on compliance with hypertensive therapeutic regimens among Chinese immigrants in the United States” 等。其次是文化适应与身份认同问题，如“Chinese immigrant students：Negotiating a globalized identity, language, culture, and education within multiple contexts”，“Living between two cultures：Personality and adaptation in Chinese immigrant youth”，“Loaded words：Race, ethnicity, culture & language in the construction of Chinese-Canadian identity”。再次是中文学校和汉语研究问题，如“The (re) production of social capital in the post-Chinatown era：A case study of the role of a Chinese language school”，“Chinese language schools' language policy for non-Mandarin-speaking students” 等。其他还有一些少数族裔的政治参与、一战华工、华人会馆、唐人街、寻根、妈祖文化和华人企业方面的论文。在研究方法上注重比较研究。如“Cultural differences in children's development of social competence between European American and Chinese immigrant families；Stakeholder views of Korean and Chinese heritage language-community language (HL - CL) schools and education in Phoenix：A comparative study。”

从研究视角上看，三个地区都不乏眼光独到之作。如中国大陆地区的《上海市归侨侨眷民生关爱研究》、《印度尼西亚华人姓名调查与研究》；中国台湾地区的《宗教信仰对华族退休老人生活适应影响之研究》、《华人游客文化资产怀旧意向及其旅游行为之探讨——故宫博物院为例》；北美地区的“The impact of parent-child separation on Chinese Canadian immigrant families：An exploratory study”，“An intimate world：Race, migration, and Chinese and Irish domestic servants in the United States, 1850—1920”、“Interracial dating among Chinese Canadians：An online dating profile simulation study”，“Boundaries of belonging overlapping loyalties and multiple attachments —A study of the North American Chinese Invitational Volleyball Tournament” 等，华侨华人的研究视角几乎渗透到华人社会的方方面面。

3. 学术著作

有关说明：著作统计源以暨南大学图书馆华侨华人文献信息中心“华侨华人文献信

息专题数据库”为主，国家图书馆网站、厦门大学图书馆网站、香港高校图书联网和日本国立国会图书馆等相关网站为辅。

2009年出版华侨华人研究著作的国家级出版社是北京大学出版社、经济管理出版社、清华大学出版社、人民出版社、社会科学文献出版社、中国社会科学出版社、中国经济出版社和中华书局。

出版概况。2009年境内外出版的华侨华人著作共180种，其中中文106种，英文51种，日文23种。著作类型包括中外文专著、译著、编著、汇编等。

在106种中文著作中，有专著50种，编著40种，汇编12种，译著4种。在50种专著中，有《基督教与海外华人的文化适应：近代东南亚华人移民社区的个案研究》、《民国浙江华侨史》等十种由国家级出版社出版；在40种编著中，有《移民美国》等三种由国家级出版社出版。出版种数最多的首先是北京（46种），其次是广州（14种），再次是台湾（13种）。

在作者合著方面，中文著作合（编）著的有57种，占中文著作的53.8%；英文著作合（编）著的有9种，占英文著作的18%；日文著作合（编）著9种。

2009年华侨华人著作语种与类型分布表

<table>
<tr><th>语种</th><th>专著</th><th>编著</th><th>汇编</th><th>译著</th><th>合计</th></tr>
<tr><td>中文</td><td>50</td><td>40</td><td>12</td><td>4</td><td>106</td></tr>
<tr><td>英文</td><td>48</td><td>3</td><td colspan="2">0</td><td>51</td></tr>
<tr><td>日文</td><td>14</td><td>5</td><td>4</td><td>0</td><td>23</td></tr>
</table>

书目选介。在中文专著方面，庄国土教授的《东亚华人社会形成和发展：华商网络、移民与一体化趋势》是教育部基地重大项目——“台湾与东南亚的政治、经济关系”的阶段研究成果，也是“十一五”国家重点图书。该部力作通过研究东亚地区华人华侨社会的形成和发展及其与中国大陆互动的历史，论证在东亚经济一体化进程中，东亚华人经济体之间进一步整合的可能性及其在东亚一体化进程中的先导作用。作者根据新发掘的资料，论证了形成于15世纪初的华商网络与当前华商网络的历史承继关系，论证了经贸和移民是华商网络的两大支柱，并进一步指出，华商网络是当代东亚华人经济体整合的基础。这纠正了国际学术界关于华商网络形成于欧人东来以后的观点，并第一次提出闽南人主导东亚海上贸易网络长达600年的论断。

由任贵祥主编、中央党史研究室和中国侨联的有关专家学者历时三年半精心完成的《海外华侨华人与中国改革开放》，是国家社科项目“华侨华人与中国改革开放和现代化建设”的研究成果。该专著重点阐述了新中国成立后特别是改革开放以来党和国家的侨务思想和侨务政策以及华侨华人对祖（籍）国改革开放事业的支持。内容全面丰富，资料珍贵翔实，观点富有新意，研究方法独特，有较高的参考价值。

台湾师范大学吴龙云博士的《遭遇帮群：槟城华人社会的跨帮组织研究》（东南亚华人研究丛书之九），通过《槟城新报》从1895年创刊到20世纪20年代的新闻报道和议论文章，对20世纪初槟城两个最重要的华人机构——平章会馆和槟城中华总商会作了详细的论析，也对20世纪初槟城的“帮”与“帮群”概念、“跨帮”活动，以及福、广两帮的互动关系等提出新的诠释。

台湾高雄师范大学利亮时博士的《一个消失的聚落：重构新加坡德光岛走过的历史道路》，探究了新加坡的德光岛内的族群分布，华人与马来人的族群关系和之间的互动，以及华人社群内部的关系，以此阐释族群之间的文化接触和彼此间的“异”与“同”，并从中窥视新加坡发展和建国史的缩影。

外文专著方面，美国洛杉矶加州大学（UCLA）社会学系和亚美研究学系教授周敏博士的新著《当代美国华人社会：移民、种族和社区变迁》（*Contemporary Chinese American：Immigration，Ethnicity and Community Transformation*），回溯了华人全球移民特点、原因、历史背景和趋势，剖析了华人移民居住区域变化这一地理特征背后的意涵，阐述了华人社区的变化与发展；对于美国的华裔经济、华文传媒、华文教育、移民家庭等现状进行了宏观和微观层面的分析和研究；对美国华人的性别问题、代际关系问题、子女教育和小留学生等重大问题进行了深入探讨，从多角度呈现了当代美国华人社区的特征，以及华人在美国主流社会地位的变迁。

美国杜鲁门州立大学历史系令狐萍教授主编的《北美亚裔：建立新社区，扩展新疆域》（*Asian America：Forming New Communities，Expanding Boundaries*），是首部研究北美社区新形态的著作。该书集中阐述了北美亚裔社区的新模式及其兴起的原因、意义及影响，其中对“1965年后美国华裔家庭中民族意识的强化、关系网络的亘组与跨国文化”和“加拿大华人经历的种族歧视的历史与现状以及加拿大中国大陆移民的特征与面临的各种障碍”等问题的探讨很有见地和参考价值。

在译著方面，加拿大人保罗·夏亚松（Paul Chiasson）著的《口述：最早发现北美洲的中国移民》，讲述了自己利用业余时间，穷数年心血的考古发现。他花费了整整两年时间，查遍历史档案和典籍，以田野调查与文献资料考证相结合，用令人信服的考证，指出了北美原住民米克茂人的文化与中国文化的渊源，并推理出惊人的结论，即远在欧洲探险家卡伯特到达该岛之前，中国人已在那里建立了颇具规模的移民区。这本书另外一层重要意义在于，作者以自己的亲身经历，向那些被现代商业化社会紧紧裹挟的人提出了一种发挥主动精神，过一种对社会更有意义、对自己也更积极的生活方式。

在工具书方面，令狐萍教授主编（与Allan Austin合编）的两卷本工具书《美国亚裔历史与文化百科全书》（*Asian American History and Cultures：An Encyclopedia*），收录了由众多美国著名亚裔研究专家撰写的经典论文与400多条词条，记录了从最初到现在美国亚裔的历史，内容包括来自东亚、东南亚、南亚、太平洋岛屿的移民及其后裔的政治、社会和文化史，以及美国亚裔社区、家庭和个人在当前面临的社会和文化问题。全书800页，是本工程浩大又不可多得的工具书。徐颖果教授主编的《族裔与性属：研究最新术语词典》，旨在梳理、汇编和引介西方文论及文化研究中的最新概念、最新理论和最新术语，尤其侧重于族裔研究和性别研究这一年轻领域的最新发展。

在文献汇编方面，有吴华编著的《世界海南组织资讯汇编》、森美兰中华大会堂编的《日治时期森州华族蒙难史料》等。中国图书馆文献缩微复制中心出版的《晚清珍稀期刊汇编》（全40册），收录了晚清的珍稀期刊几十种，是研究晚清的政治时事、工业、农业、商业、经济、文化、学校、教育、军事等珍贵的第一手资料。其中第十九册《美禁华工拒约报》，详细记载了当时广州学界反美拒约活动的活动和主张。

在统计资料方面，有台湾侨委会主编的《台湾移居美国侨民长期追踪第六（2008）年调查报告》、《中华民国第四届全球侨务会议实录》、《中华民国侨务统计：九十七年》、《各国华人人口专辑第三辑》等。

二、科研立项

有关说明：科研项目统计源以国家社科基金网站、教育部人文社科网、有关学校社科处网站为主；以向有关研究人员发调查表为辅。

各级别项目包括国家社科基金项目、教育部社科研究基金项目、国务院侨务办公室科研基金资助项目、教育部普通高校人文社科重点研究基地重大项目、省社会科学规划项目、省哲学社会科学十一五规划课题、各高校科研资助项目以及多种类国际和国内的横向合作项目等。

据不完全统计，2009 年，华侨华人研究在各级别科研立项中共获得 63 项。其中国家社科基金项目 11 项、教育部项目 6 项、国侨办项目 26 项、各省市自治区项目 14 项、境外合作项目 4 项、境内合作项目 2 项。本文仅以其中的国家社科基金项目、教育部项目、国侨办项目为例，对华侨华人科研立项情况做简要概括。

国家社科基金项目。国家社科基金项目是人文社科最高级别的立项项目。近十年来，从 2000 年的 1 项到 2009 年的 11 项，华侨华人研究在国家社科基金项目的立项数量不断增加。

从立项内容看，以少数民族研究和跨国（境）研究为重点。在 11 项立项项目中，少数民族华侨华人研究有 6 项，占立项数的 54.5%，如李德华主持的《新疆籍华人华侨研究》、李雪岩主持的《西南边疆民族地区青年归侨侨眷发展问题研究——基于中国东盟国家间跨国民族文化互动的视角》等。自 2006 年国家社科基金设立西部项目后，少数民族华侨华人研究不断在西部项目中获得立项。2009 年就有 4 项。

20 世纪 90 年代西方学术界提出的跨国移民理论，把研究的焦点从“地域”转移到移民借以维持跨国生活的“流动性”上，适应了全球化时代社会高速发展和移民流动性增强的特点。大陆的学者能及时关注和汲取国外最新理论研究，并结合中国实际，对移民跨国现象的新特征、新概念、新方法、新范式进行研究和探讨，如宋平主持的《全球化中的文化主体：移民族群的跨国社会实践》、水海刚主持的《近代环南中国海华人跨国组织与闽粤社会研究》等。除了少数民族研究和跨国（境）研究外，近年来出现的一些热点问题，如“藏独”问题、海外公民安全问题等，2009 年也分别各有一项目立项。

教育部项目。2009 年，华侨华人研究在教育部各类项目中有 6 项获得立项。从立项内容看，跨国移民研究 2 项；少数民族华侨华人社会 1 项；海外劳工权益保护 1 项；华裔新生代文学与传媒互动研究 1 项；“藏独”问题研究 1 项。

李安山教授曾经指出，为了更好地使研究与现实结合，有关部门应做到“华人研究无禁区”。因此，对 1958 年在“西藏叛乱”中出走而现在定居国外的藏民、对 1961 年“伊犁事件”中出走的维吾尔族华人、对现居中亚地区的哈萨克族华人和现在以偷渡方式出国的沿海移民均应进行深入的研究，只有这样才有可能在客观的基础上得出较有参考意义的结论。目前，关于“华人研究的禁区”不断缩小。2009 年，多个少数民族华侨华人研究（包括“藏独”问题研究）课题在国家和教育部的社科项目立项，说明华侨华人研究与现实政治联系紧密的程度在加强。

国务院侨办项目。自2000年以来，国务院侨办组织了四次两年一度的课题研究，立项153个，收到研究报告200多篇。2009—2010年度课题共收到申请书276份，是2007—2008年度的两倍，涉及68个大学和科研教学单位、12个省市侨办及全国人大华侨委员会，参与申报课题的总人数超过1 000人。

由于国侨办课题的隐秘性，不能对其进行完整的分析。据不完全统计，2009年，在华侨华人研究方面，暨南大学获国侨办各类项目13项；华侨大学和厦门大学各3项；华中师范大学2项；中山大学、汕头大学、浙江工商大学、四川大学和上海社科院各1项。与国家社科项目和教育部项目相比，国侨办的项目更注重现实性和应用性。侨务工作研究（包括侨务理论、侨务政策、侨务资源、华侨农场等）的项目占半壁江山，共有12项。除此之外，还有一些近年来出现的关系到政策制定和实践方面的课题，如《华侨投资纠纷解决机制研究——以华侨华人与中国经济发展为线索》、《出境游与海外华人旅游服务企业合作模式研究》、《侨务资源在社会主义新农村建设中作用的不同解读——以浙江为例》等，说明华侨华人研究已从学术研究进一步扩展到政策实践领域。

三、学术会议

境内。2009年4月17日，由上海市人民政府侨务办公室、上海社会科学院联合主办的“纪念五缘文化研究20周年暨五缘文化与华人社会”学术研讨会在上海举行。宗教界人士、海内外专家学者、侨务共计60余人参加会议。

2009年5月9—11日，由中国暨南大学和美国俄亥俄大学共同主办的“第四届海外华人研究与文献收藏机构国际会议”在广州举行。该会议主题为“互动与创新：多维视野下的华侨华人研究”，来自美国、新加坡、澳大利亚、中国大陆以及港澳台等20多个国家和地区的学者与嘉宾200余人参加了会议。国务院侨办政研司、广东省侨办、广东省侨联有关领导出席了会议。专家学者围绕华侨华人的历史与现状、社会、政治、文化、教育、华商网络，以及归侨、侨乡研究和新移民研究，文献档案和数据库建设等主题，在多维视野的研究框架下展开了广泛而富有成效的讨论。

2009年9月24日，广西壮族自治区侨办与广西社科院联合主办了“2009年广西侨务理论研讨会”。来自广西社科院、广西区内各高校的专家学者，各级侨务部门的侨务工作者和区外的特邀代表等130余人出席了会议。

2009年10月21日，厦门华侨博物院举办了“厦门华侨博物院五十周年院庆”国际学术研讨会。会议主题为“陈嘉庚与社会教育”、“跨国主义移民理论”、“世界各主要国家（地区）华侨华人研究的现状与学术思潮”。出席研讨会的有来自美国、英国、日本、澳大利亚、新加坡、印度尼西亚，以及中国香港、北京、南京、广州、厦门等地的多所高等院校和相关机构的专家学者30余人。

2009年11月26日，国务院侨办政法司召开了“新中国六十年侨务政策回顾与展望”专题研讨会。全国人大华侨委员会、国务院侨办、全国政协港澳台侨委、中国侨联、中国致公党中央有关负责人，以及来自中国社科院、北京大学、暨南大学等研究机构和大专院校的专家学者近50人出席了研讨会。

境外。2009年1月3—4日，由台湾华侨协会总会等七家单位共同主办的“新时代、新视野海外华人”国际学术研讨会在台湾国父纪念馆中山讲堂举行。出席研讨会的有中国大陆、马来西亚、新加坡、泰国、日本、美国和中国台湾等国家和地区的百余位学者。台湾“中央研究院”张存武教授作了题为“台湾华侨华人研究”的主题演讲。本次学术研讨会的一个主要特点是呈现出友好、合作的学术气氛。华侨协会总会理事长伍事文一句“以华侨为链以华侨为任”的话，引起与会者的广泛共鸣，并被引来作为本届会议综述标题。

2009年11月11—12日，台湾国父纪念馆、海外华文教基金会、海外华人研究学会、两岸和平发展联合总会等11个单位在台北联合主办了“孙中山——海外华人与两岸发展国际研讨会”。会议围绕着“海外华人经济与孙中山史迹”、“孙中山与华人社会”、“孙中山与海峡两岸”、“华人移民与聚落”、“孙中山与侨社”、“华人文化与政治参与”和“孙中山政治思想与哲学”等专题进行了热烈的讨论，来自世界各地的学者、孙中山纪念馆负责人以及海外侨领等130多人出席了研讨会。

2009年11月13—15日，新加坡国立大学中文系主办了第三届族群、历史和文化亚洲联合论坛。本次论坛的主题是“东南亚华人族群关系与区域比较研究”。会议分别按照“族群关系”、“方言、华语、文化网络”、“居住地与原乡关系”、“族群经济”等分场次开展研讨。

2009年的这些学术会议，虽规模大小不一，但务实高效，针对一些热点议题，不时有独到的观点和思辨的火花产生。如在“2009年广西侨务理论研讨会”上，广西玉林师范大学的石维有副教授在其论文《全面考察侨力资源对广西社会稳定的客观作用》中谈到，侨力资源具有利弊双重性。对于有利的方面，侨务工作者应该正确研究和正面引导，而面对消极作用的出现，要尽量避害趋利。在“厦门华侨博物院五十周年院庆国际学术研讨会”上，加州大学伯克利分校王灵智教授认为：中国和美国学者都没有把美国华人的利益和福祉作为其研究的出发点和中心，提出应重视美中关系对美国华人的影响、现当代中国历史对美国华人的影响、华人与侨乡的关系等问题的研究。在“新时代、新视野海外华人国际学术研讨会”上，玄奘大学夏诚华校长提交了《从竞争走向合作——台湾海峡两岸政府侨务工作之转变》的论文。他认为，经过连战、吴伯雄、宋楚瑜、郁慕明、江丙坤正式访问大陆，两岸之间的多轨道对话制度已经建构完成。今后两岸高层可以视各种情况和议题，弹性选择不同层次进行对话，讨论最敏感、最高层次的政治问题。两岸侨务机构亦应以此为举，建构新视野，摈弃侨务工作扮演斗争、统战之角色，转为以侨民教育为和解平台，推动中华文化为目标。在“东南亚华人族群关系与区域比较研究”会议上，王赓武教授提出很多富有启发思辨性的问题，例如，什么是中国、中国人、中华民族，相对来说，南方人的家族意识强烈，中国的北方人几乎没有族群概念，以土生华人的形成为例，所有海外华人是否有可能形成一个独立的族群？等等。

四、研究机构

境内。北京大学华侨华人研究中心在中心主任周南京教授，副主任梁英明教授、李安山教授的领导下，以出版12卷本的《华侨华人百科全书》和近50辑中心丛书而享誉海内外学界。2009年3月，北京大学华侨华人中心完成了新老交替工作，中心原秘书长吴小安出任中心主任，周南京、梁英明、李安山等教授一并改任中心顾问。

中国侨联领导的学术研究机构——中国华侨华人历史研究所，1984 年成立以来一直致力于华侨华人研究，成果颇丰。从 2004 年开始，该所正式启动老归侨口述历史研究工程，先后出版了《归侨口述录》共 6 本、192 万字。2005 年开始启动《中国华侨历史学会文库》计划，正式推出系列丛书。2009 年出版了《侨星》、《百年侨校：台山一中历史文化论》、《新马华人历史与人物》等丛书，目前《文库》丛书已出版了 22 辑。

2009 年，厦门大学南洋研究院有多项国家级、省部级科研项目获得立项和正在研建之中，并取得了《东南亚华人数量的新估算》、《东亚华人社会的形成和发展》、《试析马来西亚华商对华投资的发展、问题与对策》、《清代福建人向海峡殖民地的移民》、《东亚区域经济整合与华商》、《福州赴日新移民的增长态势及其主要原因》、《浅谈 1914 年之前的英属马来亚华侨社会》等多项阶段性研究成果。是年，庄国土教授、郭玉聪教授提交了《吸引高层次海外人才回国创业的政策措施及新归侨身份认定的建议》研究报告，其中“尽可能将海外人才和新移民纳入侨务工作范围，使新的归侨侨眷保护法涵盖新华侨的国内眷属和回归的新华侨”，以及“放宽对‘华侨’的认定”等建议有重要参考价值，引起了国家侨务部门的充分重视，肩负着政府智囊和学科领军人物的双重角色。国务院侨务办公室在有关政策文件中已放宽对“华侨”的认定。

暨南大学是我国的华侨高等学府。1981 年，我国第一个华侨华人研究机构暨南大学华侨研究所在该校成立。2009 年，华侨华人研究院作为承办者之一组织召开了“第四届海外华人研究与文献收藏机构国际会议”；完成了由中宣部和国家新闻出版总署组织出版的《辉煌历程——庆祝新中国成立 60 周年重点书系》之一的《华侨华人与新中国》；开办了《侨务论坛》系列讲座；编辑出版了由纪宗安教授、钱江教授主编的《世界华侨华人研究》论文集，该论文集基于多元化、国际化的定位，定期出版，为境内外华侨华人研究学者互动交流提供了更为广阔的平台。

随着华侨华人研究的深入开展，近年来，大陆华侨华人研究力量分布发生了变化：由“三足鼎立”向周边辐射、由沿海地区向内地发展，一些新的华侨华人研究机构相继成立并在不同领域发挥作用。

华中师范大学 2005 年成立了“国际移民与海外华人研究中心”，在国际移民框架下开展国际移民政策的比较研究、欧美国际移民与华人研究、东南亚国际移民与华人研究等海外华人研究。2008 年，“国际移民与海外华人研究”方向被列入学校研究生部的招生简章并启动招生。同年 6 月，国务院侨务办公室侨务理论研究武汉基地——武汉侨务理论研究中心在华中师范大学正式揭牌。该中心与侨务部门相结合，与“华创会”相结合，以召开学术会议为纽带，带动学科建设与研究工作。至 2009 年，该中心连续主办了五次国内国际学术会议，即“中国世界民族学会第八届代表大会暨全国学术讨论会”，其中把华侨华人研究作为会议的重要议题；第 1—4 届海外人才与中国发展国内国际学术研讨会。这些会议产生了广泛而良好的社会影响。

2009 年，上海侨务理论研究中心继续组织、资助研究人员申报中心课题。从 2007 年起，该中心就开始组织和资助中心课题的申报、立项。2007—2009 年已经取得了 32 项研究成果，其中 2009 年 12 项。

2009 年 9 月，高校系统又一所华侨华人研究机构——华侨大学华侨华人研究院正式挂牌。研究院下设华侨华人资料中心、四端文物馆、侨乡社会研究中心、海外华人社会研究中心、侨务理论与政策研究中心、境内外学者合作研究室等部门，设有专门史硕士点，培养华侨华人研究、中外关系史、区域社会史方向的研究生。

2009 年 9 月，广西侨务理论研究的重要基地——广西华侨华人研究所在南宁挂牌成立，新挂牌成立的广西华侨华人研究所，将重点就如何促进新时期广西侨务工作的科学发展，发挥侨务部门的作用和独特优势进行研究，深入分析当前海内外侨情、广西区情的变化，为广西北部湾经济区的建设出谋划策。同时努力解决侨众最关心、最直接、最现实的利益问题，使发展成果更多体现改善民生，以促进社会和谐、侨界和谐。

2009 年 10 月，世界温州人研究中心启动了“温州市世界温州人研究中心课题”申报工作，到 11 月中旬共收到各类申报课题 76 项。经外校相关专家匿名审核，中心学术委员会委员联合评审，评出 53 项立项项目。

2009 年 5 月，一个旨在探讨国际移民法的理论与实践问题，分析中国移民法取得的成绩、存在的问题，以及可能的解决办法的专业学术团体——北京国际法学会国际移民法专业委员会在京成立。研究会的成立对于促进中国移民法学科的建设、推动中国出入境管理法的立法工作、培养中国的移民法专业人才是一个好的开端。

除了高校和研究院系统外，2009 年末，一个由华侨机工及后代，海内外华侨华人自愿投入资金成立的非营利公益性学术研究机构——华侨机工回国抗战历史研究会在云南省畹町授牌成立。该研究会的任务是团结和联系海内外华侨机工及其后代、华侨历史研究工作者和社会人士，增进相互了解和友谊，推进华侨机工历史的探索、整理、研究和交流，为弘扬爱国主义和中华民族精神及中华民族的复兴事业作贡献。

境外。华侨华人研究在境外大多归于族裔或亚裔的研究范畴，并以个人研究为主。建立相关华侨华人研究机构或团体并频繁开展活动的，主要集中在新马地区。

马来西亚华社研究中心是一个关注和适应马来西亚华社文化、教育、经济诸方面需求的全国性学术研究中心。该中心积极开展学术交流活动，定期出版《马来西亚华人研究学刊》、《华研通讯》、《人文杂志》等期刊，并出版有关华侨华人研究的中英文学术著作。2009 年该中心举办了“东南亚华侨华人数量的新估算讲座会”、“战前英人的华人研究”人文沙龙和“早期新加坡华文报章与华人社会”新书推介礼等学术活动。

新加坡华裔馆是一个致力于促进海外华人问题的研究、公共教育和资料交流的机构。该馆多次成功举办国际学术研讨会和海外华人历史与现状的展览会，出版《华裔馆通讯》、《海外华人学报》等期刊及相关研究著作。2009 年该馆成功举办“Peranakan Chinese in Globalising Southeast Asia：The Cases of Singapore，Malaysia and Indonesia”国际会议和“全球化中的东南亚唐人街”流动展览。

新加坡南洋理工大学中华语言文化中心，以“研究中华语言和文化”为研究重点，开展与本地华人社会有关的课题研究，邀请国内外专家学者定期举办一系列学术活动。2009 年以该中心为主的《华人研究国际学报》（*The International Journal of Disporic Chinese Studies*）创刊。

新加坡国立大学中文系，无疑是东南亚地区华侨华人研究极为活跃的机构。该系在 2007 年 8 月成立“东南亚华人研究群”，旨在推广和深化本区域华人社会与文化的研究，希望借研究群的活动，加强与国际学界的交流与合作，提供更多机会开展更多元化的研究项目。2009 年，中文系举办了很多研讨会和讲座，邀请来自各地的访问学者和研究人员分享他们的研究成果。如 2009 年 2 月举办了“早期华人南来的奋斗史”文化讲座，“槟城福帮与客帮的关系：为何旧？何以新?”的学术演讲，“华商与马来土邦的形成，1882—1941：以吉打和槟城为中心的考察”、“印度尼西亚 Makassar 历史中的华人，1600—2009”的读书会；3 月举办了“从《公案簿》看巴达维亚华人孤贫养济院美惜甘”、“新马华人研究：档案与文献”的学术演讲；4 月组织了“东南亚华人专题研讨槟城吡叻田野考察之旅”、“遗忘的边陲：重建新加坡德光岛的历史”、“东南亚的唐人街”、“唐人街今昔谈”的学术演讲；5 月举办了“客家研究·槟城华人”座谈与学术报告会；8 月举办了“潮籍女作家与新中互动”的东南亚华人研究群学生报告；9 月举办了《比较霸权：战后新加坡及香港的华文学校政治》和《国家权力形构与华文学校课程改革——战后新加坡及香港的个案比较》的读书会；11 月举办了“第三届族群、历史与文化亚洲联合论坛——华人族群关系与区域比较研究国际学术研讨会 ”和“客家原乡田野考察经验谈”学术座谈会。

五、分析与探讨

1. 历史类研究方兴未艾

虽然华侨华人研究已经发展为政治、经济、文化、社会、教育等多学科研究，但历史类研究仍方兴未艾。以期刊论文为例，2009 年历史类发文 45 篇，占境内期刊论文的 12. 84%，相对于 2003 年 4% 的比例，有很大的提升。其研究内容也有所创新——在出国史、移民史、华侨史等纯史学研究上进一步拓展，如黄泽纯的《清末至民国时期我国邮政部门对侨批业的管理》、李源的《对华人移民史上“纸上儿女”现象起因的阐释》、林广志的《晚清澳门华人》等。新史料的发掘整理也促进了华侨华人历史研究：2001 年，厦门大学南洋研究院与荷兰莱顿大学历史系合作，启动“18—19 世纪巴达维亚华人公馆（侨领府）档案”的编校项目，以《公案簿》为书名，由厦门大学出版社出版；2009 年《公案簿》出版了第 9 辑，该项目通过对现存公堂《公案簿》档案的发掘和整理，不仅向世人展示了近两个世纪以来吧城华人在当时社会政治、经济生活中的各个层面，同时也为华侨华人历史研究提供了新史料。如聂德宁的《冲突与兼容：荷印吧城华人遗产继承的法律适用问题——以巴达维亚华人公馆〈公案簿〉档案为例》、黄挺的《早期侨批业运营的几个问题——以吧城华人公馆〈公案簿〉的记载为中心》等，都是利用《公案簿》的档案内容与相关资料互相参照和引证而所写的论文。同时，作为人文社会学科的一级学科历史学，如何在坚守与创新中发挥其强大的潜在活力也被学者关注。如有学者指出，在中国越来越开放、世界越来越全球化的大环境下，中外华人研究者共同修撰国别华人史，应该提上议程。

2. 侨务类研究学术性增强

作为侨务大国，中国的侨务理论研究越来越受到各方面的关注。首先，侨务理论研究成果日益丰富，为中国侨务工作的科学决策提供了坚实的理论依据。2009 年 5 月，国务院侨办举办首届“中国侨务论坛”并组织了“建国六十年侨务政策和理论回顾与总结”的课题研究。该课题根据侨务工作主要内容划分为六个专题：侨汇政策、华侨安置政策、“十六字”原则的历史发展与实际运用、华侨华人与住在国关系及相关政策研究、落实侨务政策的历史回顾、引资政策等。这些侨务理论研究以重要侨务政策和理论的出台、重大政策的转变为分期依据，深入挖掘各个历史时期侨务政策和侨务理论的出台背景、基本思路、实际效果，提炼出了各个时代或阶段的侨务思想及重大指导方针，梳理了侨务政策和侨务理论的历史发展脉络。其次，参加侨务理论研究的专家学者和侨务工作者日益增加，多学科交叉的研究趋势日益凸现。更多海内外专家学者开展了新时期下的侨务理论与侨务工作、侨务资源的内涵、特性及作用等方面的侨务理论研究。借此平台，参与申报国务院侨办研究课题的地方侨办越来越多。侨务干部熟悉涉侨政策与法规，又有丰富的侨务工作实践经验，其研究成果有较强的现实针对性和可操作性。2009 年，暨南大学华侨华人研究院设立了侨务研究所，华侨大学华侨华人研究院设立了侨务理论与政策研究中心。高校侨务研究机构与侨务部门密切合作，借助学理性研究拓展侨务政策研究，将会使侨务政策研究更具有科学性和前瞻性。

境内侨务类论文的比例，也一直处于稳步上升趋势，如 1998 年为 11.3%，2003 年为 12.2%，2009 年为 13.4%，而且在质量上，有很大的提高。2009 年已有李黎明、石增业的《侨务领域拨乱反正述略》、李海峰的《正确处理侨务工作的若干关系》、谭天星的《新形势下侨务工作战略意义的再认识》、徐文永的《论中共第一代领导集体的侨务思想与党的统一战线》等论文在核心期刊上发表。虽然目前发表的侨务类论文仍有很多政论性或经验性文章，但随着侨务理论研究的深入开展和侨务工作的深化，相信这种状况将得到逐步的改观。值得一提的是，2009 年侨务类的论文与历史类论文的发文量相同，并列第一。这种双峰并峙，互相守望的状况，是一种巧合，还是一种暗示：华侨华人研究“历史与现实兼容、侨情与侨务并重”的研究趋势已经到来。

3. 侨乡类研究后势强劲

侨乡是华侨华人资本进入中国的桥头堡，是华侨华人资本国际流动的主要着陆点。他们的资金、技术、管理经验以及大量的捐赠是侨乡社会经济建设取得重大发展的主要推动力。侨乡研究是有关华侨华人研究中较为突出的一部分，在 20 世纪 90 年代后期已引起国内外学者的广泛关注。1997 年至 1998 年，厦门大学南洋研究院侨乡研究课题组、福建海外交流协会和晋江市侨务办公室合作，进行了有关晋江侨乡海外联系课题的研究，取得了初步成果。1998 年 10 月在福建晋江召开的“中国侨乡社会经济发展国际学术研讨会”，吸引了来自 15 个国家和地区的近 80 名学者，其中海外学者 30 名，提交的英文论文有 16 篇，这些论文的最大特点是微观研究的突破，对中国学者有很大的启发和借鉴作用。广东省五邑大学自建校以来就重视对华侨历史、侨乡文化的研究。2006 年学校成立了“五邑大学侨乡文化研究所”，并与江门市委宣传部、江门市社会科学界联合会共同成立了“广东侨乡文化研究中心”。2009 年，该中心多个有关侨乡社会、经济、文化等方面的研究曾获得广东省科技计划项目、广东省高校优秀青年创新人才培育项目、广东省哲学社会科学“十一五”规划地方历史文化特色项目、广东省普通高校人文社会科学重点研究基地重大项目以及境内外合作项目的立项。

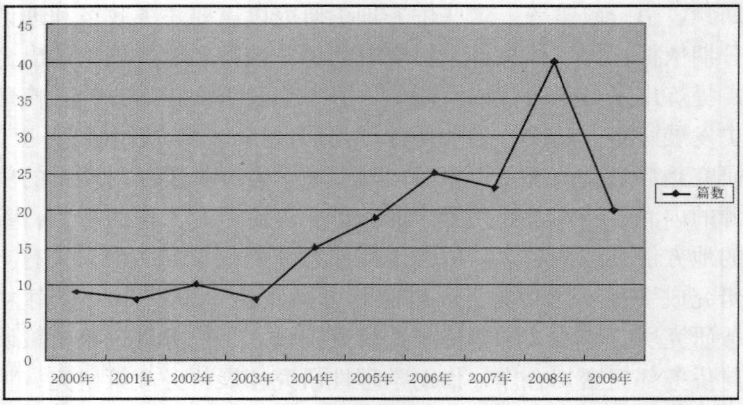

2000—2009 侨年乡研究论文变化图

从上图可以看出，2004 年以来，侨乡研究的论文处在上升期，特别是2008 年，突飞猛进。在研究内容上也有拓展，除了“侨乡的经济变化与海外华侨华人”、“华侨华人与侨乡的互动关系”等宏观论述外，诸如“侨乡留守儿童”、“侨乡公共事务”、“侨乡婚俗演变”、“侨乡家族文化”、“侨乡炫耀性消费”等微观层面的问题也进入研究者的视野，同时实证研究的方法得到广泛运用。但在 2009 年，侨乡研究的论文又明显下降，这可能与侨乡研究正处于动荡调整时期有关。有学者表示，在侨乡研究上还有极为广阔的拓展空间。在研究视角上，除了继续研究海外华人资金对侨乡经济或者社会的影响，如投资、捐赠和侨汇等，还应从侨批、公函、会刊、报刊、侨刊乡讯等载体中反映出的信息要素在海外华人与侨乡之间的流动分析其对侨乡社会的影响。侨乡研究本身也需要在具体的实证研究中对中国不同侨乡进行类型区分，并以比较的视野与国际移民输出地的特点进行比较和归纳，不断提炼理论，以便开展与国际学术界的学术对话、交流和合作。

4. 新移民研究有新的发展和突破

2009 年的新移民研究，除了一些移民理论、移民政策、移民网络以及住在国新移民心理认同、生存适应方式等宏观研究外，一些注重实证研究的论文出台。如代帆的《菲律宾中国新移民研究——马尼拉中国城田野调查》、张颖的《华人新移民：族群认同与中华文化传承——对旧金山华人新移民随机访谈的剖析》。研究者不仅关注国外的新移民，还开始研究回流的新移民，如上海社会科学院于挺、杨昕和浙江工商大学朗春雷合著的《新华侨华人上海就业存在的问题及对策》等，从基础研究开始涉足应用研究。更让人鼓舞的是，一直被学者指出缺乏比较研究的新移民研究有了新的突破。叶宋曼瑛、程东金的《定位华裔新西兰人：当代“高质量移民”与早年“不受欢迎的外国人”之比较》和刘宏的《当代华人新移民的跨国实践与人才环流——英国与新加坡的比较研究》，在新老移民之间和国别移民之间做了很好的比较研究。

5. 研究队伍新、老、内、外兼容互动

从研究主体来看，华侨华人研究大致可分为三类群体，即中国学者、海外华裔学者和海外非华裔学者。他们研究的视角及内容不尽相同，体现出各自的特点。在中国的大陆学者中，随着近年来 50 年代归侨学者的陆续退休和一些中年学者工作岗位和研究方向的转换，大陆的华侨华人研究力量有所减弱，新老交接中的断层现象还有待努力缓解。可喜的是一群60后、70后甚至80后的新生代华侨华人研究队伍正在成长和壮大。他们有较高的学历背景，有良好的外语水平，展示出很强的学术智力优势。一个内外结合、新老交替、互动发展的研究队伍正在形成和发展。

由于华侨华人研究的国际化特点，研究人员逐渐从华人学者、华裔学者向非华裔学者拓展。不论是学术论文还是学术著作，非华裔学者占境外研究的绝大多数，这也说明非华裔学者在海外华侨华人研究中的重要地位。他们受西方文化教育，有扎实的理论基础和学术素养，并凭借“地利”优势充分利用大量的文史档案资料研究出视角独特的成果。他们在研究范式、理论框架、研究视野和研究方法上的拓展和创新很有借鉴意义。

在这三类研究群体中，海外华裔学者有着特殊的地位和作用。他们介于中国学者和外国学者之间，作为不同学术背景和话语体系下不同研究思路和方法的接受者和传递者，为华侨华人研究的相互沟通和多元互动作出了很大的贡献。中国社科院华侨华人研究专家丘立本曾在编辑《华侨历史书刊目录》的过程中作过统计和调查并发现，海外华侨华人学者对自身的研究成果比中国大陆、港台战后出版的华侨问题著作的总和还要多，这说明他们对于自身命运和前途的关心远胜于我们。在这个群体中，一个从留学生转换为新华侨华人学者的学术群体崭露头角，并成为国际上华侨华人研究的新锐。这个群体既有在国内学习生活的经验，又有在国外学习生活工作的体验；既能够熟练运用西方的研究方法，又能够方便地通过自身的调查与观察获得国内学者所缺乏的“现场参与”。因此，其研究成果具有更多的中西文化交融的元素，其价值不容忽视。

虽然华侨华人研究的群体在不断地壮大，但从相对数量上看，华侨华人研究领域的研究者，整体仍单薄，尚不足以形成集结研究的群体优势，其中能够通晓中、英（或其他外文）两种文字以上的研究者更加稀缺。国内学者与非华裔学者之间直接的交流和合作还存在诸多的障碍。

6. 东南亚华人现实问题研究薄弱

迄今为止，80%以上的海外华人居住在东南亚地区，他们当中95%以上已经加入当地国籍。这是当今东南亚华人社会与欧美等地华人社会的最大不同点。改革开放以来，特别是90年代后期，老一辈华侨华人学者出版了一批东南亚历史和现状研究的成果。这些研究成果从政治、经济、文化、教育等方面为东南亚华侨华人研究提供了缜密的学术思路和丰富的参考资源。但有统计显示，越来越多东南亚的中国学者转而关注东南亚之外的北美、欧洲、日本和澳洲等地区，有学者尖锐指出这种趋势与中国越来越多的专业学者转而关注短平快等所谓热门当代问题研究，而不愿从事中长期基础研究的趋势几乎是同步的。随着中国经济、政治、军事力量的增强，东南亚国家与中国的关系将日益复杂而多变，东南亚各国华裔公民面临的问题也与欧美等地的华侨华人有显著不同，特别是与欧美的中国新移民完全不同。这些问题至少包括：东南亚各国华裔公民如何在入籍国争取法律上的平等参政权，华裔族群如何与其他族群建立和谐的关系，各国关于华裔公民的法律、政策的变化，各国华裔公民如何正确处理与祖（籍）国（中国）的关系，中华传统文化在海外华人中的传承、变化和发展以及华裔公民如何理解和应对各国采取的同化政策，等等。

面对以上东南亚华侨华人社会出现的新情况和面临的新问题，至少2009年鲜有这方面的研究成果面世，有学者关于“迄今尚无一本关于该地区国别的移民政策或法规的专著出版”的担忧，仍耿耿于怀。就此分析原因，一是东南亚绝大多数华人已不是中国公民，他们与中国的关系也已淡化，不如研究欧美等国的新华侨问题更具有“现实意义”；二是一些问题很可能涉及中国与东南亚国家之间的外交关系，即所谓政治上的敏感问题。然而，正如有学者指出，所有这些问题都是中国当前及今后无法回避的。

7. 研究群体应形成多元网状结构

据统计，境内外高校系统的研究群体占整个研究群体的绝大多数。他们具有研究起点较高、学术规范化的特点和优势，但也存在相似的学术理论背景、环境、模式下进行研究的同质化问题。而同质化从另外一方面会隔阂和制约来自其他异质层面的研究理念和思路。因此，华侨华人研究应该建立一个以高校为主，社科院、侨务部门、华人社团、各级学会组织为辅的研究网络，各尽其能，百花齐放，互动发展。

值得一提的是，全国各级华侨华人研究的学会组织，它们是除高校、社科院研究机构以外，华侨华人研究中的一支重要力量。1981 年 12 月，中国华侨史学会在北京正式成立（后改名为中国华侨历史学会）标志着中国华侨华人研究的新起点。随后，各省（市）的华侨华人研究学会纷纷成立，较为活跃的有广东华侨历史学会、广东华侨华人研究会、福建华侨历史学会、广西华侨历史学会、上海华侨历史学会、云南华侨历史学会、吉林华侨历史学会和海南华侨历史学会等。在广东省，很多市县也成立了华侨历史学会。这些华侨历史学会主办会刊，组织学术讲座，对交流学术成果、介绍研究动态、华侨华人研究起了重要的促进作用。

但近两年来，曾经蓬勃一时的地方华侨华人研究正在逐步走向凋零：一些地方的学术研究杂志、侨报、侨刊相继停刊，学会的固定年会或学会会议几年都不开一次，除了个别地方外，一些侨乡的侨史学会或华人研究会名存实亡。中国华侨历史学会 2009 年的学术活动几近停滞，一年中举行多次学术讲座和研讨会的风光已不再。原来学术活动较为活跃的广东、福建等地的华侨华人研究学会也陷于低迷。这种状况与目前华侨华人学术研究的国际国内大环境很不协调。

究其原因，既与领导不重视有关，更与体制和管理有关。目前绝大多数华侨华人学术团体长期实行挂靠体制。这种挂靠体制，使学会团体逐渐失却了原有的民间组织、民主办会的特性，变成了官办色彩较浓的职能部门的附属机构。学会领导多由侨务部门领导兼任，领导工作一忙，难免顾此失彼。加上学会活动少而枯燥，会员没有强烈的组织归属感、荣誉感。再加上学术团体的学术活动停留于表层，未能贴近现实热点，不能吸引会员积极参加。另外，学会活动经费短缺，也使学会难以走上良性循环的生存与发展道路。以上这些因素，学会的领导和会员均心知肚明，但要想改变，并非一朝一夕就能做到的。因此在全球化、多元化的研究背景下，华侨华人学术团体如何建立一种开放型多样化的生存与发展模式，应是华侨华人研究学者们的新课题。

六、结　论

从研究成果的数量上看，2009 年发表华侨华人研究期刊论文 510 篇，其中境内期刊论文 352 篇，境外期刊论文 158 篇；出版学术著作共 180 种，其中中文 106 种，英文 51 种，日文 23 种；中国大陆、中国台湾和北美三地区的博硕士学位论文 172 篇；中国大陆的主要立项科研项目 40 余个。同时研究成果的质量有很大提高，学术论文核心期刊发文率占总载文量的 28%。研究内容也更加广泛和深入。华侨华人研究冲破传统的历史框框，从历史学逐渐延伸到社会学、民族学、民俗学、宗教学、心理学、教育学以及文化学的众多层面。学者们不仅研究海外华侨华人，也重视侨务理论和侨乡研究，研究内地侨乡与海外华人社会的历史和现实。新移民的研究更加深入，并有突破性的进展。各类对策性研究也广泛进行，华侨华人研究走出书斋，积极为中国的政治、经济和社会发展服务。华侨华人研究在各级科研立项中均占有一席之地，这说明华侨华人研究在人文社会科学研究中的地位和影响在提高和扩大。这种历史与现实并重、理论研究和现实研究相结合的发展态势令人颇受鼓舞。

从研究区域上看，东南亚、北美地区仍是研究的主要地区，非洲和南美是研究的薄弱地区；国家和地区间的研究有明显的不平衡；在急功近利心态的驱使下，一些专家学者转而关注短平快等所谓热门当代问题研究，而不愿从事中长期基础研究；东南亚华侨华人研究也有越来越呈现空心化、边缘化的危机。

在研究方法上，境外学者喜欢采用的实证研究和比较研究，也越来越被境内学者借鉴和采用，但中国大陆学者过于侧重宏观研究的倾向仍然很突出。个体为主的传统研究方式有了很大的改观，出现了跨学科、跨机构甚至跨国界的合作。

从研究机构上看，高校系统的作者是华侨华人研究的绝对主力军，分别占境内外研究群体的81.6% 和83.5%，但同质化问题应引起重视。

从国际化程度来看，国际学术界的交流和对话频繁，大量的外国研究成果被越来越多地介绍到中国的华侨华人研究领域。同时大批华侨华人学者走出国门，积极吸收海外学术界的研究成果和理念，甚至直接进行田野调查，更有不少中国留学生选择了这方面的课题在国外或境外完成。海峡两岸学者近年来在华侨华人研究方面的交流也日益频繁，合作研究现象也不鲜见。境内外学者的学术成果相互被介绍和引进已经是学术交流平台上的常态，过去闭门造车的局面不复存在。

总之，2009 年华侨华人研究在领域、深度、广度和学术规范性、国际化程度等方面都有了新的发展。至于20 世纪90 年代以来华侨华人研究呈现出的一些新特点，如多学科研究，原始档案文献整理和大型工具书的编辑，微观研究与实证资料并重以及国际化程度大大提高等，以及中国华侨华人研究就整体而言的一些问题，如创新能力弱、学理性的专著不多，第一手资料匮缺，低水平重复严重等，是目前侨学界公认的问题，也是大陆文科研究普遍存在的问题。这些特点和问题依然在2009 年学术动态中有所延续。鉴于华侨华人研究中共性的特点和问题，已有学者在宏观上专门论述，本文不必赘言。

需要说明的是，由于华侨华人研究成果的分散性，本文有关数据的统计，仅以公开发布的检索工具为主和公开发表的学术成果为主。而在公开发布的检索工具中，由于没有华侨华人所属学科分类的查询渠道，故只能通过与华侨华人研究有关的一些关键词如华侨、华人、华工、华裔、社团、华商、华族、华团、华社、归侨、侨眷、侨胞、侨务、侨商、侨乡、移民、侨汇、侨批、侨资、银信、唐人街等，逐一进行题名和主题检索，因此统计数据不完整在所难免，还希望读者能理解和海涵。

（本文作者系暨南大学华侨华人文献信息中心主任）

统计资料

2009年华侨华人研究期刊论文一览

2009年华侨华人研究期刊论文分中文和英文两部分。中文期刊论文统计源为“中国学术期刊网”和暨南大学图书馆华侨华人文献信息中心“华侨华人文献信息专题数据库”；外文期刊论文统计源为“美国社会科学引文索引（Social Sciences Citation Index）和艺术与人文学科引文索引（Arts & Humanities Citation Index）数据库”；2009年境内外各类学术期刊共发表华侨华人研究论文487篇，以出版年代降序排列。

中文期刊论文

1.“非法移民”一词辨析/林胜//世界民族，2009（3）.94～96

2.“海外关系”对广东改革开放的作用/林琳//侨务工作研究.—2009（1）.20～21

3.“恋旧”与“洋化”：纽约唐人街美国华人的民俗生活与文化认同/杜宪兵//民俗研究.—2009（1）.234～245

4.“四海同春”花开五洲——以侨为桥　沟通中国与世界　为增强国家软实力服务/刘辉.吴洪芹//侨务工作研究.—2009（2）.6～8

5.“文革”叙事与新移民作家的叙述视角/丰云//东岳论丛.—2009（1）.—120～123

6.“厦门华侨博物院五十周年院庆”国际学术研讨会综述/潘少红//华侨华人历史研究.—2009（4）.—78

7.“新移民文学”：“新”的悖谬？/朱崇科//华侨华人历史研究.—2009（2）.—21～26

8.“一战华工”影像/张军勇//中国档案.—2009（2）.—16～17

9.《公案簿》所见早期侨批业运营的一些问题/黄挺//第二届侨批文化研讨会论文选/韩山师范学院学报.—2009（2）.—208～217

10.《融合》——马来亚五十载民族关系画卷/苏莹莹//亚非研究.—2009（2）.—331～352

11. 17、18世纪华商在越南海贸领域的经营及影响/闫彩琴//东南亚研究.—2009（2）.—82～86

12. 17—19世纪会安的华人、唐帮会馆与华风/李庆新//华人研究国际学报.—2009（创刊号）.—95～120

13. 17世纪以来长崎华侨华人团体的变迁/庄少月//八桂侨刊.—2009（1）.—32～35

14. 1965年以来美国华人社区新特征/陈格，孟龙//绍兴文理学院学报（哲学社会科学版）.—2009（4）.—90～94

15. 2009年广西侨务理论研讨会综述/郑一省，陈云云//华侨华人历史研究．—2009（4）．—74～75

16. 20世纪70年代以来东南亚女性跨国流动的特点与影响/佟应芬//南洋问题研究．—2009（1）．—60～65

17. 奥巴马当选对美国华人政治的影响和启示/宾有文//八桂侨刊．—2009（3）．—64～67

18. 澳大利亚华文教育发展状况及原因分析/刘芸芸//八桂侨刊．—2009（2）．—32～35

19. 巴黎华人留学生信仰基督教特征研究——以巴黎部分华人基督教会中的留学生为例/华桦//青年研究．—2009（6）．—64～73

20. 把“三促进一保持”写在侨务工作的旗帜上/万庆良//侨务工作研究．—2009（2）．—19～20

21. 北美华人女性英文叙事中的男性他者/蒋金运//广州大学学报（社会科学版）．—2009（11）．—70～74

22. 北美华人英文文学中的美国形象/蒋金运//社会科学辑刊．—2009（6）．—193～196

23. 北美新移民文学中的“另类亲情”/王列耀//文学评论．—2009（6）．—194～198

24. 槟城领事与该地华人社会及其免职风波/刘铁，黄贤强//华侨华人历史研究．—2009（3）．—45～54

25. 潮商缘何长盛不衰——与晋商、徽商比较/王炜中//华侨与华人．—2009（1）．—47～55

26. 潮学研究的另一半：潮汕文化在海外的传播和变异/林伦伦//广东潮讯．—2009（2）．—42～43

27. 陈兰彬与丹佛排华事件交涉/朱卫斌//徐州师范大学学报（哲学社会科学版）．—2009（2）．—58～64

28. 充分发挥侨刊乡讯在对外宣传中的重要作用/朱清//福建理论学习．—2009（2）．—19～20

29. 冲突与兼容：荷印吧城华人遗产继承的法律适用问题——以巴达维亚华人公馆《公案簿》档案为例/聂德宁//南洋问题研究．—2009（4）．—42～48

30. 创新是侨务工作的活力所在/邹建伟//侨务工作研究．—2009（1）．—38

31. 从《吃碗茶》看美籍华裔父亲形象/林敏奋//重庆科技学院学报（社会科学版）．—2009（1）．—136～137

32. 从被动适应到主动融入：印度尼西亚华侨华人社团的历史演进/丁丽兴//东南亚纵横．—2009（8）．—24～27

33. 从加拿大华文文学看华裔移民文化/李云川//南京财经大学学报．—2009（5）．—103～105

34. 从留学生到新移民：身份焦虑与文学进化论/杜霞//文艺研究．—2009（11）．—161～163

35. 从论文统计看国际科学合作中的“华侨华人现象”/程希//八桂侨刊．—2009

(3). —23 ~ 26

36. 从小说《骨》的人物刻画看美国华人的身份认同/徐丹//湖北经济学院学报（人文社会科学版）. —2009（9）. —109 ~ 110

37. 从银信看"开平碉楼与村落"/刘进//中国档案. —2009（3）. —14 ~ 17

38. 从英国公共档案馆中文档案看张之洞与华工出洋问题/温春来//历史档案. —2009（2). —92 ~ 97

39. 从中国文化到华裔美国文化——论当代华裔美国作家的中国文化观/王惠//世界文学评论. —2009（1）. —216 ~ 220

40. 从专卖到公营——荷印殖民政府鸦片经营策略的转变及其对爪哇华人社会的影响/沈燕清//八桂侨刊. —2009（4）. —23 ~ 27

41. 从自我殖民到后殖民解构——论新移民文学的女性叙事/吴奕锜，陈涵平//华南师范大学学报（社会科学版）. —2009（1）. —73 ~ 77

42. 当代华人新移民的跨国实践与人才环流——英国与新加坡的比较研究/刘宏//中山大学学报（社会科学版）. —2009（6）. —165 ~ 176

43. 当代华裔题材纪录片的文化传播审视——以中山电视台《海外中山人》为例/林小榆，谭天//中国广播电视学刊. —2009（5）. —90 ~ 91

44. 当代美国少数族裔女性文学研究概述/王军，高雪//西南民族大学学报（人文社科版）. —2009（1）. —247 ~ 250

45. 当代越南华人社会研究/覃翊//世界民族. —2009（2）. —57 ~ 63

46. 当代浙南跨国移民活动的变迁/刘莹//钱江侨音. —2009（4）. —42 ~ 44

47. 当今美澳华人佛、道教与中华文化的海外生根/冯尔康//天津师范大学学报（社会科学版）. —2009（5）. —42 ~ 46

48. 德国中国移民的历史演变及类别构成/王异虹//华侨华人历史研究. —2009（4). —26 ~ 41

49. 颠覆的历程——试析东方主义视角对美国华裔作家创作的影响/苏翠英//菏泽学院学报. —2009（1）. —39 ~ 41

50. 定位华裔新西兰人：当代"高质量移民"与早年"不受欢迎的外国人"之比较/叶宋曼瑛，程东金//华侨华人历史研究. —2009（3）. —18 ~ 25

51. 东南亚华侨华人数量的新估算/庄国土//厦门大学学报（哲学社会科学版）. —2009（3). —62 ~ 69

52. 东南亚华侨华人研究的观察与思考/吴小安//华侨华人历史研究. —2009（4）. —19 ~ 20

53. 东南亚华人德教述论——以儒教为切入点/吉原和男，黄蕴//思想战线. —2009（5）. —114 ~ 120

54. 东南亚华人地域认同的历史和未来/周聿峨，余彬//暨南学报（哲学社会科学版）. —2009（2）. —236 ~ 240

55. 东南亚华人华侨与华文学校互动探微/田志馥//河北青年管理干部学院学报. —2009（6). —51 ~ 54

56. 东南亚华人音乐的形成与来源——以马来西亚华人传统音乐为例/王静怡//文化

艺术研究．—2009（1）．—116～129

57. 东南亚华商在北部湾经济开发中的角色与作用/郑一省，叶英//八桂侨刊．—2009（2）．—56～60

58. 东南亚华文教育发展现状及趋势研究/廖新玲//八桂侨刊．—2009（1）．—54～59

59. 东南亚新移民女性文化适应之经验历程/吕静妮，李怡贤//耕莘学报．—2009/06（7）．—55～63

60. 东亚区域经济整合与华商/王勤//亚太经济．—2009（2）．—19～22

61. 东亚一体化与人口跨国迁移：互动与影响——“东亚区域整合：人口跨国迁移及其影响”国际会议评述/施雪琴//华侨华人历史研究．—2009（4）．—76～77

62. 对出国留学有关史实与数据的讨论与研究/苗丹国//世界教育信息．—2009（4）．— 90～92

63. 对海外华人华侨经济与中国关系的重新思考/洪嘉泽//边疆经济与文化．—2009（8）．—32～34

64. 对近代上海同乡组织兴办移民子弟教育的考察——移民自组织的视角/于珍，金林祥//教育学报．—2009（2）．—74～78

65. 对美国亚裔种族化性别歧视的起源/郁丹//世界民族．—2009（4）．—79～87

66. 对泰北华文教育的思考和建议/禹志云//侨务工作研究．—2009（2）．—40～41

67. 俄罗斯的华人移民——社会问卷调查研究/拉林，阎国栋//华侨华人历史研究．—2009（3）．—1～17

68. 二十世纪马来西亚华人传统音乐文化的主题变迁/王静怡//华侨华人历史研究．—2009（3）．—26～33

69. 二战后马来西亚华人与马来人关系浅析/蒋炳庆//思想战线．—2009（S1）．—118～119

70. 二战后至1970年代末新加坡华文教育衰落原因/徐长恩//八桂侨刊．—2009（1）．—60～64

71. 二战前后美国两代华裔移民的历史变迁/尹国梁//科技信息．—2009（36）．—378～382

72. 发挥乡土优势　借助多重资源　开展“温州人”研究——温州市“世界温州人研究中心”成立学术研讨会综述/徐华炳//华侨华人历史研究．—2009（1）．—78～80

73. 菲律宾的华侨华人研究现状及其思考/沈红芳//东南亚研究．—2009（6）．—79～85

74. 菲律宾华文文学语言特色/林明贤//华侨大学学报（哲学社会科学版）．—2009（3）．—96～100

75. 菲律宾华裔中学生族群文化认同调查研究/章石芳，卢飞斌//福建师范大学学报（哲学社会科学版）．—2009（6）．—134～143

76. 菲律宾中国新移民研究——马尼拉中国城田野调查/代帆//太平洋学报．—2009（10）．—14～23

77. 封闭与融合——比较纽约和洛杉矶华人社会的政治参与度/周权//哈尔滨工业大学学报（社会科学版）．—2009（4）．—43～48

78. 伏羲文化与海外华人的民族认同/霍志军//天水行政学院学报．—2009（2）．—126～128

79. 服务使用与社会融合：香港新移民的一项探索性研究/何雪松，楼玮群，赵环//人口与发展．—2009（5）．—71～78

80. 福建省国际移民的移民网络探析——兼评移民网络理论/郭玉聪//厦门大学学报（哲学社会科学版）．—2009（6）．—113～120

81. 福建省正确处理好与海内外同胞关系的经验与思考/吴崇伯//八桂侨刊．—2009（2）．—52～55

82. 赋予海外华人中国国籍的必要性/陈云云，王毅//理论观察．—2009（5）．—86～87

83. 改革开放30年海外人才引进工作综述/李亚杰，谭浩//华夏．—2009（3）．—26～27

84. 改革开放30年来我国留学人员工作情况概述/程希//侨务工作研究．—2009（1）．—24～25

85. 改革开放三十年中国留学事业之回顾与思考/沈畈//四川行政学院学报．—2009（1）．—77～79

86. 改革开放以来海外华商投资与厦门经济发展/黄美缘//福建行政学院学报．—2009（2）．—108～112

87. 改革开放以来海外台山乡亲捐赠活动的原因及作用/薛永芳//八桂侨刊．—2009（1）．—70～73

88. 改革开放以来马来西亚华商对华直接投资/郑达//当代中国史研究．—2009（2）．—85～93

89. 改革开放以来欧盟国家中的中国大陆新移民/傅义强//世界民族．—2009（1）．—60～67

90. 改革开放以来欧洲华商的发展和存在的问题初探/王超//黑龙江史志．—2009（3）．—94～95

91. 改革开放以来泉州侨乡与华侨华人的互动/陈格//八桂侨刊．—2009（2）．—61～64

92. 关于"侨乡"概念及其研究的再探讨/郑德华//学术研究．—2009（2）．—95～100

93. 关于编写华裔青少年夏令营教材的若干思考/陈水胜//华侨与华人．—2009（1）．—40～41

94. 关于建立海外华人安全风险防范机制的思考/胡文辉，严筠//华夏．—2009（1—2）．—4～7

95. 关于侨务经济科技品牌活动的若干思考/刘以勤//侨务工作研究．—2009（2）．—34～35

96. 关于吸引留学人员回国的现行政策及实际工作中存在问题的若干思考/程希//华侨与华人．—2009（1）．—27～32

97. 广东革命历史博物馆馆藏广府侨乡契约文书研究/石坚平//岭南文史．—2009

(4).—7～12

98. 广东花都华侨农场通婚圈的田野调查/孙燕//八桂侨刊.—2009(1).—74～77

99. 广东华侨农场安居工程的特点及启示/夏国兴//广东农工商职业技术学院学报.—2009(1).—1～4

100. 广东侨乡研究三十年:1978—2008/潮龙起,邓玉柱//华侨华人历史研究.—2009(2).—61～71

101. 广西侨乡研究的回顾与思考/蒋婉//八桂侨刊.—2009(2).—22～27

102. 国际贸易与投资中的华商网络:文献评述/蒙英华,孔令强//环中国圈疆域国家合作机制研究.—2009(12).—213～231

103. 国际移民的定义与类别——兼论中国移民问题/李明欢//华侨华人历史研究.—2009(2).—1～10

104. 哈萨克斯坦中国新移民的发展概况及趋势/李涛//世界民族.—2009(6).—60～67

105. 海南侨界参政议政的对策与建议/何云霞//今日海南.—2009(1).—39～40

106. 海外华侨华人对中华文化的认同研究——以美国华侨华人为例/李宏利//上海侨务.—2009(5).—26～27

107. 海外华人"参政热"透析/金荣//广西社会主义学院学报.—2009(4).—32～34,75

108. 海外华人博客中的汉英语码转换/黄声华,卢志鸿//北京邮电大学学报(社会科学版).—2009(3).—6～10

109. 海外华人的文化变迁与适应/陈鸿瑜//侨协杂志.—2009(114).—22～32

110. 海外华人华侨民族舞蹈教学现状与分析/王光辉//北京舞蹈学院学报.—2009(4).—95～98

111. 海外华人企业管理与家族制度/林云//商场现代化.—2009(7).—62～63

112. 海外华人社会的新现象及其解释:学术挑战之随感/龙登高//华侨华人历史研究.—2009(4).—10～11

113. 海外华人实力有多强?/[泰]帕尔·金//华夏.—2009(1—2).—29～30

114. 海外华人现状不可误读/何茂春,戴亚明//华夏.—2009(1—2).—10～12

115. 海外华人移民的现代篇/李明欢//读书.—2009(8).—74～81

116. 海外华人族群文化与海外华文教育/李明欢,黄猷//福建论坛(人文社会科学版).—2009(11).—108～113

117. 海外华文教育的历史回顾与梳理/耿红卫//东南亚研究.—2009(1).—71～78

118. 海外华文教育的演进历程简论/耿红卫//民族教育研究.—2009(1).—116～123

119. 海外留学知识分子与晚清经济思想的近代化(1895—1911年)/梁永康,李浩//中国社会经济史研究.—2009(4).—84～90

120. 海峡华人知识精英的民族主义观念——伍连德与林文庆的比较研究/李叔飞//华侨华人历史研究.—2009(4).—42～51

121. 互动与创新:多维视野下的华侨华人研究——第四届海外华人研究与文献收藏

机构国际会议综述/张应龙，柴圣洁//华侨华人历史研究. —2009（3）. —73~75

122. 华工·南非自治·英国政坛/王颖丽，张渊//八桂侨刊. —2009（2）. —17~21

123. 华侨华人经济与住在国融合发展研究/李鸿阶，廖萌//亚太经济. —2009（5）. —102~108

124. 华侨华人精神生活的真实写照——评李天锡《华侨华人民间信仰研究》/范正义//八桂侨刊. —2009（3）. —71~73

125. 华侨华人史与中共党史结合研究的有益尝试——《海外华侨华人与中国改革开放》评介/李忠杰//当代中国史研究. —2009（3）. —113~114

126. 华侨华人网络论坛信息资源的分布与利用/王华//图书馆论坛. —2009（5）. —135~137

127. 华侨华人研究的新发展/李其荣//华侨华人历史研究. —2009（4）. —21~22

128. 华侨与侨乡民居：客家围屋的“中西合璧”——以客都梅州为例/肖文燕//江西财经大学学报. —2009（6）. —68~72

129. 华人国际移民的历史回顾和社会学分析/周敏//华人研究国际学报. —2009（创刊号）. —51~72

130. 华人华侨，中华文化走向世界的力量/曹丽薇//广州社会主义学院学报. —2009（1）. —48~52

131. 华人华侨对我国体育发展的贡献/张红华//体育文化导刊. —2009（8）. —147~150

132. 华人青年融入居住国主流社会刍议/［澳］甄国亮//炎黄天地. —2009（1）. —20~22

133. 华人新生代作家边缘意识和身份建构比较论——以中国大陆、中国台湾、马来西亚为例/张琴凤//山东师范大学学报（人文社会科学版）. —2009（2）. —150~153

134. 华人新移民：族群认同与中华文化传承——对旧金山华人新移民随机访谈的剖析/张颖//新闻前哨. —2009（4）. —77~79

135. 华人研究的新范式：读刘宏、廖赤阳主编的两本论集/奈仓京子//华侨华人历史研究. —2009（2）. —77~79

136. 华人与亚齐海啸灾区重建/黄昆章//侨协杂志. —2009（115）. —46~49

137. 华人资本主义在泰国/高伟光//赣南师范学院学报. —2009（2）. —119~122

138. 华商家族企业传承制度研究/苏宗伟//上海企业. —2009（4）. —39~42

139. 华商网络内部信息交流机制研究/蒙英华//南洋问题研究. —2009（2）. —58~64

140. 华洋商事纠纷与晚清商事习惯法嬗变/蔡晓荣，王国平//学术研究. —2009（5）. —120~126

141. 华裔国家认同与泰国1932年立宪革命/石维有//广西师范大学学报（哲学社会科学版）. —2009（4）. —124~127

142. 华裔美国文学中文化身份寻求脉络初探/贺晔//广东教育学院学报. —2009（2）. —74~77

143. 华语电影中的国族叙述与身份认同/徐德林//艺术评论．—2009（8）．—37～42

144. 华语规划论略/郭熙//语言文字应用．—2009（3）．—45～52

145. 华语与马来语的词汇交流——马来西亚文化融合的表现/洪丽芬//东南亚研究．—2009（1）．—84～88

146. 回顾与展望：中国大陆华侨华人研究述评/庄国土//世界民族．—2009（1）．—51～59

147. 基于网络的华侨华人文献信息资源整合策略与服务模式/王华//图书馆工作与研究．—2009（6）．—30～32

148. 暨南大学华侨华人研究的回顾与展望/刘泽彭//中国社会科学报．—2009（1）．—12

149. 加拿大的华文报刊论析/李未醉//八桂侨刊．—2009（2）．—13～16

150. 简述侨批业发展过程中的潮商精神/何敏波//八桂侨刊．—2009（1）．—36～40

151. 简说美国华人姓名英译背后的移民历程/［美］谭雅伦//华侨与华人．—2009（1）．—1～12

152. 见证三十年侨务法制建设的辉煌成就/徐利//侨务工作研究．—2009（2）．—14～15

153. 建国后日本归国华侨的工作与生活——以《建国初期回国旅日华侨留学生文集》为考察对象/蔡振翔//外国问题研究．—2009（2）．—52～55

154. 建国六十年来的华侨华人研究感言/袁丁//华侨华人历史研究．—2009（4）．—9～10

155. 建国六十年来的人类学华侨华人研究/曾少聪//华侨华人历史研究．—2009（4）．—11～12

156. 解读《吃碗茶》中的唐人街“父权制”社会/蒲若茜//英美文学研究论丛．—2009（1）．—147～162

157. 近代朝鲜华侨制造业研究——以铸造业为中心/李正熙//华侨华人历史研究．—2009（1）．—42～54

158. 近代福建侨批业研究/程秀玲//三峡大学学报（人文社会科学版）．—2009（S1）．— 157～158

159. 近代海外潮商成功的原因探析/陈友义//华侨与华人．—2009（1）．—60～63

160. 近代闽南侨乡“五脚基”与“洋楼”表征关系解析/杨思声，王珊，戚路辉//华侨大学学报（自然科学版）．—2009（5）．—575～579

161. 近代泉州侨乡外廊式建筑的演变探析/杨思声，王珊//华中建筑．—2009（7）．—185～189

162. 近代中国华商股市研究的回顾与评析/朱海城，蔡金殿//甘肃社会科学．—2009（1）．—174～177

163. 近代中国政府处理华侨国籍问题的法制化进程/齐凯君，权赫秀//华侨华人历史研究．—2009（2）．—51～60

164. 近年来华裔青少年“中国寻根之旅”夏令营活动的特点和发展趋势/李嘉郁//八桂侨刊．—2009（2）．—28～31

165. 近日南非华人社会/付亮//八桂侨刊．—2009（1）．—26～31

166. 近三十年中国出国留学政策的理性回顾和法律思考/刘国福//浙江大学学报（人文社会科学版）预印本．—2009（2）．—130～139

167. 拒绝学术泡沫　坚持创新取向/庄国土//华侨华人历史研究．—2009（4）．—8～9

168. 开发地方文献资源　提升“地域文化软实力”——以侨乡青田为例/周萍萍//丽水学院学报．—2009（3）．—122～124

169. 开阔学术眼界　关注国外理论研究/丘立本//华侨华人历史研究．—2009（4）．—3～4

170. 开平关氏华侨对祖国的重大贡献/冯活源//华侨与华人．—2009（1）．—56～59

171. 开平侨眷生存状态调查/刘红卫，何筱盈，黄瑛瑛，李颖雅，汤秀玲//五邑大学学报（社会科学版）．—2009（1）．—6～10

172. 抗日战争胜利后华侨机工尚存人数/陈达娅//八桂侨刊．—2009（2）．—67～69

173. 客家文化在海外的传承与发展——以毛里求斯客家人为例/巫秋玉//八桂侨刊．—2009（1）．—19～25

174. 跨国华人研究的理论和实践——对海外跨国主义华人研究的评述/潮龙起//史学理论研究．—2009（1）．—95～106

175. 跨境的越南归侨——以广东台山海宴华侨农场为例/奈仓，京子//华人研究国际学报．—2009（创刊号）．—73～93

176. 跨文化视角下的美国华裔女性文学分析/朱玉民//福建论坛（社科教育版）．—2009（6）．—100～101

177. 跨越太平洋：家族、国籍及资本运作——海外华人群像及其“华性”解读/翁爱华，张晓萍，贺迎枫//思想战线．—2009（2）．—37～41

178. 来自国学大师饶宗颐故里的一组清末、民初侨批/沈建华//潮州文化研究．—2009（1）．—46

179. 老挝的华人社会与唐人街——以万象为中心/山下清海，刘晓民//南洋资料译丛．—2009（4）．—62～70

180. 冷战及南北对峙时期越南的对华政策演变探讨——以其国内的华侨华人为视角/黄世棉//传承．—2009（10）．—102～103

181. 李长傅先生对中国华侨华人研究的学术贡献/周玉红，张应龙//八桂侨刊．—2009（4）．—12～16

182. 历史不应被历史忽略——缅甸中国远征军军侨的今昔/陈格//黑龙江史志．—2009（4）．—54～55

183. 利用双重国籍改变外汇资金性质案例分析/丁红梅//浙江金融．—2009（4）．—55，58

184. 两个三十年：感受华侨华人研究的变化/李国梁//华侨华人历史研究．—2009（4）．—6 ~ 8

185. 留美学生的“保钓运动”与祖国和平统一/卢明辉//华侨华人历史研究．—2009（4）．—52 ~ 60

186. 龙岩市华侨捐赠工作若干思考/陈玉秀//福建侨务．—2009（1）．—28 ~ 31

187. 陆疆侨乡与华侨华人互动发展研究——以云南滇西地区为例/杨永平，何作庆，鲁建国//思想战线．—2009（4）．—137 ~ 138

188. 旅俄华工与十月革命前后中国形象的转变/张建华//学习与探索．—2009（1）．—228 ~ 233

189. 旅美华侨与华盛顿会议/熊斌//华侨华人历史研究．—2009（2）．—45 ~ 50

190. 论《海岛逸志》的史学价值/郑镛，连心豪//厦门大学学报（哲学社会科学版）．—2009（1）．—75 ~ 81

191. 论华侨华人在中国改革开放进程中的重要作用/刘诚，陈云云//中国特色社会主义研究．—2009（2）．—34 ~ 36

192. 论华侨在抗日战争中的贡献/高元旭//网络财富．—2009（3）．—126 ~ 127

193. 论开平碉楼旅游国际市场的开发/张永//五邑大学学报（社会科学版）．—2009（2）．—33 ~ 36

194. 论抗战期间国民政府的侨资引进政策/张赛群//华侨大学学报（哲学社会科学版）．—2009（1）．—72 ~ 80

195. 论侨乡开平家族图书馆及其发展/杨洁//农业图书情报学刊．—2009（9）．—160 ~ 163

196. 论晚清政府吸引侨资政策及其特征分析/丁永刚，王凤霞//中州学刊．—2009（5）．— 186 ~ 188

197. 论我国承认双重国籍的利和弊/朱晓纯//市场周刊．—2009（9）．—129 ~ 130

198. 论新移民小说的影像叙事/王冠含，江少川//华文文学．—2009（2）．—47 ~ 52

199. 论新中国成立以来侨务领域的若干关系——纪念中华人民共和国成立六十周年/向大有//八桂侨刊．—2009（2）．—3 ~ 6

200. 论依法保护华侨的出入境权益/翁里//浙江大学学报（人文社会科学版）预印本．—2009（7）．—57 ~ 67

201. 论中共第一代领导集体的侨务思想与党的统一战线/徐文永//理论月刊．—2009（3）．—22 ~ 24

202. 马来西亚华侨华人妈祖信仰窥探/李天锡//八桂侨刊．—2009（1）．—65 ~ 69

203. 马来西亚华人的电影想象：作为一种跨国华语电影的“马华电影”/扎克尔·侯赛因·拉朱，彭侃//艺术评论．—2009（8）．—43 ~ 52

204. 马来西亚华人与马来人收入差距变化及相关政策分析（1970—1990 年）/林勇//八桂侨刊．—2009（3）．—58 ~ 63

205. 马来西亚华社与华人学术会议简报（2005 ~ 2007 年）/庄华兴//华人研究国际学报．—2009（创刊号）．—127 ~ 131

206. 马来西亚华裔的社会运动（1957—2007 年）/潘永强//东南亚研究．—2009（3）．—83～89

207. 马来西亚柔佛古庙游神的演化及其与华人社会整合的关系/安焕然//河南师范大学学报（哲学社会科学版）．—2009（2）．—207～211

208. 马来西亚维持族群和谐的经济与教育因素/廖小健//华侨华人历史研究．—2009（2）．—11～20

209. 马来西亚与印度尼西亚华人政策比较/郑达//华侨大学学报（哲学社会科学版）．—2009（1）．—81～86

210. 美国硅谷视域下的印度人华人之比较/王志章，陈纬，王启凤//南亚研究．—2009（1）．—91～105

211. 美国华侨对保皇会的支持与贡献/秦素菡//华侨华人历史研究．—2009（3）．—66～72

212. 美国华人的历史贡献与反美华工禁约文学的产生/林明江//海内与海外．—2009（7）．—42～46

213. 美国华人和其他主要亚裔族群的跨国政治活动调查/连培德，万珧宏//华侨华人历史研究．—2009（1）．—29～41

214. 美国华人基督教会的族裔特性探析/李爱慧//暨南学报（哲学社会科学版）．—2009（5）．—134～140

215. 美国华人社会的阶级研究——以个人访谈为主的分析/赵小建//华侨华人历史研究．—2009（1）．—3～12

216. 美国华裔：从天使岛到国会山/姬虹//世界知识．—2009（7）．—51～53

217. 美国华裔的前世今生——从三部作品看在美华人的发展状况/杨青//名作欣赏．—2009（29）．—140～144

218. 美国华裔妇女对 20 世纪前期中国的影响/王秀红//吉林广播电视大学学报．—2009（3）．—74～77

219. 美国华裔散居民民俗的研究现状与思考/张举文//文化遗产．—2009（3）．—101～110

220. 美国洛杉矶和纽约华人政治参与差异性比较/叶小利//八桂侨刊．—2009（4）．—38～41

221. 美国马里兰州立大学公布华人人口研究的最新成果/吴刚//侨务工作研究．—2009（1）．—42～43

222. 美国苗族人研究/刘向阳//世界民族．—2009（6）．—54～59

223. 美国亚裔族群的认同/曾少聪，王晓静//世界民族．—2009（6）．—47～53

224. 蒙古国的中文教育/刘潇潇//侨务工作研究．—2009（2）．—38～39

225. 缅甸华人的政治地位及其前景/范宏伟//国际关系学院学报．—2009（2）．—25～29

226. 民初华侨联合会述论/夏斯云//华侨华人历史研究．—2009（2）．—36～44

227. 民国时期海南侨汇问题述论/张朔人//安庆师范学院学报（社会科学版）．—2009（10）．—45～49

228. 民族社会学视角：制度规约下的马来西亚族群关系/胡春艳//世界民族．—2009（5）．—19～25

229. 闽南文化在菲华社会的传播/朱东芹//八桂侨刊．—2009（2）．—7～12

230. 明代海外华商经营活动探析/曹琳//福建师范大学学报（哲学社会科学版）．—2009（1）．—106～111

231. 纽约华人社会之嬗变：从于金山当选纽约中华公所主席谈起/［美］周匀之//华夏．—2009（1—2）．—31～33

232. 努力推进外事侨务工作　服务安徽经济社会发展大局/李永胜//侨务工作研究．—2009（1）．—35～41

233. 欧洲华人社会巨变是欧洲华人研究的强大动力/李明欢//华侨华人历史研究．—2009（4）．—17～18

234. 欧洲华人社会剖析：人口、经济、地位与分化/李明欢//世界民族．—2009（5）．—47～53

235. 评《海外华人社会科学家传记》/蔡振翔//华侨与华人．—2009（1）．—78～79

236. 评《海外华文教育的历史回顾与梳理》/梁英明//东南亚研究．—2009（4）．—61～63

237. 浅论中国人移民美国/王椰林//湖北广播电视大学学报．—2009（3）．—75～76

238. 浅析海外侨汇对移民母国经济发展的积极作用/林勇//亚太经济．—2009（5）．—109～112

239. 浅析中国国籍政策对海外华文教育的影响/薛永芳//文教资料．—2009（5）．—92～93

240. 浅析中国侨务政策的演变过程/金善尉//黑龙江科技信息．—2009（35）．—178

241. 侨史学会要继续在“团结促进”上做文章/巫乐华//华侨华人历史研究．—2009（4）．—15～17

242. 侨务领域拨乱反正述略/李黎明，石增业//当代中国史研究．—2009（2）．—76～84

243. 侨乡留守生教育问题的探索/周建文//甘肃科技纵横．—2009（4）．—100～102

244. 侨乡与海外华侨华人（上）——以对外开放后侨汇与新移民为中心/［日］山岸猛//南洋资料译丛．—2009（1）．—68～80

245. 侨乡与海外华侨华人（下）—以对外开放后侨汇与新移民为中心/［日］山岸猛//南洋资料译丛．—2009（2）．—57～71

246. 侨性资源：侨资性大学办学特色形成的源泉/韩波//教育发展研究．—2009（21）．—55～58

247. 侨资性大学的优势与困境/聂秋华//教育发展研究．—2009（21）．—51～54

248. 侨资性大学的治理结构分析/李斯令//教育发展研究．—2009（21）．—58～61

249. 青田华侨华人与中欧文化交流/郭剑波，陈红丽//八桂侨刊．—2009（4）．—47～52

250. 清代福建人向海峡殖民地的移民/王付兵//南洋问题研究．—2009（2）．—65～74

251. 清末闽籍华侨出国特点研究/林莹，郑舒翔//现代商贸工业．—2009（2）．—240～241

252. 全球华语社区说略/徐大明，王晓梅//吉林大学社会科学学报．—2009（2）．—132～137

253. 全球化对少数族群传媒权益维护与族群认同的影响/彭伟步//世界民族．—2009（5）．—26～30

254. 全球化进程中海外华文教育的含义嬗变及其历史分期——以东南亚地区为例/胡春艳//东南亚研究．—2009（4）．—64～68

255. 全球化时代的华侨华人文化认同的特点/韩震//学术界．—2009（2）．—50～60

256. 全球化视野下的女性跨国流动——以1978年以来的中国女性迁移东南亚为中心/施雪琴//南洋问题研究．—2009（1）．—51～59

257. 全球金融危机下的东南亚华人经济/覃翊//八桂侨刊．—2009（1）．—49～53

258. 泉州华侨人文历史情结——试析李天锡《泉州华侨华人研究》/邓达宏//福建论坛（人文社会科学版）．—2009（10）．—102～106

259. 社会变迁中的"暴动操作—暴动解除"刍议——读《新秩序下的混乱：从印尼暴动看华人的政治社会关系》有感/黄枝连//东南亚研究．—2009（1）．—63～70

260. 社会记忆视角下文献遗产的保护研究——基于广东侨批的个案分析/吴江华//档案学通讯．—2009（4）．—35～38

261. 神庙与近代新加坡华侨、华人社会/王立芳//世界民族．—2009（4）．—67～70

262. 十九世纪留美华人文学的美国形象——以容闳、李恩富为例/向忆秋//天府新论．—2009（5）．—138～141

263. 时代特征鲜明　侨务内涵丰富——三十年来侨务工作的回顾/陈昌福//上海市社会主义学院学报．—2009（1）．—27～32

264. 世界华文教学的文化立场——在第二届世界华语文教学研究生论坛开幕式上的致辞/贾益民//暨南大学华文学院学报．—2009（1）．—6～7

265. 世界金融危机中的部分侨资企业印象/赵健//八桂侨刊．—2009（1）．—45～48

266. 世外无桃源 乐土在丹心——马来亚闽籍华人邱忠波考/邱格屏//云梦学刊．—2009（5）．—62～66

267. 试论后苏哈托时代印尼华人社团与印尼多元和谐社会的构建/丁丽兴//东南亚研究．—2009（5）．—65～70

268. 试论美国华人在2008年总统大选中的政治表现/宾有文//八桂侨刊．—2009（2）．—46～51

269. 试论日本华侨学校的法律地位及其所带来的问题/裘晓兰//华侨华人历史研究．—2009（1）．—63～69

270. 试论十九世纪下半叶美国文学中否定的华人形象——以诗歌 John Chinaman，My Jo 为例/吴光军，陈梅//科技信息．—2009（36）．—485～486

271. 试析近代华工在加利福尼亚经济开发中的作用/邬海军//内蒙古农业大学学报（社会科学版）．—2009（6）．— 340～341

272. 试析印度尼西亚华侨华人的妈祖信仰/李天锡//东南亚纵横．—2009（6）．—64～68

273. 是历史巧合抑或是互动模式？——中国两次社会变革与新加坡华人的回应/李元瑾//世界民族．—2009（3）．—51～61

274. 水客与客家侨乡社会变迁/周琍，周建新//中南民族大学学报（人文社会科学版）．—2009（4）．—177～180

275. 台湾新移民女性的教育需求/张芳全//台湾教育．—2009/02（655）．—37～43

276. 泰国华人农业资本的兴起及其对我国农业改革的启示/石维有//广西社会科学．—2009（7）．—71～74

277. 泰国华人农业资本与农村合作：兴起作用经验和启示/石维有，钟雄//八桂侨刊．—2009（3）．—54～57

278. 泰国华文报刊读者的报刊评价——泰国中国城华人访谈调查分析报告/何乐嫔//今日南国（理论创新）．—2009（2）．—153～154，158

279. 外资引进中的华侨华人作用、问题、变化与对策/曹敏//世界经济与政治论坛．—2009（4）．—39～44

280. 晚清澳门华人赌商的产业投资及其特征/林广志//华南师范大学学报（社会科学版）．—2009（6）．—136～143

281. 晚清时期的留学教育及影响/刘立红，孙彩霞//教育与职业．—2009（23）．—90～91

282. 晚清英籍华民管辖权之交涉/彭思齐//侨协杂志．—2009（119）．—58～60

283. 晚清政府的非洲华侨政策：评价与反思/黎海波//华侨华人历史研究．—2009（1）．—70～77

284. 汶川地震：海外华人形象提升的新起点/陈开富//重庆科技学院学报（社会科学版）．—2009（5）．—77～78

285. 我国高层次科技人才回归不足现象及原因分析/乌云其其格，潘云涛，赵俊杰等//侨务工作研究．—2009（2）．—32～33

286. 我国侨资企业面临的挑战与对策/廖少廉//创新．—2009（2）．—56～57

287. 五邑华侨的抗战宣传活动/张运华//五邑大学学报（社会科学版）．—2009（1）．—1～5

288. 吸引海外留学人才的政策与法律探讨/杨诚//太平洋学报．—2009（1）．—52～60

289. 析海外华侨华人在推动中国软实力形成和发展过程中的作用/陈正良，薛秀霞，何先光//浙江学刊．—2009（6）．—126～129

290. 喜忧参半话未来——新中国华侨华人研究六十年感言/黄昆章//华侨华人历史研究．—2009（4）．—4～6

291. 厦门竹坝华侨农场社会保障问题调查研究/赵桂娟//河北工程大学学报（社会科学版）. —2009（2）. —11~14

292. 掀开台湾的真实面纱？探讨闽南语连续剧《意难忘》对马来西亚华人观众之台湾印象形塑/张炜珍，林彣鸿//传播与管理研究. —2009，8（2）. —111~158

293. 香港早期华商精神：十九世纪的观察/赵国洪//特区经济. —2009（5）. —40~42

294. 想起了方方同志/黄猷//华侨华人历史研究. —2009（4）. —13~15

295. 新华侨华人崛起与海西"两个先行区"建设研究/张进华//福建论坛（人文社会科学版）. —2009（3）. —126~130

296. 新华侨华人上海就业存在的问题及对策/于挺，杨昕，朗春雷//当代青年研究. —2009（2）. —49~52

297. 新华人政治冷漠原因小析/钟仲，全金燕//八桂侨刊. —2009（2）. —41~45

298. 新加坡的移民/［新加坡］苏瑞福//南洋资料译丛. —2009（1）. —17~33

299. 新加坡语言教育政策影响下的《联合早报》与华人身份认同的变迁/赵靳秋，郝晓鸣//国际新闻界. —2009（12）. —27~31

300. 新加坡中华总商会与1963年新加坡对日不合作运动/陈巍，闰华芳//华侨华人历史研究. —2009（3）. —34~44

301. 新仁善邻——消雪岭华侨管理区和谐侨区建设经验/孔结群//华侨与华人. —2009（1）. —37~39

302. 新形势下侨务工作战略意义的再认识/谭天星//中国党政干部论坛. —2009（1）. —58~59

303. 新移民华语学习探究/余佩璇，张郁函//联大学报. —2009，6（1）. —207~222

304. 新移民子女教育相关议题——理论与反思/林瑞荣，刘健慧//教育研究学报. —2009，43（1）. —1~21

305. 轩尼诗"亲华人"政策与19世纪香港华人地位变迁/徐霞辉//历史教学（高校版）. —2009（9）. —14~17

306. 选区重划对美国华人政治参与的影响/万晓宏//八桂侨刊. —2009（1）. —41~44

307. 学习推广江苏经验取得实效　努力实现侨务工作科学发展——在全国侨办主任会议上的工作报告（摘登）/李海峰//侨务工作研究. —2009（1）. —4~7

308. 一部大视野之作——孔飞力新著《他者之中的华人：近代以来的移民》评介/李爱慧//华侨华人历史研究. —2009（2）. —72~76

309. 一个反思中国教育的新视角——评白莉民《出国留学与预想不到的问题——新西兰中国留学生生存报告》/王炳照//教育学报. —2009（2）. —126~129

310. 一战时期驻法华工教育与工人政治意识觉醒/于华飞，马骊，Philippe Nivet//北方论丛. —2009（3）. —111~116

311. 移民网络与侨乡跨国移民分析——以青田人移民欧洲为例/刘莹//华侨华人历史研究. —2009（2）. —27~35

312. 以科学发展观统领侨联工作/周锦//理论导报．—2009（5）．—25～26

313. 以侨为链　以侨为任——“新时代、新视野海外华人”国际学术研讨会综述/李其荣//华侨华人历史研究．—2009（3）．—76～78

314. 以色列开发国外犹太裔人才资源的成功经验及其对上海的启示/潘光，汪舒明//上海侨务．—2009（3）．—26～27

315. 意大利普拉托的中国移民社会调查/徐华炳//八桂侨刊．—2009（2）．—36～40

316. 意大利普拉托华侨华人研究进展纪实——第二届“普拉托的中国人”专题学术研讨会会议综述/熊勇//科学咨询（决策管理）．—2009（12）．—77～78

317. 应对方式、社会支持对高交往焦虑华侨学生的影响/黄凌云//福建师大福清分校学报．—2009（2）．—85～90

318. 英国殖民当局与马华公会的成立/张祖兴//华侨华人历史研究．—2009（1）．—55～62

319. 英殖民统治时期马来西亚的印度移民/罗圣荣，汪爱平//南洋问题研究．—2009（1）．—74～80

320. 影响当代美国华人政治参与的主观因素/万晓宏//八桂侨刊．—2009（4）．—32～37

321. 与时代脉搏同频共振——记镇江侨务工作30年/范珍珍//侨务工作研究．—2009（1）．—22～23

322. 语言规划视域下新加坡华语教育的五大关系/赵守辉，王一敏//北华大学学报（社会科学版）．—2009（3）．—47～58

323. 远程教育：海外华文教育走出困境的对策/杨晨，李娟//远程教育杂志．—2009（1）．—43～45

324. 阅读审美——华裔生文化认同的助推器/于逢春//长春师范学院学报（人文社会科学版）．—2009（1）．—112～115

325. 越界：广州H华侨农场越南归侨跨国流动研究/姚俊英//广西民族大学学报（哲学社会科学版）．—2009（3）．—57～62

326. 越南华侨华人碾米业和谷米贸易兴衰探析/梁茂华//东南亚纵横．—2009（5）．—77～80

327. 越南华侨黄景南与孙中山革命/秦素菡//东南亚南亚研究．—2009（2）．—60～64

328. 越洋寻求空间——中国的移民/王赓武//华人研究国际学报．—2009（创刊号）．—1～49

329. 云锡公司印尼归侨社会适应研究/孙东波//华侨华人历史研究．—2009（4）．—61～73

330. 云锡印尼归侨的教育历程——从教育看归侨的适应过程（1960—2008年）/孙东波//红河学院学报．—2009（3）．—120～124

331. 在跨国流动中创业与创新：海外华人与犹太人的比较——“跨国企业家行为与创新的国际比较”论坛综述/林展，何国卿//华侨华人历史研究．—2009（3）．—79～80

332. 早期华工在秘鲁/吴若增//档案春秋. —2009（7）. —47～50

333. 早期美国华裔青年的自我认同：兼评雷洁琼硕士论文的历史意义/刘海铭//华侨华人历史研究. —2009（1）. —13～28

334. 早期侨批业运营的几个问题——以吧城华人公馆《公案簿》的记载为中心/黄挺//韩山师范学院学报. —2009（2）. —26～32

335. 战后美国华人参政研究的若干问题/张应龙//华侨与华人. —2009（1）. —13～19

336. 浙南跨国移民潮的历史变迁/刘莹//南洋问题研究. —2009（1）. —66～73

337. 浙南侨乡经济发展的侨务资源优势/刘莹//华侨大学学报（哲学社会科学版）. —2009（2）. —93～100

338. 正确处理侨务工作的若干关系/李海峰//求是. —2009（15）. —20～22

339. 正视现实　研究问题/梁英明//华侨华人历史研究. —2009（4）. —2～3

340. 郑藻如与中美华工问题交涉/梁建//五邑大学学报（社会科学版）. —2009（2）. —16～19

341. 政协海外联谊工作大有可为/杨峥嵘//政协天地. —2009（5）. —11～13

342. 中非合作背景下的华侨华人与国家政策之关联/李安山//侨务工作研究. —2009（1）. —32～34

343. 中国30年改革开放对海外华侨华人观念的改变影响深远/刘可伟//统一论坛. —2009（1）. —44～45

344. 中国华侨华人研究六十年感言/周南京//华侨华人历史研究. —2009（4）. —1～2

345. 中国外交政策中的侨务问题研究/陈奉林//侨务工作研究. —2009（2）. —30～31

346. 中美洛案赔偿交涉考/瞿巍//华侨华人历史研究. —2009（3）. —55～65

347. 中日交流的桥梁　社会发展的智囊——日本华人教授会议侧记/［澳］邵春芬//华侨与华人. —2009（1）. —20～24，72

348. 中亚华裔东干文学与地域文化/杨建军//中央民族大学学报（哲学社会科学版）. —2009(2). —120～125

349. 主体性的离散化：中国新移民作者在新加坡/游俊豪//长江学术. —2009（1）. —19～25

350. 总结经验　开拓创新　推动侨刊乡讯科学发展/吴锐成，王明惠，谌水生//华侨与华人. —2009（1）. —33～36

351. “五脚基”：近代闽粤侨乡洋楼建筑的原型/江柏炜/（台）城市与设计学报. —2003（13—14）. —177～243

352. 17—19世纪会安的华人、唐帮会馆与华风/李庆新//［新加坡］华人研究国际学报. —2009（创刊号）. —95～120

353. 半部南洋华人史——《南洋春秋》评介/詹敬仁//马来西亚华文教育. —2009（9）. —53～56

354. 大山脚义学堂石碑/王增文//马来西亚华文教育. —2009（9）. —73～74

355. 东南亚新移民女性文化适应之经验历程/吕静妮，李怡贤//（台）耕莘学报．—2009（7）．—55～63

356. 海外华人的文化变迁与适应/陈鸿瑜//（台）侨协杂志．—2009（114）．—22～32

357. 华人国际移民的历史回顾和社会学分析/周敏/华人研究国际学报．—2009（创刊号）．—51～72

358. 华人与亚齐海啸灾区重建/黄昆章//（台）侨协杂志．—2009（115）．—46～49

359. 马来西亚华社与华人学术会议简报（2005—2007）/庄华兴//［新加坡］华人研究国际学报．—2009（创刊号）．—127～131

360. 马来西亚华文独中联课活动的教育哲学基础——以吝株华仁中学课室布置为例/简爱明，朴东飞//马来西亚华文教育．—2009（9）．—41～49

361. 马来西亚华文独中性教育的实施与挑战/蔡福花//马来西亚华文教育．—2009（9）．—31～40

362. 台湾新移民女性的教育需求/张芳全/台湾教育．—2009（655）．—37～43

363. 晚清英籍华民管辖权之交涉/彭思齐//（台）侨协杂志．—2009（119）．—58～60

364. 我们如何编纂育才百年校史/麦翔//马来西亚华文教育．—2009（9）．—24～26

365. 新移民华语学习探究/余佩璇，张郁函//（台）联大学报．— 2009，6（1）．—207～222

366. 新移民子女教育相关议题——理论与反思/林瑞荣，刘健慧//（台）教育研究学报．—2009，43（1）．—1～21

367. 越洋寻求空间——中国的移民/王赓武//［新加坡］华人研究国际学报．—2009（创刊号）．—1～49

368. 淮大学侨生生活压力与忧郁症的相关性（摘写侨协总会1998年博硕士论文之一）/周碧琪//（台）侨协杂志．—2009（119）．—55～57

英文期刊论文

1．"Idols" in the Temple：Icons and the Cult of Confucius/Murray，Julia K//JOURNAL OF ASIAN STUDIES. —2009（Vol. 68，No. 2）. —371～411

2．"Illicit Trade" in South Sumatra：Local Society's Response to Trade Expansion，C. 1760－1800/太田淳（Atsushi Ota）//台湾东南亚学刊

3．Punitive Discipline and Child Behavior Problems in Chinese-American Immigrant Families：The Moderating Effects of Indigenous Child-Rearing Ideologies Fung /Joey J.，Lau，Anna S. //INTERNATIONAL JOURNAL OF BEHAVIORAL DEVELOPMENT. —2009（Vol. 33，No. 6）. —520～530

4．When East Meets West：Intensive Care Unit Experiences among First-Generation Chinese American Parents/Lee，Shih-Yu，Weiss，Sandra J. //JOURNAL OF NURSING SCHOLAR-

SHIP. —2009 (Vol. 41, No. 3). —268 ~ 275

5. A Chinese Movie Mogul and the Transformation of His Movie Empire—the Loke Wan Tho Family and the Cathay Organisation in Southern China and Southeast Asia (1915 -2000) /Chung, Stephanie Po-yin//ASIA EUROPE JOURNAL. —2009 (Vol. 7, No. 3 -4). —463 ~ 478

6. A Contrastive Study of Compliment Responses among Australian English and Mandarin Chinese Speakers/Tang, Chen-Hsin, Zhang, Grace Qiao//JOURNAL OF PRAGMATICS. —2009 (Vol. 41, No. 2). —325 ~ 345

7. A Home Away from Home? Chinese Student Evaluations of an Overseas Study Experience/Tan, Weihua//JOURNAL OF STUDIES IN INTERNATIONAL EDUCATION. —2009 (Vol. 13, No. 1). —5 ~ 21

8. A Longitudinal Study of Family Obligation and Depressive Symptoms among Chinese America n Adolescents/Juang, Linda P.; Cookston, Jeffrey T. //JOURNAL OF FAMILY PSYCHOLOGY. —2009 (Vol. 23, No. 3 Sp. Iss. SI). —396 ~ 404

9. A Shoemaker's Story, Being Chiefly about French Canadian Immigrants, Enterprising Photographers, Rascal Yankees and Chinese Cobblers in a Nineteenth-Century Factory Town/ Opp, James//LABOUR-LE TRAVAIL. —2009 (No. 64). —255 ~ 257

10. American Chinatown: A People's History of Five Neighborhoods /Baird, Susan G//LIBRARY JOURNAL. —2009 (Vol. 134, No. 13). —99 ~ 99

11. At Home in the Chinese Diaspora Memories, Identities and Belongings/Nevot, Aurehe//ARCHIVES EUROPEENNES DE SOCIOLOGIE. —2009 (Vol. 50, No. 3). —527 ~ 534

12. Being "Good" or Being "Popular" Gender and Ethnic Identity Negotiations of Chinese Immigrant Adolescents/Qin, Desiree Baolian//JOURNAL OF ADOLESCENT RESEARCH. —2009 (Vol. 24, No. 1). —37 ~ 66

13. Being Maori-Chinese: Mixed Identities/Manying Ip//JOURNAL OF CHINESE OVERSEAS. —2009 (5) i-ii. —368 ~ 370

14. Beyond Ethnicity, Into Equality/Yue, Ming Bao//CULTURAL STUDIES. —2009 (Vol. 23, No. 5 -6). —775 ~ 794

15. Beyond Literary Chinatown/Lai, Paul//MFS-MODERN FICTION STUDIES. —2009 (Vol. 55, No. 2). —401 ~ 404

16. Big Trouble in Little Chinatown: Australia, Taiwan and the April 2006 Post-Election Riot in Solomon Islands/Atkinson, Joel//PACIFIC AFFAIRS. —2009 (Vol. 82, No. 1). —47

17. Brokeback Mountain and the Diaspora: Lesbian and Gay Chinese in a Queer World/ Schroeder, William//CULTURE HEALTH & SEXUALITY. —2009 (Vol. 11, Suppl. 1). —7

18. Capitalising on the Social Resources within Culturally and Linguistically Diverse Communities for Mental Health Promotion: Stories of Australian Chinese People/Chan, Bibiana//AUSTRALIAN JOURNAL OF PRIMARY HEALTH. —2009 (Vol. 15, No. 1). —29 ~ 36

19. Caring Beyond National Borders: The YMCA and Chinese Laborers in World War I Europe/Wang, Peter Chen-main//CHURCH HISTORY. —2009 (Vol. 78, No. 2). —327 ~ 349

20. Globalization and Personal and Global Identity in Colombian, Chinese, Hindu and American Students/Caycedo, Claudia, Duarte, Catalina, Granados, Irina, Berman, Steven// UNIVERSITAS PSYCHOLOGICA. —2009 (Vol. 8, No. 3). —859 ~ 876

21. China and International Harmony: The Role of Confucius Institutes in Bolstering Beijing's Soft Power/Paradise, James F. //ASIAN SURVEY. —2009 (Vol. 49, No. 4). —647 ~ 669

22. Chinatown Revisited: Owens Valley and Los Angeles-Bargaining Costs and Fairness Perceptions of the First Major Water Rights Exchange/Libecap, Gary D. //JOURNAL OF LAW ECONOMICS & ORGANIZATION. —2009 (Vol. 25, No. 2). —311 ~ 338

23. Chinese American Adolescents' Perceptions of the Language Brokering Experience as a Sense of Burden and Sense of Efficacy/Wu, Nina H. , Kim, Su Yeong//JOURNAL OF YOUTH AND ADOLESCENCE. —2009 (Vol. 38, No. 5). —703 ~ 718

24. Chinese American Death Rituals: Respecting the Ancestors/Zhang, Juwen//WESTERN FOLKLORE. —2009 (Vol. 68, No. 1). —112 ~ 114

25. Chinese Americans and the Politics of Race and Culture/Tsu, Cecilia//WESTERN HISTORICAL QUARTERLY. —2009 (Vol. 40, No. 3). —377 ~ 378

26. Chinese among Others: Emigration in Modern Times/Philip A. Kuhn//JOURNAL OF CHINESE OVERSEAS. —2009 (No. 5). i-ii. —365 ~ 367

27. Chinese Culture in New Zealand: A NZBC (NZ born Chinese) 's Perspective/Yung, A. //AUSTRALASIAN JOURNAL OF DERMATOLOGY. —2009 (Vol. 50, No. 4). —A64 ~ A64

28. Chinese Ethnic Settlements in Britain: Spatial Meanings of an Orderly Distribution, 1981 - 2001/Luk, Wai-ki E//JOURNAL OF ETHNIC AND MIGRATION STUDIES. —2009 (Vol. 35, No. 4). —575 ~ 599

29. Chinese Graduate Students and the Canadian Academic Library: A User Study at the University of Windsor/Liu, Guoying, Winn, Danielle//JOURNAL OF ACADEMIC LIBRARIANSHIP. —2009 (Vol. 35, No. 6). —565 ~ 573

30. Chinese Language Education in Europe: The Confucius Institutes/Starr, Don//EUROPEAN JOURNAL OF EDUCATION. —2009 (Vol. 44, No. 1). —65 ~ 82

31. Chinese Religion and the Challenge of Modernity in Malaysia and Singapore: Syncretism, Hybridisation and Transfiguration/Goh, Daniel P. S//ASIAN JOURNAL OF SOCIAL SCIENCE. —2009 (Vol. 37, No. 1). —107 ~ 137

32. Chinese Revenue Farms and Borders in Southeast Asia/Trocki, Carl A//MODERN ASIAN STUDIES. —2009 (Vol. 43, Part 1). —335 ~ 362

33. Chinese Shops and the Formation of a Chinese Expatriate Community in Namibia/Dobler, Gregor//CHINA QUARTERLY. —2009 (No. 199. Sp. ISS. SI). —707 ~ 727

34. Commodified Language in Chinatown: A Contextualized Approach to Linguistic Landscape/Leeman, Jennifer, Modan, Gabriella//JOURNAL OF SOCIOLINGUISTICS. —2009 (Vol. 13, No. 3). —332 ~ 362

35. Comparing the Attitudes Toward Money, Material Possessions and Savings of Overseas Chinese Vis-a-vis Chinese in China: Convergence, Divergence or Cross-vergence, Vis-a-vis "One

Size Fits All" Human Resource Management Policies and Practices/Tung, Rosalie L., Baumann, Chris//INTERNATIONAL JOURNAL OF HUMAN RESOURCE MANAGEMENT. —2009 (Vol. 20, No. 11). — 2382 ~ 2401

36. Constructed Global Space, Constructed Citizenship/Lee, Micky// JAVNOST-THE PUBLIC. —2009 (Vol. 16, No. 3). —21 ~ 37

37. Cosmopolitanization and Localization Ethnicity, Class and Citizenship among the Chinese of French Polynesia/Tremon, Anne-Christine//ANTHROPOLOGICAL THEORY. —2009 (Vol. 9, No. 1). —103 ~ 126

38. Crowing National Boundaries and Cultural Adaptation/Lee Guan Kin// JOURNAL OF CHINESE OVERSEAS. —2009 (No. 5). i-ii. —374 ~ 376

39. Cultural and Family Challenges to Managing Type 2 Diabetes in Immigrant Chinese Americans/Chesla, Catherine A., Chun, Kevin M., Kwan, Christine M. L//DIABETES CARE. —2009 (Vol. 32, No. 10). —1812 ~ 1816

40. Cultural Differences in Consumer Socialization: A Comparison of Chinese-Canadian and Caucasian-Canadian Children/Kim, Chankon, Yang, Zhiyong, Lee, Hanjoon//JOURNAL OF BUSINESS RESEARCH. —2009 (Vol. 62, No. 10). —955 ~ 962

41. Culturally Sensitive Approaches to Health and Social Care Uniformity and Diversity in the Chinese Community in the UK/Chau, Ruby C. M., Yu, Sam W. K. //INTERNATIONAL SOCIAL WORK. —2009 (Vol. 52, No. 6). —773

42. Depressive Symptoms in Chinese Factory Workers in Nagasaki, Japan/Date, Yutaka, Abe, Yasuyo, Aoyagi, Kiyoshi //INDUSTRIAL HEALTH. —2009 (Vol. 47, No. 4). —376 ~ 382

43. Differences in the Drinking Behaviors of Chinese, Filipino, Korean, and Vietnamese College Students/Lum, Chris, Corliss, Heather L., Mays, Vickie M., Cochran, Susan D., Lui, Camillia K. //JOURNAL OF STUDIES ON ALCOHOL AND DRUGS. —2009 (Vol. 70, No. 4). —568 ~ 574

44. Disclosure to Parents about Everyday Activities among American Adolescents from Mexican, Chinese, and European Backgrounds/Yau, Jenny P., Tasopoulos-Chan, Marina, Smetana, Judith G. //CHILD DEVELOPMENT. —2009 (Vol. 80, No. 5). —1481 ~ 1498

45. Driven out: The Forgotten War against Chinese Americans/Thananopavarn, Susan// JOURNAL OF CONTEMPORARY ASIA. —2009 (Vol. 39, No. 4). —699 ~ 701

46. Elder Mistreatment: Perceptions and Definitions among Korean and Chinese Immigrants/ Lee, Y//GERONTOLOGIST. —2009 (Vol. 49, Suppl. 2). —492 ~ 492

47. English Language Proficiency and Depressive Symptoms among Chinese American Elders in Arizona/Kang, S., Moon, S., Basham, R//GERONTOLOGIST. —2009 (Vol. 49, Suppl. 2). —140

48. Ethnic and Sub-Ethnic Attachments among Chinese, Korean, and Indian Immigrants in New York City/Min, Pyong Gap, Kim, Young Oak//ETHNIC AND RACIAL STUDIES. —2009 (Vol. 32, No. 5). —758 ~ 780

49. Ethnic Experience of Cancer: A Qualitative Study of Chinese-Australians in Brisbane, Queensland/Lui, Chi-Wai, Ip, David, Chui, Wing Hong//SOCIAL WORK IN HEALTH CARE. —2009 (Vol. 48, No. 1). —14 ~ 37

50. Ethnic History as Western History Chinese Americans in the 20th Century West/Gifford, Laura Jane//JOURNAL OF THE WEST. —2009 (Vol. 48, No. 1). —73 ~ 74

51. Ethnic Identity among Chinese Canadian Youth: A Review of the Canadian Literature/ Su, Tina F//CANADIAN PSYCHOLOGY-PSYCHOLOGIE CANADIENNE. —2009 (Vol. 50, No. 4). —261 ~ 272

52. Ethnic Return Migration and Hierarchical Nationhood Korean Chinese Foreign Workers in South Korea/Seol, Dong-Hoon, Skrentny, John D. //ETHNICITIES. —2009 (Vol. 9, No. 2). —147 ~ 174

53. Ethnicity and Shared Meanings: A Case Study of the "Orphaned Bones" Ritual in Mainland China and Overseas//AMERICAN ANTHROPOLOGIST. —2009 (Vol. 111, No. 4). —492 ~ 503

54. Everyday Religion and Identity in a Western Manitoban Chinese Community: Christianity, the KMT, Foodways and Related Events /Marshall, Alison R//JOURNAL OF THE AMERICAN ACADEMY OF RELIGION. —2009 (Vol. 77, No. 3). —573 ~ 608

55. Examining the Application of Holland's Theory to Vocational Interests and Choices of Chinese College Students/Tang, Mei//JOURNAL OF CAREER ASSESSMENT. —2009 (Vol. 17, No. 1). —86 ~ 98

56. Experiences of Discrimination among Chinese American Adolescents and the Consequences for Socioemotional and Academic Development/Benner, Aprile D. , Kim, Su Yeong// DEVELOPMENTAL PSYCHOLOGY. —2009 (Vol. 45, No. 6). —1682 ~ 1694

57. Exploring "Unseen" Social Capital in Community Participation: Everyday Lives of Poor Mainland Chinese Migrants in Hong Kong/Iossifova, Deljana//JOURNAL OF INTERNATIONAL DEVELOPMENT. —2009 (Vol. 21, No. 3). —474 ~ 475

58. Family Economic Stress and Academic Well-Being among Chinese-American Youth: The Influence of Adolescents' Perceptions of Economic Strain/Mistry, Rashmita S. , Benner, Aprile D. , Tan, Connie S. , Kim, Su Yeong//JOURNAL OF FAMILY PSYCHOLOGY . —2009 (Vol. 23, No. 3. Sp. Iss. SI). —279 ~ 290

59. Family Factors and Primary Students' Reading Attainment a Chinese Community Perspective/Ko, Hwa Wei, Chan, Yi Ling//CHINESE EDUCATION AND SOCIETY. —2009 (Vol. 42, No. 3). —33 ~ 48

60. Franchise Nations: The Future of the Nation? /Leong, Susan//CONTINUUM-JOURNAL OF MEDIA & CULTURAL STUDIES. —2009 (Vol. 23, No. 6). —855 ~ 870

61. From Burden to Depressive Symptoms: The Case of Chinese-Canadian Family Caregivers for the Elderly/Lai, Daniel W. L//SOCIAL WORK IN HEALTH CARE. —2009 (Vol. 48, No. 4. Sp. Iss. SI). —432 ~ 449

62. Globalization and Personal and Global Identity in Colombian, Chinese, Hindu and

American Students/Caycedo, Claudia, Duarte, Catalina, Granados, Irina, Berman, Steven//UNIVERSITAS PSYCHOLOGICA. —2009 (Vol. 8, No. 3). —859 ~ 876

63. Grounding as a Facilitator in Anglo-Canadian and Mainland Chinese Conversations/Aguilera, Laura, Li, Han Z. //ASIAN JOURNAL OF SOCIAL PSYCHOLOGY. —2009 (Vol. 12, No. 3). —163 ~ 172

64. Growing Old in Canada: Chinese and Korean Seniors in Metro Vancouver/Hwang, E. //GERONTOLOGIST. —2009 (Vol. 49, Suppl. 2). —298

65. Heritage Language Fluency, Ethnic Identity, and School Effort of Immigrant Chinese and Mexican Adolescents/Kim, Su Yeong, Chao, Ruth K. //CULTURAL DIVERSITY & ETHNIC MINORITY PSYCHOLOGY. —2009 (Vol. 15, No. 1). —27 ~ 37

66. How Much Do I Tell Thee? Strategies for Managing Information to Parents among American Adolescents from Chinese, Mexican, and European Backgrounds/Tasopoulos-Chan, Marina, Smetana, Judith G., Yau, Jenny P. //JOURNAL OF FAMILY PSYCHOLOGY. —2009 (Vol. 23, No. 3. Sp. Iss. SI). —364 ~ 374

67. How Neighbourhoods Matter for Immigrant Children: The Formation of Educational Resources in Chinatown, Koreatown and Pico Union, Los Angeles/Zhou, Min//JOURNAL OF ETHNIC AND MIGRATION STUDIES. —2009 (Vol. 35, No. 7). —1153 ~ 1179

68. Immigration, Gender and Overseas Chinese Society: Studies on Chinese Women in Malaya, (1929 - 1941) /Fan Ruolan//JOURNAL OF CHINESE OVERSEAS. —2009 (5) i - ii. —377 ~ 378

69. Intergenerational Experiences of Discrimination in Chinese American Families: Influences of Socialization and Stress/Benner, Aprile D., Kim, Su Yeong//JOURNAL OF MARRIAGE AND THE FAMILY. —2009 (Vol. 71, No. 4). —862 ~ 877

70. Japanese and Chinese Immigrant Activists: Organizing in American and International Communist Movements, 1919 - 1933/Chang, Gordon H//JOURNAL OF AMERICAN ETHNIC HISTORY. —2009 (Vol. 28, No. 2). —118 ~ 119

71. Language and Power: Korean-Chinese Students' Language Attitude and Practice/Gao, F//JOURNAL OF MULTILINGUAL AND MULTICULTURAL DEVELOPMENT. —2009 (Vol. 30, No. 6). —525 ~ 534

72. Language as Capital, or Language as Identity? Chinese Complementary School Pupils' Perspectives on the Purposes and Benefits of Complementary Schools/Francis, Becky, Archer, Louise, Mau, Ada//BRITISH EDUCATIONAL RESEARCH JOURNAL. —2009 (Vol. 35, No. 4). —519 ~ 538

73. When East Meets West: Intensive Care Unit Experiences among First-Generation Chinese American Parents/Lee, Shih-Yu, Weiss, Sandra J. //JOURNAL OF NURSING SCHOLARSHIP. —2009 (Vol. 41, No. 3). —268 ~ 275

74. Ethnic Experience of Cancer: A Qualitative Study of Chinese-Australians in Brisbane, Queensland/ Lui, Chi-Wai, Ip, David, Chui, Wing Hong//SOCIAL WORK IN HEALTH CARE. —2009 (Vol. 48, No. 1). —14 ~ 37

75. Mainland Chinese "Foreign Talents" in Singapore/Hing, Ai Yun, Lee, Kiat Jin, Sheng Sixin//ASIAN JOURNAL OF SOCIAL SCIENCE. —2009 (Vol. 37, No. 5. Sp. Iss. SI). —757 ~ 777

76. Making an American Festival: Chinese New Year in San Francisco's Chinatown/Ling, Huping//AMERICAN HISTORICAL REVIEW. —2009 (Vol. 114, No. 4). —1119 ~ 1120

77. Maximum Mouth Opening of Ethnic Chinese in Taiwan//JOURNAL OF DENTAL SCIENCES. —2009 (Vol. 4, No. 1). —40 ~ 44

78. Memories of the 1982 ILGWU Strike in New York Chinatown/Quan, Katie//AMERASIA JOURNAL. — 2009 (Vol. 35, No. 1). —76 ~ 91

79. Misconduct among Chinese American Adolescents the Role of Acculturation, Family Obligation, and Autonomy Expectations/Juang, Linda P., Nguyen, Huong H. //JOURNAL OF CROSS-CULTURAL PSYCHOLOGY. —2009 (Vol. 40, No. 4). —649 ~ 666

80. Mother-Adolescent Language Proficiency and Adolescent Academic and Emotional Adjustment among Chinese American Families/Liu, Lisa L., Benner, Aprile D., Lau, Anna S., Kim, Su Yeong//JOURNAL OF YOUTH AND ADOLESCENCE . —2009 (Vol. 38, No. 4). —572 ~ 586

81. Moving between Eastern and Western Cultures: Memoirs of an Overseas Chinese & Holar and Social Activist/Yen Ching-hwang//JOURNAL OF CHINESE OVERSEAS. —2009, (No. 5). i – ii. —371 ~ 373

82. Multiple Citizen Identities of the Chinese in the Chinese Diaspora/Lee, Wing On//CADMO. —2009 (Vol. 17, No. 1). —87

83. Navigating between Disaggregating Nation States and Entrenching Processes of Globalisation: Reconceptualising the Chinese Diaspora in Southeast Asia/Jacobsen, Michael//JOURNAL OF CONTEMPORARY CHINA. —2009 (Vol. 18, No. 58). —69 ~ 91

84. Our Native Place — Our Cinema: Nation, State and Colony in the Amoy-Dialect Film Industry of the 1950s/Jeremy E. Taylor// JOURNAL OF CHINESE OVERSEAS. —2009, (No. 5). i – ii. —235 ~ 256

85. Overseas Chinese Students in the UK: Patterns and Correlates of Their Use of Western and Traditional Chinese Medicine/Bishop, Felicity L., Lim, Chiw Yeh, Leydon, Geraldine M., Lewith, George T.//COMPLEMT THER CLIN PRACT. —2009 (Vol. 15, No. 1). —8 ~ 13

86. Postmodernist Quietism in Polanski's Chinatown and Lynch's Mulholland Drive/doCarmo, Stephen N//JOURNAL OF POPULAR CULTURE. —2009 (Vol. 42, No. 4). —646 ~ 662

87. Power of Borders and Spatiality of Transnationalism: a Study of Chinese-Operated Tourism Businesses in Europe/Leung, Maggi W. H. //TIJDSCHRIFT VOOR ECONOMISCHE EN SOCIALE GEOGRAFIE. —2009 (Vol. 100, No. 5). —646 ~ 661

88. Prenatal Examination Utilization and Its Determinants for Immigrant Women in Taiwan: An Exploratory Study/ Li-Chun Lee, Teresa J. C. Yin, Shu Yu //THE JOURNAL OF NUESING RESEARCH. —2009 (Vol. 17, No. 1). —73 ~ 82

89. Punitive Discipline and Child Behavior Problems in Chinese-American Immigrant Fami-

lies: The Moderating Effects of Indigenous Child-rearing Ideologies/Fung, Joey J., Lau, Anna S. //INTERNATIONAL JOURNAL OF BEHAVIORAL DEVELOPMENT. —2009 (Vol. 33, No. 6) —520 ~ 530

90. Radicalization of the Protect Diaoyutai Movement in 1970s – America/Chen Jinxing// JOURNAL OF CHINESE OVERSEAS. —2009 (No. 5). i – ii. —310 ~ 335

91. Re-evaluating the "Alternative" Role of Ethnic Media in the US: the Case of Chinese-Language Press and Working-Class Women Readers/Shi, Yu//MEDIA CULTURE & SOCIETY. —2009 (Vol. 31, No. 4). —597

92. Relations among Parental Acceptance and Control and Children's Social Adjustment in Chinese American and European American Families/Huntsinger, Carol S., Jose, Paul E// JOURNAL OF FAMILY PSYCHOLOGY. —2009 (Vol. 23, No. 3. Sp. Iss. SI). —321 ~ 330

93. Saving Young Girls from Chinatown: White Slavery and Woman Suffrage, 1910 – 1920/ Lui, Mary Ting Yi//JOURNAL OF THE HISTORY OF SEXUALITY. —2009 (Vol. 18, No. 3). —393 ~ 417

94. Saying No to Chineseness: "The Possibilities and Limits of a Diasporic Identity in Janice Lowe Shinebourne's Fiction" /Anne-Marie Lee-Loy//JOURNAL OF CHINESE OVERSEAS. —2009 (No. 5). i – ii. —291 ~ 299

95. Silk Road, Cotton Road or ... Indo-Chinese Trade in Pre-European Times/Dale, Stephen F. //MODERN ASIAN STUDIES. —2009 (Vol. 43, No. 1). —79 ~ 88

96. Somatic and Non-Affective Symptoms of Old Age Depression: Ethnic Differences among Chinese, Indians and Malays/Soh, Keng Chuan, Kua, Ee Heok, Ng, Tze Pin//INTERNATIONAL JOURNAL OF GERIATRIC PSYCHIATRY. —2009 (Vol. 24, No. 7). —723 ~ 730

97. Soviet Policy in Respect of Chinese Migrants, the 1920s/Zalesskaya, O. V//VOPROSY ISTORII. —2009 (No. 1). —137 ~ 141

98. Taijiquan and the Search for the Little Old Chinese Man: Understanding Identity through Martial Arts/Lewis, J. Lowell//AUSTRALIAN JOURNAL OF ANTHROPOLOGY. —2009 (Vol. 20, No. 3). —390 ~ 391

99. Teaching the Chinese Language to Heritage Versus Non-Heritage Learners: Parents' Perceptions of a Community Weekend School in the United States/ Lawton, Bessie Lee, Logio, Kim A// LANGUAGE CULTURE AND CURRICULUM. —2009 (Vol. 22, No. 2). —137 ~ 155

100. The Adjustment Problems Faced by International and Overseas Chinese Students Studying in Taiwan Universities: A Comparison of Student and Faculty/staff Perceptions/Jenkins, John R., Galloway, Fred//ASIA PACIFIC EDUCATION REVIEW. —2009 (Vol. 10, No. 2). —159 ~ 168

101. The Adventures of Eddie Fung: Chinatown Kid, Texas Cowboy, Prisoner of War/Davis, Steven L. //SOUTHWESTERN HISTORICAL QUARTERLY. —2009 (Vol. 112, No. 3). —347 ~ 348

102. The Chinese in Britain, 1800 – Present: Economy, Transnationalism, Identity/Porter, David//VICTORIAN STUDIES. —2009 (Vol. 51, No. 2). —374 ~ 376

103. The Chinese in Britain, 1800 – Present: Economy, Transnationalism, Identity/Barabantseva, Elena//CHINA JOURNAL. —2009 (Vol. 62). —229 ~ 231

104. The Development of Children's Ethnic Identity in Immigrant Chinese Families in Canada the Role of Parenting Practices and Children's Perceptions of Parental Family Obligation Expectations/Su, Tina F., Costigan, Catherine L. //JOURNAL OF EARLY ADOLESCENCE. —2009 (Vol. 29, No. 5). —638 ~ 663

105. The Effect of a Culturally Tailored Smoking Cessation for Chinese American Smokers/Wu, DL, Ma, GX, Zhou, KT, et al. //NICOTINE & TOBACCO RESEARCH. —2009 (Vol. 11, No. 12). —1448 ~ 1457

106. The Glittering Machine of Modernity: The Chinatown in American Silent Film/Mayer, Ruth//MODERNISM-MODERNITY. —2009 (Vol. 16, No. 4). —661 ~ 684

107. The Image of China in Russia: Some Problems of Chinese History and Modern Politics of China in the Research of Russian and Foreign Scientists/Jersild, Austin//RUSSIAN REVIEW. —2009 (Vol. 68, No. 3). —551 ~ 552

108. The Influence of Maternal Acculturation, Neighborhood Disadvantage, and Parenting on Chinese American Adolescents' Conduct Problems: Testing the Segmented Assimilation Hypothesis/Liu, Lisa L., Lau, Anna S., Chen, Angela Chia-Chen, Dinh, Khanh T., Kim, Su Yeong//JOURNAL OF YOUTH AND ADOLESCENCE. —2009 (Vol. 38, No. 5). —691 ~ 702

109. The Making of a Diasporic Identity: The Case of the Sydney Chinese Commercial Elite, 1890s – 1900s/Kuo Mei-fen// JOURNAL OF CHINESE OVERSEAS. —2009 (No. 5). i – ii. —336 ~ 364

110. The Overseas Chinese of South East Asia: History, Culture, Business/Whah, Chin Yee//BIJDRAGEN TOT DE TAAL-LAND-EN VolKENKUNDE. —2009 (Vol. 165, No. 1). —139 ~ 140

111. The Politics of Language in Chinese Education, 1895 – 1919/Erbaugh, Mary S//CHINA QUARTERLY. —2009 (No. 199. Sp. Iss. SI). —823 ~ 824

112. The Revolving Door to Gold Mountain: How Chinese Immigrants Got Around US Exclusion and Replenished the Chinese American Labor Pool, 1900 – 1910/Chew, Kenneth, Leach, Mark, Liu, John M. //INTERNATIONAL MIGRATION REVIEW. —2009 (Vol. 43, No. 2). —410 ~ 430

113. The Way that Lives in the Heart; Chinese Popular Religion and Spirit Mediums in Penang, Malaysia/Wessing, Robert//BIJDRAGEN TOT DE TAAL-LAND- EN VolKENKUNDE. —2009 (Vol. 165, No. 1). —182 ~ 185

114. There Are No Chinamen in Singapore: Creolization and Self-Fashioning of the Straits Chinese in the Colonial Contact Zone/Tzu-hui Celina Hung// JOURNAL OF CHINESE OVERSEAS. —2009 (No. 5). i – ii. —257 ~ 290

115. Thou Soo and Aih Auan: Communicating Dissatisfaction in a Chinese Malaysian Community/Lee, Ee Lin, Hall, Bradford J. //RESEARCH ON LANGUAGE AND SOCIAL INTERACTION. —2009 (Vol. 42, No. 2). —116 ~ 134

116. Understanding Distress and Help-Seeking: The Role of Face Concern among Chinese Americans, European Americans, Hong Kong Chinese and Mainland Chinese/Mak, Winnie//INTERNATIONAL JOURNAL OF PSYCHOLOGY. —2009 (Vol. 43, No. 3-4). —571~571

117. When East Meets East: Framing the Sino-South Asian Diaspora/Rastogi, Allavi//JOURNAL OF COMMONWEALTH LITERATURE. —2009 (Vol. 44, No. 1). —35~52

118. When East Meets West: Intensive Care Unit Experiences among First-Generation Chinese American Parents/Lee, Shih-Yu, Weiss, Sandra J. //JOURNAL OF NURSING SCHOLARSHIP. —2009 (Vol. 41, No. 3). —268~275

119. Why India is Mainly Engaged in Offshore Service Activities, While China is Disproportionately Engaged in Manufacturing? /Lo, Chu-Ping, Liu, Bih Jane//CHINA ECONOMIC REVIEW. —2009 (Vol. 20, No. 2. Sp. Iss. SI). —236~245

（本版责任编辑　徐云）

2005—2009年华侨华人研究书目一览

本版内容以暨南大学图书馆华侨华人文献信息中心“华侨华人研究综合数据库·书目子库”中数据为主要数据，国家图书馆、厦门大学图书馆、香港高校图书联网、日本国立国会图书馆等馆藏数据为补充数据，分中文书目、英文书目、日文书目三部分。共收集整理了中文书目859种，英文书目200种，日文书目71种，以出版年代降序排列。

中文书目

2009年

1. 2008华侨经济年鉴/台湾国立中正大学. —台北：侨务委员会，2009

2. 澳大利亚华人史/艾瑞克·罗斯著；张威译. —广州：中山大学出版社，2009

3. 澳大利亚维多利亚省四邑会馆/梅伟强编著. —澳洲：澳洲维省四邑会馆，2009

4. 澳洲新移民/陈静著. —杭州：浙江人民出版社，2009

5. 百年侨刊——《新宁杂志》历史文化论/姚婷，梅伟强著. —北京：中国华侨出版社，2009

6. 百年侨校——台山一中历史文化论/黄海娟，张国雄著. —北京：中国华侨出版社，2009

7. 潮人在马来西亚/ 陈骅著. —香港：天马出版有限公司，2009

8. 程君复先生纪念文集——一位海外爱国华人的楷模/［美］龚忠武等合编. —北京：九州岛出版社，2009

9. 大海的儿子——纪念爱国侨领导蚁美厚百年诞辰（1909—2009）/余思伟编. —广州：广东省侨联，广东华侨历史学会，2009

10. 大洋彼岸的华裔巨星朱棣文/李剑君，曹慧著. —北京：北京交通大学出版社，2009

11. 第五届世界华人论坛论文集/《第五届世界华人论坛论文集》编委会. 许又声主编. —北京：科学技术文献出版社，2009

12. 东华义庄与寰球慈善网络——档案文献资料的印证与启示/叶汉明编. —香港：三联书店（香港）有限公司，2009

13. 东亚华人社会的形成和发展——华商网络、移民与一体化趋势/庄国土，刘文正编. —厦门：厦门大学出版社，2009

14. 二十世纪初康有为保皇会在美国华侨社会中的活动/高伟浓著. —北京：学苑出版社，2009

15. 菲律宾华侨史/黄滋生，何思兵著. —广州：广东高等教育出版社，2009

16. 各国华人人口专辑第三辑/台湾侨务委员会编. —台北：侨务委员会，2009

17. 公案簿（第八辑）：1852 年 1 月 6 日—1855 年 1 月 18 日/侯真平，吴凤斌，［荷］包乐史，聂德宁. —厦门：厦门大学出版社，2009

18. 公案簿（第九辑）：1854 年 4 月 28 日—1856 年 12 月 12 日/吴凤斌等校注. 厦门：厦门大学出版社，2009

19. 归侨之歌/丁日月主编. —武汉：湖北人民出版社，2009

20. 国务院侨办课题研究成果集萃——2007—2008 年度/王晓萍主编. —北京：国务院侨务办公室政策法规司，2009

21. 海浮文汇——华侨华人卷/张存武著. —台北：中央研究院，2009

22. 海外高层次人才与人力资源建设/李其荣，谭天星，林晓东主编. —北京：中国华侨出版社，2009

23. 海外华侨华人与中国改革开放/任贵祥主编. —北京：中共党史出版社，2009

24. 海外华人跨国公司成长新阶段/康荣平，柯银斌，董磊石著. —北京：经济管理出版社，2009

25. 海外华文网络媒体——跨文化语境/李大玖著. —北京：清华大学出版社，2009

26. 海外台侨与台湾侨务——2000—2008/陈文寿编著. —香港：香港社会科学出版社有限公司，2009

27. 海外永嘉人/周星槎主编. —北京：当代中国出版社，2009

28. 海外中山人纪事/卢艳红，高巍巍主编. —广州：花城出版社，2009

29. 海韵如茵——八桂侨界贤能集萃（第一辑）/李汉金主编. —南宁：广西人民出版社，2009

30. 互动与创新——多维视野下的华侨华人研究论文摘要汇编/海外华人研究与文献收藏机构国际会议. —广州：暨南大学华侨华人研究院，暨南大学图书馆，2009

31. 华侨高等教育研究/王焕芝著. —北京：九州岛出版社，2009

32. 华侨华人与共和国/黄纪凯主编. —北京：中华全国归国华侨联合会，2009

33. 华侨华人与新中国/张应龙主编. —广州：暨南大学出版社，2009

34. 华人的旧金山——一个跨太平洋的族群的故事（1850—1943）/陈勇著. —北京：北京大学出版社，2009

35. 华人社会与文化/方丽娜著. —台北：正中书局，2009

36. 华人资本主义精神/［英］S. 戈登·雷丁著；谢婉莹译. —上海：格致出版社，2009

37. 华裔美国作家研究/吴冰，王立礼主编. —天津：南开大学出版社，2009

38. 回望闽南侨批——首届闽南侨批研讨会论文集/陈小钢主编. —北京：华艺出版社，2009

39. 基督教与海外华人的文化适应：近代东南亚华人移民社区的个案研究/朱峰著. —北京：中华书局，2009

40. 纪念合艾和平协议——焦点：陈平要回家/21 世纪出版社编辑部. —南昌：二十一世纪出版社，2009

41. 纪念孙中山诞辰 141 周年国际学术研讨会论文集/中国社会科学院近代史研究

所．—北京：社会科学文献出版社，2009

42．坚韧不拔——东南亚华人精神/郑昭贤著．—马来西亚：策略资讯研究中心，2009

43．客家精神领袖——黄石华博士国是论集/郑海麟主编．—台北：问津堂书局，2009

44．口述——最早发现北美洲的中国移民/［加］保罗·夏亚松著；暴永宁译．—北京：生活·读书·新知三联书店，2009

45．跨文化大统一场论分析（德国华侨华人样本研究）/王异虹著．—香港：香港社会科学出版社有限公司，2009

46．了不起的力量——80位杰出华裔的才智人生与赤子情怀/华商韬略编辑委员会主编．—北京：中华工商联合出版社，2009

47．林文庆的厦大情缘/李元瑾编著．—新加坡：南洋理工大学中华语言文化中心，2009

48．流转跨界——跨国的台湾　台湾的跨国/王宏仁，郭佩著．—台北：中央研究院，2009

49．伦敦诱惑——中国文化名人的西学情结/吴十洲著．—北京：人民日报出版社，2009

50．马来西亚华人佛教信仰研究/白玉国著．—成都：巴蜀书社，2009

51．马来西亚华人与国族建构——从独立前到独立后五十年/文平强编．—马来西亚：华社研究中心，2009

52．马来西亚与印度尼西亚的宗教与认同——伊斯兰、佛教与华人信仰/李丰楙，林长宽，陈美华，蔡宗德，蔡源林著．—台北：中央研究院亚太中心，2009

53．梅花三弄——华侨华人研究诗札/高伟浓著．—吉隆坡：学林书局，2009

54．美国华人群英录/麦子编．—广州：中山大学出版社，2009

55．美禁华工拒约报/晚清珍稀期刊汇编（十九）/姜亚沙，经莉，陈湛绮主编．—北京：全国图书馆文献缩微复制中心，2009

56．民国时期社会调查丛编二编（华侨卷）/李文海主编．—福州：福建教育出版社，2009

57．民国浙江华侨史/徐鹤森著．—北京：中国社会科学出版社，2009

58．南美的心脏——旅居玻利维亚十四载/王秉龙著．—北京：中国青年出版社，2009

59．南侨机工档案史料选编：云南省档案馆馆藏部分/吴强，陈毅明，汤晓梅编著；陈嘉庚纪念馆，云南省档案馆，厦门市华侨历史学会编．—北京：中国华侨出版社，2009

60．钱江侨杰数风流——浙江归侨口述录/林明江主编．—北京：中国华侨出版社，2009

61．侨乡模式与中国道路/沈卫红著．—北京：社会科学文献出版社，2009

62．侨星（中国华侨历史学会文库：19）/黄闻新编著．—北京：中国华侨出版社，2009

63．亲历中美建交——中国首任驻美大使柴泽民传/孙国维著．—北京：世界知识出版社，2009

64. 勤俭兴邦——马来西亚华人的贡献/文平强，许德发编. —马来西亚：华社研究中心，2009

65. 拳拳赤子心　殷殷报国情——中央国家机关老归侨爱国报国之路（一）/中央国家机关侨联编. —北京：中国华侨出版社，2009

66. 日治时期森州华族蒙难史料/森美兰中华大会堂编. —吉隆坡：隆雪中华大会堂，2009

67. 上海侨务概览——2008/上海市人民政府侨务办公室编. —上海：上海市人民政府侨务办公室，2009

68. 生存与发展——海外华人社会新观察/沈燕清编. —马来西亚：策略资讯研究中心，2009

69. 世界海南组织数据汇编/吴华编著. —马来西亚：海南会馆联合会出版，2009

70. 世界华侨华人研究（第 2 辑）/钱江，纪宗安主编. —广州：暨南大学出版社，2009

71. 世界华商经济年鉴 2007—2008/郝时远主编. —北京：世界华商经济年鉴杂志社，2009

72. 世界华文传媒年鉴 2009/夏春平主编. —北京：中国新闻社世界华文传媒年鉴社，2009

73. 世界著名华人街区——唐人街/吴景明编著. —长春：吉林人民出版社，2009

74. 他山之石——海外华语电影研究/刘宇清编译. —北京：中国传媒大学出版社，2009

75. 台湾移居美国侨民长期追踪第六（2008）年调查报告/台湾侨务委员会编. —台北：侨务委员会，2009

76. 泰国华商资本的兴起与发展研究/石维有著. —桂林：广西师范大学出版社，2009

77. 外交人生——我的回忆和感悟/吕聪敏著. —北京：中信出版社，2009

78. 万里赴戎机——第一次世界大战参战华工纪实/张建国，张军勇编著；马向红，郭东波译. —济南：山东画报出版社，2009

79. 五邑银信/刘进著. —广州：广东人民出版社，2009

80. 新加坡人口研究/［新加坡］苏瑞福著；薛学了等译. —厦门：厦门大学出版社，2009

81. 新马归侨抗日抗英人名录/广州新马侨友会等编；黎亚久主编. —香港：香港足印出版社，2009

82. 新马华人历史与人物/黄东文著. —北京：中国华侨出版社，2009

83. 新马华文报文化、族群和国家认同比较研究/彭伟步著. —广州：暨南大学出版社，2009

84. 新世纪的海外华人变貌——玄奘大学海外华人研究中心丛书（第六种）/夏诚华主编. —新竹：玄奘大学海外华人研究中心，2009

85. 新移民的家庭、亲职教育与教学/张芳全主编. —台北：心理出版社股份有限公司，2009

86. 亚洲的城市移民——50位东南亚华人领袖、华商和经理人访谈录/张继焦，张运华著. —北京：知识产权出版社，2009

87. 亚洲的城市移民——中国、韩国和马来西亚三国的比较/张继焦著. —北京：知识产权出版社，2009

88. 亚洲新工业化与华人企业/张开玫著. —厦门：厦门大学出版社，2009

89. 一个消失的聚落——重构新加坡德光岛走过的历史道路/利亮时著. —新加坡：新加坡国立大学，2009

90. 移民美国/刘平，刘军编著. —北京：中国经济出版社，2009

91. 异文化博弈——中国现代留欧学人与西学东渐/叶隽著. —北京：北京大学出版社，2009

92. 永不忘却——一位归国华侨的海外亲历（世界华裔英才丛书）/李应瞻编. —北京：世界知识出版社，2009

93. 源与流——东华医院的创立与演进（东华三院档案数据汇编系列之一）/何佩然编. —香港：三联书店（香港）有限公司，2009

94. 在吉隆坡，遇见叶亚来/陈亚才编. —马来西亚：布咕数码与印刷，2009

95. 遭遇帮群——槟城华人社会的跨帮组织研究/吴龙云著. —新加坡：新加坡国立大学中文系，2009

96. 张弼士研究专辑/韩信夫，杨德昌主编. —北京：社会科学文献出版社，2009

97. 张振勋与晚清铁路/魏明枢著. —广州：华南理工大学出版社，2009

98. 肇庆市侨联青年委员会成立特刊/广东省肇庆市侨联编印. —肇庆：广东肇庆市侨联，2009

99. 中国传统音乐在海外的传播与变迁——以马来西亚为例/王静怡著. —北京：人民出版社，2009

100. 中国劳工与第一次世界大战/张建国主编. —济南：山东大学出版社，2009

101. 中国留学人才发展报告/王辉耀主编. —北京：机械工业出版社，2009

102. 中国侨资企业发展年度报告（2008）/清华大学. —北京：国务院侨务办公室委托项目，2009

103. 中华民国第四届全球侨务会议实录/中华民国侨务委员会编. —台北：侨务委员会，2009

104. 中华民国侨务统计——九十七年/编辑部. —台北：侨务委员会，2009

105. 珠海侨务志/张英龙主编. —珠海：珠海出版社，2009

106. 族裔与性属——研究最新术语词典/徐颖果主编. —天津：南开大学出版社，2009

2008年

1. “如何从事东南亚客家研究”工作坊会议手册/“如何从事东南亚客家研究”工作坊编. —苗粟：联合大学客家研究学院，2008

2. 10位杰出的加拿大华人/［加］曾铭著. —北京：华文出版社，2008

3. 2007年华文独中董事交流会资料汇编/马来西亚董总编. —加影：马来西亚华校董事联合会总会，2008

4. 澳大利亚华人华侨遗存图鉴/郭存孝编著. —哈尔滨：黑龙江人民出版社，2008

5. 八闽侨心系故园 ——福建归侨口述录/林明江主编. —北京：中国文史出版社，2008

6. 八十台大　前进百大——国立台湾大学创校八十年校庆特刊/国立台湾大学出版中心编. —台北：国立台湾大学出版中心，2008

7. 百年尊孔大事纪年稿（1906—2006）/廖文辉编著. —吉隆坡：吉隆坡尊孔独立中学，2008

8. 北美华侨华人新视角——华侨华人研究上海论坛文集/国务院侨务办公室政研司编. —北京：中国华侨出版社，2008

9. 本显本色/林鼎安，沈丽真编. —马尼拉：菲律宾华教中心，2008

10. 比较霸权——战后新加坡及香港的华文学校政治/黄庭康著；李宗义译. —台北：群学出版有限公司，2008

11. 边境经济——中国与东盟区域合作的切入点/李红著. —澳门：澳门学者同盟，2008

12. 潮学研究（14）——第七届潮学国际研讨会论文专辑/黄挺主编；潮汕历史文化研究中心，韩山师范学院编. —广州：广东省出版集团，花城出版社，2008

13. 陈芳——华侨第一位百万富翁/刘云德，徐炜著. —北京：作家出版社，2008

14. 穿行在东西方文化之间——一位海外华人学者兼社会活动家的回忆录/［澳］颜清湟著. —香港：香港社会科学出版社有限公司，2008

15. 从沉默中崛起——北美华人华侨的奋斗史（北京大学华侨华人研究中心丛书之41）/谭圣安著. —香港：香港社会科学出版社有限公司，2008

16. 从礼宾官到总领事/吴德广著. —北京：新华出版社，2008

17. 从世界看浙南非法移民/夏凤珍著. —天津：南开大学出版社，2008

18. 从通报、生活报到中国报——大马一代报王周宝振最后的48封电邮/周宝振著. —吉隆坡：有人出版社，2008

19. 错综于市场、社会与国家之间——东亚口岸城市的华商与亚洲区域网络/廖赤阳，刘宏主编. —新加坡：南洋理工大学中华语言文化中心；八方文化创作室，2008

20. 大埔华侨（共10册）/杨奋干编著. —广州：广东人民出版社，2008

21. 大清幼童留洋记/刘玉全著. —珠海：珠海出版社，2008

22. 当代国内外侨情与中国侨务法制建设/毛起雄著. —北京：中国民主法制出版社，2008

23. 蹈海赴国丹心志——广西归侨口述录/林晓东主编. —北京：中国华侨出版社，2008

24. 道家、道教与民俗文化研究/黄大志主编. —新加坡：八方文化创作室，2008

25. 地域族群与客家文化研究/宋德剑著. —广州：华南理工大学出版社，2008

26. 地中海晓风残月——一个华裔电影人的浮生札记/［西］米格尔·张著. —北京：新星出版社，2008

27. 第二届侨批文化研讨会论文选/潮汕历史文化研究中心等. —香港：公元出版有限公司，2008

28. 东南亚的“郑和记忆”与文化诠释/曾玲主编. —合肥：黄山书社，2008

29. 东南亚华侨民族主义发展研究（1912—1928）/张坚著. —桂林：广西师范大学出版社，2008

30. 东南亚华侨史（外一种）/朱杰勤著. —北京：中华书局，2008

31. 东南亚华人研究——新世纪新视野/梁英明著. —香港：香港社会科学出版社有限公司，2008

32. 东南亚华人之研究/［澳］颜清湟著. —香港：香港社会科学出版社有限公司，2008

33. 东南亚与华人族群研究/廖建裕著. —新加坡：新加坡青年书局，2008

34. 东南亚与中国关系——持续与变化/尼古拉斯・托马斯，聂德宁编. —厦门：厦门大学出版社，2008

35. 东南亚在台侨生的政治文化现象：以印尼、马来西亚、缅甸侨生为例/成秋华著. —台北：兰台出版社，2008

36. 菲华侨领——李昭进/吴吟韶总编. —北京：中国华侨出版社，2008

37. 菲律宾华教透视和思考/何懿著. —马尼拉：菲律宾华教中心，2008

38. 风沙路上再创新/［马］叶新田著. —吉隆坡：叶氏企管咨询公司，2008

39. 风雨九十年：一个马来西亚河婆老华人沧桑录/张肯堂编著. —吉隆坡：智慧城有限公司，2008

40. 福建华侨华人捐资办学史续/杨辉主编. —福州：福建教育出版社，2008

41. 敢为天下先——海洋文化广东创新三十年/钟晓毅，雷铎，吴爱萍等著. —广州：暨南大学出版社，2008

42. 高丽汉诗文学史论/刘强著. —厦门：厦门大学出版社，2008

43. 哥伦布之前的中国航海/房仲甫，姚斓著. —北京：海洋出版社，2008

44. 共同的容闳——媒体刊载容闳与留美幼童文章选集/珠海容闳与留美幼童研究会主编. —珠海：珠海出版社，2008

45. 古晋新渔村政府华文小学50周年校庆纪念特刊/古晋新渔村政府华文小学编. —古晋：古晋新渔村政府华文小学，2008

46. 广东潮人海外联谊会成立二十周年纪念/广东潮人海外联谊会，2008

47. 广东历史人文资源调研报告/梁桂全主编. —北京：社会科学文献出版社，2008

48. 广东侨联五十1958—2008/区德强主编. —广州：广东省归国华侨联合会，2008

49. 广东省社会科学院历史与孙中山研究所建所五十周年纪念文集/李庆新主编. —香港：银河出版社，2008

50. 广华学校建校五十五周年纪念特刊/印尼万隆广华学校校友会编. —万隆：印尼万隆广华学校校友会，2008

51. 皈信・同化・叠合・身份认同——北美华人基督徒研究/［美］杨凤岗，默言著. —北京：民族出版社，2008

52. 国务院侨务办公室2007年—2008年度委托课题：2007年海外华侨华人概述/

《2007 年海外华侨华人概述》编委会．—北京：中国华侨出版社，2008

53．海潮回流——海外华侨与广东改革开放/马至融，姜清波，裴艳等著．—广州：暨南大学出版社，2008

54．海南华侨华人史/寒冬著．—海口：南方出版社，海南出版社，2008

55．海南华侨农场/朱华友编著．—海口：海南出版社，南方出版社，2008

56．海南华侨文化/刘阳著．—海口：南方出版社，海南出版社，2008

57．海南华侨与东南亚/蔡葩，王少平，王月旺著．—海口：南方出版社，海南出版社，2008

58．海南抗日战争史稿/张一平，程晓华著．—海口：南方出版社，海南出版社，2008

59．海南侨务工作概论/鞠海龙著．—海口：南方出版社，海南出版社，2008

60．海南著名侨乡/林红生，樊云芳著．—海口：南方出版社，海南出版社，2008

61．海外华人社会新视野/吕伟雄主编．—香港：香港社会科学出版社有限公司，2008

62．海外华人与工商企业/［澳］颜清湟著．—厦门：厦门大学出版社，2008

63．海外琼属社团/文人光著．—海口：南方出版社，海南出版社，2008

64．海外人才与中国发展研究——2006—2007/李其荣，谭天星主编．—北京：中国华侨出版社，2008

65．海外与港澳台妈祖信仰研究/李天锡著．—北京：华夏出版社，2008

66．韩槐准文存/海南省文化历史研究会主编．—北京：长征出版社，2008

67．和平跨居论——中国南方与大陆东南亚跨国民族“和平跨居”模式研究/周建新著．—北京：民族出版社，2008

68．鹤山乡讯创刊 50 周年纪念特刊/曹佐军主编．—鹤山：广东鹤山乡讯社，2008

69．华侨华人论文选编——华侨大学华侨华人研究所专刊第 20 种/蔡振翔主编．—北京：台海出版社，2008

70．华侨文化与潮汕文化学术研讨会论文集/华侨文化与潮汕文化学术研讨会．—汕头：广东华侨华人研究会，潮汕历史文化研究中心，2008

71．华侨与海南社会发展/张朔人，于苏光著．—海口：南方出版社，海南出版社，2008

72．华人本土心理学（上册）/杨国枢，黄光国，杨中芳主编．—重庆：重庆大学出版社，2008

73．华人本土心理学（下册）/杨国枢，黄光国，杨中芳主编．—重庆：重庆大学出版社，2008

74．华人传媒与文化认同——21 世纪初《联合早报》研究/颜春龙著．—北京：华夏出版社，2008

75．华人金融家——80 位华人金融领袖访谈录/管理世界杂志社，华商韬略编委会主编．—北京：中华工商联合出版社，2008

76．华人社会与文化——社会风俗篇/苏慧霜著．—台北：新学林出版，2008

77．华人社会与文化——文化思想篇/刘国平著．—台北：新学林出版，2008

78. 华人十大富豪——他们背后的故事/张晏齐. —台北：大都会文化事业有限公司，2008

79. 华资企业在广东——1978—2008/苏启林等著. —广州：暨南大学出版社，2008

80. 话说海南人/王振春著. —新加坡：新加坡青年书局，2008

81. 江门五邑海外商业巨子经营之道/刘志坚，李军编著. —珠海：珠海出版社，2008

82. 今日话当年——从猪仔到人蛇 从华侨到华人/陈国华著. —新加坡：新加坡青年书局，2008

83. 金门乡侨访谈录（二）：汶莱、砂劳越篇/李永凤等口述，董群廉访问、记录. —金门：金门县政府，2008

84. 旧金山的新移民/晓牧著. —北京：作家出版社，2008

85. 绝代英华——马来西亚英殖民时期华裔华人与学人研究/郑文泉著. —马来西亚：新纪元学院马来西亚族群研究中心，2008

86. 孔飞力中国学研究（海外中国学史研究丛书）/龚咏梅著. —上海：上海辞书出版社，2008

87. 跨国移动的困境——美国华日两族的族群关系（1885—1937）/王秀惠著. —台北：台湾学生书局有限公司，2008

88. 跨界流离——全球化下的移民与移工（上、下册）/夏晓鹃，陈信行，黄德北编. —台北：台湾社会研究杂志社，2008

89. 跨文化视野下的美国华裔文学——赵健秀作品研究/徐颖果著. —天津：南开大学出版社，2008

90. 跨域史学——近代中国与南洋华人研究的新视野/黄贤强著. —厦门：厦门大学出版社，2008

91. 跨越疆界与文化调适/李元瑾主编. —新加坡：南洋理工大学中华语言文化中心，八方文化创作室，2008

92. 历史与现实：新侨乡 · 新移民 · 闽籍华侨华人/詹冠群主编. —福州：海峡文艺出版社，2008

93. 廖安祥研究/房学嘉著；叶澄海主编. —广州：华南理工大学出版社，2008

94. 林启祥创作集/林启祥著. —马尼拉：菲华文艺协会，2008

95. 刘子政纪念文集/砂华文协出版与编译组编. —诗巫：砂拉越华族文化协会，2008

96. 留学生与中国的社会发展（二）/周棉主编. —长春：吉林人民出版社，2008

97. 路遥知马力庭谕——记录一位华教护法的足迹/陈亚才主编. —吉隆坡：林连玉基金，2008

99. 罗香林研究/肖文评著. —广州：华南理工大学出版社，2008

99. 马华公会历任总会长——谁与论浮沉/章龙炎编著. —马来西亚：大马新闻信息学院，2008

100. 马来西亚的马来人与华人及其关系研究/孙振玉著. —兰州：甘肃民族出版社，2008

101. 马来西亚国家与社会的再造/祝家华，潘永强编. —马来西亚：新纪元学院，南

方学院，2008

102. 马来西亚华人与马来人经济地位变化比较研究/林勇著. —厦门：厦门大学出版社，2008

103. 马来西亚华社文史续论/郑良树著. —新山：南方学院出版社，2008

104. 马来西亚天后宫大观/苏庆华，刘崇汉主编. —吉隆坡：雪隆海南会馆（天后宫）妈祖文化研究中心，2008

105. 美国新移民研究（1965 年至今）/姬虹著. —北京：知识产权出版社，2008

106. 民国期刊资料分类汇编·南洋史料（第八册）：南洋研究/耿素丽，章鑫尧选编. —北京：国家图书馆出版社，2008

107. 民国期刊资料分类汇编·南洋史料（第二册）：南洋研究/耿素丽，章鑫尧选编. —北京：国家图书馆出版社，2008

108. 民国期刊资料分类汇编·南洋史料（第九册）：南洋研究/耿素丽，章鑫尧选编. —北京：国家图书馆出版社，2008

109. 民国期刊资料分类汇编·南洋史料（第六册）：南洋研究/耿素丽，章鑫尧选编. —北京：国家图书馆出版社，2008

110. 民国期刊资料分类汇编·南洋史料（第七册）：南洋研究/耿素丽，章鑫尧选编. —北京：国家图书馆出版社，2008

111. 民国期刊资料分类汇编·南洋史料（第三册）：南洋研究/耿素丽，章鑫尧选编. —北京：国家图书馆出版社，2008

112. 民国期刊资料分类汇编·南洋史料（第十八册）：南洋周刊；南洋杂志/耿素丽，章鑫尧选编. —北京：国家图书馆出版社，2008

113. 民国期刊资料分类汇编·南洋史料（第十册）：南洋研究/耿素丽，章鑫尧选编. —北京：国家图书馆出版社，2008

114. 民国期刊资料分类汇编·南洋史料（第十二册）：南洋研究/耿素丽，章鑫尧选编. —北京：国家图书馆出版社，2008

115. 民国期刊资料分类汇编·南洋史料（第十六册）：南洋周刊/耿素丽，章鑫尧选编. —北京：国家图书馆出版社，2008

116. 民国期刊资料分类汇编·南洋史料（第十七册）：南洋周刊/耿素丽，章鑫尧选编. —北京：国家图书馆出版社，2008

117. 民国期刊资料分类汇编·南洋史料（第十三册）：南洋研究；南洋情报/耿素丽，章鑫尧选编. —北京：国家图书馆出版社，2008

118. 民国期刊资料分类汇编·南洋史料（第十四册）：南洋研究；南洋情报/耿素丽，章鑫尧选编. —北京：国家图书馆出版社，2008

119. 民国期刊资料分类汇编·南洋史料（第十五册）：南洋情报；南洋周刊/耿素丽，章鑫尧选编. —北京：国家图书馆出版社，2008

120. 民国期刊资料分类汇编·南洋史料（第十一册）：南洋研究/耿素丽，章鑫尧选编. —北京：国家图书馆出版社，2008

121. 民国期刊资料分类汇编·南洋史料（第四册）：南洋研究/耿素丽，章鑫尧选编. —北京：国家图书馆出版社，2008

122. 民国期刊资料分类汇编·南洋史料（第五册）：南洋研究/耿素丽，章鑫尧选编. —北京：国家图书馆出版社，2008

123. 民国期刊资料分类汇编·南洋史料（第一册）：南洋研究/耿素丽，章鑫尧选编. —北京：国家图书馆出版社，2008

124. 拿督阿玛黄佛德回忆录/李振源笔录. —古晋：黄佛德父子有限公司，2008

125. 南大春秋/雷澥编. — 马来西亚：风下工作室，2008

126. 南京国民政府侨务政策研究/张赛群著. —北京：中国言实出版社，2008

127. 南洋客属总会2008华乐团客属、梅、潮汕、民乐演奏交流会/南洋客属总会编. —新加坡：南洋客属总会，2008

128. 南洋纵横——文化接触和语言教育研究/陈恒汉著. —北京：中国言实出版社，2008

129. 逆境奋斗百折不挠/李卓辉编著. —雅加达：联通华文书业有限公司，2008

130. 平凡赤子心/谭国财等著. —开平：开平碉楼研究所出版，2008

131. 千禧国际集团董事局主席林仲平画传/丁剑，刘素娥著. —雅加达：印尼爱心基金会，2008

132. 侨情侨务——侨务工作与政策法规/罗清旭主编. —珠海：珠海出版社，2008

133. 侨务法学新论——以移民跨国传播为视角的族群权利研究/颜春龙著. —成都：四川大学出版社，2008

134. 侨务与传媒（上、下）/吕传雄主编. —广州：南方日报出版社，2008

135. 情系树湖：吴喜谋的生平故事/陈嵩杰著. —八打灵再也：大马新闻资讯学院，2008

136. 琼籍华侨与海南革命/程昭星，王新芒著. —海口：南方出版社，海南出版社，2008

137. 琼属海外知名人士/王辛莉著. —海口：南方出版社，海南出版社，2008

138. 全球化时代的华人社会工作/马丽庄，邓广良，魏雁滨主编. —上海：格致出版社，上海人民出版社，2008

139. 砂拉越晋汉省华校春秋/杜明编著. —古晋：砂拉越华文作家协会，2008

140. 山东华文教育/山东省人民政府侨务办公室，山东省海外交流协会编. —济南：山东省人民政府侨务办公室，2008

141. 身份认同与华文文学研究/朱立立著. —上海：上海三联书店，2008

142. 史迹、文献、历史：中外文化与历史记忆/郑培凯，陈国球编. —桂林：广西师范大学出版社，2008

143. 世界海外华人研究学会地区性非洲国际会议论文摘译/广东华侨华人研究会编. —香港：香港社会科学出版社，2008

144. 世界华侨华人研究（第1辑）/钱江，纪宗安主编. —广州：暨南大学出版社，2008

145. 台湾移居美国侨民长期追踪第五（2007）年调查报告/中华民国侨务委员会编. —台北：侨务委员会，2008

146. 谈心论艺说方修：新马华文文学史奠基者（DVD）/Almighty Media 制作. —新

加坡：新加坡国家图书馆，2008

147. 坦言堂文选/黄叔麟著. —新加坡：新加坡青年书局，2008

148. 头路——新加坡福建人的行业/新加坡福建会馆编著. —新加坡：新加坡福建会馆，2008

149. 往事真的如烟：客家歌王邱清云传/黄书民著. —八打灵再也：策略资讯研究中心，2007

150. 微软王国里的华人领袖/李莫凡，蒋成义，唐明磊著. —北京：北京工业大学出版社，2008

151. 文化记忆与华人社会/何国忠编. —吉隆坡：Institute of China Studies，University of Malaya，2008

152. 文林杂忆/马汉著. —新加坡：新加坡青年书局，2008

153. 我背后是唐人街/张乃椿著. —济南：山东友谊出版社，2008

154. 我们的历史并未终结——古巴革命中的三位华裔将军/［美］沃特斯编著；王路沙译. —北京：知识产权出版社，2008

155. 五邑魂——五邑人与五邑文化精神/白少玉主编. —珠海：珠海出版社，2008

156. 五邑侨彦与故乡今昔/吴淡初著. —北京：中国华侨出版社，2008

157. 逍遥游/区如柏著. —新加坡：新加坡青年书局，2008

158. 萧村文集（侨史卷）/骆明主编. —新加坡：新加坡文艺协会，2008

159. 新加坡海南人走过的岁月/［新］王振春著. —新加坡：新加坡青年书局，2008

160. 新加坡华文教学论文五集/新加坡华文研究会编. —新加坡：教育出版社，2008

161. 新加坡华文期刊50年/王连美，何炳彪，黄慧丽编. —新加坡：新加坡国家图书馆，2008

162. 新加坡教育人文荟萃/潘星华著. —新加坡：诺文文化事业私人有限公司，2008

163. 新加坡客家文化与社群/黄贤强主编. —新加坡：新加坡国立大学中文系，新加坡南洋客属总会，新加坡茶阳（大埔）会馆，2008

164. 新加坡马来西亚华侨史（增订版）/林远辉，张应龙著. —广州：广东高等教育出版社，2008

165. 新世纪华人社会面貌——社会指标的分析/黄绍伦，尹宝珊，梁世荣编. —香港：中文大学香港亚太研究所，2008

166. 星洲日报——历史写在大马的土地上/欧银钏著. —八打灵再也：星洲日报，2008

167. 学术论文集（第八辑）：Kertas-kertas Pengajian Tionghoa Papers On Chinese Stusdies/张丽珍编. —吉隆坡：马来亚大学中文系，2008

168. 血碑补遗/黄大礼著. —新加坡：新加坡青年书局，2008

169. 亚太研究论丛（第5辑）/梁志明编. —北京：北京大学出版社，2008

170. 扬帆斗争浪头上：黄秀夫回忆录/黄秀夫著. —澳门：剑光出版，2008

171. 椰风蕉雨话侨情——海南归侨口述录/林明江主编. —北京：中国文史出版社，2008

172. 一家九博士——巴西华人杨正民成功之路纪实/陈先俊编著. —北京：世界知识

出版社，2008

173. 一颗燃烧的心——一位海外华人支持北京奥运的心路历程/［新加坡］程力飞著. —北京：北京出版社，2008

174. 一位旅日老华侨的后半生/林其根著. —香港：中国文化出版社，2008

175. 移民：流离的年代 = The age migration : international population movements in the modern world/Stephen Castles, Mark J. Miller 著；赖佳枫译. —台北：五南图书出版股份有限公司，2008

176. 移民与纽约城市发展研究/林广著. —上海：华东师范大学出版社，2008

177. 印度尼西亚华侨史（修订本）/李学民，黄昆章著. —广州：广东高等教育出版社，2008

178. 印度尼西亚华族政治地位变迁研究/朱陆民著. —北京：世界知识出版社，2008

179. 影像里的容闳与留美幼童/珠海容闳与留美幼童研究会主编. —珠海：珠海出版社，2008

180. 永远说不完的课题——客家文化论集/编者不详. —新加坡：新加坡茶阳（大埔）会馆（客家文化研究室），2008

181. 有教无类/苏清强著. —吉隆坡：南大教育与研究基金会，2008

182. 雨过天晴夕阳红/冯子平著. —香港：香港银河出版社，2008

183. 远离祖国的领土/张兵著. —北京：新华出版社，2008

184. 粤东客家生态与民俗研究/房学嘉著. —广州：华南理工大学出版社，2008

185. 粤东侨乡——汕头新和村社会经济变迁/杨正军，王建新著. —广州：广东人民出版社，2008

186. 越南漫笔/李泰山著. —北京：中国文史出版社，2008

187. 云顶秘辛：林梧桐传奇另一面/周少龙著. —雪兰莪：凤凰木企业，2008

188. 早期新加坡华文报章与华人社会（1881—1912）/陈蒙鹤著；胡兴荣译. —广州：广东科技出版社，2008

189. 詹天佑日记书信选集/詹同济译著. —珠海：珠海出版社，2008

190. 战斗的半世纪：昔迈汀夫人曹启竹回忆录/曹启竹著. —八打灵再也：策略资讯研究中心，2008

191. 战后遣送外侨返国史料汇编 1（韩侨篇）/谢培屏编. —台北：国史馆，2008

192. 战后遣送外侨返国史料汇编 2（德侨篇）/谢培屏编. —台北：国史馆，2008

193. 战后遣送外侨返国史料汇编 3（德侨篇）/谢培屏编. —台北：国史馆，2008

194. 郑和与东南亚伊斯兰/陈达生著. —北京：海洋出版社，2008

195. 挚爱：侯加昌回忆录/侯加昌口述，黄薇整理. —北京：中国华侨出版社，2008

196. 中菲关系纪实/王澄枢著. —菲律宾：世界日报，菲律宾华裔青年联合会，2008

197. 中国海洋发展史论文集（第十辑）/汤熙勇编. —台北：中央研究院人文社会科学研究中心，2008

198. 中国华侨华人研究——优势与挑战/北京大学华侨华人研究中心丛书之 40/吴小安，吴杰伟编. —香港：香港文汇出版社，2008

199. 中华文化母题与海外华文文学/杨匡汉著. —武汉：长江文艺出版社，2008

200．朱杰勤华侨史研究文集/朱杰勤著．—北京：中华书局，2008

201．转换·融合——中国技术移民在加拿大/朱红著．—北京：社会科学文献出版社，2008

202．宗教与社会——华侨华人宗教、民间信仰与区域宗教文化/张禹，刘素民等著．—北京：社会科学文献出版社，2008

203．总编辑真相档案——马来西亚华文报历史补白/潘友来著．—吉隆坡：大将出版社，2008

204．尊坤史事钩沉/万家安著．—加影：当代本土史料研究室，2008

2007年

1．“华人社会的教育发展”学术研讨会论文集系列一/王素君总编辑．—澳门：澳门大学教育学院，2007

2．“集体家书”连五洲——五邑侨刊乡讯研究（1978—2005）/梅伟强，梅雪编著．—香港：香港社会科学出版社有限公司，2007

3．2006—2007年度晋总华语督导看华校华语教学/马尼拉：菲律宾华教中心，2007

4．2006年金门学学术研讨会论文集/杨加顺主编．—金门：金门县文化局，2007

5．20世纪泰国华文文学史/张国培著．—汕头：汕头大学出版社，2007

6．爱变才会赢——百变南侨的管理智慧/李诚，周慧如著．—台北：天下远见出版股份有限公司，2007

7．澳大利亚客家/罗可群著．—桂林：广西师范大学出版社，2007

8．百年汉学论集/［马］郑良树著．—台北：台湾学生书局有限公司，2007

9．百年讲庄子/［马］郑良树著．—马来西亚：马来西亚创价学会，2007

10．百年振强——1907—2007（卷二·八方同贺）：坤甸振强学校纪念文集/马来西亚：《百年振强》特刊筹委会，2007

11．百年振强——1907—2007（卷三·赤道丰碑）：坤甸振强学校纪念文集/马来西亚：《百年振强》特刊筹委会，2007

12．百年振强——1907—2007（卷四·卡江文苑）：坤甸振强学校纪念文集/马来西亚：《百年振强》特刊筹委会，2007

13．百年振强——1907—2007（卷一·沧桑岁月）：坤甸振强学校纪念文集/马来西亚：《百年振强》特刊筹委会，2007

14．百年尊孔人与事/吴志超主编．—吉隆坡：尊孔独立中学出版，2007

15．报林风云/陈玉水著．—吉隆坡：马来西亚华文报人协会，2007

16．槟城华商名人街/光华日报编辑组编辑．—槟城：光华日报有限公司，2007

17．槟城钟灵中学校史论集（1917—1957）/陈荣照主编．—新加坡：钟灵中学校友会，2007

18．槟榔屿华人史图录/陈剑虹著．—槟榔屿：Areca Books，2007

19．超越疆界；全球化·现代性·本土文化/柯思仁，宋耕主编．—新加坡：南洋理工大学中华语言文化中心——八方文化创作室，2007

20. 潮汕侨批/王炜中著. —广州：广东人民出版社，2007

21. 潮汕侨批集成第一辑（全36册）/潮汕历史文化研究中心编. —桂林：广西师范大学出版社，2007

22. 潮汕侨批简史/王炜中，杨群熙，陈骅编著. —香港：公元出版有限公司，2007

23. 潮汕侨批文化图片巡览/王炜中主编. —香港：公元出版有限公司，2007

24. 陈田夫人——李明口述历史/郑昭贤著. —马来西亚：策略资讯研究中心，2007

25. 从历史角度看海外华人社会变革/颜清湟著. —新加坡：新加坡青年书局，2007

26. 从圣经的角度看华人习俗和信念/唐位华著；冯惠仪译. —新加坡：盔甲出版私人有限公司，2007

27. 大生意　小故事——新加坡华裔富商的成功之道/任九皋著. —南京：江苏人民出版社，2007

28. 堤岸今昔/刘为安著. —河内：越南世界出版社，2007

29. 帝国的回忆——《纽约时报》晚清观察记（1854—1911）（修订本）/郑曦原编. —北京：当代中国出版社，2007

30. 第二届中国与东南亚民族论坛论文集/第二届中国与东南亚民族论坛编委会编. —北京：民族出版社，2007

31. 东南亚华人与华文教育——初版/高崇云，高欣著. —台北：中华工商研究院，2007

32. 东南亚华人与侨批/许茂春编著. —曼谷：泰国泰华进出口商会，2007

33. 东南亚华文传媒研究/赵振祥主编. —北京：世界知识出版社，2007

34. 东南亚华语戏剧史（上册）/周宁主编. —厦门：厦门大学出版社，2007

35. 东南亚华语戏剧史（下册）/周宁主编. —厦门：厦门大学出版社，2007

36. 多学科视野中的客家文化/周雪香主编. —福州：福建人民出版社，2007

37. 方水双回忆录/方水双著. —新山：陶德书香楼，2007

38. 方言·歌谣·添新意/许克源著. —新加坡：新加坡青年书局，2007

39. 非法移民的法律控制问题/徐军华著. —武汉：华中科技大学出版社，2007

40. 菲律宾与菲华社会（北京大学华侨华人研究中心丛书之34）/周南京著. —香港社会科学出版社，2007

41. 风雨人生报国路——山西归侨口述录/林晓东主编. —北京：中国华侨出版社，2007

42. 峰与谷——尊孔校友访谈录/［马］万家安编. —吉隆坡：吉隆坡尊孔独立中学，2007

43. 福建华侨华人捐资办学史/杨辉主编. —福州：福建教育出版社，2007

44. 福州人·拓荒路/黄孟礼著. —诗巫：诗巫福州公会，2007

45. 父子侨领画传——庄希泉，庄炎林世纪传奇/马珂主编. —北京：人民出版社，2007

46. 父子侨领——庄希泉，庄炎林世纪传奇/林玉涵主编. —北京：人民出版社，2007

47. 公案簿（第七辑）：1850年7月5日—1851年12月23日/［荷］包乐史主编；

聂德宁，侯真平等校注．—厦门：厦门大学出版社，2007

48．归侨的故事/黄金山主编，福建侨报社，福州市鼓楼区侨联编．—福州：海风出版社，2007

49．归去来兮——14 位海外学人回归的故事/刘瑾编．—北京：生活·读书·新知三联书店，2007

50．郭全强言论集/［马］郭全强著．—雪兰莪：马来西亚华校董事联合会总会，2007

51．海国学志——留美华人科学家/何学良，李疏松，［美］何思谦著．—上海：上海人民出版社，2007

52．海路·移民·遗民社会 ——以明清之际中朝交往为中心/章文钦著．—天津：天津古籍出版社，2007

53．海内外石狮人著述资料汇编（28）：侨乡之子蔡世佳卷/蔡友谋，曹宝琴主编．—香港：香港人民出版社，2007

54．海外潮人/陈骅著．—广州：广东人民出版社，2007

55．海外华侨华人社团的发展趋势国际研讨会论文集——广东侨史论丛（第三集）/广东华侨历史学会编著．—香港：香港社会科学出版社有限公司，2007

56．海外华人的力量——移民的历史和现状/陈传仁著．—北京：世界知识出版社，2007

57．海外华文传媒概论/彭伟步著．—广州：暨南大学出版社，2007

58．海外华文教育/孙浩良著．—上海：上海人民出版社，2007

59．海外金门会馆调查实录——马来西亚篇/江柏炜著．—金门：金门县文化局，2007

60．海洋亚洲与华人世界之互动/刘宏主编．—新加坡：华裔馆，2007

61．胡煦易学研究/庾潍诚著．—吉隆坡：南大教育与研究基金会，2007

62．华教历史与人物论集/廖文辉著．—八打灵再也：策略资讯研究中心，2007

63．华侨华人侨务——北京视点/陈文寿著．—香港：香港社会科学出版社有限公司，2007

64．华侨华人社团机构名录/广东华侨华人研究会编．—广州：广东华侨华人研究会，2007

65．华侨经济年鉴——美洲篇/华侨经济年鉴社编，2007

66．华人的美国梦——美国华文文学选读/林涧主编．—天津：南开大学出版社，2007

67．华人家族企业的制度变迁/庄培章著．—北京：社会科学文献出版社，2007

68．华人人际和谐与冲突/黄莉著．—重庆：重庆大学出版社，2007

69．华人社会的教育发展——学术研讨会论文集系列二/王素君总编辑．—澳门：澳门大学教育学院，2007

70．华人社会与多元族群政治/［马来西亚］黄家定著．—马来西亚：策略分析与政策研究所，2007

71．华人文化述评——兼论东西文化、宗教与人生/孙和声著．—吉隆坡：燧人氏事

业有限公司，2007

72. 华人性格与人际互动/杨国枢著. —台北：台湾大学心理学系本土心理学研究室，2007

73. 华人与新加坡中西医学——从开埠1819年到建国1965年/陈鸿能著. —新加坡：玲子传媒私人有限公司，2007

74. 华文教学概论/郭熙著. —北京：商务印书馆，2007

75. 黄奕聪的故事：印尼金光集团创办人/袁瑶瑶著. —台北：静思文化志业有限公司，2007

76. 回首依旧赤子情——天津归侨口述录/林晓东，张秀明主编. —北京：中国华侨出版社，2007

77. 吉兰丹顿人坡甲必丹/刘香伦著. —吉隆坡：大将出版社，2007

78. 跨越市场的障碍——海外华商在国家、制度与文化之间/龙登高著. —北京：科学出版社，2007

79. 坤成久久，续造辉煌系列一——女子中等教育国际研讨会论文集/本书编辑小组编. —吉隆坡：坤成女子中学校友会，2007

80. 离乡别土——境外看中华/王赓武著. —台北：中央研究院历史语言研究所，2007

81. 李长傅文集/李长傅著. —开封：河南大学出版社，2007

82. 历史的补白：一个逃亡的新加坡立法议员：黄信芳回忆录/黄信芳著. —吉隆坡：朝花企业出版社，2007

83. 连士升传：文学述评/高凡著. —新加坡：玲子传媒私人有限公司，2007

84. 两岸共同市场与闽台合作/杨华基等著. —福州：福建人民出版社，2007

85. 流散与回望——比较文学视野中的海外华人文学论文集/饶芃子主编. —天津：南开大学出版社，2007

86. 流散族群的身份建构——当代加勒比英语文学研究/张德明著. —杭州：浙江大学出版社，2007

87. 留华成长在风雨中/黄生光主编. —吉隆坡：马来西亚留华同学会，2007

88. 留学教育——中国近代教育史资料汇编/陈元晖主编. —上海：上海教育出版社，2007

89. 骆明的文学道路/郑松青著. —新加坡：新加坡文艺协会，2007

90. 马困人未倦——我的半生拼图/原甸著. —新加坡：新加坡青年书局，2007

91. 马来西亚广东人研究论文集/谢爱萍编. —马来西亚：雪隆广东会馆，2007

92. 马来西亚华文教育发展简史/［马］郑良树著. —北京：外语教学与研究出版社，2007

93. 马来左翼运动史/Mohamed Salleh Lamry 原著. —马来西亚：策略资讯研究中心，2007

94. 美国华裔文学之文化研究/薛玉凤著. —北京：人民文学出版社，2007

95. 缅华社会研究（第四辑）/林清风，张平编著. —澳门：澳门缅华互助会，2007

96. 闽南海外移民与华侨华人/陈衍德，卞凤奎主编. —福州：福建人民出版

社，2007

97. 明代海外贸易制度/李庆新著. —北京：社会科学文献出版社，2007

98. 拿督李志明传/蔡高暖，张常清，林宏书著. —北京：人民文学出版社，2007

99. 南大图像——历史河流中的省视/李元瑾主编. —新加坡：南洋理工大学中华语言文化中心，八方文化创作室，2007

100. 南溟脞谈——槟榔屿华人随笔新集/张少宽著. —南洋田野研究室，2007

101. 欧洲移民研究——20 世纪的欧洲移民进程与欧洲移民问题化/宋全成著. —济南：山东大学出版社，2007

102. 平民时代/［美］捷润著. —北京：中国大地出版社，2007

103. 谱牒学论丛（第二辑）/王岳红主编. —太原：山西古籍出版社，2007

104. 敲开语言的窗口——多样性、变异性和规范性/庄晓龄主编. —马来西亚：艺青出版社有限公司，2007

105. 侨务工作概论/国务院侨办侨务干部学校编著. —北京：中国致公出版社，2007

106. 侨务课题研究论文集（2004—2005 年度）/国务院侨务办公室政研司，王晓萍主编. —北京：国务院侨务办公室政研司，2007

107. 勤政亲民——黄家定语录/黄家定著. —马来西亚：彩虹出版有限公司，2007

108. 情系琼剧勤奋笔耕：回忆父亲林禄三/林书奋著. —新加坡：新加坡豪迈传媒国际有限公司，2007

109. 庆祝佛丕光中公学六十华诞特刊：1947—2007/许镇宽主编. —佛丕：佛丕光中公学校董事，2007

110. 全球化华文媒体的发展和机遇：第四届世界华文传媒与华夏文明传播国际学术研讨会论文集/冯应谦主编. —上海：复旦大学出版社，2007

111. 全球化话语下的中国与马来西亚/何国忠著. —马来西亚：马来亚大学中国研究所，2007

112. 全球化环境下的华语文与华语文教学/周清海著. —新加坡：新加坡青年书局，2007

113. 全球化与本土化——东南亚华文教育发展策略研究/陈荣岚著. —厦门：厦门大学出版社，2007

114. 日惹中华学堂诞辰一百周年纪念特刊（1907—2007）/日惹中华学堂编. —日惹：日惹中华学堂，2007

115. 柔佛华侨殉难义烈史全辑/赖益盛编. —柔佛：柔佛州中华总会，2007

116. 柔佛客家人的移殖与拓垦/安焕然，刘莉晶编撰. —新山：南方学院出版社，新山客家公会，2007

117. 三代美洲移民剪影/小郎著. —北京：中国文联出版社，2007

118. 十年一觉电影梦——李安传/张靓蓓编著. —北京：人民文学出版社，2007

119. 石叻史记/柯木林著. —新加坡：新加坡青年书局，2007

120. 世界华商经济年鉴（2005—2006）/世界华商经济年鉴编辑委员会编. —北京：企业管理出版社，2007

121. 世界华文传媒年鉴 2007/夏春平主编. —北京：世界华文传媒年鉴社，2007

122. 世界华文传媒年鉴2006/夏春平编. —北京：世界华文传媒年鉴社，2007

123. 视野的互涉——世界华文文学论文集/林明昌，周煌华著. —台北：唐山出版社，2007

124. 台山历史文化集　第八编　台城古镇/谭国渠，胡百龙，黄伟红主编；梅伟强，戴永洁撰著. —北京：中国华侨出版社，2007

125. 台山历史文化集　第二编　台山口供纸/谭国渠，胡百龙，黄伟红主编；张国雄撰著. —北京：中国华侨出版社，2007

126. 台山历史文化集　第九编　广海古镇/谭国渠，胡百龙，黄伟红主编；张运华撰著. —北京：中国华侨出版社，2007

127. 台山历史文化集　第六编　台山侨刊乡讯/谭国渠，胡百龙，黄伟红主编；梅伟强撰著. —北京：中国华侨出版社，2007

128. 台山历史文化集　第七编　台山"洋教"/谭国渠，胡百龙，黄伟红主编；张运华撰著. —北京：中国华侨出版社，2007

129. 台山历史文化集　第三编　台山银信/谭国渠，胡百龙，黄伟红主编；刘进撰著. —北京：中国华侨出版社，2007

130. 台山历史文化集　第十编　广东音乐之乡/谭国渠，胡百龙，黄伟红主编；冈虎撰著. —北京：中国华侨出版社，2007

131. 台山历史文化集　第四编　陈宜禧与新宁铁路/谭国渠，胡百龙，黄伟红主编；戴永洁撰著. —北京：中国华侨出版社，2007

132. 台山历史文化集　第五编　台山"洋楼"/谭国渠，胡百龙，黄伟红主编；张国雄撰著. —北京：中国华侨出版社，2007

133. 台山历史文化集第一编"金山伯"的故乡/谭国渠，胡百龙，黄伟红主编；梅伟强撰著. —北京：中国华侨出版社，2007

134. 台湾移居美国侨民长期追踪第四（2006）年调查报告/中华民国侨务委员会编. —台北：侨务委员会，2007

135. 泰国归侨英魂录（6）/泰国归侨联谊会《英魂录》编委会编. —北京：中国华侨出版社，2007

136. 泰国华语特有词语例释/徐复岭编著. —曼谷：留中大学出版社，2007

137. 探讨东南亚侨生的政治文化/成秋华著. —台北：兰台网路出版社，2007

138. 往事真的如烟：客家歌王邱清云传/黄书民著. —八打灵再也：策略资讯研究中心，2007

139. 文明的交融：第一次世界大战期间的在法华工/徐国琦著. —北京：五洲传播出版社，2007

140. 我的记者生涯：从越南战火到南洋蕉雨新华社二十五年回忆录/李永明著. —新加坡：人民出版社私人有限公司，2007

141. 五邑侨乡历史文化概要/张运华编著. —广州：广东人民出版社，2007

142. 西班牙反法西斯战争时期的国际纵队与中国（1936—1939）/张至善编译. —北京：北京大学出版社，2007

143. 西邦岸中华公学创校60周年特刊（1947—2007）/西邦岸中华公学编. —西邦

岸：西邦岸中华公学，2007

144. 厦门史地丛谈/洪卜仁著. —厦门：厦门大学出版社，2007

145. 新甲华人史史料考释/庄钦永著. —新加坡：新加坡青年书局，2007

146. 新马华人国家认同的转向 1945—1959（修订卷）/南洋大学学术论丛 2/崔贵强著. —新加坡：新加坡青年书局，2007

147. 新马华人史译丛/张清江著. —新加坡：新加坡青年书局，2007

148. 新马华族领导层的探索/南洋大学学术论丛 6/杨进发著. —新加坡：新加坡青年书局，2007

149. 新移民子女的教育/张芳全等著. —台北：心理出版社股份有限公司，2007

150. 新秩序下的混乱：从印尼暴动看华人的政治社会关系/杨聪荣著. —台北：台湾国际研究学会，2007

151. 寻根之道——加拿大华人家庭故事集/吴若莲，余成节，邓振国，萧川中编. —加拿大：加华历史协会，2007

152. 荀儒考释与中国国乐考原/南洋大学学术论丛 4/林源河著. —新加坡：新加坡青年书局，2007

153. 亚非研究/北京外国语大学亚非学院编. —北京：时事出版社，2007

154. 亚太研究论丛（第四辑）/北京大学亚洲—太平洋研究院编. —北京：北京大学出版社，2007

155. 一个女知青在德国（海外华人生存实录丛书）/李英著. —北京：中国华侨出版社，2007

156. 一个上海女人的温哥华/宇秀著. —北京：中国工人出版社，2007

157. 艺术·财经·文化/钟瑜主编. —昆明：云南财经大学现代设计艺术学院，2007

158. 印华参政与国家建设/李卓辉著. —雅加达：联通书局出版社，2007

159. 印尼原住民，华人与中国/廖建裕著. —新加坡：新加坡青年书局，2007

160. 永年传芳/蒋阳辉编著. —马尼拉：菲律宾华教中心，2007

161. 语言的多视角考察/谭慧敏主编. —新加坡：南洋理工大学中华语言文化中心，八方文化创作室，2007

162. 语言政策和社群语言——新加坡福建社群社会语言学研究/许小颖著. —北京：中华书局，2007

163. 源与流——尊孔在华校友访谈录/［马］万家安编. —吉隆坡：吉隆坡尊孔独立中学，2007

164. 越南往事/郑根表著. —香港：中国艺术出版社，2007

165. 扎根——华人教育在美国/王锦堂著. —台北：台湾商务印书馆，2007

166. 战后遣送旅外华侨回国史料汇编. 1，德国·土耳其·意大利·日本篇/谢培屏（Pei-Ping Hsieh）编. —台北：国史馆，2007

167. 战后遣送旅外华侨回国史料汇编. 2，澳洲·苏联·罗马尼亚·捷克篇/谢培屏（Pei-Ping Hsieh）编. —台北：国史馆，2007

168. 战后遣送旅外华侨回国史料汇编. 3，南洋·海南岛篇/谢培屏（Pei-Ping Hsieh）编. —台北：国史馆，2007

169. 战前诗巫筹赈运动史料选编（1937—1941）/蔡增聪编. —诗巫：砂拉越华族文化协会，2007

170. 张弼士学术研讨会特辑——纪念爱国侨领南粤先贤张弼士诞辰165周年暨学术研讨会/杨顺东主编. —广州：广东历史学会张弼士研究专业委员会，2007

171. 峥嵘岁月（二）/区如柏著. —新加坡：新加坡青年书局，2007

172. 郑炳山侨史文集（北京大学华侨华人研究中心丛书37）/郑炳山著. —香港：香港社会科学出版社有限公司，2007

173. 中港徘徊——香港流动巡回企业家的故事/陈国贲，陈惠云著. —香港：中华书局（香港）有限公司，2007

174. 中国传统思想道德与东南亚伦理/赵康太，李英华主编. —北京：中国社会科学出版社，2007

175. 中国的东南亚研究——成就与挑战/［新加坡］黄朝翰主编. —北京：世界知识出版社，2007

176. 中国—东南亚跨界民族发展研究/刘稚著. —北京：民族出版社，2007

177. 中华民国95年侨务委员会议实录/侨务委员会编. —台北：侨务委员会，2007

178. 中日伪书研究交流会笔录/［马］郑良树著. —马来西亚：马来西亚南方学院出版社，2007

179. 钟正山精作/钟正山绘. —昆明：云南财经大学现代设计艺术学院，云南财经大学钟正山美术馆，2007

180. 钟正山精作展/钟正山绘. —昆明：云南财经大学现代设计艺术学院，云南财经大学钟正山美术馆，2007

181. 走向文化研究的华裔美国文学/陆薇著. —北京：中华书局，2007

182. 走向西洋——近代中日两国官派欧美留学之比较研究（1862—1912）/胡连成著. —长春：吉林大学出版社，2007

2006年

1. “开疆”与“辟土”/单德兴著. —天津：南开大学出版社，2006

2. “中国和平发展与海外华侨华人”研讨会论文集/国务院侨务办公室政研司编. —北京：国务院侨务办公室政研司，2006

3. 1996年教育法令/［马］钟伟前编. —马来西亚：马来西亚华校董事联合会总会，2006

4. 20—21世纪之交中国杰出的爱国诗人王一桃/何以刚著. —香港：世华文协出版社，2006

5. 528南洋报变大揭秘——我在南洋133天/古玉梁著. —吉隆坡：大众科技出版有限公司，2006

6. 爱的执著：一簇期盼丰收的喜人稻花——菲律宾侨中学院总校2005—2006年度华语教师文集/菲律宾华教中心编. —马尼拉：菲律宾华教中心出版部，2006

7. 百年利丰——从传统商号到现代跨国集团/冯邦彦著. —香港：三联书店（香港）

有限公司，2006

8. 百年尊孔——纪念尊孔创校100周年（1906—2006）/吴志超总主编. —吉隆坡：吉隆坡尊孔独立中学，2006

9. 编余拾论（上、下）/翁奕波著. —汕头：汕头大学出版社，2006

10. 别了！澳大利亚——一个留学少年的讲述/李清曦著. —济南：山东画报出版社，2006

11. 槟城钟灵中学53年初中/56年高中高商同学离校50周年金禧纪念特刊（2006）/槟城钟灵中学编. —槟城：槟城钟灵中学，2006

12. 沉默的道钉——建设北美铁路的华工/黄安年编著. —北京：五洲传播出版社，2006

13. 陈厝港方志/吴华主编. —新山：新山中华公会教育委员会，2006

14. 陈荣金画传："守正出奇"的财富人生/丁剑著. —雅加达：印尼爱心基金会，2006

15. 赤子丹心——武汉合唱团南洋筹赈巡回演出纪实/叶奇思编. —北京：中国华侨出版社，2006

16. 冲破美国玻璃天花板/张克荣著. —北京：现代出版社，2006

17. 创办出洋局及官学生历史/容尚谦著；王敏若译. —珠海：珠海出版社，2006

18. 从东方到西方——20世纪中国大陆留学生小说研究/李东芳著. —北京：中国文联出版社，2006

19. 从战场到茶场/林一叶等著. —香港：香港见证出版社，2006

20. 寸寸乡土情/区如柏著. —新加坡：新加坡青年书局，2006

21. 大马华小走向何方/陈爱梅著. —马来西亚：策略资讯研究中心，2006

22. 第25届世界华商经贸会议实录/第25届世界华商经贸会议筹备委员会编. —台北：第25届华商会议筹委会，2006

23. 东南亚的福建人（东南亚与华侨华人研究系列之十五）/［马］林忠强，陈庆地，庄国土等主编. —厦门：厦门大学出版社，2006

24. 东南亚华人与华文教育/高崇云著. —台北：淡江大学东南亚研究所，2006

25. 东森登峰之路——当代华文媒体领航者发展历程/蒋宏，朱金玉主编. —上海：上海交通大学出版社，2006

26. 东山风韵/广东梅县东山中学校友会，梅县梅岭诗词联学会主编. —梅县：广东梅县东山中学校友会，梅县梅岭诗词联学会，2006

27. 多重网络的渗透与扩张——海外华侨华人与闽粤侨乡互动关系研究/郑一省著. —北京：世界知识出版社，2006

28. 方状璧回忆录/方状璧著. —八打灵再也：策略资讯研究中心，2006

29. 非洲华侨华人社会史资料选辑（1800—2005）（北京大学华侨华人研究中心丛书之28）/李安山编著. —香港：香港社会科学出版社有限公司，2006

30. 菲华精英（第二册）/刘伏宝，辛丽霞总著稿，福建画报社，菲律宾《纵横》杂志社编. —福州：海潮摄影艺术出版社，2006

31. 菲律宾华文报史稿/赵振祥，陈华岳，侯培水等著. —北京：世界知识出版

社，2006

32. 浮山月报——七十周年纪庆专刊/二十一届社委会编．—台山：台山市华尔达印业有限公司，2006

33. 公案簿（第六辑）：1849 年 1 月 1 日—1850 年 6 月 28 日/［荷］包乐史（Leonard Blussé）等校注．—厦门：厦门大学出版社，2006

34. 共同的容闳：纪念容闳毕业于美国耶鲁大学 150 周年活动纪实/珠海容闳与留美幼童研究会编．—珠海：珠海出版社，2006

35. 古巴华侨家书故事/黄卓才著．—广州：暨南大学出版社，2006

36. 古代东南亚历史与文化研究/梁志明，李谋，傅增有，杨保筠等著．—北京：昆仑出版社，2006

37. 故国回望——20 世纪中后期美国华文文学主题研究/李亚萍著．—北京：中国社会科学出版社，2006

38. 关注侨乡妇女儿童/寸迎新主编．—北京：社会科学文献出版社，2006

39. 国家文学宰制与回应/庄华兴著．—马来西亚：大将出版社，2006

40. 国务院侨务办公室课题研究优秀成果集萃（2000—2005 年）/北京：国务院侨务办公室政研司，2006

41. 国学、汉学与中文系的困境与反思/［马］叶金辉著．—新山：马来西亚南方学院出版社，2006

42. 海外华人历史与经济发展/夏诚华主编．—新竹：玄奘大学海外华人研究中心，2006

43. 海外教育五十年/黄鸣奋主编．—厦门：厦门大学出版社，2006

44. 汉语文走向世界/谭慧敏主编．—新加坡：南洋理工大学中华语言文化中心，八方文化创作室，2006

45. 汉语研究与华文教学论集/林万菁著．—新加坡：新华文化事业（新）有限公司，2006

46. 航向世界的台北：探索华人的海洋文化论文集/台北学国际学术研讨会编（第2届）．—台北：台北市文献委员会，2006

47. 航向世界的台北——探索华人的海洋文化论文集/台北学国际学术研讨会编．—台北：台北市文献委员会，2006

48. 横看成岭侧成峰/陈瑞琳著．—成都：成都时代出版社，2006

49. 洪天赐教授七秩华诞纪念论文集/许文荣，谢川成主编．—吉隆坡：马来亚大学，马来亚大学中文系毕业生协会，2006

50. 华教春雷林晃升/［马］甄供著．—雪佛莪：马来西亚华校董事联合会总会，2006

51. 华侨岗沉思录——林国安教育教学研究文集/［马］林国安著．—雪兰莪：马来西亚华校董事联合会总会，2006

52. 华侨华人研究论丛（第七辑）/吴晶主编．—北京：中国华侨出版社，2006

53. 华侨华人与体育杂谈/方雄普编著．—香港：香港社会科学出版社有限公司，2006

54. 华侨权益的法律保障机制/汤唯，张洪波等著. —济南：山东人民出版社，2006

55. 华侨与中国民族民主革命/任贵祥著. —北京：中央编译出版社，2006

56. 华侨与中国新民主主义革命——兼论民主革命时期华侨与中国共产党的关系/任贵祥著. —北京：中国华侨出版社，2006

57. 华人妇女家庭地位/伊庆春，陈玉华主编. —北京：社会科学文献出版社，2006

58. 华人社会社区工作的知识与实务/张振成，许临高，苏景辉主编. —台北：松慧有限公司，2006

59. 华人社会与民间文化/林纬毅主编. —新加坡：新加坡亚洲研究学会，2006

60. 华人首富——19位华人“第一富人”的深度解读 = The richest Chinese/蓝狮子编著. —杭州：浙江人民出版社，2006

61. 华商韬略——记百位杰出华商领袖/管理世界杂志社，华商韬略编委会编. —北京：中华工商联合出版社，2006

62. 华小董事觉醒运动手册/钟伟前主编. —雪兰莪：马来西亚华校董事联合会总会，2006

63. 华校教总及其人物——1951—2005/廖文辉著. —马来西亚：马来西亚华校教师会总会，2006

64. 活在别处——香港印度尼西亚华人口述历史/王苍柏著. —香港：香港大学亚洲研究中心，2006

65. 吉隆坡与槟城华人社会——历史书写与记忆/黄贤强编. —新加坡：新加坡国立大学中文系，2006

66. 记忆南洋大学/胡兴荣著. —桂林：广西师范大学出版社，2006

67. 嫁来台湾——新兴移民的婚姻故事/颜国铉著. —台北：新闻文化事业股份有限公司，2006

68. 建构台湾与东南亚新世纪关系：南向发展之政经社场域策略分析/宋镇照著. —台北：海峡学术出版社，2006

69. 近代留学生与中外文化/李喜所著. —天津：天津教育出版社，2006

70. 近看东西方——一位美籍华裔学者的感悟/［美］许岗著. —合肥：安徽人民出版社，2006

71. 开平碉楼与村落田野调查/张国雄，梅伟强编著. —北京：中国华侨出版社，2006

72. 开平碉楼与村落研究/黄继烨，张国雄主编. —北京：中国华侨出版社，2006

73. 康有为在新马/张克宏著. —吉隆坡：华社研究中心，2006

74. 客人？外人？——迁移在欧洲（1800—） = Guests and Aliens/Saskia Sassen 著；黄克先译. —台北：巨流图书有限公司，2006

75. 跨国界的追寻——世界华文文学诠释与批评/朱文斌著. —北京：新星出版社，2006

76. 跨国网络与华南侨乡——文化、认同和社会变迁/陈志明，丁毓玲，王连茂主编. —香港：香港中文大学香港亚太研究所，2006

77. 宽柔论集/诸家著. —马来西亚：南院出版社，2006

78. 老挝族群论/黄兴球著. —北京：民族出版社，2006

79. 理想与现实——南洋大学学生会研究：1956—1964 /丘淑玲著. —新加坡：南洋理工大学中华语言 文化中心，2006

80. 两岸盛典 四地弦歌——第五届华文戏剧节学术研讨会论文集/田本相主编. —昆明：云南大学出版社，2006

81. 留学大调查/林雪著. —上海：文汇出版社，2006

82. 留学移民法律实务/尹章华编著. —台北：文笙书局，2006

83. 马华儿童文学研究——文化传承与本土色彩/禤素薇著. —新加坡：新加坡青年书局，2006

84. 马来西亚第22届全国华人文化节专刊——拓宽文化的视野/本刊编委会编. —吉隆坡：雪兰莪中华大会堂，2006

85. 马来西亚客家人的宗教信仰与实践/王琛发著. —马来西亚：马来西亚客家公会联合会，2006

86. 马来西亚客属会馆史料汇编（上、中、下册）/马来西亚客家公会联合会编. —马来西亚：马来西亚客家公会联合会，2006

87. 马来西亚伪书纪行对谈录/［马］徐志红整理. —马来西亚：马来西亚南方学院出版社，2006

88. 马来亚华侨与中国——马来亚华侨归属意识转移过程的研究/［日］原不二夫著；刘晓民译. —曼谷：泰国曼谷大通出版社，2006

89. 马鹿十五分公司史稿/吴诰赐，郑泽冰著. —诗巫：砂拉越华族文化协会，2006

90. 美国华人社会的变迁/［美］周敏著；郭南译. —上海：上海三联书店，2006

91. 美国华裔文学史/［美］尹晓煌著；徐颖果主译. —天津：南开大学出版社，2006

92. 美国族群史/陈静瑜著. —台北：国立编译馆，2006

93. 美国族裔概论/施琳主编. —北京：中央民族大学出版社，2006

94. 美里省津贴华文小学董事会联合会成立16周年纪念特刊（1990—2006）/美里省津贴华文小学董事会联合会编. —美里：美里省津贴华文小学董事会联合会，2006

95. 绵延——大马译创会会员文集（中文二）/庄华兴主编. —马来西亚：马来西亚翻译与创作协会，2006

96. 闽台移民系谱与民系文化研究/林嘉书著. —合肥：黄山书社，2006

97. 南洋、战火、少年/邢浪平著. —香港：新城市文化事业公司，2006

98. 披荆斩棘，拼搏奉献——印华文化教育史话之二/李卓辉著. —雅加达：联通书局出版，2006

99. 嵌入式适应模式——韩国华侨文化与生活方式的变迁/陆益龙著. —北京：中国社会科学出版社，2006

100. 侨乡社会转型与华侨华人的推动——以泉州为中心的历史考察/蔡苏龙著. —天津：天津古籍出版社，2006

101. 青山常在——纪念华侨将军陈青山/《青山常在》编辑室编. —北京：解放军出版社，2006

102．泉州华侨华人研究/李天锡著．—北京：中央文献出版社，2006

103．泉州与世界——文化交流与人物掠影（北京大学华侨华人研究中心丛书之32）/吴远鹏著．—香港：香港社会科学出版社有限公司，2006

104．日本华侨·留学生运动史/陈焜旺主编．—东京：日本侨报社，2006

105．日据时期台湾籍民在大陆及东南亚活动之研究（1895—1945）/卞凤奎著．—合肥：黄山书社，2006

106．日治时期台湾籍民在海外活动之研究（1895—1945）/卞凤奎著．—台北：乐学书局有限公司，2006

107．容闳与科教兴国——纪念容闳毕业于耶鲁大学150周年论文集/珠海容闳与留美幼童研究会主编．—珠海：珠海出版社，2006

108．三个世纪的跨越——从南洋公学到上海交通大学/盛懿，孙萍，欧七斤著．—上海：上海交通大学出版社，2006

109．汕头大学潮学研究文萃（上卷）/阙本旭，陈俊华主编．—汕头：汕头大学出版社，2006

110．汕头大学潮学研究文萃（下卷）/阙本旭，陈俊华主编．—汕头：汕头大学出版社，2006

111．诗巫与加帛省津贴华文小学董事联合会创会22周年暨新会所落成双庆大典纪念特刊/诗巫与加帛省津贴华文小学董事联合会编．—诗巫：诗巫与加帛省津贴华文小学董事联合会，2006

112．双语双方言——第九届双语双方言研讨会（国际）论文选集/陈恩泉编．—香港：汉学出版社，2006

113．随笔南洋/李叶明著．—上海：上海三联书店，2006

114．所罗门群岛侨胞回家纪实/广东人民政府侨务办公室编．—广州：广东省人民政府侨务办公室，2006

115．台湾移居美国侨民长期追踪第三（2005）年调查报告/侨务委员会．—台北：侨务委员会，2006

116．泰国北榄公立培华学校创校56周年纪念刊（1950—2006）/校刊编辑组编．—北榄坡：北榄公立培华学校，2006

117．泰国华侨华人研究（北京大学华侨华人研究中心丛书之30）/［泰］洪林，黎道纲主编．—香港：香港社会科学出版社有限公司，2006

118．昙花镜影——牛车水的故事/庄永康著．—新加坡：Firstfruits Publication，2006

119．体验新加坡——27位留学生眼中的中新教育差异/朱默君主编．—上海：华东师范大学出版社，2006

120．添华纪实/黄小坚编．—香港：香港社会科学出版社有限公司，2006

121．听说70——新加坡中文广播纪实（1936—2006）/石惠敏总编．—新加坡：Media Corp. Radio，2006

122．通向新世界的小门/［新加坡］范登博著．—北京：商务印书馆，2006

123．晚节飘香续编/李亚遨主编．—吉隆坡：教总，2006

124．文化的华文文学——华文文学研究方法论争鸣集/庄园编．—汕头：汕头大学出

版社，2006

125. 文化的重量：解读当代华裔美国文学/李贵苍著. —北京：人民文学出版社，2006

126. 我的中国童年/［美］李恩富著；唐绍明译. —珠海：珠海出版社，2006

127. 西洋航路移民——明清闽粤移民荷属东印度与海峡殖民地的研究/林德荣著. —南昌：江西高校出版社，2006

128. 厦大史学（第二辑）/刘钊主编. —厦门：厦门大学出版社，2006

129. 掀开华小的地毯——校长涉贪争议集/林武聪等编. —吉隆坡：燧人民事业，2006

130. 弦歌不绝/区如柏著. —新加坡：新加坡青年书局，2006

131. 乡愁以外——北美华人写作中的故国想象/高小刚著. —北京：人民文学出版社，2006

132. 香港新马泰归侨华人联合会成立11周年暨第五届理监事会就职典礼纪念特刊/香港新马泰归侨华人联合会编. —香港：香港新马泰归侨华人联合会，2006

133. 香港早期报纸教育资料选萃/方骏，麦肖玲，熊贤君编. —长沙：湖南人民出版社，2006

134. 小留学生生存备忘录/陶理著. —广州：暨南大学出版社，2006

135. 校史教育读本/广东省台山市第一中学编. —台山：广东省台山市第一中学，2006

136. 心向统一——华侨华人反“独”促统活动纪实（一）/王长鱼主编. —北京：世界知识出版社，2006

137. 新加坡歌台史话/王振春著. —新加坡：新加坡青年书局，2006

138. 新加坡河，讲不完的故事/韩山元著. —新加坡：八方文化创作室，2006

139. 新加坡华文教学论文四集/新加坡华文研究会编. —新加坡：莱佛士书社，2006

140. 新马华人甲必丹/黄存桑等著；张清江编译. —新加坡：新加坡亚洲研究学会，2006

141. 新马印华人——族群关系与国家建构/李元瑾主编. —新加坡：新加坡亚洲研究学会，2006

142. 新世纪移民的变迁/夏诚华主编. —新竹：玄奘大学海外华人研究中心，2006

143. 新移民妇女、中学生与大学生——对当代中国人自我观的考察/贺玉英，陈更新著. —新加坡：八方文化创作室，2006

144. 性别与疆界/熊贤关主编. —新加坡：南洋理工大学中华语言文化中心，八方文化创作室，2006

145. 休斯敦华人年鉴/劳荆，谢忠主编. —武汉：明桥国际集团公司，2006

146. 叙述民族主义——亚裔美国文学中的意识形态与形式/凌津奇，吴燕著. —北京：中国社会科学出版社，2006

147. 亚太研究论丛（第3辑）/梁志明编. —北京：北京大学出版社，2006

148. 亚裔美国文学作品及社会背景介绍/Elaine H. Kim著. —北京：外语教学与研究出版社，2006

149. 烟雨华团（二）——附杂文集/李雄之著. —雪兰莪：马来西亚雪兰莪州橡胶公司，2006

150. 炎黄子孙（新西兰卷1）/新西兰国际华人出版社，国际华人出瓬（香港）有限公司联合发行，2006

151. 杨贵谊回忆录——胶童与词典/杨贵谊著. —南京：南大教育与研究基金会，2006

152. 一个“参与创造历史的华人”——司徒眉生传奇/袁厚春著. —北京：人民文学出版社，2006

153. 一个菲律宾乡镇中的华侨/施振民著. —菲律宾：菲律宾华裔青年联合会，2006

154. 移民法——出入境权研究/刘国福主编. —北京：中国经济出版社，2006

155. 移民与全球化/罗红波编. —北京：社会科学文献出版社，2006

156. 印度尼西亚华侨华人研究（北京大学华侨华人研究中心丛书之33）/周南京著. —香港：香港社会科学出版社有限公司，2006

157. 印度尼西亚华文教育与教学研讨会华语教学专书（2006）/中原大学应用华语文学系编. —中坜：中原大学应用华语文学系，2006

158. 印度尼西亚历届政府华侨华人政策的形成与演变/唐慧著. —北京：世界知识出版社，2006

159. 印尼国际日报五周年特刊/印尼国际日报社编. —雅加达：国际日报，2006

160. 印尼华文教育与教学/中原大学应用华语文学系编. —中坜：中原大学应用华语文学系，2006

161. 印尼万隆南化学校创办六十周年纪念特刊——一九四六年四月十五日至二零零六年四月十五日/万隆南化学校编. —万隆：万隆南化学校，2006

162. 永远向着更美好——教育理想的追寻与思考/黄祯玉著. —吉隆坡：马来西亚华校董事联合会总会，2006

163. 与陈平对话：马来亚共产党新解/陈剑主编. —吉隆坡：华社研究中心，2006

164. 语文现代化文集/陈永舜著. —长春：吉林大学出版社，2006

165. 越南　马来西亚　菲律宾　印度尼西亚　文莱五国经济研究/吴士存，朱华友编著. —北京：世界知识出版社，2006

166. 越南南部华人文化考究/潘安著. —胡志明：文化新闻出版社，2006

167. 云山万里——马来西亚浯江华侨访谈录/李锡隆总编辑. —金门县金城镇：金门县文化局，2006

168. 在缅怀陈嘉庚先生的日子里/朱立文著. —厦门：碧海斋，2006

169. 张弼士研究资料（第三、四辑）/广东历史学会张弼士研究专业委员会编. —广州：广东历史学会张弼士研究专业委员会，2006

170. 张弼士研究资料（第五辑）/广东历史学会张弼士研究专业委员会编. —广州：广东历史学会张弼士研究专业委员会，2006

171. 张弼士研究资料（第一、二辑）/广东历史学会张弼士研究专业委员会编. —广州：广东历史学会张弼士研究专业委员会，2006

172. 智慧与美丽——赵小兰/华文第著. —上海：上海远东出版社，2006

173. 中国华人华侨人学——学科定位与研究展望/李安山著. —北京：北京大学出版社，2006

174. 中国留学教育史/谢长法著. —太原：山西教育出版社，2006

175. 中国侨联50年/林明江主编. —北京：中国华侨出版社，2006

176. 中外文化交流与华侨华人研究/李未醉著. —北京：华龄出版社，2006

177. 钟家燕画传——逆风飞舞的天空/丁剑，孟诞豫编著. —雅加达：印尼爱心基金会，2006

178. 种族歧视与性别——二战前美国大陆男性华人之经历/王秀惠著. —台北：允晨文化实业股份有限公司，2006

179. 重建家园——动荡中的美国华人社会/赵小建著. —上海：复旦大学出版社，2006

180. 重建美国文学史/单德兴著. —北京：北京大学出版社，2006

181. 重新开发儒学研究　塑造华人海外形象/陈本昌著. —纽约：海外华人新文化运动总会，2006

182. 周南京有话说（北京大学华侨华人研究中心丛书之24）/周南京著. —香港：香港社会科学出版社有限公司，2006

183. 族裔经验与文化想象：华裔美国小说典型母题研究/蒲若茜著. —北京：中国社会科学出版社，2006

184. 尊孔国民型中学百年纪念特辑（1906—2006）/尊孔国民型中学编. —吉隆坡：尊孔国民型中学，2006

2005年

1. "华语"一词的历史演变与发展/［马］庄妙菁著. —马来西亚：马来西亚南方学院出版社，2005

2. "移民与客家文化"国际学术研讨会论文集/陈世松主编. —桂林：广西师范大学出版社，2005

3. 20世纪美国和加拿大社会发展研究/李剑鸣，杨令侠主编. —北京：人民出版社，2005

4. KHinD，您听过吗？/郑秉吉著. —吉隆坡：大将出版社，2005

5. 爱国华侨卢家蕃传奇/王锡钧著. —北京：长征出版社，2005

6. 澳洲梦——一个留学生的现代淘金故事/金凯平著. —上海：上海文艺出版社，2005

7. 百年回眸——马华社会与政治/何国忠编. —吉隆坡：华社研究中心，2005

8. 彼岸花开——荷兰留学生活札记/雪舞著. —广州：广东教育出版社，2005

9. 槟城华人社会与文化/黄贤强编. —新加坡：新加坡国立大学中文系，2005

10. 槟城屿华人研究/陈剑虹，黄贤强主编. —新加坡：新加坡国立大学中文系；槟城：韩江学院华人文化馆，2005

11. 槟榔屿丛谈/张少宽著. —南洋田野研究室，2005

12. 波靖南溟——天福宫与福建会馆/《波靖南溟——天福宫与福建会馆》编委会编. —新加坡：新加坡福建会馆，2005

13. 超越乡土社会——一个侨乡村落的历史文化与社会结构/刘朝晖著. —北京：民族出版社，2005

14. 潮人在加拿大（潮汕文库·海外潮人系列之五）/陈骅著. —香港：公元出版有限公司，2005

15. 潮人在柬埔寨（潮汕文库·海外潮人系列之五）/徐名文，沈建华著. —香港：公元出版有限公司，2005

16. 潮汕半山客/贝闻喜，刘青山，李铎著. —香港：公元出版有限公司，2005

17. 潮汕教育事业发展资料/杨群熙，赵学萍，吴里阳辑编点校. —汕头：潮汕历史文化研究中心，2005

18. 陈嘉庚之路/陈天绶，蔡春龙著. —武汉：湖北人民出版社，2005

19. 承先启后　再攀高峰——董总主席叶新田博士华教言论集/［马］叶新田著. —吉隆坡：叶氏企管咨询公司，2005

20. 乘风破浪——新加坡澄海会馆40周年纪念：1965—2005/李志贤编. —新加坡：澄海会馆，2005

21. 冲突与融合——菲华商联总会与战后菲华社会的发展/朱东芹著. —厦门：厦门大学出版社，2005

22. 创业物语——在日中国人自述/孙建和，庄志霞编. —川口：日本侨报社，2005

23. 大马青年：千面英雄——华裔大马旅台人立足台湾/吴子文主编. —台北：唐山出版社，2005

24. 当代华商经贸网络——台商暨东南亚华商/古鸿廷，庄国土著. —台北：稻乡出版社，2005

25. 当代华商网络与华人移民——起源、兴起与发展/庄国土著. —台北：稻乡出版社，2005

26. 第6届东南亚华文教学研讨会特辑/钟伟前主编. —马来西亚：马来西亚董教总教育中心，2005

27. 第六届东南亚华文教学研讨会特辑（2005年）/马来西亚华校董事联合会总会编. —加影：董总出版局，2005

28. 第五届潮学国际研讨会论文集/吴奎信，徐光华编. —香港：公元出版有限公司，2005

29. 点染书情/忠扬著. —新加坡：新加坡青年书局，2005

30. 东京晚九朝五——日本留学生活札记/小宝著. —广州：广东教育出版社，2005

31. 东南亚的苗族人/Sandra Millett著. —北京：中国水利水电出版社，2005

32. 东南亚华文报纸研究/彭伟步著. —北京：社会科学文献出版社，2005

33. 东南亚近现代史（上、下册）/梁英明，梁志明著. —北京：昆仑出版社，2005

34. 东南亚研究图书目录/曾伊平编. —厦门：厦门大学出版社，2005

35. 东亚视域中的国籍、移民与认同/甘怀真，贵志俊彦，川岛真编. —台北：国立台湾大学出版中心，2005

36. 二战掳日中国劳工口述史（第二卷）：血洒九州岛/何天义主编. —济南：齐鲁书社，2005

37. 二战掳日中国劳工口述史（第三卷）：矿山血泪史/何天义主编. —济南：齐鲁书社，2005

38. 二战掳日中国劳工口述史（第四卷）：冤魂遍东瀛/何天义主编. —济南：齐鲁书社，2005

39. 二战掳日中国劳工口述史（第五卷）：港湾当牛马/何天义主编. —济南：齐鲁书社，2005

40. 二战掳日中国劳工口述史（第一卷）：雪没北海道/何天义主编. —济南：齐鲁书社，2005

41. 方修印象记/方然，黄金英编. —新加坡：赤道风出版社，2005

42. 菲律宾华教中心华裔学生汉语夏令营十周年（1992—2001）专刊/菲律宾华教中心编. —马尼拉：菲律宾华教中心出版部，2005

43. 风雨东南亚——日本南侵时期的东南亚中文报刊/王德海著. —香港：远帆世纪出版社（香港）有限公司，2005

44. 风雨同舟——甲柔教区华文教务促进会成立25周年纪念特刊（1980—2005）/黄文才主编. —马来西亚：甲柔教区华文教务促进会，2005

45. 福德祠绿野亭发展史1824—2004/曾玲著. —新加坡：华裔馆，2005

46. 福德祠绿野亭文献汇编之二——第一部分：1953—1959年会议记录，第二部分：绿野亭坟山迁葬委员会立议案簿，1957—1959/曾玲主编. —新加坡：华裔馆，2005

47. 福德祠绿野亭文献汇编之三——1887—1933年海唇福德祠绿野亭义山逐岁进支簿/曾玲主编. —新加坡：华裔馆，2005

48. 福德祠绿野亭文献汇编之一——1920—1927年会议记录/曾玲主编. —新加坡：华裔馆，2005

49. 福建侨乡调查——侨乡认同、侨乡网络与侨乡文化/李明欢主编. —厦门：厦门大学出版社，2005

50. 福建移民史/林国平，邱季端主编. —北京：方志出版社，2005

51. 感动韩国的中国人——韩晟昊/毛会迎著. —济南：山东画报出版社，2005

52. 港澳台族群社会与文化研究/廖杨著. —北京：中国文史出版社，2005

53. 隔海之望——东南亚华人文学中的“望”与“乡”/王列耀著. —北京：中国社会科学出版社，2005

54. 公案簿（第四辑）：1844年10月11日—1846年7月24日/侯真平，聂德宁，[荷] 包乐史主编. —厦门：厦门大学出版社，2005

55. 公案簿（第五辑）：1846年8月7日—1848年12月29日/吴凤斌，陈萌红，[荷] 包乐史等主编. —厦门：厦门大学出版社，2005

56. 广东台山华侨志/《广东台山华侨志》编纂委员会编. —香港：香港台山商会有

限公司，2005

57. 广州华侨人文景观/江二芳，程慧主编. —广州：广州出版社，2005

58. 归国华侨的历史与现状（北京大学华侨华人研究中心丛书之25）/黄小坚著. —香港：香港社会科学出版社有限公司，2005

59. 归国五十年杂录/古华民著. —广州：古华民，2005

60. 归侨彭光涵的往事·今事（北京大学华侨华人研究中心丛书之27）/郑奕钧著. —香港：香港社会科学出版社有限公司，2005

61. 归侨在澳门/许均铨著. —澳门：华人国际新闻出版集团，2005

62. 癸未甲申的大马华教——以郑良树为切入视角/［马］毛策著. —马来西亚：马来西亚南方学院出版社，2005

63. 国际移民与海外华人研究/李其荣主编. —武汉：湖北人民出版社，2005

64. 海外潮人对潮汕教育事业贡献资料/杨群熙，吴坤祥编辑. —汕头：潮汕历史文化研究中心，2005

65. 海外华人的社会变革与商业成长（东南亚与华侨华人研究系列之十二）/颜清湟著. —厦门：厦门大学出版社，2005

66. 海外华人历史与经济发展/夏诚华主编. —新竹：玄奘大学海外华人研究中心，2005

67. 海外华人社会新透视/吕伟雄主编. —广州：岭南美术出版社，2005

68. 海外华人研究论文集/夏诚华主编. —新竹：玄奘大学海外华人研究中心，2005

69. 海外侨情现状及对策——广东省海外交流协会海外理事文集/广东省海外交流协会海外理事编. —广州：广东省海外交流协会，2005

70. 厚德载物——广东客家人的风骨/范英，刘权著. —广州：广东人民出版社，2005

71. 胡文虎报业王国——从兴盛到衰落/古玉梁著. —马来西亚：马来西亚文运企业有限公司，2005

72. 花冈河的风暴——1945年日本花冈中国劳工抗暴实录/洛泽著. —上海：上海文艺出版社，2005

73. 华工与欧战/陈三井著. —台北：中研院近史所，2005

74. 华鸟美巢——美国家庭收养中国儿童问题研究/黄邦汉，俞宁，欧元雕等著. —合肥：合肥工业大学出版社，2005

75. 华侨妇女旧闻录/方雄普编著. —香港：香港社会科学出版社有限公司，2005

76. 华侨华人概述/卢海云，王垠主编. —北京：九州岛出版社，2005

77. 华侨华人研究论文集——纪念中国华侨华人历史研究所成立20周年/中国华侨华人历史研究所编. —北京：中国华侨出版社，2005

78. 华侨华人研究文献索引：1996—2000/曾伊平，林振锋编. —厦门：厦门大学出版社，2005

79. 华侨捐赠公益事业项目监督管理政策法规汇编/广东省人民政府侨务办公室编. —广州：广东省人民政府侨务办公室，2005

80. 华人本土心理学（上）/杨国枢，黄光国，杨中芳主编. —台北：远流出版事业股份有限公司，2005

81. 华人本土心理学（下）/杨国枢，黄光国，杨中芳主编. —台北：远流出版事业股份有限公司，2005

82. 华人领导——理论与实际/郑伯埙著. —台北：桂冠图书股份有限公司，2005

83. 华人在海外——东方使者/董增刚主编. —太原：山西人民出版社，2005

84. 华人在海外——名播海外/陈建堂主编. —太原：山西人民出版社，2005

85. 华人纵横天下——林璎/张克荣编著. —北京：现代出版社，2005

86. 华商全球制胜方略——李嘉诚 VS 李兆基/张蕾著. —上海：上海文化出版社，2005

87. 黄羲初事迹/吴华，舒庆祥著. —新山：新山广肇会馆，新山宽柔小学五校董事会，2005

88. 加拿大的中国面孔——一个中国记者对加拿大华人圈的观察/闻正兵著. —广州：广东人民出版社，2005

89. 加拿大滋味——加拿大留学移民生活手记/郁果著. —昆明：云南教育出版社，2005

90. 家庭调解——适用于华人家庭的理论与实践/岳云（Irving，Howard H.）编著；苌英丽，王振福，袁菊花译. —北京：中国社会科学出版社，2005

91. 今日马来西亚客家乡贤谱/叶观仕主编. —马来西亚：马来西亚客家公会联合会，2005

92. 近代中国留学生之父——容闳/刘中国，黄晓东著. —广州：广东人民出版社，2005

93. 晋江人在菲律宾/中国人民政治协商会议福建省晋江县委员会文史资料研究委员会编. —北京：新华出版社，2005

94. 京华风雨　鹿鸣呦呦——路漫漫其修远兮（辑三）/陆庭谕著. —吉隆坡：东方企业有限公司，2005

95. 境外华人国籍问题讨论辑（北京大学华侨华人研究中心丛书之26）/周南京主编. —香港：香港社会科学出版社有限公司，2005

96. 坎坷的路程（上）/［印尼］沈伟真著. —香港：泗水群岛文化馆，2005

97. 坎坷的路程（下）/［印尼］沈伟真著. —香港：香港千岛出版社，2005

98. 坎坷的路程（中）/［印尼］沈伟真著. —香港：泗水群岛文化馆，2005

99. 抗日侨领蚁光炎/张第高主编；汪晓曙绘画. —广州：南方日报出版社，2005

100. 跨界整合——世界华文文学综论/刘俊著. —北京：新星出版社，2005

101. 宽柔纪事本末/郑良树，安焕然主编. —马来西亚：南方学院出版社，2005

102. 莱茵 de 冬天——一个18岁男孩在德国的留学故事/猪猪著. —深圳：海天出版社，2005

103. 乐天务实——广东广府人的天性/刘权著. —广州：广东人民出版社，2005

104. 冷战以来的东南亚国际关系/李一平，庄国土著. —厦门：厦门大学出版

社，2005

105．李安/张克荣编著．—北京：现代出版社，2005

106．李国箴传/蒋阳辉著．—马尼拉：菲律宾华教中心，2005

107．林连玉评传/郑良树著．—雪兰莪：林连玉基金，2005

108．留学并不浪漫——一个独生子女的成长心路/余亭亭著．—北京：华艺出版社，2005

109．论陈瑞献/郑英豪著．—新加坡：创意圈工作室，2005

110．马华政治散论/潘永强著．—吉隆坡：燧人氏事业，2005

111．马来西亚华人社团研究/石沧金著．—北京：中国华侨出版社，2005

112．马来西亚金融发展研究（东南亚与华人华侨研究丛书）/赵洪著．—厦门：厦门大学出版社，2005

113．马来西亚新村迈向新旅程/林廷辉，方天养著．—吉隆坡：策略分析与政策研究所，2005

114．马六甲华校董联会五十周年金禧回顾纪念特刊/—马六甲：马六甲华校董事联合会，2005

115．美国·澳洲·加拿大三国台湾侨民比较研究/侨委会编著．—台北：侨务委员会，2005

116．美国华人沧桑史/陈英福编著．—台山：美国西南华人福利支会，2005

117．美国桑叶中国蚕——新华裔美国公民子女教育小故事/蔡四伟著．—昆明：云南美术出版社，2005

118．棉华中学 60 周年（1945—2005）/菲律宾棉华中学编．—棉华：棉花中学，2005

119．民国以来的侨务与侨教研究（1912—2004）/夏诚华著．—新竹：玄奘大学海外华人研究中心，2005

120．闽南文化与潮汕文化比较研讨会论文集/闽南文化与潮汕文化比较研讨会编．—汕头：汕头市潮汕历史文化研究中心，2005

121．南大历史只有一部/岳衡编．—怡保：吡叻文艺研究会，2005

122．南侨机工/丁炯淳主编，华侨博物院编．—北京：文物出版社，2005

123．南侨机工抗战纪实/陈毅明，汤璐聪编．—厦门：鹭江出版社，2005

124．南洋大学创办五十周年纪念/新加坡南洋大学编．—新加坡：南洋大学毕业生协会，2005

125．念祖爱乡——海外广东人的情结/刘权著．—广州：广东人民出版社，2005

126．批判连带——2005 亚洲华人文化论坛/陈光兴编．—台北：台湾社会研究季刊出版社，2005

127．侨联维权工作手册/中国侨联权益保障部编，2005

128．侨民教育研究论文集/夏诚华主编．—新竹：玄奘大学海外华人研究中心，2005

129．侨务课题研究论文集（2002—2003 年度）上/王晓萍编．—国务院侨务办公室政研司，2005

130. 侨务课题研究论文集（2002—2003 年度）下/王晓萍编. —国务院侨务办公室政研司，2005

131. 侨务与外交关系研究——中国放弃“双重国籍”的回顾与反思/程希著. —北京：中国华侨出版社，2005

132. 侨乡文化纵论/胡百龙，梅伟强，张国雄主编. —北京：中国华侨出版社，2005

133. 全球化与华语文化国际学术研讨会——全球化与数字化下华语文化的内容、创意与传播论文集/宋雪芳主编. —台北：淡江大学文学院，2005

134. 塞上论史——外国史、华侨史文集/张天著. —银川：宁夏人民出版社，2005

135. 砂拉越诗巫省华人社团联合会研究（1977—1997）/陈琮渊著. —诗巫：砂拉越华族文化协会，2005

136. 神迹人生/林鼎安，沈丽真著. —马尼拉：菲律宾华教中心，2005

137. 时代变局与海外华人的族国认同 = The identity of overseas Chinese under great/张启雄主编. —台北：中华民国海外华人研究学会，2005

138. 世界华商经济年鉴 2004—2005/郝时远主编. —北京：世界华商经济年鉴杂志社，2005

139. 世界华文传媒年鉴 2005/世界华文传媒年鉴编辑委员会编. —北京：世界华文传媒年鉴社，2005

140. 谁适合移民加拿大——加拿大移民生活纪实/戈雪著. —北京：作家出版社，2005

141. 顺德华侨华人/欧阳世昌编著. —北京：人民出版社，2005

142. 他改变了家乡：儒商句子林文镜回乡十八年/萧柳著. —香港：大公报出版有限公司，2005

143. 泰国华立学校史/［泰］洪林著. —曼谷：泰中学会，2005

144. 泰国华侨华人史话/冯子平著. —香港：香港银河出版社，2005

145. 泰华之光——泰国世界日报创刊 50 周年特辑/黄银和，林信雄，孙国楠总策划. —曼谷：世界日报，2005

146. 泰中研究——泰国华侨华人史（第三辑）/修朝等著. —曼谷：华侨崇圣大学泰中研究中心，2005

147. 唐人街故事/凤凰卫视编. —北京：中国友谊出版公司，2005

148. 天门人在印度尼西亚/鲁汉才著. —武汉：武汉出版社，2005

149. 文明抗争——近代中国与海外华人论集/黄贤强主编. —香港：香港教育图书公司，2005

150. 我是一名华裔美国士兵/［美］Usdark 著. —北京：时事出版社，2005

151. 吴德芳走过的道路/郑赤琰著. —马来西亚：大马新闻资讯学院，2005

152. 五十载笔墨情——钟正山 70 回顾展/钟正山绘. —马来西亚：National Art Gallery，2005

153. 香港舵手/罗英祥著. —香港：香港银河出版社，2005

154. 新加坡、马来西亚华族民生文化的演变/黄大志，王业芗主编. —新加坡：新加

坡炎黄文化研究会，2005

155. 新加坡华人社会史论/梁元生著. —新加坡：新加坡国立大学中文系，2005

156. 新加坡华文作家传略/骆明主编. —新加坡：新加坡文艺协会，新加坡作家协会，锡山文艺中心，2005

157. 新加坡牛车水文化分析/丘婉鸣著. —新加坡：水月企业，2005

158. 新加坡社会与华侨华人研究/黄松赞著. —北京：中国华侨出版社，2005

159. 新加坡中医景象说评/许永顺著. —新加坡：许永顺工作厅，2005

160. 新加坡宗乡会馆史略/林文丹，冯清莲编. —新加坡：新加坡宗乡会馆联合总会，2005

161. 新马印华校教科书发展回顾/叶钟铃，黄佟葆编. —新加坡：华裔馆，2005

162. 学术论文集（第七辑）——马来亚大学中文系创系四十周年纪念专号/苏庆华主编. —吉隆坡：马来亚大学中文系，2005

163. 学语致用——李光耀华语学习心得/蔡志礼主编. —新加坡：世界科技出版公司，2005

164. 雪泥鸿爪：姚拓说自己/姚拓著. —吉隆坡：红蜻蜓出版有限公司，2005

165. 移民、性别与华人社会——马来亚华人妇女研究（1929—1941）/范若兰著. —北京：中国华侨出版社，2005

166. 移民与兴起的中国/王赓武著. —新加坡：八方文化创作室，2005

167. 异质文化语境下的女性书写——海外华人女性写作比较研究/肖薇著. —成都：巴蜀书社，2005

168. 印度尼西亚华侨华人史（1950年至2004年）/黄昆章著. —广州：广东高等教育出版社，2005

169. 印度尼西亚华侨史（古代至1949年）（东南亚华侨史丛书）/李学民，黄昆章著. —广州：广东高等教育出版社，2005

170. 印度尼西亚华文教育发展史（东南亚华文教育发展史丛书之一）/黄昆章著. —吉隆坡：马来西亚华校教师会总会，2005

171. 印尼华人族群之政治态度/唐润洲著. —高雄：高雄复文图书出版社，2005

172. 印尼雅加达中华中学创办66周年纪念特刊—— 一九三九年六月十二日—二〇〇五年六月十二日/印尼雅加达中华中学编. —雅加达：雅加达中华中学校友会，2005

173. 越南会安华侨抗日与十三烈士纪念画册/“越南会安华侨抗日与十三烈士纪念画册”策划组编. —北京：北京天顺鸿彩印有限公司，2005

174. 战后遣返华侨史料录编3（越南·荷属东印度·北婆罗洲·马来亚·新加坡·南洋华侨机工篇）/谢培屏编. —台北：国史馆，2005

175. 峥嵘岁月——中山市渡头村史/中山市南区渡头村委会主编，里根成撰稿. —香港：香港天马出版有限公司，2005

176. 郑和下西洋与华侨华人文集（中国华侨历史学会文库之三）/林晓东，巫秋玉主编. —北京：中国华侨出版社，2005

177. 政策规划与政策评估——以1987年至2000年的侨务政策为例/陈树强著. —台

北：全垒打文化事业有限公司，2005

178. 中国海洋发展史论文集（第九辑）（中央研究院中山人文社会科学研究所专书53）/刘序枫编. —台北：中央研究院人文社会科学研究中心海洋史研究专题中心，2005

179. 中国移民史/葛剑雄著. —台北：五南图书出版股份有限公司，2005

180. 中华心　客家情——第一届客家学研究会论文集/林金树主编. —马来西亚：马来西亚客家学研究会，2005

181. 宗教与文化/黄海德，张禹东主编. —北京：社会科学文献出版社，2005

182. 族魂林连玉·续编/陈庭谕等著，李亚遨主编. —加影：林连玉基金，2005

183. 最富是潮商——华商第一族群发达模式解密/张更义著. —广州：广东人民出版社，2005

英文书目

2009 年

1. A Chinese from Singapore/ Samuel Wong. —United States: Xlibris, 2009

2. Alien Neighbors, Foreign Friends: Asian Americans, Housing, and the Transformation of Urban California/ Charlotte Brooks. —Chicago: University of Chicago Press, 2009

3. Asian America: Forming New Communities, Expanding Boundaries/ edited by Huping Ling. —New Jersey: Rutgers University Press, 2009

4. Asian American History and Cultures: An Encyclopedia/ edited by Huping Ling, Allan Austin. —New York: M. E. Sharpe, 2009

5. Asian Americans and the Media/ Kent A. Ono, Vincent N. Pham. —Cambridge ; Malden, MA: Polity, 2009

6. Automats, Taxi Dances, and Vaudeville: Excavating Manhattan's Lost Places of Leisure/by David Freeland. —New York: New York University Press, 2009

7. China Abroad: Travels, Subjects, Spaces/ edited by Elaine Yee Lin Ho and Julia Kuehn. —Hong Kong: Hong Kong University Press, 2009

8. Chinatowns in an Globalizing Southeast Asia/ edited by Leo Suryadinata. —Singapore: Chinese Heritage Centre, 2009

9. Chinese and Indian Business: Historical Antecedents/ Medha Kudaisya and Ng Chin-keong. —Leiden; Boston: Brill, 2009

10. Chinese Family Business and the Equal Inheritance System Unravelling the Myth/ by Victor Zheng. —London: Routledge, 2009

11. Chinese Migration in Comparative Perspectives: Adaptation and Development/edited by Suryadinata, Leo, Lee Guan Kin. —Singapore: Chinese Heritage Centre, 2009

12. Chinese Print Media in NZ Present Ideas of Chinese Cultural Identity : A Research of Chinese Print Media in New Zealand/ Lin, David. —Berlin: VDM Verlag, 2009

13. Chinese Society and Politics in Sarawak: Historical Essay/by Lockard, Craig A. —Malaysia: Sarawak Chinese Cultural Association, 2009

14. Chop Suey: A Cultural History of Chinese Food in the United States/ Coe, Andrew. —Oxford: Oxford University Press, 2009

15. Contemporary Chinese America: Immigration, Ethnicity, and Community Transformation/ Min Zhou. —Philadelphia: Temple University Press, 2009

16. Diasporic Histories: Cultural Archives of Chinese Transnationalism/ edited by Deborah L. Madsem and Andrea Riemenschnitter. —Hong Kong: Hong Kong University Press, 2009

17. Envisioning America: New Chinese Americans and the Politics of Belonging/ Tritia Toy-

ota. —Stanford: Stanford University Press, 2009

18. Eternal Seeking: A Research on Literary Tradition in Chinese American Women' s Literature/ Cai Qing and Zhang Hongwei. —Beijing: Foreign Languages Press, 2009

19. From Shekki to Sydney: An Autobiography/ Stanley Hunt. —Hawaii: University of Hawaii Press, 2009

20. Globalisation and Migration: New Issues, New Politics / Ronaldo Munck. —London: Routledg, 2009

21. Identity Construction among Chinese-Vietnamese Americans: Being, Becoming, and Belonging/ Monica M. Trieu. —El Paso: LFB Scholarly Pub, 2009

22. Inside Chinatown: Ancient Culture in a New World/ Robert Amos, Kileasa Wong. —Victoria, B. C.: TouchWood Editions, 2009

23. Inventing Modern Adolescence: The Children of Immigrants in Turn-of-the-Century America/ Sarah E. Chinn. —New Brunswick, N. J.: Rutgers University Press, 2009

24. Language and Society in Early Hong Kong (1841 - 1884) / 张振江著. —广州: 中山大学出版社, 2009

25. Living Outside the Walls: The Chinese in Prato/ edited by Graeme Johanson, Russell Smyth and Rebecca French.. —UK: Cambridge Scholars Pub, 2009

26. Mass Migration under Sail: European Immigration to the Antebellum United States/ Raymond L. Cohn. —Cambridge; New York: Cambridge University Press, 2009

27. Multiethnic Malaysia: Past, Present, and Future/ edited by Lim Teck Ghee, Alberto Gomes, Azly Rahman. —Kuala Lumpur: Malaysian Institute of Development and Asian Studies Petaling Jaya: Strategic Information and Research Development Centre, 2009

28. New Asian Emperors: The Business Strategies of the Overseas Chinese/ George T. Haley, Usha C. V. Haley and Chin Tiong Tan. —Singapore: John Wiley & Sons (Asia); Wiley, 2009

29. Outside the Paint: When Basketball Nuled at the Chinese Playground/ Kathleen S. Yep. —Philadelphia: Temple University Press, 2009

30. Penang: Rites of Belonging in a Malaysian Chinese Community/ Jean DeBernardi. —Singapore: NUS Press, 2009

31. Peranakan Chinese Porcelain: Vibrant Festive Ware of the Straits Chinese / Kee Ming-Yuet ; Photography by Lim Hock Seng. —Clarendon, Vt.: Tuttle Pub., 2009

32. Public Administration in East Asia: Japan, South Korea, Chinese Mainland and Taiwan/ Evan M. Berman. —CRC Press, Inc., 2009

33. Race Law and the Chinese Puzzle in Imperial Britain/Sascha Auerbach. —London: Palgrave Macmillan, 2009

34. Race, Law, and "the Chinese Puzzle" in Imperial Britain/ Sascha Auerbach. —New York: Palgrave Macmillan, 2009

35. Study Overseas: Chinese Students' Perceptions of Their Learning Experiences in New Zealand/ by Yi Yang. —Saarbrucken: VDM Verlag Dr. Müller, 2009

36. The Children of Chinatown: Growing up Chinese American in San Francisco, 1850 – 1920 / Wendy Rouse Jorae. —Chapel Hill: University of North Carolina Press, 2009

37. The Chinese of Indonesia and Their Search for Identity: The Relationship between Collective Memory and The Media/ Aimee Dawis. —New York: Cambridge Press, 2009

38. The Dragon & the Taniwha: Māori & Chinese in New Zealand/ edited by Manying Ip. —Auckland, N. Z.: Auckland University Press, 2009

39. The Dragon's Gift: The Real Story of China in Africa / Brautigam, Deborah . —England: Oxford University Press, 2009

40. The Grammar of Identity: Transnational Fiction and the Nature of the Boundary/ Stephen Clingman. —Oxford; New York: Oxford University Press, 2009

41. The National Status of the Chinese in Indonesia, 1900 – 1958/ Willmot, Donald Ear. —London: Equinox Publishing, 2009

42. The New Ethnic Community in Urban America/ Li, Wei. —Hawaii: University of Hawaii Press, 2009

43. The Politics of Exclusion: The Failure of Race-Neutral Policies in Urban America/ Leland T. Saito. —Stanford, Calif.: Stanford University Press, 2009

44. The Triads: Chinese Secret Societies in 1950s Malaya and Singapore/ by Leon Comber. —Singapore: Talisman Publishing, 2009

45. Thomas Burke's Dark Chinoiserie: Limehouse Nights and the Queer Spell of Chinatown/ Anne Veronica Witchard. —Ershot, Hants, England, Burlington, VT: Ashgate Pub. Co., 2009

46. Through the Bamboo Window: Chinese Life & Culture in 1950s, Singapore & Malaya / Leon Comber. —Singapore: Singapore Heritage Society, 2009

47. Voice of Malayan ReVolution: The CPM Radio War Against Singapore and Malaysia, 1969 – 1981/ by Wang Gungwu, Ong Weichong (eds.). —Singapore: S. Rajaratnam School of International Studies, 2009

48. Where We Live Now: Immigration and Rrace in the United States/ John Iceland. —Berkeley: University of California Press, 2009

49. Women and Politeness: The Hybrid Language and Culture of Chinese Indonesian Women in Surabaya/ Kuntjara, Esther. —Berlin: VDM Verlag, 2009

2008年

1. A Matter of Honour: Being Chinese in South Africa/ Yoon Jung Park. —Auckland Park, South Africa: Jacana, 2008

2. Acculturation and Heritage Language Maintenance: Cultural and Educational Experiences of Chinese Americans /lin, Huey-Yuh Grace. —Saarbrucken, Germany: VDM Verlag Dr. Muller, 2008

3. Asian American Art: A History, 1850 – 1970/ Gordon H. Chang, Mark Dean Johnson,

Paul J. Karlstrom. —Stanford, Calif: Stanford University Press, 2008

4. Asian American Politics/ Aoki, Andrew L. —Cambridge: Polity, 2008

5. At Home in the Chinese Diaspora: Memories, Identities and Belongings/ edited by Khun Eng Kuah-Pearce and Andrew P. Davidson. —London: Palgrave Macmillan, 2008

6. Being MAori-Chinese: Mixed Identities = He Mori—He Hainamana He Tuakiri Aha/ Manying Ip. —Auckland, New Zealand: Auckland University Press, 2008

7. Chinatown in Britain: Diffusions and Concentrations of the British New Wave Chinese immigration/ Wai-ki E. Luk. —Youngstown, N. Y.: Cambria Press, 2008

8. Chinatowns of New York City/ by Wendy Win-Yin Tan. —Charleston, S. C.: Arcadia Publishing, 2008

9. Chinese Americans and the Politics of Race and Culture/ edited by Sucheng Chan and Madeline Y. Hsu. —Philadelphia: Temple University, 2008

10. Chinese Big Business in Indonesia: The State of Capital / Christian Chua. — Abingdon, Oxon ; New York: Routledge, 2008.

11. Chinese Capitalisms (Social Transformations in Chinese Societies) / Tak-sing Cheung (editor), Kwok Bun Chan (editor), Agnes. —English: Brill Academic Publishers, 2008

12. Chinese Entrepreneurship in a Global Era/ edited by Raymond Sin-Kwok Wong. —London ; New York: Routledge, 2008

13. Chinese Immigrants in America: An Iinteractive History Adventure/ Hunsicker, Kelley. —Mankato, Minn: Capstone Press, 2008

14. Chinese in Australian Fiction, 1888 – 1988/ Yu Ouyang. —Cambria Press Publisher: Arcadia Pub, 2008

15. Chinese in Boston 1870 – 1965/ To Wing-kai. —Charleston, S. C.: Arcadia Pub, 2008

16. Chinese in Cuba, 1847 – now/ Mauro Garcia Triana, Pedro Eng Herrera (Translator). —Lexington Books, 2008

17. Chinese Milwaukee/ David B. Holmes, Menbin Yuan. —Arcadia Publishing, 2008

18. Diasporic Literature and Theory—Where Now? / Mark Shackleton. —Newcastle upon Tyne, UK: Cambridge Scholars Pub., 2008

19. Earnings Attainment of Chinese Americans: A Multilevel Analysis/ Bibin Qin. — English: Lfb Scholarly Pub. Llc., 2008

20. Education, Migration, and Cultural Capital in the Chinese Diaspora: Transnational Students between Hong Kong and Canada/ Johanna L. Waters. —Cambria Pr, 2008.

21. Emerging Voices: Experiences of Underrepresented Asian Americans/ by Ling, Huping. —New Brunswick, N. J.: Rutgers University Press, 2008

22. Ethnic Chinese in Contemporary Indonesia/ edited by Leo Suryadinata. —Singapore: Chinese Heritage Centre and Institute of Southeast Asian Studies, 2008

23. From Aien to Citizen: The Integration of the Chinese in Mauritius/ Huguette Ly Tio Fane-Pineo and Edouard Lim Fat. —Rose-Hill, Mauritius: A Editions de L'ocaean Indien, 2008

24. Getting on—from Migration to Integration: Chinese, Indian, Lithuanian and Nigerian Migrants' Experiences in Ireland/ Alice Feldman. —Immigrant Council of Ireland, 2008

25. Identity, Belonging and Migration/ edited by Gerard Delanty, Ruth Wodak and Paul Jones. —Liverpool: University of Liverpool Press, 2008

26. Imaging the Chinese in Cuban Literature and Culture/ Gnacio López - Calvo. —Gainesville: University Press of Florida, 2008

27. Language Socialization of the Children of Chinese Immigrants to the United States/ Jia Li. —开封: 河南大学出版社, 2008

28. Malaysia and Sino-Malaysian Relations in a Changing World / Liao Shaolian (廖少廉主编). —Xiamen: Xiamen University Press, 2008

29. Manhattan's Chinatown (Postcard History: New York) / Daniel Ostrow Fwd Mary Shame. —Charleston, SC: Arcadia Publishing, 2008

30. Model Minority Myth Revisited: An Interdisciplinary Approach to Demystifying Asian American Educational Experiences/ edited by Guofang Li, Lihshing Wang. —Charlotte, NC: IAP, 2008

31. San Francisco's Chinatown/ Robert W. Bowen and Brenda Young Bowen. —Charleston, SC : Arcadia Pub., 2008

32. Skilled Migration and the Knowledge Society: A Case of New Chinese Immigrants in New Zealand / Hong Wang. —VDM Verlag, 2008

33. Sun Yat Sen in Penang/ Salma Nasution Khoo. —Areca Books, 2008

34. Thai South and Malay North: Ethnic Interactions on the Plural Peninsula/ J. Montesano, Patrick Jory. —Singapore: NUS Press, 2008

35. The Chinese Diaspora in the Pacific/edited by Anthony Reid. —Aldershot, Hampshire, England: Burlington, VT: Ashgate, 2008

36. The Chinese Emigrés of Thailand in the Twentieth Century/ Chansiri, Disaphol. —NY: Cambria Press, 2008

37. The Chinese in Britain, 1800-Present: Economy, Transnationalism, Identity/ Benton, Gregor/ Gomez, Edmund Terence. —Basingstoke: Palgrave Macmillan, 2008

38. The Chinese in Southeast Asia and Beyond: Socioeconomic and Political Dimensions/ Ching-Hwang Yen. —Singapore: World Scientific Publishing Company, 2008

39. The Coolie Speaks: Chinese Indentured Laborers and African Slaves in Cuba/ Lisa Yun. —Philadelphia: Temple University Press, 2008

40. The Coolie Trade: The Ttraffic in Chinese Laborers to Latin America 1847 - 1874/ Arnold J. Meagher. —Philadelphia, Pa.: Xlibris Corporation, 2008

41. The Overseas Chinese of South East Asia: History, Culture, Business/ Ian Rae , Morgen. —Basingstoke [England] ; New York: Palgrave Macmillan, 2008

42. The Snake Dance of Asian American Activism: Community, Vision and Power/ Michael Liu, Kim Geron and Tracy Lai. —Lanham, MD: Lexington Books, 2008

43. Uneasy Reunions: Immigration, Citizenship and Family Life in Post - 1997 Hong Kong/

Nicole DeJong Newendorp. —Stanford, Calif: Stanford University Press, 2008

44. Visible Cities: Canton, Nagasaki, Batavia and the Coming of the Americans/ Blussé Leonard. —Cambridge, Mass: Harvard University Press, 2008

2007 年

1. A Baba Bibliography: A Select Annotated Listing of Sources on the Peranakan Chinese in Singapore and Malaysia/compiled by Bonny Tan ; edited by Seow Leng Ang, Noryati Abdul Samad. —Singapore: National Library Board, 2007

2. A Century of Travels in China: Critical Essays on Ttravel Writing from the 1840s to the 1940s/ edited by Douglas Kerr and Julia Kuehn. —Hong Kong: Hong Kong University Press, 2007

3. Anti-Chinese Violence in Indonesia, 1996 – 1999/ Jemma Purdey. —Singapore: Asian Studies Association of Australia in Association with NUS Press, 2007

4. Beyond Chinatown: New Chinese Migration and the Global Expansion of China/ edited by Mette Thun. —Copenhagen: NIAS, 2007

5. Bitter Bonds: A Colonial Divorce Drama of the Seventeenth Century/ Leonard Blussé; translated by Diane Webb. —Princeton, NJ: M. Wiener Publishers, 2007

6. Chinatown, New York: Portraits, Recipes and Memories/ Ann Volkwein; photography by Vegar Abelsnes. —New York: Collins Design, 2007

7. Chinese Diaspora Since Admiral Zheng He: With Special Reference to Maritime Asia/ Leo Suryadinata. —Singapore: Chinese Heritage Centre and HuayiNet, 2007

8. Chinese in Eastern Europe and Russia: A Middleman Minority in a Transnational Era / Nyíri Pál. l. —London; New York: Routledge, 2007

9. Chinese in San Jose and the Santa Clara Valley (Chinese Historical and Cultural Project) / Lillian Gong-Guy and Gerrye Wong. —Charleston, SC: Arcadia Pub., 2007

10. Chinese in St. Louis 1857 – 2007/Linghu Ping. —Charleston, SC: Arcadia Pub., 2007

11. Chinese Migrants and Internationalism: Forgotten Histories, 1917 – 1945/ Benton Gregor. —New York: Routledge, 2007

12. Chinese Overseas, Migration, Research and Documentation/ Tan Chee-Beng, Colin Storey and Julia Zimmerman. —Hong Kong: Chinese University of Hong Kong Press, 2007

13. Chinese Transnational Networks/ edited by Tan Chee-Beng. —London; New York: Routledge, 2007

14. Chinese Women Writers in Diaspora : Jung Chang, Xinran, Hong Ying, Anchee Min, Adeline Yen Mah/ Amy Tak-yee Lai. —Newcastle, UK: Cambridge Scholars Publishing, 2007

15. Cities in Motion: Interior, Coast and Diaspora in Transnational China / Sherman Cochran, David Strand, Wen-Hsin Yeh. —Berkeley: University of California Inst of East , 2007

16. Conspiracy, Politics and a Disorderly Border: The Struggle to Comprehend Insurgency in

Thailand's Deep South/ Marc Askew. —Singapore/ Washington, D. C.: Institute of Southeast Asian Studies / East-West Center Washington, 2007

17. Days Gone By: Growing up in Penang/ Christine Ramsay. —Areca Books, 2007

18. Diversity and Society: Race, Ethnicity and Gender (Second Edition) / Joseph F. Healey. —Thousand Oaks: Pine Forge Press, 2007

19. Dreams of the West : A History of the Chinese in Oregon, 1850 – 1950 / Researched by Portland State University Undergraduate Capstones in History in Collaboration With the Chinese Consolidated BeneVolent Association; and Written by Graduate Students of the Publishing Concentration of the Master's in Writing; with Translation into Chinese by Ren Hongbao. —Portland, OR: Ooligan Press, 2007

20. Driven Out: The Forgotten War Against Chinese Americans/Pfaelzer Jean. —New York: Random House, 2007

21. East-West Montage: Reflections on Asian Bodies in Diaspora/ Ma, Sheng-mei. —Honolulu: University of Hawaii Press, 2007

22. Finding Iris Chang: Friendship, Ambition and the Loss of an Extraordinary Mind/ Kamen Paula. —Cambridge Mass: Da Capo Press, 2007

23. Identity, Ethnic Diversity and Community Cohesion/ edited by Margaret Wetherell, Michelynn Laflèche and Robert Berkeley . —London; Thousand Oaks, Calif: SAGE, 2007

24. Justice in Immigration/ edited by Warren F. Schwartz. —Cambridge; New York: Cambridge University Press, 2007

25. Laksamana Cheng Ho Dan Asia Tenggara/edited by Leo Suryadinata. —Jakarta: LP3ES; HuayiNet: Chinese Heritage Centre, 2007

26. Malaysian Chinese and Nation-Building: Before Merdeka and Fifty Years After (Volume 1) /edited by Voon Phin Keong. —Kuala Lumpur: Centre for Malaysian Chinese Studies, 2007 – 2008

27. New York City's Chinese Community (Images of America: New York) / Josephine Tsui Yueh Lee. —Charleston, SC: Arcadia Publishing, 2007

28. Opium to Java: Revenue Farming and Chinese Enterprise in Colonial Indonesia, 1860 – 1910/James R. Rush. —Jakarta: Equinox Pub., 2007

29. Rationalizing Religion: Religions Conversion, Revivalism and Competition in Singapore Society/ Chee Kiong Tong. —Leiden; Boston: Brill, 2007

30. Rethinking Migration: New Theoretical and Emperical Perspectives/ edited by Alejandro Portes and Josh DeWind. —New York: Berghahn Books, 2007

31. Serving the United Nations: A Collection of Memoirs of Chinese Former International Civil Servants /Shing-Yi Huang. —San Ramon, California: Falcon Books, 2007

32. Southeast Asian Studies in China/ edited by Saw Swee-Hock and John Wong. —Singapore: Institute of Southeast Asian Studies: East Asian Institute, National University of Singapore, 2007

33. The Chinatown Trunk Mystery: Murder, Miscegenation, and Other Dangerous Encoun-

ters in Turn-of-the-Century New York City/ Mary Ting Yi Lui. —Princeton, N. J. Princeton University Press, 2007

34. The Chinese Exotic: Modern Diasporic Femininity/Olivia Khoo. —Hong Kong: Hong Kong University Press, 2007

35. The Future of Chinese Capitalism: Choices and Chances/ Gordon Redding; Michael A. Witt. —Oxford ; New York: Oxford University Press, 2007

36. The Iisland of Seven Cities: Where the Chinese Settled When They Discovered America/ Chiasson Paul. —New York: St. Martin's Press, 2007

37. The Law and Child Labour in Malaysia, Case Study in a Chinese New Village/ See Hoon Peow. —Malaysia: Pelanduk Publications, 2007

38. The Opium Debate and Chinese Exclusion Laws in the Nineteenth—Century American West /Diana L. Ahmad . —Reno: University of Nevada Press, 2007

39. The Other Looks: Interrogating Chineseness in Hollywood Cinema 1980 - 1999 /李渝凤著. —广州：中山大学出版社, 2007

40. The Right to Leave and Return and Chinese Migration Law/ Geoffrey Liu. —Leiden; Boston: Martinus Nijhoff, 2007

41. Understanding Minority Ethnic Achievement: Race, Gender, Class and Success/ Louise Archer, Becky Francis. —New York: Routledge, 2007

42. Understanding the Ethnic Chinese in Southeast Asia/ Suryadinata Leo. —Singapore: Institute of Southeast Asian Studies, 2007

43. Visuality and Identity: Sinophone Articulations Across the Pacific/Shu-mei Shih. —Berkeley: University of California Press, 2007

44. Voices of the Heart: Asian American Women on Immigration, Work, and Family/ Huping Ling. —Kirksville, MO: Truman State University Press, 2007

2006 年

1. A Century of Chinese Exclusion Abroad/ I-yao Shen ; translated by Shi Yi. —Beijing: Foreign Languages Press, 2006

2. Ambition and Identity: Chinese Merchant Elites in Colonial Manila, 1880 - 1916/ Andrew R. Wilson. —Honolulu: University of Hawaii Press, 2006

3. Asia in the Making of New Zealand/ edited by Henry Johnson & Brian Moloughney. —Auckland, N. Z: Auckland University Press, 2006

4. Asian Organized Crime and Gangs in the U. S. /John Zheng Wang. —Beijing: Press of Chinese People's Public Security University, 2006

5. China Upside Down: Currency, Society and Ideologies, 1808 - 1856/ Man-houng Lin. —Cambridge, Mass: Harvard University Asia Center, 2006

6. Chinese American Transnationalism: The Flow of People, Resources, and Ideas between China and America during the Exclusion Era/ edited by Sucheng Chan. —Philadelphia, Pa. :

Temple University Press, 2006

7. Chinese American Voices: From the Gold Rush to the Present/ edited with introductions by Judy Yung, Gordon H. Chang, and Him Mark Lai. —Berkeley ; London: University of California Press, 2006

8. Chinese Islanders: Making a Home in the New World/ Hung-Min Chiang. —Charlottetown, P. E. I. : Island Studies Press, 2006

9. Conflict and Innovation: Joint Ventures in China/ edited by Leo Douw and Chan Kwok-bun. —Leiden; Boston: Brill, 2006

10. Demarcating Ethnicity in New Nations: Cases of the Chinese in Singapore, Malaysia, and Indonesia/ edited by Lee Guan Kin. —Singapore: Konrad Adenauer Stiftung; Singapore Society of Asian Studies, 2006

11. Experiences of Transnational Chinese Migrants in the Asia-Pacific/ edited by David Ip, Raymond Hibbins, and Wing Hong Chui. —New York: Nova Science Publishers, 2006

12. From Tian'anmen to Times Square: Transnational China and the Chinese Diaspora on Global Screens, 1989 – 1997 / Gina Marchetti. —Philadelphia: Temple University Press, 2006

13. From Urban Enclave to Ethnic Suburb: New Asian Communities in Pacific Rim Countries/ Wei Li. —Honolulu: University of Hawaii Press, 2006

14. Global Conjectures: China in Transnational Perspective/ edited by William C. Kirby, Mechthild Leutner, Klaus Mühlhahn. —Mnster : Lit, 2006

15. "His Dominion" and the "Yellow Peril": Pro testant Missions to Chinese Immigrants in Canada, 1859 – 1967/ Jiwu Wang. —Waterloo, Ont. : Published for the Canadian Corporation for Studies in Religion/Corporation canadienne des sciences religieuses by Wilfrid Laurier University Press, 2006

16. International Migration: Globalization's Last Frontier/ Jonathon W. Moses. —Bangkok, Thailand; Black Point, Nova Scotia; Bangalore, India; Kuala Lumpur, Malaysia; Cape Town, South Africa; London ; New York: White Lotus; Fernwood Publishing; Books for Change; SIRD; David Philip; Zed Books; Palgrave Macmillan, 2006

17. Overseas Chinese and Trade Between the Philippines and China: The Intertwining of Family, Social, and BusinessInterests in Promoting Trade/ Hodder, Rupert. —Lewiston, N. Y. : Edwin Mellen Press, 2006

18. Paper Families: Identity, Immigration Administration, and Chinese Exclusion/ Lau Estelle T. —Durham: Duke University Press, 2006

19. Race and the City: Chinese Canadian and Chinese American Political Mobilization/ Shanti Fernando. —Vancouver: University of British Columbia Press, 2006

20. Reading Chinese Transnationalisms: Society, Literature, Film/ edited by Maria Ng and Philip Holden. —Hong Kong: Hong Kong University Press; London: Eurospan distributor, 2006

21. San Francisco's Chinatown / Judy Yung and the Chinese Historical Society of America. —Charleston, SC: Arcadia Pub. , 2006

22. Southeast Asia's Chinese Businesses in an Era of Globalization: Coping with the Rise of

China/ edited by Leo Suryadinata. —Singapore: ISEAS, 2006

23. Taijiquan and the Search for the Little Old Chinese Man: Understanding Identity Through Martial Arts/ Frank Adam D. —New York: Palgrave Macmillan, 2006

24. The Chinese in Silicon Valley: Globalization, Social Networks and Ethnic Identity/ Bernard P. Wong. —Lanham: Rowman & Littlefield Publishers, 2006

25. The Encyclopedia of the Chinese Overseas/ general editor, Lynn Pan; with preface and introduction by Wang Gungwu. —Singapore: Editions Didier Millet, 2006

26. The Silent Spikes: Chinese Laborers and the Construction of North American Railroads/ compiled and edited by Huang Annian; translated by Zhang Juguo. —Charlottetown: Island Studies Press, 2006

27. The Silent Spikes: Chinese Laborers and the Construction of North American Railroads/ compiled and edited by Huang Annian; translated by Zhang Juguo. —Beijing: China Intercontinental Press, 2006

28. Tongmenghui, Sun Yat-sen and the Chinese in Southeast Asia, A Revisit / 廖建裕编. —新加坡：华裔馆，2006

29. Voluntary Organizations in the Chinese Diaspora/ edited by Khun Eng Kuah-Pearce and Evelyn Hu-Dehart. —Hong Kong: Hong Kong University Press, 2006

2005 年

1. Admiral Zheng He & Southeast Asia/ Leo Suryadinata. —Singapore: International Zheng He Society, 2005

2. Americans First: Chinese Americans and the Second World War/ Wong, Kevin Scott. —Cambridge, Mass.; London: Harvard University Press, 2005

3. Asian Migrants and European Labour Markets: Patterns and Processes of Immigrant Labour Market Insertion in Europe/ edited by Ernst Spaan, Felicitas Hillmann and Ton van Naerssen. —New York: Routledge, 2005

4. Chinese America: Stereotype and Reality: History, Present, and Future of the Chinese Americans / Birgit Zinzius. —New York: P. Lang, 2005

5. Chinese America: The Untold Story of America's Oldest New Community/ Peter Kwong, Dusanka Miscevic. —New York: The New Press, 2005

6. Chinese American Death Rituals: Respecting the Ancestors/ Sue Fawn Chung and Priscilla Wegars. —Lanham: AltaMira Press, 2005

7. Chinese Identities, Ethnicity and Cosmopolitanism/ Chan, Kwok B. —London; New York: Routledge, 2005

8. Chinese Indonesians: Remembering, Distorting, Forgetting/ Tim Lindsey, Helen Pausacker. —Singapore: Institute of Southeast Asian Studies, 2005

9. Culture and Disability: Providing Culturally Competent Services/ John H. Stone. —Thousand Oaks: SAGE Publications, 2005

10. Dutch Colonial Education: The Chinese Experience in Indonesia, 1900 - 1942/ Ming Govaars; translated by Lorre Lynn Trytten; with a foreword by Wang Gungwu. —Singapore: Chinese Heritage Centre, 2005

11. East by South: China in the Australasian Imagination/ edited by Charles Ferrall, Paul Millar and Keren Smith. —Wellington: Victoria University Press, 2005

12. Guarding the Golden Door: American Immigration Policy and Immigrants Since 1882/ Roger Daniels. —New York: Hill and Wang, 2005

13. Guest People: Hakka Identity in China and Abroad (Studies on Ethnic Groups in China) / Nicole Constable. —Seattle, Wash.; London: University of Washington Press, 2005

14. Histories, Cultures, Identities: Studies in Malaysian Chinese Worlds/ Sharon A. Carstens. —Singapore: Singapore University Press, 2005

15. Jewish Immigrants/ Richard Worth; Robert Asher, General Editor. —New York: Facts On File, 2005

16. Learning from My Mother's Voice: Family Legend and the Chinese American Experience/ Jean Lau Chin; foreword by Jessica Henderson Daniel. —New York, NY: Teachers College Press, 2005

17. Marital Acts: Gender, Sexuality, and Identity among the Chinese Thai Diaspora/ Bao, Jiemin. —Honolulu: University of Hawaii Press, 2005

18. Memories of a Future Home: Diasporic Citizenship of Chinese in Panama/ Lok C. D. Siu. —Stanford, Calif.: Stanford University Press, 2005

19. Migrant Labor Remittances in South Asia/ Samuel Munzeke Maimbo et al.. —Washington, D. C.: World Bank, 2005

20. Migration, Ethnic Relations and Chinese Business/ Chan Kwok-bun. —America and Canada: Routledge, 2005

21. Our History is Still Being Written: The Story of Three Chinese-Cuban Generals in the Cuban Revolution/ Armando Choy, Gustavo Chui, Moises Sío Wong. —New York: Pathfinder, 2005

22. Peranakan Chinese Politics in Java, 1917 - 1942/ Suryadinata, Leo. —Singapore: Marshall Cavendish Academic, 2005

23. Pribumi Indonesians, the Chinese Minority and China: A Study of Perceptions and Policies/ Suryadinata, Leo. —Singapore: Marshall Cavendish, 2005

24. Reconstructing a Collective Asian American Political Identity: Political Projects among New Chinese American Activists/ Tritia Toyota. —Ann Arbor, Mich.: UMI, 2005

25. Taiwanese American Transnational Families: Women and Kin Work/ Maria W. L. Chee. —New York: Routledge, 2005

26. The Canada-Vietnam Remittance Corridor: Lessons on Shifting from Informal to Formal Transfer Systems/ Raúl Hernández-Coss. —Washington, D. C.: World Bank, 2005

27. The Chinese Overseas: Routledge Library of Modern China (Volume I: Conceptualizing and Historicizing Chinese International Migration) /edited by Hong Liu. —New York: Rout-

ledge, 2005

28. The Chinese Overseas: Routledge Library of Modern China (Volume II: Culture, Institutions and Networks) / edited by Hong Liu. —New York: Routledge, 2005

29. The Chinese Overseas: Routledge Library of Modern China (Volume III: Communities across the Globe) / edited by Hong Liu. —New York: Routledge, 2005

30. The Chinese Overseas: Routledge Library of Modern China (Volume IV: Homeland Ties and Agencies of Interaction) / edited by Hong Liu. —New York: Routledge, 2005

31. The Culture of the Chinese Minority in Indonesia/ Leo Suryadinata. —Singapore: Marshall Cavendish Academic, 2005

32. The Evangelical Church in Boston's Chinatown: A Discourse of Language, Gender, and Identity/ Muse, Erika A. —New York: Routledge, 2005

33. The Transnational History of a Chinese Family: Immigrant Letters, Family Business and Reverse Migration/ Haiming Liu. —New Brunswick, N. J.: Rutgers University Press, 2005

34. Tsinoy: The Story of the Chinese in Philippine Life/ Teresita Ang See. —Manila: Kaisa Para Sa Kaunlaran Inc., 2005

日文书目

2009年

1.「中国残留孤児」裁判：問題だらけの政治解決/ 菅原幸助著. —東京：平原社，2009

2. 2008年の日中民間交流：日本僑報電子週刊第706~814号目次と前書き/ 段躍中編著. —日本僑報社，2009

3. シンポジウム神阪京華僑口述記録の意義と方法記録集. No. 3. —神戸：神戸華僑歴史博物館，2009

4. ちゃんぽんと長崎華僑：美味しい日中文化交流史/ 陳優継著. —長崎：長崎新聞社，2009

5. ディアスポラから世界を読む：離散を架橋するために/ 赤尾光春，早尾貴紀編著. —東京：明石書店，2009

6. 東南アジア多民族社会の形成/ 坪内良博. —京都：京都大学学術出版会，2009

7. 東南アジア史研究の展開/東南アジア史学会40周年記念事業委員会編，東南アジア学会監修. —東京：山川出版社，2009

8. 横浜開港150周年「Y150」+みなとみらい・中華街最強ガイド：開国博Y150のすべてがわかる！ —横浜：角川マーケティング，2009

9. 横浜中華街：世界最強のチャイナタウン/ 田中健之著. —東京：中央公論新社，2009

10. 横浜中華街150年：落地生根の歳月/横浜開港資料館編. —横浜：横浜開港資料館，2009

11. 横浜中華街の世界：横浜商科大学中華街まちなかキャンパス/ 横浜商科大学編. —横浜：横浜商科大学，2009

12. 華人経済師（エコノミスト）のみた中国の実力/ 柯隆，朱炎，金堅敏著. —東京：日本経済新聞出版社，2009

13. 華族総覧/千田稔. —東京：講談社，2009

14. 見えざる隣人：中国人と日本社会/吉田忠則著. —東京：日本経済新聞出版社，2009

15. 留学生派遣から見た近代日中関係史/ 大里浩秋，孫安石編著. —東京：御茶の水書房，2009

16. 南北アメリカ華民と近代中国：19世紀トランスナショナル・マイグレーション/ 園田節子. —東京：東京大学出版会，2009

17. 日本で活躍する在日新華僑：50人の新中国人（コロンブス叢書）/ 古川猛編著. —東京：東方通信社，2009

18. 日本華僑華人関係資料の収集・整理・保存・公開報告書：神戸華僑歴史博物館創設30周年記念ワークショップ/ 神戸華僑華人研究会編. —神戸：神戸華僑歴史博物館, 2009

19. 日本人寮長と中国人研修生のふれあい七年記/ 武内郁子著. —東京：文芸社, 2009

20. 神戸と華僑：国家が介在する関係様式の変容/ 劉暢著. —東京：日本博士論文登録機構, 2009

21. 孫文を支えた横浜華僑温炳臣・恵臣兄弟/ 小笠原謙三著. —東京：八坂書房, 2009

22. 文化資本としてのエスニシティ：シンガポールにおける文化的アイデンティティの模索/奥村みさ. —東京：国際書院, 2009

23. 中国残留日本人という経験：「満洲」と日本を問い続けて/ 蘭信三編. —東京：勉誠出版, 2009

2008 年

1. 2007 年の日中民間交流：日本僑報電子週刊第 608・705 号目次と前書き/ 段躍中編著. —日本僑報社, 2008

2. エスニック・バウンダリーの「創出」エスニック バウンダリー ノ ソウシュツ：横浜中華街における華僑女性史/三谷香子著. —東京：日本僑報社, 2008

3. 変動する中国社会と海外華人華僑社会の伝統文化及びそのネットワークに関する比較研究/王維，香川大学著. —［王維］, 2008

4. 東アジア現代史のなかの韓国華僑：冷戦体制と「祖国」意識/ 王恩美著. —東京：三元社, 2008

5. 関東大震災下の中国人虐殺事件/ 今井清一［他］監修, 仁木ふみ子編. —東京：明石書店, 2008

6. 華僑文化の創出とアイデンティティ：中華学校・獅子舞・関帝廟・歴史博物館/張玉玲. —名古屋：ユニテ, 2008

7. 紀行・華僑の住む国々を巡って/ 池田昌之著. —東京：文芸社, 2008

8. 近代日中関係人物史研究の新しい地平（関西大学アジア文化交流研究叢刊，第 2 輯）/陶徳民，藤田高夫編. — 東京：雄松堂出版, 2008

9. 秘録華人財閥：日本を踏み台にした巨龍たち/ 西原哲也著. —東京：エヌ・エヌ・エー, 2008

10. 日本華僑華人と中国新移民の研究/ 郭玉聡，段躍中. —東京：日本僑報社, 2008

11. 新華僑老華僑：変容する日本の中国人社会/ 譚［ロ］美，劉傑著. —東京：文藝春秋, 2008

2007 年

1. 2006 年の日中民間交流：日本僑報電子週刊第 529 ~ 607 号目次 /段躍中編著. —日本僑報社, 2007

2. 21 世紀における日中経済の課題：兵庫県立大学・暨南大学交流 20 周年記念/ 陳來幸編. — 神戸：兵庫県立大学経済経営研究所, 2007

3. 東マレーシア（サバ州とサラワク州）の華語教育と華人社会/田村慶子, 北九州市立大学著. —［田村慶子］, 2007

4. 二つの故郷：在日華僑を生きて/ 林同春著. — 神戸：エピック, 2007

5. 強制連行：シリーズ? 花岡事件の人たち. 第 1 集/ 野添憲治著. —東京：社会評論社, 2007

6. 日台企業アライアンス：アジア経済連携への底流を支える/ 井上隆一郎編. —東京：交流協会, 2007

7. 日台企業アライアンス：アジア経済連携への底流を支える/ 井上隆一郎編. —東京：交流協会, 2007

8. 石嘉成コレクション（文書）（初稿）/安井三吉編. —神戸：神戸華僑歴史博物館, 2007

9. 越境する移動とコミュニティの再構築/ 佐々木衞編著. —東京：東方書店, 2007

10. 昭和・アジア主義の実像：帝国日本と台湾・「南洋」・「南支那」/ 松浦正孝編著. —京都：ミネルヴァ書房, 2007

11. 中国人留学生・研修生の異文化適応/ 葛文綺著. —広島：溪水社, 2007

2006 年

1. 2005 年の在日中国人：日本僑報電子週刊第 445 ~ 528 号目次/ 段躍中編著. —日本僑報社, 2006

2. チャイニーズ? ジレンマ：多民族国家マレーシアのアファーマティブ? アクション/ イエ? リンシェン著；朝倉和子訳. —東京：明石書店, 2006

3. 出身地でわかる中国人/ 宮崎正弘著. —東京：PHP 研究所, 2006

4. 韓国の差別的な制度と韓国華僑の経済勢力の衰退：1948 年から1950 年代を中心に/ 王恩美著. —東京：富士ゼロックス小林節太郎記念基金, 2006

5. 華僑ネットワークと九州/ 和田正広, 黒木國泰編著. —福岡：中国書店, 2006

6. 華僑烈々：大中華圏を動かす覇者たち/ 樋泉克夫著. —東京：新潮社, 2006

7. 途上国社会の現在：国家・開発・市民社会/ 松下冽編. —京都：法律文化社, 2006

8. 中国で成功した残留孤児たち/ 湘湘著；段躍中監修. —東京：日本僑報社, 2006

9. 中国の経済発展における華僑の役割：「老華僑」と「新華僑」の比較研究/ 戴二彪, 国際東アジア研究センター著, 2006

10. 中国人女性と国際結婚しました!：入国管理の厳しい壁をのり越えて/ 宮内伸人著. —伊丹：牧歌舎, 2006

2005 年

1. 1930 年代日本における中国人日本留学生の文学・芸術運動に関する総合的研究/ 小谷一郎，埼玉大学著. —［小谷一郎］, 2005

2. 2004 年の在日中国人：日本僑報電子週刊第 353 ~ 444 号目次/ 段躍中編著. —川口：日本僑報社, 2005

3. グローバル化に伴う海外華人社会の動態：新移民と再移住/ 山下清海，筑波大学，東洋大学著. —［山下清海］, 2005

4. フィリピン華僑ビジネス不道徳講座 /浅井壮一郎著. —東京：朱鳥社，星雲社 (発売), 2005

5. 北東アジアにおける国際労働移動と地域経済開発/ 大津定美編著. —京都：ミネルヴァ書房, 2005

6. 帝国日本と華僑：日本・台湾・朝鮮（シリーズ中国にとっての20 世紀）/ 安井三吉著. —東京：青木書店, 2005

7. 東南アジアにおける新華人事情/ 橋廣治著. —東京：近代文芸社, 2005

8. 華僑に学ぶお金の哲学投資のルール：資産を100 倍にする方法/ 高橋守. — あさ出版, 2005

9. 華僑大資産家の成功法則：お金がなくても夢をかなえられる8つの教え/ 小方功著. —実業之日本社, 2005

10. 華僑流大富豪の教え/ 倉原忠夫著. —東京：ウィーグル, 2005

11. 華僑社会における伝統文化とくに祭祀・芸能の変容と再編に関する比較研究/ 王維著. —東京：香川大学, 2005

12. 華僑送金：現代中国経済の分析/ 山岸猛. —東京：論創社, 2005

13. 華人社会がわかる本：中国から世界へ広がるネットワークの歴史、社会、文化/ 山下清海編著. —東京：明石書店, 2005

14. 僑郷としての福建省福清地方の社会変容に関する考察：人口移動の治安対策を巡って/ 小木裕文，徳岡仁，立命館大学，城西国際大学著. —［小木裕文］, 2005

15. 三つの国境を越えて：二人の中国人少女が日本語で綴った体験的日米/ 丁亦行，陸藝著. —川口：日本僑報社, 2005

16. 新華僑の社会構造とエスニック・アイデンティティに関する研究：神戸市を事例として/高橋晋一，徳島大学著. —［高橋晋一］, 2005

（本版责任编辑　易淑琼）

2005—2009 年博硕士学位论文目录一览

本版内容分中国大陆博硕士学位论文、中国台湾博硕士学位论文和北美地区博硕士学位论文三部分。其中中国大陆博硕士学位论文的数据来源于万方——中国学位论文全文数据库、CNKI（清华同方）——中国优秀博硕士学位论文全文数据库、国图博士论文库；中国台湾博硕士学位论文的数据来源于台湾博硕士论文知识加值系统；北美地区博硕士学位论文的数据来源于 PQDT 博硕士论文文摘库，即（ProQuest Dissertations & Theses）A + B Abstract 库。共检索出中国大陆博硕士学位论文 514 篇，其中博士论文 75 篇，硕士论文 439 篇；中国台湾博硕士学位论文 138 篇，其中博士论文 11 篇，硕士论文 127 篇；北美地区博硕士学位论文 225 篇，其中博士论文 166 篇，硕士论文 59 篇；以出版年代降序排列。

中国大陆博硕士学位论文

2009 年

1. 20 世纪 80 年代以来印尼棉兰的华人社团与社团领袖［博士论文］/杨宏云著；陈衍德指导. —厦门：厦门大学，2009：271 页

2. 澳大利亚华侨华人社会适应与华侨华人组织研究（1972—2008 年）［博士论文］/林龙飞著；高伟浓指导. —广州：暨南大学，2009：266 页

3. 当代中国留学制度研究［博士论文］/于海峰著；田克勤指导. —长春：东北师范大学，2009：96 页

4. 广东华侨文化景观、区域分异与传播研究［博士论文］/李国平著；司徒尚纪指导. —广州：中山大学，2009：258 页

5. 国际法的人本化与中国的领事保护［博士论文］/黎海波著；周聿峨指导. —广州：暨南大学，2009：175 页

6. 近代中国抵制洋货运动研究（1905—1937）［博士论文］/吴志国著；朱英指导. —武汉：华中师范大学，2009：184 页

7. 近代中国留学生与西学的传播（1881—1937）［博士论文］/李广超著；陈伟明指导. —广州：暨南大学，2009：236 页

8. 跨国劳务与村庄变迁——对全球化情境下一个中国村庄的考察［博士论文］/陈日升著；李明欢指导. —厦门：厦门大学，2009：150 页

9. 马新的中英文源流东南亚研究及其比较（1800—1965）［博士论文］/廖文辉著；庄国土指导. —厦门：厦门大学，2009：292 页

10. 美国华人移民的异文化压力与心理健康［博士论文］/肖三蓉著；徐光兴指导. —上海：华东师范大学，2009：207页

11. "文化传播"理论视角中的传教士与美国华人社会（1848—1900）［博士论文］/岳志强著；董小川指导. —长春：东北师范大学，2009：142页

12. "文化新山"的边城风景——战后马来西亚新山华人社会文化研究［博士论文］/安焕然著；曾玲指导. —厦门：厦门大学，2009：425页

13. 移民族群艺术及其身份——泰国潮剧研究［博士论文］/张长虹著；周宁指导. —厦门：厦门大学，2009：186页

14. 越南南河阮氏政权海外贸易研究（1600—1774）［博士论文］/蒋国学著；李金明指导. —厦门：厦门大学，2009：224页

15. 再造故乡——近代以来集美的海外移民与侨乡建设［博士论文］/林翠茹著；郑振满指导. —厦门：厦门大学，2009：247页

16. 中国引进海外人才的理论分析与实证研究［博士论文］/袁旭东著；吴宇晖指导. —长春：吉林大学，2009：164页

17. 主权和移民——从"旧约"到"新约"［博士论文］/余彬著；周聿峨，庄礼伟，廖小健指导. —广州：暨南大学，2009：165页

18. 20世纪60—70年代美国亚裔就业研究［硕士论文］/马素倩著；高嵩指导. —长春：东北师范大学，2009：52页

19. "红溪惨案"与清朝对于南洋华侨政策研究［硕士论文］/李家鑫著；陈尚胜指导. —济南：山东大学，2009：62页

20. 18世纪末至19世纪中期巴达维亚华人家庭生活管窥——以《公案簿》为中心［硕士论文］/邹涵芳著；侯真平指导. —厦门：厦门大学，2009：63页

21. 1918年中华民国留日学生救国团研究［硕士论文］/任欣欣著；李书源指导. —长春：吉林大学，2009：65页

22. 1945年来澳洲华人移民与犹太人移民之比较——多元文化下的机遇与挑战［硕士论文］/于海涛著；傅有德，爱理克指导. —济南：山东大学，2009：59页

23. 1950—1970年代中马关系中的华人因素研究［硕士论文］/李蓉著；刘莲芬指导. —贵阳：贵州师范大学，2009：33页

24. 19世纪初至20世纪初缅甸华侨社会的变迁［硕士论文］/肖彩雅著；王望波，聂德宁指导. —厦门：厦门大学，2009：163页

25. 19世纪后期菲律宾华侨社会变化探究［硕士论文］/陈君著；庄国土指导. —厦门：厦门大学，2009：84页

26. 2001年以来中国学生自费赴加拿大留学教育研究［硕士论文］/聂映玉著；王伦信指导. —上海：华东师范大学，2009：77页

27. 2008年的中国民族主义与海外华人群体的作用［硕士论文］/方泳仪著；陈志敏指导. —上海：复旦大学，2009：74页

28. 20世纪70年代以来美国华裔宗教信仰探析［硕士论文］/聂云著；董小川指导. —长春：东北师范大学，2009：51页

29. 北美地区华人新移民人口分布及职业构成［硕士论文］/李瑞晴著；庄国土指

导．—厦门：厦门大学，2009：68 页

30．从“落叶归根”到“寻祖问根”——美国华人“根”意识研究［硕士论文］/梁韵瑜著；付永钢指导．—广州：暨南大学，2009：74 页

31．从菲律宾《世界日报》国际版看中国的海外形象传播［硕士论文］/常苗苗著；赵振祥指导．—厦门：厦门大学，2009：43 页

32．从接受方的视角看孔子学院与中国文化外交——以东南亚地区为例［硕士论文］/杜青云著；肖佳灵指导．—上海：复旦大学，2009：90 页

33．当代华裔美国人的文化适应及文化身份认同探求［硕士论文］/吴燕著；李新指导．—北京：华北电力大学，2009：65 页

34．当代新华侨华人的侨务资源培育研究［硕士论文］/曹炜珏著；彭勃指导．—上海：上海交通大学，2009：42 页

35．东南亚华人家族企业治理模式的演变分析［硕士论文］/邱积敏著；陈凌指导．—杭州：浙江大学，2009：53 页

36．东南亚华文报纸涉华社论研究［硕士论文］/陈旺著；赵振祥指导．—厦门：厦门大学，2009：54 页

37．对海外中国社区学校的多语学习环境的调查研究［硕士论文］/刘嬛著；林素川指导．—福州：福建师范大学，2009：114 页

38．对美国孔子学院中跨文化交际模式的调查与分析［硕士论文］/周征著；汪腊萍指导．—上海：上海师范大学，2009：59 页

39．多重动因结构：华裔留学生来华学习影响因素分析——兼与非华裔留学生对比［硕士论文］/陈奕容著；李明欢指导．—厦门：厦门大学，2009：51 页

40．二战后新加坡华文教育兴衰及原因分析［硕士论文］/骆秀红著；骆莉指导．—广州：暨南大学，2009：55 页

41．二战后至今越南华侨华人历史研究［硕士论文］/杨平秀著；李浩指导．—南昌：江西师范大学，2009：55 页

42．二战前英属马来亚马华隔离研究［硕士论文］/刘为胜著；陈衍德指导．—厦门：厦门大学，2009：60 页

43．菲律宾《世界日报》的历史与现状研究［硕士论文］/杨颖靓著；赵振祥指导．—厦门：厦门大学，2009：58 页

44．福建省留学生创业的制度环境满意度评价研究［硕士论文］/王校培著；唐炎钊指导．—厦门：厦门大学，2009：64 页

45．广州市国际移民居住空间模式及其影响因素研究［硕士论文］/彭敏著；薛德升指导．—广州：中山大学，2009：93 页

46．华侨高等教育领导体制研究［硕士论文］/闻铭著；袁祖望指导．—广州：暨南大学，2009：109 页

47．华侨高校校长遴选制度研究［硕士论文］/张朝瑜著；袁祖望指导．—广州：暨南大学，2009：63 页

48．华侨高校学生跨文化管理研究［硕士论文］/段凯歌著；袁祖望指导．—广州：暨南大学，2009：72 页

49. 华侨华人来沪创业的模式及影响因素研究［硕士论文］／尹雯雯著；吴瑞君指导．—上海：华东师范大学，2009：61 页

50. 华人、韩裔在美国的政治地位及对中美、韩美关系之影响［硕士论文］／崔智馨著；胡令远指导．—上海：复旦大学，2009：66 页

51. 华文教材文化误读研究［硕士论文］／王晓静著；贾益民指导．—广州：暨南大学，2009：42 页

52. 纪录片栏目《唐人街》的叙事研究［硕士论文］／何虹著；阎立峰指导．—厦门：厦门大学，2009：49 页

53. 连江、长乐海外留守儿童孤独感、应对方式与社会支持的现状及关系研究［硕士论文］／林玲著；连榕指导．—福州：福建师范大学，2009：70 页

54. 流动社群与跨国教育——以近代晋江籍菲侨创办的华校与侨校为例［硕士论文］／王冬梅著；张侃指导．—厦门：厦门大学，2009：61 页

55. 旅居匈牙利布达佩斯华人的文化适应和身份认同冲突研究［硕士论文］／晏卿著；朱晔指导．—上海：上海外国语大学，2009：74 页

56. 论海外中国公民安全与中国领事保护［硕士论文］／张峻峰著；陈洁华指导．—上海：华东师范大学，2009：63 页

57. 马华公会对华文教育的态度演变研究［硕士论文］／程嘉辉著；周聿峨指导．—广州：暨南大学，2009：67 页

58. 马来西亚、菲律宾和柬埔寨华教社团社会功能研究——从非政府组织的视角分析［硕士论文］／吴艳著；周聿峨指导．—广州：暨南大学，2009：48 页

59. 马来西亚华文独中的教育经常费现况分析［硕士论文］／黄集初著；范先佐指导．—武汉：华中师范大学，2009：80 页

60. 美国移民改革期间相关移民问题新闻报道的批评话语分析［硕士论文］／王秀然著；潘炳信指导．—石家庄：河北师范大学，2009：111 页

61. 美治时期《排华法案》在菲律宾的颁布及其实施［硕士论文］／刘冠楠著；庄国土指导．—厦门：厦门大学，2009：71 页

62. 民国时期东南亚华侨华人社团文化传播初探［硕士论文］／马文利著；高长天指导．—延安：延安大学，2009：58 页

63. 闽南乡土文化与南洋华侨社会——民国时期厦门、晋江与南洋的互动［硕士论文］／周艳玲著；陈衍德指导．—厦门：厦门大学，2009：76 页

64. 南非的中国新移民——以福清新移民为例［硕士论文］／付亮著；郭玉聪指导．—厦门：厦门大学，2009：71 页

65. 农场社区归侨群体认同研究——以常山华侨农场为个案［硕士论文］／郭海军著；汪征鲁指导．—福州：福建师范大学，2009：61 页

66. 平面广告的视觉修辞研究——以“广州日报杯华文报纸优秀广告奖”获奖作品为例［硕士论文］／胡安琪著；罗萍指导．—厦门：厦门大学，2009：61 页

67. 清末民初湖南留学运动探析（1898—1924）［硕士论文］／孙辉著；莫志斌指导．—长沙：湖南师范大学，2009：66 页

68. 泉州侨乡捐资兴学的历史考察与现实作用研究［硕士论文］／苏德著；张亚群，

陈兴德指导．—厦门：厦门大学，2009：70页

69．人口海外迁移与农村家庭养老问题研究［硕士论文］/游秀钦著；苏振芳指导．—福州：福建师范大学，2009：54页

70．人类学视野中的和顺侨乡［硕士论文］/梁洁著；曾少聪指导．—北京：中央民族大学，2009：63页

71．人生之路从边缘开始——1985到2000华语流行歌词研究［硕士论文］/张晓静著；向天渊指导．—重庆：西南大学，2009：35页

72．融合与发展——1965年以来美国华人和印度人美国化程度比较研究［硕士论文］/张学军著；李其荣指导．—武汉：华中师范大学，2009：59页

73．山东省归侨侨眷和华侨在鲁合法权益保护研究［硕士论文］/刘圣伟著；张锡恩指导．—济南：山东大学，2009：50页

74．上海归国留学人才管理工作的问题分析及对策研究［硕士论文］/黄一帆著；易凌峰指导．—上海：华东师范大学，2009：66页

75．上海市归侨侨眷民生关爱研究［硕士论文］/卢艳梅著；桂世勋指导．—上海：华东师范大学，2009：77页

76．台山近代城乡建设发展研究（1854—1941）［硕士论文］/何舸著；肖毅强指导．—广州：华南理工大学，2009：148页

77．晚清澳门华人入葡籍研究［硕士论文］/何顺标著；汤开建指导．—广州：暨南大学，2009：155页

78．晚清海军中留学生群体研究［硕士论文］/李斌著；权赫秀指导．—长春：东北师范大学，2009：36页

79．晚清汇丰银行研究（1865—1894）［硕士论文］/司春玲著；戴建兵指导．—石家庄：河北师范大学，2009：95页

80．伍廷芳与中美侨务问题交涉研究（1897—1902）［硕士论文］/刘晓妹著；曲晓范指导．—长春：东北师范大学，2009：42页

81．暹罗华侨教育与民族认同（1912—1949）［硕士论文］/张伟然著；田彤指导．—武汉：华中师范大学，2009：46页

82．新加坡的社会变迁与福建会馆文化教育功能之演变［硕士论文］/贾冉冉著；曾玲指导．—厦门：厦门大学，2009：59页

83．新加坡华文补习学校现状分析［硕士论文］/李允超著；郭熙指导．—广州：暨南大学，2009：60页

84．新加坡华文阅读语料库建设及篇章研究［硕士论文］/钟辉著；贾益民指导．—广州：暨南大学，2009：60页

85．新加坡小学高级华文教材的分析与研究［硕士论文］/孟艳燕著；贾益民指导．—广州：暨南大学，2009：45页

86．新世纪以来美国留学政策的变化及对中国的影响和启示［硕士论文］/戴亚男著；杜成宪指导．—上海：华东师范大学，2009：80页

87．新西兰对华留学政策研究［硕士论文］/梅莉斯著；王伦信指导．—上海：华东师范大学，2009：69页

88．血缘与地缘：侨乡传统资源的当代运作——以泉港为研究个案［硕士论文］/庄曙强著；曾玲指导．—厦门：厦门大学，2009：75页

89．以华侨华人为受众的对外报道研究——以《人民日报海外版》为例［硕士论文］/王晖余著；王虹指导．—厦门：厦门大学，2009：55页

90．以剧场游戏辅助华文教学的实验研究［硕士论文］/陈丽贞著；雷实指导．—武汉：华中师范大学，2009：63页

91．印尼华人姓名调查与研究［硕士论文］/吴美意著；金美，李焱指导．—厦门：厦门大学，2009：56页

92．印尼留学生汉语学习动机调查研究［硕士论文］/郭亚萍著；卢伟指导．—厦门：厦门大学，2009：63页

93．英国华裔中学生学业成就归因个案研究［硕士论文］/许可著；林大津指导．—福州：福建师范大学，2009：87页

94．永定下洋侨乡的社会变迁［硕士论文］/于佳琦著；曾少聪指导．—北京：中央民族大学，2009：68页

95．战后泰国华文教育之演变［硕士论文］/张斌著；施雪琴指导．—厦门：厦门大学，2009：96页

96．种族，社群，文化——马来西亚华人文化节研究［硕士论文］/焦秀英著；曾玲指导．—厦门：厦门大学，2009：72页

97．自费出国留学中介研究［硕士论文］/张波著；霍益萍指导．—上海：华东师范大学，2009：66页

2008年

1．东南亚华人社群的建构与演化——以新加坡江兜王氏社群为中心的历史研究［博士论文］/孟庆梓著；曾玲指导．—厦门：厦门大学，2008：216页

2．公派出国留学效益及评价研究［博士论文］/胥传孝著；诸大建指导．—上海：同济大学，2008：258页

3．海外华商网络与中国对外贸易——理论与证据［博士论文］/蒙英华著；黄建忠指导．—厦门：厦门大学，2008：199页

4．建国初期留苏运动的历史考察［博士论文］/李鹏著；周尚文指导．—上海：华东师范大学，2008：183页

5．流动的边界——宋元以来泉州湾的地域社会与海外拓展［博士论文］/蒋楠著；郑振满指导．—厦门：厦门大学，2008：209页

6．贸易与移民——清代中国人移民暹罗历史研究［博士论文］/黄素芳著；庄国土指导．—厦门：厦门大学，2008：238页

7．美籍华人与美中关系［博士论文］/罗俊翀著；周聿峨指导．—广州：暨南大学，2008：182页

8．日据时期台湾留日学生与战后台湾政治［博士论文］/李跃乾著；林仁川指导．—厦门：厦门大学，2008：184页

9. 泰国华人社团史研究［博士论文］/潘少红著；庄国土指导．—厦门：厦门大学，2008：243 页

10. 突围与自强——马来西亚华文独立中学教师自主专业发展研究［博士论文］/黄祯玉著；涂艳国指导．—武汉：华中师范大学，2008：134 页

11. 文化理解视野中的教育近代化研究——以清末出洋游学游历为实证个案［博士论文］/严加红著；阎凤桥指导．—北京：北京大学，2008：224 页

12. 新加坡双语教育发展史——英汉语用环境变迁研究（1946—2006）［博士论文］/黄明著；李国梁指导．—厦门：厦门大学，2008：270 页

13. 华侨与侨乡社会变迁——清末民国时期广东梅州市个案研究［博士论文］/肖文燕著；周育民指导．—上海：上海师范大学，2008

14. 广东南海籍海外乡亲对南海教育事业捐赠活动研究（1979—2002）［硕士论文］/黄晋著；曲晓范指导．—长春：东北师范大学，2008：30 页

15. 归国留学生与近代城市变迁研究（1896—1949）——以经济活动为中心的考察［硕士论文］/陈明锋著；李闰华指导．—南宁：广西师范大学，2008：64 页

16.《人民日报海外版》对外传播新闻选择研究——以头版头条的内容分析为据（1985—2007）［硕士论文］/陈玉旺著；程曼丽指导．—北京：北京大学，2008：48 页

17. 18 世纪末至 19 世纪中期吧达维亚华人社会状况——以吧国公堂档案《公案簿》第 1 至 5 辑经济案件为析例［硕士论文］/陈勤著；张坚指导．—桂林：广西师范大学，2008：39 页

18. 1932—1992 年泰国政府对华人的政策研究［硕士论文］/杨洋著；岳蓉指导．—贵阳：贵州师范大学，2008：58 页

19. 1980 年代以来柬埔寨的中国新移民研究［硕士论文］/赵凌云著；庄国土指导．—厦门：厦门大学，2008：69 页

20. 1990 年以来新加坡的中国新移民［硕士论文］/王黎晨著；郭玉聪指导．—厦门：厦门大学，2008：55 页

21. 19 世纪中叶至 20 世纪初美国排华法研究［硕士论文］/李雅柳著；刘旺洪指导．—南京：南京师范大学，2008：40 页

22. 20 世纪初中国商人资助留学初探——以简照南、穆藕初等个案为例［硕士论文］/潘越著；纪宗安指导．—广州：暨南大学，2008：51 页

23. 比较法视野下中国《国籍法》之发展和完善［硕士论文］/承吉著；张利民指导．—苏州：苏州大学，2008：67 页

24. 参加一战的华工与威海卫［硕士论文］/丛爱娟著；王玮指导．—济南：山东师范大学，2008：65 页

25. 从“多神”到“基督”：美籍华人宗教信仰变迁及其影响［硕士论文］/贾志月著；刘权指导．—广州：暨南大学，2008：104 页

26. 从边缘到融入主流——当代美国华裔妇女与日裔妇女的多角度比较［硕士论文］/张雪著；李其荣指导．—武汉：华中师范大学，2008：56 页

27. 从东亚华商网络的视角看“亚洲三小”经济发展［硕士论文］/张丽华著；庄国土指导．—厦门：厦门大学，2008：73 页

28. 当代东南亚华人宗乡社团的转型与发展——新加坡宗乡会馆联合总会研究［硕士论文］/武文霞著；曾玲指导．—厦门：厦门大学，2008：72 页

29. 第二次国共合作时期爱国华侨的重大贡献［硕士论文］/董平著；栾雪飞指导．—长春：东北师范大学，2008：31 页

30. 第二代成年美籍华裔身份认同的特点——与第一代美籍华裔身份认同的比较研究［硕士论文］/胡泽英著；张志伶指导．—北京：外交学院，2008：58 页

31. 第三军医大学出国留学人员群体态势分析及相关对策研究［硕士论文］/任宏川著；陈俊国指导．—重庆：第三军医大学，2008：60 页

32. 东华医院与近代香港华人社会［硕士论文］/余迅翎著；李淑蘋指导．—广州：暨南大学，2008：46 页

33. 东南亚华人华侨经济网络的形成、发展与转型研究［硕士论文］/胡晓玲著；刘连银指导．—武汉：中南民族大学，2008：55 页

34. 东南亚华人家族企业治理结构研究——基于印尼哥伦比亚集团和新加坡丰隆集团的分析［硕士论文］/南洋著；陈凌指导．—杭州：浙江大学，2008：79 页

35. 东南亚华文报纸中国大陆新闻报道之研究［硕士论文］/王毅著；吴海荣指导．—南宁：广西大学，2008：56 页

36. 东西洋留学生的对话——以现代评论派与鲁迅为主［硕士论文］/晏洁著；宋剑华指导．—海口：海南师范大学，2008：59 页

37. 多语接触下马来西亚华人的语码转换研究［硕士论文］/许丽珊著；黄笑山指导．—杭州：浙江大学，2008：72 页

38. 二十世纪初中国留日留美学生群体的比较［硕士论文］/徐国辉著；范学辉指导．—济南：山东大学，2008：57 页

39. 二战后美国华人跨国家庭的发展和演变［硕士论文］/陈莹著；王坚德指导．—福州：福建师范大学，2008：74 页

40. 法国华人的来源及其生存方式的变迁［硕士论文］/全博著；邱泽奇指导．—北京：中央民族大学，2008：55 页

41. 非法移民的国际法律规制［硕士论文］/修世福著；辛柏春指导．—哈尔滨：黑龙江大学，2008：43 页

42. 福建长乐海外留守儿童的情绪调节能力发展状况研究［硕士论文］/张新招著；连榕指导．—福州：福建师范大学，2008：47 页

43. 福建华侨农场的社会化转型——以泉州双阳华侨农场为例［硕士论文］/张晶盈著；施雪琴，聂德宁指导．—厦门：厦门大学，2008：65 页

44. 福清赴阿根廷新移民研究［硕士论文］/刘娟著；郭玉聪指导．—厦门：厦门大学，2008：69 页

45. 福州地区旅日新移民研究［硕士论文］/何明丽著；郭玉聪指导．—厦门：厦门大学，2008：65 页

46. 改革开放后归国留学人员的媒体形象呈现——以《人民日报》的报道为例［硕士论文］/满毅著；陈昌凤指导．—北京：北京大学，2008：54 页

47. 改革开放以来广东侨捐项目监管工作研究［硕士论文］/卢大海著；张应龙指

导．—广州：暨南大学，2008：64 页

48．改革开放以来广西侨力资源的开发与利用研究——以容县为个案［硕士论文］/莫伟华著；张坚指导．—桂林：广西师范大学，2008：54 页

49．改革开放以来马来西亚华商对华投资研究［硕士论文］/郑达著；李一平指导．—厦门：厦门大学，2008：68 页

50．关于对上海高校海外院长的探索与研究［硕士论文］/曹晖著；吴松指导．—上海：上海交通大学，2008：48 页

51．管理与善用意大利的中国移民［硕士论文］/Federica Angioni 著；陈志敏指导．—上海：复旦大学，2008：98 页

52．广东侨捐项目监管研究［硕士论文］/李健著；王金红指导．—广州：中山大学，2008：63 页

53．广西中越边境瑶族难民研究［硕士论文］/屈卫丹著；莫金山指导．—南宁：广西民族大学，2008：58 页

54．归国华侨的国家认同［硕士论文］/谭孟玲著；周建新指导．—南宁：广西民族大学，2008：40 页

55．贵州高校留学归国人员管理研究［硕士论文］/刘羽著；陈加洲指导．—贵阳：贵州大学，2008：88 页

56．国际关系变动中的南非华侨华人：一种历史的分析［硕士论文］/李清全著；周聿峨指导．—广州：暨南大学，2008：54 页

57．海外高层次留学人才的管理：以济南市为例的研究［硕士论文］/王文华著；王学玉指导．—济南：山东大学，2008：48 页

58．海外华人题材纪录片的文化价值［硕士论文］/罗娟著；张印平指导．—广州：暨南大学，2008：73 页

59．海外留守儿童的归因倾向研究［硕士论文］/王惠卿著；连榕指导．—福州：福建师范大学，2008：71 页

60．韩国孔子学院汉语教学模式初探［硕士论文］/王蜜著；王尧美指导．—济南：山东大学，2008：61 页

61．韩国孔子学院项目开发及设计研究［硕士论文］/刘志刚著；宁继鸣，黄历鸿指导．—济南：山东大学，2008：63 页

62．汉字字源视角下的华文广告创意研究［硕士论文］/任晨著；王素娟指导．—武汉：武汉理工大学，2008：52 页

63．后苏哈托时代印尼政府华人政策及其对华人社会的影响［硕士论文］/杨圣祺著；许梅指导．—广州：暨南大学，2008：67 页

64．华侨农场失地职工安置状况研究［硕士论文］/李修满著；王绪朗，马娟指导．—武汉：华中农业大学，2008：48 页

65．华人家族企业代际传承的经济学分析——基于诸子均分制的研究［硕士论文］/于佳著；陈凌指导．—杭州：浙江大学经济学院，2008：78 页

66．华人与泰国现代化发展［硕士论文］/霍媛著；沐涛指导．—上海：华东师范大学，2008：68 页

67. 华裔人口在美国的分布［硕士论文］/谢林燕著；高芳英指导. —苏州：苏州大学，2008：46 页

68. 集美大学海外教育的发展状况与策略研究［硕士论文］/叶秀梅著；孟林明指导. —厦门：厦门大学，2008：42 页

69. 暨南大学内招生与外招生跨文化敏感度对比研究［硕士论文］/胡薇著；付永钢指导. —广州：暨南大学，2008：83 页

70. 加拿大华人争取平等的斗争及加拿大多元文化的发展［硕士论文］/李秀敏著；王昺指导. —大连：辽宁师范大学，2008：48 页

71. 甲午战前中日官派留学教育之比较［硕士论文］/李雪敏著；黄尊严指导. —曲阜：曲阜师范大学，2008：32 页

72. 建国以来中国共产党侨务政策的演变［硕士论文］/杨宏健著；钟德涛指导. —武汉：华中师范大学，2008：41 页

73. 教育菲化案及其对菲律宾华文教育的影响［硕士论文］/范启华著；邱永渠指导. —福州：福建师范大学，2008：45 页

74. 近代湖北留学教育综论［硕士论文］/乔金霞著；余子侠指导. —武汉：华中师范大学，2008：78 页

75. 近代厦门社会救济研究［硕士论文］/张影著；戴一峰指导. —厦门：厦门大学，2008：63 页

76. 抗日战争时期的归国华侨学生［硕士论文］/尹正驰著；陈锋指导. —武汉：华中师范大学，2008：75 页

77. 抗日战争时期南洋华侨对祖国的经济支援［硕士论文］/臧宏宇著；曲晓范指导. —长春：东北师范大学，2008：24 页

78. 孔子学院海外汉语师资培训研究［硕士论文］/宫兆轩著；宁继鸣指导. —济南：山东大学，2008：54 页

79. 孔子学院和国际语言推广机构的比较研究［硕士论文］/孙鹏程著；王言法指导. —济南：山东大学，2008：44 页

80. 孔子学院与中国语言文化外交［硕士论文］/戴蓉著；陈志敏指导. —上海：复旦大学，2008：63 页

81. 来华留学教育的产业化分析［硕士论文］/杨杰著；魏建指导. —济南：山东大学，2008：49 页

82. 浪漫依恋和情绪调节对伴侣关系满意度的影响——中国人与马来西亚华人的比较［硕士论文］/陈燕蕾著；陈红指导. —重庆：西南大学，2008：66 页

83. 李鸿章护侨思想研究［硕士论文］/金蓓著；潘向明指导. —北京：中国人民大学，2008：55 页

84. 留美学生对近代中国科学发展的影响（1914—1949）［硕士论文］/田阳著；刘景岚指导. —长春：东北师范大学，2008：44 页

85. 留学中介企业品牌建设研究［硕士论文］/程红著；宋克勤指导. —北京：首都经济贸易大学，2008：64 页

86. 旅斐华人华侨与中斐文化交流［硕士论文］/毛春玲著；曲晓范指导. —长春：

东北师范大学，2008：27 页

87. 论近代留学生对中国高等教育的作用及影响［硕士论文］/刘丽洁著；陈尚胜指导. —济南：山东大学，2008：47 页

88. 马哈蒂尔政府对华族的政策研究（1981—2003）［硕士论文］/曾营著；谌焕义指导. —桂林：广西师范大学，2008：49 页

89. 马来西亚槟城海珠屿华人大伯公庙的历史与现状［硕士论文］/李佩珊著；张耕华指导. —上海：华东师范大学，2008：63 页

90. 马来西亚国民小学华语课程及教材的沿革研究［硕士论文］/郑文龙著；郭熙指导. —广州：暨南大学，2008：76 页

91. 马来西亚华文独中历史教学的现状、问题及对策之探讨［硕士论文］/梁婉薇著；郭元祥指导. —武汉：华中师范大学，2008：58 页

92. 美国报纸对中国留学生形象的塑造研究［硕士论文］/赵婷著；李新指导. —北京：华北电力大学，2008：65 页

93. 美国华人的同化及其制约因素：1945—1990 年［硕士论文］/徐燕燕著；张巨指导. —通辽：内蒙古民族大学，2008：40 页

94. 美国洛杉矶与纽约华人政治参与比较研究［硕士论文］/叶小利著；吴金平指导. —广州：暨南大学，2008：45 页

95. 美国印裔和华裔的社会经济地位比较研究［硕士论文］/张婧著；廖小健指导. —广州：暨南大学，2008：47 页

96. 美国主流报刊的美籍华人报道研究［硕士论文］/胡兴旺著；张咏华指导. —上海：上海大学，2008：75 页

97. 缅北华人聚居区调查与研究——以掸邦果敢、佤邦、勐拉三特区为例［硕士论文］/杨红波著；施雪琴，聂德宁指导. —厦门：厦门大学，2008：82 页

98. 民国时期广东省内高校华侨学生教育状况研究（1937—1949 年）［硕士论文］/张曙光著；纪宗安指导. —广州：暨南大学，2008：70 页

99. 民国中山华侨社团与“海外同志社”［硕士论文］/张晓沛著；马明达指导. —广州：暨南大学，2008：60 页

100. 闽剧在福清侨乡的生存现状研究［硕士论文］/陈红著；蓝雪霏指导. —福州：福建师范大学，2008：43 页

101. 明后期菲律宾华侨研究［硕士论文］/周丹著；晁中辰指导. —济南：山东大学，2008：79 页

102. 明至民国闽西南山区一个村落的历程——塔下村的故事［硕士论文］/沈莉婉著；刘永华指导. —厦门：厦门大学，2008：72 页

103. 逆向文化冲击中的文化适应——对上海市归国留学人员的实证研究［硕士论文］/李晶著；赵凯，李双龙指导. —上海：复旦大学，2008：58 页

104. 欧洲华人族群在异域的成长［硕士论文］/黄峰著；李志指导. —南京：南京师范大学，2008：52 页

105. 浅析廖承志海外统战思想［硕士论文］/李雪亮著；莫志斌指导. —长沙：湖南师范大学，2008：80 页

106．侨商中南银行发展概述（1921—1937）［硕士论文］/毛海斌著；戴建兵指导．—石家庄：河北师范大学，2008：70 页

107．侨资性大学利用社会捐赠问题研究——以宁波大学为重点分析［硕士论文］/张义廉著；张万朋指导．—上海：华东师范大学，2008：79 页

108．亲子沟通特点对海外留守儿童社会行为影响的研究［硕士论文］/陈晶晶著；连榕指导．—福州：福建师范大学，2008：55 页

109．清代金门东南亚移民［硕士论文］/游鸿程著；庄国土指导．—厦门：厦门大学，2008：67 页

110．清代闽人迁移东南亚的原因——以闽南人为中心［硕士论文］/于佳萍著；颜章炮指导．—厦门：厦门大学，2008：73 页

111．清末留日教育的发展及其对中国教育近代化的影响［硕士论文］/董军成著；栗洪武指导．—西安：陕西师范大学，2008：45 页

112．清末留日女学生与近代中国女子教育［硕士论文］/周萍萍著；梁民愫指导．—南昌：江西师范大学，2008：64 页

113．清末留日士官生初探［硕士论文］/刘路光著；李峰指导．—苏州：苏州大学，2008：89 页

114．清末留日学生与近代中国医学体制建设［硕士论文］/张晓东著；张培富指导．—太原：山西大学，2008：48 页

115．清末民初留学运动及其政策的演变和影响［硕士论文］/郭新耀著；彭平指导．—长沙：中南大学，2008：59 页

116．清末女子留学探究［硕士论文］/张丹著；刘虹指导．—石家庄：河北师范大学，2008：40 页

117．清末四川留日学生与四川教育近代化［硕士论文］/刘伟著；彭泽平指导．—重庆：西南大学，2008：46 页

118．全民所有制建筑装饰企业经营创新战略研究——以江西省华侨建筑装饰工程总公司为例［硕士论文］/张继城著；黄新建指导．—南昌：南昌大学，2008：44 页

119．泉州地方族谱海外移民资料研究［硕士论文］/林仪著；聂德宁指导．—厦门：厦门大学，2008：79 页

120．人民团体在中国政治中的职能与特殊地位——以“侨联”为个案［硕士论文］/马鑫著；徐湘林指导．—北京：北京大学，2008：56 页

121．山东沿海地区偷渡犯罪研究——基于十年以来相关资料研究［硕士论文］/王洪林著；王瑞君指导．—济南：山东大学，2008：43 页

122．汕头建阳村与海外乡亲互动研究［硕士论文］/陈子著；鞠玉华指导．—广州：暨南大学，2008：93 页

123．试论二战后美国华人经济发展的原因：1945—1980 年［硕士论文］/诸建民著；韩波指导．—通辽：内蒙古民族大学，2008：37 页

124．试论双重国籍下的外交保护制度及对我国的借鉴［硕士论文］/陈宵著；韩龙指导．—苏州：苏州大学，2008：35 页

125．试析战后美国华人社会经济地位的演变［硕士论文］/李瑞玲著；孙鸿指导．

—石家庄：河北师范大学，2008：54 页

126．泰国南邦府华人语言使用情况调查研究［硕士论文］/矣琴著；王渝光指导．—昆明：云南师范大学，2008：73 页

127．晚清东南亚契约华工研究［硕士论文］/叶波著；付海晏指导．—武汉：华中师范大学，2008：60 页

128．晚清南洋大臣群体研究［硕士论文］/夏广华著；李育民指导．—长沙：湖南师范大学，2008：79 页

129．温州反偷渡警力资源管理存在的问题及对策［硕士论文］/黄俊著；彭正龙指导．—上海：同济大学，2008：75 页

130．温州市留学回国人员现状研究［硕士论文］/王亮著；吴建伟指导．—上海：同济大学，2008：41 页

131．文化认同与归国文化冲击——基于社会认知理论的研究［硕士论文］/殷实著；徐光兴指导．—上海：华东师范大学，2008：73 页

132．稳固的边缘：老挝华人社会的认同研究［硕士论文］/罗华著；黄兴球指导．—南宁：广西民族大学，2008：42 页

133．伍廷芳的国际法思想研究［硕士论文］/李霄鹏著；马建红指导．—济南：山东大学，2008：39 页

134．西方平等教育观在侨乡的影响与实践［硕士论文］/汪汝云著；刘权指导．—广州：暨南大学，2008：91 页

135．现阶段美国华裔家庭在美生存状况及未来发展［硕士论文］/高原著；张晓立指导．—北京：外交学院，2008：80 页

136．消雪岭华侨茶场发展史研究［硕士论文］/朱绍华著；张应龙指导．—广州：暨南大学，2008：87 页

137．一家两国——跨国主义语境中的移民家庭研究［硕士论文］/卢帆著；李明欢指导．—厦门：厦门大学，2008：54 页

138．印尼华人融入主流社会研究——1998 年五月暴乱以来的印尼华人问题辨析［硕士论文］/徐长恩著；鞠玉华指导．—广州：暨南大学，2008：98 页

139．英国华裔学生双语双文化性身份认同形成研究［硕士论文］/黄杭杭著；林大津指导．—福州：福建师范大学，2008：79 页

140．映像在华文报刊讣告中的新马华人“家庭”与“社会”——1951—1976 年《南洋商报》讣告研究初探［硕士论文］/薛灿著；曾玲指导．—厦门：厦门大学，2008：91 页

141．余英时对民主价值因素的发掘及其中西价值结合观研究［硕士论文］/饶莎莎著；胡晓明指导．—上海：华东师范大学，2008：51 页

142．在韩中国人及中韩两国对其政策［硕士论文］/李泽山著；王缉思指导．—北京：北京大学，2008：56 页

143．在祖国不在家乡——以消雪岭华侨茶场越南归难侨为例［硕士论文］/孔结群著；张应龙指导．—广州：暨南大学，2008：99 页

144．中俄关系视野下的华侨华人［硕士论文］/马莉著；周聿峨指导．—广州：暨南

大学，2008：62 页

145. 中俄留学生人格特征与跨文化适应关系研究［硕士论文］/王芳著；时勘指导．—沈阳：沈阳师范大学，2008：48 页

146. 中国出国留学生教育适应状况的研究［硕士论文］/朱佳妮著；刘少雪指导．—上海：上海交通大学，2008：55 页

147. 中国海归创业研究［硕士论文］/冉红霞著；吴园一指导．—无锡：江南大学，2008：50 页

148. 中国海外留学生跨文化适应研究［硕士论文］/刘莉莎著；王昺指导．—大连：辽宁师范大学，2008：73 页

149. 中国留学生与东道国国民交流的焦虑与不确定性［硕士论文］/王彩霞著；孙翠兰指导．—济南：山东大学，2008：62 页

150. 中国在国际数据挖掘研究领域的显示度及华人高产现象［硕士论文］/崔亮著；梁立明指导．—新乡：河南师范大学，2008：43 页

151. 重构家园——人类学视野下一个移民镇的成长轨迹［硕士论文］/黄祯祯著；宋平指导．—厦门：厦门大学，2008：86 页

2007 年

1. 17 世纪中期至 19 世纪初越南华商研究（1640—1802）［博士论文］/闫彩琴著；庄国土指导．—厦门：厦门大学，2007：272 页

2. 1949—1972：中美对峙时期的美国中国学［博士论文］/吴原元著；朱政惠指导．—上海：华东师范大学，2007：189 页

3. 独立以来马来西亚华商发展研究［博士论文］/叶兴建著；李国梁指导．—厦门：厦门大学，2007：213 页

4. 国家利益与媒体国际报道——以《联合早报》中美关系报道为例的分析（1999—2006）［博士论文］/刘虎著；周聿峨指导．—广州：暨南大学，2007：143 页

5. 韩国釜山华侨的荣成方言与中国荣成本土方言的语音比较研究［博士论文］/尹佑晋著；钱曾怡指导．—济南：山东大学，2007：112 页

6. 旅俄华人研究［博士论文］/赵俊亚著；黄定天指导．—长春：吉林大学，2007：188 页

7. 美国华侨社会与保皇派关系研究［博士论文］/秦素菡著；高伟浓指导．—广州：暨南大学，2007：170 页

8. 美国中央太平洋铁路建设中的华工［博士论文］/生键红著；周育民指导．—上海：上海师范大学，2007：139 页

9. 南京国民政府留学教育管理研究［博士论文］/冉春著；余子侠指导．—武汉：华中师范大学，2007：222 页

10. 欧盟移民政策与中国大陆新移民［博士论文］/傅义强著；高伟浓指导．—广州：暨南大学，2007：131 页

11. 晚清华侨与中国经济现代化研究［博士论文］/向军著；高伟浓指导．—广州：

暨南大学，2007：252 页

12. 战后马来西亚族群关系研究［博士论文］/廖小健著；高伟浓指导．—广州：暨南大学，2007：223 页

13. 宗教仪式与文化传承——印度尼西亚孔教研究［博士论文］/王爱平著；郑振满指导．—厦门：厦门大学，2007：253 页

14. 美国华侨华人与台湾当局对其政策研究（1949—2002）［博士论文］/孙逊著；许嘉指导．—洛阳：中国人民解放军外国语学院，2007：221 页

15. 1970 年代以来前往泰国的中国新移民研究——以潮汕新移民为例［硕士论文］/邓金花著；张旭东指导．—厦门：厦门大学，2007：79 页

16. “人才外流”的经济学分析——以留学行为研究为例［硕士论文］/陈敏著；袁志刚指导．—上海：复旦大学，2007：48 页

17.《留美学生季报》研究［硕士论文］/毛为勤著；房鑫亮指导．—上海：华东师范大学，2007：44 页

18.《人民日报海外版》的改版研究［硕士论文］/欧阳旭东著；严励指导．—郑州：河南大学，2007：53 页

19. 18—19 世纪吧城华人社会婚姻状况研究——《公案簿》婚姻案件分析［硕士论文］/张雪著；纪宗安指导．—广州：暨南大学，2007：94 页

20. 1980 年代新谣与新加坡华人的认同与记忆研究［硕士论文］/陈湘玮著；师曾志指导．—北京：北京大学，2007：59 页

21. 7 世纪中期—20 世纪柬埔寨华侨华人的特点［硕士论文］/张国英著；李勤指导．—昆明：云南师范大学，2007：39 页

22. 澳大利亚、新西兰华文教育比较研究［硕士论文］/廖小萍著；周聿峨指导．—广州：暨南大学，2007：66 页

23. 澳大利亚华人社会的历史变迁（1848—1947）［硕士论文］/王晓艳著；曲晓范指导．—长春：东北师范大学，2007：35 页

24. 传播学视角下近代中国留学生西学东渐研究［硕士论文］/朱景朝著；阿斯买·尼牙孜，黄元才指导．—乌鲁木齐：新疆大学，2007：50 页

25. 从封闭走向融合——美国华人文化研究［硕士论文］/周波著；鞠玉华指导．—广州：暨南大学，2007：60 页

26. 崔国因外交思想及实践［硕士论文］/刘薇著；李育民指导．—长沙：湖南师范大学，2007：81 页

27. 当代美籍华人的跨国主义［硕士论文］/耿莲著；朱全红指导．—上海：华东师范大学，2007：64 页

28. 当代欧洲华文教育探析（1970—2006）［硕士论文］/潘睿著；周聿峨指导．—广州：暨南大学，2007：48 页

29. 地方高校教师留学经历对其专业发展的影响研究——以 A 大学为例［硕士论文］/钟伟良著；侯定凯指导．—上海：华东师范大学，2007：50 页

30. 东南亚华侨汇款与近代福建地区侨乡建设研究［硕士论文］/仲微著；曲晓范指导．—长春：东北师范大学，2007：44 页

31. 东南亚华人跨国企业跨文化管理［硕士论文］/赵亮著；林梅指导. —厦门：厦门大学，2007：59页

32. 对外汉语教学中的文化传播研究［硕士论文］/马洪骏著；董锋指导. —大连：大连理工大学，2007：38页

33. 多重动因结构——华裔留学生来华学习影响因素分析——兼与非华裔留学生对比［硕士论文］/陈奕容著；李明欢指导. —厦门：厦门大学，2007：51页

34. 俄国远东的中国移民（1860—1917年）［硕士论文］/明胜著；李春隆指导. —长春：吉林大学，2007：49页

35. 俄罗斯远东中国移民研究［硕士论文］/汪庆军著；黄小用指导. —湘潭：湘潭大学，2007：41页

36. 菲律宾的中国大陆新移民及其对中菲关系的影响［硕士论文］/钟荣著；庄国土指导. —厦门：厦门大学，2007：85页

37. 菲律宾华语教师对华校学生问题行为认知的研究［硕士论文］/张明珠著；连榕指导. —福州：福建师范大学，2007：59页

38. 福建长乐5~7岁海外留守儿童心理发展状况的研究［硕士论文］/伊琳玲著；连榕指导. —福州：福建师范大学，2007：55页

39. 福建明溪海外留守儿童知识学习观、学习动机与学习策略的状况及关系研究［硕士论文］/田守花著；连榕指导. —福州：福建师范大学，2007：63页

40. 福建武夷华侨农场研究——以农场档案（1966—1985）为切入点［硕士论文］/王旖旎著；曾玲指导. —厦门：厦门大学，2007：87页

41. 改革开放以来海外华商安全问题研究与对策探索［硕士论文］/李小雨著；廖小健指导. —广州：暨南大学，2007：62页

42. 改革开放以来海外乡亲对广东教育事业捐赠研究［硕士论文］/马宁著；张应龙指导. —广州：暨南大学，2007：54页

43. 改革开放以来我国留学政策的演变及对策思考［硕士论文］/甄艳萍著；张志刚指导. —大连：大连理工大学，2007：38页

44. 辜鸿铭保守主义文化观浅析［硕士论文］/田长生著；傅小凡指导. —厦门：厦门大学，2007：28页

45. 海外华文媒体中国报道研究——以新加坡《联合早报》为例［硕士论文］/肖洒著；郭可指导. —上海：上海外国语大学，2007：72页

46. 海外人才回流上海的模型构建和政策分析［硕士论文］/孙瑜著；刘则渊，姜春林指导. —大连：大连理工大学，2007：42页

47. 华侨大学境外和海外学生音乐素质教育的初步研究［硕士论文］/余幸平著；马达指导. —福州：福建师范大学，2007：70页

48. 华侨华人与近现代闽南侨乡教育事业研究——以泉州百年侨校培元中学为例［硕士论文］/叶泉鹏著；黄仁贤指导. —福州：福建师范大学，2007：38页

49. 华人社团跨国网络初探——以国际潮团联谊年会为例［硕士论文］/陈蕊著；于铁军指导. —北京：北京大学，2007：64页

50. 华文民族舞蹈教学研究［硕士论文］/王光辉著；辛继湘指导. —长沙：湖南师

范大学，2007：57 页

51. 华文平面广告创意形式和创意内容研究——基于《龙吟榜》上榜平面广告的内容分析［硕士论文］/左琳著；朱健强指导. —厦门：厦门大学，2007：46 页

52. 华语广告对儒家思想的继承与消解［硕士论文］/朱瑶著；陈正辉指导. —南京：南京师范大学，2007：48 页

53. 建构马来西亚华文独立中学教师专业化的培训机制探析［硕士论文］/李志鹏著；李晓燕指导. —武汉：华中师范大学，2007：49 页

54. 建国初期华侨双重国籍问题政策的转变（1949—1955）［硕士论文］/陈飞著；张清敏指导. —北京：外交学院，2007：42 页

55. 建国初期中共海外知识分子归国工作研究［硕士论文］/周谷英著；齐卫平指导. —上海：华东师范大学，2007：57 页

56. 近代潮汕地区侨批业经营研究［硕士论文］/赵燕著；林永和指导. —北京：北京工商大学，2007：51 页

57. 近代广东旅美华侨华人与中美文化交流［硕士论文］/廖悦清著；李浩指导. —南昌：江西师范大学，2007：45 页

58. 近代山东国外留学教育探究［硕士论文］/王爱华著；牟东篱指导. —济南：山东大学，2007：53 页

59. 近代中国的游学与海归（1900—1937）——以高等教育师资为中心的分析［硕士论文］/李伟华著；熊月之指导. —上海：上海社会科学院，2007：77 页

60. 近代中国留学教育与职业教育发展研究（1872 年—1927 年）［硕士论文］/高宇著；刘虹指导. —石家庄：河北师范大学，2007：55 页

61. 来华留学生跨文化适应研究——以厦门大学的海外留学生为例［硕士论文］/武静著；李明欢指导. —厦门：厦门大学，2007：55 页

62. 留日学生与四川近代美术教育［硕士论文］/朱艳著；程峰指导. —成都：四川师范大学，2007：64 页

63. 留学法国的动机——以国内一所大学法语学生为例［硕士论文］/邵宇著；杨晓敏指导. —广州：广东外语外贸大学，2007：91 页

64. 留学在中国——苏州大学印度留学生跨文化适应研究［硕士论文］/司妍方著；马忠虎指导. —苏州：苏州大学，2007：78 页

65. 六套海外华文教材中国知识文化内容项目研究［硕士论文］/何慧宜著；贾益民指导. —广州：暨南大学，2007：43 页

66. 论南洋四国的中国艺术（1644—1949）［硕士论文］/梁虹著；郑锦扬指导. —福州：福建师范大学，2007：161 页

67. 论我国反偷渡行政立法的冲突与完善［硕士论文］/林金达著；徐振东指导. —厦门：厦门大学，2007：39 页

68. 论吴宓的“留学与人生”［硕士论文］/林庆军著；陈子平指导. —苏州：苏州大学，2007：45 页

69. 论伍廷芳对晚清时期旅美华人的保护［硕士论文］/武乐堂著；王国平指导. —苏州：苏州大学，2007：68 页

70. 马来西亚“独中”高中生学习华文的动机激发——基于巴华中学的个案研究［硕士论文］/王玉瑞著；陈佑清指导. —武汉：华中师范大学，2007：50 页

71. 马来西亚董教总版高中《华文》与中国人教版高中《语文》之比较研究［硕士论文］/古咏洁著；张中原指导. —南京：南京师范大学，2007：104 页

72. 马来西亚独立中学学生考试成败归因及其与父母教养方式的关系［硕士论文］/黄真莉著；周宗奎指导. —武汉：华中师范大学，2007：58 页

73. 马来西亚华文独立中学性教育问题研究［硕士论文］/蔡福花著；杜时忠指导. —武汉：华中师范大学，2007：97 页

74. 美国华人信仰基督教的历程研究［硕士论文］/邱燕娜著；刘权指导. —广州：暨南大学，2007：44 页

75. 美国政府华工政策的演变（1868—1894）［硕士论文］/曹新群著；关绍纪指导. —济南：山东大学，2007：60 页

76. 启蒙·反满——以《湖北学生界（汉声）》为个案的中国留日学生思想变迁研究［硕士论文］/孙佳著；黄顺力指导. —厦门：厦门大学，2007：79 页

77. 清代陆丰地区客家人移民台湾探究［硕士论文］/冷剑波著；房学嘉指导. —南昌：南昌大学，2007：72 页

78. 清末留日学生的跨文化传播［硕士论文］/刘明明著；黄顺力指导. —厦门：厦门大学，2007：70 页

79. 清末留日学生与中国教育近代化［硕士论文］/杨真珍著；彭泽平指导. —重庆：西南大学，2007：53 页

80. 清末与民国时期留学教育政策比较研究［硕士论文］/张新颖著；张亚群指导. —厦门：厦门大学，2007：73 页

81. 全球视野中的漳州海外贸易（15—17 世纪初）［硕士论文］/毛丽著；陈衍德指导. —厦门：厦门大学，2007：65 页

82. 日本殖民统治下的朝鲜华商之历史考察——以仁川地区为中心（1910 年—1931 年）［硕士论文］/徐荣青著；孙科志指导. —上海：复旦大学，2007：57 页

83. 融汇中西，独辟蹊径——20 世纪初中国女留学生画家研究［硕士论文］/曹红波著；李蒲星指导. —长沙：湖南师范大学，2007：46 页

84. 上海地区偷渡犯罪研究［硕士论文］/吴斌著；应培礼指导. —上海：华东政法大学，2007：40 页

85. 社会变迁与新加坡华人宗乡社团之演变——以新加坡海南会馆为研究个案［硕士论文］/白叶著；曾玲指导. —厦门：厦门大学，2007：67 页

86. 社会资本与仪式：世界性宗亲组织的运行逻辑——对璃塘戴氏家族会的个案调查［硕士论文］/戴萍萍著；李明欢指导. —厦门：厦门大学，2007：73 页

87. 生存与发展——中国新移民在马来西亚［硕士论文］/姚珠铃著；庄国土指导. —厦门：厦门大学，2007：88 页

88. 双重国籍研究［硕士论文］/陈华栋著；孙新强，黄世席指导. —济南：山东大学，2007：38 页

89. 泗水华文教育的现状和前景［硕士论文］/范文娟著；庄国土指导. —厦门：厦

门大学，2007：77 页

90．他者的观察——抗战期间海外人士及国内民主人士眼中的陕甘宁边区［硕士论文］/高月波著；徐畅指导．—济南：山东大学，2007：47 页

91．台湾侨务政策变化与预期［硕士论文］/成煜著；印红标指导．—北京：北京大学，2007：46 页

92．泰北美斯乐汉语云南方言调查研究［硕士论文］/袁方著；刘镇发指导．—厦门：厦门大学，2007：127 页

93．偷渡现象对初中生价值观影响的研究——以福州琅岐地区为个案［硕士论文］/邵虹著；董艳指导．—北京：中央民族大学，2007：76 页

94．晚清华侨投资国内行业状况分析［硕士论文］/刘桔红著；庄国土指导．—厦门：厦门大学，2007：100 页

95．晚清留美幼童——中国现代化起步的推动者［硕士论文］/李西军著；李学智指导．—天津：天津师范大学，2007：41 页

96．晚清留学毕业生奖励制度研究［硕士论文］/周君闲著；江庆柏指导．—南京：南京师范大学，2007：100 页

97．晚清留学生地理分布研究［硕士论文］/冯吉红著；王继平指导．—湘潭：湘潭大学，2007：69 页

98．我国劳动力海外就业问题及对策研究［硕士论文］/苏萌著；林玳玳指导．—北京：北京交通大学，2007：49 页

99．吴锦堂的国内事业与活动述论（1905—1910 年）［硕士论文］/纪立新著；易惠莉指导．—上海：华东师范大学，2007：63 页

100．新归侨迁移动因及其总效应研究——以上海为例［硕士论文］/王庆荣著；吴瑞君指导．—上海：华东师范大学，2007：47 页

101．新加坡《小学华文》课文研究［硕士论文］/谈颖瑜著；贾益民指导．—广州：暨南大学，2007：54 页

102．新加坡华文报业研究［硕士论文］/王玮韡著；李黎明指导．—武汉：华中师范大学，2007：55 页

103．薛福成护侨思想研究［硕士论文］/李养进著；黄小用指导．—湘潭：湘潭大学，2007：43 页

104．洋务运动与明治维新时期中日留学政策的比较研究［硕士论文］/李丽著；赵红亚指导．—开封：河南大学，2007：73 页

105．依存与互动——美国华人新移民与华人社区关系研究［硕士论文］/李兰著；李其荣指导．—武汉：华中师范大学，2007：50 页

106．印度尼西亚华文报纸副刊历史与现状综论［硕士论文］/齐秋萍著；黄汉平指导．—广州：暨南大学，2007：49 页

107．印尼排华经济政治因素探析——以 19 世纪末 20 世纪初期的爪哇排华骚乱为例［硕士论文］/胡尧瑶著；施雪琴指导．—厦门：厦门大学，2007：87 页

108．印尼族际关系中华人的困境——从文化的视角所作的探索［硕士论文］/郭婕妤著；陈衍德指导．—厦门：厦门大学，2007：68 页

109. 优化镇江留学归国人员创业环境研究［硕士论文］／王永新著；何志工指导．—上海：上海交通大学，2007：72 页

110. 越南的民族主义与越南南部的华人经济（1975—1986）［硕士论文］／王美玲著；陈衍德指导．—厦门：厦门大学，2007：66 页

111. 在华侨大学实施“一元主导，多元交融”的音乐教育初步研究［硕士论文］／张毅琛著；王耀华指导．—福州：福建师范大学，2007：53 页

112. 张荫桓的外交思想与实践［硕士论文］／罗红希著；李育民指导．—长沙：湖南师范大学，2007：77 页

113. 中国赴法美术专业留学生研究（1900—1949）［硕士论文］／刘启鹏著；姜守明指导．—南京：南京师范大学，2007：36 页

114. 中国人和巴基斯坦人之间的跨文化交流现状研究［硕士论文］／赵菲著；关世杰指导．—北京：北京大学，2007：116 页

115. 中国政府华侨捐赠政策研究（清末—1945）［硕士论文］／周珊著；高伟浓指导．—广州：暨南大学，2007：57 页

116. 广西留学回国人员统战工作研究［硕士论文］／潘欣欣著；林凤鸣指导．—桂林：广西师范大学，2007

117. 华人中学生欺负行为与父母教养方式的跨文化研究［硕士论文］／邬洁妮著；周宗奎指导．—武汉：华中师范大学，2007

2006 年

1. 1980 年代以来的美国华侨华人与中美关系［博士论文］／邵允振著；高伟浓指导．—广州：暨南大学，2006：152 页

2. 东南亚华族和主体民族的融合［博士论文］／邓国宏著；张锡镇指导．—北京：北京大学，2006：137 页

3. 二战后印尼华族政治地位变迁研究［博士论文］／朱陆民著；周聿峨指导．—广州：暨南大学，2006：184 页

4. 海外华文传媒与华人文化认同研究［博士论文］／颜春龙著；蒋晓丽指导．—成都：四川大学，2006：275 页

5. 加拿大华人社会内部的合作与冲突（1923—1999）［博士论文］／李未醉著；高伟浓指导．—广州：暨南大学，2006：204 页

6. 跨国生存空间——近代旅日闽侨的社会生活（1860—1940 年代）［博士论文］／许金顶著；郑振满指导．—厦门：厦门大学，2006：164 页

7. 利益与选择——当代中国留美学生及其与中国的关系［博士论文］／刘建林著；周聿峨指导．—广州：暨南大学，2006：173 页

8. 留学生与民国时期的心理学［博士论文］／胡延峰著；李喜所指导．—天津：南开大学，2006：256 页

9. 马来西亚非政府组织发展史研究［博士论文］／王虎著；庄国土指导．—厦门：厦门大学，2006：219 页

10. 马来西亚华人与佛教信仰研究［博士论文］/白玉国著；李国梁指导. —厦门：厦门大学，2006：287 页

11. 马来西亚华人与马来人经济地位变化的比较研究（1957—2005）［博士论文］/林勇著；李国梁指导. —厦门：厦门大学，2006：278 页

12. 马来西亚社会变迁与当地华人语言转移现象研究［博士论文］/洪丽芬著；李国梁指导. —厦门：厦门大学，2006：271 页

13. 马来西亚政府华人政策研究［博士论文］/梁忠著；樊勇明指导. —上海：复旦大学，2006：198 页

14. 美国华文报纸演变研究［博士论文］/朱辰华著；程曼丽指导. —北京：北京大学，2006：102 页

15. 认同政治——华侨华人与中国—印度尼西亚关系［博士论文］/代帆著；周聿峨指导. —广州：暨南大学，2006：185 页

16. 晚清澳门华商与华人社会研究［博士论文］/林广志著；汤开建指导. —广州：暨南大学，2006：305 页

17. 新加坡教育分流下华文课程面对的问题与挑战及改革策略研究［博士论文］/陈之权著；郭文安指导. —武汉：华中师范大学，2006：199 页

18. 越南闽籍侨僧拙公和尚与十七、十八世纪中越佛教交流［博士论文］/谭志词著；高伟浓指导. —广州：暨南大学，2006：144 页

19. 祖籍地民俗与华侨群体的认同［博士论文］/［韩］黄今姬著；刘铁梁指导. —北京：北京师范大学，2006：168 页

20. “早报网”和“人民网”的特色比较［硕士论文］/王小洁著；廖声武指导. —武汉：湖北大学，2006：35 页

21. 1918 年留日学生归国运动研究［硕士论文］/赵纯清著；田永秀指导. —成都：西南交通大学，2006：56 页

22. 1970 年代以来的澳大利亚华人新移民研究——以海归精英移民为例［硕士论文］/任谢元著；张应龙指导. —广州：暨南大学，2006：54 页

23. 1990—2000 年美国华人参政状况研究［硕士论文］/李明杰著；张志伶指导. —北京：外交学院，2006：67 页

24. 20 世纪初南洋兄弟烟草公司与英美烟草公司的广告竞争［硕士论文］/刘野著；胡赤军指导. —长春：东北师范大学，2006：43 页

25. 20 世纪初期海洋亚洲华人社会中的妹仔［硕士论文］/李雯著；吴小安指导. —北京：北京大学，2006：91 页

26. 成长与迟滞——近代中国华商保险业发展历程的历史考察（1865—1945）［硕士论文］/王洪涛著；戴一峰指导. —厦门：厦门大学，2006：101 页

27. 冲突、调适与融合：美国华人认同变迁（1849—1979）——以加州华人为中心的研究［硕士论文］/张传明著；鞠玉华指导. —广州：暨南大学，2006：124 页

28. 从可雇佣性角度剖析回国自费留学生“海待”现象［硕士论文］/周翔著；胡健颖指导. —北京：北京大学，2006：49 页

29. 当代中国非法移民及其管理措施研究——以东部沿海地区非法移民为例［硕士论

文］/胡世云著；文军指导. —上海：华东师范大学，2006：75 页

30. 东南亚华语生存状况比较研究［硕士论文］/向晓璐著；刘宝俊指导. —武汉：中南少数民族大学，2006：44 页

31. 东南亚华族和主体民族的融合［硕士论文］/邓国宏著；张锡镇指导. —北京：北京大学，2006：147 页

32. 独立前新加坡温州华侨群体之研究［硕士论文］/梁霞著；张应龙指导. —广州：暨南大学，2006：49 页

33. 多元文化和蒙特利尔华人的融合［硕士论文］/刘艳著；王昺指导. —大连：辽宁师范大学，2006：60 页

34. 俄罗斯远东地区的中国移民问题研究［硕士论文］/白晓霞著；汪宁，胡传荣指导. —上海：上海外国语大学，2006：62 页

35. 二十世纪的美国中国城［硕士论文］/常非著；王恩铭指导. —上海：上海外国语大学，2006：51 页

36. 非法移民：美国唐人街内部被忽视的问题［硕士论文］/王佳莉著；冯泽辉指导. —成都：四川大学，2006：61 页

37. 菲律宾华校学生中、英、菲语言态度、语言学习动机的比较研究［硕士论文］/陈君楣著；连榕指导. —福州：福建师范大学，2006：49 页

38. 分流与整合——“马来西亚华人中国绘画”概念的梳理和思考（1919—1965）［硕士论文］/吴文海著；宋秀梅指导. —北京：外交学院，2006：45 页

39. 福建非法移民的形成与治理［硕士论文］/石启桓著；林金水，詹冠群指导. —福州：福建师范大学，2006：84 页

40. 改革开放后台山侨乡海外乡亲捐赠活动研究［硕士论文］/薛永芳著；张应龙指导. —广州：暨南大学，2006：48 页

41. 国籍冲突法律问题的研究［硕士论文］/于晓非著；魏国君指导. —大连：大连海事大学，2006：59 页

42. 海外华侨华人世界的新变化及其对中国未来发展的影响［硕士论文］/茅根红著；贾海涛指导. —广州：暨南大学，2006：82 页

43. 海外华人企业成长模式、管理思想及其对中国大陆的影响［硕士论文］/刘智峰著；刘权指导. —广州：暨南大学，2006：63 页

44. 华侨高等学校的境外生管理模式探索［硕士论文］/刘海琴著；薛声家，郝英奇指导. —广州：暨南大学，2006：58 页

45. 华侨国内权益保护法律制度研究［硕士论文］/吴文海著；宋秀梅指导. —北京：外交学院，2006：50 页

46. 华侨华人资本对华投资对中国经济发展的作用［硕士论文］/郑义绚著；孔淑红指导. —北京：对外经济贸易大学，2006：35 页

47. 华人成功融入秘鲁社会的原因［硕士论文］/周艳著；潘维指导. —北京：北京大学，2006：67 页

48. 华商网络对 FDI 的影响——作用机制和实证分析［硕士论文］/孙旭著；刘德学指导. —广州：暨南大学，2006：58 页

49. 华裔留学生教育管理研究［硕士论文］/陈雪琴著；苏劲指导. —厦门：厦门大学，2006：69 页

50. 加拿大多元文化政策及其对华人移民的影响［硕士论文］/徐丹著；王昺指导. —大连：辽宁师范大学，2006：76 页

51. 加拿大新移民回流探悉——以海归精英移民为例［硕士论文］/向远菲著；高伟浓指导. —广州：暨南大学，2006：55 页

52. 嘉定区留学回国人员工作满意度分析［硕士论文］/方键著；朱春奎，俞沂暄指导. —上海：复旦大学，2006：48 页

53. 简析近代中国留日、留美学生差异及其影响（1900—1929）［硕士论文］/张旭著；胡赤军指导. —长春：东北师范大学，2006：42 页

54. 建国后中国政府安置归难侨工作研究——以广西国营华侨农场为例［硕士论文］/梁姣著；张坚，陈雄章指导. —桂林：广西师范大学，2006：71 页

55. 江门侨乡民营企业的发展战略研究［硕士论文］/李明励著；高增安指导. —成都：西南交通大学，2006：65 页

56. 近代新加坡神庙与华侨华人社会［硕士论文］/王立芳著；詹冠群指导. —福州：福建师范大学，2006：75 页

57. 近代中国政府处理华侨国籍问题的法制化进程［硕士论文］/齐凯君著；权赫秀指导. —长春：东北师范大学，2006：32 页

58. 近现代苏州留学生研究［硕士论文］/杨思著；俞政指导. —苏州：苏州大学，2006：62 页

59. 晋江新移民的海外迁移——以菲律宾为例［硕士论文］/洪小荣著；郭玉聪指导. —厦门：厦门大学，2006：57 页

60. 冷战后“成就困境”中的马来西亚华文教育研究［硕士论文］/胡春艳著；周聿峨指导. —广州：暨南大学，2006：51 页

61. 冷战后菲律宾与泰国华文教育比较研究［硕士论文］/韩瑞凤著；周聿峨指导. —广州：暨南大学，2006：51 页

62. 冷战后加拿大华文教育研究——兼论加、美华文教育之异同［硕士论文］/袁源著；周聿峨指导. —广州：暨南大学，2006：46 页

63. 冷战后印尼华文教育发展研究［硕士论文］/刘华斌著；周聿峨指导. —广州：暨南大学，2006：46 页

64. 留美学生与中国高等教育近代化［硕士论文］/耿金龙著；谢长法指导. —保定：河北大学，2006：48 页

65. 留美医学生与近代中国公共卫生事业［硕士论文］/杨红星著；池子华，郝如一指导. —苏州：苏州大学，2006：134 页

66. 留日学生与中日山东问题交涉［硕士论文］/罗娜著；黄尊严指导. —曲阜：曲阜师范大学，2006：49 页

67. 留学政策与留学人员思想政治教育研究［硕士论文］/樊春光著；王国学指导. —哈尔滨：哈尔滨工程大学，2006：67 页

68. 留学中介机构的监管构想［硕士论文］/李芳菲著；赵正平指导. —北京：对外

经济贸易大学，2006：38 页

69. 美国文化对留美中国人的影响［硕士论文］/顿小慧著；丁崇文指导. —北京：对外经济贸易大学，2006：75 页

70. 美国新华侨华人及其对中美关系的积极影响［硕士论文］/竺健平著；陈志敏指导. —上海：复旦大学，2006：41 页

71. 民国时期福建侨办中小学校研究［硕士论文］/蔡惠茹著；刘慧宇指导. —福州：福建师范大学，2006：76 页

72. 闽南侨乡社区体育现状调查及发展研究［硕士论文］/林富凛著；张洪潭指导. —上海：华东师范大学，2006：45 页

73. 欧盟国家移民政策及其对中国新移民的影响［硕士论文］/张冰慧著；庄礼伟指导. —广州：暨南大学，2006：61 页

74. 欧洲新华商经济活动研究［硕士论文］/张宝华著；刘权指导. —广州：暨南大学，2006：52 页

75. 侨乡社会资本与侨乡社会体育发展绩效的理论及实证研究［硕士论文］/许月云著；许红峰指导. —福州：福建师范大学，2006：83 页

76. 日本神户中华同文学校教育特色研究［硕士论文］/王琨祥著；鞠玉华指导. —广州：暨南大学，2006：68 页

77. 山区农村海外新移民与侨乡社会变迁——以福建省建阳市苦竹坪村为个案研究［硕士论文］/程鹰著；詹冠群，谢必震指导. —福州：福建师范大学，2006：84 页

78. 沈慕羽与马来西亚华文教育［硕士论文］/孙易红著；詹冠群指导. —福州：福建师范大学，2006：70 页

79. 十九世纪四十年代至二十世纪二十年代旧金山唐人街的堂及其有组织犯罪［硕士论文］/蔡春明著；陈焕然指导. —上海：华东师范大学，2006：42 页

80. 实证与诠释的会通——20 世纪前半期中国留美史家群体研究［硕士论文］/刘秀俊著；王学典指导. —济南：山东大学，2006：86 页

81. 士魂——华人家族企业的文化品质［硕士论文］/许连才著；张禹东指导. —泉州：华侨大学，2006：45 页

82. 泰国华侨社会的变迁与经济本地化研究［硕士论文］/夏玉清著；罗致含指导. —昆明：云南师范大学，2006：49 页

83. 泰国华校小学汉语教学现状研究［硕士论文］/刘美玲著；周健指导. —广州：暨南大学，2006：69 页

84. 探讨冷战对新加坡华文教育兴衰的影响［硕士论文］/陈金燕著；张小明指导. —北京：北京大学，2006：63 页

85. 晚清对外战争中的华人通敌研究［硕士论文］/孙洪军著；王国平指导. —苏州：苏州大学，2006：55 页

86. 我国公派出国留学工作中存在问题及对策研究［硕士论文］/潘广贤著；王德伦指导. —大连：大连理工大学，2006：41 页

87. 我国留学服务贸易研究［硕士论文］/赵晓峰著；徐长生指导. —武汉：华中科技大学，2006：41 页

88．我国早期留学教育（1872—1949）与中国近代科学的历史转变［硕士论文］/周勇著；张祖林指导．—武汉：华中师范大学，2006：68页

89．我国自费留学中介机构存在的问题及对策研究［硕士论文］/李国胜著；徐顽强指导．—武汉：华中科技大学，2006：37页

90．西欧华人社团的现代化及其特征［硕士论文］/部利亚著；刘权指导．—广州：暨南大学，2006：51页

91．湘籍官员对晚清中国出洋劳工政策的影响［硕士论文］/芮红磊著；郭汉民指导．—湘潭：湘潭大学，2006：42页

92．新加坡《小学华文》基础阶段汉字教学考察［硕士论文］/王劼著；贾益民指导．—广州：暨南大学，2006：53页

93．新经济政策时期的砂捞越华人政治［硕士论文］/陈凯著；聂德宁指导．—厦门：厦门大学，2006：55页

94．洋务留学政策与庚款留美政策之比较研究［硕士论文］/胡国华著；刘虹指导．—石家庄：河北师范大学，2006：59页

95．异乡异客——新时期华人导演电影中旅美华人人际交往内容的跨文化解读［硕士论文］/梁宇星著；李琨指导．—北京：北京大学，2006：48页

96．战后华侨华人在印尼社会动荡中屡受迫害原因之分析［硕士论文］/史昊著；王联指导．—北京：北京大学，2006：59页

97．战后新加坡华文教育研究［硕士论文］/刘培栋著；周聿峨指导．—广州：暨南大学，2006：52页

98．战后印支三国华文教育研究［硕士论文］/黄明焕著；周聿峨指导．—广州：暨南大学，2006：57页

99．张之洞与清末留日教育［硕士论文］/任彬彤著；范铁权指导．—保定：河北大学，2006：39页

100．中澳留学网站对留学人流的导引机理研究——以“留学第一站”为例［硕士论文］/王杨著；路紫指导．—石家庄：河北师范大学，2006：51页

101．中国国籍法相关问题研究［硕士论文］/黄一辰著；李伟芳指导．—上海：华东师范大学，2006：62页

102．中国近现代留学教育中的动机研究［硕士论文］/陈亚囡著；曲铁华指导．—长春：东北师范大学，2006：40页

103．中国银行广州分行研究（1945—1949）［硕士论文］/许宜湛著；张晓辉指导．—广州：暨南大学，2006：57页

104．转型期以来美国华人社团嬗变（20世纪50年代至今）［硕士论文］/杨连峰著；高伟浓指导．—广州：暨南大学，2006：87页

2005年

1．当代中国非法移民研究［博士论文］/王显峰著；周聿峨指导．—广州：暨南大学，2005：119页

2．东南亚华人家族企业组织发展研究［博士论文］/陈亚玉著；王方华指导．—上海：上海交通大学，2005：154页

3．分流与整合——“马来西亚华人中国绘画”概念的梳理和思考（1919—1965）［博士论文］/颜泉发著；范景中指导．—南京：南京师范大学，2005：118页

4．广东区位的地缘政治与地缘经济分析［博士论文］/曾路著；周聿峨指导．—广州：暨南大学，2005：173页

5．华侨华人与中国现代化［博士论文］/陈永胜著；许征帆指导．—北京：中国人民大学，2005：154页

6．近代中日两国官派欧美留学之比较研究（1862—1912）［博士论文］/胡连成著；王晓秋指导．—北京：北京大学，2005：210页

7．马六甲华人社会语言状况研究［博士论文］/王会俊著；郭熙指导．—南京：南京大学，2005：156页

8．闽南侨乡近代地域性建筑研究［博士论文］/陈志宏著；曾坚指导．—天津：天津大学，2005：262页

9．清季宪政大辩论——以《中兴日报》、《南洋总汇新报》之论战为主体的探讨［博士论文］/彭剑著；严昌洪指导．—武汉：华中师范大学，2005：215页

10．塑造“新加坡华族”［博士论文］/阮岳湘著；钱乘旦指导．—南京：南京大学，2005：140页

11．新中国引用海外华资政策研究（1949—2003年）［博士论文］/欧志雄著；高伟浓指导．—广州：暨南大学，2005：248页

12．战后泰国华商发展史研究［博士论文］/石维有著；李国梁指导．—厦门：厦门大学，2005：233页

13．长崎互市模式：海禁时期中日关系的形态——以德川幕府对“唐人暴动”的处理过程为中心［硕士论文］/彭浩著；张翔指导．—上海：复旦大学，2005：57页

14．20世纪下半期美国学界对儒学与民主的比较研究［硕士论文］/张斌著；陈海宏指导．—济南：山东师范大学，2005：64页

15．二战后越南南部华人社会经济的两度变迁——以胡志明市华人为例［硕士论文］/柴贺景著；陈衍德指导．—厦门：厦门大学，2005：117页

16．广东开平碉楼历史研究［硕士论文］/杜凡丁著；张复合指导．—北京：清华大学，2005：149页

17．“海归派”研究［硕士论文］/陈全著；张文贤指导．—上海：复旦大学，2005：64页

18．海外华人对大陆投资的积极作用和问题分析［硕士论文］/列翁著；朱伟奇指导．—北京：首都经济贸易大学，2005：37页

19．华侨实业家张弼士生平与思想研究［硕士论文］/王发志著；赵春晨指导．—广州：广州大学，2005：59页

20．建立健全可持续发展的侨务决策体系探析［硕士论文］/朱运梅著；王家福指导．—长春：吉林大学，2005：35页

21．江西近代留学教育的发展轨迹及其审视［硕士论文］/杨吉安著；刘劲松指

导．—南昌：江西师范大学，2005：39 页

22．解析新加坡报业控股的品牌策略［硕士论文］/孙斌华著；殷晓蓉，程士安指导．—上海：复旦大学，2005：42 页

23．借新声于异邦：晚清留学运动与社会思想观念转变及其教育社会学分析［硕士论文］/张艳华著；刘虹指导．—石家庄：河北师范大学，2005：41 页

24．近代旅美华人华侨与中美文化的互动［硕士论文］/赵欣著；曲晓范指导．—长春：东北师范大学，2005：40 页

25．近代女子海外游研究［硕士论文］/董玮著；王从仁指导．—上海：上海师范大学，2005：31 页

26．居澳华裔、葡裔青年应对方式跨文化研究［硕士论文］/谢纳新著；金志成指导．—广州：华南师范大学，2005：58 页

27．跨文化传播中华文媒体的生存空间研究［硕士论文］/顾东黎著；张儒指导．—北京：中央民族大学，2005：57 页

28．两岸四地和世界华人民间"保钓运动"的历史考察与思考［硕士论文］/张秀明著；李松指导．—北京：首都师范大学，2005：62 页

29．留日人员与清末法制改革［硕士论文］/刘静著；黎仁凯指导．—保定：河北大学，2005：59 页

30．留日学生与清末立宪运动研究［硕士论文］/孙燕著；经盛鸿指导．—南京：南京师范大学，2005：55 页

31．留学生与山东现代教育的初步发展［硕士论文］/张美著；张书丰指导．—济南：山东师范大学，2005：46 页

32．论二战后印尼华人政治地位的变迁［硕士论文］/胡光明著；黄昆章指导．—广州：暨南大学，2005：58 页

33．论海外华商网络的形成和发展［硕士论文］/罗俊翀著；刘权指导．—广州：暨南大学，2005：56 页

34．论我国非法移民的法律对策［硕士论文］/刘阳著；张文政指导．—哈尔滨：黑龙江大学，2005：72 页

35．美国的"大赦"政策与居美的中国非法移民［硕士论文］/郝洪梅著；高伟浓指导．—广州：暨南大学，2005：38 页

36．美国的中国形象观与排华法的废除［硕士论文］/胡谦著；韩莉指导．—北京：首都师范大学，2005：43 页

37．试析美国华人移民流动性（1945—1979）［硕士论文］/赵丹著；梁茂信指导．—长春：东北师范大学，2005：34 页

38．泰国北部山区华人村落语言运用调查研究——以清莱府皇太后县老象塘新村为例［硕士论文］/朱辉著；王渝光指导．—昆明：云南师范大学，2005：33 页

39．天津市高校留学回国人员调查分析与对策研究［硕士论文］/吴延兵著；徐友浩指导．—天津：天津大学，2005：66 页

40．亭江美国小公民问题探索［硕士论文］/陈日升著；詹冠群指导．—福州：福建师范大学，2005：76 页

41. 我国留学教育服务贸易逆差原因分析及其治理［硕士论文］/何叶著；曾坤生指导. —长沙：湖南师范大学，2005：49页

42. 鸦片战争后清政府华工政策的演变［硕士论文］/王强著；汤奇学，周乾指导. —合肥：安徽大学，2005：57页

43. 战后美国华人人口与华人社区的变迁［硕士论文］/檀春耕著；王孝询指导. —重庆：西南师范大学，2005：55页

44. 战后美国华文教育研究［硕士论文］/张树利著；周聿峨指导. —广州：暨南大学，2005：43页

45. 中国非正规渠道移民的现状、成因及趋势研究［硕士论文］/汤燕著；骆克任指导. —上海：华东师范大学，2005：52页

中国台湾博硕士学位论文

2009年

1. 国族论述下的新加坡华人聚落变迁［博士论文］= The Change of Singapore Chinese Settlements：A Discourse on Nationalism /叶韵翠著；陈国川指导. —台北：国立台湾师范大学，2009：163页

2. 华裔女性找寻家园之旅［博士论文］= A Journey to Chinese American Women's Homes/廖炅钧著；陈靖奇指导. —高雄：高雄师范大学，2009：201页

3. 马来（西）亚董教总与华文教育发展之研究（1951—2000）［博士论文］= A Study of the Dongjiaozong and Development of Chinese Education in Malaysia, 1951－2000/陆建胜著；古鸿廷指导. —南投：暨南国际大学，2009：504页

4. 不一样的路——马来西亚关丹非华裔家长选择华小的原因及困难［硕士论文］= A Different Way：The Causes and Problems of Non-Chinese Parents' Choosing Chinese Primary Schools in Kuantan, Malaysia/林坊玲著；林开忠指导. —南投：暨南国际大学，2009：141页

5. 从"郑和下西洋"看华文中学历史教科书的书写［硕士论文］/李丽满著；朱鸿指导. —台北：国立台湾师范大学，2009：187页

6. 从改制中学看国族建构——马来西亚雪州加影育华国民型中学个案研究［硕士论文］= Nation Building in Malaysia's Chinese-conforming School：A Case Study of Yu Hua National Type Secondary School/何秋梅著；林开忠指导. —南投：暨南国际大学，2009：106页

7. 东南亚的"客家"意涵——英殖民马来亚的华人分类过程［硕士论文］= The Connotation of "Hakka" in Southeast Asia：The Classification Process of Chinese in British Malaya/黄靖雯著；张翰璧指导. —桃园：国立中央大学，2009：252页

8. 国民小学缅甸华侨学生家长参与学校教育及其相关因素之研究［硕士论文］ = A Study on the Burmese-Chinese Parental Involvement in Their Children's Elementary Schooling and Related Factors/孙秋云著；林美和指导. —台北：国立台湾师范大学，2009：117 页

9. 胡锦涛主政时期侨务政策研究（2002—2009）［硕士论文］ = A Study of Chinese President Hu Jintao's Overseas Chinese Affair Policy（2002 - 2009）/锺文昌著；潘锡堂指导. —淡江：淡江大学，2009：169 页

10. 华人游客文化资产怀旧意向及其旅游行为之探讨——以故宫博物院为例［硕士论文］/陈忆萱著；李俊鸿指导. —花莲：国立花莲教育大学，2009：134 页

11. 跨界流动中的族群保存与跨文化认同建构之间的辩证拉锯——以在台湾工作的马来西亚华人为例［硕士论文］ = The Dialectical Tension between Ethnic Preservation and Cross Cultural Identity Constructs：The Experience of Chinese Sian Worker in Taiwan/陈心围著；陈辉立指导. —台北：辅仁大学，2009：100 页

12. 侨务委员会华语文教材之文化导入研究［硕士论文］/郭淑芳著；叶德明指导. —台北：国立台湾师范大学，2009：117 页

13. 台妈在新加坡——"台—新"跨国家庭的移民经验［硕士论文］ = Taiwanese Mothers in Singapore：The Migration Experience of Taiwan-Singapore Transnational Families/林佳铃著；龚宜君指导. —南投：暨南国际大学，2009：116 页

14. 台湾 1.5 代年轻回流移民之适应与认同［硕士论文］ = A Daptation and Self-identities of Taiwanese Young Return Migrants/陈钰淳著；姜兰虹指导. —台北：台湾大学，2009：149 页

15. 泰北中国"结"——从泰北华人学子的中国求学路谈起［硕士论文］ = "Tangle"：Tracking the Studying Path of the Chinese Students in Northern Thailand to Mainland China/陈文政著；周阳山，高人杰指导. —台北：台湾大学，2009：59 页

16. 西马来西亚华文报业发展的政经分析（1880—2008）［硕士论文］ = The Political Economic Analysis on the Development of the West Malaysia Chinese Newspaper（1880 - 2008）/曾丽萍著；胡光夏指导. —台北：世新大学，2009：236 页

17. 一位新加坡华族移民客家阿婆的生命故事［硕士论文］ = A Life Story of Hakka "AhPo" in Singapore/蔡津美著；萧文指导. —南投：暨南国际大学，2009：115 页

18. 移民华语教师课程实践性之探究——以"来去华语"课程为例［硕士论文］ = A Study of Immigrants Curriculum Praxis for CSL Teachersin in "Lai-Qu Huayu" Program/黄湘玲著；锺镇城指导. —高雄：国立高雄师范大学，2009：208 页

19. 影响新加坡华族女性银发族再就业因素之探讨［硕士论文］ = Research on the Factors Affecting of Singapore Chinese Elder Woman's Re-employment/王春娇著；周美伶指导. —南投：暨南国际大学，2009：96 页

20. 越南地区华语教学的服务质量与顾客满意度关联之研究——以某补教业机构为例［硕士论文］ = How Service and Quality of Mandarin Teaching Affect Customer Satisfactory in Vietnam in One Language School/张瓅元著；严国庆指导. —台中：朝阳科技大学，2009：73 页

21. 越南华人迁移史与客家话的使用——以胡志明市为例［硕士论文］ = The Emigra-

tion History of Vietnamese Chinese and Their Use of Language —A Preliminary Study of Hakka in Ho Chi-Minh City/吴静宜著；罗肇锦，杨聪荣指导．—桃园：国立中央大学，2009：315 页

22．中国留学生在新加坡生活适应之研究［硕士论文］ = Study of the Adjustment of Mainland China Students in Singapore/林丽君著；周美伶指导．—南投：暨南国际大学，2009：110 页

23．宗教信仰对华族退休老人生活适应影响之研究［硕士论文］ = A Study on How Religious Beliefs Impact Chinese Retirees in Terms of Adaptability to Their Retired Lives/陈荣春著；赵祥和指导．—南投：暨南国际大学，2009：137 页

2008 年

1．马华穆斯林的文化变迁与社会适应［博士论文］/郑月里著；张中复，陈鸿瑜指导．—台北：国立政治大学，2008：315 页

2．美国洛杉矶华族的社会适应与发展［博士论文］ = The Social Adaptation and Development of Chinese in Los Angeles, U. S. A. /李巧雯著；陈静瑜指导．—台北：中兴大学，2008：297 页

3．“全球华文网”之使用与满足研究——以台师大华裔青年语文研习班学员为例［硕士论文］ = Research on Uses and Gratification of E-Learning Huayu of Taiwan Websites: Using Youth Language Study Activity Program for Overseas Chinese Students in NTNU as an Example/傅景骏著；罗文坤指导．—台北：中国文化大学，2008：107 页

4．巴西回流台湾移民者的语言使用与语言态度之研究［硕士论文］/林风靖著；许慧如指导．—桃园：中原大学，2008：102 页

5．从落叶归根到落地生根——新加坡金门人的族群意识与认同变迁［硕士论文］ = From “Hua-ch’iao” to the Overseas Chinese: A Study on the Enthic Identity of Quemoy’s People in Singapore/黄子娟著；江柏炜指导．—金门：国立金门技术学院，2008：136 页

6．菲律宾的华人政策（1946—1986）［硕士论文］ = The Ethnic Chinese Policy of the Philippines, 1946 - 1986/张咏涵著；陈鸿瑜指导．—淡江：淡江大学，2008：138 页

7．广东省开平县赤崁镇“骑楼式”街屋建筑之研究［硕士论文］ = A Study on the “Arcade Building” from Chikan of Cantones Kaiping/陈志荣著；聂志高指导．—云林：云林科技大学，2008：328 页

8．国民党政府在美侨社的侨务工作（1949—1960）［硕士论文］/彭佩琪著；王秀惠指导．—台北：国立台湾师范大学，2008：146 页

9．合作伙伴间信任来源与信任内涵——以马来西亚华人为例之实证研究［硕士论文］ = Sources and Consequences of Trust on Inter-firm’s Transactions and Collaboration: An Empirical Study of Malaysian Chinese/范丽玲著；庄正民指导．—台北：台湾大学，2008：73 页

10．华侨旅客对台湾推广医疗观光的服务需求、参与动机与意愿之研究［硕士论文］ = A Study of Service Needs, Motivation and Willingness of the Overseas Compatriots for Taiwan Medical Tourism/刘俊亿著；张康聪，吴淑祯指导．—桃园：开南大学，2008：168 页

11. 华人商务谈判冲突解决之研究——以台湾与日本为例［硕士论文］ =The Study of Conflict Solution in Chinese Business Negotiation：An Example of Taiwan and Japan/蔡忠雄著；张列经指导. —新竹：玄奘大学，2008：95 页

12. 华人文化对创新精神之影响［硕士论文］ =The Influence of Innovation Spirit on the Chinese Culture/周依倩著；李培齐指导. —淡江：淡江大学，2008：105 页

13. 华人消费者产品设计美学判断之量表编制——以台湾地区为例［硕士论文］ =A Scale Development for Chinese Consumer's Aesthetic Judgments on Product Design in Taiwan/赖静仪著；林耀南指导. —台北：辅仁大学，2008：104 页

14. 另类的美国新移民——被收养的亚洲孩童的社会适应［硕士论文］ =Another Kind of American New Immigrants—The Social Adjustment of Asian Children's Adoption/周晓枫著；陈静瑜指导. —台北：中兴大学，2008：120 页

15. 马来西亚留台侨生之教育历程与"侨生"身份对其在台生命经验之影响［硕士论文］ =The Education Processes of Ethnic Chinese Students from Malaysia and the Impact of the"Overseas Chinese Student"Identity on Their Life Experiences in Taiwan/洪淑伦著；马蔼萱指导. —台北：国立政治大学，2008：195 页

16. 马来西亚新纪元学院的传承与转型［硕士论文］ =Passing down and Transiting of the Malaysia New Era College/高伟哲著；李美贤指导. —南投：暨南国际大学，2008：129 页

17. 马来西亚新世代华人对华文教育态度之研究——以独中生为例［硕士论文］ =The Attitudes of the Younger-generation Chinese Malaysian toward Chinese Education：The Case of Students in"Du Zhong"/陈美凤著；李美贤指导. —南投：暨南国际大学，2008：73 页

18. 美国华人社会的"变"与"不变"（1979—2004）［硕士论文］ =The"Change" and the"Changelessness"of Overseas Chinese-American Society，1979－2004/曾昱儒著；陈静瑜指导. —台北：中兴大学，2008：122 页

19. 商业谈判模式实证研究——以台湾人及菲律宾华人为例［硕士论文］ =An Empirical Study of Business Negotiation Model between Taiwanese and Philippines Chinese/王汝森著；张列经指导. —新竹：玄奘大学，2008：154 页

20. 生活适应、学业成就与学生忠诚度关系之研究——以某大学侨生为例［硕士论文］ =An Research on the Relationship among Living Adaptation，Academic Achievement，and Loyalty of the Overseas-Chinese Students in Taiwan/高嘉侦著；孙德修指导. —台中：朝阳科技大学，2008：77 页

21. 十八、十九世纪婆罗洲客家华人研究［硕士论文］/郑元升著；古鸿廷指导. —台中：东海大学，2008：149 页

22. 台湾女性嫁到马来西亚生活适应之研究——以嫁给马来西亚华侨为例［硕士论文］ =A Study of Life Adaptation Taiwanese Females Married to Malaysian Chinese Males/吴艳柔著；李岳庭指导. —台南：国立台南大学，2008：127 页

23. 泰国华文教育之个案研究［硕士论文］ =A Case Study of Chinese Language Education in Thailand/林秋香著；叶德明指导. —台北：国立台湾师范大学，2008：135 页

24. 探讨华人社交网站使用者之爱情依附形态对在线自我揭露行为影响——以爱情公

寓为例［硕士论文］ = Discussing the Behaviors of Self-disclosure on Attachment Styles—A Study on Chinese SNS website, I-part. /徐伊玫著；王小惠指导. —桃园：元智大学，2008：117 页

25. 外人及华侨来台投资实务探讨［硕士论文］ = Investment in Taiwan Practice Discussion /吕铃锋著；高俪华指导. —桃园：中原大学，2008：121 页

26. 我国侨教政策变迁之研究——以历史制度主义角度分析［硕士论文］/蔡佩珊著；颜良恭指导. —台北：国立政治大学，2008：154 页

27. 香港侨资与台湾纺织业（1951—1965）［硕士论文］/彭琪庭著；林满红指导. —台北：国立台湾师范大学，2008：106 页

28. 小留学生的美丽与哀愁——回流人口的适应与认同［硕士论文］ = To Be or Not to Be — The Dilemma of Returning Immigrants/王玮莲著；彭文正指导. —台北：台湾大学，2008：39 页

29. 新移民族群社会行动模式之研究——南洋台湾姊妹会的考察［硕士论文］ = A Study on the Model of Marriage Migrants' Social Actions：The Case of the TransAsia Sisters Association, Taiwan/杨明惠著；李明政指导. —台北：东吴大学，2008：133 页

30. 移民政策与社会网络——九〇年代以来的捷克中国移民［硕士论文］ = Migration Policy and Social Networks—Chinese Community in the Czech Republic since 1990/曲北兰著；卢倩仪指导. —台北：国立政治大学，2008：71 页

31. 印度尼西亚华文教育的复苏发展与面临的问题［硕士论文］ = The Chinese Language Education in Indonesia：Recovery and Challenges/田乃绮著；黄兆仁指导. —南投：暨南国际大学，2008：90 页

32. 印度尼西亚苏哈托时期的排华运动［硕士论文］ = The Anti-Chinese Movement in Indonesia under the Rule of Suharto/黄钰容著；陈鸿瑜指导. —淡江：淡江大学，2008：176 页

33. 争取海外力量——中华民国外交、侨务、党务在新马的运作（1945—1957）［硕士论文］ = Winning Overseas Support：Diplomacy, Party Affairs, Overseas Chinese Policy of R. O. C in Malaya and Singapore, 1945 - 1957/黄辰涛著；李盈慧指导. —南投：暨南国际大学，2008：178 页

34. 中共改革开放以来的侨务政策［硕士论文］ = China's Overseas Chinese Affairs Policies since Reformation and Opening up/邹素珍著；赵春山指导. —淡江：淡江大学，2008：154 页

35. 中和华新街缅华族裔经济小区形成与发展之研究［硕士论文］ = Hua-shin Street Community：An Urban Enclave in Taiwan/游惠晴著；黄德北指导. —台北：世新大学，2008：141 页

2007 年

1. 华文流行音乐区域与都市形构及其治理［博士论文］ = Formation and Governance of the Mandarin Popular Music Region and City/张容瑛著；周志龙指导. —台北：国立台北大

学，2007：194 页

2. 马来西亚华人中国认同之研究——以尊孔独立中学为研究场域［博士论文］= A Study of China-oriented Identity of the Malaysian Chinese：The Case of Confucian Private Secondary School/叶玉贤著；锺宜兴指导. —南投：暨南国际大学，2007：399 页

3. 1980 年以来台湾侨务政策与美国台湾移民［硕士论文］= Taiwan Overseas Compatriot Affairs and Taiwanese Immigrants in America since 1980/刘明山著；陈静瑜指导. —台北：中兴大学，2007：157 页

4. 卑微与崇高——马来西亚华文报记者的自我角色认知［硕士论文］= Self-perception of Chinese Language Newspapers' Reporters in Malaysia/廖佩雯著；朱立指导. —台北：国立政治大学，2007：129 页

5. 不同程度华裔学生之阅读策略研究［硕士论文］= A Study on Reading Stratagies for Heritage Chinese Learners in Different Levels/王如音著；信世昌指导. —台北：国立台湾师范大学，2007：142 页

6. 从宝来证券股份有限公司与华侨商业银行股份有限公司谈企业并购［硕士论文］= From Polaris Securities Co. Ltd. and Bank of Overseas Chinese/林冠成著；黄嘉兴指导. —云林：云林科技大学，2007：32 页

7. 大学侨生健康促进行为与生活质量之探讨——以国立台湾师范大学侨生先修部学生为例［硕士论文］= Health Promotion Behavior and Quality of Life Among Overseas Chinese University Students of Preparatory Program in National Taiwan Normal University/廖美莲著；高碧霞指导. —台北：台湾大学，2007：127 页

8. 东南亚裔新移民女性家长参与及其子女学校生活适应之关联［硕士论文］= The Relationship of Parental Involvement of the Southeast Asian Female Immigrants to the School Life Adjustments of Their Children/萧如芬著；吴毓莹指导. —台北：国立台北教育大学，2007：94 页

9. 多元文化下的移民母语之延续——由加拿大的传统语言政策看台湾新移民问题［硕士论文］= Maintenance of Immigrants' Languages under Multiculturalism — A Case Study of the Heritage Language in Canada and Its Comparison with Taiwan/洪美芳著；洪镰德指导. —台北：台湾大学，2007：151 页

10. 海外华人农场旅游之服务质量、牺牲、价值及满意度关系之研究［硕士论文］= Service Quality，Sacrifice，Value and Satisfaction of Overseas Chinese on Farm Tourism/沈育全著；蔡明志指导. —宜兰：国立宜兰大学，2007：54 页

11. 华侨对原乡捐资兴学之研究——以金门县珠山小学为例［硕士论文］/杨唯羚著；姚诚指导. —花莲：国立花莲教育大学，2007

12. 华文入口网站新闻服务之研究［硕士论文］= The Study on News Service of Chinese Portal Sites/林佳宜著；杨美雪指导. —台北：国立台湾师范大学，2007：160 页

13. 加拿大台湾回流年轻移民在适应与认同之研究［硕士论文］= A Study on the Adaptation and Identity of Returning Young Taiwanese Migrants from Canada/锺佳君著；徐荣崇指导. —台北：台北市立教育大学，2007

14. 离散者的中国民族主义——华裔学者赵穗生、郑永年面对中国的身份策略［硕士

论文] =Diasporic Discourses on Chinese Nationalism：Zhao Suisheng and Zheng Yongnian's Identity Strategy of Writing China in English/郭佳佳著；石之瑜指导．—台北：台湾大学，2007：89页

15．马来西亚华人企业经营模式与决策——“云顶集团”之研究［硕士论文］=Business Models and Decisions of Malaysian Chinese：A Case Study of “Genting Group”/林世聪著；林钦明指导．—淡江：淡江大学，2007：93页

16．马来西亚华人新村文化景观的变迁——增江新村之研究［硕士论文］/邹雁慧著；杨宗惠指导．—台北：国立台湾师范大学，2007：134页

17．马来西亚沙巴州华语的研究［硕士论文］/吴晓慧著；张慧美指导．—彰化：国立彰化师范大学，2007：209页

18．美国加州硅谷高科技台湾移民人才流动之研究［硕士论文］=The Research of Taiwanese High-tech Immigrants in the Silicon Valley/林希闵著；陈静瑜指导．—台北：中兴大学，2007：153页

19．美浓南洋台湾姊妹会新移民女性休闲生活研究［硕士论文］=A Study of the Leisure Life of New Female Immigrants in TransAsia Sisters Association，Meinong，Taiwan/陈怡伶著；颜亮一，李素馨指导．—台中：逢甲大学，2007：99页

20．全球化下中共的东南亚侨务政策［硕士论文］=China's Overseas Chinese Policy in Southeast Asia in a Globalized World/何弘欣著；刘广华指导．—台中：铭传大学，2007：116页

21．人才在区域间流动之研究——以华人在美、中、台、港、新地区流动为例［硕士论文］=A Study on International Human Mobility：Take US，China，Taiwan，Hong Kong and Singapore for Example/刘郁升著；杨君琦指导．—台北：辅仁大学，2007

22．砂劳越诗巫福州人领导层之研究［硕士论文］/陈欣慧著；陈鸿瑜指导．—台北：国立政治大学，2007：109页

23．商政角色的延续与断裂——时代变局下的新加坡中华总商会（1945—1965）［硕士论文］=The Changing Roles of the Singapore Chinese Chamber of Commerce during 1945-1965：The Economic and Political Aspects/叶家豪著；李盈慧指导．—南投：暨南国际大学，2007：173页

24．新加坡华文幼儿教师生涯发展之探索研究［硕士论文］=Research on Career Development of Singapore Pre-school Chinese Teachers/罗耀琴著；萧文指导．—南投：暨南国际大学，2007：68页

25．新加坡华族低收入家庭妇女就业障碍之探讨［硕士论文］=A Study on Singapore's Low-Income Chinese Women's Employment Obstacles/张心怡著；萧文指导．—南投：暨南国际大学，2007：148页

26．新移民女性增能培力之探究——以“南洋台湾姊妹会”成员为例［硕士论文］=The Study of Empowerment of Newly Immigrant Women—Take Members of “TransAsia Sisters Association，Taiwan' as Example/张婉如著；游美惠指导．—高雄：高雄师范大学，2007：147页

27．印度尼西亚西加地区海陆客语接触研究［硕士论文］=Language Contact and

Change of Lu-Fung Hakka Spoken in West Kalimantan, Indonesia/梁心俞著；刘镇发，罗肇锦指导. —台北：辅仁大学，2007：120 页

28. 再华化的意义——探讨旅台马印侨生文化认同的异同［硕士论文］ = Re-Sinification: An Exploration of Cultural Identities between the Chinese Students of Indonesia and Malaysia in Taiwan/李衍造著；林开忠指导. —南投：暨南国际大学，2007：108 页

29. 在美国非华语环境下中文教学策略之行动研究［硕士论文］ = Action Research on Chinese Teaching Strategy in Non-Target Language Environment/孟庆明著；信世昌指导. —台北：国立台湾师范大学，2007：165 页

30. 在台侨生幸福感之探索研究［硕士论文］ = A Study of Exploration to Chinese Overseas Students' Well-being in Taiwan/程良生著；萧文指导. —南投：暨南国际大学，2007：91 页

2006 年

1. 华人幼儿教育产业都会区位营销策略之比较研究——以台北、香港、新加坡三地为例［博士论文］ = The Comparison Research of Metropolitan Locations Marketing Strategies for the Chinese Pre－school Education Industry in Taipei, Hong Kong and Singapore, for Example/林佳芬著；林新发，周灿德指导. —台北：国立台北教育大学，2006：387 页

2. 大洛杉矶台湾移民社团发展探析（1971—2006）［硕士论文］ = The Development of the Associations of the Taiwanese American in Greater Los Angeles（1971－2006）/张志平著；陈静瑜指导. —台北：中兴大学，2006：117 页

3. 大学侨生成功适应历程之质性研究［硕士论文］ = A Qualitative Study of Overseas Chinese University Students' Process of Successful Adaptation/徐昌燕著；黄玉指导. —台北：国立台湾师范大学，2006：259 页

4. 东南亚地区华人对台湾休闲农业之旅游意象区隔及市场定位之研究——以新加坡、马来西亚为例［硕士论文］ = A Study of Travel Willingness and Market Positioning Ethnic Chinese of Southeast Asia Region Have for Taiwan's Leisure Farming Industry— Singapore and Malaysia as Case Studies/邱翔羚著；徐言指导. —宜兰：佛光大学，2006：90 页

5. 华人在美政治参与之研究［硕士论文］/林大钧著；吕亚力指导. —台北：中国文化大学，2006：203 页

6. 经济全球化下中国吸收外资之研究——以海外华人地区（港澳台）为例［硕士论文］ = A Study of China Attract FDI in Economic Globalization—Take Hong Kong, Macao and Taiwan for Example/廖婉伶著；朱言明指导. —台北：中兴大学，2006：135 页

7. 科技穿越乡愁的赤道线——在台马来西亚华人的离散经验［硕士论文］/陈锐嫔著；吴筱玫指导. —台北：国立政治大学，2006：118 页

8. 马来西亚华文高中学生死亡态度与生死教育需求之研究［硕士论文］ = A Study on Chinese High School Students' Attitude towards Death and the Need for Life and Death Education in Malaysia/房丽媚著；蔡明昌指导. —嘉义：南华大学，2006：158 页

9. 马来西亚与新加坡族群政策之比较——以马哈迪与李光耀时期为例［硕士论文］ =

A Comparative Study of Racial Policies between Malaysia and Singapore: Mahathir bin Mohammed vs. Lee Kuan Yew/吴雅芬著；颜建发指导．—淡江：淡江大学，2006：157 页

10. 迁移、嬗变与认同——从加州蒙特利公园市到圣盖博谷华人移民小区之型塑（1965—2006）［硕士论文］ = Migration, Evolution and Identification: The Shaping Chinese Immigrant Community from Monterey Park to San Gabriel Valley, California（1965 – 2006）/洪玉儒著；陈静瑜指导．—台北：中兴大学，2006：217 页

11. 清末民初的中国留学生——时代与区域的考察［硕士论文］/李仲刚著；杨维真指导．—嘉义：国立中正大学，2006：100 页

12. 台湾移民在台加社会间的移动与适应［硕士论文］ = A Study on the Movement and Adaptation of Taiwanese Migrants between Taiwan and Canada/林淑惠著；徐荣崇指导．—台北：台北市立教育大学，2006：122 页

13. 五一三事件华人之集体记忆探讨［硕士论文］ = The Chinese Collective Memory for May 13 Incident/林嫒婷著；林开忠指导．—南投：暨南国际大学，2006：103 页

14. 移民社会网络及政治参与——以"南洋台湾姊妹会"为例［硕士论文］/张雅翕著；汤京平指导．—嘉义：国立中正大学，2006：102 页

15. 易地的金枝——缅华文化调适与认同［硕士论文］ = Moving Golden Bough – Burmese-Chinese Culture Changes and Identification/刘秀淑著；叶乃齐指导．—台北：华梵大学，2006：122 页

16. 印尼亚齐客家人之研究［硕士论文］/陈欣慧著；陈鸿瑜指导．—台北：国立政治大学，2006：109 页

17. 在台韩国华侨夫妻劳动经验之考察——台北都会区之田野研究［硕士论文］ = Examining the Labor Experience of Korean Chinese Couples in Taiwan: A Field Study of Taipei Metroplitan/侯丞芝著；马蔼萱指导．—台北：国立政治大学，2006：107 页

18. 中华民国移民政策之研究［硕士论文］/叶育硕著；姜家雄指导．—台北：国立政治大学，2006：183 页

2005 年

1. 海峡两岸推展侨务政策之比较研究——兼论侨教之比较［博士论文］/饶庆铃著；黄人杰指导．—台北：国立台湾师范大学，2005：226 页

2. 马来（西）亚华文独立中学教育之研究（1957—2003）［博士论文］/李宝钻著；郑瑞明指导．—台北：国立台湾师范大学，2005：336 页

3. 迁移、文化与认同——缅华移民的社群建构与跨国网络［博士论文］ = Migration, Cultures and Identities: The Social Construction and Transnational Networks of Burmese-Chinese Immigrant Communities in Yangon, Jhong-he and Toronto/翟振孝著；蒋斌指导．—新竹：国立清华大学，2005：201 页

4. "全球华文网络教育中心教学资源管理系统"之使用性评估［硕士论文］ = The Study of Usability Evaluation on "Learning Content Management System of Global Chinese Language and Culture Center"/吴同顶著；赵贞怡指导．—台北：国立台北教育大学，2005：

197 页

5. 1997 至 2005 年中国时报“人间副刊”、联合报“联合副刊”与自由时报“自由副刊”插画演变［硕士论文］ = The Illustration Development of Literary Supplements of China Times, United Daily News and Liberty Times from 1997 to 2005/郑子莹著；伊彬指导. —台北：国立台湾科技大学，2005：155 页

6. 澳洲台湾年轻移民生活适应与身分认同过程之探讨——以墨尔本为例［硕士论文］ = Identity Formation of Young Taiwanese Immigrations：A Case Study of Melbourne/杨智翔著；姜兰虹指导. —台北：台湾大学，2005：88 页

7. 大学侨生校园经验与学习成就之研究［硕士论文］/吴玥玲著；何英奇指导. —台北：国立台湾师范大学，2005：202 页

8. 第二次世界大战后越南之华人政策（1945—2003）［硕士论文］ = The Policy of Vietnam toward Ethnic Chinese after WW Ⅱ, 1945 - 2003/黄宗鼎著；陈鸿瑜指导. —台北：国立政治大学，2005：226 页

9. 浮绘侨眷家庭妇女的生活图像——探讨金门地区 1930—1950 侨眷家庭妇女的角色与功能［硕士论文］ = The Depictation of the Lives of the Wives of Overseas Chinese Migrants form Kinmen-exploring Their Role and Function in Their Homeland, Kinmen, 1930 - 1950/刘湘金著；洪启东，李君如指导. —台中：铭传大学，2005：147 页

10. 华裔美人自我认同之反思——评析张纯如中国历史之研究［硕士论文］ = The Reflection of Chinese American' s Self-Identity：Critiques of Iris Chang' s Works on Chinese History/姚明俐著；尤本立指导. —淡江：淡江大学，2005：94 页

11. 江泽民侨务思维及政策之研究（1992—2003 年）［硕士论文］ = The Study of Jiang Zemin's Thought and Policy of Overseas Chinese Affairs （1992 - 2003）/田雒凤著；樊中原指导. —台中：铭传大学，2005：147 页

12. 跨文化华语拒绝策略研究——以美加籍学生为例［硕士论文］ = A Cross-cultural Study on the Refusal Strategy of the U. S. A. and Canada Learners of Mandarin Chinese/李婉妤著；王萸芳指导. —高雄：国立高雄师范大学，2005：97 页

13. 两岸客家研究与客家社团之政治分析——以“世界客属恳亲大会”为中心［硕士论文］ = Political Analysis on Hakka Studies and Hakka Associations of Cross-Strait：From the Center of “World Hakka Convention”/叶日嘉著；邱荣举指导. —台北：中国文化大学，2005：180 页

14. 两岸侨教政策变化之研究［硕士论文］ = The Policy of Overseas Chinese Education between R. O. C and P. R. C/罗俐著；廖达琪指导. —高雄：国立中山大学，2005：156 页

15. 两个世界——慈济印度尼西亚赈灾对印度尼西亚华人企业家志工影响［硕士论文］ = Two Worlds：The Impacts of Tzuchi's Projects on Chinese Entrepreneur Volunteers' Attitudes towards the Ethnic Relations in Indonesia/游彩霞著；夏晓鹃指导. —台北：世新大学，2005：177 页

16. 马来西亚独中系统统一考试试题分析——以电机电子科为例［硕士论文］ = Item Analysis of the Unified Exam in Malaysia Independent High School System ：The Case of Electrical & Electronic Subject/林美燕著；廖年淼指导. —云林：云林科技大学，2005：139 页

17. 马来西亚华人社团公司化的发展与影响［硕士论文］ = Development and Influence of Corporation of Malaysian Chinese Association/彭圣著；颜建发指导. —淡江：淡江大学，2005：108 页

18. 马来西亚华文独立中学高中统一考试的研究（1975—2005）［硕士论文］ = A Research on Malaysia Chinese Independent Schools' Unified Examination（Senior Section）（1975 - 2005）/吴文武著；黄建淳指导. —淡江：淡江大学，2005：171 页

19. 美国洛杉矶地区台湾移民之华文报业（1980—2004）［硕士论文］ = The Study of Chinese Newspapers on Taiwanese Americans：A Case Study of Los Angeles/陈菁菁著；陈静瑜指导. —台北：中兴大学，2005：202 页

20. 美国台湾移民居留身份预测模式探讨［硕士论文］ = The Forecasting Model of Citizenship Status of Migrants to the U. S. from Taiwan/黄国栴著；王鸿龙指导. —台北：国立台北大学，2005：83 页

21. 缅甸仰光汉传佛教团体之发展与困境［硕士论文］ = Development and Dilemma of the Chinese Buddhism Organizations in Yangon, Myanmar/释自懋（吴凤萤）著；卢蕙馨，张宪生指导. —花莲：慈济大学，2005：157 页

22. 偶然身为侨生——战后不同世代华裔马来西亚人来台求学的身份认同［硕士论文］/陈慧娇著；方孝谦指导. —台北：国立政治大学，2005：118 页

23. 全球化与好莱坞华裔导演——作品探讨与形态分析［硕士论文］ = Globalization and Hollywood Chinese Directors—Works Discussion and Typology Analysis/彭光伟著；周阳山指导. —台北：台湾大学，2005：211 页

24. 台湾与美国海外学校政策之比较研究［硕士论文］ = A Comparative Study of Operation of Overseas Schools of Taiwan and USA/林岑霏著；蔡清华指导. —高雄：国立中山大学，2005：162 页

25. 图书出版加值应用与华文出版整合模式之研究［硕士论文］ = A Study on Value-Added Application in Book Publishing and Integrated Framework of Chinese Publishing/李锡敏著；万荣水指导. —嘉义：南华大学，2005：163 页

26. 我国驻外机构经营绩效之探讨——以侨务委员会为例［硕士论文］/欧阳富著；孙克难，吴中书，王国梁指导. —台北：国立政治大学，2005：51 页

27. 新世代侨生近乡情怯——海外台湾学校深度报道［硕士论文］ = Education of Taiwan Student in South East Asia/甘仲豪著；卓亚雄，彭文正指导. —台北：台湾大学，2005：61 页

28. 行政机关绩效评估制度之实证研究——以侨务委员会为例［硕士论文］ = Empirical Study on Performance Evaluation System of the Government Agency：A Case of Overseas Compatriot Affairs Commission/陈丽梅著；杨清溪指导. —台北：国立台北大学，2005：130 页

29. 以情感作为市场区隔——马来西亚侨生和推动台湾观光产业之研究［硕士论文］ = Emotions in Market Segmentation：A Study of Malaysian Overseas Chinese Students and Promotion of Tourism in Taiwan/陈静仪著；李伟权指导. —台中：亚洲大学，2005：74 页

30. 银行保险之购买因素分析——以华侨商业银行个人客户为例［硕士论文］ = The

Study of Purchase Factors in Bancassurance：By the Personal Customers of Bank of Overseas Chinese/刘芷妤著；郝充仁指导. —淡江：淡江大学，2005：115 页

31. 战后马来西亚地区华文高等教育之研究（1945—2005）［硕士论文］ = The Chinese Higher Education in Malaysia，1945 - 2005/曹淑瑶著；余文堂指导. —台北：中兴大学，2005：366 页

32. 族群冲突与文化认同——马来西亚白沙罗小学保校运动案例分析［硕士论文］/林奕辰著；姚韵慧指导. —台北：中国文化大学，2005：142 页

英文博硕士学位论文

2009 年

1. An intimate world：race，migration，and Chinese and irish domestic servants in the United States，1850 - 1920 ［Ph. D.］/ by Urban，Andrew Theodore，United States：University of Minnesota，2009，356 pages；Advisor：Gabaccia，Donna，Lee，Erika

2. Antecedents of parenting efficacy among Chinese immigrant parents in Canada ［Ph. D.］/ by Dokis，Daphne Patricia，Canada：University of Victoria，2009，146 pages

3. Boundaries of belonging overlapping loyalties and multiple attachments—A study of the North American Chinese Invitational Volleyball Tournament ［Ph. D.］/ by Nakamura，Yuka，Canada：University of Toronto，2009，346 pages

4. Chinese American youth's re-construction of the American experience ［Ed. D.］/ by Yu，Judy Wai Man，United States：Teachers College，Columbia University，2009，242 pages；Advisor：Knight-Diop，Michelle G.

5. Chinese Americans in China：Ethnicity，transnationalism，and roots tourism ［Ph. D.］/ by Ueda（Maruyama），Naho，United States：Texas A&M University，2009，185 pages；Advisor：Stronza，Amanda

6. Chinese immigrant students：Negotiating a globalized identity，language，culture，and education within multiple contexts ［Ph. D.］/ by Lee，Yuhshi，United States：University of Washington，2009；Advisor：Banks，James A.

7. Chinese language schools' language policy for non-Mandarin-speaking students ［Ed. D.］/ by Wu Weili，Ed. D.，United States：Teachers College，Columbia University，2009，201 pages；Advisor：Garcia，Ofelia

8. Cultural differences in children's development of social competence between European American and Chinese immigrant families ［Ph. D.］/ by Chen Kuanyi，United States：The University of Texas at Austin，2009，196 pages；Advisor：Suizzo，Marie A.，Whittaker，Tiffany

9. Degrees of "scapegoatability": Assessing spatial variations in collective violence against the ethnic Chinese in Indonesia [Ph. D.] / by Weeraratne, Suranjan, Canada: McGill University, 2009, 369 pages

10. Depression in Chinese American immigrant adults: An exploration of culturally based manifestations, structure and measurement [Ph. D.] / by Wong, Rose, United States: University of California, 2009, 173 pages; Advisor: Snowden, Lonnie R.

11. Differentiation and tradition: Parenting tensions within the Chinese-American family [Psy. D.] / by Duncan, Angel Yun-Chi, United States: Azusa Pacific University, 2009, 155 pages; Advisor: Erisman, Marv

12. Effects of social capital on the psychosocial adjustment of Chinese migrant children [Ph. D.] / by Wu Qiaobing, United States: University of Southern California, 2009, 179 pages; Advisor: Palinkas, Lawrence A.

13. Exploring cultural influence on leadership practices: A case study of eight Taiwanese immigrant entrepreneurs in the hotel industry in south Texas [Ph. D.] / by Chang, Yun-Hsi (Simon), United States: University of the Incarnate Word, 2009, 222 pages; Advisor: Beauford, Judith E.

14. Gu Hongming and the re-invention of Chinese civilization [Ph. D.] / by Du Chunmei, United States: Princeton University, 2009, 304 pages; Advisor: Elman, Benjamin

15. Influence of health beliefs, gender, income and family/social support on compliance with hypertensive therapeutic regimens among Chinese immigrants in the United States [Ph. D.] / by Feng, Ching-Chuen, United States: The Catholic University of America, 2009, 196 pages; Advisor: O'Brien, Mary Elizabeth

16. Learning as socially organized practices: Chinese immigrants fitting into the engineering market in Canada [Ph. D.] / by Shan, Hongxia, Canada: University of Toronto, 2009, 269 pages

17. Lost and found: A study of intercultural experience on the art, culture, and identity of Chinese Americans [Ph. D.] / by Wang, Yueh Chen, United States: The University of Iowa, 2009, 172 pages; Advisor: Williams, Rachel

18. Narrating community in Yokohama Chinatown: 1894 – 1972 [Ph. D.] / by Han, Eric C., United States: Columbia University, 2009, 252 pages; Advisor: Gluck, Carol

19. Perception of early intervention family outcome: Inside Chinese-American families having children with disabilities [Ph. D.] / by Wu, Peifang (Rachel), United States: The University of Oklahoma, 2009, 193 pages; Advisor: Lovett, David L.

20. Race and policing: Chinese immigrants/Americans perceptions of the police [Ph. D.] / by Wu, Yuning, United States: University of Delaware, 2009, 270 pages; Advisor: Sun, Ivan Y.

21. Situating linguistic landscape in time and space: A multidimensional study of the discursive construction of Washington D. C. Chinatown [Ph. D.] / by Lou, Jia, United States: Georgetown University, 2009, 313 pages; Advisor: Podesva, Robert J.

22. Stakeholder views of Korean and Chinese heritage language-community language (HL-CL) schools and education in Phoenix: A comparative study [Ph. D.] / by You, Byeong-Keun, United States: Arizona State University, 2009, 251 pages

23. Talking with bilingual Chinese-American immigrant parents of children with autism spectrum disorders about intergenerational language practices [Ph. D.] / by Yu, Betty, United States: University of California, Berkeley, 2009, 268 pages; Advisor: Kramsch, Claire, Soto, Gloria

24. Teaching Chineseness in the trans-Pacific society: Overseas Chinese education in Canada and the United States, 1900 – 1919 [Ph. D.] / by Huang, Belinda, United States: Princeton University, 2009, 345 pages; Advisor: Naquin, Susan

25. Temples of trade: Chinese art in Bangkok, 1824 – 1851 [Ph. D.] / by Patterson, Jessica Lee, United States: University of California, Berkeley, 2009, 427 pages; Advisor: Williams, Joanna

26. The "sent-down body" remembers: Contemporary Chinese immigrant women's visual and literary narratives [Ph. D.] / by Isbister, Dong Li, United States: The Ohio State University, 2009, 261 pages; Advisor: Mizejewski, Linda

27. The (re) production of social capital in the post-Chinatown era: A case study of the role of a Chinese language school [Ph. D.] / by Tan, Guangyu, United States: Kent State University, 2009, 256 pages; Advisor: Niesz, Tricia, Levinson, Natasha

28. The dynamic struggle of culture: An exploration of Chinese American identity development, cultural psychology models, and their impact on mental health service utilization in the United States [Psy. D.] / by Seto, Eric, United States: The Chicago School of Professional Psychology, 2009, 103 pages

29. The experiences of Chinese immigrant parents raising children in the United States [Psy. D.] / by Lee, Aileen, United States: Massachusetts School of Professional Psychology, 2009, 151 pages; Advisor: Hopkins, Kenneth

30. The overseas Chinese (huaqiao) project: Nation, culture, and race in modern China, 1890—1966 [Ph. D.] / by Chan, Shelly, United States: University of California, Santa Cruz, 2009, 317 pages; Advisor: Hershatter, Gail

31. The platform: Liberatory teaching, community organizing, and sustainability in the inner-city community of Los Angeles Chinatown [Ph. D.] / by Chang, Benjamin Johnson, United States: University of California, Los Angeles, 2009, 464 pages; Advisor: Gutierrez, Kris D., Howard, Tyrone C.

32. The return of the westward look: Overseas Chinese student literature in the twentieth century [Ph. D.] / by Shi Xiaoling, United States: The University of Arizona, 2009, 209 pages; Advisor: Li, Dian

33. Transnational goddess on the move: Meiguo Mazu's celestial inspection tour and pilgrimage as Chinese American culture work and vernacular Chinese religion [Ph. D.] / by Lee, Jonathan H. X., United States: University of California, Santa Barbara, 2009, 345 pages; Advi-

sor: Powell, William F.

34. Transnationalism of recent ethnic Chinese scientists in the United States [Ph. D.] / by Sun, Xiao-e, United States: University of Oregon, 2009, 241 pages; Advisor: O'Brien, Robert

35. Chinese transnationalism and the creation of a liberal public sphere [M. A.] / by Christman, Lanelle Elizabeth, United States: University of Nevada, Las Vegas, 2009, 306 pages; Advisor: Chung, Sue Fawn

36. Exploring Chinese-Canadians' perspectives on health—A quantitative study [M. A.] / by Chen, Dengshu, Canada: Brock University, 2009, 151 pages

37. Immigrant place entrepreneurs and urban development in Houston's Chinatown districts [M. S.] / by Knapp, Anthony Arthur, United States: Michigan State University, 2009, 216 pages; Advisor: Vojnovic, Igor

38. Interracial dating among Chinese Canadians: An online dating profile simulation study [M. A.] / by Wong, Jane Yan Ting, Canada: York University, 2009, 152 pages

39. Kinship networks and social support in the authoritarian parenting style and children's maladaptive social behaviors of Chinese immigrants [M. A.] / by Leung, Christy Y. Y., United States: University of Maryland, Baltimore County, 2009, 153 pages; Advisor: Cheah, Charissa S. L.

40. Living between two cultures: Personality and adaptation in Chinese immigrant youth [M. A.] / by Tan, Felicia Chui Choo, Canada: Brock University, 2009, 154 pages

41. Loaded words: Race, ethnicity, culture & language in the construction of Chinese-Canadian identity [M. A.] / by Huynh, Kenneth, Canada: University of Toronto, 2009, 155 pages

42. Minority representation and political participation of ethnic minorities: A case study of Chinese Canadians in democratic Canada [M. A.] / by Zha Yan, M. A., Canada: The University of Regina, 2009, 156 pages

43. Policy and the acculturation of the ethnic Chinese in Malaysia [M. A.] / by Mason, Chelsea Leigh, United States: University of Southern California, 2009, 157 pages; Advisor: Cooper, Eugene

44. Seeing and knowing in detective fiction: The case of "Chinatown" [M. A.] / by Koutras, Dino, Canada: Carleton University, 2009, 158 pages

45. Taiwanese-Chinese immigrants conceptions of intelligence [M. A.] / by Chung, Vicky Chia Chun, Canada: Simon Fraser University, 2009, 159 pages

46. The Chinese labor corps in the First World War: Forgotten allies and political pawns [M. A.] / by Frey, Shirley Jane, United States: The University of Texas at Arlington, 2009, 160 pages; Advisor: Adam, Thomas

47. The effects of upbringing & filial responsibility on Chinese-Americans' decision-making [M. A.] / by Quach, Christina S., United States: California State University, Fullerton, 2009, 161 pages; Advisor: Kim, Sharon

48. The impact of parent-child separation on Chinese Canadian immigrant families: An exploratory study [M. A.] / by Whitfield, Natasha, Canada: York University, 2009, 162 pages

49. Under the arch of friendship: Culture, urban redevelopment and symbolic architecture in D. C. Chinatown, 1970s – 1990s [M. A.] / by Khoo, Evelyn, United States: University of Maryland, College Park, 2009, 163 pages; Advisor: Gao, James Z.

2008年

1. A study on mainland Chinese high school students' choice of major in overseas higher education and their affecting factors [Ph. D.] / by Liu, Yang, Hong Kong: The Chinese University of Hong Kong, 2008, 191 pages; Advisor: Hung, Fan-sing, Chung, Yue-ping

2. Acculturation, beliefs about mental illness, and perceived social support as predictors of symptom severity in Chinese-American inpatients with schizophrenia [Ph. D.] / by Chang, Nadine A., United States: Hofstra University, 2008, 132 pages; Advisor: Serper, Mark R.

3. An investigation of cultural influence upon depressive symptomatology and its comorbid anxiety symptoms among Chinese Canadian university students [Ph. D.] / by Chia, Ai-Lan, Canada: University of Victoria, 2008, 391 pages

4. At home or an "other" in the U. S.: Taiwanese immigrant women's ambivalence, resistance and border crossing [Ph. D.] / by Chan, Hsing-I Michelle, United States: The Pennsylvania State University, 2008, 336 pages; Advisor: Espinosa-Dulanto, Miryam

5. Becoming a "Chinese-American" parent: Parents' cultural decision-making in inter-country adoption from China [Ph. D.] / by Traver, Amy Elizabeth, United States: State University of New York at Stony Brook, 2008, 175 pages

6. Border Chinese: Making space and forging identity in Mexicali, Mexico [Ph. D.] / by Martinez, Ernesto, United States: Harvard University, 2008, 289 pages; Advisor: Watson, James L.

7. Chinese American children's bilingual and biliteracy development in heritage language and public schools [Ed. D.] / by Pu, Chang, United States: The University of Texas at San Antonio, 2008, 338 pages; Advisor: Wright, Wayne

8. Chinese investigations: Immigration policy enforcement in Cold War New York Chinatown, 1946 – 1965 [Ph. D.] / by Torok, John Edward, United States: University of California, Berkeley, 2008, 391 pages

9. Coming home to a foreign country: Xiamen, overseas Chinese, and the politics of identities, 1843 – 1938 [Ph. D.] / by Ong, Soon Keong, United States: Cornell University, 2008, 246 pages

10. Community-based education and the formation of ethnic identity: Case study in a Chinese American community [Ph. D.] / by Du, Liang, United States: State University of New York at Buffalo, 2008, 274 pages; Advisor: Weis, Lois

11. Contraceptive use: A bio-psycho-cultural and relational method of protection for second-

generation Chinese American women [Ph. D.] / by Chen, Stephanie Z., United States: Alliant International University, San Francisco Bay, 2008, 174 pages; Advisor: Ja, Davis Y.

12. Cross-cultural differences between European Americans and Chinese Americans with respect to the concepts of self and communication [Ph. D.] / by Lee, Paige A., United States: Alliant International University, San Francisco Bay, 2008, 147 pages; Advisor: Ja, Davis Y.

13. Cultural values, informal support, and caregiving outcomes among Chinese American caregivers [Ph. D.] / by Tang, Mei Kit, United States: The University of Alabama, 2008, 307 pages

14. Culture, gender and context: Chinese immigrant fertility revisited [Ph. D.] / by Ren, Ping, United States: The University of California, Irvine, 2008, 148 pages

15. Development and evaluation of a culturally specific career, exploration, development and resources group (CEDAR) for low-income, urban, Chinese immigrant youths [Ph. D.] / by Shea, Mun-Yi, United States: Columbia University, 2008, 250 pages

16. Dwelling within-and-between two worlds: The lived experience of Chinese American immigrants [Ph. D.] / by Cline, Janet Yuchieh, United States: Pacifica Graduate Institute, 2008, 309 pages; Advisor: Craig, Erik

17. Ethnic chameleons and the contexts of identity: A comparative look at the dynamics of intra-national ethnic identity construction for 1.5 and second generation Chinese-Vietnamese and Vietnamese Americans [Ph. D.] / by Trieu, Monica Mong, United States: University of California, Irvine, 2008, 234 pages

18. Ethnic group membership, phenotype, and perceptions of racial discrimination for Filipino and Chinese Americans: Implications for mental health [Ph. D.] / by Nadal, Kevin L., United States: Columbia University, 2008, 194 pages; Advisor: Sue, Derald Wing

19. Family social networks: Taiwanese immigrant parents' homeschooling experiences [Ph. D.] / by Tsai, Tsai Fu, United States: The University of Oklahoma, 2008, 201 pages; Advisor: Griffith, Priscilla

20. Impact of intergenerational differences on Chinese Americans in family therapy: A qualitative study [Ph. D.] / by Wong, Michael, United States: Texas Woman's University, 2008, 103 pages; Advisor: Jennings, Glen

21. Interparental violence and symptom expression in Chinese-American children: The moderating role of cultural factors [Psy. D.] / by Luu, Jennifer Kay, United States: Alliant International University, San Francisco Bay, 2008, 95 pages; Advisor: Jenkins-Monroe, Valata

22. Literacy practices of low-literate working-class new Chinese immigrant families [Ph. D.] / by Hsieh, Ivy Haoyin, United States: University of Florida, 2008

23. Multicultural identity formation through the eyes of first generation Taiwanese-American immigrants: An exploratory study [Ph. D.] / by Babb, Jing Yuann, United States: The Claremont Graduate University and San Diego State University, 2008, 182 pages

24. One size does not fit all: The effect of the model minority stereotype on the academic journeys of ten Chinese American and Korean American women [Ed. D.] / by Diamond, Rob-

in Holly, United States: Rutgers The State University of New Jersey-New Brunswick, 2008, 154 pages; Advisor: Giarelli, James

25. Perceptions of Chinese international students in Singapore: Adjustment issues and support [Ph. D.] / by Steele, Kelly Dawn, Canada: University of Toronto, 2008, 249 pages

26. Sino-Vietnamese relations, 1950–1978: From cooperation to conflict [Ph. D.] / by Path, Kosal, United States: University of Southern California, 2008, 413 pages

27. Strangers who are not foreign: Intimate exclusion and racialized boundary in urban Indonesia [Ph. D.] / by Tsai, Yen-ling, United States: University of California, Santa Cruz, 2008, 296 pages; Advisor: Tsing, Anna L.

28. Subjectivity, discourse and change over time: A longitudinal qualitative study of Chinese students in Japan [Ed. D.] / by Zhang, Xiaorui, United States: Temple University, 2008, 290 pages

29. The Baltic Pearl in the window to Europe: St. Petersburg's Chinese quarter [Ph. D.] / by Dixon, Megan Lori, United States: University of Oregon, 2008, 347 pages

30. The effects of eldercare on well-being and job performance: Comparison between Taiwanese-American and White working caregivers [Ph. D.] / by Kuo, Tsuann, United States: University of California, Los Angeles, 2008, 252 pages

31. The effects of perceived immigrant stress, acculturation strategies, and conflict resolution styles on marital satisfaction of Chinese American immigrants [Ph. D.] / by Liu, Anita Meng, United States: Fielding Graduate University, 2008, 217 pages; Advisor: Lassen, Maureen Kirby

32. The emotion experience of Chinese American and European American children [Ph. D.] / by Liu, Cindy Hsin-Ju, United States: University of Oregon, 2008, 113 pages

33. The formation and development of Chinese communities in Atlanta, Augusta, and Savannah, Georgia: From sojourners to settlers, 1880–1965 [Ph. D.] / by Bronstein, Daniel Aaron, United States: Georgia State University, 2008, 263 pages; Advisor: Moon, Krystyn R.

34. The multivariate relationship between ethnic identity, racial identity, racism-related stress, coping strategies, and overall well-being among Chinese Americans [Ph. D.] / by Lam, Annie H., United States: Lehigh University, 2008, 140 pages; Advisor: Richardson, Tina Q.

35. The relationship between work stress and acculturation among Chinese Americans [Ph. D.] / by Wong, Kendrick K., United States: Alliant International University, San Diego, 2008, Advisor: Kantor, John

36. Training American-born Chinese pastors to minister in a predominantly Chinese bicultural church [D. Min.] / by Tow, Fee Kee, United States: Asbury Theological Seminary, 2008, 233 pages

37. Bridging to reach economic self-sufficiency for the Chinese working-age population in Boston [M. A.] / by Shen, Chia-Hui, United States: Tufts University, 2008, 164 pages; Advisor: Jennings, James

38. Enunciation of culture through graphic design practice: Developing a visual language using the Chinese peony flower for narratives of Chinese-Canadian identity [M. Des.] / by Lau, Deborah G., Canada: York University, 2008, 92 pages

39. Fidelity and industry: The archaeology of a late-nineteenth century Chinese woodcutter camp in Dog Valley, California [M. A.] / by Lee, Jane M., United States: University of Nevada, Reno, 2008, 165 pages; Advisor: Hardesty, Donald L.

40. Human smuggling from Fujian to New York [M. A.] / by Lagdameo, Mary Angela, United States: University of Southern California, 2008, 167 pages; Advisor: Cooper, Eugene

41. Qing perceptions of Anti-Chinese violence in the United States: Case studies from the American West [M. A.] / by Zhou, Xiaoyan, United States: University of Wyoming, 2008, 168 pages; Advisor: Brose, Michael C.

42. Study of the phenomenon of visiting friends and relatives of Chinese diaspora [M. S.] / by Pan, Hao, United States: San Jose State University, 2008, 109 pages

43. The effect of religiousness on the psychological well-being of Chinese immigrants as mediated by social support and optimism [M. Ed.] / by Jia, Jia, Canada: University of Alberta, 2008, 102 pages

44. The effects of dining atmospherics: Application of an extended Mehrabian-Russell model to Chinese restaurants [M. S.] / by Liu, Yinghua, United States: Purdue University, 2008, 79 pages; Advisor: Jang, Soocheong

45. The role of Christian faith in the acculturation and identity development of Chinese immigrant youth [M. A.] / by Liao, Lynn Chyi-Ing, Canada: Wilfrid Laurier University, 2008, 166 pages

46. The role of ethnicity in the career development of Chinese Canadian young adults [M. A.] / by Lee, Wendy Wing Yin, Canada: University of Toronto, 2008, 169 pages

2007 年

1. A language socialization approach to the interplay of ethnic revitalization and heritage language learning—Case studies of Chinese American adolescents [Ph. D.] / by Lei, Jing, United States: State University of New York at Albany, 2007, 184 pages

2. Adolescents' perception of parental and peer mathematics anxiety and attitude toward mathematics: A comparative study of European-American and mainland-Chinese students [Ph. D.] / by He, Huihua, United States: Washington State University, 2007, 106 pages; Advisor: Beller, Jennifer

3. An exploratory study of worldview transformation of selected Mainland Chinese converts in North America [Ph. D.] / by Farnen, Tenny Li, United States: Trinity International University, 2007, 417 pages; Advisor: Preist, Robert

4. Changes in marital dissolution patterns among Chinese and Chinese immigrants: An origin-destination analysis [Ph. D.] / by Zhang, Yuanting, United States: Bowling Green

State University, 2007, 171 pages; Advisor: Van Hook, Jennifer

5. Chinese culture versus Western medicine: Health implications for San Francisco elder Chinese immigrants with heart failure [Ph. D.] / by Huang, Lian, United States: Walden University, 2007, 144 pages; Advisor: Connors, Jeanne

6. Chinese immigrants' experiences of the death and dying of a loved one: Educational implications for developing culturally sensitive care in the Canadian context [Ph. D.] / by Chen, Shuling, Canada: McGill University, 2007, 288 pages

7. Chinese nationals among "overseas Chinese" in Singapore: The sociolinguistic authentication of Mainland Chinese identities [Ph. D.] / by Lee, Er-Xin, United States: The University of Texas at Austin, 2007, 334 pages; Advisor: Walters, Keith, Zhang, Qing

8. Culture and identity in urban streets: A case study of Chinatown, New York City [Ph. D.] / by Fernando, Nisha A., United States: The University of Wisconsin-Milwaukee, 2007, 270 pages; Advisor: Cohen, Uriel, Krause, Linda R.

9. Digital storytelling as participatory media practice for empowerment: The case of the Chinese immigrants in the San Gabriel Valley [Ph. D.] / by Li, Ying, United States: University of Southern California, 2007, 177 pages; Advisor: Cody, Michael

10. Figures in the May 1998 riots: Imagining the state in post-new order Indonesia [Ph. D.] / by Thufail, Fadjar Ibnu, United States: The University of Wisconsin-Madison, 2007, 236 pages; Advisor: George, Kenneth M.

11. Intercultural encounters: PR China students in Singapore [Ed. D.] / by Chung, G., United Kingdom: University of Durham (United Kingdom), 2007

12. Intergenerational cultural distance in parent-adolescent relationships among Chinese immigrants [Ph. D.] / by Wu, Chunxia, United States: University of California, Riverside, 2007, 144 pages; Advisor: Chao, Ruth K.

13. Japanese from China: The zanryu-hojin and their lives in two countries [Ph. D.] / by Chan, Yeeshan, Hong Kong: University of Hong Kong, 2007

14. Lack, loss and displacement: Renarrativizing "Chineseness" through the aesthetics of Southeast Asian literature and film [Ph. D.] / by Tan, Eng Kiong, United States: University of Illinois at Urbana-Champaign, 2007, 239 pages; Advisor: Xu, Gary

15. Learning race and class: Chinese Americans in multiracial Bridgeport [Ph. D.] / by Lan, Shanshan, United States: University of Illinois at Urbana-Champaign, 2007, 231 pages; Advisor: Abelmann, Nancy

16. Mainland Chinese Christian scholars leaving the church in the Twin Cities (Minneapolis/St. Paul): A theological and pastoral analysis [Ph. D.] / by Zhao, Yu, United States: Luther Seminary, 2007, 242 pages

17. Mainland Chinese students and UK supervisors; perceptions and experiences of completing Masters dissertations [Ph. D.] / by Pilcher, N. J., United Kingdom: Heriot-Watt University, 2007

18. Open hearts and open access for immigrant professionals: A case study of Chinese immi-

grant engineers in the Greater Vancouver region, British Columbia, Canada [Ph. D.] / by Bai, Lian, Canada: The University of British Columbia, 2007, 265 pages

19. Parental acculturation, parenting practices, and adolescent depressive symptoms in Chinese American families [Ph. D.] / by Huang, Xuan, United States: The University of Texas at Austin, 2007, 178 pages; Advisor: Kim, Su Yeong

20. Parenting in a foreign land: The lived experience of Taiwanese immigrants with disabled children in the United States [Ph. D.] / by Su, Yuren, United States: University of Southern California, 2007, 420 pages; Advisor: Neville-Jan, Ann

21. Postpartum mood and social-cultural factors among Taiwanese immigrant women and women in Taiwan [Ph. D.] / by Fan, Tsuey-Jing, United States: Alliant International University, San Francisco Bay, 2007, 128 pages; Advisor: Ducker, Dalia

22. Remaking Xiamen: Overseas Chinese and regional transformation in architecture and urbanism in the early 20th century [Ph. D.] / by Yu, Yang, Hong Kong: University of Hong Kong, 2007

23. Reopening the Fujian coast, 1600 – 1800: Gender relations, family strategies, and ethnic identities in a maritime world [Ph. D.] / by Li, Guotong, United States: University of California, Davis, 2007, 259 pages

24. Social justice exhaustion and containment: An investigation of the Chinese Canadian National Council-Toronto Chapter [Ph. D.] / by Ma, Michael C. K., Canada: York University, 2007, 367 pages

25. Strangers at home: History and subjectivity among the Chinese communities of West Kalimantan, Indonesia [Ph. D.] / by Hui, Yew-Foong, United States: Cornell University, 2007, 376 pages; Advisor: Willford, Andrew C.

26. Stress and coping processes among Chinese American and Hispanic American high school students [Ph. D.] / by Chiu, Yi-Hsing Claire, United States: St. John's University (New York), 2007, 137 pages; Advisor: Zhou, Jenny

27. The children of Chinatown: Growing up Chinese American in San Francisco, 1850 – 1920 [Ph. D.] / by Jorae, United States: University of California, Davis, 2007, 362 pages

28. The comparative "merits" of Christian conversion: Early diasporic Chinese Protestantism (1803 – 1840) in formation [Ph. D.] / by Seitz, Jonathan A., United States: Princeton Theological Seminary, 2007, 325 pages; Advisor: Young, Richard F.

29. The impact of acculturation on the gender role development of second-generation Chinese American women [Psy. D.] / by Yuen, Judy P., United States: Alliant International University, San Francisco Bay, 2007, 149 pages; Advisor: Boles, Harriet Curtis

30. The impact of acculturation on the primary language maintenance of second generation Chinese American immigrants [Ed. D.] / by Lin, Grace Huey-Yuh, United States: University of Houston, 2007, 207 pages

31. The influence of acculturation and socioeconomic status on disciplining children among Chinese Americans [Ph. D.] / by Lee, Markov L., United States: Ball State University,

2007, 145 pages; Advisor: Dixon, David N.

32. The museum-based art education therapy project in New York's Chinatown: The exploration of ethnic identity and adaptation among Chinese immigrant youth through art [Ph. D.] / by Wu, Mingfu, United States: Union Institute and University, 2007, 198 pages; Advisor: Penn, Sherry Eve

33. Transnational business networks and sub-ethnic nationalism: Chinese business and nationalist activities in interwar Hong Kong and Singapore, 1919 – 1941 [Ph. D.] / by Kuo, Huei-Ying, United States: State University of New York at Binghamton, 2007, 357 pages; Advisor: Tomich, Dale W.

34. Transnational webs: Overseas Chinese economic and political networks in colonial Vietnam, 1870 – 1945 [Ph. D.] / by Barrett, Tracy Christianne, United States: Cornell University, 2007, 325 pages; Advisor: Cochran, Sherman

35. Women leaders in China: A comparative study of the influence of culture on leadership characteristics of Chinese, Chinese-American, and American women in China [Ed. D.] / by Barnes, Joanne, United States: Indiana Wesleyan University, 2007, 205 pages; Advisor: Drury, Sharon

36. A personal narrative of a Cambodian-Chinese immigrant to the United States: A quest for identity [M. S. W.] / by Ear, Ngeknay, United States: California State University, Long Beach, 2007, 89 pages

37. Acculturation stress and perception of family support among second-generation Chinese American young adults [M. S. W.] / by Bledsoe, Amy, Canada: California State University, Long Beach, 2007, 95 pages; Advisor: Meyer-Adams, Nancy

38. Constraints on leisure activities participation among Chinese immigrants in Canada [M. E. S.] / by Xiong, Feihuang, Canada: Lakehead University, 2007, 120 pages

39. Human rights and the effluxion of time: Canada's Chinese Immigration Act as illustrative of the need for judicial remedies for human rights violations of the distant past [M. Jur.] / by Doherty, M., United Kingdom: University of Durham, 2007

40. Image versus position: Canada as a potential destination for mainland Chinese [M. A.] / by Zou, Pengbo, Canada: University of Waterloo, 2007, 174 pages

41. International brides: Cross-border marriage migration in China and Japan through a feminist lens [M. A.] / by Yutani, Jeanine Emiko, United States: University of Southern California, 2007, 170 pages; Advisor: Rosen, Stanley

42. Nostalgic marketing and its working mechanism in three cultural groups: Canadians, Chinese, and Chinese immigrants to Canada [M. Sc.] / by Zhao, Yikun, Canada: Concordia University, 2007, 237 pages

43. Parental views, home literacy, language learning: An ethnographic study of three Hong Kong immigrant families in Calgary [M. A.] / by Cheng, Diana, Canada: University of Calgary, 2007, 171 pages

44. Recent Chinese immigrants' perceptions of English language and culture learning in Can-

ada [M. Ed.] / by Yu, Kang, Canada: Lakehead University, 2007, 93 pages

45. The academic adaptation of Mainland Chinese doctoral students in education at McGill University [M. A.] / by Chen, Shuhua, Canada: McGill University, 2007, 172 pages

46. Trust, identity, and commercial advantage: Hainanese upward mobility in the rice trade on the east coast of peninsular Thailand (mid-19th century – 1980s) [M. A.] / by Liu, Yan, United States: The University of North Carolina at Chapel Hill, 2007, 173 pages; Advisor: Tsin, Michael

47. Two brothers (35-minute documentary): Fujianese migration, Chinese diaspora and globalisation (written defence) [M. Phil.] / by Yin, X., United Kingdom: University of Birmingham, 2007

2006 年

1. A study of migration culture through history, media representation and ethnography [Ph. D.] / by Jiang, X., United Kingdom: The University of Wales College of Cardiff (United Kingdom), 2006

2. A phenomenological study of culture brokering in ethnic Chinese nurses: Toward a synergy of identity reconnection [Ph. D.] / by Lau, Pui-Ling Teresa, United States: University of Colorado Health Sciences Center, 2006, 228 pages; Advisor: Reeder, Francelyn

3. Access to cancer education and screening: A long and difficult journey for Chinese immigrants in New York City [Ph. D.] / by Kwong, Kam-Man Kenny, United States: City University of New York, 2006, 247 pages; Advisor: Epstein, Irwin

4. Acculturation and achievement in English among Chinese immigrant adolescents: A comparison of two populations which vary in the density of speakers of Chinese [Ph. D.] / by Duan, Guiyong, United States: Auburn University, 2006, 154 pages; Advisor: Barry, Sue

5. Acculturation, ambivalent sexism, and attitudes toward women who engage in premarital sex among Chinese American young adults [Ph. D.] / by Liang, Kristin A., United States: Alliant International University, Los Angeles, 2006, 212 pages; Advisor: Bell, Terece S.

6. Acculturation, Asian cultural values, family conflict, and perceived stress in Chinese immigrant female college students in the United States [Ph. D.] / by Huang, Cindy Meng-Chih, United States: Alliant International University, Los Angeles, 2006, 149 pages; Advisor: Beckman, Linda

7. "Being good Chinese": Chinese scholarly elites and immigration in mid-century America [Ph. D.] / by Li, Robin Anne, United States: University of Michigan, 2006, 407 pages; Advisor: Anderson, Paul A., Smith, Richard Candida

8. Beliefs about language learning and language learning strategy use in an EFL context: A comparison study of monolingual Korean and bilingual Korean-Chinese university students [Ph. D.] / by Hong, Kyungsim, United States: University of North Texas, 2006, 300 pages; Advisor: Leavell, Alexandra G.

9. Bilingualism and the construction of ethnic identity among Chinese Americans in the San Francisco Bay Area [Ph. D.] / by Williams, Ashley M., United States: University of Michigan, 2006, 269 pages; Advisor: Milroy, Ann Lesley

10. British new wave Chinese immigration: subethnicity, concentrations, diffusions and diffused concentrations [Ph. D.] / by Luk, W., United Kingdom: University of Oxford, 2006

11. Changes in self-assertiveness, interdependency, and emotional expression in 3 – 5 year-old American-born Chinese children: A one-year study on the age of understanding [Ph. D.] / by Tang, Charlotte S., United States: Alliant International University, San Francisco Bay, 2006, 97 pages; Advisor: Ja, Davis Y.

12. Chinese and Chinese American parents' intentions to seek psychological services for their children: The applicability of the Theory of Reasoned-Action [Ph. D.] / by Yong, Yew Min Arlene, United States: Illinois State University, 2006, 171 pages; Advisor: Nauta, Margaret M.

13. Comparative racial formations: Chinese exclusion, assimilating Native Americans, and racial ideology in the United States [Ph. D.] / by Carter, Erik T., United States: Washington State University, 2006, 191 pages; Advisor: Reed, T. V.

14. Conflicts and contracts: Chinese intergenerational relations in modern Singapore [Ph. D.] / by Gorannson, Kristina Sonja, Sweden: Lunds Universitet (Sweden), 2006, 187 pages

15. Creating whiteness in California: Racialization processes, land, and policy in the context of California's Chinese Exclusion movements, 1850 to 1910 [Ph. D.] / by Naruta, Anna Noel, United States: University of California, Berkeley, 2006, 300 pages; Advisor: Lightfoot, Kent

16. Demand for diversity: The global expansion of Chinatown's food system [Ph. D.] / by Imbruce, Valerie, United States: City University of New York, 2006, 278 pages; Advisor: Padoch, Christine

17. Eating disorder symptomatology, self-construal, and dimensions of perfectionism in Chinese American women [Ph. D.] / by Chang, Sandy Chih-Ann, United States: Alliant International University, San Francisco Bay, 2006, 97 pages; Advisor: Ja, Davis Y.

18. From atheists to evangelicals: The Christian conversion experiences of mainland Chinese intellectuals in the United States of America [Th. D.] / by Wong, Lai Fan, United States: Boston University School of Theology, 2006, 241 pages; Advisor: Bohn, Carole R.

19. Guan, parental attachment, school bonding, and susceptibility to initiate smoking in non-smoking Chinese Americans [Ph. D.] / by Chen, Mayshen, United States: Alliant International University, Los Angeles, 2006, 72 pages; Advisor: Garbanati, James

20. Mental health service utilization by Chinese immigrants and Canadian-born Chinese in British Columbia [Ph. D.] / by Chen, Alice W., Canada: The University of British Columbia, 2006, 232 pages

21. Overseas Chinese in Thailand: A case study of Chinese emigres in Thailand in the twentieth century [Ph. D.] / by Chansiri, Disaphol, United States: Fletcher School of Law and Diplomacy (Tufts University), 2006, 301 pages; Advisor: Thompson, W. Scott

22. Perceptions of mainland Chinese university students of studying in Singapore [Ed. D.] / by Ong, J. S. L., United Kingdom: University of Leicester (United Kingdom), 2006

23. Political participation of "Asian" New Zealanders: A case study of ethnic Chinese and Korean New Zealanders [Ph. D.] / by Park, Shee-Jeong, New Zealand: The University of Auckland, 2006, 273 pages; Advisor: Miller, Raymond, Vowles, Jack

24. Psychological adaptation of Mainland Chinese female international students: A phenomenological inquiry [Th. D.] / by Chan, I-Wen, United States: Boston University School of Theology, 2006, 151 pages; Advisor: Hector, Mark A.

25. Representing the past of Chinese language education: Language, history and Chinese identities in Indonesia [Ph. D.] / by Sai, Siew Min, United States: University of Michigan, 2006, 400 pages; Advisor: Keane, Edward Webb, Jr.

26. Saliency of one's heritage culture: Asian cultural values and its interconnections with collective self-esteem and acculturation/enculturation as predictor of psychological well-being of people of Chinese descent [Ph. D.] / by Lee, Szu-Hui, United States: The Ohio State University, 2006, 130 pages; Advisor: Dell, Don

27. Second generation Chinese American women and the midlife transition: A qualitative analysis [Ph. D.] / by Grant, Leanne Marie, United States: Alliant International University, Fresno, 2006, 104 pages; Advisor: Harrison, Lillian B.

28. The cultural politics of history-writing in Singapore: A postcolonial study [Ph. D.] / by Teng, Siao See, United Kingdom: University of Essex (United Kingdom), 2006, 78 pages

29. The development of congregational song among Chinese churches in the Philippines (1903 - 2003) [Ph. D.] / by Yap, Myrleene Grace Chiew, United States: Southwestern Baptist Theological Seminary, 2006, 299 pages; Advisor: Colson, William

30. The experiences of friendship among Chinese immigrant adolescents [Ph. D.] / by Rotenberg, Mariana, United States: Fordham University, 2006, 163 pages; Advisor: Esquivel, Giselle

31. The Homeless Generation: Voices from the invisible Chinese diaspora [Ph. D.] / by Fan, Joshua, United States: University of Hawaii at Manoa, 2006, 296 pages; Advisor: Davis, Edward

32. The reemergence of Vietnam's ethnic Chinese community through local, national, and transnational structures [Ph. D.] / by Yu, LiAnne Sandra, United States: University of California, San Diego, 2006, 223 pages; Advisor: Bailey, F. G.

33. Dietary habits, health beliefs and quality of life among Chinese-Canadians [M. Sc.] / by Kwok, Stephanie Wai-Hai, Canada: Mount Saint Vincent University, 2006, 155 pages

34. A comparative study of the lived experiences of Canadian-born and foreign-born Chinese Canadian students in Northern Ontario [M. Ed.] / by Wang, Fei, Canada: Lakehead University, 2006, 86 pages

35. A history of Chinese immigration into Arizona territory: A frontier culture in the Ameri-

can West [M. A.] / by Tintle, Rhonda, United States: Oklahoma State University, 2006, 175 pages; Advisor: Logan, Michael F.

36. Beyond Coolie: Socioeconomics and class in Butte Montana's Chinatown [M. A.] / by Robinson, Sara Allison, United States: University of Wyoming, 2006, 176 pages

37. Borderland Chinese: Community identity and cultural change [M. A.] / by Fahy, Anna Louise, United States: The University of Texas at El Paso, 2006, 177 pages; Advisor: Campbell, Howard

38. Chinese-Canadian and Hong Kong immigrant views on same-sex marriage [M. A.] / by Wai, Daphina, Canada: York University, 2006, 178 pages

39. Cultural fusion and preservation: Expressive styles among Chinese Canadians [M. A.] / by Eng, Tracy Charlene, Canada: University of Alberta, 2006, 179 pages

40. Cultural politics in transnationalism: Migrant Korean Chinese in South Korea [M. Phil.] / by Hong, Jin, Hong Kong: University of Hong Kong, 2006

41. Residential concentration and dispersal among Chinese and Italian immigrants [M. A.] / by Aliaga-Rossel, David Edgardo, Canada: University of Calgary 2006, 180 pages

42. Small business in the United States: A field study of three Chinese restaurants in Midland, Texas [M. A.] / by Lui, Andy, United States: Oklahoma State University, 2006, 181 pages; Advisor: Huston, James L.

43. Teaching Chinese-Canadian literature to Taiwanese students: An educational strategy [M. A.] / by Lu, Liang-Yuan, Canada: McGill University, 2006, 182 pages

44. The changing gift-giving practices of Chinese immigrants in Canada [M. Sc.] / by Zhang, Xiying, Canada: University of Guelph, 2006, 134 pages

45. The influence of media portrayals of Chinese-Canadians on group members' ethnic identity and self-esteem [M. Ed.] / by Lee, Christine Meeha, Canada: University of Alberta, 2006, 104 pages

46. The relationship between acculturative stress and spirituality among Chinese immigrant college students in the United States [M. S. W.] / by Chau, Winnie Wing-Yi, United States: California State University, Long Beach, 2006, 87 pages; Advisor: Kleinpeter, Christine

47. Under-representation of visible minorities in Canada's political system: A case study of the Chinese community in Toronto [M. A.] / by Lin, Longzhen, Canada: Ryerson University, 2006, 183 pages

2005 年

1. Chinese immigrant families with developmentally delayed children: Level of acculturation and quality of life [Psy. D.] / by Ho, Grace Shun-Yao, United States: The Wright Institute, 2005, 80 pages

2. Career experiences and career development among Chinese American professional women: A qualitative study [Ph. D.] / by Kuo-Rice, Yi-Ling Linda, United States: Western Michigan

University, 2005, 236 pages; Advisor: Bischof, Gary H.

3. Communicative competence and second language abilities in the justice system: A forensic linguistic analysis of a Chinese immigrant's run-in with the law [Ph. D.] / by Beckman, Kristina, United States: The University of Arizona, 2005, 267 pages; Advisor: Gilmore, Perry

4. Constructing Chinese America in Hawaii: The Narcissus Festival, ethnic identity, and community transformation, 1949 - 2005 [Ph. D.] / by Li, Jinzhao, United States: University of Hawai 'i, 2005, 319 pages; Advisor: Yoshihara, Mari

5. Creating, negotiating, and experiencing a September 11th oral history project: Action research with middle school students from Chinatown [Ed. D.] / by Fell-Eisenkraft, Stacey Lynne, United States: Columbia University Teachers College, 2005, 245 pages; Advisor: Lesko, Nancy

6. Cross-cultural adaptation and academic performance: Overseas Chinese students on an International Foundation Course at a British university [Ph. D.] / by Xiong, Z. N., United Kingdom: Luton, 2005

7. Emotional intimacy in romantic relationships: A comparison of European and Chinese Canadian students [Ph. D.] / by Marshall, Tara Christine, Canada: University of Toronto, 2005, 207 pages

8. Ethnic identity construction among Chinese Americans [Ph. D.] / by Wang, Leslie T. C., United States: The University of Toledo, 2005, 205 pages; Advisor: Hamer, Lynne

9. Ethnic identity, acculturation and mental health concerns in Chinese-Americans in the United States [Ph. D.] / by Vuong, Toan D., United States: Pacific Graduate School of Psychology, 2005, 90 pages; Advisor: Shiang, Julia

10. Ethnicity, children & habitus: ethnic Chinese school children in Northern Ireland [Ph. D.] / by Feng-Bing., United Kingdom: University of Ulster, 2005

11. Globalization, geopolitics and social networks: Overseas Chinese and overseas non-Chinese investments in China [Ph. D.] / by Lu, Jiantao, United States: University of California, Los Angeles, 2005, 282 pages; Advisor: Fan, C. Cindy, Rigby, David L.

12. Health promoting behaviors, perimenstrual symptoms, and Chinese herbal use among childbearing-age Chinese American women [Ph. D.] / by Wey, Mercy, United States: University of California, San Francisco, 2005, 138 pages; Advisor: Waters, Catherine M.

13. Home language maintenance and acculturation among second-generation Chinese children [Ph. D.] / by Zhang, Donghui, United States: University of Pennsylvania, 2005, 292 pages; Advisor: Slaughter-Defoe, Diana

14. Learner autonomy: A case study on People's Republic of China (PRC) scholars studying in a university in Singapore [Ed. D.] / by Chia, S. C. C., United Kingdom: University of Leicester, 2005

15. Memory and mobility; representing Chinese exclusion at Angel Island Immigration Station [Ph. D.] / by Hoskins, G. C., United States: The University of Wales, Aberystwyth (United Kingdom), 2005

16. Migrants between empires and nations: The Chinese in Cuba, 1874 – 1959 [Ph. D.] / by Lopez, Kathleen Maria, United States: University of Michigan, 2005, 312 pages; Advisor: Young, Ernest P., Scott, Rebecca J.

17. Music making amongst the Chinese communities in Sabah, Malaysia: The keyboard cultures [Ph. D.] / by Wong, D. T. W., United Kingdom: University of Sheffield, 2005

18. Overcoming academic challenges: The experiences of mainland Chinese graduate students at an American university [Ph. D.] / by Greer, Betty Jane, United States: The University of Iowa, 2005, 146 pages; Advisor: McNabb, Scott

19. Parental influence on children's ethnic identity among Chinese Americans [Ph. D.] / by Md. Yunus, Sham'ah, United States: Indiana State University, 2005, 204 pages; Advisor: Liu, Karen

20. Perceived parental expectations among Chinese American college students: The role of perceived discrepancy and culture in psychological distress [Ph. D.] / by Kobayashi, Eriko, United States: The Pennsylvania State University, 2005, 175 pages; Advisor: Bieschke, Kathleen J.

21. Stadium out of Chinatown: A case study of the interaction between news media and social change [Ph. D.] / by Liu, Dandan, United States: Temple University, 2005, 205 pages; Advisor: Bradley, Patricia

22. Taiwanese immigrants' identity negotiations in cross-cultural contact: Implications for adult transformative learning [Ed. D.] / by Tu, Hui-wen, United States: The Pennsylvania State University, 2005, 225 pages; Advisor: Baptiste, Ian E.

23. The Chinese problem: Chinese immigrants in the early exclusion era United States [Ph. D.] / by Cynn, Christine Jean, United States: Columbia University, 2005, 228 pages; Advisor: Okihiro, Gary

24. The Indonesian Chinese: Their search for identity and development of collective memory through the media [Ph. D.] / by Dawis, Aimee, United States: New York University, 2005, 212 pages; Advisor: Vaidhyanathan, Siva

25. The shifting boundaries of the Chinese nation: Ethnic minorities and overseas Chinese in China's modernisation project [Ph. D.] / by Barabantseva, E., United Kingdom: The University of Manchester, 2005

26. The social organization of health care experiences of non-English speaking Chinese immigrants: Negotiating cultural and language differences in a changing health care context [Ph. D.] / by Tang, Sannie Yuet-San, Canada: The University of British Columbia, 2005, 210 pages; Advisor: Anderson, Joan, Thorne, Sally

27. The transition to parenthood: The effects of gender role attitudes and level of culture change in Chinese-American couples [Ph. D.] / by Burns, Stephanie Tamara, United States: Pacific Graduate School of Psychology, 2005, 146 pages; Advisor: Shiang, Julia

28. Wage earnings of Chinese in the United States: Individual and contextual determinants [Ph. D.] / by Qin, Binbin, United States: Texas A&M University, 2005, 206 pages; Advi-

sor: Poston, Dudley L., Jr.

29. Western influence, cultural production and ideological space — A critical study of Overseas Chinese Town theme park in China [Ph. D.] / by Pinggong, Z., United Kingdom: Staffordshire, 2005

30. Internet and diaspora: The experience of mainland Chinese immigrant women in Montreal [M. A.] / by Zhao, Tian-ying, Canada: McGill University, 2005, 184 pages

31. Personal narrative. Fighting conformity: A Chinese Vietnamese American's process of cultural adaptation [M. S. W.] / by Vong, Nancy, United States: California State University, Long Beach, 2005, 59 pages; Advisor: Lam, Brian Trung

32. Reparation as narrative resistance: Displacing orientalism and recoding harm for Chinese women of the Exclusion era [L. L. M.] / by Chu, Sandra Ka Hon, Canada: York University, 2005, 132 pages

33. The cultural adaptation of Chinese—Vietnamese parents and their children [M. S. W.] / by Wong, Lynn, United States: California State University, Long Beach, 2005, 47 pages; Advisor: Kleinpeter, Christine

34. The politics of an epidemic: SARS and Chinatown [M. A.] / by Eichelberger, Laura Palen, United States: The University of Arizona, 2005, 185 pages; Advisor: Green, Linda B.

35. We are Chinese Canadian: The response of Vancouver's Chinese community to Hong Kong immigrants, 1980 – 1997 [M. A.] / by Rock, Julianne, Canada: Simon Fraser University, 2005, 186 pages

36. White tigers and azure dragons: Overseas Chinese burial practices in the Canadian and American West (1850s to 1910s) [M. A.] / by Pasacreta, Laura J., Canada: Simon Fraser University, 2005, 187 pages

（本版责任编辑　易淑琼）

2000—2009 年中国大陆华侨华人研究主要科研项目一览

本版内容以全国哲学社会科学规划办公室网站、教育部人文社科网、各省人文社科网站、学校社科处及院系网站发布信息为主，向有关研究人员发放调查表为辅；各类项目按照立项年份降序排列。

国际基金项目

1. 菲律宾华侨华人社会——从社团角度展开的研究/福特基金“亚洲人研究亚洲项目”/朱东芹. —华侨大学，2008

2. 越南华人的宗教信仰/福特基金“亚洲人研究亚洲项目”/邓应文. —暨南大学，2008

3. 亚洲的民族文化与企业发展（含华人）/福特基金“亚洲人研究亚洲项目”/张继焦. —中国社会科学院，2007

4. 国家的铸造与马来西亚华人的历史、文化与公民认同/福特基金“亚洲人研究亚洲项目”/刘朝晖. —浙江大学，2005

5. 马来西亚的城市移民——华人与马来人的比较研究/福特基金“亚洲人研究亚洲项目”/张继焦. —中国社会科学院，2004

国家重大工程项目

1. 典志·华侨志/国家清史纂修工程项目/庄国土. —厦门大学，2004

2. 传记·类传·华侨/国家清史纂修工程项目（200410120304004）/高伟浓. —暨南大学，2004

国家社科基金项目

1. 非传统安全视域下新疆跨界民族的公民意识与族别认同研究/国家社科基金西部项目（09XMZ011）/高汝东. —塔里木大学，2009

2. 非传统威胁下中国公民海外安全研究/国家社科基金一般项目（09BGJ002）/李晓敏. —中共浙江省委党校，2009

3. 海外藏独的历史演变及其现代形态：兼论反分裂的对策/国家社科基金一般项目/张植荣. —北京大学，2009

4. 近代环南中国海华人跨国组织与闽粤社会研究/国家社科基金青年项目（09CZS030）/水海刚. —厦门大学，2009

5. 全球化中的文化主体：移民族群的跨国社会实践/国家社科基金一般项目（09BMZ023）/宋平. —厦门大学，2009

6. 西南边疆民族地区青年归侨侨眷发展问题研究——基于中国东盟国家间跨国民族

文化互动的视角/国家社科基金西南边疆项目（A09024）/李雪岩. —广西民族大学，2009

7. 新疆籍华人华侨研究/国家社科基金一般项目/李德华. —中国新闻社新疆分社，2009

8. 云南跨界民族的非传统安全问题研究/国家社科基金一般项目/庞海红. —云南民族大学，2009

9. 中国跨境民族的民族认同与国家认同实证研究/国家社科基金青年项目/袁娥. —云南大学，2009

10. 中国西南边疆跨境民族宗教认同与国家关系研究/国家社科基金西部项目（09XZJ015）/杨黔云. —曲靖师范学院，2009

11. 中国与越南、缅甸边境四个城镇的移民/国家社科基金西南项目（B09004）/张继焦. —中国社会科学院，2009

12. 17—18世纪华人南渡与越南社会/国家社科基金一般项目（08BZS052）/李庆新. —广东省社会科学院，2008

13. 东南亚的中国大陆新移民与华侨华人社会/国家社科基金一般项目/方芸. —云南省社会科学院，2008

14. 东南亚华族与其他移民族群国家认同、族别认同的比较研究/国家社科基金一般项目（08BMZ032）/郭玉聪. —厦门大学，2008

15. 华侨华人与西南边疆社会稳定的历史考察——以广西为中心/国家社科基金西南边疆项目（A080034）/石维有. —广西玉林师范学院，2008

16. 跨国网络与民族国家——近代侨汇业与邮政及银行业关系研究（1912—1958年）/国家社科基金青年项目（08CJL029）/焦建华. —厦门大学，2008

17. 明清时期中国—越南佛教关系研究/国家社科基金一般项目（08BSS007）/谭志词. —中国人民解放军外国语学院，2008

18. 人口流动与文化公民身份/国家社科基金一般项目（08BSH046）/易林. —厦门大学，2008

19. 西南边疆少数民族向周边国家移民史研究/国家社科基金西南边疆项目（A080033）/郑一省. —广西民族大学，2008

20. 东南亚华人社区汉语方言比较研究/国家社科基金一般项目（07BYY017）/陈晓锦. —暨南大学，2007

21. 非传统安全背景下的海外中国公民保护问题/国家社科基金青年项目（07CFX047）/王秀梅. —西北政法大学，2007

22. 韩国华侨社会的形成及其演变过程研究/国家社科基金一般项目（07BSS013）/李玉莲. —延边大学，2007

23. 冷战初期的东南亚华侨华人/国家社科基金青年项目（07CSS0）/刘雄. —湖南师范大学，2007

24. 当代海外华人学者批评理论研究/国家社科基金青年项目（06CZW003）/李凤亮. —暨南大学，2006

25. 近代留学生与中国科学文化的发展/国家社科基金一般项目（06BZX026）/张培

富．—山西大学，2006

26. 民国政府对侨汇的管制/国家社科基金一般项目（06BZS042）/袁丁．—中山大学，2006

27. 全球视野中的新移民文学研究/国家社科基金一般项目（06BZW063）/吴奕锜．—暨南大学，2006

28. 社会转型与族群冲突研究/国家社科基金一般项目（06BGJ013）/庄礼伟．—暨南大学，2006

29. 战后东南亚民族分离主义运动研究/国家社科基金一般项目（06BSS006）/李一平．—厦门大学，2006

30. 中国陆疆侨乡文化研究——以云南侨乡文化为例/国家社科基金西部项目（06XMZ038）/何作庆．—云南红河学院，2006

31. 中国民间信仰与海外华人道教/国家社科基金一般项目/黄海德．—华侨大学，2006

32. 中国西南边疆民族地区境外流动人口的区域管理与边疆安全研究——以云南为例/国家社科基金西部项目（06XZZ005）/何跃．—云南师范大学，2006

33. 从非传统安全的角度看移民对国家间关系的影响——以俄罗斯的中国移民为案例的分析/国家社科基金青年项目（05CGJ009）/强晓云．—华东师范大学，2005

34. 海外华人宗教信仰研究：当代东南亚华人基督教与民间信仰的比较/国家社科基金一般项目（05CZJ004）/朱峰．—福建师范大学，2005

35. 海外华人宗教信仰研究：东南亚华人民间宗教之建构与现状/国家社科基金一般项目（05BZJ017）/曾玲．—厦门大学，2005

36. 华侨华人与中国改革开放和现代化建设/国家社科基金一般项目（05BDJ007）/任贵祥．—中共中央党史研究室，2005

37. 两岸四地合作促进世界华文教育发展研究/国家社科基金青年项目（CGA050041）/张向前．—华侨大学，2005

38. 壮泰民族在中南半岛跨境的历史与现状/国家社科基金一般项目（05BZS023）/黄兴球．—广西民族学院，2005

39. 发达国家国际移民政策文本与实务的比较研究/国家社科基金一般项目（04BMZ015）/李明欢．—厦门大学，2004

40. 国际移民政策比较研究/国家社科基金一般项目（04BMZ016）/李其荣．—华中师范大学，2004

41. 华人新生代和新华侨华人文学的比较研究/国家社科基金一般项目（04BZW052）/黄万华．—山东大学，2004

42. 移民与闽台少数民族问题研究/国家社科基金一般项目（04BMZ028）/谢必震．—福建师范大学，2004

43. 东南亚：从华人文学到华人族裔文学的当代转型/国家社科基金一般项目（03BZW048）/王列耀．—暨南大学，2003

44. 结合海外的实地考察论郑和下西洋/国家社科基金一般项目（03BZS033）/孔远志．—北京大学，2003

45. 金三角的云南人：泰北云南人的历史记忆与认同/国家社科基金一般项目/杨慧. —云南大学，2003

46. 经济全球化进程中的东南亚民族问题研究/国家社科基金一般项目（03BMZ019）/陈衍德. —厦门大学，2003

47. 经济全球化下的亚洲妇女劳动力跨境流动研究/国家社科基金一般项目（03BSH016）/韩嘉玲. —北京市社会科学院，2003

48. 经济全球化与人口国际迁移、流动的实证研究/国家社科基金一般项目（03BRK008）/骆克任. —华东师范大学，2003

49. 妈祖信仰的文化认同功能研究/国家社科基金一般项目（03BZJ010）/陈宜安. —福建师范大学，2003

50. 印度尼西亚华人历史档案文献研究/国家社科基金一般项目（03BZS003）/聂德宁. —厦门大学，2003

51. 东南亚华侨华人传统宗教源流、演变及现代转化之研究/国家社科基金自筹经费项目（02EZJ002）/张禹东. —华侨大学，2002

52. 东南亚华人族群的形成与发展/国家社科基金一般项目（02BMZ012）/曾少聪. —中国社会科学院，2002

53. 俄罗斯华商史/国家社科基金一般项目（02BSS007）/宿丰林. —黑龙江省社会科学院，2002

54. 近代环中国海地区华商跨国网络研究/国家社科基金一般项目（02BZS043）/戴一峰. —厦门大学，2002

55. 近代香港与内地华资联号企业研究/国家社科基金一般项目（02BZS029）/张晓辉. —暨南大学，2002

56. 新航路开辟后二百年间浙江沿海地区与海外诸国的经济文化交往/国家社科基金自筹经费项目（02EZS001）/王慕民. —宁波大学，2002

57. 云南边地移民史/国家社科基金一般项目（02CMZ001）/苍铭. —中央民族大学，2002

58. 中国南方跨国民族“和平跨居”模式研究/国家社科基金一般项目（02BMZ011）/周建新. —广西民族学院，2002

59. 从中国走向世界：16世纪中叶至20世纪初的粤闽海商/国家社科基金一般项目（01BZS030）/陈伟明. —暨南大学，2001

60. 港澳台族群社会与文化研究/国家社科基金青年项目（01CMZ004）/廖杨. —广西师范大学，2001

61. 近代留美生与中美文化交流/国家社科基金青年项目（01BZS023）/李喜所. —南开大学，2001

62. 侨乡“社会资本”与发达国家劳动力市场的多元性：福建侨乡跨境移民潮的社会学研究/国家社科基金一般项目（01BSH023）/李明欢. —厦门大学，2001

63. 我国西北跨国境民族的国家与文化认同观研究/国家社科基金一般项目（00BMZ007）/刘迎胜. —南京大学，2000

教育部项目

1．马来西亚华裔新生代文学与华文传媒的互动研究/教育部人文社会科学研究规划项目（09YJA51037）/王列耀．—暨南大学，2009

2．文化东南和移民族群的跨国社会实践/教育部人文社会科学研究一般项目（09YJA850012）/宋平．—厦门大学，2009

3．五十年“藏独”海外活动特点、走向和对策研究/教育部哲学社会科学研究重大攻关项目/李涛．—四川大学，2009

4．西北穆斯林华侨华人社会研究/教育部人文社会科学重点研究基地重大项目（09JJD850008）/马明达．—暨南大学，2009

5．新疆跨国民族与非传统安全问题研究/教育部人文社会科学研究规划项目/李正元．—塔里木大学，2009

6．中国海外劳工权益保护的法律问题研究——从国际私法的视角/教育部人文社会科学研究规划项目（09YJA820039）/范姣艳．—三峡大学，2009

7．“二次成长”：华裔学生来华留学的文化适应研究/教育部哲学社会科学研究重大课题委托项目（08FD3071）/文峰．—暨南大学，2008

8．国籍法律制度研究/教育部2008年留学回国人员科研启动基金课题（教外司留〔2008〕890号）/刘国福．—汕头大学，2008

9．国际政治经济环境的变动与中国侨务政策（1912—1966）/教育部人文社会科学重点研究基地重大项目（08JJD810157）/崔丕．—暨南大学，2008

10．美国与加拿大技术移民政策比较/教育部重点项目/李其荣．—华中师范大学，2008

11．闽粤移民与台湾社会历史发展研究/教育部人文社会科学重点研究基地重大项目（08JJDGAT249）/邓孔昭．—厦门大学，2008

12．中国与马来西亚经济关系的历史、现状及其发展趋势/教育部人文社会科学重点研究基地重大项目（08JJDGJW255）/李一平．—厦门大学，2008

13．高校师生宗教信仰变化研究——以侨校暨南大学为个案/教育部人文社会科学研究规划项目/夏泉．—暨南大学，2007

14．华文教育本科多元化办学模式研究/教育部人文社会科学研究规划项目（07JA880060）/唐燕儿．—暨南大学，2007

15．近代仁川华侨社会的成员分析与经济发展研究/教育部留学回国项目/李玉莲．—延边大学，2007

16．日本新华侨华人子女文化承传问题研究/教育部人文社会科学研究规划项目（07JA770029）/鞠玉华．—暨南大学，2007

17．新时期华侨高等教育创新研究/教育部人文社会科学重点研究基地重大项目（07JJD880240）/纪宗安．—暨南大学；2007

18．战后马来西亚族群关系——马华两族矛盾冲突的“非暴力”研究/教育部人文社会科学研究规划项目（07JHQ0041）/廖小健．—暨南大学，2007

19．中国新移民、东南亚华人再移民及其对亚太国际关系的影响/教育部人文社会科学重点研究基地重大项目（07JJDGJW258）/庄国土．—厦门大学，2007

20. 中国与东南亚国家外交关系研究/教育部人文社会科学重点研究基地重大项目（07JJDGJW259）/聂德宁. —厦门大学，2007

21. 东南亚华族与当地民族的关系/教育部人文社会科学研究规划项目（06JA850003）/俞云平. —厦门大学，2006

22. 东亚东南亚区域内跨国养老的动向与相关国家的退休移民政策/教育部人文社会科学研究专项任务项目（06JD840001）/陈茗. —厦门大学，2006

23. 华侨华人与当地民族关系研究/教育部人文社会科学重点研究基地重大项目（06JJD840023）/郭玉聪. —暨南大学，2006

24. 全球化与海外华人的生存发展研究/教育部重点项目/李其荣. —华中师范大学，2006

25. 中国留学生与民国社会发展/教育部人文社会科学重点研究基地重大项目（06JD/XM127）/周棉. —南京大学，2006

26. 东南亚与台湾经济、政治关系研究/教育部人文社会科学重点研究基地重大项目（05JDJDGJW049 ）/庄国土. —厦门大学，2005

27. 符号、身份与认同：来华留学之海外华裔青少年构成、特点与追求/教育部人文社会科学研究规划项目（05JA840012）/李明欢. —厦门大学，2005

28. 教会与近现代菲律宾政治的历史考察/教育部人文社会科学研究规划项目（05JA770026）/施雪琴. —厦门大学，2005

29. 印尼、菲律宾与泰国民族分离主义运动比较研究/教育部人文社会科学研究规划项目（05JA850004）/李一平. —厦门大学，2005

30. 战后中国与缅甸关系研究（1949—1988）/教育部人文社会科学研究青年项目（05JC770032）/范宏伟. —厦门大学，2005

31. 东南亚地区华文教育的心理学研究/教育部人文社会科学重点研究基地重大项目（05JJDXLX162）/连榕. —福建师范大学，2004

32. 汉族社会结构与周边社会的互动——以华南与东南亚的研究为中心/教育部人文社会科学重点研究基地重大项目（05JJD840150）/麻国庆. —中山大学，2004

33. 在日华人的社会生活与职业教育/教育部国际合作与交流司提供研究资助（教外司留〔2004〕527 号）/鞠玉华. —暨南大学，2004

34. 多元文化下的华人企业人力资源管理研究/教育部人文社会科学研究专项任务项目（03JD630004）/徐义雄. —暨南大学，2003

35. 新移民与侨乡的互动——福建人口国际迁移模式研究/教育部人文社会科学研究博士点基金项目（03JB840007）/郭玉聪. —厦门大学，2003

36. 21 世纪华商网络发展趋势研究/教育部人文社会科学重点研究基地重大项目（02JAZJDGJW008）/陈乔之、刘权. —暨南大学，2002

37. 80 年代以来海外华文教育的变革/教育部人文社会科学重点研究基地重大项目（02JAZJDGJW020）/周聿峨. —暨南大学，2002

38. 筹建华侨华人学科的研究报告/教育部人文社会科学重点研究基地重大项目（02JAZJDGJW007）/李安山. —北京大学，2002

39. 全球化下中国与东南亚经贸关系的历史、现状与趋势/教育部人文社会科学重点

研究基地重大项目（02JAZJDGJW016）/聂德宁．—厦门大学，2002

40．现代远程教育在海外华文教师培训中应用研究/教育部人文社科研究专项任务项目（02JD880005）/唐燕儿．—暨南大学，2002

41．国际移民环境下的中国新移民与中国侨务研究/教育部人文社会科学重点研究基地重大项目（2001ZDSMGJW006）/高伟浓．—暨南大学，2001

42．国际移民趋势与我国的移民战略策略研究/教育部重点项目/高伟浓．—暨南大学，2001

43．华侨华人与中国侨乡的现代化/教育部人文社会科学重点研究基地重大项目（2001ZDXMGJW007）/黄昆章．—暨南大学，2001

44．闽籍华人华侨与福建文化、教育的交流与合作/高校古籍整理研究项目（GJ0102）/王坚德．—福建师范大学，2001

45．侨乡认同、侨乡网络与侨资走向：当代中国东南沿海侨乡/教育部人文社科研究规划项目（01JA840003）/李明欢．—厦门大学，2001

46．全球化时代的华人经济研究/教育部人文社会科学重点研究基地重大项目（2001ZDXMGJWOO5）/廖小健．—暨南大学，2001

47．商业都市中的宗亲组织研究——以厦门、新加坡、基隆为例/教育部人文社科研究规划项目（01JA840013）/曾玲．—厦门大学，2001

48．新加坡马来西亚华族母语教育演变比较/教育部全国教育科学“十五”规划课题（FDB011084）/周聿峨．—暨南大学，2001

49．东南亚华人及其经济、政治资源利用研究/教育部人文社会科学重点研究基地重大项目（2000ZDXMGJW007）/庄国土．—厦门大学，2000

50．欧洲华人社会研究/教育部国际合作与交流司提供研究资助（教外司留〔2000〕367）/李明欢．—厦门大学，2000

国务院侨务办公室项目

1．1978年以来中国大陆新移民与我国侨务政策和工作的取向/国务院侨办一般课题（GQBY2009049）/潮龙起．—暨南大学，2009

2．出境游与海外华人旅游服务企业合作模式研究/国务院侨办一般课题（GQBY2009022）/吴克祥．—暨南大学，2009

3．当代美国华人的认同问题研究/国务院侨办青年课题（GQBQ2009045）/李爱慧．—暨南大学，2009

4．华侨安置政策研究/国务院侨办委托课题（GQBW20090622）/张应龙．—暨南大学，2009

5．华侨法律制度研究/国务院侨办重点课题（GQBZ2009046）/刘国福．—汕头大学，2009

6．华侨华人与中国的东南亚政策——基于侨务与外交关系的思考/国务院侨办青年课题（GQBQ2009012）/代帆．—暨南大学，2009

7．华侨华人与中国国家软实力：基于文化传播途径的定量分析——以泰国为例/国务院侨办青年课题（GQBQ2009011）/陈建荣．—暨南大学，2009

8. 华侨华人与中国经济发展研究——基于在南非拓展的新模式的研究/国务院侨办立项不资助课题（GQBL2009032）/王森. —暨南大学，2009

9. 华侨华人与中国经济发展研究——以华侨华人与中部地区经济发展为研究中心/国务院侨办委托课题/李其荣. —华中师范大学，2009

10. 华侨华人与中国企业“走出去”战略关系研究/国务院侨办一般课题（GQBY2009020）/李优树. —四川大学，2009

11. 华侨华人与住在国关系及相关政策研究——建国60侨务政策的回顾和总结子课题/国务院侨办委托课题（GQBW20090624）/吴前进. —上海社会科学院，2009

12. 华侨农场土地资产资本化问题研究/国务院侨办一般课题（GQBY2009037）/洪凯. —暨南大学，2009

13. 华侨投资纠纷解决机制研究——以华侨华人与中国经济发展为线索/国务院侨办课题/陈慰星. —华侨大学，2009

14. 今后五到十年侨务工作发展趋势/国务院侨办课题/李明欢. —厦门大学，2009

15. 侨务工作基础理论研究/国务院侨办一般课题/秦锋. —华中师范大学，2009

16. 侨务工作与国家软实力（之一）/国务院侨办重点课题（GQBZ2009002）/高伟浓. —暨南大学，2009

17. 侨务工作与国家软实力（之二）——东南亚和美国华侨华人与中国国家软实力研究/国务院侨办重点课题（GQBZ2009002）/陈奕平. —暨南大学，2009

18. 侨务资源在社会主义新农村建设中作用的不同解读——以浙江为例/国务院侨办一般课题/夏凤珍. —浙江工商大学，2009

19. 社会学理论前沿对新时期侨务工作的启示/国务院侨办一般课题（GQBY2009048）/李明欢. —厦门大学，2009

20. 深化华侨农场改革与发展的新探索/国务院侨办一般课题（GQBY2009036）/张应龙. —暨南大学，2009

21. 未来5—10年东南亚华侨华人发展趋势及对策研究/国务院侨办委托课题（GQBW2009063－2）/庄国土. —厦门大学，2009

22. 我国新创侨资企业持续成长与侨务政策研究——基于社会资本融合的分析/国务院侨办青年课题（GQBQ2009031）/郭葆春. —暨南大学，2009

23. 新华侨华人直接投资对中国经济增长贡献之分析与评价——以福建省为例/国务院侨办青年课题/黄大柯. —华侨大学，2009

24. 新华侨群体在海外华人社会中和祖国建设中的作用——以菲律宾为例/国务院侨办一般课题/程立初. —华侨大学，2009

25. 中国和平发展对海外华人相关认同的影响/国务院侨办青年课题（GQBQ2009010）/石沧金. —暨南大学，2009

26. 中国侨汇政策研究/国务院侨办委托课题/袁丁. —中山大学，2009

27. 国际环境的变动与印尼排华政策研究（1963—1967）/国务院侨办一般课题（20080430846）/张小欣. —暨南大学，2008

28. 华侨华人经济、人才和政治资源研究/国务院侨办重点课题（GQBZ2009001）/庄国土. —厦门大学，2008

29. 移民社会保障研究/国务院侨办一般课题/向运华. —武汉大学，2008

30. 硅谷华人社群的“软实力”研究/国务院侨办一般课题（GQBY2007027）/王志章. —西南大学，2007

31. 2008年“大选”对台湾“侨务”政策的影响/国务院侨办委托课题/印红标. —北京大学，2007

32. 20世纪90年代以来美加新华侨华人比较——一种人口社会学和民族政治学的研究/国务院侨办一般课题（GQBY2007011）/李其荣. —华中师范大学，2007

33. 20世纪海外华人文化的格局、流变与现状/国务院侨办一般课题/杨恒达. —中国人民大学，2007

34. 澳大利亚与新西兰新华侨华人与华裔新生代研究/国务院侨办一般课题/骆克任. —华东师范大学，2007

35. 北美华人宗教信仰对于社会适应及其祖籍国的影响/国务院侨办一般课题（GQBY2007025）/刘权. —暨南大学，2007

36. 当代海外台湾台胞与台湾“侨务”研究/国务院侨办一般课题/陈文寿. —北京联合大学，2007

37. 当代美国华人政治性社团研究/国务院侨办青年课题（GQBQ2007040）/万晓宏. —华南师范大学，2007

38. 东南亚华侨华人与居住国关系——以菲律宾、马来西亚、印度尼西亚和新加坡为中心/国务院侨办重点课题/曾少聪. —中国社会科学院，2007

39. 东南亚华裔新生代文化认同中的台湾影响/国务院侨办一般课题（GQBY2007020）/王列耀. —暨南大学，2007

40. 二次文化适应：返大陆留学之华裔新生代研究/国务院侨办青年课题（GQBQ2007038）/文峰. —暨南大学，2007

41. 福建省新华侨华人与华裔新生代研究/国务院侨办一般课题/曾晓民. —福建省侨办，2007

42. 关于湖南侨务对台工作的研究/国务院侨办一般课题/阳春娥. —湖南省外侨办，2007

43. 广东侨捐项目监管制度研究/国务院侨办一般课题（GQBY2007034）/张应龙. —暨南大学，2007

44. 海外华侨华人安全问题的应对机制研究/国务院侨办青年课题（GQBQ2007041）/赵灿鹏. —暨南大学，2007

45. 后苏哈托时代印尼历届政府对华政策与华人政策的演变以及华人社会发展趋势研究/国务院侨办一般课题（GQBY2007018）/温北炎. —暨南大学，2007

46. 华侨华人动态跟踪研究/国务院侨办一般课题（GQBY2007047）/王望波. —厦门大学，2007

47. 华侨华人分布状况与发展趋势研究/国务院侨办重点课题（GQBZ2007001）/庄国土. —厦门大学，2007

48. 华侨华人社团的文化传递功能研究/国务院侨办青年课题/陈旭清. —中央民族大学，2007

49．华侨华人文化的传播与构建和谐世界/国务院侨办一般课题/戴文标．—浙江大学，2007

50．华侨华人与住在国经济融合关系研究/国务院侨办重点课题/李鸿阶．—福建省社会科学院，2007

51．华侨华人在国内投资经商权益法律保护问题研究：以侨乡泉州为样本的调查分析/国务院侨办一般课题/张德瑞．—华侨大学，2007

52．华人跨国公司成长新阶段/国务院侨办重点课题（GQBZ2007003）/康荣平．—中国社会科学院，2007

53．华文传媒与华人文化认同及文化传播关系之研究/国务院侨办重点课题（GQBZ2007009）/陈荣岚．—厦门大学，2007

54．华文教师等级证书实施方案研究/国务院侨办委托课题（GQBW2007045）/贾益民．—暨南大学，2007

55．拉美华侨华人现状与发展趋势：定居、适应与融合/国务院侨办重点课题/李安山．—北京大学，2007

56．论依法保护华侨的出入境权益/国务院侨办一般课题（GQBY2007012）/翁里．—浙江大学，2007

57．美国华文报纸研究/国务院侨办青年课题/路君燮．—国务院侨办文宣司，2007

58．美国华语电视研究/国务院侨办一般课题/周小普．—中国民族大学，2007

59．欧洲华人与当地国关系现状与趋势/国务院侨办重点课题（GQBZ2007007）/李明欢．—厦门大学，2007

60．侨务政策学研究/国务院侨办一般课题/刘雪明．—广州大学，2007

61．侨乡文化遗产保护与侨务工作创新/国务院侨办一般课题（GQBY2007049）/张国雄．—五邑大学，2007

62．青田籍新华侨华人（华裔）个案研究/国务院侨办一般课题/郭剑波．—浙江师范大学，2007

63．琼属华侨华人现状、发展趋势及工作对策研究/国务院侨办一般课题/吴士存．—海南省侨办，2007

64．全球化时代的华侨华人文化认同问题研究/国务院侨办一般课题/韩震．—北京师范大学，2007

65．外国侨务工作与领事保护研究/国务院侨办重点课题/丘立本．—中国社会科学院，2007

66．新华侨华人及华裔新生代研究/国务院侨办重点课题/桂世勋．—华东师范大学，2007

67．新华侨华人与华裔新生代的比较研究——以东南亚、日、美、加等国为例/国务院侨办一般课题（GQBY2007014）/郭玉聪．—厦门大学，2007

68．移民社会保障政策研究/国务院侨办一般课题/向运华．—武汉大学，2007

69．在日华侨华人子女教育问题研究/国务院侨办一般课题（GQBY2007026）/鞠玉华、王虹．—暨南大学、厦门大学，2007

70．中东华人华侨研究——以伊朗沙特土耳其为例/国务院侨办一般课题

（GQBY2007010）/冀开运．—西南大学，2007

71．中国外交政策中的侨务问题研究/国务院侨办一般课题（GQBY2007019）/陈奉林．—外交学院，2007

72．中国饮食文化与华人华侨的文化传承/国务院侨办一般课题（GQBY2007028）/姚伟钧．—华中师范大学，2007

73．中华文化在当代东南亚华人社会的现况及我们的对策：以新马为研究个案/国务院侨办一般课题（GQBY2007024）/曾玲．—厦门大学，2007

74．中亚非汉族华人华侨研究/国务院侨办青年课题（GQBQ2007037）/李立凡．—上海社会科学研究所，2007

75．香港政治的变化与侨务工作的对策/国务院侨办规划项目/郭天武．—中山大学，2006

76．越南华人华侨的宗教信仰与文化认同/国务院侨办一般课题（05GQBYB009）/邓应文．—暨南大学，2006

77．菲律宾华侨华人社团现状研究/国务院侨办重点课题/朱东芹．—华侨大学，2005

78．广东落地境外华文电视台广告传播效果研究/国务院侨办一般课题/星亮．—暨南大学，2005

79．广东省华港台商投资制造业的集群效应及其对区域竞争力影响的定量研究/国务院侨办一般课题（05GQBYB006）/郑少智．—暨南大学，2005

80．海外侨胞动态即时跟踪/国务院侨办一般课题/王望波．—厦门大学，2005

81．海外侨团研究——日本新老华侨社团的研究及其比较/国务院侨办课题/蔡建国．—同济大学，2005

82．汉语方言对东南亚华裔留学生普通话习得的影响及教学对策/国务院侨办一般课题（05GQBYB010）/孙玉卿．—暨南大学，2005

83．华人资本与泛珠三角经济区/国务院侨办重点课题（04GQBZC002）/李艳虹．—暨南大学，2005

84．2004年印尼大选后新政府对华政策和华人政策的走势研究/国务院侨办一般课题/温北炎．—暨南大学，2004

85．北美台湾人的现状与我“反独促统”对策思考/国务院侨办一般课题/吴金平．—暨南大学，2004

86．从世界海外希腊人联合会的经验看华侨华人社团组织的整合和发展/国务院侨办一般课题/张应龙．—暨南大学，2004

87．当代新加坡华人宗乡社团的现状与发展趋势研究/国务院侨办课题/曾玲．—厦门大学，2004

88．地方侨务工作要与本地区工作当局同频共振——地方侨务部门应建立的新侨务观/国务院侨办课题/该课题组．—天津市侨办，2004

89．东南亚华人传媒与华人社会的关系及其对我国外宣工作的启示/国务院侨办一般课题/曹云华．—暨南大学，2004

90．东南亚华文教育存在的问题与指导对策分析/国务院侨办课题/李军．—暨南大学，2004

91. 东南亚华文教育的教学理念与教学方法存在的主要问题与国家指导对策研究/国务院侨办华文教育课题/张军．—暨南大学，2004

92. 东南亚华文教育发展策略研究/国务院侨办华文教育课题（GQB2004033）/陈荣岚．—厦门大学，2004

93. 俄国华侨历史与现状的研究/国务院侨办一般课题（03GQBYB001）/李志学．—暨南大学，2004

94. 华侨在国内权益保护的法规模拟研究/国务院侨办课题/桂世勋．—华东师范大学，2004

95. 关于内陆省份侨务工作的特点研究/国务院侨办课题/该课题组．—河南省外侨办，2004

96. 广东侨资中小企业国际化经营路径选择/国务院侨办重点课题（04GQBZC001）/吴三清．—暨南大学，2004

97. 华侨权益保护诉讼制度研究/国务院侨办课题/汤维建．—中国人民大学，2004

98. 华商投资四川的现状、问题及对策/国务院侨办课题/该课题组．—四川省侨办，2004

99. 华文教育的学科建设研究/国务院侨办华文教育课题/彭俊．—北京华文学院，2004

100. 华文教育技术应用研究/国务院侨办华文教育课题（GQB2004031）/贾益民．—暨南大学，2004

101. 华文教育中文化教学的理论与实践研究/国务院侨办华文教育课题/李嘉郁．—北京华文学院，2004

102. 江西籍海外侨社调研情况/国务院侨办课题/该课题组．—江西省外侨办，2004

103. 近年来台湾民进党当局侨务政策特点的回顾与前瞻/国务院侨办课题/蔡振翔．—华侨大学，2004

104. 经济全球化时代侨务工作的新情况与新思路/国务院侨办课题/王东生．—江苏省社会科学院，2004

105. 捐资共建工作对我市侨务工作的影响/国务院侨办课题/该课题组．—北京市侨办，2004

106. 海外华人作家的文化身份与翻译中的文化身份塑造/国务院侨办一般课题（04GQBYB004）/黄汉平．—暨南大学，2005

107. 美国华人社团体系的结构与功能变化研究/国务院侨办课题/高伟浓．—暨南大学，2004

108. 缅甸侨团基本情况及对缅甸侨团工作的思考/国务院侨办课题/郭志宏．—云南省侨办，2004

109. 侨务对台工作的新情况与新问题/国务院侨办课题/赵和曼．—广西社会科学院，2004

110. 侨务对台工作的政策取向/国务院侨办课题/龙登高．—清华大学，2004

111. 侨资企业模仿创新研究/国务院侨办一般课题（04GQBYB005）/张耀辉．—暨南大学，2004

112. 世界华文教育发展趋势及影响/国务院侨办华文教育研究课题/张向前. —华侨大学，2004

113. 台湾侨务机制和侨务立法研究/国务院侨办侨务政策及侨务工作研究课题（GQB2004008）/姜正扬. —清华大学，2004

114. 台湾侨务运行机制和侨务立法研究/国务院侨办课题/李鸿阶. —福建省社会科学院，2004

115. 台湾侨务政策的变化与海外台湾人的出现/国务院侨办侨务政策研究课题/蔡振翔. —华侨大学，2004

116. 通过美国、日本华侨华人“反独促统”的对策研究/国务院侨办课题/郭玉聪. —厦门大学，2004

117. 新世纪海外华文传媒研究报告/国务院侨办一般课题/夏春平. —中国新闻社，2004

118. 新移民对未来中国的影响及加强工作的思考——以上海为例/国务院侨办重点课题/桂世勋. —华东师范大学，2004

119. 因应对台湾政局变化我侨务对台工作的政策取向/国务院侨办课题/施祖麟. —清华大学，2004

120. 印尼华文教育未来发展对策研究/国务院侨办侨务政策研究课题（GQB2004035）/宗世海. —暨南大学，2004

121. 在日、在韩华人社团研究/国务院侨办课题/蔡建国. —同济大学，2004

122. 中国大陆与海外华人经贸合作模式演变及对策研究/国务院侨办课题/林勇. —福建省社会科学院，2004

123. 主要华人聚居国华人社团体系的结构、功能变化与其数据库构建/国务院侨办一般课题/高伟浓. —暨南大学，2004

124. 新华侨华人和华裔新生代研究/国务院侨办课题/吴瑞君. —华东师范大学，2002

125. 20 世纪末以来东盟国家华人华侨经济发展特点和中国—东盟自由贸易区的建立对该区华人华侨经济的影响及开展侨务经济科技工作的对策/国务院侨办课题/该课题组. —重庆市侨办，2002

126. 充分发挥华侨华人作用，推动云南融入中国—东盟自由贸易区的建设/国务院侨办课题/该课题组. —云南省侨办，2002

127. 当代马来西亚华人（儒家文明）与马来人（伊斯兰文明）关系研究/国务院侨办重点课题/廖小健. —暨南大学，2002

128. 东北地区海外新华侨华人研究/国务院侨办重点课题/曲晓藩. —东北师范大学，2002

129. 东南亚华裔新生代发展趋势及我们的对策/国务院侨办重点课题/蓝达居. —厦门大学，2002

130. 东亚华裔网络在实施中国企业“走出去”战略中的地位与作用/国务院侨办重点课题/李国梁. —厦门大学，2002

131. 发挥客家祖地优势　开创闽西侨务工作新局面——关于树立“大侨务”观念的

思考/国务院侨办课题/邱玉燕. —福建省龙岩市外侨办，2002

132. 法国移民政策与法国华侨华人/国务院侨办重点课题/李明欢. —厦门大学，2002

133. 菲律宾亲台华文学校基本情况发展态势和我们争取工作的思考/国务院侨办重点课题/沈红芳. —厦门大学，2002

134. 改革开放20年之间在大陆高校就读的华侨华人学生状况分析/国务院侨办侨务政策研究课题（02QSK14）/蔡振翔. —华侨大学，2002

135. 关于“大侨务新格局”构筑的研究/国务院侨办课题/该课题组. —湖南省外侨办，2002

136. 关于做好年轻一代华侨华人工作的探讨/国务院侨办课题/潘嘉玲. —广州市侨办，2002

137. 国际人口迁移与国际人才流动/国务院侨办课题/骆新华. —湖北省侨办，2002

138. 国际移民发展趋势和我国移民政策策略/国务院侨办重点课题/丘立本. —中国社会科学院，2002

139. 国际移民发展趋势与我国移民策略——当代中国海外移民研究之三/国务院侨办侨务政策研究课题（02QSK15）/肖北婴. —华侨大学，2002

140. 海外华侨华人在中国（福建）经商投资以及捐资办学等权益保护政策的思考/国务院侨办重点课题/李一平. —厦门大学，2002

141. 海外华侨人专业人士的现状和有针对性开展他们工作的建议/国务院侨办重点课题/王晓莺. —广州大学，2002

142. 华侨华人在沪投资经商权益保护政策的思考/国务院侨办课题/该课题组. —上海市侨办，2002

143. 华侨华人专业人士现状及工作的建议/国务院侨办课题/该课题组. —湖北省侨办，2002

144. 加入世界贸易组织以后我国企业在境外与海外华人企业合作研究/国务院侨办课题/林勇. —福建省社会科学院，2002

145. 近20年福州人移民美国和对我国海外移民政策的建议/国务院侨办重点课题/庄国土. —厦门大学，2002

146. 近代旅日闽籍华侨研究/国务院侨办重点课题（01QSK06）/许金顶. —华侨大学，2002

147. 论华侨华人在国内经商投资捐资等权益保护/国务院侨办课题/戴光中. —宁波大学，2002

148. 美国华侨华人专业人士的现状及我国吸引海外华人人才战略/国务院侨办课题/刘权. —暨南大学，2002

149. 美国加拿大华裔新生代的特点与我国侨务工作对策/国务院侨办重点课题/吴金平. —暨南大学，2002

150. 美国亲台华侨现状及其对策/国务院侨办课题/周聿峨. —暨南大学，2002

151. 美国移民发展趋势和我国移民对策/国务院侨办重点课题/李其荣. —华中师范大学，2002

152. 缅甸华文学校基本情况和发展态势及我们争取亲台华侨工作的思考/国务院侨办课题/林锡星. —暨南大学，2002

153. 民进党上台后美国华人社团动向研究/国务院侨办课题/黄昆章. —暨南大学，2002

154. 日本华侨华人二三代与新华侨华人的发展趋势及我们的对策/国务院侨办课题/郭玉聪. —厦门大学，2002

155. 日本华裔新生代新移民发展趋势和我们争取工作的策略/国务院侨办重点课题/郭玉聪. —厦门大学，2002

156. 世纪初国际移民趋势的最新动向和我国移民政策的抉择/国务院侨办侨务政策研究课题（02QSK13）/白晓东. —华侨大学，2002

157. 四川省新华侨华人工作的实践与思考/国务院侨办课题/该课题组. —四川省侨办，2002

158. 谈新世纪保护侨胞权益若干问题/国务院侨办课题/雷德岩. —广州市侨办，2002

159. 西部少数民族地区国外侨务工作研究/国务院侨办课题/该课题组. —广西侨办，2002

160. 西部少数民族地区移民与国外侨务工作研究：以新疆为例/国务院侨办重点课题/王联. —北京大学，2002

161. 以新的思维拓展侨务经济工作——“江苏禄回华商科技园”建园几点启示/国务院侨办课题/颜健建. —南京市侨办，2002

162. 印度、菲律宾、韩国移民在美国的生存发展状况及上述三国对海外移民的政策/国务院侨办课题/庄礼伟. —暨南大学，2002

163. 印度侨民政策研究/国务院侨办课题/张应龙. —暨南大学，2002

164. 印尼政局及对华政策与华人政策趋势的研究/国务院侨办课题/温北炎. —暨南大学，2002

165. 中国大陆高校境外生研究之一：台湾学生状况分析/国务院侨办课题/蔡振翔. —华侨大学，2002

166. 中国—东盟自由贸易区与华商网络研究/国务院侨办课题/曹云华. —暨南大学，2002

167. 中国少数民族华侨华人研究/国务院侨办课题/李安山. —北京大学，2002

168. 遵循科学发展观 探索侨务工作新思路——以浙江省为个案/国务院侨办课题/戴光中. —宁波大学，2002

169. 1965年后美国的对华移民政策/国务院侨办课题/高伟浓. —暨南大学，2000

170. 21世纪头10年东南亚华侨华人社会的发展态势与侨务工作研究/国务院侨办重点课题/李一平. —厦门大学，2000

171. 本世纪初马来西亚华人社会的发展态势及对策研究/国务院侨办重点课题/廖小健. —暨南大学，2000

172. 从唐宋“蕃坊”到明清澳门——中国历代政府对在华侨民的治理/国务院侨办课题/邱树森. —暨南大学，2000

173. 东南亚各国华人参政模式比较研究/国务院侨办课题/曹云华. —暨南大学，2000

174. 东南亚华人传媒文化传播与社会影响研究/国务院侨办课题/黄匡宇. —暨南大学，2000

175. 东南亚华人企业集团的发展及其作用、地位研究/国务院侨办重点课题/李国梁. —厦门大学，2000

176. 东南亚华人企业集团投资新动向与我国引进华人资本/国务院侨办重点课题/林勇. —福建省社会科学院，2000

177. 东南亚华人企业文化研究/国务院侨办课题/庄培章. —华侨大学，2000

178. 菲律宾华侨华人二三代的基本情况和特点，以及加强他们工作的思考/国务院侨办重点课题/曾少聪. —中国社会科学院，2000

179. 福建侨乡旅游消费行为研究/国务院侨办一般课题（00QSK01）/李祝舜. —华侨大学，2000

180. 关于新移民的若干思考/国务院侨办课题/戴光中等. —宁波大学、宁波市侨办，2000

181. 广东新闻媒介侨务宣传研究/国务院侨办课题/蔡铭泽. —暨南大学，2000

182. 海外藏胞现状及与侨务工作的关系的探讨/国务院侨办课题/青海省侨办课题组. —青海省侨办，2000

183. 海外华商投资动向与我国的对策/国务院侨办课题/龙登高. —清华大学，2000

184. 海峡两岸侨务工作比较研究/国务院侨办重点课题/庄国土. —厦门大学，2000

185. 华人资本与华南地区经济一体化/国务院侨办课题/王聪. —暨南大学，2000

186. 华文教育学/国务院侨办课题/贾益民. —暨南大学，2000

187. 华文教育与对外汉语教学的关系/国务院侨办课题/周聿峨. —暨南大学，2000

188. 建国以来侨务政策的回顾与思考/国务院侨办重点课题/赵红英. —中国华侨历史学会，2000

189. 金融危机后东南亚华人财团发展的新特点和新趋势/国务院侨办课题/饶志明. —华侨大学，2000

190. 美国华侨华人如何在中美政经关系中发挥作用/国务院侨办课题/庄礼伟. —暨南大学，2000

191. 缅甸对外国侨民政策、法律研究/国务院侨办课题/林锡星. —暨南大学，2000

192. 日本的日侨政策研究/国务院侨办课题/张应龙. —暨南大学，2000

193. 神户华侨华人二三代与中国的关系/国务院侨办重点课题/郭玉聪. —厦门大学，2000

194. 世纪之交印尼对华政策和华侨华人政策以及我们的对策/国务院侨办课题/温北炎. —暨南大学，2000

195. 试论新时期侨务工作亟须研究的若干重大课题/国务院侨办课题/文教宣传处. —浙江省侨办，2000

196. 泰国华人第二代的政治认同、民族认同和文化认同及加强对他们工作的思考/国务院侨办课题/曹云华. —暨南大学，2000

197. 网络侨务工作研究/国务院侨办课题/曾仕智. —云南省侨办，2000

198. 我国侨务政策与华侨高等教育/国务院侨办重点项目/何万宁. —暨南大学，2000

199. 香港特区在侨务工作的窗口作用/国务院侨办课题/叶佑新. —广州市侨办，2000

200. 新时期珠江三角洲地区海外联系的变化与侨乡经济社会结构/国务院侨办课题/张应龙. —暨南大学，2000

201. 以色列与世界各地犹太人：法律、政策和联络工作研究/国务院侨办课题/潘光. —上海犹太研究中心，2000

202. 印尼华人新生代的考察分析/国务院侨办课题/杨启光. —暨南大学，2000

203. 印尼伊斯兰教对局势发展和华人社会的影响/国务院侨办课题/温北炎. —暨南大学，2000

204. 越南华侨华人政策研究/国务院侨办重点课题/赵和曼等. —广西壮族自治区侨办，2000

205. 云南省归侨侨眷非公有制经济发展初探/国务院侨办课题/高厘原. —云南省侨办，2000

206. 中国“入世”与侨务工作面临的机遇和挑战/国务院侨办重点课题/陈乔之. —暨南大学，2000

207. 马来西亚华人工作初探/国务院侨办课题/沈培炎. —福建省侨联，2000

208. 印尼华裔青少年的身份认同与国家认同/国务院侨办一般课题（00QSK07）/王爱平. —华侨大学，2000

省市自治区项目

1. 1786至1911年马来亚华人社会的方言群和职业结构/福建省教育厅社会科学研究一般项目（JA09002S）/王付兵. —厦门大学，2009

2. 华侨华人社会文化在海西建设中的作用/福建省高校服务海西重点项目（闽教高〔2009〕8号）/蔡振翔. —华侨大学，2009

3. 新时期福建省侨务对台工作研究/福建省社会科学规划学会专项课题/谢小建. —福建省华侨历史学会，2009

4. 当代美国华人基督教会研究：以大波士顿地区为例/广东省哲学社会科学“十一五”规划青年项目（09Q-02）/万晓宏. —华南师范大学，2009

5. 广东留学史/广东省哲学社会科学“十一五”规划地方历史文化特色项目（09DL-06）/马至融. —暨南大学，2009

6. 国民政府战时难侨救济与战后华侨“复员”研究（1941—1949）/广东省哲学社会科学“十一五”规划学科共建项目（09GQ-01）/凌彦. —广州大学，2009

7. 海外华人传媒与华人文化的建构/广东省普通高校人文社会科学重点研究基地重大项目（09JDXM86001）/申启武. —暨南大学，2009

8. 岭南建筑文物保护和修复及相关岭南文化的研究——以开平碉楼与村落为例/广东省科技计划项目（2009B030803015）/曾庆光. —五邑大学，2009

9. 马华新生代文学研究/广东省哲学社会科学“十一五”规划一般项目（09J－03）/王列耀. —暨南大学，2009

10. 契约文书与近代广府侨乡社会研究/广东省高校优秀青年创新人才培育项目（粤财教〔2009〕400号）/石坚平. —五邑大学，2009

11. 侨乡社会与女性群体/广东省哲学社会科学“十一五”规划地方历史文化特色项目（09DL－03）/谢珊珊. —五邑大学，2009

12. 五邑银信研究/广东省普通高校人文社会科学重点研究基地重大项目（粤财教〔2009〕400号）/刘进. —五邑大学，2009

13. 新中国侨汇政策研究（1949—1969）/广东省哲学社会科学“十一五”规划学科共建项目（09GI－02）/张小欣. —暨南大学，2009

14. 在华外国人高端移民与新移民理论研究/广东省哲学社会科学“十一五”规划青年项目（09Q－01）/刘云刚. —中山大学，2009

15. 福建省华侨农场旅游开发现状及其优化发展研究/福建省社会科学“十一五”规划重点项目（2008A025）/黄远水. —华侨大学，2008

16. 华侨华人宗教与社会和谐——跨国生存空间的研究视域/福建省社会科学“十一五”规划一般项目（2008B067）/张禹东. —华侨大学，2008

17. 社会性别视野下海峡西岸侨乡女性创业研究/福建省社会科学“十一五”规划一般项目（2008E005）/刘以榕. —华侨大学，2008

18. 在“两个先行区”建设中发挥海外华侨华人作用问题研究/福建省社会科学规划重点项目/李鸿阶. —福建省社会科学院，2008

19. 地方近现代历史资源在《纲要》教学中的应用——以广东侨乡历史文化资源为中心/广东省高校思想政治理论课名教师和骨干教师培养对象教学研究立项课题（2008G005）/刘进. —五邑大学，2008

20. 建国初期广东侨批业管理政策研究（1945—1956）/广东省高校优秀青年创新人才培育育苗项目（WYM08057）/张小欣. —暨南大学，2008

21. 近代广府侨乡契约文书研究/广东省哲学社会科学“十一五”规划学科共建项目（08GI－01）/石坚平. —五邑大学，2008

22. 海南侨务工作概论/海南省社会科学规划项目/鞠海龙. —暨南大学，2008

23. 民国时期海南利用华侨资本问题研究/海南省哲学社会科学规划项目/张朔人. —海南大学，2008

24. 温州海外移民群体研究/浙江省社科规划项目（08CGSH001Z）/徐华炳. —温州大学，2008

25. “海西”建设与“海归”人才引进研究/福建省委统战部项目/李勇. —华侨大学，2007

26. 闽籍海外华人华侨和留学回国人才资源/福建省科协项目（JB01160）/雷德森. —福州大学，2007

27. 明末清初福建籍海外移民宗教信仰状况研究——以日本长崎在留唐人为重点/福建省社会科学规划一般项目（2007B053）/林观潮. —厦门大学，2007

28. 女性与国际人口迁移/福建省教育厅课题/李明欢. —厦门大学，2007

29. 中国公民的海外安全形势与对策研究/福建省社会科学“十一五”规划一般项目（07Q01）/廖小健. —暨南大学，2007

30. 开平碉楼与村落文书研究/广东省普通高校人文社会科学重点研究基地重大项目（07JDXM77001）/张国雄. —五邑大学，2007

31. 五邑华侨与中国民族民主革命/广东省普通高校人文社会科学重点研究基地重大项目（07JDXM77002）/张运华. —五邑大学，2007

32. 华侨与近代五邑侨乡教育发展/广东省社科联侨乡文化研究资助项目/黄海娟. —五邑大学，2007

33. 基督教在五邑侨乡的教办事业及影响/广东省社科联侨乡文化研究资助项目/张运华. —五邑大学，2007

34. 近代广东民众文化的开拓意识/广东省社科联侨乡文化研究资助项目/刘红卫. —五邑大学，2007

35. 近代交通发展与五邑侨乡形成/广东省社科联侨乡文化研究资助项目/戴永洁. —五邑大学，2007

36. 五邑侨乡非物质文化遗产的文化价值/广东省社科联侨乡文化研究资助项目/冈虎. —五邑大学，2007

37. 五邑氏族图书馆与侨乡文化建设研究/广东省社科联侨乡文化研究资助项目/吴蜀红. —五邑大学，2007

38. 海外华人对我国构建和谐社会的现实意义研究/广东省哲学社会科学“十一五”规划青年项目（07YQ01）/石沧金. —暨南大学，2007

39. 客家方言在海外的传承与变异——印尼客家方言研究/广东省哲学社会科学“十一五”规划一般项目（07YJ04）/李小华. —华南理工大学，2007

40. 文化的兼容与创新——五邑华侨华人文化史研究/广东省哲学社会科学“十一五”规划地方历史文化特色项目（07DT01）/张运华. —五邑大学，2007

41. 国际环境的变动与中国侨务政策/广东省哲学社会科学“十一五”规划学科共建项目（07GI02）/崔丕. —暨南大学，2007

42. 华侨高等教育的发展与创新研究/广东省哲学社会科学“十一五”规划学科共建项目（07GQ01）/纪宗安. —暨南大学，2007

43. 黎民伟传——五邑早期电影人的研究/广东省哲学社会科学“十一五”规划学科共建项目（07GJ05）/风群. —五邑大学，2007

44. 社会人类学视野中的广西华侨农场/广西哲学社会科学“十一五”规划项目（06FSH004）/郑一省. —广西民族大学，2007

45. 澳洲上海籍新华人华侨研究/上海市侨办 2007 年课题/骆克任. —华东师范大学，2007

46. 汉语传媒与海外华文文学/广东省普通高校人文社会科学重点研究基地项目（06JDXM004）/王列耀. —暨南大学，2006

47. 全球化进程中的华文传媒生态研究/广东省普通高校人文社会科学重点研究基地项目（06JDXM003）/董天策. —暨南大学，2006

48. 华侨华人对广东现代化的促进作用研究/广东省哲学社会科学“十一五”规划一

般项目（06Q01）/刘权．—暨南大学，2006

49．粤、闽、浙三省新移民比较研究/广东省哲学社会科学“十一五”规划一般项目（06GQ－01）/潮龙起．—暨南大学，2006

50．广西侨力资源开发与利用的路径探索/广西哲学社会科学“十一五”规划自筹课题（06FZS002）/张坚．—广西师范大学，2006

51．实施 M 型区域经济合作战略的对策：华人资本角度的研究/广西哲学社会科学“十一五”规划一般项目（06FJY034）/石维有．—玉林师范学院，2006

52．华侨与海南社会发展（海南历史文化大系百卷本）/海南省委宣传部资金课题/张朔人．—海南大学，2006

53．中国—东盟自由贸易区框架下构建《广西华侨华人史》课程体系的研究/新世纪广西高等教育教学改革工程“十一五”项目（桂教高教〔2006〕194 号）/石维有．—玉林师范学院，2006

54．浙江华侨史/浙江省文化工程项目/周望森．—浙江师范大学，2006

55．东南亚 50 位华人领袖、华商和经理人访谈录/中国社会科学院亚洲研究中心/张继焦．—中国社会科学院，2006

56．亚洲的城市移民（含华人）——中国、韩国与马来西亚的比较研究/中国社会科学院亚洲研究中心/张继焦．—中国社会科学院，2006

57．独特的现代性：海外华人与福建地方文化传统的重构/福建省社科研究“十五”规划重点项目（2006B093）/宋平．—厦门大学，2006

58．福建人口国际迁移对海峡西岸经济区建设的影响/福建省人口与计划生育委员会课题/李明欢．—厦门大学，2005

59．侨乡慈善事业的发展与和谐社会的构建——以泉州晋江为个案/福建省社科规划一般项目/张禹东．—华侨大学，2005

60．海外华文传媒研究/广东省社会科学界联合会项目（05L－02）/彭伟步．—暨南大学，2005

61．当代海外华人社团与统战工作/广东省统战部一般项目/周聿峨．—暨南大学，2005

62．对海外重点华人华侨社团开展统战工作的策略思考/广东省统战部一般项目（粤统通〔2005〕2011）/廖小健．—暨南大学，2005

63．华文教育与海外统战/广东省统战部重点课题/周聿峨．—暨南大学，2005

64．海外新华侨华人社团统战工作研究/广东省委统战部重点课题/冯颖红．—中山大学，2005

65．民国时期江门五邑侨汇研究/广东省哲学社会科学“十五”规划一般项目（05Q－02）/刘进．—五邑大学，2005

66．东南亚华人与祖籍地关系发展的新趋向及对策研究/广州市社会科学界联合会资助社会科学研究项目/许梅．—暨南大学，2005

67．借助国际华商网络作用　促进广州企业“走出去”战略实施/广州市社会科学界联合会资助社会科学研究项目/陈乔之．—暨南大学，2005

68．二战期间国民政府的难侨救济与战后华侨复员交涉/广州市哲学社会科学发展

“十五”规划项目（YZ7－1）/凌彦．—广州大学，2005

69．中国移民的社会功用——跨国主义的分析视角/上海市首届“浦江人才计划”项目/吴前进．—上海社会科学院，2005

70．东南亚国家华侨华人政策新趋势及我工作对策/云南省教育厅一般项目/胡恒富．—云南大学，2005

71．红河侨乡文化研究/云南省哲学社会科学“十五”规划一般项目/何作庆．—蒙自师范高等专科学校，2005

72．青田华侨文化研究 /浙江省侨联项目/周望森．—浙江师范大学，2005

73．国际移民法律与政策研究/浙江省社科联研究课题（05N63）/翁里．—浙江大学，2005

74．民国浙江华侨华人研究/浙江省文化研究工程项目（05WZT007－8）/徐鹤森．—杭州师范学院，2005

75．从世界看浙南非法移民/浙江省哲社规划课题/夏凤珍．—浙江工商大学，2005

76．华侨华人文献信息专题数据库/中国图书中心项目/朱丽娜．—暨南大学，2005

77．华侨华人民间信仰与海外华侨华人社团研究/福建省社科“十五”规划项目（2003B096）/李天锡．—华侨大学，2004

78．广东侨汇的政府管理/广东省教委人文社会科学研究专项任务项目/袁丁．—中山大学，2004

79．当代国际移民与亚太国际关系/广东省哲学社会科学“十五”规划一般项目（03/04N02）/吴金平．—暨南大学，2004

80．国家利益、侨民利益与国籍法/广州市社会科学界联合会项目/王子昌．—暨南大学，2004

81．西方人眼中华人形象的百年变迁/江苏省教育厅高校哲学社会科学基金项目（04SJD840015）/杨舒．—中国矿业大学，2004

82．国际移民理论研究/山东省教委人文社会科学研究规划项目/宋全成．—山东大学，2004

83．东南亚历史文化语境中的郑和研究/福建省社科研究“十五”规划项目（2003B091）/曾玲．—厦门大学，2003

84．在中国大陆就读台湾学生对祖国统一的心态/福建省教育科学项目/蔡振翔．—华侨大学，2003

85．广东华侨文化遗产研究（1840—1949）/广东省哲学社会科学规划项目（03/04N05）/张国雄．—五邑大学，2003

86．海外印度人与海外华人国际影响力比较研究/广东省哲学社会科学规划项目（03/04N01）/贾海涛．—暨南大学，2003

87．社会人类学视野中的广东华侨农场/广东省哲学社会科学规划项目（03/04F06）/黄昆章．—暨南大学，2003

88．泰国潮、粤、客方言比较研究/广东省哲学社会科学规划项目（03/04H1－04）/陈晓锦．—暨南大学，2003

89．新华侨华人社团与广东“走出去”战略研究/广东省哲学社会科学规划项目

（03/04N03）/鲁开垠．—广东省社会主义学院，2003

90．日据时期台湾总督府对南洋华侨的调查——以南洋广东籍华侨为中心 /广东省哲学社会科学规划项目（03/04N04）/陈艳云．—中山大学，2003

91．华侨权益的法律保障机制研究/山东省社科基金项目（03BFZ01）/汤唯．—烟台大学，2003

92．侨资高校的办学优势和人文精神研究——以宁波大学为例/浙江省教育厅项目/张真柱．—宁波大学，2003

93．浙江传统侨乡与新兴侨乡形成原因及发展模式的比较研究 /浙江省社科联项目/吴潮承．—浙江师范大学，2003

94．中国家族文化和华人企业治理模式/上海市社科研究项目（4A25）/刘正才．—华东师范大学，2002

95．福建人的海外移民与拓展/福建省社科规划项目（50011303）/黄英湖．—福建省社会科学院，2002

96．广东省吸引海外华人人才策略/广东省哲学社会科学规划项目（02M22）/刘权．—暨南大学，2002

97．中外关系史中的粤籍华侨华人研究/广东省哲学社会科学规划项目（02010）/高伟浓．—暨南大学，2002

98．海外、归国侨胞和出国、归国留学人员特点研究/江苏省教育厅人文社会科学一般项目（02SJD810009）/刘洪英．—徐州师范大学，2002

99．明清时期东南亚华侨与中国海外贸易/河南省教委人文社会科学研究规划项目（016－QN－770）/郭立珍．—洛阳师范学院，2002

100．浙江及侨帮企业家族式高层管理者的个案调查分析及胜任/浙江省社科规划项目（M02LJ2）/何心展．—宁波大学，2002

101．二十世纪上半期福建对外经济研究：以环中国海闽商贸网络为中心/福建省社科研究“十五”规划项目（2001A010）/戴一峰．—厦门大学，2001

102．海外的福建社团/福建省社科研究“十五”规划项目（2001A024）/陈衍德．—厦门大学，2001

103．改革开放以来福建侨务政策问题的研究/福建省教育厅项目（FX2001－10）/陈爱玉．—福州大学，2001

104．改革开放以来福建侨乡的社会变迁/福建省社科“十五”规划重点项目/俞云平．—厦门大学，2001

105．战后东南亚华人社会的发展变化及其与中国的关系/福建省社科“十五”规划重点项目（2001A013）/庄国土．—厦门大学，2001

106．华侨华人传统宗教世俗化问题研究/福建省社科规划一般项目（01SSK02）/张禹东．—华侨大学，2001

107．华侨华人研究/福建省社科规划一般项目（01SSK14）/王爱平．—华侨大学，2001

108．华人资本与华南区域经济合作/广东省教育厅人文社科研究项目（01SJD790003）/李继东．—华南师范大学，2001

109. 加入 WTO 对广东引进外资、侨资的影响及对策/广东省教育厅人文社科研究项目（01SJAGJW001）/刘权. —暨南大学，2001

110. 华侨华人文献信息专题数据库/广东省教育厅项目（B－27）/朱丽娜. —暨南大学，2001

111. 泰国北部华人及其与台湾关系问题研究/云南省教育厅一般项目/万永林. —云南大学，2001

112. 当代福建海外新移民研究/福建省教育厅 A 类课题（JA00014S）/詹冠群. —福建师范大学，2000

113. 海外移民工作与邓小平侨务思想/福建省邓小平理论研究基地课题（0005002）/肖北婴. —华侨大学，2000

114. 中国民间信仰在华侨华人中的传播和影响/福建省社科“九五”规划项目/李天锡. —华侨大学，2000

115. 山东华侨华人通史/山东省政府社科研究项目/晁中辰. —山东大学，2000

116.“告白”中的台山社会与“侨”“乡”网络——建国前《新宁杂志》“告白”栏目研究/江门市哲学社会科学规划项目（2009C30）/姚婷. —五邑大学，2009

117. 新会的宗族械斗与社会变迁/江门市哲学社会科学规划项目（2009B14）/王传武. —五邑大学，2009

118. 闽南侨批的档案管理/泉州市社科研究规划项目（2009C－SZ01）/叶芬蓉. —泉州市档案局，2009

119. 闽南侨批文化研究/泉州市社科研究规划项目（2009C－YZ05）/林少船. —泉州市教育科学研究所，2009

120. 温州侨乡社会的变迁、治理与开发研究/温州市世界温州人研究中心课题（200910）/徐华炳. —温州大学，2009

121. 碉楼文化与侨乡女性/江门市哲学社会科学规划项目（2008B27）/谢珊珊. —五邑大学，2008

122. 闽南文化与新加坡“福建人”社区发展研究/泉州市社科研究规划项目（2007C－YZ03）/李勇. —华侨大学，2008

123. 海外“惠州会馆”在惠州对外交流中的桥梁和纽带作用/惠州市哲学社会科学研究课题/路霞. —惠州学院，2007

124. 泉州侨批业研究/泉州市社科研究规划项目/耿喜波. —泉州师范学院，2007

125. 江门澳门关系的历史文化考察/江门市哲学社会科学规划项目（江社规办〔2006〕03 号）/张国雄. —五邑大学，2006

126. 梁启超道德文明与政治文明思想研究/江门市哲学社会科学规划项目（江社规办〔2006〕04 号）/刘兴邦. —五邑大学，2006

127. 虚静余自然——陈白沙学术思想研究/江门市哲学社会科学规划项目（江社规办〔2006〕05 号）/张运华. —五邑大学，2006

128. 宁波新移民的社会融合研究/宁波市哲学社会科学规划课题（06JDC10G）/董立群. —宁波大学，2006

129. 国际化背景下华文教育发展趋势及影响研究/泉州市社科研究规划项目（2006

B－YZ04）/陈真．—华侨大学，2006

130．闽南文化在海外的传播与变异——以菲律宾华侨华人社会为例的个案研究/泉州市社科研究规划项目（2006C－ZC02）/朱东芹．—华侨大学，2006

131．民国政府对侨汇的管制/广州市哲学社科规划项目（YZ7－12）/袁丁．—中山大学，2005

132．江门（五邑）文化传统与江门文化名市建设研究/江门市哲学社会科学规划项目（江社规办〔2005〕05号）/刘兴邦．—五邑大学，2005

133．五邑华侨与中国革命/江门市哲学社会科学规划项目（江社规办〔2005〕07号）/张运华．—五邑大学，2005

134．金华引进海外华侨华人专业人才现状及对策研究/金华市社科研究项目/陈肖英．—浙江师范大学，2005

135．东南亚华商管理模式的文化与制度研究/泉州市社科研究规划项目/饶志明．—华侨大学，2005

136．华侨华人与泉州的教育发展/泉州市社科研究规划项目（2005C－ZC02）/张赛群．—华侨大学，2005

137．侨乡慈善事业的发展与和谐社会的构建——以泉州晋江为个案/泉州市社科研究规划项目/张禹东．—华侨大学，2005

138．泉州侨乡家族文化、社会资本与社会体育公共服务发展研究/泉州市社科研究规划项目（2005B－YZ02）/许月云．—泉州师范学院，2005

139．海外华文教育研究/浙江省社科院项目/吴雪萍．—浙江大学，2005

140．华侨华人与泉州的经济建设/泉州市社科研究规划项目（2004C－ZC08）/张赛群．—华侨大学，2004

141．华人宗教与“华人经济”的形成/泉州市社科研究规划项目/郑文标．—华侨大学，2003

142．广东海外移民史/广州市教育局科研项目（2001［01—04］）/冷东．—广州大学，2002

143．岭南海外移民史/广州市哲学社科规划项目（02001）/冷东．—广州大学，2002

144．从泉州华侨看泉州港在海上丝绸之路的历史地位/泉州市社科研究规划项目（02QZS11）/李天锡．—华侨大学，2002

145．侨乡网络精神文明建设的对策研究/泉州市社科研究规划项目（02QZS05）/朱银端．—华侨大学，2002

146．温籍旅外华侨华人经济研究/温州市社科研究项目/江华．—温州师范学院，2002

境外合作项目

1．开平碉楼的壁画和灰雕调查与研究/香港大学香港人文社会研究所/谭金花．—五邑大学，2009

2．开平碉楼与村落的持续性发展系列研究之一——庐建筑研究/香港理工大学设计学院/谭金花．—五邑大学，2009

3. 委内瑞拉华侨史/委内瑞拉全国华人联合总会委托项目/高伟浓. —暨南大学，2009

4. 移民法面临的挑战和未来构建：以中国为视角/德国洪堡基金会研究项目/刘国福. —汕头大学，2009

5. 大陆、台港澳与东南亚客家人研究/澳门基金会资助课题/曾少聪. —中国社会科学院，2008

6. 以色列的中国移民工人/荷兰 WOTRO 项目/李明欢. —厦门大学，2008

7. 中国劳动力跨境流动研究/国际劳工组织（ILO）课题/李明欢. —厦门大学，2008

8. 菲律宾华人通史/与菲律宾《世界日报》共同合作项目/庄国土. —厦门大学，2007

9. 加拿大的东亚移民/加拿大研究专项奖学金项目/张继焦. —中国社会科学院，2007

10. 近代韩国华侨社会的形成和发展/韩国韩国学中央研究院人文学基础研究项目/李玉莲. —延边大学，2007

11. 仁川华侨社会发展及其演变过程研究/仁川文化财团系列丛书“文化之窗”项目/李玉莲. —延边大学，2007

12. 族谱与华侨华人研究：厦门杏林马銮杜氏家族的跨国社会生活/与香港中文大学合作课题/许金顶. —华侨大学，2007

13. 独特的现代性：海外华人与地方传统文化的重构/与荷兰乌特勒支大学合作项目/宋平. —厦门大学，2006

14. 日本的中国新移民/日本住友基金会项目/庄国土. —厦门大学，2006

15. 菲律宾与马来西亚华人社会比较研究/蒋经国基金会资助课题/郝时远、曾少聪. —中国社会科学院，厦门大学，2005

16. 印度尼西亚华人历史档案的整理与出版（《公案簿》第四辑出版费）/荷兰莱顿大学资助项目/聂德宁. —厦门大学，2005

17. 日本华侨华人社会的变迁/日本国际交流基金资助项目/鞠玉华. —暨南大学，2004

18. 中国与东南亚关系中的民族和资本因素/与香港城市大学东南亚研究中心合作/廖大珂. —厦门大学，2004

19. 马来西亚华侨华人研究/马来西亚董教部教育中心资助项目/厦门大学东南亚研究中心暨南洋研究院. —厦门大学，2003

20. 福建侨乡社会经济发展/与纽约城市大学皇后学院合作项目/庄国土. —厦门大学，2002

21. 新加坡福建社群研究/新加坡南洋理工大学中华语言文化中心资助项目/曾玲. —厦门大学，2002

22. 吧城华人公馆《公案簿》档案研究/与荷兰莱登大学合作项目/庄国土. —厦门大学，2001

23. 全球化时代的劳动力流动/荷兰 SEPHIS 课题子课题/李明欢. —厦门大学，2001

24. 海峡两岸高等教育招收、教育、管理境外生的比较研究/蔡振翔. —华侨大

学，2000

国内合作项目

1. 华侨农场发展模式研究/财政部项目/许金顶. —华侨大学，2009

2. 台山侨乡历史文化研究/台山市政协委托项目/张国雄. —五邑大学，2009

3. 侨乡婚育观念与生育现状研究/广东人口学会委托项目/谢珊珊. —五邑大学，2008

4. “五邑城乡育龄妇女节育措施选择与认知”情况调查研究/江门市计生局委托项目/谢珊珊. —五邑大学，2008

5. 拉曼光谱技术在开平碉楼壁画保护和修复中的应用/江门市科技计划项目/曾庆光. —五邑大学，2008

6. 良溪古村落历史文化研究/江门市蓬江区委宣传部项目/张国雄. —五邑大学，2008

7. 黎民伟研究/江门市委宣传部项目/凤群. —五邑大学，2008

8. 江门五邑华侨华人博物馆陈列设计课题/江门市五邑华侨华人博物馆筹建办公室委托项目/张国雄. —五邑大学，2008

9. 陈献章学术思想研究/侨港新会商会项目/张运华. —五邑大学，2008

10. 台山浮石村田野调查计划课题/台山市文广新局项目/张国雄. —五邑大学，2008

11. 东南亚华文师资培训教材研究/企事业单位委托研究项目/沙平. —广西大学，2007

12. 香港珠玑后裔宗亲会研究/企事业单位委托研究项目/黄华明. —韶关学院，2007

13. “五邑银信”整理编辑/江门市档案局委托项目/张国雄. —五邑大学，2007

14. 华侨博物馆陈列展示研究/企事业单位委托研究项目/张国雄. —五邑大学，2007

15. 江门侨乡研究/企事业单位委托研究项目/王克. —五邑大学，2007

16. 海外华裔青少年中华文化认同特点调查/上海侨务理论研究中心项目（4805A070）/李露蕾. —华东师范大学，2007

17. 新华侨华人专业人才现状及对策研究/上海侨务理论研究中心项目（48059950）/吴瑞君. —华东师范大学，2007

18. 吸引华侨华人来张江投资创业的对策研究/上海市张江高科技园区管委会委托项目（4805B280）/吴瑞君. —华东师范大学，2007

19. 传统文化与华商精神/深圳市华商世纪企业管理顾问有限公司委托项目/黎红雷. —中山大学，2007

20. 物权法与华侨房屋权益保护问题研究/厦门市人民政府落实侨房政策办公室项目/朱泉鹰. —厦门大学，2007

21. 传统文化与东南亚华商精神/中山大学中外管理研究中心项目/阎世平. —广西大学，2007

22. 五邑侨乡邮票选题/江门市邮政局/张国雄. —五邑大学，2006

23. 华侨在国内权益保护法规研究/上海侨务理论研究中心项目（48051970）/桂世勋. —华东师范大学，2006

24. 上海市新归侨基本情况调研/上海侨务理论研究中心项目（48057280）/吴瑞君. —华东师范大学，2006

25. 台山侨乡文化研究/台山市委宣传部项目/胡百龙. —五邑大学，2006

26. 海外华人安全风险研究/上海市高校高水平特色发展项目/严筠. —上海立信会计学院，2006

27. 广东省志侨务外事志/广东省侨办项目/张应龙. —暨南大学，2005

28. 江门五邑历史文化资源评估/江门市委宣传部项目/张国雄. —五邑大学，2005

29. 青田侨团建设的若干问题/浙江沃尔得商业经营发展有限公司委托项目/郭剑波. —浙江师范大学，2005

30. 上海市侨情普查资料分析/上海侨务理论研究中心项目（48050120）/吴瑞君. —华东师范大学，2004

31. 青田侨团建设的若干问题/浙江沃尔得商业经营发展有限公司委托项目/郭剑波. —浙江师范大学，2004

32. 如何使华侨农场更好地融入当地社会/致公党广东省委委托项目/郑一省. —暨南大学，2004

33. 开平侨刊专题研究/企事业单位委托研究项目/张国宏. —五邑大学，2003

34. 新形势下侨联工作新机制研究/企事业单位委托研究项目（5L20）/吴瑞君. —华东师范大学，2003

35. 华侨华人在华投资和捐赠教育事业权益保护/企事业单位委托研究项目（5F74）/桂世勋. —华东师范大学，2002

36. 海外华侨华人与福建侨乡的现代化/与暨南大学合作项目/庄国土. —厦门大学，2001

37. 东南亚各国华侨与当地民族关系/企事业单位委托研究项目/曹云华. —暨南大学，2001

38. 海外华人社会组织的建构和功能研究/中央统战部重点研究项目/曾少聪. —中国社会科学院，2001

39. 东南亚华人：作为社会共同体存在形式的现状及发展趋势/人事部中国博士后科学基金会项目/曾少聪. —中国社会科学院，2000

（本版责任编辑　景海燕）

本版内容据国务院侨办网站上发布的信息整理。

2009年全国“侨界十杰”

全国“侨界十杰”在2009年7月14日举行的第八次全国归侨侨眷代表大会上颁布，胡锦涛等国家领导人为其颁奖。

罗益锋 1937年出生，男，北京华腾东光科技发展有限公司高级工程师，获得全国劳模、北京市特级劳模、全国“五一”劳动奖章等荣誉。

郭孔辉 1935年出生，男，吉林大学汽车学院名誉院长、教授、博导，中国工程院院士，获国家及部级科技进步奖7项、全国“五一”劳动奖章、吉林省特级劳模等荣誉。

赖爱光 1942年出生，男，福建省光学技术研究所名誉所长、教授级高级工程师，福建省科协副主席，获全国科学大会奖、两度全国劳模、全国科技先进工作者的荣誉。

郑守仪 1931年出生，女，中国科学院海洋研究所研究院员、博导，中国科学院院士，获得国家自然科学奖三等奖、全国劳动模范、全国“三八”红旗手、美国库什曼有孔虫研究杰出人才奖等荣誉。

罗东元 1949年出生，男，广东省韶关钢铁集团有限公司主任工程师、高级技师，被誉为新时期知识工人的杰出代表。获得两届全国劳动模范、中华技能大奖等荣誉。2005年广东省委、省政府作出在全省广泛开展向罗东元同志学习的决定。

彭隆荣 1954年出生，男，海南省农垦总局副局长、高级经济师。获得全国"五一"劳动奖章、全国劳动模范等荣誉。

吴文俊 1919年出生，男，中科院数学与系统科学研究院研究员，中国科学院院士，世界著名数学家。获得国家第一届自然科学奖一等奖、首届国家最高科学技术奖、全国科学大会奖、第三世界科学院数学奖、自动推理的最高奖Herbrand奖等荣誉。

黄玉斌 1958年出生，男，国家体操队总教练，国家级教练、世界杯体操赛冠军，两次获得国家体育运动荣誉奖章。

颜鸣皋 1920年出生，男，中国航空工业集团公司北京航空材料研究院高级顾问，中国科学院院士，获得国家及部委自然科学奖、科技进步奖、国家发明奖、航空报国突出贡献奖、航空金奖、何梁何利基金科技进步奖等荣誉。

张玉卓 1962年出生，男，神华集团总经理，获得国家科技进步奖三等奖、全国"五一"劳动模范等荣誉。

（本版责任编辑　王华）

全国侨办系统先进单位名单（2009）

北京市

北京市侨办
北京市东城区侨办
北京市西城区侨办
北京市朝阳区侨办
北京市海淀区侨办

上海市

上海市侨办
上海市徐汇区侨办
上海市杨浦区侨办
上海市黄浦区侨办
上海市松江区侨办

天津市

天津市侨办
天津市和平区侨办
天津市南开区侨办

重庆市

重庆市沙坪坝区侨办

河北省

河北省石家庄市侨办
河北省保定市侨办
河北省廊坊市大厂回族自治县侨办

山西省

山西省大同市侨办
山西省忻州市侨办

内蒙古自治区

内蒙古自治区锡林郭勒盟侨办

辽宁省

辽宁省大连市侨办
辽宁省鞍山市侨办
辽宁省铁岭市侨办
辽宁省盘锦市侨办

吉林省

吉林省长春市侨办
吉林省侨办侨政处
吉林省吉林市侨办
吉林省长白朝鲜族自治县侨办

黑龙江省

黑龙江省哈尔滨市侨办
黑龙江省齐齐哈尔市侨办
黑龙江省佳木斯市侨办
黑龙江省鹤岗市侨办

江苏省

江苏省侨办
江苏省南京市侨办
江苏省苏州市侨办
江苏省无锡市侨办
江苏省常州市侨办
江苏省镇江市侨办
江苏省淮安市外侨办
江苏省南京市江宁区侨办

浙江省

浙江省侨办
浙江省宁波市侨办
浙江省瑞安市侨办
浙江省青田县侨办

安徽省

安徽省侨办
安徽省淮北市侨办
安徽省芜湖市侨办
安徽省安庆市侨办

福建省

福建省侨办
福建省福州市侨办
福建省厦门市侨办
福建省泉州市侨办
福建省龙岩市侨办
福建省莆田市秀屿区侨办
福建省三明市明溪县侨办

江西省

江西省南昌市侨办
江西省赣州市侨办
江西省宜春市侨办

山东省

山东省侨办
山东省济南市侨办
山东省潍坊市侨办
山东省泰安市侨办
山东省青岛市侨办国外与港澳工作处

河南省

河南省侨办
河南省郑州市外侨局
河南省洛阳市侨办
河南省濮阳市侨办
河南省平顶山市外侨局

湖北省

湖北省侨办
湖北省黄石市外侨局
湖北省天门市外侨局
湖北省汉川市外侨局

湖南省

湖南省娄底市旅游外侨局
湖南省新邵县侨办
湖南省衡阳县侨办

广东省

广东省侨办
广东省汕头市外侨局
广东省梅州市外侨局
广东省广州市萝岗区侨办
广东省深圳市宝安区侨办
广东省吴川市侨务局
广东省东莞市清溪镇社会事务办公室
广东省广州市花都区花东镇（花都华侨农场）侨办

广西壮族自治区

广西壮族自治区侨办
广西壮族自治区南宁市侨办
广西壮族自治区桂林市侨办
广西壮族自治区玉林容县侨办

海南省

海南省儋州市侨办
海南省文昌市侨办
海南省兴隆华侨农场侨办
海南省国营乐光农场侨办

四川省

四川省侨办
四川省成都市侨办
四川省眉山市侨办
四川省阿坝藏族羌族自治州侨办
四川省凉山彝族自治州侨办

贵州省

贵州省黔东南苗族侗族自治州侨办

云南省

云南省侨办
云南省大理白族自治州侨办
云南省昆明市五华区侨办

陕西省

陕西省西安市侨办秘书侨政处

甘肃省

甘肃省外侨办侨务工作处
甘肃省临夏回族自治州侨办

宁夏回族自治区

宁夏回族自治区石嘴山市侨办

青海省

青海省侨办侨务管理处

新疆维吾尔自治区

新疆维吾尔自治区外侨办
新疆维吾尔自治区阿克苏地区侨办

新疆生产建设兵团

新疆生产建设兵团农八师侨办

暨南大学

暨南大学华文学院

华侨大学

华侨大学学生处

（本版责任编辑　王华）

全国侨办系统先进个人名单（2009）

北京市

李印泽	北京市侨办主任
王贺军	北京市宣武区侨办主任
洪　鑫	北京市丰台区侨办侨务科科长
张　勇	北京市石景山区侨办副调研员

上海市

崔明华	上海市侨办主任
陶国丰	上海市侨办国外处处长
李海东	上海市侨办调研员
金晨辉	上海市普陀区侨办科长
江　萍（女）	中共闸北区侨办主任
王海银	上海市卢湾区侨办主任

天津市

哈文龙	天津市侨办主任
彭英年	天津市河北区侨办副主任
宋晓华（女）	天津市塘沽区侨办科长
刘桂霞（女）	天津市大港区侨办主任

重庆市

蒋学宁	重庆市海外交流协会秘书长
钟登富	重庆市万州区侨办科长
陈　焰	中共梁平县侨办主任

河北省

申永贵	河北省侨办联络处副处长
孙宏亮	河北省张家口市侨办主任
郭启民	河北省邢台市侨办科长

山西省

张德旻	山西省吕梁市侨办主任

辽宁省

汪黎丽（女）	辽宁省侨办处长
周玉敏（女）	辽宁省沈阳市外侨办调研员
王成业	辽宁省本溪市侨办侨务处处长

吉林省

王　宇	吉林省长春市侨办主任
陈香林（女）	吉林省侨办侨务外联处处长
钟亚辉	吉林省辽源市龙山区侨办主任
李晓丹（女）	吉林省白山市侨办副调研员

黑龙江省

苏雨泉	黑龙江省牡丹江市侨办科长
刘长林	黑龙江省大庆市侨办副主任
武　威	黑龙江省绥化市外侨办侨务科科长

江苏省

韩健民	江苏省侨办原主任
颜健建	江苏省南京市侨办主任
徐建群	江苏省常州市侨办主任
杨　敏	江苏省扬州市侨办主任
徐保国	江苏省泰州市侨办主任
钮启贤（满族）	江苏省南通市侨办主任
张湘玲（女）	江苏省盐城市侨办纪检组长
刘　娟（女）	江苏省连云港市侨办主任

浙江省

陈树龙	浙江省杭州市侨办主任
邹建伟	浙江省宁波市侨办主任
姜敏达	浙江省侨办经济科技处处长
孙虎林	浙江省湖州市侨办主任
傅旭蓉（女）	浙江省丽水市侨办侨务处处长

安徽省

李永胜	安徽省侨办主任
朱永林	安徽省淮南市田家庵区侨办主任
狄　玲（女）	安徽省巢湖市和县侨办主任
刘朝杰	安徽省黄山市侨办主任科员

福建省

曾晓民	福建省侨办主任
黄美缘	福建省厦门市侨办主任
黄鸿烺	福建省侨办侨政处副调研员
黄道强	福建省福州市福清市侨办主任科员
李湘琼（女）	福建省厦门市侨办人秘处处长
李林生	福建省漳州市侨办主任
原　明	福建省南平市侨办副主任
张彩霞（女）	福建省宁德市屏南县侨办主任

江西省

许以国	江西省侨办副主任
王美娟（女）	江西省上饶市侨办主任
刘晓丽（女）	江西省吉安市青原区侨办主任

山东省

王　琳（女）	山东省侨办主任
王晓霞（女）	山东省济南市侨办主任
王凌波	山东省淄博市周村区侨办主任
高　芳（女）	山东省枣庄市侨办副主任
张振波	山东省威海市侨办主任

河南省

冯永臣	河南省侨办主任
王　继	河南省侨办国外侨务处副调研员
李清湖（女）	河南省开封市侨办调研员
陈洪堂	河南省鹤壁市侨办侨务科科长
郭金海	河南省商丘市侨办副科长

湖北省

冯细国	湖北省侨办国外侨务处处长
王厚荣	湖北省荆门市外事侨务局局长
刘卫宁	湖北省黄冈市外侨局局长
齐东斌	湖北省孝感市外事侨务旅游局局长

湖南省

袁义和	湖南省长沙市侨办主任
袁韵轩（女）	湖南省株洲市侨办侨务科科长
胥景文	湖南省岳阳市侨办科长

广东省

吴锐成	广东省侨办主任
李仲民	广东省侨办处长
黄燕霞（女）	广东省佛山市顺德区外侨局局长
郭定祥	广东省河源市外事侨务局局长
孔繁超	广东省惠州市博罗县侨务局副局长
庄　坤	广东省汕尾市海丰县外侨局办事员
陈国良	广东省东莞市侨务局副局长
张国富	广东省江门市外侨局局长
陈　煌	广东省茂名市外侨局副局长
黄梅花（女）	广东省揭阳市大南山华侨管理区侨办主任

广西壮族自治区

李汉金	广西壮族自治区侨办原主任
李旭香（女）	广西壮族自治区柳州市外侨办主任
蒙志坚（苗族）	广西壮族自治区来宾市外侨办副主任
周丽芬（女）	广西壮族自治区桂林市侨办副调研员
甘武军	广西壮族自治区华侨学校书记、校长

海南省

吴士存	海南省侨办主任
韩　斌	海南省海口市外侨办主任
雷贤敏（畲族）	海南省三亚市外侨办主任科员
卢裕浪	海南省万宁市外侨办副主任

四川省

周敏谦	四川省侨办主任
钱　华（女）	四川省成都市温江区外侨与民宗事务局副局长
张万洪	四川省绵阳市侨办副主任
钱　春	四川省遂宁市外侨办主任
严小松（藏族）	四川省甘孜藏族自治州侨办科长

贵州省

曹军军	贵州省外侨办主任科员

云南省

杨光民	云南省侨办主任
古志辉	云南省侨办国内处处长

19. 广东省中山市侨务局
20. 广西壮族自治区柳州市侨务办公室
21. 海南省海口市侨务办公室
22. 四川省渠县侨务办公室
23. 云南省昆明华文学校
24. 陕西省宝鸡市侨务办公室
25. 宁夏回族自治区银川市侨务办公室
26. 新疆维吾尔自治区塔什库尔干塔吉克自治县侨务办公室
27. 新疆生产建设兵团农业建设第十二师头屯河农场侨务办公室
28. 暨南大学附属第一医院
29. 华侨大学华文学院
30. 中国新闻网编辑部

（据国务院侨办网站发布信息整理）

（本版责任编辑　王华）

国务院侨办重点华侨华人创业团队授牌仪式代表名单（2009）

序号	姓名	职务	团队
1	蔡琥	董事长	南昌瑞博科技有限公司蔡琥团队
2	曹祥东	董事长	武汉虹拓新技术有限责任公司曹祥东团队
3	陈以旺	总裁	无锡正华生物医药技术有限公司陈以旺团队
4	陈育新	董事长	长春普莱医药生物技术有限公司陈育新团队
5	冯晨晖	CEO	卓胜微电子（上海）有限公司许志翰团队
6	高春平	董事长	石家庄开发区达为医药科技有限公司高春平团队
7	何江华	主任	长沙天赐生物医药科技有限公司段燕文团队
8	黄风义	董事长	爱斯泰克（上海）高频通讯技术有限公司黄风义团队
9	江朴	总监	四川三叶草生物制药有限公司梁朋团队
10	蒋斌	研究员	湖南大学李落星团队
11	李屹	总经理	绎立锐光科技开发（深圳）有限公司李屹团队
12	林珊	董事长	博分（厦门）医药研发有限公司林珊团队
13	刘博伟	主任	沈阳中加寒带农业高科技研发中心刘博伟团队
14	陆荣健	副总裁	重庆前沿生物技术有限公司谢东团队
15	盛司潼	首席科学家	深圳华因康基因科技有限公司盛司潼团队

（续上表）

序号	姓名	职务	团队
16	史方	总裁	镇江隆智半导体有限公司史方团队
17	苏善群	副总经理	江苏津通投资建设有限公司贡毅团队
18	孙小蓉	董事长	武汉兰丁医学高科技公司孙小蓉团队
19	谭慷	董事长	山西爱思普科技开发有限公司谭慷团队
20	王京	总经理	内蒙古英华融泰高科技发展有限公司王京团队
21	王兴龙	总裁	光库通讯（珠海）有限公司王兴龙团队
22	王亦敏	总经理	海南兰地高新科技有限公司王亦敏团队
23	魏文学	研究员	中国科学院亚热带农业生态研究所魏文学团队
24	徐国风	首席技术官	广东冠昊生物科技股份有限公司徐国风团队
25	许春生	副总经理	广州康盛生物科技有限公司陈校园团队
26	杨少聪	总经理助理	广州朗圣药业有限公司卢智俊团队
27	姚纳新	首席执行官	聚光科技（杭州）有限公司姚纳新团队
28	张彦	首席运营官	宁波激智新材料科技有限公司张彦团队
29	张艳春	副总经理	西安炬光科技有限公司刘兴胜团队
30	周文益	董事长	西安华迅微电子有限公司周文益团队

（据国务院侨办网站发布信息整理）

首批海外“华文教育示范学校”名单（2009）

序号	国家	学校
1	菲律宾	菲律宾中正学院、菲律宾侨中学院、宿务耶稣会圣心学校、描戈大同中学
2	老挝	万象寮都公学、沙湾拿吉崇德学校、百细华侨公学
3	蒙古国	旅蒙华侨友谊学校
4	日本	横滨山手中华学校、神户中华同文学校
5	泰国	北榄公立培华学校、国光慈善中学、育华学校智民学校
6	缅甸	东方语言与商业中心、福星语言与电脑学苑、福庆学校
7	文莱	文莱中华中学
8	韩国	汉城华侨小学、韩国大邱华侨小学
9	奥地利	维也纳中文学校、维也纳中文教育中心
10	丹麦	丹麦华人总会中文学校、美人鱼中华文化学校

（续上表）

序号	国家	学校
11	荷兰	旅荷华侨总会乌特勒支中文学校、安多芬中文学校
12	西班牙	马德里华侨华人中文学校
13	英国	伯明翰华联社中文学校、伦敦普通话简体字学校、华夏中文学校
14	意大利	意大利普拉托华人华侨联谊会中文学校、米兰华侨中文学校
15	加拿大	蒙特利尔佳华学校、亚省中文学校、侨文中文学校、湾景周六中文学校、温哥华北京中文学校
16	美国	希望中文学校、南侨学校、圣地亚哥华夏中文学校、尔湾中文学校、休斯敦华夏中文学校、亚特兰大现代中文学校、华夏中文学校、希林亚裔社区中心
17	澳大利亚	澳大利亚汉语国际推广中心、南澳华联谊会中文学校、苗苗中文学校、神州中文学校
18	新西兰	基督城路易·艾黎中文学校、奥克兰现代中文学校
19	毛里求斯	新华学校
20	巴西	圣保罗华侨天主堂中文学校、袁爱平中巴文化中心
21	苏里南	广义堂中文学校
22	法国	法国华侨华人会中文学校、法国潮州会馆中文学校、法国欧洲时报文化中心中文学校

（据国务院侨办网站发布信息整理）

（本版责任编辑　王华）

附 录

海峡两岸侨务机构简介

1. **国务院侨务办公室**（OVERSEAS CHINESE AFFAIRS OFFICE OF THE STATE COUNCIL）

国务院侨务办公室简称国侨办，是在国务院领导下协助总理办理侨务工作的办事机构。1978 年 1 月经国务院批准成立，其前身是“文革”前的“中侨委”。它的主要职责包括：①研究拟定侨务工作的方针、政策、法规并负责监督检查贯彻执行情况；调查研究国内外侨情和侨务工作情况，向党中央、国务院提供侨务信息；制定侨务工作的发展规划。②协助总理管理侨务工作；审核有关部门和地方制定的直接涉及侨务方面的有关政策；对有关部门和社会团体所开展的侨务工作进行必要的统筹、协调。③保护华侨的正当权益；开展对海外侨胞及其社团的团结友好工作；联系海外华文媒体、华文学校并支持其工作，促进海外侨胞在经济、科技、文化、教育等方面与我国的合作交流。④依法保护归侨、侨眷的合法权益和海外侨胞在国内的合法权益；会同有关部门拟定有关归侨、侨眷工作的方针政策；开展归侨、侨眷工作；协助有关部门做好归侨、侨眷代表人士的人事安排工作等。先后担任国务院侨办主任的有廖承志、廖晖、郭东坡、陈玉杰，现任主任是李海峰。国务院侨务办公室的主要内设机构包括八个职能司：秘书行政司、政策法规司、国内司、国外司（港澳台司）、经济科技司（投诉协调司）、宣传司、文化司、机关党委、人事司。直属机构有中国新闻社、北京华文学院、华声报（电子版）社、暨南大学、华侨大学。

机构网址：http：//www. gqb. gov. cn

2. **全国人民代表大会华侨委员会**（THE NATIONAL PEOPLE’S CONGRESS OF THE PEOPLE’ S REPUBLIC OF CHINA）

全国人民代表大会华侨委员会是中国最高国家权力机关——全国人民代表大会下设的九个专门委员会之一，是根据《中华人民共和国宪法》第七十条的规定于 1983 年第六届全国人大第一次会议成立的，简称人大华侨委员会。人大华侨委员会在全国人大及其常委会的领导下，研究、审议和拟定相关议案。其职责主要有：①审议全国人大主席团或者全国人大常委会交付的议案。②向全国人大主席团或者全国人大常委会提出属于全国人大或者全国人大常委会职权范围内同本委员会有关的议案。③审议全国人大常委会交付的被认为同宪法、法律相抵触的国务院的行政法规、决定和命令，国务院各部、各委员会的命令、指示和规章，省、自治区、直辖市的人民政府的决定、命令和规章，提出报告。④审议全国人大主席团或者全国人大常委会交付的质询案，听取受质询机关对质询案的答复，必要的时候向全国人大主席团或者全国人大常委会提出报告。⑤对属于全国人大或者全国人大常委会职权范围内同本委员会有关的问题进行调查研究，提出建议；协助全国人大常委会行使监督权，对法律和有关法律问题的决议、决定贯彻实施的情况开展执法检查，进行监督。⑥开展与全国人大华侨委员会有关的侨务外事活动，如：参加全国人大和全国人大常委会领导和组织的议会外交活动；组织全国人大华侨委员会代表团到侨胞居住国，了解和考察侨胞正当权益受保护的情况，听取侨胞对祖国社会主义民主和法制建设的意见，特别是侨务法制建设的意见，同时与侨胞居住国议会、政府有关部门加强联系，为侨胞在当地谋求更好的生存与发展创造良好的条件。全国人大华侨委员会办事机构现设有两个办事工作室。一为办公室，下设秘书处、国外处两个部门；二为研究室，下设议案处、调研处两个部门。历届领导有叶飞、杨泰芳、甘子玉、陈光毅，现任主任委员为高祀仁。

机构网址：http：//www. npc. gov. cn/npc/bmzz/huaqiao/node_ 1627. htm

3. **全国政协港澳台侨委员会**（NATIONAL COMMITTEE OF THE CHINESE PEOPLE'S POLITICAL CONSULTATIVE CONFERENCE）

全国政协港澳台侨委员会是中国人民政治协商会议全国委员会常务委员会下设的九个专门委员会之一，是全国政协常务委员会和主席会议领导下的工作机构之一，成立于1998 年 3 月。《中国人民政治协商会议章程》（2000 年 3 月修订本）第十五条明确规定：中国人民政治协商会议全国委员会和地方委员会宣传和协助贯彻执行国家的侨务政策。加强同海外侨胞的联系和团结，鼓励他们为祖国的建设事业和统一祖国的大业作出贡献。政协港澳台侨委员会的主要任务是根据《章程》的要求，以及全国委员会全体会议和常务委员会议提出的与本委员会工作有关的任务，团结和联系委员学习、宣传国家有关港澳台侨方面的方针政策，积极反映社情民意；对港澳台侨方面的重要问题调查研究；协助全国人大侨委、国务院侨办做好侨务立法和执法以及侨务工作方针政策和有关法律法规的宣传和贯彻工作；组织委员就侨务工作中的新情况和新问题开展专题调研，向中央和有关部门提出意见和建议；把握大团结大联合的主题，扩大与加强同海外侨胞的联系和广泛团结，巩固和扩大爱国统一战线；广泛听取海外侨胞对中国各项建设事业和祖国统一大业的意见和建议，为他们提供参政议政的舞台和空间，发挥他们在中国民主政治生活中的作用；帮助引进海外资金、人才、技术和信息，牵线搭桥，为国家和地方经济建设服务；反映侨界社情民意，力所能及地帮助海外侨胞和国内归侨侨眷解决实际困难和问题；提出意见、建议和提案；加强同港澳台侨委员和有关人士的联络；组织各种活动，积极为委员知情明政、履行职责创造条件。全国政协港澳台侨委员会办公室是其办事机构和全国政协办公厅负责涉及港澳台侨有关事务归口管理的工作部门，下设综合处、港澳台处和华侨处。办公室在委员会和秘书长领导下，承担港澳台侨委员会的秘书、参谋、会务、服务和联络等工作。现任港澳台侨委员会主任为陈云林。

机构网址：http：//www. cppcc. gov. cn

4. **中华全国归国华侨联合会**（ALL-CHINA FEDERATION OF RETURNED OVERSEAS CHINESE）

中华全国归国华侨联合会简称中国侨联，它是由全国归侨、侨眷组成的全国性人民团体，是党和政府联系广大归侨、侨眷和海外侨胞的桥梁和纽带，它的最高领导机关是全国归侨、侨眷代表大会及其选举产生的中国侨联委员会。侨联的基本职能是“群众工作、参政议政、维护侨益、海外联谊”。群众工作就是要本着一切为了归侨侨眷、一切依靠归侨侨眷的原则开展各项工作，充分调动广大归侨侨眷的积极性，凝聚侨心、集聚侨力，共同为振兴中华作贡献。要时刻关心侨界群众生活，了解和掌握广大归侨侨眷和海外侨胞的愿望和要求，切实为侨界群众排忧解难，特别要关心归侨侨眷中的困难群体，动员各方力量扶贫济困，帮助解决实际困难。参政议政就是要积极参加国家的各项政治、经济、文化和社会事务活动，为推动国家经济、社会发展和祖国统一大业发挥侨联的独特作用。侨联作为政协组成单位，要积极发挥民主监督作用，通过侨界人大代表、政协委员提出提案和议案，积极反映社情民意、侨界的心声。要积极参与涉侨法律、法规的制定与修改，督促检查《归侨侨眷权益保护法》的实施。维护侨益就是要代表归侨侨眷的权利和利益，通过学习宣传侨法，提高全社会的认识；通过各种形式和渠道，加大依法护侨的力度；通过健全网络、拓宽渠道，增强信访工作的实效；通过深入基层、协调各方，提高为侨服务的质量。海外联谊就是要充分发挥侨联组织密切联系海外侨胞的优势，深交老朋友，广交新朋友。加强同港澳侨团的联系，密切与海外侨胞及其社团的联系，建立与新一代侨胞及其社团的联系，加强与华侨华人世界性、区域性组织的联系，积极参与以地缘、业缘、血缘关系为纽带组成的侨团的联谊活动。中国侨联的组织机构主要有办公厅、海外联谊部、经济科技部、文化交流部、权益保障部、组织人事部。曾先后担任过中国侨联主席职务的有陈嘉庚、庄希泉、张国基、庄炎林、杨泰芳、林兆枢，现任主席为林军。

机构网址：http：//www. chinaql. org

5. 中国致公党（CHINA ZHI GONG DANG）

中国致公党简称致公党，是由归侨、侨眷中的中上层人士和其他有海外关系的代表性人士组成的，具有政治联盟特点的，致力于建设有中国特色社会主义的政党。中国致公党由华侨社团美洲致公堂发起，于 1925 年 10 月在美国旧金山成立。建党以来，致公党致力于维护华侨的正当权益，关注民族独立和祖国富强。抗日战争开始后，致公党号召广大党员投身抗日，积极支援祖国的抗日战争。1947 年 5 月，致公党在香港举行第三次代表大会，进行改组，从此走上了接受中国共产党的领导和新民主主义革命的道路，为新民主主义革命和建立新中国，为社会主义建设事业，为推动改革开放和祖国统一大业作出了积极贡献。长期以来，致公党作为参政党，始终坚持和完善中国共产党领导的多党合作和政治协商制度，在国家政治生活中发挥了重要作用。致公党参加国家政权，参与国家大政方针和国家领导人选的协商，参与国家事务的管理，以及方针、政策、法律、法规的制定执行；积极发挥民主监督作用，为国家决策的民主化和科学化作出贡献；紧紧围绕国家经济建设的中心任务，为加快改革开放和现代化建设步伐，为建立和完善社会主义市场经济体制而努力；维护归侨、侨眷的合法权益以及海外侨胞的正当权益，积极向政府反映他们的意见和合理要求；积极开展对海外华侨华人和港澳同胞的联谊活动，广交朋友，促进祖国和平统一大业。同时，做好经济、科技、教育、文化等领域的交流和引进工作，开展对外友好和国际学术交流与合作，以促进中国人民和各国人民的了解和友谊。改革开放以来，中国致公党充分发挥与海外联系广泛的优势，积极、主动地开展多层次、多渠道、多领域的对外联谊工作。通过互访及其他形式的交流，广交朋友，增进友谊；致公党还协助引进海外资金和捐款，支持国内公益事业，其中包括建医院、办学校、扶贫及赈灾等活动，同时积极为海外华侨华人、国际友人及机构来华投资、创办公益事业提供协助。目前，中国致公党在全国19个省市自治区都有地方组织，与五大洲40多个国家和地区包括洪门社团在内的海外社团及人士建立了广泛的联系。历届主席为陈炯明、陈其尤、黄鼎臣、董寅初、罗豪才，现任主席为万钢。

机构网址：http：//www. zg. org. cn

6. **中国海外交流协会**（CHINA OVERSEAS EXCHANGE ASSOCIATION）

中国海外交流协会，英文简称COEA，是由中国各族各界人士组成的全国性民间团体，成立于1990年11月20日。协会以“广泛联系海外华侨、华人及其团体，增进友好情谊，发展合作交流”为宗旨，致力于促进海内外经济贸易、科学技术、文化教育、新闻传播、旅游观光、体育卫生、社会福利等领域的合作与交流。协会在为国内引进资金、技术、人才，开展对外经贸合作、文化交流和对外宣传，以及同海外华侨华人联谊交友等方面，都做了大量工作，取得很大成效。协会成立以来，会同有关部门组织各种对外经济技术合作洽谈会，派遣文艺团组到世界各地慰问演出，派医师考察团赴海外义诊，多次举办大型图片展，录制大型文献纪录片，邀请海外华人艺术团来华交流演出，邀请海外华文教育组织和华文报刊记者组团来国内考察访问，接受捐赠大量的救灾款给希望小学。协会常务理事会由会长、副会长、常务理事、秘书长组成。2009年，第四届理事会首次聘请了海外理事、常务理事和顾问，使得协会的组织更加健全，代表性更加广泛，影响力更加深远。协会常设办事机构有办公室、外联部、文教部、经科部、侨政部、网络信息中心等。全国政协副主席、已故著名科学家钱伟长历任该协会四届会长，现任常务副会长是国侨办主任李海峰。

机构网址：http：//www. coea. org

7. **中华海外联谊会**（CHINA OVESEAS FRIENDSHIP ASSOCIATION）

中华海外联谊会简称海联会，成立于1997年，是以加强和促进祖国大陆社会各界与港澳台同胞及海外华侨华人相互联系、促进统一祖国、振兴中华事业为宗旨的全国性社会团体。中华海外联谊会致力的主要工作是：①联络友谊。广泛联系港澳台同胞和海外侨胞及其团体，加强了解和友谊。②促进合作。积极促进祖国大陆社会各界与港澳台同胞和海外华侨华人在经济、科技、文化及教育等方面的交流与合作。③加强沟通。向港澳台同胞和海外华侨华人介绍祖国大陆的改革开放、经济建设和社会发展等方面的情况；反映海内外各界朋友对国家建设和祖国统一事业的意见及建议。④提供服务。加强与有关方面的联系与协调，协助政府部门，维护港澳台同胞和海外侨胞在祖国大陆的合法权益，为其排忧解难，提供服务。中华海外联谊会实行团体会员制。目前，会员包括祖国大陆29个省、自治区和直辖市的海外联谊会。现任会长为全国政协副主席、中共中央统战部部长杜青林。

机构网址：http：//www. cofa. org. cn

8. **台湾侨务委员会**（OVERSEA COMPATRIOT AFFAIRS COMMISSION REPUBLIC OF CHINA）

该侨务委员会于1926年设立。抗日战争全面爆发以后，国民党中央及国民政府进一步健全了该委员会的机构建设，制定了一系列有关侨务工作的条例、法律和法规，强化了侨务工作的力度，并任命早年追随孙中山革命的同盟会元老、归侨陈树人担任委员长。侨委会同相关部门联合建立了侨民教育设计委员会、华侨教育总会筹备委员会、回国侨民事业辅导委员会等有关组织，并加强和健全了东南、华南及西南沿海边境地区下属的侨务机构。后迁至台湾，随着情势及海外侨社的演变，不断调整、创新，并服务于海外各地华人及台湾侨胞。该委员会14任委员长中较知名的有叶公超、郑彦棻、周书楷与蒋孝严等，现任委员长是张富美。目前，该委员会下设第一处、第二处、第三处、第四处、侨生辅导室、华侨证照服务室、秘书室、会计室、统计室、人事室、政风室、法规会、华侨通讯社、中华函授学校等机构。工作重点主要是提供多元化的服务项目，包括侨民及侨团联系服务、侨民文教工作推展、侨民经济事业辅助、侨生回国升学辅导、侨民证照服务、函授教育、新闻传播与海外文宣等。

机构网址：http：//www. ocac. gov. tw

9. **台湾华侨协会总会**（OVERSEAS CHINESE ASSOCIATION）

该协会的前身是1942年在重庆创立的“南洋华侨协会”，迁台后开展的主要工作是建立海外服务与联系侨胞据点；加强与返台就学侨生、归侨及世界各地分会的联系；拓展两岸交流，近年来该会积极组织会员赴祖国大陆浙江、江苏等地访问，推动了两岸经济文化交流；开展对华侨问题的研究，编辑出版《侨协杂志》会刊；出版了《华侨大辞典》、《美国华侨社会之发展》、《华侨史论集》等学术著作；举办了“华侨与抗日战争”、“台湾人在纽约现状”等学术研讨会。该协会在海外如美国、加拿大、澳大利亚、英国等地成立22个分会。历任会长有吴铁城、马超俊、高信、张希哲、梅培德，现任会长为伍世文。

机构网址：http：//www. ocah. org. tw

10. **台湾华侨救国联合总会**（FEDERATION OF OVERSEAS CHINESE ASSOCIATION）

该会于1952年在台湾成立，简称侨联总会。该会的主要任务是联系海外侨团、侨领、侨胞，推广爱国运动，促进侨社兴盛发展，政治立场是：维护民主、自由，反台独，谋求中华民族之永续生存及发展。该会出版会刊《侨讯》，举办“海外华人与华侨教育”研讨会及海外华校侨生书法、绘画、征文等比赛，提供各类华文学术著述奖励、侨生奖学金。现任会长为简汉生。

机构网址：http：//www. focat. org. tw

（本版责任编辑　王华）

国内外华侨华人研究机构、组织、学术刊物简介

本简介通过对有关文字资料、网络信息、数据库资源进行收集整理，选择与华侨华人研究联系紧密的研究机构、组织共25个，学术刊物共15个。

研究机构、组织

1. **暨南大学华侨华人研究院**（ACADEMY OF OVERSEAS CHINESE STUDIES IN JINAN UNIVERSITY）

暨南大学华侨华人研究院是在原暨南大学华侨研究所基础上整合而成。1981年，暨南大学在全国率先成立华侨华人研究的专门学术机构——华侨研究所，由著名学者朱杰勤教授担任所长。1984年在国内招收首批华侨史方向博士研究生。1996年后华侨华人研究被纳入国家“211工程”（1—3）期重点学科建设行列。2000年获批教育部人文社会科学重点研究基地。2006年，暨南大学在原有华侨研究所的基础上成立了华侨华人研究院，并聘请国务院侨办原副主任、全国政协常委刘泽彭出任院长和基地主任。研究院（基地）在加强自身科研能力的基础上，采取以研究项目、开放性课题为中心，学者带项目、课题进院的工作体制。研究院致力于多学科和国际视野下的前沿研究，为培养本领域专业人才和服务社会作出贡献。该研究院科研活动主要有：由廖承志同志倡议、朱杰勤教授承担的国家项目——世界华侨史研究，目前已出版了《世界华侨史丛书》、《菲律宾华侨史》、《印尼华侨史》、《新加坡马来西亚华侨史》、《美国华侨史》、《日本华侨史》、《澳大利亚华侨史》和《加拿大华侨史》等研究成果，填补了我国在这一研究领域的空白；出版各类华侨华人研究的专著、译著一批；为教育部、外交部、国务院侨务办公室、广东省等各级政府部门提供咨询报告；多次主持召开有关华侨华人问题的国际性和全国性学术研讨会。目前，研究院开设历史学专门史硕士点、博士点，下设海外华人研究所、侨务研究所、中外关系研究所、华侨华人研究文献中心（与学校图书馆共建）、侨务干部培训中心等机构。研究院主办的学术刊物有《世界华侨华人研究》与《暨南史学》，并推出“侨务论坛”和“新世纪暨南史学论坛”等系列学术论坛。

机构网址：http：//aocs. jnu. edu. cn/

2. **厦门大学南洋研究院**（RESEARCH SCHOOL OF SOUTHEAST ASIAN STUDIES, XIAMEN UNIVERSITY）

厦门大学南洋研究院前身厦门大学南洋研究所创办于1956年，是我国最早设立的东南亚研究机构，也是我国最早设立的国际问题研究机构之一。1996年，由研究所升格为研究院，并成为国家“211工程”、“九五”和“十五”建设子项目的机构。2000年9月，在此基础上组建的厦门大学东南亚研究中心被教育部批准为人文社会科学重点研究基地。2004年11月，研究院入选国家“985工程”哲学社会科学创新基地。五十多年来，南洋

研究院坚持以基础研究为主，注重应用研究，加强学科建设和队伍建设，提高研究生教育的水平，参与政府部门决策咨询，加快资料信息系统建设，逐步形成了多学科和综合性的东南亚研究与教学体系，成为国内的东南亚基础研究、人才培养、决策咨询和资料信息中心。现有国际政治本科专业，世界经济、国际关系、专门史硕士点，政治学理论、世界经济、专门史博士点，拥有1个国家“211工程”建设子项目、1个国家“985工程”哲学社会科学创新基地、1个教育部人文社会科学重点研究基地和1个省级重点学科。2005年4月成立的马来西亚研究所，是与马来西亚首相阿都拉·巴达维提议建立的马来亚大学中国研究所相对应的研究机构。研究院还拥有先进的科研与教学设施，公开出版的学术刊物有《南洋问题研究》（创刊于1974年）和《南洋资料译丛》（创刊于1957年）。同时，研究院已建成东南亚教学实验室和多媒体教室，设立东南亚研究中英文学术网站和东南亚研究数据库。南洋研究院下设东南亚政治经济研究所、国际关系研究所、华侨华人研究所、中外关系史研究中心、《南洋问题研究》和《南洋资料译丛》编辑部、图书馆、办公室，现任院长为庄国土教授。

机构网址：http：//nanyang. xmu. edu. cn

3. 北京大学华侨华人研究中心（CENTER OF OVERSEAS CHINESE STUDIES，PEKING UNIVERSITY）

北京大学华侨华人研究中心成立于1999年，是北京大学跨系所和跨学科的、从事华侨华人问题综合研究和咨询的学术机构。其宗旨是致力于组织、协调和规划本校有关华侨华人问题的研究；同国内外有关的教育与学术研究机构及专家学者建立联系，进行学术交流，开展各种形式的合作；为探索北京大学文科新专业、新课程的设置与发展服务；为有关部门、团体和企事业单位进行定题委托研究、专题讲座与咨询服务。该中心具有多学科综合的特点，从事研究的学者具有国际关系、外国语、历史学、教育学、经济学等多学科背景。北京大学华侨华人研究中心的研究范围广泛，主要包括：中国人移居国外的历史、现状和发展趋势；各国、各地区华人社会形成和发展的历史与现状；华侨华人对居住国家和地区的经济、政治、社会和文化发展作出的贡献；华侨华人在促进中华文化与其他民族文化的交流中发挥的作用；海外华人与祖籍国关系的历史演变；各国、各地区华人移民与其他民族移民的比较研究，以及华侨、华人研究的理论问题等。中心编辑出版了12卷本的《华侨华人百科全书》和近50辑的“北京大学华侨华人研究中心丛书”等学术著作；定期举办有关华侨华人研究专题的各类学术讲座、学者论坛、学术会议。除学术研究与交流外，中心的活动内容还包括在海外进行专题社会调查、建立华侨华人问题资料库，以及提供有关华侨华人问题的咨询服务等。归侨教授是这个中心的中坚力量，曾任中心主任的周南京教授、副主任梁英明教授都是印尼老归侨，现任主任是留学荷兰的归国博士吴小安。

机构网址：http：//web5. pku. edu. cn/cocs/

4. 华侨大学华侨华人研究院（OVERSEAS CHINESE INSTITUTE IN HUAQIAO UNIVERSITY）

华侨大学华侨华人研究院成立于2009年9月，是在整合学校华侨华人研究所、华侨华人资料中心和四端文物馆基础上建立起来的研究单位。研究院设有专门史硕士点，培养华侨华人研究、中外关系史、区域社会史方向的研究生，开设的主干课程有“史源学”、“华侨华人概论”、“东南亚华侨华人史”、“侨乡文化研究”、“欧美华侨华人史”、“华文教育研究”、“教育史专题”、“现代台湾专题”等。研究院下设华侨华人资料中心、四端文物馆、侨乡社会研究中心、海外华人社会研究中心、侨务理论与政策研究中心和境内外学者合作研究室等部门，其中，华侨华人资料中心旨在收集侨乡典藏及海外华侨社会民间文献，力图建立国内领先、世界一流的华侨华人研究资料库；四端文物馆是在爱国华侨杜祖贻先生支持下建立起来的海外华侨文物博物馆，不断收到来自海外的捐赠文物，成为学校与华侨联系的一个特色纽带；侨乡社会研究中心与海外华人社会研究中心立足侨乡、面向海外分别开展侨乡社会文化变迁及海外华人社会文化变迁的专项研究；侨务理论与政策研究中心旨在梳理侨务政策和侨务理论的历史发展脉络，总结侨务工作规律，积极提出对策与建议；境内外学者合作研究室专门为延请海内外相关学者来校开展交流、资料共享、合作研究服务。现任院长为骆克任教授。

机构网址：http：//hqhr. hqu. edu. cn/

5. 华中师范大学历史文化学院国际移民与海外华人研究中心（CENTER OF INTERNATIONAL MIGRATION AND OVERSEAS CHIESE，COLLEGE OF HISTORY & CULTURE，CENTRAL CHINA NORMAL UNIVERSITY）

华中师范大学历史文化学院国际移民与海外华人研究中心成立于2005年3月23日，是挂靠于该校历史文化学院的学术研究机构。中心在国际移民与海外华人研究方面有较强的研究基础。主持了国家社会科学基金项目“国际移民政策比较研究（2004）”和2002年国务院侨办重点研究课题“美国移民发展趋势和我国移民对策研究”；出版了这方面的学术专著和系列学术论文；参与策划了香港凤凰卫视制作的100集电视片《唐人街》等。当前，中心的研究方向主要有国际移民政策的比较研究、欧美国际移民与华人研究、东南亚国际移民与华人研究等。中心除了承担相关学术讲座和课程外，每两年还召开一次国内或国际学术会议，出版会议论文集，培养国际移民与海外华人方面的研究生，并鼓励和组织中心成员参加国际学术交流。现任中心主任为李其荣教授。

机构网址：http：//history. ccnu. edu. cn/news/list. aspx？cid＝68

6. 浙江师范大学华侨华人研究中心（CENTER FOR OVERSEAS CHINESE STUDIES OF ZHEJIANG NORMAL UNIVERSITY）

浙江师范大学的华侨华人研究工作从20世纪80年代起步，90年代正式成立浙江师范大学华侨华人研究中心。经过多年的建设和发展，浙江师范大学华侨华人研究中心已成为浙江省内最具实力的华侨华人科研机构。中心的科研工作以研究浙江籍海外华侨华人、欧洲华侨华人、浙江侨乡侨情为特色，并兼及世界范围内华人文化、华人经济的研究，已正式出版或发表科研成果数十种。从1995年起，中心与浙江省侨联合作，由中心组成编辑班子，出版《华侨华人研究论丛》，至今已出版了6辑，共115万字，以学术性、资料性、现实性和地域性见长，在侨界已经产生一定的影响。中心受浙江省侨办委托，独立承担浙江省大型文化建设工程——《浙江省志》的专志《浙江华侨志》的编纂工作；20多万字的《青田华侨史稿》也已完成。中心的研究工作还包括浙江侨乡模式的比较分析、浙籍华人社团史、青田华侨年鉴等。中心自成立后十分注重对外交流与合作，近年来与浙江省侨办、侨联及下属各级机构建立了经常性的工作联系；与国内外侨研机构和人士开展了频繁的学术交流；与海外华侨华人社团和侨领（浙籍为主）形成了密切的交流与合作。中心多次接待来自欧美等地的侨领来访。侨史专家周望森先生担任首任主任，现任主任为郭剑波副教授。

机构网址：http：//overseas. zjnu. edu. cn

7. **温州市世界温州人研究中心华人华侨研究所**（OVERSEAS CHINESE INSTITUTE IN THE RESEARCH CENTRE OF GLOBAL WENZHOUNESE）

温州市世界温州人研究中心华人华侨研究所由温州大学创设于20世纪90年代中期，经历十年左右的成长、调整，现已发展成为一个以研究华侨华人问题特别是温籍华侨华人问题为核心的学术研究机构。研究所以海外温州人为重点研究对象，研究侧重于温州华侨史研究、温籍华侨华人及其与侨居国关系研究、温州侨乡侨属研究以及温籍港澳台胞研究四大方向。该研究所现由法政、人文和教育等多个学院的十多名教师，组成了一支跨部门、跨学科的专业研究队伍，同时邀请来自中国社会科学院、暨南大学、厦门大学和浙江师范大学的专家学者以及社会人士担任兼职研究人员。整个团队年龄结构合理，以青年为主，其中高级职称人员占60%，具有硕博士学位的占1/2。该所现隶属于温州市世界温州人研究中心，现任所长为蔡克骄教授。

机构网址：http：//sjwzr. wzu. edu. cn/About. aspx？Tid = 11

8. **中国华侨华人历史研究所**（CHINESE INSTITUTE OF OVERSEAS CHINESE HISTORY STUDIES）

中国华侨华人历史研究所成立于1984年2月，是全国性的研究华侨华人问题的学术机构。该所的主要任务有：负责华侨华人历史、侨情现状和侨务理论的研究，为侨务政策的制定和侨务工作的开展提供科学依据；负责召开有关华侨华人学术会议，开展国内外学术交流活动；负责编辑出版《华侨华人历史研究》学术期刊、《华侨华人资料》及《中国华侨历史学会文库》；负责有关图书报刊的征集、整理、收藏和管理，为侨务工作和国内外涉侨研究提供信息咨询、资料检索服务；负责中国华侨历史学会的日常工作；积极开展调查研究，为中国侨联中心工作服务。该所还与海内外相关的学术团体和研究机构共同主办过多次国际与地区性的华侨华人专题学术研讨会。二十余年来，中国华侨华人历史研究所已在中国侨务政策、中国侨务法律法规、华侨华人历史、华侨华人人物、华侨华人社团、华侨与抗日战争、归侨侨眷、客家人以及留学生与新移民等方面的研究上取得了较多成果。《华侨华人历史研究》是由本所编辑室负责编辑出版的学术季刊，该刊是国内第一份公开发行的研究华侨华人问题的学术刊物，也是目前中国华侨华人研究领域唯一的国家级专业杂志和刊登这一领域研究成果数量最多的学术刊物。中国华侨华人历史研究所在注重学术研究的同时，也注意资料的收集和整理，自2001年起，该所启动了“华侨华人口述史资料抢救工程”。该所下设办公室、研究室、编辑室三个处室，另有涉侨藏书具一定规模的资料室，现任副所长为林晓东，主持日常工作。

9. **中国社会科学院海外华人研究中心**（CENTER FOR OVERSEAS CHINESE STUDIES AT CHINESE ACADEMY OF SOCIAL SCIENCES）

中国社会科学院民族学研究所于1999年12月成立“海外华人研究中心”。在该中心的基础上，“中国社会科学院海外华人研究中心”于2002年3月成立，中国社会科学院民族学研究所所长郝时远研究员兼任中心主任。该中心于2002年11月在北京举办“海外华人国际学术研讨会”，并出版郝时远主编的《海外华人研究论集》（中国社会科学出版社，2002年版）。曾少聪著的《漂泊与根植——当代东南亚华人族群关系研究》（中国社会科学出版社，2002年版）作为中国社会科学院海外华人研究中心丛书之二也相继出版。该中心还与新加坡南洋理工大学中华语言文化中心、英国曼彻斯特大学中国研究中心和新加坡的八方文化创作室共同主办《华人研究国际学报》。

10. **福建社会科学院华侨华人研究所**（INSTITUTE FOR ETHNIC CHINESE STUDIES, FUJIAN SOCIAL SCIENCES ACADEMY）

福建社会科学院华侨华人研究所成立于1984年，是省级社会科学院系统中唯一的华侨华人研究所。该所的主要任务是研究华侨、华人发展中的理论和现实问题，以及东南亚华侨、华人经济、政治、社会问题及其与福建建设的关系。成立近二十年来，该所承担了数十项省政府、国务院侨务办公室和省级以上的社会科学基金、软科学项目及境外合作课题，在侨乡经济、新华侨华人、华侨华人资源作用载体、两岸侨务政策比较、海外华人企业治理结构、华人企业跨国投资等相关课题上取得了一定的研究成果。出版了《华侨华人经济新论》和《马来西亚华人研究》等专著。与美国、加拿大、马来西亚、新加坡、菲律宾，以及中国香港、中国澳门、中国台湾等地的学术机构建立密切的联系。近年来，该所遵循“三为方向”，即为经济建设服务、为领导决策咨询服务和为祖国的统一大业服务，力图促使理论研究与现实问题相结合；根据自身的研究特点，进一步加强对华侨华人经济、侨乡经济、侨刊乡讯以及新华侨华人等问题的研究；发挥比较优势，增强对策性研究，继续巩固华人经济研究的优势，加强与侨务、统战和对外经济部门的联系，增强研究的针对性、可操作性。该所编辑出版《华侨华人与侨务》季刊，现任所长为李鸿阶研究员。

机构网址：http://fass.net.cn/fassNews/erji01.asp?NewsID=1189

11. **中国华侨历史学会**（CHINA SOCIETY FOR OVERSEAS CHINESE HISTORY）

中国华侨历史学会于1981年12月成立，其前身是全国华侨历史学会，是在廖承志的倡议下，由华侨、华人历史研究工作者和热心于这项工作的人士组成的全国性学术研究团体。首任会长为侨联主席庄希泉，廖承志出任名誉会长，并为学会题写会名。该会旨在广泛团结国内外华侨、华人历史研究工作者，共同促进华侨华人历史的研究。随后，广东、福建、广西、海南、云南、吉林和上海等华侨华人较多的省、自治区、直辖市，也先后成立了地方性的侨史学会。改革开放以来，侨史研究在中国华侨历史学会的推动下取得了长足的进步，先后出版了各类地区史、国别史、专题史、人物传记、论文集、图片集、资料汇编、译著和百科全书，填补了多项空白。在海内外侨史研究工作者和热心人士的关心与帮助下，学会在开展学术交流、增进社会各界对华侨华人历史现状问题的了解等方面取得了一定的成绩，并在国内外颇有声誉和影响。现任会长为中国侨联主席林兆枢。

12. 台湾玄奘大学海外华人研究中心（CENTER FOR OVERSEAS CHINESE STUDIES, HSUAN CHUANG UNIVERSITY, TAIWAN）

玄奘大学海外华人研究中心位于台湾省新竹市，其成立的宗旨为：针对海外华人之社会、政治、经济、文化及两岸政府对外华人之政策、相关机构进行研究，使本校成为海外华人研究中心。该中心整合了本校及中央研究院、台湾师范大学、台北市立教育大学、暨南国际大学、淡江大学、东海大学等相关专家与学者资源，组成新的研究团队，开展华侨华人相关研究。主要成果是出版了《民国以来的侨务与侨教研究》、《海外华人研究论文集》、《侨民教育研究论文集》等研究著作。该中心还不定期地举办一系列国内外学术研讨会，诸如“新世纪移民”国际研讨会、华侨学术文献点及研讨会、海外华人与侨民教育国际学术研讨会、华侨侨务专题讲座、台商与东南亚华人经济论坛等学术活动。现中心主任为玄奘大学校长夏诚华教授。

机构网址：http：//oc. hcu. edu. tw

13. 澳大利亚国立大学南方华裔研究中心（CENTRE FOR THE STUDY OF THE CHINESE SOUTHERN DIASPORA）

澳大利亚国立大学亚太研究学院于1998年成立了南方华裔研究中心。澳大利亚国立大学在东南亚研究及太平洋研究（包括澳洲、新西兰及各太平洋岛屿研究）方面有庞大的研究阵容和长期资金投入，且该大学图书馆及邻近的澳洲国家图书馆收藏了丰富的华裔研究资料，是世界上少数几个华裔资料集中地之一。该中心成立之后，进一步促进华裔研究的学术活动及出版，并提供信息交流，主要焦点放在东南亚及南太平洋的华裔，包括东南亚、澳洲、新西兰及太平洋岛屿的华裔移民及后代。研究中心长期鼓励相关的研究及教学活动，鼓励不同角度及不同取向的主题，从全球观点、跨国现象到当地本土观点，从政治经济到社会文化，以各种不同的研究取向来丰富这个领域的发展。研究中心近年来邀请多位从事华侨华人研究的专家学者持续举行相关议题的公开讲座及国际学术研讨会。中心出版《裔群》、《南方华裔研究》等期刊，定期对外发布研究信息。

机构网址：http：//rspas. anu. edu. au/cscsd/

14. 新加坡南洋理工大学中华语言文化中心（CENTRE FOR CHINESE LANGUAGE AND CU LTURE）

新加坡南洋理工大学中华语言文化中心成立于1994年4月，是一个开放式的研究机构。其成立宗旨是传承南洋理工大学的创校精神，推动中文与中华文化的学习和研究。中心以“研究中华语言和文化”作为研究重点，开展与本地华人社会有关的课题研究。中心的学术研究范围包括东南亚华语和方言、东南亚华文和文学、东南亚华族历史与民俗、民族传统与华族社会、中华传统与文化、华族语言与方言、华文文学、华人移民与网络、本土与全球问题和东南亚华人教育等。中心积极开展与国外高等学府或研究机构的合作，进行学术交流，如合办硕士和博士学位课程、对中国语言文化开展合作研究、交换学者和